INIMIGOS
Uma história do FBI

TIM WEINER

INIMIGOS
Uma história do FBI

Tradução de
ALESSANDRA BONRRUQUER

1ª edição

EDITORA RECORD
RIO DE JANEIRO • SÃO PAULO
2015

CIP-BRASIL. CATALOGAÇÃO NA FONTE
SINDICATO NACIONAL DOS EDITORES DE LIVROS, RJ

W444i

Weiner, Tim, 1956–
  Inimigos: uma história do FBI / Tim Weiner; tradução Alessandra Bonrruquer. – 1ª ed. – Rio de Janeiro: Record, 2015.

  Tradução de: Enemies: a history of the FBI
  Inclui notas
  ISBN 978-85-01-10309-3

  1. Estados Unidos. Federal Bureau of Investigation – História. 2. Estados Unidos. Central Intelligence Agency. 3. Literatura americana – Séc. XX – Censura. 4. Literatura americana – Aspectos políticos. I. Título.

CDD: 327.1273009
CDU: 327.8(73)

14-18219

Título original em inglês:
Enemies: a history of the FBI

Copyright © Tim Weiner, 2012

Texto revisado segundo o novo Acordo Ortográfico da Língua Portuguesa.

Todos os direitos reservados. Proibida a reprodução, armazenamento ou transmissão de partes deste livro através de quaisquer meios, sem prévia autorização por escrito.

Direitos exclusivos de publicação em língua portuguesa para o Brasil adquiridos pela
EDITORA RECORD LTDA.
Rua Argentina, 171 – 20921-380 – Rio de Janeiro, RJ – Tel.: 2585-2000, que se reserva a propriedade literária desta tradução.

Impresso no Brasil

ISBN 978-85-01-10309-3

Seja um leitor preferencial Record.
Cadastre-se e receba informações sobre nossos lançamentos e nossas promoções.

Atendimento direto ao leitor:
mdireto@record.com.br ou (21) 2585-2002.

EDITORA AFILIADA

Para Robert D. Loomis, que me ensinou a escrever;
para a professora Dora B. Weiner, que me ensinou a ler;
para Kate, Ruby e Emma Doyle, que me ensinaram a viver.

Segurança contra perigos externos é a mais poderosa diretriz da conduta nacional. Mesmo o mais ardente amante da liberdade irá, após algum tempo, ceder a seus ditames. A violenta destruição da vida e da propriedade relacionada à guerra, e o esforço e o alarme incessantes de um estado contínuo de perigo compelirão as nações mais ligadas à liberdade a recorrer, em busca de tranquilidade e segurança, a instituições que têm a tendência de destruir seus direitos civis e políticos. Por fim, para estarem mais seguras, elas se dispõem a correr o risco de serem menos livres.

Alexander Hamilton, 1787

Sumário

Nota do autor	11

Parte I — Espiões e sabotadores

1.	Anarquia	17
2.	Revolução	23
3.	Traidores	31
4.	Comunistas	47
5.	"Quem é o sr. Hoover?"	55
6.	Submundos	71
7.	"Eles nunca deixaram de nos vigiar"	87
8.	Bandeiras vermelhas	93

Parte II — Guerra mundial

9.	O negócio de espionagem	103
10.	O malabarista	113
11.	Inteligência secreta	125
12.	"Para estrangular os Estados Unidos"	131
13.	Lei da guerra	147
14.	A máquina de detecção	159
15.	Organizando o mundo	165

Parte III — Guerra Fria

16.	Nenhuma Gestapo	173
17.	Resolução	183
18.	"Fascismo vermelho"	191
19.	Ataque-surpresa	195

20.	Paranoia	209
21.	"Parece que a Terceira Guerra Mundial chegou"	219
22.	Nenhum senso de decência	229
23.	Jogo sem regras	239
24.	A longa sombra	243
25.	"Não confie em ninguém"	255
26.	Conduta imoral	267
27.	"Assassinato estava na moda"	273
28.	Homem perigoso	281
29.	Governar pelo medo	289
30.	"Você grampeou este telefone?"	299
31.	"O homem com quem estou contando"	315
32.	Claramente ilegal	327
33.	A arma definitiva	343
34.	"Derrubar o templo"	357

Parte IV — Guerra contra o terror

35.	Conspiradores	377
36.	"O Bureau não pode sobreviver"	393
37.	Castelo de cartas	405
38.	"Estado continuado de perigo"	415
39.	O preço do silêncio	431
40.	Mosaico	449
41.	O xeque cego	457
42.	Buracos na armadura	467
43.	Alvo fácil	483
44.	Todas as nossas armas	503
45.	"Se não fizermos *isso*, pessoas vão morrer"	525

Posfácio	545
Notas	547
Fontes	615

Nota do autor

Inimigos é a história do Federal Bureau of Investigation como serviço secreto de inteligência. Pensamos no FBI como força policial, prendendo criminosos e defendendo o império da lei. Mas inteligência secreta contra terroristas e espiões é a primeira e principal missão do Bureau hoje em dia, e isso tem sido verdadeiro durante os últimos cem anos.

Essa missão cria um conflito que os autores da Constituição previram há dez gerações. Um povo livre deve ter tanto segurança quanto liberdade. São forças em conflito, mas não podemos ter uma sem ter a outra. Agentes secretos podem desprezar a lei; suas tradições incluem grampos telefônicos, aparelhos de escuta e invasão de domicílios. Há décadas o Bureau tem servido à causa da segurança nacional circundando e violando a lei. A polícia secreta é anátema em uma democracia. Mas os poderes do FBI o tornam seu mais próximo correspondente nos Estados Unidos.

Inimigos é a crônica de um século de constante conflito sobre a conduta da inteligência secreta em uma democracia, o cabo de guerra entre segurança nacional e liberdades civis, a saga de nossa luta para estarmos seguros e sermos livres. Foi escrito de maneira transparente, sem fontes ou citações anônimas. Baseia-se em mais de 7 mil páginas de documentos recentemente liberados, incluindo uma extraordinária coleção de arquivos sobre inteligência de J. Edgar Hoover e mais de 2 mil histórias orais registradas por agentes que serviram durante e após seus 48 anos como líder do FBI.

Hoover permanece no centro do Século Americano como uma estátua incrustada de fuligem. Os que lhe eram leais o viam como gênio visionário. Seus oponentes o viam como um "esgoto maldito", nas palavras do conselheiro de segurança nacional do presidente Kennedy. Hoje, milhões de americanos o conhecem somente como caricatura: tirano de *tutu*, *crossdresser* excêntrico. Nada disso é verdade. Os arquivos revelados nos últimos anos removem camadas de mito e lenda, mostrando-o sob uma nova luz. Hoover realizou missões secretas quase inconcebíveis em seu tempo, espionando diretamente líderes da União Soviética e da China nos dias mais escuros da Guerra Fria, enviando detalhadas informações de inteligência sobre ataques aéreos suicidas contra Nova York e Washington, controlando um golpe contra um líder estrangeiro democraticamente eleito e sutilmente sabotando presidentes dos Estados Unidos.

Hoover não era um monstro. Era um Maquiavel americano. Era astuto, ardiloso e jamais deixou de observar seus inimigos. Foi um dos fundadores da inteligência americana e o arquiteto do moderno estado de vigilância. Cada digital arquivada, cada byte biográfico e biométrico nos bancos de dados do governo deve sua origem a ele.

Era um mestre na manipulação da opinião pública. Praticava guerra política e estadismo velado em nome da segurança nacional, frequentemente à custa da moralidade. Lutou contra o comunismo e o terrorismo com intensa paixão durante cinquenta anos. Dos anos 1940 até o dia em que morreu, previu as ameaças apocalípticas que enfrentamos hoje. Mesmo assim, deixou para trás uma instituição que quase morreu junto com ele e só retomou legalmente sua missão de segurança nacional nos últimos cinco anos.

O FBI nunca teve uma carta legal para além do juramento do presidente de garantir que as leis sejam fielmente cumpridas, e presidentes têm forçado as restrições desse juramento desde a Primeira Guerra Mundial. Eles ordenaram que Hoover perseguisse tanto pacifistas quanto terroristas e transformaram em alvo tanto os heróis dos movimentos pelos direitos civis quanto os cavaleiros da Ku Klux Klan. Sob seu comando, o Bureau violou as liberdades previstas na Carta de Direitos a fim de impor os poderes do presidente como comandante em chefe. "A Constituição jamais incomodou muito os presidentes de tempos de guerra", disse certa vez o procurador-geral de Franklin D. Roosevelt — e todos os presidentes depois dele se viram em guerra.

Inimigos é um registro de prisões e detenções ilegais, entradas forçadas, invasões de domicílio, grampos telefônicos e aparelhos de escuta em benefício do presidente. Propositalmente, aborda de maneira breve casos famosos da justiça criminal — como a guerra contra os gângsteres durante a Grande Depressão e o sangrento confronto com o culto do Ramo Davidiano — para focar nas operações secretas de inteligência do FBI. Esse, todavia, é o núcleo da história de cem anos de guerra dos Estados Unidos contra terroristas, espiões, anarquistas e assassinos. Os comandantes dessa batalha — presidentes, procuradores-gerais e diretores do FBI — usaram e abusaram de seus poderes em nome da segurança nacional. Contudo, mesmo seus poderes são limitados em nossa democracia. No fim da vida Hoover se recusou a executar ordens ilegais do presidente Nixon. E Robert Mueller, diretor do Bureau desde 4 de setembro de 2001, resistiu aos comandos do presidente Bush para realizar vigilância secreta ilegal e, em sinal de protesto, apresentou sua demissão. Ele disse que não venceremos a guerra contra o terrorismo se perdermos nossas liberdades durante a batalha.

Os líderes do FBI vivem cada dia em estado de contínuo conflito. Os americanos precisam conhecer a história desse conflito. Senão, quando a próxima crise chegar, abrirão mão de garantias de liberdade em troca de promessas de segurança. Poderão se sentir mais seguros, mas serão menos livres.

PARTE I

Espiões e sabotadores

1

Anarquia

J. Edgar Hoover foi para a guerra aos 21 anos, na manhã de quinta-feira, 26 de julho de 1917. Deixou a casa onde havia passado a infância, em Washington, D.C., e partiu rumo a sua nova vida no Departamento de Justiça, para servir como soldado de infantaria em um exército de oficiais lutando contra espiões, sabotadores, comunistas e anarquistas nos Estados Unidos.

Os Estados Unidos haviam entrado na Primeira Guerra Mundial em abril. As primeiras ondas de tropas estavam desembarcando na França, despreparadas para os horrores que enfrentariam. No front doméstico, os americanos estavam tomados pelo medo de sabotagem de agentes secretos alemães. O país tinha ficado em alerta durante um ano, desde o ataque inimigo a um grande depósito de munições americanas destinadas à frente de batalha. A explosão em Black Tom Island, no limite oeste do Porto de Nova York, havia detonado 2 mil toneladas de explosivos na escuridão de uma noite de meados de verão. Sete pessoas morreram no local. Em Manhattan, milhares de janelas foram quebradas pelas ondas de choque. A Estátua da Liberdade foi atingida por estilhaços.

Hoover trabalhava para a Divisão Emergencial de Guerra do Departamento de Justiça, encarregado de impedir o próximo ataque-surpresa. Apresentava espírito marcial e a habilidade de emular o modo de pensar de seus superiores. Foi elogiado pelo chefe da divisão, John Lord O'Brian.

"Ele trabalhava à noite e aos domingos, como eu",[1] disse O'Brian. "Eu o promovi várias vezes, por mérito."

Em pouco tempo, Hoover chegou ao topo da Unidade de Inimigos Estrangeiros da divisão, responsável por identificar e aprisionar estrangeiros politicamente suspeitos morando nos Estados Unidos. Aos 23 anos, supervisionava 6.200 alemães internados em campos e 450 mil outros sob vigilância do governo. Aos 24 anos, foi encarregado da recém-criada Divisão de Radicais do Departamento de Justiça e dirigiu as maiores operações de contraterrorismo da história dos Estados Unidos, arrebanhando milhares de suspeitos radicais pelo país. Não tinha pistolas nem munição. As informações secretas eram sua arma.

Hoover passou toda a vida em Washington, D.C., onde nasceu no Ano-Novo de 1895, caçula de quatro irmãos. Era filho e neto de servidores públicos. Seu pai, Dickerson, sofria de depressão e uma profunda melancolia lhe custou o emprego como cartógrafo governamental, provavelmente apressando sua morte. Sua mãe, Annie, era amorosa, mas austera. Hoover morou com ela durante 43 anos, até o dia em que ela morreu. Ele disse várias vezes aos assessores mais próximos que permanecia solteiro porque temia que a mulher errada fosse sua perdição; um mau casamento o destruiria. Sua sobrinha, Margaret Fennell, cresceu com ele e permaneceu em contato durante seis décadas. Ela o conhecia tão bem quanto era possível. "Às vezes, eu achava que ele — não sei como me expressar — tinha medo de se envolver pessoalmente com alguém",[2] refletiu ela. Se alguma vez expressou amor para além da devoção a Deus e ao país, não houve testemunhas. Era sentimental com cachorros, mas impassível com pessoas. Sua vida íntima era um mistério, mesmo para a família imediata e seus poucos amigos próximos.

Hoover aprendeu como marchar em formação militar e como construir argumentos formais. As equipes de treinamento e debates no Central High School foram os pontos altos de sua juventude. A equipe de debates era a melhor da cidade, e Hoover se tornou uma de suas estrelas; o jornal escolar elogiou seu espírito competitivo e sua "lógica fria e implacável".[3] Ele disse ao jornal, após uma excitante vitória sobre a equipe de outro colégio, que debater lhe dera "um prático e benéfico exemplo de vida, que é, nada mais, nada menos, que a disputa da inteligência de um homem contra a inteligência de outro".

Passou a trabalhar para o governo dos Estados Unidos assim que obteve o diploma do ensino médio. Seus monumentos o cercavam. Sua casa de dois andares ficava a seis quarteirões a sudeste da Colina do Capitólio. No alto da colina, encontravam-se as salas iluminadas do Senado e da Câmara, o templo colossal da Suprema Corte e a Biblioteca do Congresso, com seu teto abobadado e seus vitrais. Hoover recitava zelosamente as devoções da Igreja presbiteriana aos domingos, mas a Biblioteca do Congresso foi a catedral secular de sua juventude. Ela possui todos os livros já publicados nos Estados Unidos. O silêncio reverente de sua sala de leitura central fornecia uma sensação de que todo o conhecimento estava à mão, se você soubesse onde procurar. A biblioteca possui seu próprio sistema de classificação. Hoover aprendeu suas complexidades trabalhando como catalogador e conseguiu dinheiro para a faculdade preenchendo e recuperando informações. Trabalhava na biblioteca durante o dia e, no início da noite e nas manhãs de verão, estudava na Universidade George Washington, onde obteve o diploma de Direito em junho de 1917. Inscreveu-se para o serviço militar, mas se uniu ao Departamento de Justiça para lutar na guerra doméstica.

"AS MAIS GRAVES AMEAÇAS"

Em 6 de abril de 1917, o dia em que os Estados Unidos entraram na Primeira Guerra Mundial, o presidente Woodrow W. Wilson assinou ordens executivas delegando ao Departamento de Justiça o poder de comandar a detenção e encarceramento, sem julgamento, de qualquer estrangeiro considerado desleal. Ele disse ao povo americano que os alemães haviam "invadido nossas confiantes comunidades e até nossos gabinetes de governo com espiões e criam intrigas criminosas por toda parte".[4] As palavras do presidente alimentaram o medo em todo o país, colocando um grande peso sobre o Departamento de Justiça. "Quando declaramos guerra",[5] disse O'Brian, "houve pessoas que esperaram um verdadeiro reinado de terror nos Estados Unidos".

O'Brian supervisionava Hoover e seus colegas enquanto trabalhavam dia e noite nas salas apertadas e enfumaçadas da Divisão Emergencial de Guerra e da Unidade de Inimigos Estrangeiros, estudando relatos fragmentários de conspirações contra os Estados Unidos. Eles eram como bombeiros ouvindo o ressoar incessante de alarmes falsos. "Imensa pressão"[6] foi feita sobre eles, lembrou O'Brian; enfrentavam as exigências dos políticos e do público pela "perseguição indiscriminada" e "repressão total" dos suspeitos, tanto americanos quanto estrangeiros, frequentemente "baseados em nada mais que rumores irresponsáveis". Antes de Black Tom, "o povo desta nação não tinha experiência com atividades subversivas", disse ele. "O governo estava igualmente despreparado." Após a explosão, milhares de ameaças potenciais foram relatadas ao governo. Os líderes americanos temiam que o inimigo pudesse atacar em qualquer lugar, a qualquer momento.

Os planejadores alemães da explosão em Black Tom haviam iniciado seu trabalho assim que a Primeira Guerra Mundial começara na Europa, no verão de 1914. Tentaram infiltrar Washington e comprometer Wall Street, recrutaram nacionalistas irlandeses e hindus para atingir alvos americanos e usaram o México e o Canadá como abrigos seguros para operações secretas contra os Estados Unidos. Enquanto Hoover passava as noites estudando Direito, no início de 1915, o adido militar alemão nos Estados Unidos, o capitão Franz von Papen, recebia ordens secretas de Berlim: minar a vontade de luta americana. Von Papen começou a construir uma máquina de propaganda nos Estados Unidos;[7] os alemães, agindo em segredo, adquiriram o controle de um importante jornal de Nova York, o *Evening Mail*, e seu representante negociou a compra dos periódicos *The Washington Post* e do nova-iorquino *Sun*. Lobistas, jornalistas corruptos e detetives desonestos serviram à causa alemã.

Mas, depois que um submarino alemão torpedeou o navio de passageiros inglês *Lusitania* em 7 de maio de 1915, matando 1.119 pessoas, incluindo 274 americanos, o embaixador alemão enviou um telegrama desalentado a Berlim: "Podemos admitir abertamente que nossa propaganda aqui ruiu por completo."[8] Os americanos ficaram revoltados com o ataque a civis, e o status político e diplomático da Alemanha nos Estados Unidos foi gravemente prejudicado. O presidente Wilson ordenou que todo o pessoal da embaixada alemã fosse colocado sob vigilância. O secretário de Estado Robert Lansing enviou agentes secretos para grampear os telefones de diplomatas alemães. No fim do ano, Von Papen e seus colegas adidos foram expulsos do país.

Quando Hoover chegou ao Departamento de Justiça, O'Brian tinha acabado de julgar e condenar um espião alemão, o capitão Franz von Rintelen. O caso estava nas manchetes dos jornais. Von Rintelen havia chegado a Nova York algumas semanas antes do afundamento do *Lusitania*, com um passaporte suíço falso. Cumprindo ordens do alto-comando alemão, tinha recrutado marinheiros desempregados nas docas de Nova York, nacionalistas radicais irlandeses, um trapaceiro de Wall Street e um congressista alcoólatra de Chicago para dar prosseguimento aos seus planos de sabotar a indústria de guerra americana com uma combinação de fraudes comerciais e bombas incendiárias. Mas tinha fugido dos Estados Unidos, temendo, com razão, a exposição de seus planos secretos. Oficiais da inteligência inglesa que interceptavam telegramas alemães o prenderam quando pousou na Inglaterra, interrogaram-no rudemente na Torre de Londres e o entregaram ao Departamento de Justiça para que fosse indiciado e julgado.

"Os Estados Unidos jamais testemunharam algo assim", disse o presidente Wilson ao Congresso após a prisão do capitão. "Há pouco tempo, tal coisa teria parecido inacreditável. E, por ser inacreditável, não nos preparamos para ela."

Terroristas e anarquistas representavam "as mais graves ameaças contra a paz e a segurança de nossa nação",[9] disse o presidente. "Tais rebentos da paixão, da desonestidade e da anarquia precisam ser esmagados. [...] A mão de nosso poder deve se fechar sobre eles imediatamente."

J. Edgar Hoover e o FBI se tornariam os instrumentos desse poder.

2

Revolução

"Eu acredito em poder",[1] escreveu o presidente Theodore Roosevelt em junho de 1908, no momento em que decidiu criar a força que se tornou o FBI. Sua presidência possuía "mais poder que qualquer outro gabinete em qualquer grande república ou monarquia constitucional dos tempos modernos", registrou com orgulho. "Usei cada grama de poder disponível." Catapultado à presidência por um assassino anarquista na virada do século XX, Roosevelt lutou para aplicar a democracia, impor a ordem política e construir uma nação cumpridora da lei.

Nascidos da revolução e dedicados à liberdade, os Estados Unidos haviam sido divididos pela Guerra Civil, e depois reunificados e remodelados por grandes migrações de estrangeiros em busca de liberdade. Na virada do século XX, os últimos territórios selvagens e sem governo no oeste estavam prestes a se transformar em estados. As fronteiras da exploração nas montanhas e desertos estavam se fechando. Mais de 75 milhões de pessoas viviam nos Estados Unidos, mais da metade em pequenas cidades e vilarejos. Enquanto o país lutava para civilizar suas fronteiras, grandes cinturões de terra permaneciam sem lei. Os U.S. Marshals agiam como xerifes e formavam bandos que encaravam a morte nas mãos dos *desperadoes*.

Nas cidades americanas, dínamos do dinheiro e do poder, da invenção e da informação, os bairros mais pobres pululavam de imigrantes buscando a promessa de liberdade e fortuna no Novo Mundo. Em 1900, a indústria americana e seus operários se tornaram os maiores criadores de capital do planeta, gerando quase um quarto de toda a produção industrial global. Conforme os Estados Unidos se tornavam um gigante, a influência da riqueza corporativa crescia imensamente e os capitães da indústria buscavam comandar e controlar os milhões de operários cujo trabalho os havia enriquecido. Enquanto o país se tornava uma força global, cada nova onda de imigração do Velho Mundo alimentava o medo de subversão estrangeira. Revolucionários importavam perigosas ideias da Alemanha, da Itália e da Rússia. Seus panfletos e protestos debatiam-se contra a ordem política e econômica dos Estados Unidos. As minas, fábricas e oficinas de trabalho desumano do país estavam cheias de pessoas que viveram sob reis e tsares. Elas sonhavam com um mundo melhor. As mais radicais imaginavam a morte da velha ordem e o surgimento de uma utopia política na qual os miseráveis da terra poderiam governar.

"Chegou a hora das grandes revoluções sociais",[2] escrevera Roosevelt em 1895, o ano em que havia se tornado comissário de polícia de Nova York e J. Edgar Hoover tinha nascido. "Estamos todos olhando para o futuro, tentando prever a ação das grandes forças silenciosas que foram colocadas em operação pela estupenda revolução industrial que teve lugar neste século. Não sabemos o que fazer com os vastos deslocamentos da população, a expansão das cidades, a inquietação e o descontentamento das massas."

A anarquia estava entre as grandes forças silenciosas lançadas sobre o mundo. Os anarquistas queriam destruir o próprio poder e derrubar os pilares da civilização ocidental. Haviam assassinado o presidente da França em 1894, o primeiro-ministro da Espanha em 1897, a imperatriz da Áustria em 1898, o rei da Itália em 1900 — e o presidente dos Estados Unidos, William McKinley, em 1901. O assassinato de McKinley transformou Theodore Roosevelt em presidente aos 42 anos, o mais jovem da história americana.

Em seu primeiro grande discurso ao Congresso, em dezembro de 1901, Roosevelt declarou que "a anarquia é um crime contra toda a raça humana".[3] Ele pediu novas leis para impedir que revolucionários e subversivos vivessem nos Estados Unidos.

"Essas pessoas deveriam ser marcadas"

O presidente Roosevelt havia experimentado o poder imperial e gostado. Agiu sozinho ao escavar um grande canal na selva do Panamá e, sozinho, decidiu enviar a Marinha americana em uma exibição global de força. Sabia que os estrangeiros poderiam revidar quando os Estados Unidos projetassem seu poder sobre o mundo. Mas, nos primeiros anos de sua presidência, não tinha poder real para combater os crimes contra a nação. Seu Departamento de Justiça estava apenas começando a aprender como defender o império da lei.

Criado em 1870, cinco anos após o fim da Guerra Civil, o Departamento de Justiça e seu chefe, o procurador-geral, estavam encarregados de impor a ordem em uma nação destroçada. O procurador-geral e seus advogados haviam se estabelecido a um quarteirão da Casa Branca, nos três andares superiores do Freedman's Savings Bank — um lugar fétido, por causa dos esgotos que corriam sob ele —, e ali permaneceram durante o restante do século XIX. O Congresso tinha lhes dado autorização para detectar e processar crimes contra os Estados Unidos, juntamente com a grande soma de 50 mil dólares por ano para esse elevado propósito, mas havia falhado em criar um código federal de leis regulando como a justiça deveria ser aplicada.

Quatro presidentes do século XIX haviam se voltado para a mais poderosa força policial privada da nação, a Agência Nacional de Detetives Pinkerton, como instrumento de imposição da lei, fonte de informações secretas e ferramenta para combates políticos. "Sempre fui avesso à nomeação e ao pagamento de detetives",[4] escreveu o procurador-geral Benjamin Brewster em 1884. Mas o fez, mesmo assim. O fundador da agência, Allan Pinkerton, tinha conduzido missões de espionagem durante a Guerra Civil e ajudado a criar o Serviço Secreto para o presidente Abraham Lincoln. Seus detetives serviram os barões das ferrovias e do aço espionando, boicotando greves e quebrando crânios para derrotar os organizadores laborais; pagavam informantes secretos cujas identidades eram protegidas por codinomes. Não hesitavam em violar a lei para impô-la ou usar a violência em nome da ordem. Em 1892, o Congresso proibiu o governo de contratar a empresa depois que um confronto na

Carnegie Steel Company, em Homestead, Pensilvânia, matou três homens de Pinkerton e cinco operários. A Casa Branca se viu desprovida das habilidades, da astúcia e da força dos detetives particulares.

Após o assassinato de McKinley, um homem da Pinkerton propôs a criação de uma nova agência governamental dedicada a erradicar os radicais dos Estados Unidos. "Essas pessoas deveriam ser marcadas e mantidas sob vigilância constante",[5] escreveu Robert A. Pinkerton. Em 1903, com novas leis impedindo anarquistas de viverem nos Estados Unidos, os departamentos de Justiça e do Trabalho começaram a manter arquivos secretos sobre radicais estrangeiros.

O republicano Roosevelt queria combater os plutocratas tanto quanto os anarquistas. A pilhagem de petróleo, carvão, minerais e madeira das terras federais o deixava consternado, em seu papel de fundador dos parques nacionais americanos. Criminosos corporativos, escavando propriedade pública para benefício privado, pagavam suborno aos políticos para proteger o mercado negro. Usando notas de mil dólares como armas, eles saquearam milhões de acres das últimas fronteiras americanas.

Em 1905, uma investigação federal, parcialmente liderada por um capcioso agente do Serviço Secreto chamado William J. Burns, levou ao indiciamento e à condenação do senador John H. Mitchell e do congressista John H. Williamson, do Oregon, ambos republicanos, por seu papel na pilhagem das grandes florestas da cordilheira das Cascatas. O editorial de um jornal do Oregon afirmou, com razão, que Burns e seus instigadores governamentais haviam usado "os métodos dos espiões e detetives russos".[6] O senador morreu enquanto o caso estava em apelação; a condenação do congressista foi anulada pela Suprema Corte com base em "conduta inadequada", incluindo a descarada intervenção de Burns junto a jurados e testemunhas. Burns deixou o governo e se tornou um famoso detetive particular; suas habilidades em grampear telefones e instalar escutas em quartos de hotel enfim lhe renderam um emprego como chefe de J. Edgar Hoover no FBI.

A violação de terras virgens por invasores e especuladores continuou intensa. O presidente estava furioso.

"ROOSEVELT, de sua maneira caracteristicamente dinâmica, declarou que os saqueadores do domínio público seriam caçados e levados à

Justiça",[7] de acordo com um memorando de 1943 enviado a Hoover pelo agente especial do FBI Louis Findlay, que tinha entrado no Bureau em 1911. O memorando é um registro único do nascimento do FBI, cujas origens, por boas razões, foram obscurecidas por seus fundadores.

"ROOSEVELT chamou o procurador-geral CHARLES J. BONAPARTE à Casa Branca e lhe disse que desejava que as fraudes de terras fossem combatidas vigorosamente e ordenou que obtivesse o pessoal investigativo necessário." Bonaparte era um raro americano de sangue azul — sobrinho-neto do imperador Napoleão I, da França, e neto do rei da Vestfália. Tinha sido amigo íntimo e conselheiro de Roosevelt durante anos. Ambos eram tanto aristocratas quanto progressistas, reformadores e moralistas; ambos apoiavam o uso judicioso da força em nome da lei. Roosevelt gostava de dar aos grevistas um gosto do porrete e do cassetete; Bonaparte acreditava que a violência dos vigilantes poderia servir para defender a ordem social.

"BONAPARTE solicitou ao Serviço Secreto dos Estados Unidos homens treinados para realizar as investigações necessárias e recebeu uma força bastante grande" a fim de combater a desenfreada fraude de terras, relatou Findlay. O presidente não ficou satisfeito. "Ele disse ao sr. BONAPARTE, na enfática linguagem característica do presidente ROOSEVELT, que o relatório era uma farsa. Ele queria fatos, todos os fatos, fatos verdadeiros; e, se houvesse qualquer tentativa de encobrimento, ele mesmo descobriria esses fatos", registra o relatório.

"O presidente ROOSEVELT ordenou que BONAPARTE criasse um serviço de investigação dentro do Departamento de Justiça, sem estar subordinado a nenhum outro departamento ou divisão, que se reportaria somente ao procurador-geral." A ordem do presidente "resultou na formação do Bureau of Investigation".

Pela lei, Bonaparte tinha de solicitar autorização da Câmara e do Senado para criar o novo serviço. "O Departamento de Justiça não possui força executiva e, mais particularmente, nenhuma força de detetives sob seu controle imediato",[8] escreveu Bonaparte ao Congresso; assim, "seguramente não está equipado de forma apropriada para cumprir sua função". Ele fez uma solicitação formal de verba e de autoridade para criar "uma força pequena, experiente e cuidadosamente selecionada".

Em 27 de maio de 1908, a Câmara negou enfaticamente. Temia que o presidente pretendesse criar uma polícia secreta americana. O medo era fundamentado. Presidentes já haviam usado detetives particulares como espiões políticos no passado.

"As ideias americanas de governo"[9] proibiam "espiar os cidadãos e se intrometer no que, ordinariamente, seriam considerados seus assuntos particulares", disse o congressista Joseph Swagar Sherley, democrata do Kentucky. O congressista Walter I. Smith, republicano do Iowa e, mais tarde, juiz da corte federal de apelações, objetou fortemente à criação de um "sistema de espionagem" nos Estados Unidos. O congressista John J. Fitzgerald, democrata de Nova York, alertou contra "uma polícia central ou sistema de espionagem no governo federal". O congressista George E. Waldo, republicano de Nova York, disse que seria "um grande golpe para a liberdade e para as instituições livres se surgisse neste país um serviço secreto tão grandioso quanto o que existe na Rússia".

O Congresso proibiu que o Departamento de Justiça gastasse um centavo na proposta de Bonaparte. O procurador-geral se esquivou da proibição. A manobra pode ter violado a lei. Mas estava de acordo com o espírito do presidente.

Theodore Roosevelt estava "pronto para chutar a Constituição sempre que ela se interpunha em seu caminho",[10] como observou Mark Twain. O início do FBI se deveu a essa ousada rebeldia.

"O PROCURADOR-GERAL SABE OU DEVERIA SABER"

Bonaparte esperou até que o Congresso entrasse em recesso, no fim de junho. Então usou o fundo de despesas do Departamento de Justiça para contratar oito agentes veteranos do Serviço Secreto como investigadores em tempo integral. Em 26 de julho de 1908,[11] assinou uma ordem formal criando uma nova Divisão de Inteligência com uma força de 34 homens chamados de "agentes especiais". Ele teria de mendigar, emprestar ou roubar o dinheiro e os homens que o presidente queria. E nomeou Stanley W. Finch — assistente judiciário sem autorização para advogar em Washington, D.C. — como primeiro chefe do Bureau of Investigation.

"As dificuldades para recrutar uma força de detetives confiável e eficiente são sérias",[12] avisou Bonaparte ao presidente, em caráter privado. A força tinha de ter "algum conhecimento dos refúgios e hábitos dos criminosos e seus membros com frequência eram obrigados a se associar e a utilizar em seu trabalho pessoas de padrões morais extremamente baixos". Os detetives "muitas vezes são tentados a produzir as provas desejadas", disse Bonaparte. O procurador-geral, portanto, justificadamente era o homem que deveria "ser chamado a responder" por suas ações.

O Congresso foi notificado da criação do Bureau of Investigation após o fato, em dezembro de 1908, em algumas poucas linhas do relatório anual de Bonaparte sobre o trabalho do Departamento de Justiça. "Tornou-se necessário que o departamento organizasse uma pequena força própria de agentes especiais", escreveu. "Tal ação foi involuntária por parte deste departamento." Isso sombreava a verdade, pois o presidente tinha ordenado a criação do Bureau.

Bonaparte em pessoa prometeu ao Congresso que o Bureau não se tornaria uma polícia secreta. Estaria acima da política. O procurador-geral, como principal oficial da lei na nação, comandaria e controlaria seus agentes. "O procurador-geral sabe ou deve saber o que estão fazendo em todos os momentos",[13] prometeu.

A distância entre "sabe" e "deve saber" se tornaria um perigoso abismo quando J. Edgar Hoover chegasse ao poder.

3

Traidores

Em 1º de agosto de 1919, Hoover se tornou chefe da recém-criada Divisão de Radicais do Departamento de Justiça. Ele possuía uma combinação única de poderes no governo dos Estados Unidos.

Ele supervisionava centenas de agentes e informantes que trabalhavam para o Bureau of Investigation. Podia pedir a prisão de quase qualquer um que escolhesse. Começou a organizar uma campanha nacional contra os inimigos do Estado. Tinha somente 24 anos.

Os Estados Unidos haviam lutado e vencido suas batalhas militares no exterior nos dois anos desde que Hoover se unira ao governo. Agora, estavam engajados em uma guerra política contra os inimigos no front doméstico.

O Departamento de Justiça e o Bureau of Investigation haviam usado seus poderes tanto contra estrangeiros quanto contra americanos desde o início da Primeira Guerra Mundial. O presidente Wilson tinha avisado que "cruéis espiões e conspiradores"[1] haviam "espalhado a sedição entre nós". Havia declarado que "muitos dos nossos foram corrompidos" por agentes estrangeiros. E tinha dito aos cidadãos que se opunham à guerra que eles eram, na verdade, combatentes inimigos. "Pobre do homem ou do grupo de homens que ficar em nosso caminho", havia finalizado.

Hoover tinha aprendido os mecanismos das prisões em massa durante seu primeiro ano no Departamento de Justiça. O departamento dispunha de uma lista de 1.400 alemães politicamente suspeitos morando nos Estados Unidos no dia em que a guerra foi declarada. Noventa e oito foram presos imediatamente; 1.172 foram considerados ameaças potenciais à segurança nacional, sujeitos à prisão a qualquer momento. Foram os primeiros suspeitos políticos que Hoover vigiou.

O Bureau iniciou seus primeiros programas de vigilância doméstica sob a Lei de Espionagem de 1917, arrebanhando radicais, grampeando conversações e abrindo correspondências. A lei tornou punível com a morte a posse de informação que pudesse prejudicar os Estados Unidos e o encarceramento aguardava qualquer um que "proferisse, imprimisse, escrevesse ou publicasse" ideias falsas. Mil e cinquenta e cinco pessoas foram condenadas sob a lei. Nenhuma era espiã. A maioria era constituída de dissidentes políticos que haviam falado contra a guerra. Seus crimes eram palavras, não atos.

Rose Pastor Stokes, imigrante russa casada com um socialista americano milionário, foi sentenciada a dez anos de prisão pela Lei de Espionagem por dizer que "nenhum governo para os exploradores pode ser também para o povo". Eugene V. Debs, líder do Partido Socialista Americano, foi indiciado por falar contra sua condenação. Ele havia recebido quase 1 milhão de votos ao concorrer contra o presidente Wilson, mas faria sua próxima campanha da prisão. "Acredito no direito à livre expressão, tanto na guerra quanto na paz",[2] disse Debs durante o julgamento. "Se a Lei de Espionagem finalmente se impôs, então a Constituição dos Estados Unidos está morta." O promotor do caso, Edwin Wertz, do Departamento de Justiça, respondeu que Debs era uma ameaça à sociedade porque suas palavras inflamavam as mentes americanas: se ficasse livre, então "um homem pode entrar em um teatro lotado [...] e gritar 'fogo' quando não há fogo". A Suprema Corte confirmou a sentença de dez anos por unanimidade. O juiz Oliver Wendell Holmes, o mais famoso jurista da nação, escreveu que os socialistas usavam "palavras que podem muito bem ter o efeito da força". Elas criavam "um claro e presente perigo" para a nação.

Com a continuação da guerra, o senador Lee Overman, republicano da Carolina do Norte — proeminente membro do Comitê Judiciário, que supervisionava o Departamento de Justiça —, exigiu ações mais vigorosas do Bureau contra "traidores, canalhas e espiões".[3] O senador avisou que 100 mil agentes estrangeiros de espionagem assombravam os Estados Unidos. Citando o Bureau como fonte, dobraria e redobraria o número a seu bel-prazer — 200 mil em um dia, 400 mil no dia seguinte.

O procurador-geral Thomas Gregory escreveu a um promotor do Departamento de Justiça: "Existe muita histeria no país a respeito de espiões alemães. Se você puder fazer a gentileza de empacotar entre um e uma dúzia, pagarei muito bem por seus esforços. Procuramos por eles constantemente, mas é difícil atirar neles até que tenham sido encontrados."[4]

A busca por espiões estrangeiros se tornou uma caça a fantasmas. O Exército, a Marinha, o Departamento de Estado, o Serviço Secreto, os U.S. Marshals e as forças policiais das grandes cidades competiam entre si e com o Bureau of Investigation nessa infrutífera perseguição. O Bureau enfrentou "uma enorme sobreposição de atividades investigativas entre as várias agências encarregadas de vencer a guerra",[5] lembrou o agente Francis X. Donnell. "Não era incomum que um agente do Bureau visitasse um indivíduo durante o curso de uma investigação apenas para descobrir que seis ou sete outras agências governamentais já o haviam entrevistado sobre o mesmo assunto."

A busca estava aberta a todos. O procurador-geral Gregory e o diretor de tempos de guerra do Bureau, A. Bruce Bielaski, apoiavam executivos de todo o país que financiavam a ultrapatriótica Liga Americana de Proteção — gangues de cidadãos que espionavam suspeitos de subversão. Eles trabalhavam em grupos, usando broches que os proclamavam membros de um "serviço secreto". Em seu auge, a liga afirmou possuir mais de 300 mil membros.[6] Os mais zelosos gostavam de assaltar e espancar seus compatriotas americanos em nome da justiça e da bandeira. Os rumores, fofocas e insinuações recolhidos pela liga enchiam os arquivos do Bureau of Investigation.

O enteado do presidente Wilson, o secretário do Tesouro William G. McAdoo, disse ao presidente que a aliança entre o Bureau e a liga apresentava "gravíssimos riscos de mal-entendidos, confusão e mesmo fraude".[7] Isso fez o presidente pensar; Wilson perguntou ao procurador-geral Gregory se os vigilantes eram a melhor força que a nação conseguia reunir. Afirmou que era "muito perigoso ter uma organização como essa operando nos Estados Unidos e eu me pergunto se podemos fazer algo para desbaratá-la". O presidente disse saber que tinha sido "negligente por não ter buscado uma solução" para a desordem nas fileiras governamentais — mas ainda "estava em dúvida sobre a melhor solução".

O procurador-geral Gregory tinha uma resposta. Enquanto os holofotes varriam os céus dos Estados Unidos e as sirenes de alarme soavam cada vez mais alto, ele fez com que o Bureau of Investigation passasse a trabalhar como força política de ataque.

O Bureau conduziu duas grandes batidas políticas durante a guerra. A primeira foi o ataque nacional aos Operários Industriais do Mundo (Industrial Workers of the World, IWW), um movimento operário de esquerda com 100 mil membros nos Estados Unidos. O IWW havia aprovado uma resolução contra a guerra; apenas essa retórica já era um crime político, de acordo com a Lei de Espionagem. O procurador-geral pretendia tirá-lo de circulação. O presidente Wilson aprovava calorosamente. O jornal *The New York Times* afirmou que os líderes do sindicato eram, "com efeito, e talvez de fato, agentes da Alemanha",[8] sob a teoria de que os alemães lhes pagavam para subverter as indústrias americanas. O jornal sugeriu que "as autoridades federais se livrem rapidamente desses conspiradores e traidores". Agentes do Bureau e membros da Liga Americana de Proteção seguiram a sugestão. Derrubaram portas de escritórios, residências e sindicatos do IWW em 24 cidades do país, confiscando toneladas de documentos e prendendo centenas de suspeitos. Três julgamentos em massa levaram à condenação, pela Lei de Espionagem, de 165 líderes sindicais. As sentenças chegaram a vinte anos.

Os políticos e o público aplaudiram as ações. Pedidos de prisão dos traidores, canalhas e espiões soaram dos púlpitos das igrejas e das câmaras das legislaturas estaduais. O procurador-geral encontrou um alvo fácil. Ele autorizou o Bureau of Investigation a prender os "indolentes" — homens que haviam deixado de se registrar para o recrutamento militar — na primavera e verão de 1918.

A maior investida contra os indolentes foi uma ação de três dias com início em 3 de setembro, a operação mais ambiciosa dos então dez anos de história do Bureau of Investigation. Trinta e cinco agentes se reuniram sob a direção de Charles de Woody, chefe do escritório de Nova York. Os homens do Bureau foram apoiados por 2 mil membros da Liga Americana de Proteção, 2.350 soldados da Marinha e do Exército e pelo menos duzentos policiais. Eles invadiram as ruas de Manhattan e do Brooklyn ao alvorecer, cruzaram o rio Hudson em balsas e se espalharam por Newark e Jersey City. Prenderam entre 50 e 65 mil suspeitos, agarrando-os nas calçadas, arrancando-os de restaurantes, bares e hotéis, e fazendo-os marchar até as cadeias e arsenais locais. Cerca de 1.500 desertores e burladores da convocação estavam entre os acusados. Mas dezenas de milhares de homens inocentes foram presos sem motivo.

O procurador-geral Gregory tentou renegar a operação, mas o Bureau não permitiu. "Ninguém me transformará em bode expiatório",[9] desafiou Charles de Woody. "Tudo que fiz nessa operação foi sob direção do procurador-geral e do chefe do Bureau of Investigation."

A tempestade política em relação à falsa detenção e ao aprisionamento de milhares de pessoas foi breve. Mas, logo em seguida, tanto Gregory, procurador-geral, quanto Bielaski, chefe do Bureau, pediram demissão. Seus nomes e reputações desapareceram ao vento. Seus legados permanecem apenas porque eram a herança de Hoover.

"A MAIS GRAVE AMEAÇA A ESTE PAÍS"

A ameaça vermelha começou a capturar a imaginação do governo americano nas últimas semanas da Primeira Guerra Mundial.

O presidente Wilson enviou 14 mil soldados para o combate contra os revolucionários bolcheviques nas fronteiras congeladas da Rússia. Ainda estavam lutando quando as armas silenciaram na Europa em 11 de novembro de 1918. A primeira batalha dos Estados Unidos contra o comunismo foi lutada com munição viva.

O presidente também iniciou um ataque político aos radicais russos. Chocando seus principais aliados, autorizou pessoalmente a publicação de dossiês secretos, com o objetivo de mostrar que os líderes da Revolução Russa eram agentes pagos do governo alemão. Os documentos haviam sido entregues à Casa Branca por um dos especialistas em propaganda de Wilson, que os considerou "o maior furo da história".[10] O presidente não consultou ninguém sobre sua autenticidade. Eram falsos — cruas falsificações vendidas a um americano crédulo e ávido por um impostor tsarista —, mas mudaram o tom da conversa política nos Estados Unidos.

O Congresso se uniu à guerra contra o comunismo. Em janeiro de 1919, o Senado americano iniciou audiências sobre o assunto, lideradas pelo senador Lee Overman, do Comitê Judiciário. O Departamento de Justiça concedeu ao senador acesso total aos registros do Bureau of Investigation. Em troca, seu comitê entregou ao Bureau cópias dos relatórios de todos os setores do governo. Esses arquivos foram a pedra angular da carreira de J. Edgar Hoover.

O tom das audiências foi estabelecido pelo depoimento de um advogado nova-iorquino chamado Archibald Stevenson, especialista — basicamente autodidata — em assuntos soviéticos.

"A ideia, então, é formar um governo dentro deste governo?", perguntou o senador Overman. "E derrubar este governo?"

"Isso mesmo", respondeu Stevenson.

"O senhor acha que esse movimento está crescendo constantemente neste país?"

"Sim", disse Stevenson, e constituía "a mais grave ameaça a este país atualmente".

"O senhor pode nos fornecer uma solução?", perguntou o senador.

"Os agitadores estrangeiros deveriam ser deportados", disse ele. "Cidadãos americanos que defendem a revolução deveriam ser punidos."

O senador Overman concluiu dizendo que estava mais que na hora de "levar esse depoimento ao conhecimento do povo americano e deixá-lo saber o que está acontecendo neste país".

Com a intensificação do alarme do Senado em relação à ameaça vermelha, o espírito de luta voltado à guerra mundial começou a decrescer. Nove milhões de operários americanos que trabalhavam na indústria bélica começaram a ser desmobilizados. Descobriram que os empregos eram escassos. O custo de vida havia quase dobrado desde o início do conflito. Enquanto 4 milhões de soldados americanos começavam a voltar para casa, 4 milhões de operários entraram em greve. Os Estados Unidos nunca haviam visto tais confrontos entre empregados e empregadores. As forças da lei e da ordem concluíram que os vermelhos estavam por trás de tudo.

Em 21 de janeiro de 1919 — o dia em que o Senado ouviu o primeiro depoimento sobre a ameaça vermelha —, 35 mil operários dos estaleiros em Seattle deixaram seus trabalhos. Tropas federais acabaram com o levante, mas o espírito de greve se espalhou para as minas de carvão e siderúrgicas, para os operários têxteis e operadores de telefonia e, por fim, para a força policial de Boston. Centenas e centenas de greves jogaram areia nas engrenagens da máquina americana. Medo político e econômico atravessou o país.

A Casa Branca estava vazia. O presidente Wilson tinha atravessado o Atlântico a bordo do *USS George Washington*, pretendendo pôr fim a todas as guerras. Ele e seus mais confiáveis assessores foram à França atrás de seu sonho sobre a Liga das Nações, uma aliança global para manter a paz. Wilson chamava sua proposta de aliança; um elemento messiânico coloria sua missão. Seus aliados de guerra, os líderes da Inglaterra e da França, acharam-no insuportavelmente santimonial. Estavam muito mais interessados em punir a Alemanha que em construir um mundo novo baseado nas visões de Wilson.

Sem um tratado de paz, os Estados Unidos ainda estavam em estado de guerra no exterior. Sem um presidente na Casa Branca, a nação não tinha ninguém para liderar a guerra interna.

Wilson ficou fora dos Estados Unidos de 4 de dezembro de 1918 a 24 de fevereiro de 1919. Nove dias depois, partiu novamente para a França, onde permaneceu durante quatro meses. No dia em que embarcou pela segunda vez, nomeou um velho aliado político como novo procurador-geral.

A. Mitchell Palmer era um homem atraente de 47 anos, três vezes deputado pela Pensilvânia, quacre pacifista e orador fluente, com princípios flexíveis e grandiosas ambições. Membro em ascensão do Comitê Democrata Nacional, havia servido como administrador político de Wilson na convenção democrata de 1912. Em 1918, tinha dirigido a Unidade de Propriedades de Estrangeiros do Departamento de Justiça como um feudo, dando a amigos e associados a custódia de propriedades alemãs apreendidas e o direito a patentes que valiam milhões. Em seguida, saltou sobre a chance de dirigir o Departamento de Justiça.

Palmer tinha um grande objetivo em mente. Gostava de pensar em si mesmo como o próximo presidente dos Estados Unidos.

"Vamos dinamitá-los!"

Trinta e seis pacotes pardos de dinamite encontraram seu caminho por intermédio do serviço postal americano no fim de abril de 1919. Constituíram a maior conspiração para cometer homicídio político na história dos Estados Unidos.

Em 29 de abril, a primeira bomba alcançou Atlanta, entregue na casa de Thomas W. Hardwick, que havia acabado de deixar seu cargo como senador pela Geórgia. Hardwick tinha ajudado a aprovar a nova Lei de Exclusão Anarquista, que visava a deportar radicais estrangeiros. A bomba explodiu nas mãos de sua governanta.

Nenhuma das bombas postais atingiu a vítima pretendida. Um carteiro de Nova York encontrou dezesseis delas na prateleira de devolução: os remetentes não haviam colado selos suficientes. Os pretensos assassinos evidentemente eram semianalfabetos e haviam escrito errado o nome de alguns dos destinatários. Mas sua lista de alvos era sofisticada.

O procurador-geral Palmer era o primeiro. O juiz da Suprema Corte Oliver Wendell Holmes também estava nela. Assim como o juiz Kenesaw Mountain Landis, que havia supervisionado mais de cem condenações relacionadas à Lei de Espionagem. Cinco membros do Congresso haviam sido marcados para morrer, incluindo o senador Overman. O secretário do Trabalho e o comissário federal de Imigração, ambos responsáveis por procedimentos de deportação permitidos pela Lei de Exclusão Anarquista, estavam na lista. E também o prefeito e o comissário de polícia de Nova York. Os alvos mais famosos eram os principais banqueiros da nação, John D. Rockefeller e J. P. Morgan. O menos famoso era um agente do Bureau of Investigation, gorducho e calvo, chamado Rayme Finch.

Finch tinha passado meses caçando membros de uma gangue de anarquistas italianos liderados por Luigi Galleani, fundador de um jornal clandestino chamado *Cronaca Sovversiva* [Crônica Subversiva]. Galleani tinha cerca de cinquenta seguidores, que levavam à risca sua conclamação por uma revolução violenta, homicídio político e uso de dinamite para espalhar o terror entre a classe dirigente. Revolucionários cultos haviam traçado uma clara linha divisória entre propaganda por meio de palavras e propaganda por meio de atos. Galleani acreditava nos atos. Finch e alguns colegas do Bureau of Investigation haviam seguido uma trilha irregular do vale do rio Ohio até o oceano Atlântico, culminando, em fevereiro de 1918, em uma batida no escritório do *Cronaca Sovversiva* em Lynn, Massachusetts. A batida tinha levado à prisão de Galleani e, um ano depois, à ordem judicial para sua deportação, juntamente com oito de seus seguidores mais próximos, em cumprimento da nova Lei de Exclusão Anarquista. No fim de janeiro de 1919, Galleani havia acabado de apresentar sua última apelação quando surgiu um folheto nas cidades operárias de Massachusetts e Connecticut, assinado por "Os Americanos Anarquistas". Eles prometiam uma tempestade de "sangue e fogo".

"Deportações não impedirão que a tempestade chegue a estas costas", dizia. "Deporte-nos! *Vamos dinamitá-los!*"

Na noite de 2 de junho de 1919, outras nove bombas explodiram em sete cidades. Novamente, todos os alvos escaparam com vida. Em Nova York, o alvo era um juiz municipal, embora um vigia noturno tenha sido morto nas ruas. Em Cleveland, o alvo era o prefeito; em Pittsburgh, um juiz federal e um inspetor de imigração; em Boston, um juiz local e um congressista estadual. Na Filadélfia, as bombas atingiram uma igreja; em Paterson, Nova Jersey, a casa de um comerciante.

Em Washington, D.C., um jovem explodiu a si mesmo na soleira do procurador-geral Palmer. A explosão abalou várias casas elegantes. Franklin Delano Roosevelt, o secretário adjunto de 37 anos da Marinha dos Estados Unidos, estava voltando para casa após um jantar com a esposa Eleanor quando a explosão sacudiu a noite de primavera. As janelas frontais de sua casa na R Street, 2.131, em Washington, explodiram. Do outro lado da rua, Palmer estava em pé nas ruínas de seu alpendre. A fachada da casa fora destruída.

As calçadas ficaram cheias de estilhaços de vidro, galhos quebrados e fragmentos de carne e ossos. Levou-se muito tempo para determinar que os fragmentos do corpo desintegrado eram, muito possivelmente, os restos mortais de um imigrante de 23 anos chamado Carlo Valdinoci, o editor do *Cronaca Sovversiva*.

Exemplares de uma nova diatribe contra o governo, impressas em papel cor-de-rosa, flutuavam sobre os escombros. "Estamos em guerra, uma guerra de classes, e vocês a declararam, escondidos atrás das poderosas instituições que chamam de ordem, na escuridão de suas leis", dizia. "Sangue será derramado e vocês não terão como evitar; haverá mortes: mataremos, se for necessário; terá de haver destruição: causaremos destruição para livrar o mundo de suas instituições tirânicas." O panfleto estava assinado: "Os Guerreiros Anarquistas."

"A CHAMA DA REVOLUÇÃO"

Os escritórios de campo do Bureau of Investigation em Boston e Pittsburgh foram os primeiros a relatar que Moscou estava por trás dos atentados com bomba.

Palmer tinha presumido que os vermelhos eram os responsáveis. Ele havia se tornado procurador-geral na mesma semana em que os soviéticos proclamaram o Comintern — o movimento comunista internacional. Anunciando que o movimento pretendia destruir a ordem mundial existente, Lenin abertamente tinha convidado os americanos a se unirem a eles.

Na manhã de 3 de junho, sentado nas ruínas de sua biblioteca, Palmer recebeu uma pequena delegação de membros do Senado e da Câmara. "Eles me pediram, em termos enérgicos, para exercer todo poder possível", relatou. "Palmer, peça o que quiser e você terá."

Na primeira página de todos os jornais dos Estados Unidos, ele prometeu caçar os autores do atentado. Agora, precisava de caçadores.

Primeiro, escolheu um novo líder para o Bureau of Investigation: William J. Flynn, ex-chefe do Serviço Secreto. Palmer orgulhosamente o apresentou à imprensa como o melhor detetive americano. Antigo policial nova-iorquino com curso superior, Flynn tinha trabalhado como encanador antes de encontrar sua vocação. Fornecia belas rotogravuras, com seu chapéu-coco, seu charuto e a grande barriga de cerveja e cafés da manhã. Tinha alguns repórteres de Nova York e Washington na mão e cultivava a reputação de mestre investigativo que nunca desistia de um caso.

Flynn tinha avisado à nação que centenas de milhares de agentes estrangeiros estavam nos Estados Unidos. Ele acreditava que o governo tinha o direito de prender qualquer número de suspeitos para apanhar um espião ou sabotador. Seu primeiro movimento foi investir contra os vermelhos.

Em 12 de junho de 1919, agentes do Bureau of Investigation e da polícia estadual de Nova York saquearam os recém-inaugurados escritórios diplomáticos soviéticos no número 11 da East 40th Street,[11] em Manhattan. Recolheram resmas de documentos — mas nada que ligasse os vermelhos aos atentados.

No dia seguinte, o procurador-geral Palmer foi até o Congresso e pediu dinheiro e novas leis para deter vermelhos e radicais. Ele avisou que o próximo ataque poderia ocorrer dali a dias ou semanas, talvez no 4 de Julho. Tinha começado a ver uma crescente conspiração global entre comunistas e trapaceiros comuns, simpatizantes do comunismo e pervertidos sexuais — "uma formação em massa dos criminosos do mundo para destruir as decências da vida privada".[12] E tomou o atentado a sua casa como o sinal mais claro de que "a chama da revolução está atingindo todas as instituições da lei e da ordem" nos Estados Unidos, "tocando os altares das igrejas, saltando sobre o campanário dos sinos das escolas, esgueirando-se para os recessos sagrados dos lares americanos".

Em 17 de junho, Palmer e Flynn se reuniram com um grupo de assessores no Departamento de Justiça. E anunciaram que, em breve, o Bureau of Investigation apanharia os autores dos atentados. Flynn estava convencido de que os ataques haviam sido obra dos bolcheviques russos.

Seis dias depois, agentes do Bureau entrevistaram Luigi Galleani, que estava em uma cela de detenção em Deer Island, no Porto de Boston, esperando deportação. Não conseguiram nada. Na manhã seguinte, ele embarcou em um navio para a Itália e jamais poria os pés nos Estados Unidos novamente. Ele e sua gangue anarquista nunca foram acusados; a investigação continuou durante 25 anos, sem solução. Seus seguidores iriam se manifestar novamente em breve, realizando o maior ataque terrorista que os Estados Unidos já viram até então.

"Agências secretas por toda parte"

Dois navios cruzaram o Atlântico. Um levou Galleani para longe dos Estados Unidos. O outro trouxe o presidente para casa.

Em 8 de julho, Woodrow Wilson voltou aos Estados Unidos após cinco meses lutando em vão por sua Liga das Nações. Sua visão da paz mundial estava se desfazendo, evanescente como as ondas do oceano. O apoio dos aliados de guerra dos Estados Unidos era bem reduzido. O Senado americano se mostrava cada vez mais desdenhoso. Wilson rapidamente se engajou em uma campanha pelo país, levando seu argumento aos cidadãos. Não existiam estações nacionais de rádio em 1919; o presidente tinha de entregar sua mensagem pessoalmente. Ele viajou mais de 12 mil quilômetros pelas ferrovias, fazendo quarenta discursos em quinze estados.

O presidente parecia um profeta da ruína. Ofegando, tossindo, com visão dupla e às vezes cegado pelas dores de cabeça, Wilson descreveu cenas apocalípticas ao povo americano. Falou da nação e do mundo sob a incessante ameaça de guerra. E descreveu a Revolução Russa como uma gigantesca nuvem de gás letal, flutuando para oeste sobre o Atlântico, levando para os Estados Unidos "o veneno da desordem, o veneno da revolta, o veneno do caos".[13]

"Honestamente, meus caros compatriotas, vocês acham que esse veneno já não entrou nas veias deste povo livre?", perguntou o presidente. "Homens olham com calma em seus olhos, aqui nos Estados Unidos, e dizem apoiar esse tipo de revolução, quando esse tipo de revolução significa governo pelo terror." Sem paz, "esse veneno se espalhará de modo inexorável, mais e mais rapidamente, até que mesmo nossa terra amada será perturbada e distorcida por ele".

Ele avisou que os Estados Unidos tinham de estar preparados para lutar "em qualquer parte do mundo onde a ameaça de guerra estiver presente". Seus inimigos não descansariam: "Precisamos vigiá-los com agências secretas por toda parte." A nação teria de manter um grande contingente do Exército e da Marinha em constante estado de alerta.

"E não se pode fazer isso com livre debate", disse o presidente. "Não se pode fazer isso com conselho público. Os planos devem ser mantidos secretos. O conhecimento deve ser acumulado sob um sistema que condenamos e chamamos de sistema de espionagem. Os mais polidos o chamam de sistema de inteligência."

Enquanto o presidente viajava para o oeste pelas Grandes Planícies, um novo sistema americano de inteligência tomava forma em Washington.

"Quando chegar a hora de uma revolução"

Em 1º de agosto de 1919, o procurador-geral designou J. Edgar Hoover para esmagar a conspiração comunista contra os Estados Unidos. Ele havia gostado imediatamente de Hoover, cujo trabalho incessante tinha recebido muitos elogios de seus chefes no Departamento de Justiça.

Hoover, como novo chefe da Divisão de Radicais, tinha sob seu comando 61 agentes do Bureau of Investigation e 35 informantes.[14] Ele começou a alimentar os arquivos do Bureau com informações da inteligência militar, do Departamento de Estado e do Serviço Secreto. Solicitou a ajuda dos serviços de imigração e de passaportes, de carteiros, comissários de polícia, detetives particulares e vigilantes políticos. Equipes de especialistas em abrir portas e cofres,[15] tanto do Bureau quanto da Unidade de Inteligência Naval, invadiram embaixadas e consulados estrangeiros para roubar códigos e cifras.

Ele usou a autoridade que lhe foi concedida como uma força magnética, reunindo fragmentos de informações espalhados pelo governo, criando casos secretos contra dezenas de milhares de suspeitos políticos. Americanos e estrangeiros podiam entrar em sua lista de inimigos ao frequentarem reuniões políticas ao lado de um informante ou assinarem qualquer um dos 222 jornais radicais em língua estrangeira publicados nos Estados Unidos.

A provisão de segredos de Hoover formou as fundações de um primitivo sistema central de inteligência. Três meses após assumir o cargo, ele controlava arquivos sobre mais de 60 mil pessoas e o Bureau havia compilado pelo menos o mesmo número de dossiês sobre os lugares onde se reuniam, as publicações que liam e os grupos políticos a que se filiavam. Cada uma dessas pessoas tinha de ser avaliada como ameaça potencial à segurança nacional. Cada uma delas poderia ter um papel na clandestinidade, ser um soldado camuflado no que Hoover passou a chamar de "louca marcha do fascismo vermelho",[16] dedicada a criar uma América soviética.

Lenin e Stalin estavam subindo ao poder em meio ao caos político na Rússia. O medo de que sua revolução se espalhasse era imenso.

Em 12 de agosto, sua segunda semana no emprego, Hoover começou "uma vigorosa e inclusiva investigação"[17] de cidadãos americanos e estrangeiros "que defendiam mudanças na presente forma de governo pelo uso da força ou da violência". O Departamento de Justiça queria provas "de qualquer natureza, indiretas ou de outras formas", contra os comunistas americanos. As provas indiretas poderiam ser usadas em acusações sob as novas leis que Palmer exigia do Congresso. Ele havia vasculhado os estatutos à procura de novas maneiras de deter e prender americanos por sedição em tempos de paz.[18] Em 1919, setenta projetos de lei desse tipo foram apresentados ao Congresso. Nenhum passou.

Em 23 de agosto, Hoover começou uma série de encontros com o comissário de imigração Anthony Caminetti, um político californiano de 65 anos com um grande bigode branco de pontas curvas. Hoover tinha trabalhado com seus agentes durante a guerra. Caminetti controlava registros sobre cerca de 13 milhões de imigrantes — uma em cada oito pessoas nos Estados Unidos, incluindo 1,7 milhão nascidas na Alemanha, 1,6 milhão na Itália e 1,4 milhão na Rússia. Hoover suspeitava que as tropas de choque do fascismo vermelho estavam entre elas. Juntos, começaram a trabalhar em um plano para livrar a nação de seus inimigos. A Lei de Exclusão Anarquista lhes dava o poder de exilar estrangeiros que defendiam a revolução com apenas uma audiência sumária, sem acusações formais ou condenações. Hoover propôs ganhar a aclamação popular ao transformar dois dos mais famosos incitadores políticos nos Estados Unidos em seus primeiros deportados: Emma Goldman e Alexander Berkman. Felizmente para Hoover, ambos estavam presos por agitação contra a guerra, ambos deveriam ser soltos naquele mês e ambos podiam ser acusados rapidamente e enviados para sua nativa Rússia.

Goldman defendia o ateísmo, o amor livre, o controle de natalidade e outras doutrinas ilegais. Hoover a chamava de "Rainha Vermelha da

Anarquia". Berkman, seu antigo amante, tinha passado metade da vida na prisão por tentar assassinar o magnata do aço Henry Frick. Ele nunca havia alegado ser cidadão americano e o caso contra ele era muito simples. Mas Goldman afirmava ser americana por casamento, um impedimento a sua deportação. Hoover se encarregou pessoalmente do desafio.

Na mesma semana, no fim de agosto de 1919, Hoover enviou seus agentes para se infiltrarem em duas das principais organizações de esquerda no país. Ambas estavam se reunindo em Chicago em função do Dia do Trabalho.

Uma era o Partido Socialista. Durante anos, os socialistas haviam tentado trabalhar abertamente dentro do sistema político americano: seus candidatos haviam concorrido em eleições locais e estaduais por todo o país, com algumas vitórias. Mas com seu líder, Eugene Debs, na prisão, sua hierarquia estava fragmentada. Seus membros mais radicais se revoltaram, liderados pelo vistoso John Reed, agente secreto soviético e autor de um relato romântico sobre o levante bolchevique, *Os dez dias que abalaram o mundo*. Reed havia se unido a seu amigo Benjamin Gitlow, membro radical da Assembleia Estadual nova-iorquina, em uma estridente facção que se autointitulava Partido Trabalhista Comunista.

O segundo grupo sob vigilância era a pouco conhecida União dos Trabalhadores Russos. Os olhos de Hoover haviam caído sobre um relatório a respeito da União, apresentado por um agente de muita iniciativa chamado Edgar B. Speer. Antigo jornalista de Pittsburgh, Speer tinha boas fontes entre os senhores do carvão e do aço no centro-oeste; seu filho era presidente do conselho da U.S. Steel Corporation. Eles o haviam alertado sobre a presença da União dos Trabalhadores Russos entre os mineiros da Pensilvânia, Ohio e West Virginia. Speer havia estudado documentos apreendidos na sede da União em Manhattan e tinha concluído que se tratava de uma conspiração de milhares de imigrantes — ateístas, comunistas, anarquistas — preparando-se para um levante contra os Estados Unidos. Eram "terroristas", relatou, "prontos para qualquer tipo de tarefa quando chegar a hora da revolução".[19]

Hoover começou a preparar a contrarrevolução americana.

4

Comunistas

O Partido Comunista dos Estados Unidos da América nasceu no salão da Federação Russa de Chicago em 7 de setembro de 1919. Ao menos cinco agentes do governo estavam presentes ao nascimento. Seus relatos foram diretamente para J. Edgar Hoover. Estavam entre os primeiros despachos da Guerra Fria nos Estados Unidos.

O salão tinha sido enfeitado com fitas, flâmulas e bandeiras vermelhas, relatou o agente especial do Bureau August H. Loula. A polícia de Chicago havia destruído a decoração antes que os delegados fossem chamados à ordem, embora tivesse deixado para trás um banner de musselina vermelha de 23 metros de altura que dizia: VIDA LONGA À DITADURA DO PROLETARIADO.

Os 137 delegados presentes à convenção eram zelotes com talento para maquinações políticas. Durante o verão, haviam obtido o apoio de milhares de socialistas de carteirinha, muitos dos quais eram membros da União dos Trabalhadores Russos.

Entre os delegados, estava o Informante Confidencial nº 121 do Bureau of Investigation, um nativo russo da cidade siderúrgica de Gary, Indiana, listado como N. Nagorowe. Ele tinha sido designado para espionar "sessões secretas dos líderes do movimento comunista ou qualquer outro procedimento secreto que possa ser contemplado pelos radicais"[1] fora do salão, como relatou o agente Loula.

A reunião era aberta ao público e minutas mimeografadas foram distribuídas no salão. Mas o Informante Confidencial nº 121 relatou que "toda a partida foi jogada atrás de portas fechadas",[2] conduzida "pelo Rolo Compressor Russo, como os delegados americanos mais tarde se referiram a ele".

Enquanto a polícia rasgava fitas vermelhas no primeiro andar, os russos e seus aliados eslavos se reuniam secretamente no segundo. Eles juraram que "este partido deve ser uma cópia exata do original russo". Eles incitariam a rebelião entre os trabalhadores americanos e "os treinariam nas táticas dos bolcheviques para a derrubada do governo e a tomada do Estado pelo Partido Comunista".

Em 7 de setembro, o Informante Confidencial nº 121 enviou ao agente especial do Bureau Jacob Spolansky, que falava russo, um rascunho da constituição do novo grupo.

"O nome desta organização será O PARTIDO COMUNISTA dos Estados Unidos",[3] dizia a constituição. "Seu objetivo será a educação e a organização da classe trabalhadora para o estabelecimento da Ditadura do Proletariado, a abolição do sistema capitalista e o estabelecimento da Sociedade Comunista."

"DERRUBAR O GOVERNO"

Em 8 de setembro de 1919, Hoover já havia estudado dezenas de relatórios vindos de Chicago — discursos e panfletos denunciando os oficiais da lei como "degoladores e cafetões",[4] clamando por greves nacionais, pela revolução dos trabalhadores e pela criação de uma América soviética.

Hoover achou que a nação enfrentava uma insurreição diferente de qualquer outra desde a Guerra Civil. Concluiu que os vermelhos de Chicago eram controlados pela Internacional Comunista em Moscou. E escreveu um relatório ao Congresso, dizendo que seus objetivos se resumiam a apenas um: "derrubar o governo dos Estados Unidos pela força e pela violência".[5]

Hoover intuiu corretamente sobre a conexão com Moscou. Arquivos soviéticos exumados após o fim da Guerra Fria terminaram mostrando que o Comintern tentava subscrever seus aliados americanos com ouro e diamantes contrabandeados —[6] e que John Reed era um dos contrabandistas. Quanto dinheiro de fato chegou aos cofres dos comunistas americanos vindo da Rússia revolucionária é outra questão. Podem ter sido dezenas de milhares de dólares, centenas de milhares ou mais; muitos intermediários estiveram envolvidos — nem todos eram honestos. O Comintern também enviou um comunicado secreto a seus aliados americanos naquele verão, urgindo-os a incitarem greves e levantes por todo o país. Embora seu efeito não possa ser mensurado, os fatos são claros. Os trabalhadores americanos se ergueram contra seus patrões em uma nova onda de protestos após o Dia do Trabalho de 1919.

Em 9 de setembro, três quartos do departamento de polícia de Boston pararam quando seu comissário rejeitou o pedido por um sindicato. Os policiais eram tão comunistas quanto Woodrow Wilson, mas o presidente os chamou de criminosos e o governador de Massachusetts, Calvin Coolidge, convocou a Guarda Nacional e demitiu todos os 1.117 policiais que protestavam.

O dia 10 de setembro chegou com uma greve nacional dos operários do ferro e do aço. Imigrantes russos e eslavos cobriam muitos dos piores turnos das siderúrgicas, trabalhando setenta horas por semana, em condições mortais, por menos que o necessário para sobreviver. Ao menos 275 mil trabalhadores entraram em greve, exigindo jornadas de oito horas, semana de seis dias e o direito de negociar coletivamente. O procurador-geral Palmer e o Departamento de Justiça se esforçaram para atribuir a greve aos comunistas, em particular a um sindicalista chamado William Z. Foster, mais tarde líder secreto do movimento comunista americano. Hoover caçaria Foster pelos quarenta anos seguintes. Os executivos do aço chamaram soldados, policiais, detetives particulares e milícias locais para esmagar os operários. O Departamento de Guerra atendeu a solicitações de estados e cidades para desmantelar as greves do aço e o Exército impôs a lei marcial quando solicitada.

Ninguém buscou a aprovação do presidente Wilson. Ele já não falava. Em 25 de setembro, enquanto estava em campanha pela Liga das Nações, em um trem perto de Pueblo, Colorado, o presidente se voltou para seu médico e disse não conseguir respirar. Foi para sua cabine, mas não pôde se levantar na parada seguinte em Wichita, Kansas. "Pareço estar me despedaçando", murmurou. O trem voltou para Washington a toda velocidade. Wilson desmaiou na Casa Branca uma semana depois. Em 2 de outubro, um derrame catastrófico o deixou à beira da morte.

O presidente jazia na cama de Lincoln, com o lado esquerdo paralisado e sem conseguir falar. A imprensa e o público foram informados de que estava exausto, nada mais. Seu derrame foi mantido em sigilo, com exceção de seu círculo mais íntimo. Naquela hora de crise, o país estava sem um líder. O presidente permaneceu invisível, preso na Casa Branca, e seu poder se esvaiu.

"Condenados à Sibéria"

O procurador-geral Palmer via a si mesmo como presidente potencial. E precisava de um rápido sucesso político para capturar a atenção do país.

A pressão sobre ele estava crescendo. O Congresso exigia ação. Em 17 de outubro, o Senado aprovou uma resolução perguntando explicitamente a Palmer se havia feito algo para lutar contra as forças que tentavam derrubar o governo — "e, se não, por quê".[7] Seu Departamento de Justiça não tinha condenado nenhum revolucionário, os atentados com bomba permaneciam sem solução e os líderes do Partido Comunista em Chicago provocavam abertamente os agentes do Bureau que os confrontavam, dizendo que podiam dizer e escrever o que quisessem, graças à Constituição.[8]

Palmer se voltou para J. Edgar Hoover em busca de resultados.

Em 27 de outubro, Hoover estava em Nova York, cara a cara com Emma Goldman em uma pequena sala do grande edifício do Centro de Imigrantes em Ellis Island.[9] A Estátua da Liberdade estava a 800 metros, no porto, segurando sua tocha. Hoover tinha passado dias na cidade preparando o caso de deportação. Em um momento de folga, havia visto a polícia montada golpear manifestantes russos durante uma marcha pró-soviética na Fifth Avenue.

Hoover, na mesa do governo, estava sentado diante de pilhas de discursos e textos de Goldman, diatribes anarquistas remontando a uma década. Usou suas próprias palavras contra ela. A decisão do inspetor de imigração jamais esteve em questão: havia perguntado a Goldman se ela era anarquista e ela havia se recusado a responder. Ele tinha determinado que sim e, deste modo, ela podia ser deportada para a Rússia. A única questão remanescente era como. Hoover resolveu esse problema. Trabalhando com o Departamento de Guerra e com o Departamento de Estado, requisitou um navio de transporte de tropas, o *Buford*, retirado de serviço apenas alguns dias antes. O navio tinha quase trinta anos, vazava e adernava, mas ainda era navegável o bastante para levar de volta para casa 4.700 soldados americanos que retornavam da França naquele ano.

O *Buford* levaria milhares dos mais desprezados radicais dos Estados Unidos de volta para o lugar de onde tinham saído.

Em 30 de outubro, Hoover ordenou que seus agentes se preparassem para sua primeira batalha direcionada: a prisão em massa de membros da União dos Trabalhadores Russos. "O Bureau of Investigation deseja colocar sob custódia os líderes das unidades locais da União dos Trabalhadores Russos",[10] escreveu Hoover ao chefe de imigração, Caminetti, em 3 de novembro. Ele solicitou "a cooperação dos inspetores de imigração no momento em que a prisão dessas pessoas for efetuada". Caminetti lhe disse para ir em frente. As batidas foram marcadas para a noite de sexta--feira, 7 de novembro de 1919 — o segundo aniversário da Revolução Russa. Não era segredo que os apoiadores dos soviéticos planejavam marcar a data com discursos e comícios nas cidades americanas.

Os homens de Hoover atacaram por volta das oito da noite. Os agentes do Bureau, acompanhados pela polícia de Nova York, cercaram a sede nacional da União dos Trabalhadores Russos na East 15th Street. Retiraram todos do local, em um total de mais de duzentas pessoas, golpeando algumas com cassetetes, pedaços de balaústre e um pé de cabra de aço, quebrando ossos, fraturando crânios e saqueando o edifício com tanta violência que as salas pareciam ter sido dinamitadas. A polícia de Nova York cumpriu 71 mandados de busca pela cidade e prendeu todos os comunistas de carteirinha que conseguiu encontrar. Os homens do Bureau trabalharam duro em todo o país. Executaram à risca a justiça em Chicago, Detroit, Cleveland, Pittsburgh e mais uma dúzia de cidades. Hoover trabalhou furiosamente para inundar os jornais com toda a incendiária propaganda comunista que seus agentes apreenderam naquela noite.

A publicidade foi tremenda. Palmer foi saudado como herói conquistador. A aclamação dos políticos e da imprensa cresceu. A caravana "Palmer para presidente" começou a rodar. Cheio de orgulho e do intoxicante espírito da autopromoção, ele proclamou que as prisões haviam destruído o complô comunista contra os Estados Unidos.

Mas os resultados foram ocultados da visão pública. Os homens do Bureau haviam capturado mais pessoas do que planejavam prender e Hoover havia obtido muito menos mandados que o necessário. Os arquivos do Bureau mostram que 1.182 suspeitos foram presos em dezoito cidades de oito estados — quase mil a mais do que o anunciado publicamente por Palmer.[11] Nos dias seguintes, 199 foram considerados legalmente passíveis de deportação. Isso deixava quase mil detidos no limbo. Alguns desapareceram em prisões municipais e estaduais durante meses; os menos afortunados foram espancados e torturados por agentes do Bureau e pela polícia local.

As batidas contra a União dos Trabalhadores Russos foram apenas o começo. Hoover planejava uma repressão muito mais intensa para dali a algumas semanas.

Ele estava preparando notas legais que afirmavam que todos os membros de grupos comunistas eram criminosos engajados em uma conspiração contra os Estados Unidos. "Eles destruiriam a paz do país e o jogariam em um estado de anarquia, ilegalidade e imoralidade que desafia a imaginação",[12] escreveu. Hoover acreditou nisso durante toda a vida.

Em 18 de novembro, Hoover enviou novas ordens a todos os agentes de campo do Bureau, marcadas como "pessoais e confidenciais" e portando suas iniciais, JEH. Ele queria declarações juramentadas citando o nome de qualquer um, nos Estados Unidos, que se "destacasse em atividades comunistas". A declaração serviria como prova de que a pessoa era comunista de carteirinha; a afiliação ao partido era suficiente para justificar deportação pela Lei de Exclusão Anarquista. O escopo da tarefa era de tirar o fôlego: somente a cidade de Nova York possuía 79 ramos locais do Partido Comunista e do Partido Trabalhista Comunista, cada um com seu próprio grupo de líderes. "Montar uma lista correta e atualizada envolverá muito trabalho dos investigadores, disfarçados ou não",[13] avisou à sede, em 4 de dezembro, um atemorizado agente especial do Bureau chamado M. J. Davis. Mas Hoover queria resultados imediatos. Ele alertou Caminetti, em 16 de dezembro, de que estava pronto para enviar "considerável número de declarações juramentadas".[14] Não disse quantas.

Na noite de 20 de dezembro, Hoover embarcou em um cúter para o Porto de Nova York, acompanhado por cinco congressistas e um contingente de repórteres. Gelo flutuava no Hudson e um vento frio soprava flocos de neve contra o quartel de Ellis Island. Do lado de dentro, 249 anarquistas estrangeiros aguardavam — a ralé dos Trabalhadores Russos e os renomados rebeldes Emma Goldman e Alexander Berkman estavam entre eles. Após a meia-noite, os deportados caminharam em fila até uma barcaça atracada.

"A multidão era muito arrogante",[15] relatou Hoover, "cheia de sarcasmo". Ele discutiu com a turba. Mais uma vez, ficou frente a frente com Emma Goldman, o emblema da América radical. "Não fui justo consigo, senhorita Goldman?", perguntou ele. "Ah", respondeu ela, "suponho que foi tão justo quanto podia. Não devemos esperar de ninguém algo além de suas capacidades".

A barcaça levou os vermelhos para os limites do porto em Fort Wadsworth, State Island, a mais antiga instalação militar dos Estados Unidos, onde o *Buford* estava atracado. Emma Goldman foi uma das últimas a embarcar.

"Eram 4h20 do dia do Senhor, 21 de dezembro de 1919",[16] escreveu ela anos depois. "Eu estava tonta, tendo visões de um transporte de políticos condenados à Sibéria. [...] a Rússia do passado se ergueu à minha frente. [...] Mas não, era Nova York, eram os Estados Unidos, a terra da liberdade! Pela vigia, podia ver a grande cidade se distanciando, com seu horizonte de edifícios reconhecíveis pelas fachadas dos fundos. Era minha amada cidade, a metrópole de Nova York. Eram os Estados Unidos; sim, os Estados Unidos, repetindo as terríveis cenas da Rússia tsarista! Olhei para cima — a Estátua da Liberdade!"

O *Buford* deslizou para fora do porto de Nova York, com seus prisioneiros destinados à Rússia soviética. Hoover embarcou no primeiro trem para Washington. Nos dez dias seguintes, aperfeiçoaria seus planos para a guerra contra o comunismo.

Passou seu 25º aniversário em casa — na casa da mãe, onde ainda morava —, no dia do Ano-Novo. Então voltou ao trabalho. Assegurou-se de que a guerra começaria na hora marcada.

5

"Quem é o sr. Hoover?"

Na tarde de 30 de dezembro de 1919, o líder do Partido Comunista dos Estados Unidos, Charles E. Ruthenberg, almoçou em Nova York com sete de seus camaradas mais próximos. Um deles era um espião disfarçado cujos relatórios eram enviados ao Departamento de Justiça com as palavras "Atenção — sr. Hoover".

Ruthenberg era muito magro e estava ficando calvo: parecia muito mais velho que seus 37 anos. Havia concorrido pelo Partido Socialista em Ohio e angariado bom número de votos. Em respeito à Lei de Espionagem, tinha sido preso em 1918, condenado por se opor à guerra, e saíra da prisão comunista convicto. Tinha acabado de ser acusado de anarquia criminosa por divulgar a plataforma do partido em Nova York. Agora, temia que uma nova onda de prisões estivesse se aproximando. "O Partido Comunista está praticamente destruído",[1] disse ele, de acordo com o relatório que o agente secreto enviou a Hoover. "A maioria dos líderes está na prisão, escondida ou com medo." Se o governo federal atacasse novamente, ele achava que o partido teria de entrar na clandestinidade ou desaparecer.

Naquele momento, Hoover estava contando as horas para o início da repressão.

Ele tinha os nomes de 2.280 comunistas e, na manhã de 31 de dezembro, acrescentou outros milhares à lista. Seus homens haviam trabalhado sem parar durante seis semanas para reunir esses nomes. O Bureau tinha identificado pelo menos setecentos comunistas somente em Nova York. Hoover tinha contado com a ajuda de informantes nas fileiras comunistas, oficiais de informação, policiais locais e estaduais, executivos, detetives particulares, vigilantes da Liga Americana de Proteção e veteranos da recém-fundada Legião Americana. No início da noite da véspera do Ano-Novo, havia conseguido aprovação para cerca de 3 mil mandados de prisão do secretário do Trabalho em exercício, que supervisionava o departamento de imigração, e tinha convencido as autoridades de imigração a mudar seus procedimentos, a fim de negar aos suspeitos detidos o direito a um advogado.

"Combine com seus informantes disfarçados para que organizem reuniões do Partido Comunista e do Partido Trabalhista Comunista na noite marcada",[2] diziam as ordens aos agentes do Bureau encarregados da operação em 23 estados. Eles receberam instruções para não se preocupar com mandados de busca, a menos que fossem absolutamente necessários. Deveriam invadir residências e escritórios, perscrutar tetos e paredes atrás de esconderijos, vasculhar registros e apreender "literatura, livros, documentos e qualquer coisa pendurada nas paredes".

"Comuniquem por telefone ao sr. Hoover quaisquer questões de vital importância ou interesse que surgirem durante as prisões", diziam as ordens, assinadas por Frank Burse, o superior imediato de Hoover. "Enviem a este escritório, por entrega especial marcada 'Para a atenção do sr. Hoover', uma lista completa com os nomes das pessoas detidas." Os agentes foram lembrados de que o sigilo era essencial: para que não ocorresse nenhum "vazamento", eles só deveriam comunicar o ataque às polícias local e estadual algumas horas antes.

Um conjunto final de ordens foi expedido sob as iniciais de Hoover. "Todas as instruções previamente fornecidas sobre a prisão de comunistas devem ser executadas fielmente",[3] diziam. "O Bureau e o Departamento esperam excelentes resultados em seu território." As ordens autorizavam os 33 agentes especiais encarregados da liderança a dizer aos repórteres que "as prisões estão sendo realizadas em âmbito nacional e supervisionadas pelo procurador-geral".

As maiores prisões em massa da história dos Estados Unidos começaram às 9 horas de sexta-feira, 2 de janeiro de 1920. Entraram para a história como *batidas Palmer*. Mas Palmer não as organizou ou dirigiu. Hoover foi o responsável.

"Uma rede humana da qual nenhum infrator pode escapar"

O Bureau invadiu reuniões políticas, residências particulares, clubes, salões de dança, restaurantes e bares em todos os Estados Unidos. Agentes arrastaram pessoas para fora de livrarias e quartos de dormir. Hoover trabalhou contra o relógio, atendendo telefonemas e lendo telegramas urgentes que seus esquadrões enviavam de todo o país.

Nem todas as batidas transcorreram de forma pacífica. "Vinte e cinco estrangeiros foram detidos durante a noite e, embora em vários casos estivéssemos certos de que eram membros do Partido Comunista, não possuíamos nenhuma prova",[4] relatou a Hoover o agente especial encarregado em Buffalo, Nova York. "Como negaram, foram liberados."

O Bureau fez 2.585 prisioneiros na noite de sexta-feira e na manhã de sábado, mas seu trabalho ainda não havia terminado. As batidas continuaram na semana seguinte. Os agentes solicitaram 2.705 novos mandados. Além disso, centenas de pessoas, talvez milhares, foram presas sem mandado. No total, algo entre 6 e 10 mil pessoas foram recolhidas durante as batidas. Ninguém jamais saberá precisamente quantas foram detidas e aprisionadas, quantas interrogadas e liberadas. Jamais houve uma contagem oficial.

As batidas deixaram o Partido Comunista de joelhos. Charles Ruthenberg e seu círculo mais íntimo sobreviveram entrando na clandestinidade, usando nomes falsos, comunicando-se em código e levando vidas secretas. Alguns poucos relatórios manuscritos de Ruthenberg surgiram nos arquivos do Comintern no fim do século. "O ataque a nossa organização",[5] escreveu ele, "[tornou] impossível o funcionamento do partido em escala nacional". Ele passou os sete anos seguintes, os últimos de sua vida, fugindo, sendo acusado, em julgamento, na prisão ou sendo liberado sob fiança.

Na quarta-feira, 7 de janeiro, cerca de 5 mil presos lotavam prisões estaduais e centros federais de detenção em todo o país. Ellis Island estava transbordando. As prisões de Chicago estavam superlotadas. Em Detroit, oitocentos suspeitos enchiam os corredores do último andar dos correios; o prefeito protestou contra a prisão improvisada e um cidadão proeminente a comparou ao Buraco Negro de Calcutá. No Porto de Boston, mais de seiscentos se acotovelavam na prisão sem aquecimento de Deer Island.

"O Departamento de Justiça dos Estados Unidos é hoje uma rede humana da qual nenhum infrator pode escapar",[6] escreveu o procurador-geral Palmer. Seus assessores enviaram a todos os principais jornais e revistas dos Estados Unidos maços de comunicados de imprensa, charges políticas e fotografias dos desgrenhados detentos. Palmer declarou estar "limpando a nação da imundície estrangeira", inspirado pela "esperança de que os cidadãos americanos se tornem nossos agentes voluntários em uma vasta organização".

"O que seria do governo dos Estados Unidos se esses estrangeiros radicais conseguissem levar adiante os princípios do Partido Comunista?", perguntou Palmer. "Já não haveria tal coisa. No lugar do governo dos Estados Unidos, teríamos o terror e o terrorismo da tirania bolchevique. [...] O Departamento de Justiça observará com atenção o ataque desses 'vermelhos' ao governo dos Estados Unidos e nenhum estrangeiro defendendo a destruição da lei e da ordem existentes neste país nos escapará."

O Congresso passou a debater seriamente os estatutos de sedição propostos por Palmer, novas leis que permitiriam a prisão de americanos por discursos politicamente carregados em tempos de paz. A Câmara dos Representantes realizou uma votação para impedir que seu único membro socialista assumisse seu assento. A legislatura de Nova York expulsou seus cinco membros socialistas, todos eleitos. A aclamação pública a Palmer cresceu. Os políticos o declararam um evidente candidato à presidência dos Estados Unidos.

Hoover se beneficiou dos reflexos dessa glória. Era agora uma figura pública, citado em todo o país como maior autoridade em comunismo do Departamento de Justiça.

As primeiras fotografias de Hoover no cargo mostram um elemento de seu orgulho. Ele está em forma e bem-vestido. O terno é bem-cortado, e a gravata, ligeiramente ousada. O nó é perfeito sob o queixo um pouco saliente. Os lábios apresentam uma brevíssima sugestão de sorriso, mas os olhos são de uma seriedade mortal. Ele assina uma ordem com uma caneta-tinteiro. Parece espantosamente jovem.

Ele começou a cultivar jornalistas, como faziam seus superiores. Mantinha um livro de recortes recheado de artigos de jornal. (Às vezes, era identificado erroneamente como J. A. Hoover ou J. D. Hoover. Isso logo mudaria.)

Trabalhou para promover sua reputação dentro e fora do governo, com boletins regulares sobre vermelhos e radicais nos Estados Unidos. O primeiro foi publicado alguns dias depois das batidas de janeiro de 1920. Afirmava que todas as ameaças do ano anterior — os atentados com bomba, as greves nacionais — advinham de um complô nascido no Kremlin.

"A conspiração revolucionária é internacional, está sendo determinadamente executada e muito astuciosamente dirigida",[7] dizia um de seus primeiros relatórios ao Congresso, um alerta sobre ameaças à existência dos Estados Unidos. "A civilização enfrenta sua mais terrível ameaça desde que as hordas bárbaras invadiram a Europa Ocidental e iniciaram a idade das trevas." Ele teorizava que os comunistas poderiam organizar células secretas no México, estocar armas vindas da Alemanha e do Japão, cruzar a fronteira e plantar as sementes da revolução entre os negros no sul do país. Acreditava estar em uma batalha que punha o destino do mundo em jogo.

Hoover realizou seu primeiro ataque contraterrorista em 14 de fevereiro de 1920. O Bureau e a polícia local varreram os alojamentos e depósitos industriais de Paterson, Nova Jersey, e encontraram dezessete membros de uma gangue anarquista italiana chamada L'Era Nuova. O Bureau havia infiltrado um informante no grupo quatro semanas antes. TERRORISTAS APANHADOS EM BATIDA EM PATERSON, dizia a manchete do jornal *The New York Times*. O Bureau anunciou que o papel cor-de-rosa apreendido durante a batida parecia o mesmo utilizado no panfleto "Plain Words" ["Palavras claras"], encontrado perto da casa destruída do procurador-geral Palmer em junho de 1919 — "a primeira pista para a origem dos ultrajes que abalaram a nação", disse o periódico.

59

Mas não era uma pista que Hoover tivesse tempo para seguir. Ele foi chamado até um tribunal federal em Boston, a fim de defender a conduta do Bureau na guerra contra o comunismo.

"A DEMOCRACIA AGORA PARECE INSEGURA"

A repugnância política contra as batidas estava crescendo — uma reação pública que Hoover não havia imaginado possível.

O principal promotor federal da Filadélfia, procurador Francis Fisher Kane, tinha pedido demissão em uma carta pública ao presidente. "Oponho-me intensamente às batidas por atacado que vêm sendo feitas contra estrangeiros por todo o país",[8] escreveu. "De maneira geral, a política de batidas contra grande número de indivíduos é pouco sábia e muito propensa a resultar em injustiça." O oficial federal de imigração em Seattle relatou a seus superiores em Washington, D.C., que o Bureau havia envolvido incontáveis inocentes para encontrar um punhado de suspeitos. E, em Boston, um juiz federal chamado George W. Anderson, discursando para duzentas pessoas reunidas em um banquete oferecido pelo incipiente Harvard Liberal Club, fez um convite explícito ao desafio legal às batidas.

O juiz Anderson afirmou que o governo inventava conspirações. "Como resultado de nossa 'guerra para tornar o mundo seguro para a democracia', a real democracia agora parece insegura nos Estados Unidos", disse ele. "As mesmas pessoas e jornais que, há dois anos, falseavam complôs pró-alemães agora promovem 'O Terror Vermelho' [...][9]

"Não posso dizer que não haverá atentados com bomba. Os vermelhos existem — provavelmente, são vermelhos perigosos. Mas não tão perigosos quanto os loquazes pseudopatriotas [...]

"Americanos reais, homens que acreditam em lei, ordem, liberdade e tolerância pelas visões alheias sobre assuntos políticos e religiosos, não são dados a proclamar a si mesmos e a seu patriotismo. Eles possuem respeito demais pelo americanismo e pelo patriotismo para arruinar essas belas palavras, como vêm sendo arruinadas diariamente por aqueles que as usam para obter notoriedade pessoal ou política."

No dia seguinte, uma petição para *habeas corpus* chegou ao tribunal federal de Boston, feita em nome dos prisioneiros de Deer Island. O juiz Anderson havia planejado a petição e secretamente tinha providenciado para presidir a audiência, após consultar um jovem professor de Direito de Harvard e membro do Liberal Club chamado Felix Frankfurter. O comissário federal de imigração de Boston, Henry J. Skeffington, nomeado chefe da defesa, ficou indignado. "Teria grande prazer em pegar alguns desses liberais de Harvard",[10] exclamou. "Se tivesse um mandado no bolso, teria grande prazer em pegá-los."

O procurador-geral Palmer, preparando-se para anunciar sua candidatura à presidência, não queria ser incomodado com os detalhes do caso. E disse a Hoover para lidar com ele.

O Departamento de Justiça teria de defender as prisões do Bureau e as deportações de Deer Island perante um juiz hostil, em audiência pública. Hoover sabia que isso seria um problema. O Bureau transpusera sua autoridade. Sua conduta não suportaria escrutínio.

Na madrugada de quarta-feira, 7 de abril de 1920, Hoover chegou a Boston no trem noturno de Washington para enfrentar seu primeiro desafio legal. No tribunal do juiz Anderson, Felix Frankfurter, representando os prisioneiros, rapidamente ofereceu como prova o telegrama enviado aos agentes do Bureau: ignorem os mandados de busca, apreendam qualquer coisa que puderem pegar e se reportem diretamente a Hoover. Sentado à mesa do governo, sussurrando com o procurador da União, Hoover tinha boas razões para se perguntar como as ordens secretas enviadas pela sede — marcadas como "estritamente confidenciais" e portando seu nome — haviam caído nas mãos de suspeitos radicais. Ele ouviu enquanto Frankfurter interrogava George Kelleher, seu principal agente na Nova Inglaterra:

> P: É ou não verdade, sr. Kelleher, que naquela noite homens e mulheres foram detidos sem que o senhor possuísse qualquer mandado para sua custódia? *Objeção. Negada.*
> R: É verdade.
> P: Seus homens realizaram buscas em seus corpos, residências e salões onde tais homens e mulheres foram presos? *Objeção. Negada.*
> R: Sim.

P: E eles apreenderam papéis, documentos, livros e outras coisas? *Objeção. Negada.*

R: De acordo com as instruções do Departamento...

P: Buscas foram feitas pelos oficiais sem preocupação com mandados de busca? *Objeção. Negada.*

R: [...] Isso foi deixado a critério dos oficiais.

P: O que o senhor fez com aqueles não incluídos no mandado ou para os quais não havia mandado? *Objeção. Negada.*

R: Eles foram detidos no distrito ou trazidos para Boston e conduzidos a Deer Island.

O depoimento se voltou para o uso governamental de informantes confidenciais. "Alguém que é empregado para circular sob nome falso ou pseudônimo ou algum tipo de disfarce, pretendendo ser comunista, socialista ou anarquista. [...] Isso é extremamente perigoso, não é?", perguntou o juiz. "Pergunto-me como nenhuma bruxa foi enforcada nos últimos seis meses."

O próprio juiz então questionou Henry J. Skeffington, o comissário de imigração de Boston:

P: As prisões feitas durante o que o senhor chamou de "batidas" foram feitas por suas forças ou pelo Departamento de Justiça?

R: Pelo Departamento de Justiça, Excelência.

P: O senhor pode indicar qualquer regra ou estatuto de acordo com o qual agentes do Departamento de Justiça possam realizar prisões?

R: Não, não sei nada sobre isso, Excelência [...].

P: O senhor tinha instruções em relação a esses procedimentos?

R: Tínhamos um acordo.

P: Instruções escritas?

R: Não. Fizemos uma conferência em Washington [...] com o sr. Hoover [...].

P: Quem é o sr. Hoover?[11]

R: O sr. Hoover é um oficial do Departamento de Justiça.

Hoover não estava disposto a testemunhar sob juramento sobre as batidas. Após ouvir um dia e meio de depoimentos prejudiciais, ele deixou o tribunal e fez as malas.

"Este caso parece ter sido conduzido de acordo com a moderna teoria de estadismo: enforque primeiro e julgue depois",[12] escreveu o juiz Anderson em uma sentença libertando treze prisioneiros de Deer Island sob fiança de 500 dólares. Em sua decisão final, ele chamou a conduta do Bureau de ilegal e inconstitucional. O governo criara um "sistema espião" que "destrói a confiança e propaga o ódio", concluiu. "Uma quadrilha é uma quadrilha, seja ela composta de oficiais do governo agindo por instrução do Departamento de Justiça ou de criminosos, vagabundos e viciados."

O Departamento de Justiça jamais questionou sua decisão.

"Via vermelho"

Hoover retornou a Washington para confrontar uma nova nêmesis: Louis F. Post, o secretário adjunto do Trabalho, de 71 anos. Em 10 de abril, três dias depois da desastrosa viagem de Hoover a Boston, Post destruiu mais de mil dos casos de deportação remanescentes.

Ele era um liberal de longa data que havia conhecido e admirado Emma Goldman. Como oficial do Departamento do Trabalho supervisionando o sistema federal de imigração, também tinha assinado sua ordem de deportação. Agora, usava seus poderes administrativos para rever os arquivos de 1.400 pessoas que haviam sido presas durante as batidas vermelhas. E descobriu que, em três de cada quatro casos, o Bureau tinha violado a lei. Muitas centenas de detidos não eram membros do Partido Comunista: seus nomes haviam sido copiados das listas do Partido Socialista; eles haviam entrado nos salões comunistas por curiosidade ou simplesmente detidos por engano. Post também dispensou os casos em que prisioneiros haviam sido privados de conselho legal ou julgados em função de provas apreendidas ilegalmente. Procedia pela letra da lei, não pelo espírito da época. Na velocidade em que seguia, 4 ou 5 mil casos vermelhos seriam perdidos.

Hoover organizou um violento contra-ataque, o que marcou o início de uma instituição americana: a vigilância política de seus oponentes de destaque.

Ele compilou um dossiê sobre as associações políticas de Post com esquerdistas e o enviou a membros-chave do Congresso. Seu objetivo era remover Post do cargo e reverter suas decisões. Sua primeira incursão no combate político entre os escalões mais altos do governo encontrou sucesso inicial. O Comitê de Regras da Câmara aceitou o pedido por um inquérito formal sobre a conduta de Louis Post e decidiu que as audiências teriam início em quatro semanas.

O procurador-geral Palmer levou o caso de Hoover diretamente à Casa Branca. Ele exigiu ver o presidente de imediato. Isso levou à primeira reunião de gabinete convocada por Wilson em sete meses. A Casa Branca tinha sido uma ala de isolamento desde o cataclísmico derrame do presidente.

Às 10 horas de 14 de abril de 1920, Palmer passou pela entrada guardada ao lado dos portões trancados da Casa Branca, subiu as escadas até a biblioteca do presidente e encontrou um moribundo. Wilson não conseguia se mover sem ajuda. Seus pensamentos eram desconexos e sua fala hesitante. O presidente estava apenas vagamente consciente da guerra contra o comunismo sendo combatida nos Estados Unidos.

Alguns minutos após o início da reunião de gabinete, Palmer tentou assumir o controle. O relato de uma testemunha confiável sobreviveu: o diário do secretário da Marinha, Josephus Daniels, que descreveu o "acalorado debate" iniciado por Palmer. Ele argumentou que o país enfrentava a ameaça de revolução e insurreição. E chamou a atenção do presidente para a crise sendo criada por Louis Post. Por fim, exigiu que Post fosse demitido.

O presidente "disse a Palmer para não permitir que o país visse vermelho" — "uma admoestação muito necessária", segundo Daniels, "pois Palmer via vermelho atrás de cada moita". Palmer escolheu interpretar as palavras do presidente de maneira completamente diferente. Ele ouviu o que queria ouvir: uma aprovação a sua campanha para livrar o país dos comunistas.

Em 29 de abril, anunciou que os Estados Unidos enfrentariam um ataque terrorista no Dia do Trabalho. O aviso tinha partido diretamente de Hoover e do Bureau of Investigation — um alerta vermelho sobre uma conspiração internacional para assassinar líderes americanos e destruir marcos da nação.

"O complô engloba o país inteiro",[13] disse o procurador-geral aos jornais. E afirmou que oficiais do governo e executivos eram alvos de tentativas de assassinato; avisos foram enviados a todos na lista de homens marcados. Agentes do Bureau, membros das milícias estaduais e oficiais de polícia estavam em alerta por todo o país, concentrando-se em Nova York, Chicago, Filadélfia e Nova Orleans, vigiando estações ferroviárias, portos, escritórios de Wall Street e as casas dos homens mais poderosos dos Estados Unidos.

Era um alarme falso. O Dia do Trabalho foi tranquilo. "Embora a noite ainda não tenha passado, parece que os distúrbios esperados não ocorrerão", disse Hoover aos repórteres no fim da noite. Iniciou-se um riso perceptível — um monte de suspeitas, como registrou o próprio Hoover, de que os complôs do Dia do Trabalho eram "frutos da imaginação do procurador-geral."[14] Em breve, a imprensa, o público e o establishment político começariam a questionar o julgamento do principal oficial da lei da nação. O Congresso rapidamente cortou o orçamento solicitado por Palmer para o Bureau of Investigation em um terço.

Em 7 de maio, Hoover se sentou em um banco nos fundos da sala de audiências do Congresso e tomou notas enquanto Louis Post comparecia perante um hostil Comitê de Regras da Câmara. Durante os dois dias de depoimentos, Post destruiu as acusações de má conduta política que Palmer e Hoover haviam apresentado contra ele. Caso por caso, argumentou que nenhum dos cem homens presos durante as batidas de janeiro podia ser justamente acusado de planejar derrubar o governo pela força. Alegou que mesmo um estrangeiro desprezível tinha direito a um processo justo; prisões sem mandados, confissões forçadas e culpa por associação não coadunavam com o modo americano de agir. Após dez horas de depoimento, os congressistas decidiram que não iriam condená-lo ou demovê-lo. Em vez disso, convocaram Palmer para responder às acusações do próprio Post.

Hoover imediatamente começou a preparar o depoimento do procurador-geral. Ele revisou suas bem-fundamentadas notas legais defendendo que afiliação ao Partido Comunista constituía crime contra os Estados Unidos e era passível de deportação. E disse a Palmer que ele tinha a oportunidade perfeita para contar ao mundo "a real história da ameaça vermelha".[15]

Mas Louis Post atacou primeiro. Seu advogado havia mobilizado uma coalizão autointitulada Liga Nacional de Governo Popular, prestes a publicar um panfleto chamado "Relatório ao povo americano sobre as práticas ilegais do Departamento de Justiça", assinado por doze reitores de faculdades de Direito e advogados renomados — entre os quais o novo arqui-inimigo de Hoover, Felix Frankfurter, o liberal de Harvard. Hoover ordenou que o chefe do Bureau em Boston, George Kelleher, abrisse um arquivo sobre o futuro juiz da Suprema Corte.

O "Relatório ao povo americano", publicado em 28 de maio de 1920, acusava Palmer e Hoover de tortura e prisão ilegal. E dizia que haviam organizado um "ataque aos mais sagrados princípios de nossa Constituição".[16]

"Prisões em massa de estrangeiros e cidadãos americanos foram realizadas sem mandado ou qualquer processo legal; homens e mulheres foram enviados para a prisão e mantidos incomunicáveis, sem acesso a amigos ou advogados; casas foram invadidas sem mandados de busca", dizia o relatório. "Não questionamos o direito do Departamento de Justiça de usar seus agentes do Bureau of Investigation para avaliar se a lei está sendo violada. Mas o povo americano jamais tolerou o uso de agentes provocadores disfarçados ou 'agents provocateurs', familiares na velha Rússia ou na Espanha. Tais agentes foram introduzidos pelo Departamento de Justiça em movimentos radicais [...] instigando atos que poderiam ser declarados criminosos."

Hoover trabalhou sem parar durante os três dias seguintes, preparando a resposta de Palmer ao Congresso. Ele usou tudo o que tinha — seus boletins sobre a ameaça vermelha, os registros apreendidos de americanos de esquerda, as declarações juramentadas de seus agentes contra os deportados, parágrafos copiados de panfletos radicais, os anais da Revolução Russa, os decretos públicos do Comintern e o *Manifesto comunista* de 1847 de Karl Marx. O documento ia e voltava pelas décadas e nações — mais de 30 mil palavras foram reunidas em 72 horas.

A presidência estava em jogo: a Convenção Democrata Nacional ocorreria em quatro semanas e Palmer permanecia entre os favoritos em um campo frágil. O futuro da guerra dos Estados Unidos contra o comunismo poderia ser afetado por seu desempenho. Assim como o futuro de seu principal estrategista. Se Palmer vencesse, Hoover poderia sucedê-lo como procurador-geral.

Na manhã de 1º de junho, Palmer e Hoover subiram juntos até o último andar do Capitólio. A pequena câmara de audiências do Comitê de Regras da Câmara estava lotada de jornalistas e espectadores. Uma janela dava para o sul da Colina do Capitólio, na direção da casa de Hoover. O congressista Philip Campbell, republicano do Kansas, iniciou a audiência às 10 horas.

Hoover se sentou em silêncio ao lado de Palmer. O procurador-geral começou a ler e só parou na tarde do dia seguinte. Ele descreveu um mundo em chamas. O comunismo estava atacando as instituições políticas da nação, suas igrejas, suas fábricas e seus jornais, angariando convertidos por meio de mentiras insidiosas. Sua "doença revolucionária" havia se espalhado das favelas de Nova York para as choupanas do Afeganistão, por meio do "vírus venenoso" de sua ideologia. Palmer convidou qualquer um que duvidasse da natureza da ameaça a olhar as fotografias dos prisioneiros feitas pelo Bureau of Investigation, a fim de ver "a crueldade, a insanidade e o crime" por trás de seus "olhos astutos e dissimulados".

"Minha própria vida é ameaçada diariamente", disse ele; seu caráter era assassinado pelos "amigos desses criminosos", que os representavam nos tribunais e perante o Congresso. Palmer reservou suas palavras mais amargas para Louis Post e os advogados que haviam assinado o "Relatório ao povo americano". Tais homens, disse, não eram melhores que os comunistas. "Eles não hesitaram em fornecer a mais ampla publicidade a sua defesa de todos esses comunistas e anarquistas criminosos e as suas acusações de que essas pessoas haviam sido tratadas de maneira ultrajante [...]"

"Acho que o público tem o direito de saber o que acontece neste país", continuou Palmer. "Eu tentei dizer. Falei a verdade."

Mas isso não era toda a verdade. Mais tarde, no segundo dia de depoimento, Palmer apresentou ao *Congressional Record* um documento, preparado por Hoover, sobre o trabalho da Divisão de Radicais do Bureau of Investigation. Ele continha, segundo Palmer, "a história completa [...] sobre os atentados com bomba que ocorreram em uma dúzia de cidades há um ano". Enterrados profundamente no relatório, estavam alguns poucos parágrafos lamentando o fato de que, em retrospecto, o governo poderia ter errado ao atribuir a culpa pelos atentados aos comunistas. Mas o procurador-geral não leu uma palavra. "Tomaria muito tempo", disse ele. "É uma história que poderia entretê-los por uma hora ou mais."

A imagem pública de Palmer tinha sido prejudicada por seus alertas sobre ameaças que nunca se materializaram. Na época da Convenção Democrata Nacional de 1920, iniciada em São Francisco no fim de junho, sua reputação política estava afundando e seus sonhos de nomeação começaram a se desvanecer. Hoover, fazendo sua primeira viagem à Costa Oeste, foi um dos muitos assessores do Departamento de Justiça a se reunirem na suíte de Palmer no St. Francis Hotel, com a esperança de que ele ainda pudesse ganhar. Mas, após 44 votos, Palmer recuou. Sua vida política havia terminado.

Palmer e Hoover foram chamados mais uma vez ao Capitólio, nos últimos dias da administração Wilson, para testemunhar sobre as batidas contra os vermelhos em janeiro. Palmer insistiu que desconhecia os detalhes. "O senhor não sabe nem mesmo quantos mandados de busca foram assinados?", perguntou o senador Thomas J. Walsh, um democrata de Montana. "Não sei dizer, senador", respondeu Palmer. "Se o senhor quiser perguntar ao sr. Hoover, que estava encarregado dessa questão, ele poderá lhe dizer." O senador se voltou para o jovem cruzado.

Hoover disse que não fazia ideia. "O senhor não sabe nada a respeito?", perguntou o senador Walsh. E Hoover respondeu: "Não, senhor."[17] Pelo restante de sua vida, negaria seu papel nas batidas. Estava aprendendo que o sigilo e as trapaças eram essenciais na guerra política.

"NÓS OS PEGAREMOS"

Hoover preparou um relatório para o Congresso afirmando que as batidas haviam resultado "na destruição dos partidos comunistas neste país"[18] — uma alegação prematura. Um total de 591 estrangeiros havia sido deportado. Os Estados Unidos detinham 178 americanos condenados pelas leis de espionagem e sedição. Os registros do próprio Hoover mostram que nove em cada dez pessoas presas em janeiro de

1920 estavam livres. Ele tinha tentado remover milhares de radicais do cenário americano e havia falhado.

Hoover então decidiu que estava na hora de renovar a Divisão de Radicais.

Ele a rebatizou como Divisão de Inteligência Geral. A mudança não era cosmética. Hoover pretendia cobrir "não apenas as atividades dos radicais nos Estados Unidos", mas também aquelas "de natureza internacional", não apenas de políticas radicais, mas também "distúrbios econômicos e industriais". Suas ambições estavam se expandindo, assim como seu entendimento do que seria necessário para proteger os Estados Unidos.

Em uma palavra: informações. Ele escreveu que era melhor lutar contra os subversivos em sigilo; o governo não podia lidar "com a situação radical do ponto de vista da acusação criminal".[19] A lei era fraca demais para proteger o país. Somente a inteligência secreta podia detectar e impedir as ameaças da esquerda e proteger os Estados Unidos de seus ataques.

Logo após o meio-dia de quinta-feira, 16 de setembro de 1920, enquanto Hoover acrescentava os toques finais a seus planos para a Divisão de Inteligência Geral, uma carroça explodiu na esquina da Wall Street com a Broad Street, em Manhattan. Era um dia agradável, e centenas de pessoas haviam deixado suas mesas para um passeio na hora do almoço, um breve descanso da grande máquina de dinheiro. Uma bomba transformou o centro do capitalismo americano em matadouro. O sangue correu pelas ruas onde o primeiro Congresso dos Estados Unidos havia se reunido e a Carta de Direitos se tornara lei. Estilhaços danificaram as paredes e quebraram as janelas do J. P. Morgan & Co., o mais formidável banco do país. As cicatrizes ainda estão lá, gravadas nas pedras angulares de frente para a calçada.

A bomba matou 36 pessoas e feriu quase quatrocentas. Tinha sido o mais letal ataque terrorista da história dos Estados Unidos — uma distinção que seria mantida por 75 anos.

Minutos antes da explosão, a três quarteirões dali, um carteiro tinha esvaziado uma caixa de correio. Havia encontrado cinco panfletos cheios de erros, feitos à mão, com carimbos de borracha e tinta vermelha. "Libertem os políticos prisioneiros ou será morte certa para todos vocês", diziam. Estavam assinados pelos "Guerreiros Anarquistas Americanos".

O atentado em Wall Street quase certamente foi um ato de vingança contra o indiciamento de dois anarquistas italianos, Nicola Sacco e Bartolomeo Vanzetti, acusados cinco dias antes do assassinato e assalto à mão armada do pagador de uma fábrica de sapatos e seu segurança, em Boston. Hoover pressionou os investigadores, sem resultados. Nenhum suspeito jamais foi apresentado à Justiça.

"Nós os pegaremos",[20] jurou o chefe de Hoover, Bill Flynn. Mas o Bureau jamais foi bem-sucedido.

6

Submundos

"Não sirvo para este gabinete e não deveria estar aqui",[1] lamentou o presidente Warren G. Harding na Casa Branca. Ao menos uma vez, seu julgamento estava correto.

Harding era editor de um jornal de cidade pequena que havia crescido mais do que o esperado como senador republicano por Ohio. Quando se tornou presidente, em 4 de março de 1921, levou seus amigos velhacos junto para Washington. O mais próximo era o gerente de sua campanha, Harry M. Daugherty, que se tornou procurador-geral dos Estados Unidos.

Dois renomados senadores republicanos aconselharam Harding vigorosamente contra a nomeação. "Daugherty foi meu amigo desde o início dessa coisa toda",[2] respondeu o presidente eleito. "Ele me disse que quer ser procurador-geral *e, por Deus, será procurador-geral!*" Habilidoso jogador político, Daugherty tinha passado anos torcendo braços como lobista no palácio do governo em Ohio; sua especialidade era aniquilar leis que prejudicavam as grandes companhias. Ele promovia acordos entre executivos e políticos com interesses comuns em dinheiro e poder. Sua reputação o havia precedido em Washington. Assim que chegou, cresceu no cargo e se tornou um dos principais criminosos de colarinho branco da nação.

Embora o Departamento de Justiça e o Bureau of Investigation tenham caído em grande desonra durante os anos Harding, J. Edgar Hoover prosperou.

Hoover foi promovido à segunda posição do Bureau of Investigation aos 26 anos. Sua reputação era imaculada, sua aptidão para as rivalidades internas não tinha diminuído, seu foco na ameaça vermelha permanecia inexorável e sua habilidade não podia ser questionada. Ele não via grandes distinções entre os radicais americanos — comunistas, socialistas, anarquistas, pacifistas. Eram todos inimigos do Estado.

Enquanto Hoover cuidava da guerra contra o comunismo, Harry Daugherty cuidava de seus amigos. O novo procurador-geral nomeou um velho camarada, William J. Burns, para a liderança do Bureau em agosto de 1921. Hoover, agora consumado cultivador de seus superiores, assegurou a Burns que o Bureau infiltrava as fileiras de radicais americanos fazia anos. "Nós nos esforçamos para ter um informante em cada um dos principais movimentos do país",[3] disse ele, e a Divisão de Inteligência Geral estava de sobreaviso contra novas ameaças vindas da esquerda.

Burns, aos 60 anos, era o mais famoso detetive particular dos Estados Unidos. Seu talento para a autopromoção era impressionante. Após ganhar notoriedade como investigador federal que interferia com os jurados nos casos de fraudes de terras defendidos pelo presidente Theodore Roosevelt, tinha sido aclamado por grampear telefones e colocar escutas em quartos de hotéis para condenar dois extorsionários no ataque com dinamite à sede do *Los Angeles Times* em 1910, causando a morte de 21 pessoas. Quase havia sido preso em 1915 por roubar documentos de uma firma de advogados de Nova York. Horas após o atentado em Wall Street, tinha anunciado publicamente que os comunistas estavam por trás do ataque e tinha prometido levá-los à Justiça. Ele tinha oferecido 50 mil dólares de recompensa, em nome da Agência Internacional de Detetives W. J. Burns, por qualquer informação que levasse à prisão e condenação dos autores. Agora, como diretor do Bureau of Investigation, prometeu ao público que os encontraria.

Agentes do Bureau em Chicago, à procura de pistas sobre o atentado, interceptaram uma carta do clandestino Partido Comunista em Nova York. O governo estava "nos responsabilizando pelo desastre em Wall Street",[4] dizia a carta, prevenindo contra um novo ataque repressivo. "As batidas de janeiro pertencem ao passado", continuava. "Assim, alguns de nossos membros começam a achar que TUDO ESTÁ BEM. QUEREMOS

CHAMAR SUA ATENÇÃO PARA O FATO DE QUE O DEPARTAMENTO DE JUSTIÇA AINDA ESTÁ OPERANTE. Ele continuará OPERANTE enquanto existirmos como *Organização Revolucionária*. Espiões, informantes, provocadores e toda forma de escória podem, de uma maneira ou de outra, entrar na organização ou conhecer suas atividades. [...] PROSSIGAM COM GRANDE CAUTELA [...] SE FOREM PRESOS [...] NÃO DIGAM NADA."

"UMA ORGANIZAÇÃO ILEGAL"

Hoover mobilizou sua crescente rede de informantes. Ele vasculhou relatórios e dicas dos agentes do Bureau, de oficiais do Exército e da Marinha, líderes da Liga Americana de Proteção, comandantes da Legião Americana, chefes de polícia, executivos, banqueiros, seguradoras e companhias telefônicas e telegráficas. Avisou que os vermelhos estavam se embrenhando em sindicatos, fábricas, igrejas, escolas, faculdades, jornais, revistas, clubes femininos e organizações negras. Seus boletins semanais para o procurador-geral insistiam na ameaça. Daugherty não precisava ser convencido. "A Rússia soviética é inimiga da humanidade",[5] afirmou. "Eles decidiram conquistar não apenas os Estados Unidos, mas todo o mundo."

Na primavera e verão de 1921, dezenas de agentes do Bureau sob o comando de Hoover espionaram suspeitos de comunismo em todo o país, infiltrando-se em reuniões e invadindo sedes.[6] Quando agentes do Bureau e membros do esquadrão antibombas de Nova York invadiram um apartamento na Bleecker Street, apreendendo listas de filiação ao partido, relatórios internos e comunicados codificados, encontraram também um panfleto intitulado "Regras para o trabalho clandestino do partido".[7] As regras eram explícitas:

1) NÃO traia o trabalho do Partido ou de seus trabalhadores em nenhuma circunstância.
2) NÃO carregue ou mantenha consigo nomes ou endereços, exceto em código confiável.
3) NÃO mantenha à mostra em seu quarto literatura ou documentos incriminadores.

4) NÃO assuma riscos desnecessários ao realizar o trabalho do Partido.

5) NÃO se esquive do trabalho do Partido por causa do risco associado a ele.

6) NÃO se jacte do trabalho que tem de realizar ou já realizou para o Partido.

7) NÃO divulgue sua filiação ao Partido sem necessidade.

8) NÃO deixe espiões o seguirem até encontros ou reuniões.

9) NÃO perca a calma em situações de perigo.

10) NÃO responda a nenhuma pergunta se for preso.

O panfleto concluía: "EVITE A PRISÃO POR TODOS OS MEIOS POSSÍVEIS." Essa era uma ordem dos mais importantes comunistas dos Estados Unidos. Quase todos os homens que haviam dirigido o Partido Comunista nas últimas quatro décadas haviam sido presos por seu trabalho político entre 1918 e 1923. Poucos passavam mais que alguns meses sem enfrentar um policial, um juiz ou uma cela — presos ou indiciados por acusações de conspiração e sedição.

"Espiões estão atentos todos os dias, em todas as cidades, decididos a revelar nossos membros, nossas reuniões e nossos locais de trabalho", avisava o panfleto da Bleecker Street. Os comunistas acreditavam estar sob a vigilância do governo a cada minuto de suas vidas, quer operassem abertamente, quer fossem clandestinos.

Um dos espiões do Bureau compareceu à "Convenção Unitária dos Partidos Comunistas", realizada no Overlook Mountain Hotel, em Woodstock, Nova York, em maio de 1921 — um encontro secreto de quatro dias entre líderes comunistas de todo o país.[8] Os documentos do FBI revelados em agosto de 2011 sugerem que o infiltrado era Clarence Hathaway, membro fundador do Partido Comunista nos Estados Unidos e, de acordo com os documentos, informante do Bureau desde o início.[9]

O relatório do Bureau sobre a reunião em Woodstock registrou que Moscou tinha enviado 50 mil dólares aos comunistas americanos, juntamente com ordens para interromperem as rixas e se unirem. Os soviéticos os urgiam a sair da clandestinidade e lutar abertamente pelo poder. Era difícil ver como isso poderia acontecer. "O Partido Comunista definitivamente é uma organização ilegal nos Estados Unidos",[10] escreveu naquele verão o pai fundador Charles Ruthenberg, enquanto cumpria uma sentença estadual em Sing Sing pelo crime de anarquia criminosa. Se permanecesse na clandestinidade, o partido iria definhar e morrer. Se tentasse funcionar abertamente, seria atacado e morto. Ele tinha de ter duas asas, argumentou — "uma declarada, funcionando publicamente, outra invisível, secreta, clandestina".

O espião do Bureau em Woodstock também relatou que o sindicalista americano William Z. Foster, que havia tentado liderar uma greve nacional do aço dois anos antes, estava indo para Moscou. O relatório era acurado. Foster se reuniu com o Comintern e participou do Congresso Mundial dos Sindicatos Revolucionários em junho e julho de 1921, em Moscou. Conheceu Lenin e o achou arrebatador. Voltou para Chicago como dedicado agente soviético e principal sindicalista do Comintern nos Estados Unidos. Começou a viajar pelo país organizando carvoeiros, mineiros e trabalhadores da indústria automobilística; Moscou financiava seu trabalho. Enquanto subia ao topo do Partido Comunista nos Estados Unidos, o Bureau of Investigation tentava vigiar cada passo de seu caminho.

"Dizia-se no submundo"

O presidente Harding aparentemente buscava a paz e a reconciliação. Ele enviou uma equipe americana para ajudar os soviéticos na imensa escassez do outono de 1921, entregando quase 500 mil toneladas de comida, embora 5 milhões de russos tenham morrido de fome mesmo assim. Assinou uma proclamação encerrando o estado de guerra entre Estados Unidos e Alemanha. E, na véspera do Natal, tomou a decisão, que ocupou todas as manchetes, de conceder perdão ao principal socialista americano, Eugene Debs, anulando sua sentença de dez anos e convidando-o à Casa Branca.

Mas William J. Burns, do Bureau of Investigation, ocupou as maiores manchetes naquele Natal. Parecia que o principal detetive americano tinha solucionado seu maior caso: o atentado em Wall Street havia sido obra de Lenin e do Comintern. A história era assombrosa: quatro comunistas nova-iorquinos haviam recebido 30 mil dólares para a tarefa, entregues pelos representantes diplomáticos soviéticos em Nova York. Mas a fonte se revelou um impostor que trabalhava como informante profissional para a Agência de Detetives Burns, em Nova York. Ele afirmara ter conversado com Lenin durante a convenção do Comintern em Moscou, onde o dirigente soviético tinha se proclamado satisfeito com o atentado em Wall Street e havia ordenado um novo ataque terrorista aos Estados Unidos. Era a mais pura invenção.

"BURNS ENROLADO", proclamavam as manchetes.

Burns era corrupto demais para ficar constrangido. Mas seus velhos vícios começavam a cobrar seu preço. Ele tinha o mau hábito de colocar seus olhos de detetive particular na folha pública de pagamento. O caso mais grave corria desenfreado no Bureau of Investigation. Durante sua longa carreira, Gaston Bullock Means tinha sido acusado de assassinato, apropriação indébita, perjúrio, falsificação e espionagem contra os Estados Unidos, mas mesmo assim Burns o contratou como agente do Bureau e o manteve como informante pago até seu sórdido passado se tornar público em fevereiro de 1922. Means se estabeleceu no Departamento de Justiça em parceria com um lobista de Ohio chamado Jess Smith, o mais antigo amigo do procurador-geral Daugherty e seu colega de quarto no Wardman Park Hotel, em Washington. Jess Smith era o homem a se procurar no Departamento de Justiça para resolver uma questão.

A Lei Seca, em vigor a partir de 1920, criou uma cultura política corrupta nos Estados Unidos. Os cidadãos de todo o país ansiavam por bebidas contrabandeadas. O contrabando financiou o crescimento do crime organizado. Os contrabandistas pagavam às polícias federal, estadual e local por proteção. As conexões corrompidas entre foras da lei e oficiais percorreram todo o caminho até o topo, em Washington. Jess Smith e Gaston Means tinham um lucrativo negócio paralelo no Departamento de Justiça, vendendo uísque confiscado pelo governo para os contrabandistas.

"Dizia-se no submundo que havia um homem no Departamento de Justiça que podia 'consertar' as coisas",[11] relatou Hoover em um livro de memórias, escrito por um ghost-writer e publicado em 1938, narrando os acordos escusos dos anos Harding. A lábia dos lobistas, como Hoover a imaginava, era atraente: "Sou um grande amigo do presidente. Como alto funcionário do Departamento de Justiça, conheço todo o mundo no gabinete. [...] Assim, se você me pagar tanto pelo barril, farei com que consiga todo o uísque que desejar. Para ser perfeitamente franco com você, tenho tanto poder em Washington que posso cuidar de qualquer coisa... exceto homicídio."

A própria Casa Branca era um *speakeasy*. Alice Roosevelt Longworth, filha do presidente falecido e esposa de um poderoso congressista republicano por Ohio, subiu as escadarias da Casa Branca durante uma das reuniões sociais de Harding, que ocorriam duas vezes por semana. O estúdio do presidente estava repleto de colegas como Harry Daugherty e Jess Smith, escreveu ela: "bandejas com garrafas contendo todo tipo imaginável de uísque estavam por toda parte, cartas e fichas de pôquer à disposição, em uma atmosfera de coletes desabotoados e pés sobre a mesa, com a escarradeira ao lado".[12] Ela havia tentado avisar Harding, mas tinha perdido seu tempo. "Harding não era um homem mau", escreveu. "Era apenas grosseiro — um homem negligente e de boa natureza, com a infeliz tendência de se cercar de amigos de caráter questionável."

Entre eles, o procurador-geral e o diretor do Bureau of Investigation.

"OS CACIQUES RADICAIS"

Hoover manteve a cabeça baixa e os olhos fixos na ameaça vermelha que se espalhava de Nova York e Chicago até as minas de carvão, siderúrgicas e ferrovias no Centro-Oeste. Sindicatos organizados lutaram contra os barões da indústria americana durante toda a década de 1920. A grande maioria dos trabalhadores não era nem vermelha nem radical. Não havia uma agenda política grandiosa: eles queriam um salário que lhes permitisse sobreviver e uma vida decente, não uma revolução armada para destruir a classe dominante.

O Bureau apoiava os barões. Hoover via a luta entre capital e trabalho como um combate perene na guerra contra o comunismo. "Comunistas e as mais subversivas atividades estão sempre ligados às situações laborais",[13] escreveu anos depois. "É uma impossibilidade prática divorciar o comunismo das situações laborais."

Quando os confrontos começaram a esquentar, no verão de 1922, centenas de milhares de mineiros de carvão e trabalhadores das estradas de ferro iniciaram greves por todo o país. O Bureau contra-atacou.

Durante três anos, Hoover e o Bureau vinham recebendo relatórios de um funcionário de um estaleiro chamado Francis Morrow, um informante cujo codinome era K-97, que havia chegado a uma posição de confiança dentro dos conclaves comunistas. Morrow avisou ao Bureau que um encontro nacional secreto dos líderes comunistas americanos ocorreria às margens do lago Michigan. Ele tinha sabido do encontro com bastante antecedência, pois era o delegado oficial da Filadélfia. Quatro agentes do escritório do Bureau em Chicago dirigiram por duas horas, reuniram um grupo de policiais do condado e passaram a vigiar um resort de verão em Bridgman, Michigan. Os vermelhos viram seus caçadores se aproximando. Temendo uma batida, fizeram um apressado referendo sobre a principal questão diante de si: continuar ou não o trabalho clandestino ilegal. Decidiu-se que sim — por um voto. O voto decisivo foi do agente K-97.[14]

Na manhã de 22 de agosto de 1922, os homens do Bureau e os policiais do condado prenderam quinze comunistas em Bridgman, entre eles o líder do Partido, Charles Ruthenberg, que havia saído da prisão apenas quatro meses antes. Apreenderam uma valiosa coleção de registros do Partido e rastrearam outros dezesseis delegados em Chicago, incluindo William Z. Foster, o principal comunista no movimento sindical, e Earl Browder, um ideólogo do Partido em ascensão — ambos dedicados agentes do Comintern.

Os líderes do comunismo americano caminharam penosamente sob o sol quente, algemados em pares, da prisão do condado até a audiência de citação no tribunal de St. Joseph, Michigan. Foram acusados, de acordo com as leis estaduais, de conspiração para derrubar o governo dos Estados Unidos por meio de sabotagem e violência. "Os caciques radicais — financiados pelo soviete russo para criar um soviete neste país — foram arrebanhados na prisão do condado como os trabalhadores forçados de antigamente, enquanto policiais e agentes federais montavam guarda",[15] relatou o jornal local. "As autoridades federais esperam ligar os comunistas ao atentado com bomba em Wall Street, que destruiu as instalações do J. P. Morgan & Co. há mais de um ano."

Entre os 27 indiciados por acusações de sedição, somente Ruthenberg foi condenado. Passou os cinco anos seguintes defendendo seu caso no tribunal, até morrer, aos 44 anos. Suas cinzas estão enterradas na Necrópole da Muralha do Kremlin.

O caso de Foster levou a um júri de enforcamento. Ele se livrou, para o pesar de Hoover. O juiz tinha instruído os jurados de que, para condená-lo, tinham de decidir se ele "defendera o crime, a sabotagem, a violência e o terrorismo".[16] O resultado foi seis a seis. "A acusação não provou que o Partido Comunista defendia a violência", disse um dos jurados que votou pela absolvição. "Essa foi a única questão que nos dividiu."

Nenhum dos outros acusados de Bridgman foi a julgamento. Mas a batida levou o Partido para ainda mais fundo na clandestinidade. Seus membros se reduziram a 6 mil pessoas ou menos — apenas um em cada dez americanos nativos e falantes de inglês — e a influência de seus líderes chegou perto de desaparecer. Alguns ainda sonhavam com um levante das massas em ferrovias e minas de carvão americanas; seus panfletos pareciam propaganda soviética produzida em Moscou. Mas, como o próprio Foster relatou ao Comintern em um pedido de fundos de 25 mil dólares, ele estava tentando organizar um movimento comunista americano com dois operários em sua folha de pagamento.[17]

O próprio Hoover mais tarde escreveria que a influência do Partido Comunista na vida americana era "praticamente inexistente" no início dos anos 1920.[18] Não foi o que disse na época.

Hoover e sua Divisão de Inteligência Geral alertavam constantemente sobre uma violenta revolução comunista e Daugherty disse ao presidente que a nação estava ameaçada pela guerra civil.[19] Dez dias após as prisões em Bridgman, o procurador-geral pediu e conseguiu um mandado federal proibindo que os trabalhadores ferroviários em greve, que protestavam contra uma redução de salários imposta pelo governo, iniciassem qualquer ação em apoio a suas exigências. A proibição era mais abrangente que qualquer outra na história laboral americana: essencialmente, ordenava que 400 mil trabalhadores com legítimas queixas legais se sentassem e calassem a boca. Membros do gabinete de Harding denunciaram a decisão como ilegal e insensata.

Mas Daugherty e Hoover aumentaram as apostas: eles despacharam dezenas de agentes especiais para todo o país, a fim de coletar provas de que os líderes trabalhistas conspiravam para violar o mandado. Os agentes contavam com os informantes para infiltrar as fileiras de grevistas. Relatórios diários chegavam à Divisão de Inteligência Geral, vindos de agentes do Bureau por toda a nação, alimentando o temor de que a greve fosse um conflito organizado contra o governo. U.S. Marshals e policiais locais, auxiliados por legiões de detetives particulares trabalhando para as ferrovias, acusaram trabalhadores e organizadores de 17 mil violações do mandado.

Em questão de semanas, o procurador-geral destruiu a greve ferroviária. Mas, em breve, os fardos do poder começariam a destruí-lo.

Daugherty desabou, física e mentalmente, em dezembro de 1922. Teve um colapso nervoso e sofreu alucinações; achou sentir o cheiro de gás venenoso vindo de um vaso que decorava o palco em que fazia seu discurso. Preso à cama em Washington, começou a ver espiões soviéticos por toda a parte — inclusive no Congresso.

"A MAIS COLOSSAL CONSPIRAÇÃO"

O Bureau of Investigation tinha sido criado como instrumento da lei. Mas estava se transformando em uma arma ilegal de guerra política.

Quando o Congresso se reuniu novamente, em março de 1923, Daugherty e Burns realizavam espionagem política contra senadores vistos pelo procurador-geral como ameaças aos Estados Unidos. O Bureau invadia seus escritórios e residências, interceptava sua correspondência e grampeava seus telefones, assim como havia feito com os membros do Partido Comunista. O único argumento era o movimento político no Senado em direção ao reconhecimento diplomático americano da Rússia soviética.

Se houvesse reconhecimento, haveria embaixadas e diplomatas soviéticos nos Estados Unidos. Se houvesse diplomatas, haveria espiões. O

Bureau espionava o senador William E. Borah, de Idaho, presidente do Comitê de Relações Exteriores; Daugherty achava que ele "havia feito o jogo dos radicais" ao apoiar o reconhecimento.[20] E também espionava ambos os senadores de Montana: Thomas J. Walsh, o membro do Comitê Judiciário que tinha tentado questionar Hoover sobre as batidas vermelhas, e o recém-eleito Burton K. Wheeler, que partiu em uma viagem a Moscou para determinar os fatos duas semanas após assumir o cargo. Wheeler, ex-promotor federal em Montana, já tinha um arquivo no Bureau; ele tinha defendido o editor de um jornal radical chamado Bill Dunn, eleito para a legislatura de Montana após ter sua condenação por sedição anulada pelos tribunais estaduais. Em Washington, ao menos dois outros senadores e dois outros membros da Câmara dos Representantes, todos críticos do presidente e do procurador-geral, tornaram-se alvo de investigação policial pelo Bureau.

A expedição do senador Wheeler à Rússia em abril de 1923 o deixou quase convencido de que o capitalismo e a liberdade religiosa poderiam emergir do caos e do terror da revolução. Em seu retorno aos Estados Unidos, o senador disse que apoiaria o reconhecimento diplomático. O procurador-geral ficou indignado.

"Minha imagem como bolchevique foi reforçada em sua mente",[21] relatou Wheeler. Daugherty o denunciou — primeiro em caráter privado, depois publicamente, como "líder comunista no Senado"[22] e "tão democrata quanto é Stalin, seu camarada, em Moscou". E o chamou de "parte de um esforço para capturar, de modo insidioso e intencional, tantos membros do Senado quanto possível e espalhar por Washington e pelas salas do Congresso um gás venenoso tão letal quanto o que atingiu e destruiu bravos soldados na última guerra".

O papel de Hoover na batalha política contra o reconhecimento russo foi mais sutil. Ele cuidadosamente enviou documentos dos arquivos do Bureau a políticos confiáveis e, em caráter privado, financiou cruzados anticomunistas. Ajudou nas pesquisas de um antigo jornalista da Associated Press, chamado Richard Whitney, para uma série de artigos incendiários, mais tarde reunidos no livro *Reds in America* [Vermelhos nos Estados Unidos], no qual o autor reconhece com gratidão sua assistência pessoal. Whitney argumentou que agentes soviéticos possuíam grande influência nas instituições americanas e que haviam se infiltrado em cada canto da vida nos Estados Unidos. Chamou a reunião em Bridgman de momento-chave na "mais colossal conspiração contra este país, em toda a sua história".[23] Olhou para os estúdios de filmes mudos em Hollywood e concluiu que Charles Chaplin era comunista secreto. Acusou sua *alma mater*, Harvard, de abrigar simpatizantes comunistas como Felix Frankfurter. E avisou que agentes políticos do Comintern nos Estados Unidos estavam por trás da iniciativa do Congresso de reconhecer a Rússia.

O movimento em direção ao reconhecimento da Rússia foi interrompido e só seria retomado uma década depois. O contra-argumento parecia simples: por que reconhecer um regime que desejava derrubar o governo dos Estados Unidos?

Mas o governo americano agora parecia mais inclinado a ceder sob o peso de sua própria corrupção. O Departamento de Justiça e o Bureau of Investigation estavam no centro apodrecido dessa corrupção.

"Uma polícia secreta"

Um disparo na suíte do procurador-geral marcou o início do fim. Na alvorada de 30 de maio de 1923, Jess Smith, colega de quarto e braço direito de Daugherty, deu um tiro na própria cabeça no Wardman Park Hotel. Seu vizinho do andar de baixo — William J. Burns, diretor do Bureau of Investigation — correu escadas acima e assumiu a cena do crime. Mas não pôde manter o suicídio em segredo.

Três semanas depois, o presidente Harding deixou Washington para longas férias de verão, viajando pelo país até a costa do Pacífico e embarcando em um cruzeiro para o Alasca. O secretário do Comércio Herbert Hoover estava a bordo do navio quando ele partiu para Puget Sound em 4 de julho. O presidente Harding o convocou para uma reunião em sua cabine; Hoover relatou a conversa em suas memórias.

"Se soubesse de um grande escândalo em nossa administração", perguntou Harding, "você, pelo bem da nação e do partido, o exporia publicamente ou o enterraria?"[24] E deixou claro que o escândalo ocorria no Departamento de Justiça. "Revele tudo", respondeu Hoover. O presidente disse que isso seria "politicamente perigoso" e "se calou abruptamente" quando Hoover perguntou se o problema era com Daugherty.

O coração de Harding parou quatro semanas depois, em 2 de agosto de 1923, no Palace Hotel de São Francisco. Morreu aos 57 anos. Seu sucessor foi o honrado Calvin Coolidge, ex-governador do estado de Massachusetts, cuja reputação nacional repousava sobre a repressão à greve da polícia de Boston. Coolidge era um homem seco e austero, mas com altos padrões morais, dos quais de fato precisava: a presidência americana tinha chegado a seu ponto mais baixo desde o fim da Guerra Civil.

A decomposição que havia consumido o governo dos Estados Unidos começou a se revelar lentamente, como escombros após uma enchente. Os senadores Walsh e Wheeler investigaram os piores escândalos, embora Daugherty e Burns fizessem seu melhor para impedi-los. Eles enviaram ao menos três agentes do Bureau até Montana, a fim de construir casos contra os senadores. Os agentes produziram uma falsa acusação de suborno contra Wheeler; a acusação e o julgamento foram fraudes palpáveis, baseadas em perjúrio. O júri o inocentou rapidamente.

Verdades finalmente foram reveladas. A administração Harding, do topo para baixo, tinha sido conduzida por homens que veneravam o dinheiro e os negócios, desdenhavam o governo e a lei e enganavam o povo americano. O secretário do Interior, Albert Fall, havia recebido cerca de 300 mil dólares das companhias petrolíferas; em troca, tinha deixado que tirassem vantagem das reservas estratégicas de petróleo da Marinha em Elk Hills, Califórnia, e Teapot Dome, no Wyoming. O Departamento de Justiça tinha tomado conhecimento do escândalo, mas havia impedido as investigações. Havia mais: o líder da recém-criada Divisão dos Veteranos, Charles Forbes, jogador de pôquer e parceiro de Harding, havia embolsado milhões em comissões pagas pelos fornecedores. Um oficial do Departamento de Justiça, Thomas Miller, tinha embolsado dinheiro das corporações que tentavam liberar bens apreendidos — e, anos depois, as provas mostraram que o procurador-geral Daugherty tinha ficado com ao menos 40 mil dólares da bolada.

Quando o senador Wheeler anunciou que ele e seus colegas haviam sido alvos dos espiões do Bureau, o ultraje político foi grande e partilhado pelo público. Em 1º de março de 1924, o Senado resolveu investigar o

Departamento de Justiça. John H. W. Crim, chefe da Divisão Criminal, se mostrava disposto a testemunhar. Ele estava prestes a se aposentar após dezoito anos no Departamento de Justiça, incluindo um período no Bureau. Seu conselho ao Senado foi brusco: "Livrem-se do Bureau of Investigation da maneira como está organizado."[25]

Os senadores intimaram Daugherty, exigindo os registros internos do Bureau. Daugherty desafiou a ordem e isso foi sua perdição. Foram necessárias semanas de pressão, mas, em 28 de março, o presidente Coolidge anunciou que o procurador-geral estava se demitindo. Daugherty finalmente foi indiciado por fraude, mas evitou a prisão após dois impasses entre os jurados. Escapou da condenação graças às garantias constitucionais da Quinta Emenda contra a autoincriminação.

O presidente Coolidge nomeou seu novo procurador-geral: Harlan Fiske Stone, reitor da Columbia Law School, pilar do conhecimento legal e amigo de Coolidge desde a faculdade. Stone não era liberal, por seus padrões, mas defendia convictamente as liberdades civis. Tinha sido um grande crítico das batidas vermelhas de 1920 e havia pressionado o Senado a investigar as prisões e deportações dos radicais como ataques à lei e à Constituição.

Stone prestou juramento em 8 de abril de 1924 e passou o mês seguinte caminhando pelos corredores do Departamento de Justiça, conversando com as pessoas e tomando notas. Essas notas mostram que encontrou o Bureau of Investigation "exalando um terrível mau cheiro [...] repleto de homens com históricos negativos [...] muitos condenados por crimes [...] organização indisciplinada [...] muitas atividades sem qualquer autoridade concedida pelos estatutos federais [...] agentes envolvidos em muitas práticas brutais e extremamente tirânicas".[26]

Em 9 de maio, Stone demitiu William J. Burns do cargo de diretor do Bureau of Investigation. Então publicou uma declaração cujo poder ressoa até hoje:

> Um sistema de polícia secreta pode se tornar uma ameaça ao governo livre e às instituições livres porque carrega consigo a possibilidade de abusos de poder, nem sempre percebidos ou compreendidos rapidamente. A enorme expansão da legislação federal, tanto civil quanto

criminal, tornou o Bureau of Investigation um instrumento necessário ao cumprimento da lei. Mas é importante que suas atividades se limitem estritamente ao desempenho das funções para as quais foi criado e que seus próprios agentes não estejam acima da lei ou além de seu alcance.

O Bureau of Investigation não se preocupa com as opiniões, políticas ou outras, dos indivíduos. Preocupa-se apenas com sua conduta e apenas quando tal conduta é proibida pelas leis dos Estados Unidos. Quando um sistema de polícia ultrapassa tais limites, torna-se perigoso para a administração correta da justiça e da liberdade humana, que deveriam ser nossas principais prioridades. Dentro desses limites, tem o direito de ser o terror de qualquer malfeitor.

Em 10 de maio, Harlan Fiske Stone convocou J. Edgar Hoover, segundo no comando do Bureau sem lei. Há sete meses de seu aniversário de trinta anos, com o cabelo penteado para trás e o pescoço grosso apertado no colarinho justo, Hoover teve de olhar para cima a fim de encarar Stone, uma cabeça mais alto, com 1,93m. Stone olhou para baixo, com olhos de aço sob as grossas sobrancelhas grisalhas, e disse a Hoover que ele seria avaliado.

Pelo tempo vindouro, disse Stone, Hoover serviria interinamente como diretor em exercício do Bureau of Investigation. Deveria se reportar diretamente a Stone. E as regras do jogo estavam prestes a mudar.

O Bureau somente investigaria violações às leis federais. Os corruptos e chantagistas deveriam ser demitidos imediatamente. Sem mais invasões do Capitólio no meio da noite. Sem mais trabalho clandestino. Sem mais prisões em massa. O Bureau não seria mais um instrumento de guerra política. Estava fora do negócio de espionagem.

Hoover disse "Sim, senhor".

Stone deixou seus termos bem claros e os tornou públicos. Não estava com pressa, disse à imprensa. Faria um teste com Hoover. Ele queria o homem certo para a tarefa. E, até que encontrasse esse homem, ele mesmo dirigiria o Bureau.

Harlan Fiske Stone ficou no cargo por nove meses antes de ascender à Suprema Corte. Hoover permaneceu por 48 anos.

7

"Eles nunca deixaram de nos vigiar"

A sobrevivência do Bureau — e seu renascimento como serviço secreto de inteligência — dependia da astúcia política, da paciência estoica e da vontade de ferro de Hoover. Tais qualidades o fariam passar por todas as tempestades políticas que encontraria até o fim da vida. Ele jamais deixou de acreditar que o destino da nação dependia dele e de seu trabalho. E jamais desviou os olhos de seus inimigos.

Enquanto Hoover ainda estava em observação como diretor em exercício do Bureau, o procurador-geral Stone recebeu um alerta de um conhecido, Roger Baldwin, líder da União Americana de Liberdades Civis (American Civil Liberties Union, ACLU). Baldwin era um aristocrata americano que podia traçar suas raízes por trezentos anos até o *Mayflower*; tinha sido investigado pelo Bureau por subversão política e então preso por resistir à convocação para a Primeira Guerra Mundial. A própria ACLU havia sido criada em 1920, principalmente para defender os direitos constitucionais das pessoas acusadas de violar as leis de espionagem e sedição.

Baldwin urgiu Stone a estudar um novo relatório da ACLU intitulado "O sistema nacional de espionagem centrado no Departamento de Justiça". Ele acusava o Bureau de instalação de grampos telefônicos, violação de correspondência, escutas, invasões, compilação de listas negras políticas e espionagem de indivíduos e organizações legais. A ACLU dizia que o Bureau tinha se tornado "uma polícia secreta de caráter político". E observava que os arquivos de Hoover eram o combustível da máquina de espionagem — a Divisão de Inteligência Geral e sua predecessora, a Divisão de Radicais, haviam conduzido as operações de espionagem do Bureau desde 1919.

Stone leu o relatório com grande interesse. Descrevia precisamente o tipo de conduta que ele repudiava. Então o entregou a Hoover e perguntou sua opinião.

O futuro de Hoover dependia da habilidade de suas sete páginas de refutação escaldante. Ele insistiu que o Bureau havia investigado apenas pessoas "ultrarradicais"[1] e grupos que violavam as leis federais. Muitas, se não a maioria, haviam sido "acusadas de atividades contrárias a nossas instituições e governo". O trabalho do Bureau desde 1919 fora "perfeitamente adequado e legal". Ele jamais tinha grampeado ou invadido a residência de ninguém. "O Bureau tem regras muito rígidas sobre questões dessa natureza", escreveu. A ACLU, por sua vez, "consistente e continuamente defendia [...] o lado do elemento comunista", tomando as liberdades civis como licença criminosa. Uma semana depois, em 7 de agosto de 1924, Hoover, Baldwin e Stone se reuniram para uma conversa no Departamento de Justiça. Hoover falou a maior parte do tempo, como era seu costume ao enfrentar uma conversa que poderia ser problemática. Ele afirmou, como faria durante toda a vida, que não tinha sido participante voluntário das batidas vermelhas. Assegurou a Baldwin que os dias de espionagem política haviam terminado. Disse que a Divisão de Inteligência Geral seria fechada — embora ele pretendesse manter seus arquivos, a menos que o Congresso ordenasse que fossem queimados — e que o Bureau se ateria à investigação de violações das leis federais. Renunciou ao próprio passado. Foi imensamente convincente. "Acho que estávamos errados",[2] escreveu Baldwin a Stone alguns dias depois. Ele disse aos repórteres que Hoover era o homem certo para a tarefa. Hoover respondeu com uma graciosa nota de agradecimento. Era seu objetivo, escreveu, "deixar minha mesa ao fim de cada dia com a certeza de que não violei, de nenhuma maneira, os direitos dos cidadãos deste país".

O FBI continuou a se infiltrar na ACLU durante essas trocas de gentilezas e pelos meses e anos que se seguiram. No outono de 1924, o

Bureau manteve um espião no conselho executivo da ACLU, furtou as atas de suas reuniões em Los Angeles e monitorou suas listas de doadores. Sete semanas após o encontro cordial com Baldwin, Hoover recebeu novos e detalhados relatórios sobre as estratégias legais do conselho da ACLU. Seus arquivos aumentaram para incluir dossiês sobre líderes e apoiadores proeminentes do grupo, incluindo uma das mulheres mais famosas do mundo, a surda e cega Helen Keller. Seu arquivo se tornou um dos milhares mantidos pelo FBI sobre a história única do movimento americano pelas liberdades civis.

"Nunca soubemos que o FBI de Hoover ainda nos monitorava", disse Baldwin meio século depois. "Eles nunca deixaram de nos vigiar."

Hoover tampouco aboliu a Divisão de Inteligência Geral. No papel, ela desapareceu. Mas sua força vital, que eram os arquivos, permaneceu. Para mantê-los sigilosos, Hoover criou um sistema de registro inteiramente novo, chamado "Oficial e Confidencial". Esses documentos eram mantidos sob seu controle. Em teoria, os registros centralizados do Bureau pertenciam ao Departamento de Justiça. Podiam ser revelados nos tribunais ou por intimação do Congresso. Os arquivos "Oficiais e Confidenciais" mantidos por Hoover eram apenas seus. Durante cinquenta anos, foram seu inviolado tesouro de segredos. Seu poder para espionar os subversivos dependia da discrição, não da publicidade. Arquivos confidenciais eram muito melhores que manchetes retumbantes. A despeito do perigo de serem descobertos, Hoover e o Bureau mantiveram a vigilância sobre os comunistas americanos.

"ASSEGUREM-SE DE QUE TUDO SEJA MANTIDO EM SEGREDO"

O procurador-geral Stone havia dito a Hoover para se ater ao cumprimento da lei. E tinha perguntado mais de uma vez quais leis federais tornavam o comunismo ilegal. Não havia nenhuma. "Até o presente, as atividades de comunistas e outros ultrarradicais não constituem violação dos estatutos federais",[3] escreveu Hoover em 18 de outubro de 1924. "Consequentemente, o Departamento de Justiça, em teoria, não tem o direito de investigar tais atividades."

O Bureau of Investigation não tinha autoridade para conduzir uma guerra política. A Lei de Espionagem da Primeira Guerra Mundial havia perdido o efeito com o fim do conflito. A remanescente lei federal de sedição, que datava da Guerra Civil, exigia provas de um plano para uso da violência a fim de derrubar o governo. O Bureau jamais tinha sido capaz de provar, em qualquer tribunal, que os comunistas americanos conspiravam para esse fim. Uma lei ainda mais antiga, a Lei Logan de 1790, tornava ilegal a comunicação de conspirações hostis entre americanos e um país estrangeiro. Comunistas nos Estados Unidos claramente se comunicavam com Moscou. Mas o Congresso jamais tinha dado reconhecimento diplomático à União Soviética — não era um país, aos olhos da lei americana — e, assim, a Lei Logan estava fora. Hoover não tinha lei a cumprir. Ele havia estendido sua autoridade até o limite, e mesmo além, no campo do anticomunismo.

Mesmo assim, tinha atendido os padrões do procurador-geral. Em 10 de dezembro de 1924, Stone disse que ele havia passado no teste. Hoover se tornaria diretor do Bureau of Investigation.

Notavelmente, na mesma semana, Hoover encontrou a base legal para suas investigações secretas da esquerda americana. Ela jazia enterrada em um projeto de lei de oito anos de idade, autorizando o orçamento do Departamento de Justiça. Em 1916, a administração Wilson, atenta a diplomatas estrangeiros envolvidos em espionagem, tinha começado a usar os agentes do Bureau para obter informações na embaixada alemã. A administração havia introduzido uma linha no orçamento do Departamento de Justiça, dando ao Bureau o poder de investigar "questões oficiais sob o controle do Departamento de Justiça *e do Departamento de Estado*" [grifos meus].[4] O projeto virou lei e suas determinações permaneceram. Quando o Senado realizou audiências sobre a questão do reconhecimento soviético em 1924, o secretário de Estado Charles Evans Hughes pediu a Hoover para preparar um relatório sobre a influência de Moscou sobre os comunistas americanos. Hoover respondeu com quase quinhentas páginas, detalhando sua crença de que o comunismo soviético tentava se infiltrar em cada aspecto da vida americana.

E sustentou que a persistente controvérsia diplomática e política lhe dava permissão para investigar o comunismo nos Estados Unidos.

Hoover transformou esse fragmento de sentença na fundamentação de seu serviço secreto de inteligência.

Harlan Fiske Stone foi para a Suprema Corte, onde trabalhou até o fim da vida, encerrando seus dias como juiz presidente. Ele observava Hoover e o novo diretor sabia disso. Conformava-se, então, às suas ordens. Hoover tinha de evitar o menor indício de quebra da lei se quisesse reconstruir o Bureau a partir das ruínas que havia recebido. "Este Bureau não pode se dar ao luxo de ser vítima de um escândalo público",[5] escreveu em uma mensagem "pessoal e confidencial" enviada a todos os agentes especiais em maio de 1925. "Estou tentando proteger nossa força das críticas externas e evitar que o Bureau of Investigation caia em descrédito."

Ele demitiu os trapaceiros e incompetentes, reduzindo suas forças até ter menos de trezentos agentes especiais confiáveis. Proibiu as bebidas alcoólicas durante e depois do expediente, à luz da Lei Seca. Com o tempo, instituiu relatórios uniformizados, montou um laboratório de criminalística moderno, construiu um centro de treinamento e organizou um arquivo nacional de impressões digitais. E, durante uma década, manteve suas operações de espionagem restritas e altamente focadas.

Os riscos de ser pego espionando americanos eram muito grandes. Hoover os assumiu: os riscos de não espionar pareciam maiores. Por todo o restante dos anos 1920, ele e o Bureau monitoraram o trabalho dos comunistas americanos com ajuda de informantes pagos, desertores do Partido, detetives da polícia e oficiais do Departamento de Estado.

Hoover investigou o movimento nacional para impedir a execução, em 1927, dos anarquistas italianos Sacco e Vanzetti. Sua condenação por homicídio era vista como armação pelos liberais do país, entre os quais sua antiga nêmesis, Felix Frankfurter, que o havia enfrentado face a face durante as deportações de Deer Island. Ele instruiu seus agentes a se "manterem completamente informados" sobre os comitês locais de defesa de Sacco e Vanzetti e "mantenham-me a par" — mas "assegurem-se de que tudo seja mantido em segredo".[6] Hoover sempre tinha suspeitado que os anarquistas italianos tivessem sido os autores dos atentados com bomba de 1920, que visavam aos líderes americanos e haviam feito sangue correr em Wall Street. No entanto jamais foi capaz de provar e os casos permaneceram sem solução.

Hoover espionava William Z. Foster, perene candidato à presidência do Partido Comunista, o sindicalista americano favorito do Comintern e o líder da Liga Educacional do Sindicato do Partido. Arquivos do FBI de 1927, detalhando reuniões secretas dos líderes do Partido Comunista em Chicago e em Nova York, relatam a decisão dos vermelhos de redobrar os recrutamentos e de se infiltrar nas fileiras da Federação Americana do Trabalho. Hoover disse a seu mais confiável confidente no Departamento de Estado que os comunistas controlavam "a integridade das afiliações a todos os sindicatos de Nova York"[7] e conspiravam "para assumir o poder executivo dos sindicatos deste país". Ele entrou em estado de alerta quando Foster e seus seguidores viajaram para Moscou em maio de 1929. Fez anotações quando Stalin se dirigiu diretamente à delegação americana e manteve o arquivo à mão pelo resto de seus dias.

"Não está longe o momento em que uma crise revolucionária se desenvolverá nos Estados Unidos", disse Stalin. "Todos os esforços e todos os meios devem ser empregados para nos prepararmos para isso, camaradas."

A crise chegou bem rápido. Começou com a quebra de Wall Street em novembro de 1929, cresceu imensamente durante a Grande Depressão e durou até a Segunda Guerra Mundial.

8

Bandeiras vermelhas

"Os trabalhadores deste país olharão para a União Soviética como seu país, é isso?",[1] perguntou o congressista Hamilton Fish, de Nova York, ao líder dos comunistas americanos William Z. Foster. "Eles olharão para a bandeira soviética como sua bandeira?"

"Os trabalhadores deste país", disse Foster, "possuem apenas uma bandeira: a bandeira vermelha".

As ruínas criadas pela Grande Depressão forneceram as pedras angulares do movimento comunista. Cerca de 8 milhões de pessoas perderam o emprego em 1930. Milhares de bancos faliram. Um quarto das fábricas nacionais parou de produzir. O presidente Herbert Hoover parecia relutante ou incapaz de agir. O Congresso fazia pouco ou nada para ajudar. O Partido Comunista dos Estados Unidos, a despeito de suas acirradas batalhas internas, começou a receber apoio significativo dos sindicatos e dos trabalhadores desempregados.

O Congresso respondeu com sua primeira investigação formal sobre o comunismo americano, em 1930. O Comitê para Investigar Atividades Comunistas da Câmara foi um espetáculo de longa duração, mas não um sucesso. Os investigadores do Congresso foram desonrados desde o início por documentos forjados, evidências falsas e testemunhas de impacto.

J. Edgar Hoover tentou manter distância da cruzada pública liderada pelo congressista Fish, um republicano rabugento que representava o distrito natal de Franklin D. Roosevelt no estado de Nova York. Mas concordou em testemunhar perante o comitê de investigação e partilhou parte de seus volumosos arquivos sobre os radicais americanos. Hoover fez um agudo alerta sobre o poder da propaganda comunista, que chamou de novo instrumento de combate para um conflito armado entre trabalhadores e patrões, uma luta de classes que poderia ameaçar as abaladas fundações do capitalismo americano.

Mas disse que o Bureau não podia atacar os comunistas americanos, a menos que o Congresso novamente proscrevesse as palavras revolucionárias. Ele queria leis federais que transformassem o próprio comunismo em crime.

Em 1931, enquanto a miséria da Grande Depressão se espalhava e protestos contra o governo cresciam, o congressista Fish encerrou suas audiências furioso. Ele concluíra que "nenhum departamento de nosso governo possui autoridade ou fundos do Congresso para investigar o comunismo e nenhum departamento do governo, particularmente o Departamento de Justiça, tem conhecimento das atividades revolucionárias dos comunistas nos Estados Unidos. Temos cerca de 100 mil comunistas em Nova York e, se quisessem, eles poderiam invadir a Casa Branca e sequestrar o presidente e nenhum departamento do governo ficaria sabendo, até ler sobre o incidente nos jornais do dia seguinte".[2]

Mas o Congresso não deu a Hoover nova munição para a guerra contra o comunismo; a Suprema Corte tampouco o fez. O novo juiz presidente, Charles Evans Hughes, ex-secretário de Estado, pertencia à ala progressista do Partido Republicano. E defendia que mesmo os comunistas deviam gozar das liberdades civis constitucionais. O juiz presidente escreveu um parecer majoritário anulando a condenação, na Califórnia, de Yetta Stromberg, uma monitora de dezenove anos de um acampamento de verão do Partido Comunista que havia sido sentenciada a cinco anos de prisão por hastear a bandeira vermelha todas as manhãs. A Corte alegou que sua condenação violava a Constituição e a Carta de Direitos. A bandeira vermelha podia tremular livremente nos Estados Unidos.

O congressista Fish queria atacar aquela bandeira. Queria proscrever palavras e atos comunistas. Queria que o Bureau voltasse ao caso. Assim, contatou Hoover.

O diretor explicou sua precária posição ao congressista. O poder do Bureau para espionar americanos "nunca foi estabelecido pela legislação",[3] disse Hoover a Fish em 19 de janeiro de 1931. Ele operava "apoiado somente em um projeto de lei de apropriação" — o delgado caniço da linguagem do orçamento de 1916 que dizia que o Bureau podia trabalhar para o secretário de Estado. Isso não era uma tecnicalidade: a linguagem legislativa empregada em um projeto de lei orçamentário era apenas linguagem, não lei. Se o Congresso e a Suprema Corte queriam tornar o comunismo ilegal, deviam fazê-lo. Até lá, o Bureau não tinha poderes para investigar abertamente a conduta política dos indivíduos. Hoover caminhava sobre uma linha muito fina.

Hoover também disse ao procurador-geral William D. Mitchell que o trabalho infiltrado secreto era crucial "para termos um apoio nos círculos internos comunistas"[4] e permanecer à frente de suas "políticas mutáveis e propaganda secreta". Mas "o Bureau of Investigation pode receber o mais severo escrutínio a qualquer tempo" — e "indubitavelmente enfrentaria acusações sobre a questão de supostos segredos e métodos indesejáveis", avisou Hoover. Pela lei, ele não podia investigar atos políticos "que, do ponto de vista federal, não foram declarados ilegais e em conexão com os quais nenhum processo judicial pode ser iniciado".

Mesmo assim, Hoover continuou a espionar os comunistas, aderindo à sua leitura da lei ao fazer relatórios secretos para o Departamento de Justiça.

Em 20 de janeiro de 1931 — um dia após sua conversa com o congressista Fish —, Hoover enviou uma carta ao mais respeitado especialista em Rússia do Departamento de Estado, Robert F. Kelley, chefe da Divisão da Europa Oriental. Ele resumiu uma série de relatórios enviados pelo escritório de Nova York do Bureau of Investigation, baseados no trabalho de informantes confidenciais dentro do Partido Comunista.

Hoover falou sobre uma organização intitulada Liga dos Trabalhadores Ex-Combatentes — que chamou de "unidade comunista ativa" dos veteranos americanos da Primeira Guerra Mundial.[5] Os veteranos queriam que o governo pagasse um prometido "bônus" por seu serviço militar — pagamento que só seria devido em 1945. O grupo estava "tentando organizar um impressionante número de ex-combatentes para a 'Marcha da Fome' até Washington", escreveu Hoover. "A campanha é conduzida por uma liga sob a direção do Comitê Central do Partido Comunista." Os veteranos e os comunistas haviam unido forças, disse Hoover, e estavam planejando uma marcha de protesto jamais vista antes.

Seu relatório sobre os planos para a Marcha do Bônus foi profético. No verão de 1932, milhares de esfarrapados e desempregados veteranos da Primeira Guerra Mundial de todo o país se reuniram para um protesto contra o governo. Uma das bandeiras do Exército do Bônus dizia: NA ÚLTIMA GUERRA, LUTAMOS PELOS PATRÕES / NA PRÓXIMA GUERRA, LUTAREMOS PELOS TRABALHADORES. Marchando em Washington, muitos acompanhados pelas famílias, eles montaram precários acampamentos. Construíram uma selva de barracas na Colina do Capitólio, ergueram tendas às margens do rio Anacostia e se alojaram em prédios federais abandonados.

Em 28 de julho, o presidente chamou as tropas — lideradas pelo general Douglas MacArthur e seu ajudante de campo, o major Dwight D. Eisenhower. Eles enfrentaram o Exército do Bônus com tanques, cavalaria montada, metralhadoras e infantaria armada com baionetas e gás lacrimogêneo. Os soldados do general MacArthur queimaram o acampamento perto do rio; um dos manifestantes da Marcha do Bônus foi morto no conflito. O espetáculo do Exército dos Estados Unidos caçando veteranos desarmados, afugentando-os, junto com suas esposas e seus filhos, para longe da sombra do Capitólio foi uma cena de combate urbano americano sem paralelos desde a Guerra Civil. As fotografias nos jornais e as telenotícias sobre a caçada foram um desastre político para o presidente Hoover, que tinha acabado de ser indicado pelo Partido Republicano para um segundo mandato.

O procurador-geral Mitchell anunciou que os comunistas deviam ser responsabilizados. E se voltou para J. Edgar Hoover em busca de apoio para as acusações. Agentes do Bureau em Nova York, Chicago e St. Louis trabalharam durante meses, tentando provar que o Partido Comunista havia planejado e financiado a marcha. Infiltrando-se em reuniões e comícios, pesquisando registros bancários e seguindo líderes da marcha, eles investigaram em vão. Um grande júri foi chamado para reunir provas de que o Exército do Bônus era uma conspiração comunista. Não encontrou nenhuma.

O Bureau of Investigation tinha apenas algumas centenas de agentes com experiência profissional e devoção aos princípios do império da lei, entre os quais algumas dúzias conheciam técnicas de espionagem e contraespionagem. Nem o Bureau nem Hoover gozavam de muita fama. Se os americanos sabiam o nome do diretor, provavelmente era porque, em 1932, o presidente tinha nomeado Hoover "coordenador de assistência federal" durante o sequestro do filho de Charles e Anne Lindbergh. O caso foi "o crime do século" e a busca pelo perpetrador continuou durante dois anos.

"O EXÉRCITO PERMANENTE DO CRIME"

A despeito dos tormentos políticos e sociais da Grande Depressão — um desastre nacional no qual o povo americano seguiria qualquer político que prometesse uma saída —, o Partido Comunista ainda era um elemento de pouca força quando os americanos elegeram um novo presidente em novembro de 1932. O Partido tinha alguns milhares de membros que devotavam suas vidas a Stalin e aos sovietes. Eles haviam feito algum progresso com trabalhadores e sindicatos americanos e suas ideias pareciam cada vez mais atraentes para intelectuais e radicais que se desesperavam com o sistema político dos Estados Unidos.

A guerra contra o crime e a guerra contra o comunismo não eram batalhas nas quais os americanos estivessem engajados. Eles estavam lutando para sobreviver. Famintos por um líder forte. E prontos para um presidente que criasse "uma ditadura americana baseada no consentimento dos governados", nas alarmantes palavras do congressista Fish. A eleição de Franklin D. Roosevelt estava predeterminada no momento em que foi indicado. FDR estava pronto para usar todos os poderes concedidos pela Constituição — e mais —, a fim de salvar a república do caos político e econômico.

O FBI ganhou seu lugar no firmamento do governo americano sob auspício do presidente Roosevelt. Mas quase perdeu Hoover como líder. Ele por pouco não sobreviveu à transição de poder.

O presidente Roosevelt, que prestou juramento em 4 de março de 1933, tinha escolhido o senador Thomas Walsh, de Montana, para ser procurador-geral. Walsh havia sido um alvo primário da espionagem política do Bureau of Investigation uma década antes, no auge da era Harding. Ele havia atacado Hoover e seus chefes, que o atacaram em resposta. As chances de Hoover manter seu emprego eram mínimas. Mas, na véspera da posse de Roosevelt, viajando para Washington em um trem noturno com sua jovem noiva, Walsh morreu de ataque cardíaco aos 72 anos.

Roosevelt tentou achar um substituto. Seu secretário de Estado, Cordell Hull, recomendou Homel S. Cummings, antigo presidente do Comitê Democrata Nacional. Cummings tinha sido mestre de cerimônias durante a Convenção Democrata de 1932, apresentando delegados e fazendo um empolgado segundo discurso. Ele também havia servido — o que era ainda mais importante — durante dez anos como promotor estadual em Connecticut e seu grande conhecimento sobre a aplicação da lei provinha de experiência pessoal, ao contrário de muitos de seus predecessores no Departamento de Justiça.

"Estamos engajados em uma guerra",[6] proclamou o procurador-geral Cummings em um discurso às Filhas da Revolução Americana em agosto de 1933, "uma guerra contra as forças organizadas do crime".

Cummings criou uma lista de "inimigos públicos", incluindo gângsteres como John Dillinger, Pretty Boy Floyd, Baby Face Nelson e Bonnie e Clyde. Deu ao Bureau o poder de portar armas, executar mandados e realizar prisões. Concebeu, e o Congresso aprovou, um novo código criminal federal concedendo ao Bureau jurisdição para combater o *racketeering* — operações criminosas interestaduais. Se fugisse do estado em um carro roubado, atacasse um oficial federal ou roubasse moeda americana de um banco, a pessoa estaria cometendo um crime federal. A esperança de Cummings era que os homens de Hoover cumprissem a lei quando a polícia municipal corrupta e a pretensiosa polícia do condado falhassem.

E chamou Hollywood para se unir à batalha. Hollywood fez os filmes e os filmes ajudaram a transformar Hoover em astro. Cummings não podia ter o papel principal. Ele parecia um bibliotecário. Hoover se adequava muito melhor ao papel. E ficava feliz em posar para fotos publicitárias segurando uma metralhadora ou sorrindo para uma atriz. Havia muitos modelos cinematográficos para seu novo e glamouroso papel. *G-Men*, estrelado por James Cagney como o ousado agente do FBI, apresentou uma audiência do Congresso com um Hoover fictício testemunhando a favor do programa de combate ao crime de Cummings. "Essas gangues serão destruídas!", promete ele no filme. "Estamos em guerra!"

Em um ano, Hoover se tornou a face pública da guerra contra o crime, o astro de um show que capturou a imaginação do povo americano, o nome nas manchetes, um ícone do teatro político nos Estados Unidos. Suas exibições públicas, os discursos que fez e as estatísticas que produziu para o Congresso se tornaram tão dramáticos quanto os filmes. Ele alegou que 4,3 milhões de americanos haviam se unido ao "exército permanente do crime"[7] que ameaçava a nação — "assassinos, ladrões, piromaníacos, matadores, assaltantes e bandidos". Por esse cálculo, um em cada trinta homens, mulheres e crianças dos Estados Unidos portava armas, era perigoso e estava à solta. Essas calamitosas declarações sobre a guerra contra o crime não foram questionadas na época. Verificadas, muitas se provaram invenções. Mas conseguiram poder e publicidade para Hoover.

Com sua ampla e recém-adquirida autoridade e sua crescente reputação nacional veio um novo nome para sua instituição: Federal Bureau of Investigation.

Havia outra guerra se aproximando — a guerra contra o inimigo interno. Não poderia ser lutada em público. FDR convocou Hoover para lutá-la com o maior sigilo e o mais derradeiro poder que um presidente podia comandar.

Do outro lado do Atlântico, Adolf Hitler estava estabelecendo sua ditadura e Roosevelt previu que, um dia, teria de confrontar a ameaça nazista face a face. Dentro do Kremlin, Joseph Stalin exigia o reconhecimento americano, concedido por Roosevelt e pelo Senado, e Roosevelt percebeu que a Rússia poderia se tornar um bastião contra Hitler e suas tropas invasoras. J. Edgar Hoover estava pronto para fazer tudo que seu novo comandante em chefe pedisse, contra todos os inimigos, estrangeiros e domésticos.

PARTE II

Guerra mundial

9

O negócio de espionagem

O presidente Roosevelt entregou suas primeiras ordens de batalha a Hoover em 8 de maio de 1934. FDR disse que queria "uma investigação muito cuidadosa e detalhada"[1] do fascismo americano.

O presidente queria que agentes e admiradores de Adolf Hitler fossem investigados em todas as frentes. Quem eram? Quão fortes? Quão ampla era a ameaça que representavam? Havia nazistas trabalhando em escritórios diplomáticos alemães? A Alemanha estava comprando influência em Wall Street? Hitler estava controlando agentes e fundos secretos dentro dos Estados Unidos?

Hitler já representava uma ameaça para os aliados americanos na Europa. FDR e Hoover sabiam muito bem o que os agentes secretos da Alemanha haviam tentado fazer para subverter e sabotar os Estados Unidos durante a Primeira Guerra Mundial. Agora, Hoover tinha ordens para servir como órgão centralizador de todas as evidências possuídas pelo governo dos Estados Unidos. Julgamentos não estavam em questão. O presidente queria informações.

Hoover se moveu lenta e cautelosamente pelo campo do fascismo. Não deu provas do ilimitado entusiasmo que havia demonstrado ao lutar contra o comunismo. Enviou cuidadosas instruções a todos os escritórios de campo, ordenando que fossem executadas as "assim chamadas investigações de inteligência" sobre o movimento fascista americano. A escolha de palavras do diretor foi adequada. Nos dois anos seguintes, o trabalho do Bureau praticamente se limitou a comparar documentos das polícias local e estadual, monitorando manifestações públicas e reunindo recortes de jornais. Ele manteve um olho em apreciadores da suástica, como a Aliança Germano-Americana (fundada com apoio do montador de automóveis Henry Ford), e grupos fascistas domésticos, como os Camisas Prateadas. Fez anotação da altamente divulgada retórica de direita de grupos como o Lobby pela Liberdade e do cada vez mais popular padre Charles Coughlin, o pregador antissemita do rádio. E observou até mesmo uma organização chamada Comitê Nacional contra o Comunismo. Mas o arquivo de Adolf Hitler no FBI continha majoritariamente toscas ameaças de morte contra o ditador.

Hoover fez seu melhor para direcionar a atenção de Roosevelt de volta ao comunismo. No início da administração Roosevelt, após uma década de debate, os Estados Unidos haviam reconhecido oficialmente a União Soviética. Isso havia permitido que Stalin abrisse uma embaixada e consulados no país; onde havia diplomatas, havia espiões. O Congresso tinha aprovado a Lei Nacional de Relações Laborais, que permitia que os trabalhadores se organizassem; onde havia sindicatos, havia comunistas. Entre 1930 e 1936, a afiliação ao Partido havia quadruplicado, crescendo para cerca de 30 mil membros. Os americanos de esquerda começavam a se voluntariar para lutar contra as forças fascistas na Espanha.

Hoover via esses desenvolvimentos como profundamente nefastos. E pediu para se encontrar com o presidente em particular.

Em 24 de agosto de 1936, FDR convidou Hoover à Casa Branca. Durante sua presidência, Roosevelt rotineiramente se recusou a manter registros escritos de suas reuniões mais importantes, especialmente sobre questões de inteligência secreta. Existe somente um registro daquela conversa — o de Hoover.

De acordo com as notas de Hoover, Roosevelt queria falar sobre "atividades subversivas nos Estados Unidos, particularmente fascistas e comunistas"[2] e obter um "retrato abrangente" de sua influência na política e na economia da nação. Mas Hoover manteve o foco nas continuadas investigações do FBI sobre o comunismo nos Estados Unidos. Ele avisou ao presidente que os comunistas estavam controlando os sindicatos de estivadores na Costa Oeste, que tinham planos para o sindicato Mineiros Unidos e para o suprimento nacional de carvão, e que possuíam grande influência sobre a imprensa, por meio do Sindicato dos Jornalistas.

"Eu disse a ele", registrou Hoover, "que os comunistas planejavam controlar esses três grupos e que, ao fazê-lo, seriam capazes de paralisar o país [...] parar todos os carregamentos [...] interromper a operação da indústria [...] e impedir a publicação de qualquer jornal". Hoover disse também que os comunistas estavam se infiltrando no próprio governo, por meio do Conselho Nacional de Relações Laborais.

Hoover então disse ao presidente que o FBI precisava de autoridade renovada para as operações secretas de inteligência. E citou o estatuto de 1916, pelo qual o Departamento de Estado concedia ao FBI seus poderes de inteligência secreta.

FDR convocou o secretário de Estado Cordell Hull e os três se encontraram na Casa Branca no dia seguinte, 25 de agosto de 1936. O presidente disse que, como a ameaça era internacional e "o comunismo, particularmente, era dirigido a partir de Moscou", Hull devia conceder a Hoover sua aprovação para a perseguição de espiões soviéticos nos Estados Unidos.

Nada escrito foi entregue pelo presidente ou pelo Departamento de Estado. Hoover não registrou as palavras precisas da conversa. A lenda criada no FBI diz que Hull se voltou para Hoover e disse: "Vá em frente e investigue esses chupadores de pau."

Hoover agora tinha uma ordem em aberto do presidente para realizar operações secretas de inteligência contra os inimigos dos Estados Unidos. Durante o resto de sua vida, citaria a autoridade concedida a ele naquele dia.

Seu comando foi enviado imediatamente aos escritórios de campo do FBI: "Obtenham, de todas as fontes possíveis, informações relacionadas às atividades subversivas sendo conduzidas nos Estados Unidos por comunistas, fascistas e representantes ou defensores de outras organizações ou grupos advogando a derrubada ou substituição do governo dos Estados Unidos por métodos ilegais." Hoover tentou coordenar seu trabalho de inteligência com o Exército, a Marinha e o Departamento de Estado, como havia feito nos inebriantes dias das grandes batidas vermelhas.

O FBI começou a investigar cada membro do Partido Comunista e seus afiliados, juntamente com líderes dos movimentos fascistas e antifascistas nos Estados Unidos. Perseguiu líderes trabalhistas de esquerda nas indústrias de carvão, transporte marítimo, aço, notícias e vestuário. Tentou encontrar comunistas e subversivos nas escolas e universidades, no governo federal e nas forças armadas. Hoover ordenou que seus agentes recrutassem novos informantes e escrevessem novos relatórios sobre subversivos de destaque. E começou a classificar as "atividades subversivas" sob as categorias mais amplas da vida política e econômica americana.

"Homens de zelo"

Com a nova autoridade que lhe havia sido investida pelo presidente, Hoover reviveu uma das mais valiosas técnicas de inteligência do FBI: os grampos telefônicos.

Os governos haviam grampeado telefones desde que tinha havido telefones para grampear. Espiões do Exército de ambos os lados haviam prestado atenção às linhas de telégrafo durante a Guerra Civil. Departamentos de polícia e detetives particulares gravavam conversas fazia décadas. Sob a autoridade do presidente Wilson, o governo tinha assumido a operação das linhas telefônicas públicas durante a Primeira Guerra Mundial. O Bureau havia ouvido incontáveis pessoas durante os anos sem lei após a guerra — não apenas comunistas, mas também senadores, congressistas e juízes.

E o grampo agora era legal — desde que fosse secreto.

A Suprema Corte tinha estabelecido esse débil limite em um caso de 1928, *Olmstead versus Estados Unidos*, uma decisão de 5 contra 4 na qual o juiz presidente William Howard Taft, ex-presidente dos Estados Unidos, havia tido o voto decisivo. Roy Olmstead era um contrabandista de Chicago e agentes do Departamento do Tesouro, agindo em cumprimento à Lei Seca, haviam grampeado seu telefone. Seus advogados tinham argumentado que a instalação secreta de grampos para reunir provas criminais violava as proteções da Quarta Emenda contra invasões, buscas e detenções ilegais.

A maioria dos juízes no caso havia decidido que o governo estava dentro de seus direitos: "Um padrão que proibisse a recepção de provas, se obtidas de outro modo que não por conduta estritamente ética dos oficiais do governo, faria sofrer a sociedade e concederia aos criminosos imunidades até então desconhecidas."

A minoria, liderada pelo juiz Louis Brandeis e pelo antigo chefe de Hoover, juiz Harlan Fiske Stone, havia publicado uma poderosa discordância. Brandeis tinha avisado: "Os maiores perigos para a liberdade jazem nos excessos dos homens de zelo, bem-intencionados, mas sem entendimento."[3]

"O crime é contagioso", escreveu Brandeis. "Se o governo se torna transgressor da lei, ele gera desprezo pela lei, convida cada homem a se tornar uma lei em si mesmo, convida à anarquia. Declarar que, na administração da lei criminal, os fins justificam os meios — declarar que o governo pode cometer crimes para assegurar a condenação de um criminoso em particular — traria terríveis consequências."

Brandeis comparou o grampo telefônico e a escuta às "ordens judiciais de assistência" e aos "mandados gerais" que os ingleses haviam utilizado para vasculhar as casas dos colonos americanos antes que a Guerra da Independência criasse os Estados Unidos: "Como meios de espionagem, ordens judiciais de assistência e mandados gerais são apenas débeis instrumentos de tirania e opressão, se comparados ao grampo telefônico." E, sagazmente, observou que um grampo era, de fato, infinito: "Grampear a linha telefônica de um homem significa grampear os telefones de cada pessoa a quem ele possa telefonar ou que possa telefonar para ele." Os homens de Hoover sabiam muito bem disso.

Seis anos após o caso Olmstead, em 1934, o Congresso aprovou a Lei de Comunicações, proibindo a interceptação de chamadas telefônicas e a revelação de seu conteúdo. Os legisladores acharam que haviam transformado o grampo telefônico em crime. Mas deixaram uma brecha para Hoover. Ele interpretou "revelação" de modo legal: o grampo telefônico não era ilegal se a informação não fosse utilizada como prova em um tribunal. Assim, se fosse secreto, era legal. Dali em diante, o FBI usaria grampos telefônicos sempre que Hoover os autorizasse. Grampos telefônicos, escutas e invasões se tornaram a santa trindade das operações de inteligência do FBI dos anos 1930 em diante. Hoover acreditava que eram ferramentas essenciais para a proteção dos Estados Unidos contra espiões e sabotadores. O presidente Roosevelt sabia que tais métodos eram prática comum no jogo das nações.

Nos mais altos níveis de poder em Washington, começou a se instalar a consciência de que Hoover poderia estar ouvindo conversas privadas. Essa sensação de que o FBI era onipresente continha seu próprio tipo de poder. Em uma investigação de 1936 sobre suspeita de vazamento nas decisões da Suprema Corte, o FBI grampeou o telefone doméstico de um escrivão. O juiz presidente Charles Evans Hughes suspeitou que Hoover havia instalado escutas na sala de conferências onde os juízes se reuniam para decidir os casos. Se era preciso tomar cuidado com o que se dizia nas câmaras da Suprema Corte, então os tempos haviam mudado.

"Quão despreparados estamos"

Em 1937, Hoover começou a entender que o FBI não era páreo para um experiente serviço de espionagem estrangeiro. Ele percebeu — tarde demais, para seu pesar — que, havia anos, soviéticos, alemães e japoneses espionavam estaleiros, fábricas de aeronaves, bases militares e manobras americanas nos oceanos Atlântico e Pacífico.

Essa compreensão chegou por meio do trabalho dos decodificadores militares. O Serviço de Inteligência de Comunicações do Exército tentava roubar comunicações via rádio no exterior. A Marinha tentava quebrar cifras e códigos militares japoneses, prestando atenção a um ataque potencial no Pacífico; ambos tinham um acordo implícito com a Radio Corporation of America (RCA) para receber cópias das mensagens japonesas.

Os intermitentes sucessos da Marinha levaram o FBI a prender o primeiro americano julgado e condenado por espionagem desde a Primeira Guerra Mundial. A investigação começou quando uma criptoanalista da Marinha chamada Aggie Driscoll decifrou uma palavra estranha em uma mensagem radiofônica japonesa: "TO-MI-MU-RA." A palavra *mura* significa "cidade" [*town*], mas também pode significar "filho" [*son*]. Pensando em voz alta, ela chegou ao nome "Thompson". Sua intuição levou à prisão de Harry Thompson, ex-escrevente da Marinha e espião do comandante Toshio Miyazaki, oficial da Marinha Imperial Japonesa que estudava inglês na Califórnia. Thompson tinha vendido armas ultrassecretas e informações de engenharia naval para o Japão.

Códigos decifrados também levaram à condenação de John Farnsworth, aluno da Academia Naval, ex-tenente comandante e alcoólatra desesperado que tinha sido dispensado por má conduta. Farnsworth visitava as imediações de bases navais em toda a costa do Pacífico, mostrando maços de dinheiro, pagando contas de bar e perguntando a velhos companheiros sobre códigos, armas e design de navios de guerra. A Marinha entregou o caso ao FBI. Em 1937, Farnsworth foi preso, julgado e condenado por vender segredos ao Japão por 20 mil dólares.

Esses casos perderam a importância em comparação com a primeira grande investigação internacional de espionagem do FBI: o caso Rumrich.

"Espiões nazistas nos Estados Unidos"

Em Valentine's Day, 14 de fevereiro de 1938, Hoover passava as férias em Miami. Estava de luto pela morte da mãe, com quem tinha vivido por toda a vida. Tinha 43 anos e procurava uma nova casa. Também estava prestes a publicar seu primeiro livro, *Persons in Hiding* [Pessoas escondidas], uma coletânea de histórias sobre as gangues desmanteladas pelo FBI, escrita por um ghost-writer. Quando soube da prisão de Guenther Rumrich durante um telefonema da sede, Hoover expressou profundas dúvidas em relação aos fatos do caso. A história era muito mais estranha que seus contos sobre combate ao crime.

Um veterano oficial de inteligência inglês, Guy Liddell, havia prevenido a embaixada americana em Londres sobre um círculo de espiões nazistas nos Estados Unidos. Alguns dias mais tarde, um funcionário do serviço de passaportes do Departamento de Estado em Nova York atendeu o telefone. Do outro lado, um homem que se identificou como Cordell Hull, secretário de Estado, ordenou que o atendente entregasse 35 passaportes em branco no McAlpin Hotel, em Manhattan.

A polícia de Nova York prendeu Guenther Rumrich quando ele recolheu o pacote de passaportes. Os policiais realizaram uma busca em seu quarto e encontraram uma anotação descrevendo um complô para roubar os planos militares americanos para a defesa da costa do Atlântico.

Rumrich, filho de um diplomata australiano, tinha 26 anos, era cidadão americano, havia abandonado seu posto no Exército — e, como confessou espontaneamente, espionava para o serviço de inteligência militar alemão, a Abwehr.

Hoover designou o agente Leon Turrou para a investigação. Turrou tinha um dos melhores perfis entre todos os homens de Hoover, havia conquistado a amizade de vários repórteres em Nova York e viu o caso Rumrich como um caminho para a fama e a fortuna. Em abril de 1938, enquanto deveria estar se preparando para a apresentação do caso ao grande júri, ele se reunia à noite com um repórter, organizando uma série de histórias em primeira pessoa que seriam publicadas no *New York Post* e transformadas em um heroico (e semi-inventado) livro sobre crimes reais chamado *Nazi Spies in America* [Espiões nazistas nos Estados Unidos].

Turrou tinha sabido que a operação de espionagem alemã corria solta nos Estados Unidos havia anos e que alguns de seus membros vinham roubando tecnologia militar americana desde 1927. Seu líder era o dr. Ignatz Griebl, médico em Manhattan e figura pública que dirigia um grupo político declaradamente pró-nazista chamado Amigos da Nova Alemanha. Em dois meses, com a ajuda de Rumrich, o FBI identificou dezoito membros do círculo, tanto alemães quanto americanos, que haviam vendido plantas e especificações de uma nova geração de aviões e destróieres americanos. O círculo também distribuía fundos vindos de Berlim para a sempre crescente Aliança Germano-Americana e para membros das milícias nazistas americanas, cujos números chegaram às dezenas de milhares.

Teria sido um grande filme. Mas Turrou cometeu um erro. Ele contou a cada um dos dezoito membros do círculo de espiões da Abwehr que eles seriam intimados a comparecer perante um grande júri em 5 de maio de 1938. Quatorze fugiram imediatamente dos Estados Unidos, alguns em navios de passageiros alemães cujos capitães e comissários eram agentes da inteligência. Rumrich, que havia se confessado culpado em função de um acordo com o governo, permaneceu em Nova York, juntamente com três conspiradores relativamente menores. O dr. Griebl, da Abwehr, apareceu em Berlim — onde, como o líder do escritório do FBI em Nova York observou com pesar em uma carta a Hoover, ele e seus colegas espiões "provavelmente riram de nossos esforços no presente caso".[4] O caso estava praticamente destruído. Quando Turrou se sentou no banco de testemunhas durante o julgamento dos suspeitos remanescentes, foi retratado como mentiroso patológico.

O caso transformou o FBI em objeto de riso. Esse era o maior temor de Hoover.

"O MAIS EXTREMO GRAU DE SIGILO"

Os serviços japoneses e alemães não eram os únicos serviços de inteligência estrangeiros espionando os Estados Unidos. Quando Rumrich entrou na prisão para cumprir sua sentença de dois anos, um agente de inteligência soviético chamado Mikhail Gorin foi preso em Los Angeles. No primeiro caso dessa natureza, os soviéticos foram acusados de recrutar um espião entre militares americanos. O agente duplo trabalhava para o Departamento de Inteligência Naval — a melhor fonte de Hoover para segredos de espionagem internacional.

O presidente Roosevelt expressou sua indignação. Refletiu sobre "quão despreparados estamos para lidar com esse negócio de espionagem ocorrendo em nosso país". E disse: "Somente reforçando nossos serviços de inteligência poderemos combater com sucesso as atividades de agentes estrangeiros."

Em 14 de outubro de 1938, Hoover entregou ao presidente e ao procurador-geral a ousada proposta de criar um imenso sistema de inteligência sob seu controle.[5] Seus planos eram uma impressionante e ambiciosa tomada de poder em uma nação onde poucos estavam preparados para a próxima guerra.

Hoover tinha 587 agentes no FBI. Propôs contratar mais 5 mil. Ele assumiria os serviços de imigração e alfândega. Dirigiria a Comissão Federal de Comunicações, que controlava as redes nacionais e internacionais de rádio, cabo e telégrafo. Seria responsável pela segurança de cada fábrica com contratos governamentais e cada unidade de pesquisa militar. Supervisionaria a emissão de passaportes e vistos pelo Departamento de Estado. Teria o poder de investigar qualquer um suspeito de ser agente estrangeiro nos Estados Unidos.

E propôs que tudo isso fosse feito em segredo, por decreto do presidente.

"O mais extremo grau de sigilo" era necessário "para a expansão da estrutura atual do serviço de inteligência", escreveu Hoover em um memorando ao presidente em 20 de outubro de 1938. O objetivo era "evitar as críticas ou objeções que poderiam ser feitas a tal expansão".

Espionagem era "uma palavra repugnante para o povo americano", continuou. "Consequentemente, seria indesejável criar qualquer legislação especial que chamasse atenção para o fato de que se propõe desenvolver uma força especial de contraespionagem de grande magnitude."

Em 2 de novembro de 1938, o presidente chamou Hoover à Casa Branca. Mais uma vez, o único registro da conversa é o memorando secreto de Hoover. Ele diz: "Ele declarou que aprovava o plano que preparei."[6]

Mas Hoover descobriu que o sigilo poderia funcionar de ambos os lados no exercício do poder.

10

O malabarista

Como frequentemente era o caso quando Franklin D. Roosevelt dava ordens secretas na Casa Branca, havia uma armadilha.

"Sou um malabarista e nunca deixo minha mão direita saber o que a esquerda faz",[1] disse FDR certa vez, a respeito de suas estratégias como estadista. "Posso ter uma política para a Europa e outra, diametralmente oposta, para as Américas do Sul e do Norte. Posso ser inteiramente inconsistente e, mais que isso, estar perfeitamente disposto a enganar e dizer inverdades, se isto ajudar a vencer a guerra."

O presidente não disse a ninguém que "tinha aprovado o plano" proposto por Hoover para o gigantesco aumento de poder do FBI. Tampouco deu a Hoover o dinheiro e as pessoas solicitadas por ele. FDR usou sua reserva secreta de fundos da Casa Branca para dar a Hoover 600 mil dólares por baixo da mesa, um aumento de 10% em relação ao orçamento do FBI autorizado pelo Congresso. Com esse pequeno bônus, Hoover contratou 140 novos agentes especiais, 4.860 homens a menos do que havia pedido.

Mas, após um mês de empenho, Hoover conseguiu uma nova ordem presidencial, concedendo-lhe parte da autoridade que desejava. Teve de usar todo o seu poder de persuasão com o presidente e com o novo procurador-geral, Frank Murphy, cujo mandato tinha começado em janeiro de 1939. Murphy era o oitavo procurador-geral a que Hoover servia e o diretor foi muito habilidoso ao dizer ao novo chefe o que achava que ele queria ouvir. Murphy defendia as liberdades civis e Hoover teve de persuadi-lo de que o controle do FBI sobre o trabalho de inteligência era crucial para evitar o caos e a conduta inconstitucional que haviam caracterizado as batidas vermelhas do passado.

Em 26 de junho de 1939, FDR emitiu uma diretiva secreta unindo o FBI e as inteligências do Exército e da Marinha no comando de todas as investigações de espionagem, contraespionagem e sabotagem.[2] Hoover e seus homólogos militares iriam se encontrar semanalmente no FBI para coordenar seu trabalho, com um oficial sênior do Departamento de Estado como consultor. Essas conferências se tornaram conhecidas como Comitê Interdepartamental de Inteligência e Hoover era seu presidente permanente, uma vez que os chefes militares mudavam a cada dois anos. A diretiva o transformou em tsar da inteligência americana no momento em que a Segunda Guerra Mundial envolvia a Europa.

A guerra explodiu antes do fim do verão. Em 1º de setembro de 1939, os exércitos de Hitler invadiram a Polônia e começaram sua guerra de conquista. Dois dias depois, a França e a Grã-Bretanha declararam guerra à Alemanha. Hitler e Stalin já haviam assinado seu pacto de não agressão; para o choque da maioria dos esquerdistas e liberais dos Estados Unidos, os comunistas em Moscou haviam feito a paz com os nazistas de Berlim. Seu acordo liberou a Alemanha para atacar o leste europeu sem temer o Exército Vermelho.

Em breve, os nazistas se moveriam para oeste, na direção do Atlântico. O Japão já havia atacado a China e buscaria uma guerra mais ampla no Pacífico. Ninguém sabia se ou quando a guerra chegaria aos Estados Unidos.

FDR declarou formalmente a neutralidade do país. Mas, de setembro de 1939 em diante, buscou apoiar os ingleses, enviando navios de guerra e partilhando informações, para tentar se contrapor à espionagem e subversão do Eixo nos Estados Unidos, adivinhar o que os soviéticos fariam em seguida — e manter estreita vigilância sobre os inimigos domésticos, com ajuda de J. Edgar Hoover.

O relacionamento entre presidente e diretor se transformou em confiança. Era baseado na compreensão mútua dos respectivos poderes.

Hoover sentia um respeito reverencial pelo presidente. Embora nem toda a autoridade que buscava tivesse sido concedida, Roosevelt havia lhe dado muito e ele era grato pelo que havia recebido. FDR, por sua vez, tinha a inteligência clandestina em alta conta. Embora nem todos os segredos que buscava fossem revelados pela espionagem, ficava deliciado quando Hoover podia fornecê-los.

Para imensa satisfação de Hoover, em 6 de setembro de 1939, cinco dias após o início da guerra na Europa, FDR fez uma declaração pública ao povo americano. Expandindo sua ordem secreta anterior, o presidente disse que o FBI iria "se encarregar do trabalho investigativo em questões relacionadas à espionagem".[3] Ordenou que todos os oficiais da lei nos Estados Unidos entregassem ao FBI "qualquer informação obtida por eles e relacionada à espionagem, contraespionagem, sabotagem, atividades subversivas e violações da lei de neutralidade". E disse que queria "proteger este país de [...] algumas das coisas que aconteceram aqui em 1914, 1915, 1916 e início de 1917, antes de entrarmos na guerra".

Todos no poder — o presidente, os juízes da Suprema Corte, o procurador-geral, seu círculo mais próximo e o próprio Hoover — se lembravam da explosão de Black Tom em 1916. Não haviam esquecido as batidas vermelhas de 1920. Mas, dessa vez, assegurou o procurador-geral Murphy à nação, as liberdades civis americanas estavam em boas mãos.

"Há vinte anos, coisas desumanas e cruéis foram feitas em nome da justiça",[4] disse ele à imprensa. "Não queremos que coisas assim sejam feitas e, para tanto, o trabalho foi centralizado no FBI." E continuou: "Não acredito que uma democracia deva necessariamente se tornar algo além de uma democracia para proteger seus interesses nacionais. Estou convencido de que, se o trabalho for feito direito — se a defesa contra as agressões internas for cuidadosamente preparada —, nosso povo não precisa conhecer os trágicos acontecimentos que ocorreram em outros lugares do mundo e que vimos, mesmo que em menor grau, nesta terra de liberdade. *Podemos* impedir e divulgar o abuso da liberdade pela sabotagem, pela desordem e pela violência sem destruir a própria liberdade."

"Desastrosas catástrofes"

Hoover não tinha tempo para declarações sentimentais sobre as liberdades civis. Ele já estava em guerra e precisava de três novas armas em seu arsenal.

Primeiro, queria leis mais rígidas contra a subversão. Ele as havia solicitado durante vinte anos. Conseguiu. As audiências do Congresso já discutiam o que por fim seria conhecido como Lei Smith. Visava, inicialmente, ao registro e às impressões digitais de estrangeiros. Quando foi aprovada, havia crescido para se tornar a primeira lei americana contra sedição em tempos de paz desde o século XVIII. A Lei Smith incluía as mais severas restrições federais à liberdade de expressão na história dos Estados Unidos: proscrevia palavras e pensamentos direcionados à derrubada do governo e transformava em crime federal a filiação a qualquer organização com esse intento.

Segundo, Hoover reviveu e fortaleceu a prática de manter uma lista de inimigos potenciais a serem detidos e aprisionados quando chegasse a guerra. Os mecanismos de manutenção da lista eram muito parecidos com o trabalho que havia feito na Unidade de Inimigos Estrangeiros durante a Primeira Guerra Mundial.

Em 6 de dezembro de 1939, Hoover assinou uma ordem "pessoal e confidencial" a todos os agentes do FBI sob seu comando, intitulada "Segurança Interna". A ordem era preparar uma lista de pessoas — americanas ou estrangeiras — que deveriam ser presas em nome da segurança nacional. Hoover tinha em mente comunistas, socialistas, fascistas seguidores de Hitler, pessoas "pró-japoneses" e qualquer outro que seus homens achassem capaz de se engajar no combate político. Ele queria os nomes dos inimigos do Estado. A compilação dessa lista foi chamada de Programa de Detenção sob Custódia.

Terceiro, Hoover queria gi..mpear sem restrição. Mas um novo e aparentemente insuperável obstáculo surgiu em seu caminho. Em 11 de dezembro de 1939, a Suprema Corte, anulando sua própria sentença, considerou os grampos telefônicos utilizados pelo governo ilegais.

O caso *Estados Unidos versus Nardone* colocou o governo contra os gângsteres. As provas se apoiavam firmemente sobre as transcrições de quinhentas chamadas telefônicas gravadas. Os advogados de defesa invocaram a Lei de Comunicações de 1934, que proibia a revelação de conversações grampeadas. A Suprema Corte tinha decidido que a lei era cristalina: suas "claras palavras [...] proíbem qualquer um [...] de interceptar uma chamada telefônica e ordena, em linguagem igualmente clara, que 'nenhuma pessoa' deve divulgar ou publicar a mensagem ou sua substância a 'qualquer pessoa'".

A Corte deixou igualmente claro que a lei se aplicava aos agentes federais.

A princípio, a decisão parecia uma proibição ao grampo telefônico. Não para Hoover. Dois dias depois, ele disse a seus agentes que nada havia mudado: "Aplica-se a mesma regra de antes — nenhum grampo telefônico sem minha aprovação."[5] Desde que ele, e somente ele, aprovasse os grampos sigilosamente e o trabalho fosse feito em nome da inteligência, tudo ficaria bem.

Os promotores levaram o caso outra vez a julgamento e condenaram os réus cortando, resumindo e parafraseando as transcrições das conversas gravadas. Essa tática funcionou durante o novo julgamento, mas não foi bem-aceita pela Suprema Corte. O caso Nardone II foi decidido em um mordaz parecer escrito pelo velho arqui-inimigo de Hoover, o juiz Felix Frankfurter, o advogado do Liberal Club de Harvard que o tinha esmagado em um tribunal de Boston durante os casos de deportação de Deer Island, duas décadas antes.

O grampo telefônico era "inconsistente com os padrões éticos e destruidor da liberdade pessoal",[6] escreveu Frankfurter à Suprema Corte. E o truque de resumir as transcrições não iria funcionar: "[...] o conhecimento adquirido em função dos erros do próprio governo não pode ser usado." Caso encerrado: o governo não podia usar os grampos telefônicos ou as informações obtidas com eles.

Em 18 de janeiro de 1940, o procurador-geral Murphy se tornou o mais novo juiz da Suprema Corte. Foi sucedido pelo advogado-geral Robert Jackson, que mais tarde seria o principal promotor durante os julgamentos de criminosos de guerra nazistas em Nuremberg e destacado juiz da Suprema Corte. O procurador-geral Jackson rapidamente declarou que o Departamento de Justiça abandonaria os grampos telefônicos. Em 15 de março, ele instituiu uma proibição formal. Ela durou nove semanas.

Hoover iniciou movimentos para minar o procurador-geral e contornar a lei. Ele era perspicaz e implacável quando seus superiores bloqueavam seu caminho. Isolou Jackson ao vazar histórias sugerindo que o FBI estava sendo algemado na guerra contra os espiões e sabotadores. Buscou apoio de seus aliados políticos nos departamentos de Guerra e de Estado. E, pessoal e explicitamente, avisou que o destino da nação repousava nos grampos telefônicos e escutas.

Hoover estava "muito preocupado com a presente regulação, que proíbe o uso de grampos telefônicos",[7] escreveu a Jackson em 13 de abril de 1940. Grampos eram "essenciais" para o FBI em suas investigações de inteligência e nos casos de espionagem. Sem eles, "uma repetição das desastrosas catástrofes como a explosão de Black Tom poderia ser antecipada". O FBI "não pode lidar com esse problema sem o uso de grampos telefônicos", afirmou. "Sinto-me obrigado a trazer essa situação a sua atenção no presente, em vez de aguardar até que uma catástrofe nacional lance o refletor da opinião pública sobre o Departamento, em razão de sua falha em impedir alguma séria ocorrência."

Hoover estava dizendo ao procurador-geral que ele teria sangue americano nas mãos, a menos que revertesse a proibição, em nome da segurança nacional.

"UMA AMEAÇA PARA O PÚBLICO"

Seu confronto se aprofundou. O procurador-geral Jackson ficou chocado em saber sobre o Programa de Detenção sob Custódia de Hoover. Monitorar os inimigos estrangeiros era uma coisa. Compilar arquivos sobre americanos que seriam arrebanhados durante uma emergência nacional era outra.

Hoover avisou a Jackson para recuar. Uma luta sobre o Programa de Detenção sob Custódia trazia "a possibilidade muito definitiva de revelar certas atividades de contraespionagem".[8] Qualquer desafio a seu poder poderia forçar o FBI "a abandonar suas instalações para obter informações no campo subversivo". A lista permaneceu.

Hoover havia comandado cada agente do FBI nos Estados Unidos a denunciar "pessoas de simpatias alemãs, italianas e comunistas" como candidatas à detenção, fossem americanas, fossem estrangeiras. Ele queria os nomes de editores e assinantes de todos os jornais comunistas, alemães e italianos nos Estados Unidos. Queria as listas de afiliação de todas as organizações politicamente suspeitas, incluindo os clubes de canto alemães. E disse a seus agentes para instruírem informantes e infiltrados a espionarem "as várias assim chamadas organizações radicais e fascistas nos Estados Unidos", identificando seu "pessoal, propósitos e objetivos, e o papel que provavelmente desempenharão em tempos de crise nacional".

O FBI tinha começado a elaborar uma lista com milhares de pessoas cuja "liberdade neste país em tempos de guerra ou emergência nacional pode constituir uma ameaça para o público e para o governo dos Estados Unidos".[9] Os arquivos continham informações compiladas por agentes do FBI em todo o país, por meio de "fontes confidenciais" — informações conseguidas não somente de informantes, mas com invasões, grampos telefônicos e escutas instaladas por ordem de Hoover. Eram registros públicos e privados, históricos profissionais e escolares, bem como entrevistas.

As pessoas na lista se encaixavam em duas categorias. As da primeira deveriam ser presas e internadas imediatamente no início das hostilidades entre os Estados Unidos e a nação a que eram leais. As da segunda teriam de ser "vigiadas cuidadosamente"[10] em caso de guerra, em função "da possibilidade, mas não probabilidade, de agirem de maneira adversa aos melhores interesses do governo dos Estados Unidos". Hoover instruiu seus agentes a manterem as entrevistas e inquéritos "inteiramente confidenciais".[11] E lhes disse para responderem, se perguntados, que conduziam investigações legais relacionadas à Lei de Registro de Agentes Estrangeiros, de 1938, que exigia que pessoas representando dirigentes ou poderes estrangeiros se registrassem no Departamento de Estado. Isso não era verdade.

"E DAÍ SE FOR ILEGAL?"

Hoover agora jogava a política do poder em nível presidencial. Em guerra com o procurador-geral sobre os grampos telefônicos e a vigilância, ele precisava de aliados no gabinete.

Encontrou um no secretário do Tesouro, Henry Morgenthau. Hoover o conhecia como amigo de longa data de Roosevelt, como neto de um imigrante judeu vindo da Alemanha e como sofisticado economista intensamente interessado no fluxo de fundos entre o Eixo e os bancos americanos.

Em 10 de maio de 1940, Hoover contou a Morgenthau sobre um esquema para subverter o presidente. E disse que o FBI precisava de grampos telefônicos para investigá-lo.

Durante anos, a Alemanha estivera conduzindo um programa de inteligência nos Estados Unidos. O programa, subsidiado por bens judeus apreendidos e roubados, era altamente rentável tanto para os nazistas quanto para os banqueiros americanos. E a melhor ferramenta de Hitler para identificar e recrutar alemães nos Estados Unidos.

O Terceiro Reich trocava marcos alemães especialmente denominados — *Rueckwanderer* ou marcos "repatriados" — por dólares americanos. Para abrir uma conta *Rueckwanderer*, um alemão residindo nos Estados Unidos ia até um consulado alemão, jurava lealdade ao Terceiro Reich e declarava sua intenção de retornar à pátria. Então transferia dólares americanos para o Reich e, assim, investia na vitória alemã.

Quatro companhias bancárias nos Estados Unidos lidavam com a lucrativa troca *Rueckwanderer*. A mais conhecida era a Chase National. A menos conhecida era a Robert C. Mayer & Co., dirigida por August T. Gausebeck, estrangeiro residente e membro do Partido Nazista.[12]

Hoover disse que Gausebeck estava lavando dinheiro, enviando dezenas de milhares de dólares em notas não rastreáveis de 5 e 10 dólares ao padre Charles Coughlin, o notório pregador de direita do rádio que vituperava contra Roosevelt e o "Jew Deal" e que montou um movimento armado de milícia chamado Frente Cristã e rezava pelo triunfo do fascismo sobre o comunismo. Coughlin era um dos maiores inimigos políticos de FDR, juntamente com o mundialmente famoso aviador Charles

Lindbergh, potencial candidato republicano à presidência em 1940. Havia mais: Hoover relatou que Gausebeck planejava enviar 500 mil dólares em notas pequenas ao comitê republicano de campanha presidencial.

Em suma, disse Hoover, oficiais de inteligência alemães tinham uma rede de dinheiro e informações que percorria o sistema bancário americano. O ouro nazista estava fluindo para os inimigos políticos de FDR nos Estados Unidos.

E o FBI não tinha como grampeá-los.

"Falei com J. Edgar Hoover e perguntei se ele era capaz de ouvir os espiões grampeando seus telefones e ele disse que não, que a ordem dada por Bob Jackson para impedi-lo não tinha sido revogada", escreveu Morgenthau em seu meticuloso diário, preservado na biblioteca presidencial de FDR, em 20 de maio de 1940. "Eu disse que trabalharia nisso imediatamente. Ele respondeu que precisava disso desesperadamente."

Morgenthau logo telefonou para Edwin Watson, secretário pessoal do presidente. "Liguei para o general Watson, disse que isso deveria ser feito e ele respondeu: 'Não acho que isso seja legal.'"

"E se for ilegal?", replicou Morgenthau — querendo dizer *e daí se for ilegal?*

Watson telefonou de volta após cinco minutos. "Ele disse que tinha falado com o presidente e o presidente tinha respondido: 'Diga a Bob Jackson para chamar J. Edgar Hoover e ordenar que faça; um memorando escrito será enviado em seguida.'"

O presidente escreveu uma nota secreta para o procurador-geral Jackson no dia seguinte. Ela dizia explicitamente: para o inferno com a Suprema Corte.

A decisão do caso Nardone tinha sido "indubitavelmente sensata",[13] começou FDR. "Em circunstâncias normais e ordinárias, grampos telefônicos instalados por agentes do governo não devem ser permitidos, pela excelente razão de que é quase certo que conduzirão a abusos dos direitos civis."[14] Mas aqueles eram tempos extraordinários. "Estou convencido", escreveu Roosevelt, "de que a Suprema Corte nunca pretendeu [que sua decisão] se aplicasse às graves questões envolvendo a defesa da nação".

"É fato conhecido que certas nações estiveram engajadas [...] na preparação de sabotagem, assim como em sabotagem de fato", disse o presidente. "É tarde demais para fazer alguma coisa depois que sabotagens, assassinatos e atividades de 'quinta-coluna' estão terminados."

O presidente disse que havia autorizado o FBI a usar "dispositivos de escuta" contra "pessoas suspeitas de atividades subversivas contra o governo dos Estados Unidos, incluindo prováveis espiões". A ordem foi assinada e portava as iniciais FDR. Manteve-se pelo quarto de século seguinte.

Durante esses anos, o FBI instalou ao menos 6.769 grampos telefônicos sem mandado e 1.806 escutas em nome da segurança nacional.[15] Os números reais quase certamente são maiores, uma vez que alguns grampos, escutas e invasões não foram relatados, a fim de proteger o sigilo das operações, de acordo com os registros do Departamento de Justiça que sobreviveram à passagem dos anos e às mudanças políticas da era.

Com a bênção de Roosevelt, Hoover passou a grampear sem restrição. Os grampos telefônicos ainda eram ilegais. Nada na ordem do presidente dizia o contrário. Roosevelt havia transformado o FBI em serviço presidencial de inteligência. Hoover tinha arrancado mais autoridade do Departamento de Justiça.

E havia aprendido a fazer malabarismos tão bem quanto o presidente. O procurador-geral reagiu. "O Federal Bureau of Investigation sofre frequentes acusações de ser uma Gestapo",[16] escreveu Jackson em um memorando secreto que circulou pelo Departamento de Justiça. "Esses ataques, se receberem crédito de grande número de pessoas, serão desastrosos para seu trabalho e para sua posição nos tribunais ao buscarmos condenações." Ele queria que o FBI se mantivesse na linha: a reta e estreita linha de investigar crimes contra os Estados Unidos.

Mas Hoover venceu também essa batalha. Ele respondeu ensinando ao procurador-geral "a diferença entre atividade 'investigativa' e atividade 'de inteligência'".[17] O trabalho de inteligência do FBI não buscava indiciar criminosos depois que cometiam seus crimes. Ele pretendia impedir espiões e sabotadores antes que atacassem. "É imperativo, para manter a segurança interna deste país, que o FBI esteja em posição de ter em seus arquivos informações relacionadas às atividades dos indivíduos e organizações de caráter subversivo", insistiu Hoover. Quando o FBI realizava operações de inteligência, não estava trabalhando para o procurador-geral e o Departamento de Justiça. Estava trabalhando para o presidente dos Estados Unidos.

O confronto foi um momento decisivo.

Nas duas décadas seguintes, Hoover contaria aos procuradores-gerais o que estava fazendo — se assim quisesse e quando desejasse. Ele tornou impossível para Jackson e para muitos de seus sucessores no Departamento de Justiça exercerem sua autoridade legal sobre o FBI.

Hoover estava operando ilegalmente e sabia disso. Provas obtidas por meio de grampos telefônicos eram inúteis no tribunal; qualquer juiz anularia um caso baseado em conduta governamental ilegal.

Mas os grampos funcionavam. Eram uma das mais poderosas ferramentas que o FBI possuía para reunir informações. Uma vez instalados, seu poder era incontrolável. Um único grampo poderia abrir uma janela para um mundo de segredos. E Hoover agora governava esses domínios.

"O PRESIDENTE ACHOU QUE VOCÊ GOSTARIA DE VÊ-LOS"

O relacionamento entre Roosevelt e Hoover tinha sido cordial, mas correto. Ele se aprofundou com a partilha de segredos.

Em 21 de maio de 1940, o mesmo dia em que FDR deu a ordem para usar grampos telefônicos, Roosevelt também entregou a Hoover cópias de telegramas enviados à Casa Branca em apoio às políticas anti-intervencionistas de Charles Lindbergh. ("Estou absolutamente convencido de que Lindbergh é nazista", tinha falado FDR ao secretário do Tesouro Henry Morgenthau um dia antes.) Uma nota do secretário de FDR sobre a pilha de telegramas dizia: "O presidente achou que você gostaria de vê-los, anotando o nome e endereço dos remetentes."[18]

Durante os cinco dias seguintes, Hoover enviou a FDR uma corrente contínua de informações políticas e insinuações sobre as pessoas que se opunham às políticas do presidente. Os alvos de vigilância do FBI incluíam Lindbergh; uma coligação de conservadores, anticomunistas e reacionários pró-Hitler chamada America First [Estados Unidos Primeiro]; três senadores dos Estados Unidos que Hoover suspeitava possuírem simpatias pró-germânicas, incluindo seu velho inimigo dos anos 1920,

Burton Wheeler, de Montana; o congressista da cidade natal de FDR, o caçador de vermelhos Hamilton Fish; e centenas de outros que simplesmente odiavam Roosevelt e tudo o que ele defendia.

Quando o presidente ficou irritado com um panfleto da America First se opondo a sua política de emprestar navios aos ingleses, ele ordenou que um assessor descobrisse "com alguém — talvez o FBI — quem está pagando por isso". Hoover investigou não somente a fonte do panfleto, mas também toda a estrutura financeira da America First. Finalmente, foi capaz de informar ao presidente que a organização recebia apoio substancial e sigiloso de dois dos mais poderosos editores de jornal da nação: Joseph Medill Patterson, do nova-iorquino *Daily News*, e Robert R. McCormick, do *Chicago Tribune*. Hoover também insinuou que poderia receber fundos secretos de fascistas estrangeiros. Tudo isso levou o presidente a ordenar que o Departamento de Justiça iniciasse uma investigação federal da America First. Um grampo no telefone de uma proeminente líder da organização, Laura Ingalls, aviadora e colega de Lindbergh, levou a seu indiciamento e condenação como agente paga do governo alemão.

Em 14 de junho de 1940, FDR enviou a Hoover uma nota de agradecimento "pelos interessantes e muito valiosos relatórios feitos por você nos últimos meses". Hoover guardou a nota durante toda a vida. Três meses depois, informou à Casa Branca que estava ouvindo "todas as conversas telefônicas das seguintes embaixadas: alemã, italiana, francesa, russa e japonesa"[19] e conduzindo uma ampla gama de investigações de inteligência contra os agentes de espionagem do Eixo.

Hoover era agora o chefe de inteligência do presidente.

11

Inteligência secreta

A guerra americana contra a Alemanha se tornou mundial um ano e meio depois de Pearl Harbor. O FBI se tornou o primeiro real serviço de inteligência estrangeira dos Estados Unidos. Muitas de suas batalhas permaneceram secretas até o fim do século.

O ataque do FBI contra os espiões nazistas começou em maio de 1940, com uma mensagem em código Morse enviada por rádio de ondas curtas de um bangalô de madeira na praia de Centerport, Nova York, uma pequena cidade em Long Island. Ele viajou sobre o oceano Atlântico e pousou no escritório de Hamburgo da Abwehr, o serviço militar de inteligência da Alemanha.

A Abwehr respondeu com um fluxo contínuo de pedidos de informações secretas dos agentes alemães nos Estados Unidos. Ela queria relatórios sobre a prontidão militar americana, o treinamento das tropas, a produção de aeronaves, a entrega de aviões de guerra à Inglaterra, a construção de porta-aviões, manuais de guerra química, fábricas de peças, miras e os movimentos dos navios no mar. Enviou instruções a um círculo de 33 agentes. Alguns trabalhavam para empresas como Westinghouse Electric, Ford e Chrysler; outros serviam nos navios que lotavam o Atlântico.

A Abwehr achava que o radioperador, recebendo suas ordens no bangalô de Long Island e relatando resmas de informações a Hamburgo, era um americano naturalizado de quarenta anos chamado William Sebold.

Mas era o FBI, e não Sebold, que estava nos controles.

Sebold era um veterano da Primeira Guerra Mundial do Exército alemão, marinheiro mercante e mecânico de aeronaves que tinha vivido e trabalhado em Nova York e San Diego e então havia retornado à Alemanha no início de 1939. Munido de um novo passaporte americano, ordens da Abwehr e 500 dólares em dinheiro, tinha sido enviado de volta a Nova York. Entregou-se ao FBI em 8 de fevereiro de 1940, após desembarcar do SS *Washington* vindo da Itália. Ele disse que, em seu retorno à Alemanha, havia sido coagido pela inteligência alemã, que o tinha prendido em uma escola de espiões em Hamburgo, para que recebesse treinamento em criação de códigos e comunicações secretas.

Os agentes do FBI observaram enquanto Sebold tirava o relógio, abria a parte traseira e retirava cinco minúsculas fotografias. Lidos no microscópio, os documentos continham as exigências da Abwehr por informações sobre os segredos militares americanos, incluindo armas antiaéreas, combate químico e movimentos das tropas.

A Abwehr havia ordenado que contatasse um homem chamado Herman Lang e construísse uma base clandestina de ondas curtas para se comunicar com a inteligência alemã em Hamburgo. A identificação de Lang convenceu definitivamente o FBI: ele era inspetor da fábrica que produzia a mira Norden, um dos mais bem-guardados segredos da tecnologia militar americana.

Hoover enviou essa assustadora informação ao presidente Roosevelt em 12 de fevereiro de 1940, quatro dias depois de Sebold chegar a Nova York.

A questão para o FBI era como usar Sebold como agente duplo a fim de enganar os alemães e revelar sua rede de espionagem nos Estados Unidos.[1] Hoover e seus homens não tinham experiência no uso de agentes duplos. Uma operação dessa natureza é um jogo de trapaças, baseado em mentiras. Sebold tinha de parecer estar trabalhando para a Abwehr enquanto trabalhava para o FBI.

O rádio era a chave. Quando a estação clandestina em Centerport entrou no ar, em 19 de maio de 1940, um agente do FBI chamado Morris Price estava nos controles no lugar de Sebold.

Durante treze meses, Price transmitiu 302 mensagens para a Abwehr e recebeu 167 respostas. Trabalhando de maneira coordenada com a inteligência da Marinha e do Exército, o FBI enviou informações e desinformações à Alemanha. A Abwehr respondeu com uma lista ininterrupta de ordens para seus agentes e demandas por informação. Hoover relatou regularmente à Casa Branca o que os alemães queriam de seus espiões nos Estados Unidos — principalmente informações sobre o potencial de guerra americano e seus carregamentos de material militar para a Inglaterra.

Os oficiais da Abwehr fizeram o jogo americano. Eles enviaram ordens para que Sebold abrisse uma conta bancária em Nova York e funcionasse como pagador do círculo de espiões. Isso lhe deu controle sobre as operações do círculo e acesso rápido aos 33 agentes.

O FBI montou uma operação usando uma companhia falsa, grampos telefônicos e câmeras escondidas — parcialmente financiada pela involuntária Abwehr e subscrita por Vincent Astor, amigo próximo do presidente Roosevelt.

Astor já trabalhava como espião para FDR. Herdeiro de uma das maiores fortunas americanas, tinha sido escolhido pelo presidente para coordenar as operações de inteligência em Nova York. Como diretor da Western Union, organizou a interceptação de telegramas internacionais, violando leis federais. Nas Bermudas, onde possuía uma grande propriedade, dirigia uma operação igualmente ilegal com a inteligência inglesa, abrindo malas diplomáticas e malotes internacionais em navios e aeronaves qu paravam na ilha indo e voltando dos Estados Unidos. Em Nova York, na West 42nd Street, na sede da *Newsweek*, a revista que possuía e dirigia, ele cedeu três escritórios no sexto andar ao FBI.

O prédio da *Newsweek* se tornou a sede da Diesel Research Corporation, dirigida por William Sebold, financiada por cheques de 5 mil dólares enviados a Nova York pelos agentes da Abwehr no México e equipada com microfones e câmeras escondidas pelo FBI. Sebold usou os escritórios para pagar os membros do círculo e receber seus relatórios. Mensageiros o visitavam, revelando os movimentos e o paradeiro de cada membro valioso do círculo.

O FBI registrou 81 encontros entre Sebold e os agentes da Abwehr na Diesel Research, com gravações e fotografias feitas através de um espelho falso e centenas de rolos de áudio registrados com microfones escondidos. Em um ano, o FBI prendeu todos.

Raramente os sucessos da contrainteligência são tão esmagadores quanto o caso Sebold. A investigação abriu os olhos de Hoover para o poder da trapaça durante a guerra.

"Espiões, sabotadores e traidores"

As comunicações de ondas curtas entre o FBI e a Abwehr também começaram a fornecer pistas de que os alemães possuíam espiões no México, no Brasil e no Peru. Hoover usou essa informação para criar uma nova operação de inteligência global.

Seu aliado crucial foi Adolf A. Berle, um determinado assessor do secretário de Estado. Berle dirigia a inteligência dos assuntos diplomáticos americanos e servia como ligação entre o Departamento de Estado, o FBI e a Marinha; antes disso, tinha cuidado da pasta da América Latina. Era um dos mais inteligentes membros do Grupo dos Notáveis de FDR. E, embora fosse um altivo liberal de Harvard, o tipo de homem que Hoover adorava odiar, Berle ganhou sua confiança. Eles partilhavam a característica de possuírem uma mente clandestina.

Em maio de 1940 — enquanto a França caía sob os nazistas, a Inglaterra era atacada e o recém-empossado primeiro-ministro Winston Churchill pedia a ajuda americana —, Hoover e Berle conversaram sobre a instalação de uma agência americana de inteligência de alcance mundial. As costas atlânticas das Américas estavam cobertas de submarinos; cinco meses antes, navios alemães e ingleses haviam combatido na foz do rio de la Plata, no Uruguai.

Barle propôs que o FBI investigasse espiões nazistas de Havana até o Rio de Janeiro. O FBI já havia enviado um agente especial até a Cidade do México, onde trabalhava com o chefe de polícia e com o Ministério do Interior a fim de encontrar espiões alemães e subversivos, e outro para o Rio, onde treinava a polícia secreta brasileira.

Hoover e Berle chamaram o brigadeiro-general Sherman Miles, chefe da inteligência do Exército, e o contra-almirante Walter Anderson, chefe da inteligência da Marinha. Hoover e os militares vinham discutindo sobre responsabilidades e autoridades. Sua coordenação era eventual, e a partilha dos segredos, escassa. Hoover e o general Miles, particularmente, se detestavam. O Exército e a Marinha lutavam entre si por uma questão de princípios. Mas, instados por Hoover, eles se uniram para levar a questão da inteligência mundial ao presidente. A ideia já havia cruzado sua mente.

Em 26 de maio de 1940, em uma de suas conversas ao pé da lareira, os discursos pelo rádio que eram ouvidos por 10 milhões de americanos, FDR revelou o que estava pensando.

"A atual ameaça a nossa segurança nacional não é apenas uma questão de armas", disse o presidente ao povo americano. "Conhecemos outros métodos, novos métodos de ataque."

"O Cavalo de Troia. A Quinta-Coluna, que trai uma nação despreparada para a deslealdade."

"Espiões, sabotadores e traidores são os atores dessa nova estratégia. Contra tudo isso, devemos e iremos lutar vigorosamente."

Em 3 de junho de 1940, Berle foi ao escritório de Hoover na sede do FBI. Eles tiveram "uma longa reunião sobre inteligência coordenada"[2] e concordaram, como Berle escreveu em seu diário, "que havia chegado a hora de considerar a criação de um serviço secreto de inteligência — o que, suponho, todos os grandes gabinetes estrangeiros do mundo possuem, mas que nunca cogitamos instituir". Oito dias depois, eles aprovaram um plano, apressadamente esboçado por seus assessores, para criar algo sem precedentes na história dos Estados Unidos.

O FBI operaria como agência espiã no mais absoluto segredo. Sua existência não podia ser reconhecida. Para alguém de fora, pareceria uma cooperação baseada em Nova York, com escritórios em todo o mundo. Secretamente, seus representantes internacionais reuniriam as informações solicitadas nas ordens sigilosas enviadas pela sede, sem saber quem leria seus relatórios nos Estados Unidos. Seria chamado de Serviço Especial de Inteligência.

Mais uma vez, o presidente não deixou nada escrito. Ele disse a Berle, em 24 de junho de 1940, que a partir de então o FBI seria responsável pela inteligência estrangeira no hemisfério ocidental, da fronteira do Texas até a Terra do Fogo. O Exército e a Marinha cuidariam do resto do mundo.

"O presidente disse desejar que o campo fosse dividido", relatou Berle. Era uma frase fatídica. O malabarista tinha derrubado a bola.

12

"Para estrangular os Estados Unidos"

Hoover instaurou o Serviço Especial de Inteligência (Special Intelligence Service, SIS) em 1º de julho de 1940, com fundos de uma conta secreta criada pelo presidente. O Congresso nada sabia a respeito. Nenhuma lei havia autorizado a iniciativa. Escreveu-se muito pouco a respeito, para além de uma história secreta do FBI compilada após a Segunda Guerra Mundial e mantida em sigilo durante mais de sessenta anos.[1]

O plano era impressionante no papel, mas se chocou com a realidade. Esse não era o tipo de guerra do FBI.

Hoover entregou a liderança do SIS a um de seus assessores favoritos, Percy Foxworth, um agente especial de 33 anos, cortês e de fala macia, que estava encarregado do escritório de Nova York. Todos o chamavam de Sam. Nascido e criado no Mississippi, Foxworth parecia um bull terrier e tinha mais que uma semelhança passageira com uma versão mais jovem de J. Edgar Hoover.

Era um animal social, confortável na companhia tanto de uma condessa quanto do chefe da polícia secreta cubana. Convivia com membros da elite de Manhattan e seus contatos mais próximos incluíam Vincent Astor e Nelson Rockefeller, herdeiro do Banco Chase, recém-nomeado secretário adjunto de Estado para a América Latina, encarregado das relações culturais e comerciais. Rockefeller era uma fachada perfeita para o SIS: um homem de fortuna incalculável com conexões comerciais e credenciais diplomáticas em todo o hemisfério ocidental. FDR queria que ele usasse seu nome e sua riqueza, que incluía holdings industriais e petrolíferas, para se contrapor à influência econômica e política da Alemanha e do Japão.

Hoover, por sua vez, queria que Foxworth descobrisse como espionar o Eixo. Aproximadamente 1 milhão de alemães e japoneses viviam no Brasil, na Argentina, no Chile e no Peru. Eles dirigiam minas que produziam ouro e prata, juntamente com materiais de guerra raros e cruciais, como a platina e os diamantes industriais. Os japoneses tinham rotas marítimas do México até a Antártica e os alemães exerciam considerável influência sobre os líderes sul-americanos que favoreciam o cassetete e o passo de ganso.

Em agosto de 1940, com Rockefeller agindo como agente imobiliário, o SIS se estabeleceu na Importers and Exporters Service Company, operando na sala 4.332, Rockefeller Plaza, nº 30, Nova York. Na superfície, a Importers and Exporters ajudava clientes a explorarem oportunidades de comércio internacional. Na realidade, era a sede onde agentes do FBI de todo o país recebiam as incumbências clandestinas de suas missões ultramarinas secretas. Eles partiam como repórteres da *Newsweek*, com a bênção do chefe da revista, Vincent Astor. Posavam como corretores de ações de Merrill Lynch. Pretendiam ser executivos da United Fruit Company, da Armour Meat Corporation, da American Telephone and Telegraph ou da U.S. Steel. Sob esses disfarces, identificariam círculos de espiões nazistas e soviéticos operando desde o México e Cuba até o Brasil e a Argentina. Em seu tempo livre, extrairiam e refinariam pepitas de informações secretas sobre política, economia e diplomacia.

O FBI estava contratando centenas de novos homens, aumentando suas fileiras em 80%. Ele cresceu de 898 agentes, em 1940, para 1.596 agentes, em 1941. Em 1943, havia triplicado de tamanho, com 4.591 agentes apoiados por 7.422 oficiais administrativos. Mas o número dos que possuíam treinamento e experiência para servir no Serviço Especial de Inteligência era mínimo. O descompasso entre os homens e a missão era tremendo. O próprio Hoover comentou a respeito.

"Certamente colhemos alguns limões muito bons em nossa seleção original para o SIS",[2] foi a maneira como colocou a questão.

Foxworth queria 250 agentes sob seu comando o mais rápido possível. Mais tarde, o SIS cresceria para quase seiscentos homens, mas, durante o primeiro ano, Foxworth encontrou apenas 25 agentes adequados. Poucos agentes do FBI falavam outras línguas. Poucos conheciam países estrangeiros. Poucos sabiam como fingir ser corretor de ações ou executivo do aço. Posar como repórter era fácil: bastava carregar uma caneta e um bloco, fazer perguntas e escrever as respostas; qualquer agente do FBI podia fazer isso. Mas a *Newsweek* não podia equipar todos os seus escritórios no hemisfério com agentes de Hoover. E não havia tempo para aprender como incorporar o disfarce, como os bons espiões devem fazer.

Dois dos principais assessores de inteligência de Hoover, Stanley Tracy e W. Richard Glavin, reuniram-se em uma sala de conferências em frente ao escritório de Hoover na sede do FBI. A eles se uniu, implausivelmente, o poeta Archibald MacLeish, que, como bibliotecário de tempos de guerra da Biblioteca do Congresso durante a administração FDR, criou a Divisão de Informações Especiais, a fim de fornecer dados básicos sobre países estrangeiros a oficiais americanos de inteligência. Os três homens contemplaram um grande mapa em um cavalete mostrando as vinte nações das Américas Central e do Sul.

Dallas Johnson, secretário de Foxworth, anotou enquanto Tracy selecionava "os agentes que conhecia e que podiam se encaixar em cada um desses lugares",[3] como lembrou Johnson. "Acessaremos o arquivo pessoal dos que, digamos, possuem capacidade linguística em espanhol", disse ele. "Se parecerem bons candidatos, serão enviados a Foxworth para avaliação. E foi assim que os primeiros agentes foram escolhidos." Johnson registrou o nome dos homens com potencial no papel azul que Hoover usava para seus documentos "Não arquivar". (Hoover tinha criado esse engenhoso sistema em nome do sigilo. Os documentos "Não arquivar" nunca eram indexados e, assim, os originais podiam ser destruídos sem deixar vestígios e os registros das operações mais sensíveis — envolvendo espionagem, escutas, invasões, grampos telefônicos e investigações políticas — podiam ser protegidos em caso de inquérito dos tribunais ou do Congresso. O sistema sobreviveu até a morte de Hoover.)

"No início", relata a história do próprio FBI sobre o SIS, "agentes selecionados para essas missões na América Latina eram levados até Washington e treinados brevemente". Muito brevemente, de fato: eles aprendiam sobre o país onde desempenhariam suas missões em finos arquivos com poucas informações que poderiam incluir velhos relatórios de adidos militares ou navais, um maço de recortes de jornal e um guia turístico. Quanto ao treinamento sobre os alvos de seu trabalho de inteligência, praticamente não havia nenhum: "De modo geral, não era possível fornecer aos agentes informações sobre atividades subversivas e condições dessa natureza, pois tais informações não estavam disponíveis nos Estados Unidos."

"Havia, nos Estados Unidos, considerável apreensão em relação à extensão da infiltração dos nazistas e das atividades nazistas na América Latina", continua o relato secreto. Mas "o Bureau descobriu, ao iniciar o programa, que havia ausência completa de quaisquer dados ou detalhes relacionados à verdadeira extensão ou natureza das atividades subversivas, correntes ou potenciais, na América Latina".

Em 29 de dezembro de 1940, durante uma conversa ao pé da lareira, FDR enfatizou a urgência de proteger as Américas. "Há os que dizem que os poderes do Eixo jamais desejariam atacar o hemisfério ocidental", disse o presidente ao povo americano. "Esse é o mesmo perigoso tipo de *wishful thinking* que destruiu os poderes de resistência de tantos povos conquistados. Fato é que os nazistas proclamaram, várias vezes, que todas as outras raças são inferiores e, assim, sujeitas a suas ordens. E, o mais importante, os vastos recursos e as riquezas do hemisfério americano constituem o butim mais tentador de todo o mundo."

Se e quando os Estados Unidos entrassem na guerra, o plano era ir primeiro atrás da Alemanha, com bloqueios no mar, bombardeios no ar e operações secretas na França ocupada. Esse plano exigia ligação muito estreita entre os serviços de inteligência americano e inglês.

Londres praticava as artes do engodo na espionagem, na diplomacia e na inteligência militar desde que a rainha Elizabeth I havia reinado no século XVI. Os oficiais de inteligência ingleses treinaram o emissário de Hoover, Hugh Clegg, em rastreamento e detecção de espiões, proteção de fábricas e portos, compilação e manutenção de listas de cidadãos e estrangeiros suspeitos, instalação de câmeras ocultas de vigilância, posicionamento de agentes disfarçados em embaixadas e consulados e abertura indetectável de correspondência. Enquanto Clegg frequentava a escola de espiões em Londres, Hoover enviou dois relatórios à Casa Branca destacando os planos ingleses para sabotar o Eixo e prevendo que os ingleses desejavam "estar em posição, ao fim da guerra, de organizar o mundo, e particularmente a Europa, em bases econômicas, com os objetivos de reabilitação, lucro e prevenção da disseminação do comunismo".[4] O chefe do Serviço Especial de Inteligência de Hoover, Percy Foxworth, voou para o sul com uma delegação liderada por Nelson Rockefeller, para um tour de dois meses pelas Américas. Usando passaporte falso, visitou as quatorze nações em que o SIS tentava espionar o inimigo. Entregou seu relatório a Hoover em fevereiro de 1941. Sua avaliação foi sombria. Os agentes estavam tropeçando. Não tinham ideia de onde estavam ou do que se esperava que fizessem.

O FBI sabia que havia nazistas a serem caçados. Mas não sabia onde caçar, nem como.

"No início e durante certo tempo, o volume de informações de inteligência fornecido por cada agente era pequeno e de pouco valor real", diz a história secreta do SIS. "Os agentes não estavam familiarizados com os países onde tentavam operar e costumavam ser muito deficientes no uso da linguagem local. A chance de realizações úteis, no sentido de orientação local e estabelecimento de informantes e fontes de informação, naturalmente requeria tempo considerável. Enquanto isso, o agente, que em geral estava sozinho no país para o qual tinha sido designado, possuía um pretexto muito pobre para as operações clandestinas. [...] O Bureau aprendeu, por meio de experiências muito difíceis, que virtualmente qualquer informação entregue a um oficial do Departamento de Estado, do Exército ou da Marinha [...] invariavelmente resultava na denúncia da informação, assim como de sua fonte."

Hoover sentiu o cheiro do fracasso. Em 15 de março de 1941, ele tentou se livrar do Serviço Especial de Inteligência.

Hoover disse ao procurador-geral Jackson que o SIS deveria ser entregue à inteligência do Exército ou da Marinha. Mas não tinha ninguém a quem repassar a tarefa de policiar as Américas. O Exército e a Marinha estavam ocupados tentando decifrar as intenções e capacidades dos alemães na Europa e no Atlântico e dos japoneses na Ásia e no Pacífico. Ele repetiu sua recomendação três semanas depois, dizendo que "o Bureau está marcando passo em sua cobertura da América Latina".[5]

A disseminação do comunismo soviético nos Estados Unidos continuava a ser a maior preocupação de Hoover. Entre a sempre crescente lista de suas responsabilidades estava a instalação de grampos telefônicos nos postos diplomáticos russos, incluindo Amtorg, o escritório econômico e comercial soviético em Nova York, que gastava milhões de dólares na compra de tecnologia americana.

Em abril de 1941, o FBI iniciou uma investigação de espionagem no Amtorg, incitado por um alerta da inteligência inglesa. Tyler Kent, um americano de 29 anos que tinha abandonado a faculdade em Princeton, havia servido durante seis anos como secretário das embaixadas americanas em Moscou e Londres. Os ingleses, na trilha de um provável agente nazista, haviam seguido o suspeito até o apartamento de Kent em Londres. Ao realizarem uma busca em seu quarto, encontraram cópias de 1.500 telegramas diplomáticos americanos, códigos e criptogramas. Kent havia passado sua carreira roubando comunicações codificadas e entregando-as aos soviéticos e agentes do Eixo; graças a seu trabalho, Moscou e Berlim podiam decifrar o código americano usado para as comunicações secretas entre Londres e Washington.

Entre os documentos roubados por Kent estava um relatório da inteligência inglesa sobre agentes soviéticos trabalhando para o chefe do escritório nova-iorquino do Amtorg, Gaik Baladovich Ovakimian, um engenheiro químico de 42 anos. Em 5 de maio de 1941, o FBI prendeu Ovakimian sob a acusação de violar a Lei de Registro de Agentes Estrangeiros, que exigia que pessoas divulgando propaganda estrangeira em solo americano se registrassem no Departamento de Justiça. Mas, antes que o FBI tivesse a chance de interrogá-lo, ele foi liberado sob fiança de 25 mil dólares e entregue à custódia do consulado-geral soviético em Nova York. Dez semanas mais tarde, depois que Hitler invadiu a União Soviética, o Departamento de Estado ordenou que as acusações fossem retiradas, como gesto diplomático em relação a Moscou. Ovakimian deixou Nova York e nunca mais retornou.

136

De volta a Moscou, tornou-se chefe das operações soviéticas de inteligência contra os Estados Unidos.

O bem-sucedido interrogatório e julgamento de Ovakimian teria mudado a história. Somente no fim da década o FBI compreenderia que ele servia como principal espião soviético em Nova York e líder da inteligência soviética na América do Norte desde 1933; que havia estabelecido redes de espionagem sobre esconderijos, recrutadores e mensageiros; e que seus círculos permeavam os Estados Unidos, o México e o Canadá. Embora as purgas de Stalin tivessem destroçado a inteligência soviética nos anos 1930, Ovakimian tinha sobrevivido.

Essa não foi a única chance desperdiçada de rastrear e prender os líderes da espionagem soviética nos Estados Unidos. Logo depois de sua prisão, o FBI tinha seguido Ovakimian a um encontro com Jacob Golos, um agente de viagens de meia-idade que organizava viagens à Rússia desde os anos 1930. Golos havia sido condenado por falsificação de passaporte e violação da lei de registro de estrangeiros apenas quatorze meses antes: tinha recebido multa de 500 dólares e sentença suspensa. O FBI não sabia, e não saberia durante anos, que Golos estava entre os mais elevados membros do Partido Comunista nos Estados Unidos e era um dos vértices conectando a inteligência soviética ao comunismo americano clandestino.

Antes de retornar a Moscou, Ovakimian tinha repassado o controle de suas redes de agentes americanos e mensageiros. Um dia, seus nomes seriam mundialmente famosos.

Em 5 de maio de 1941, o mesmo dia em que o FBI prendeu Ovakimian, o embaixador japonês em Washington, Kichisaburo Nomura, velho amigo do presidente Roosevelt, recebeu um boletim do Ministério do Exterior em Tóquio: "É quase certo que o governo dos Estados Unidos está lendo suas mensagens codificadas."[6]

Essa assombrosa informação tinha sido enviada pelos alemães. Havia seis meses, o Exército e a Marinha vinham decifrando e decodificando as mensagens diplomáticas japonesas criptografadas em um sistema chamado Purple. As informações derivadas da decodificação receberam o codinome Magic.

Em 20 de maio, o embaixador japonês respondeu que havia descoberto que os Estados Unidos estavam, de fato, lendo "alguns de nossos códigos". Mas não sabia quais. De modo inexplicavelmente descuidado, o Japão continuou a usar o sistema Purple. As decodificações Magic também continuaram. Eram uma leitura assustadora — para os poucos americanos autorizados a lê-las. Entre os que tinham acesso às Magic estavam o presidente, os secretários de Guerra e de Estado e os chefes da inteligência do Exército e da Marinha. Os que não possuíam acesso incluíam o contra-almirante Husband J. Kimmel, o comandante da Frota do Pacífico, o tenente-general Walter J. Short, o comandante do Exército no Havaí e J. Edgar Hoover.

A falha em analisar as decodificações Magic e transformar suas informações secretas em um plano de ação se provaria fatal. Coletar informações era uma coisa. Coordená-las — ligar os pontos — era bem diferente. O Exército não contou o que sabia à Marinha. A Marinha não contou ao Exército. Ninguém contou a Hoover.

FDR tinha afirmado querer o campo da inteligência dividido. Ele estava e permaneceria assim durante muitos anos.

Em maio de 1941, as decodificações Magic revelaram que os japoneses haviam começado a criar uma elaborada rede de inteligência no hemisfério ocidental, antecipando uma guerra global. Ordens de Tóquio a Washington ordenavam um esforço por todo o país para reunir informações políticas, econômicas e militares, utilizando "cidadãos americanos de origem estrangeira (não japoneses), estrangeiros (não japoneses), comunistas, negros, membros de sindicatos e antissemitas" com acesso aos centros americanos de governo, ciências, manufatura e transporte.

"No caso de participação americana na guerra, nossa estrutura será movida para o México, tornando aquele país o centro de nossa rede de inteligência", continuavam as ordens. "Antecipando tal eventualidade, organize instalações para uma rede internacional de inteligência EUA-México [...] que cobrirá o Brasil, a Argentina, o Chile e o Peru." Relatórios enviados a Tóquio por espiões e agentes secretos japoneses nos Estados Unidos em maio de 1941 cobriam o movimento dos navios e aviões americanos sobre o Pacífico, planos para infiltrar fábricas militares e tentativas de recrutar espiões entre a segunda geração de japoneses americanos que serviam no Exército dos Estados Unidos. No fim do verão, Tóquio passou a buscar informações sobre as forças americanas no Pacífico, incluindo a localização dos navios de guerra e porta-aviões baseados em Pearl Harbor.

O FBI, o Exército e a Marinha possuíam fragmentos desse quebra--cabeça de inteligência. Ninguém juntou as peças. Ninguém previu um ataque contra as bases americanas no Pacífico. Todos os olhos estavam voltados na direção contrária.

Em 27 de maio de 1941, o presidente Roosevelt declarou "emergência nacional ilimitada", baseada em grande parte na ameaça de ataque nazista às Américas. Ele falou da Casa Branca, cercado por embaixadores e ministros de todo o hemisfério ocidental.

"O que enfrentamos são fatos duros e frios", disse o presidente.

"O primeiro e fundamental fato é que o que começou como guerra europeia se transformou, como os nazistas sempre pretenderam, em uma guerra global pela dominação do mundo", continuou. "Está inequivocamente aparente para todos nós que, a menos que o avanço do hitlerismo seja forçosamente impedido agora, o hemisfério ocidental estará ao alcance das armas de destruição nazistas." Torpedos nazistas estavam afundando navios mercantes no oceano Atlântico. "O controle ou a ocupação, por forças nazistas, de qualquer uma das ilhas do Atlântico", disse o presidente, "[ameaçava] a segurança dos próprios Estados Unidos continentais."

O presidente avisou que Hitler em breve poderia controlar "os postos avançados insulares do Novo Mundo — as ilhas dos Açores e de Cabo Verde". As ilhas de Cabo Verde estavam a "sete horas de distância do Brasil por bombardeiro ou aviões de transporte de tropas" e jaziam ao longo das rotas marítimas do Atlântico Sul. "A guerra está se aproximando das bordas do hemisfério ocidental", disse ele. "Está chegando muito perto de casa [...] A segurança das casas americanas, no centro de nosso próprio país, tem uma relação muito definida com a continuada segurança das casas na Nova Escócia, em Trinidad ou no Brasil."

FDR não poderia ser mais brusco: "Estou apenas repetindo o que já está no livro nazista de conquista do mundo. Eles planejam ameaçar as nações da América Latina como agora ameaçam os Bálcãs. Planejam estrangular os Estados Unidos da América."

Hoover sabia que uma rede nazista estava viva e bem em algum lugar da América Latina e poderia se infiltrar nos Estados Unidos, a menos que o SIS fosse bem-sucedido em sua missão. A necessidade de informações sobre o Eixo no hemisfério ocidental nunca tinha sido tão urgente. Mas o sucesso parecia pouco provável para os homens do SIS.

Os agentes de Hoover no exterior relatavam pouco, exceto "rumores etc.", conta a história secreta. Tais rumores vinham de "informantes profissionais" que "ganhavam dinheiro ao fornecerem informações dessa natureza. Suas informações nunca eram investigadas ou sua acuidade conferida". Os trapaceiros achavam que os homens do SIS eram presas fáceis. "Ordinariamente, eram argutos o bastante para perceber, já no início, que poderiam aumentar seus ganhos e o preço de venda de suas informações se fossem assombrosas o bastante."

Eles estavam "tão entusiasmados com o dinheiro a ser ganho com esse tipo de coisa que passaram a procurar americanos e ingleses de forma indiscriminada, buscando angariar novos clientes para seu florescente negócio". Seriam necessários meses, talvez anos, para separar o fato da ficção, pois, "é claro, nem sempre a informação fornecida por tais fontes era ficcional", explica a história secreta com a sabedoria da retrospectiva. "Na verdade, a informação frequentemente continha uma porção considerável de verdade. Às vezes, também era inventada, do nada, e todos os tipos de falsificações, códigos inimigos fraudulentos etc. foram impingidos não somente aos representantes do Bureau, mas também aos adidos militares americanos, adidos da Marinha americana e outros representantes de inteligência aliados na América Latina, incluindo os ingleses, em troca de somas substanciais de dinheiro."

"Enviarei minha demissão hoje à noite"

Uma fraude similar anunciou a chegada de William J. "Wild Bill" Donovan como novo mordomo da inteligência americana.

Ele não era chamado de Wild Bill à toa. Donovan tinha uma centena de ideias por dia, das quais dez poderiam ser brilhantes. O presidente gostava de sua bravura. Como Roosevelt, era aficionado por inteligência estrangeira e apaixonado pela espionagem. Vagueara por esse campo após uma fracassada carreira política e era um vasto autodidata. Mas se achava um especialista e, pelos padrões americanos, o era.

Donovan tinha estado pressionando o presidente para estabelecer seu próprio serviço de espionagem. Em 10 de junho de 1941, havia proposto assumir uma "organização central de inteligência inimiga"[7] que supervisionaria o FBI e as inteligências do Exército e da Marinha. Ele azeitaria a máquina da inteligência americana, fazendo-a rodar a todo vapor, unificando seu trabalho, sintetizando seus segredos e relatando os resultados diretamente ao presidente.

FDR o havia enviado duas vezes a Londres como emissário. Ele tinha conhecido o primeiro-ministro Churchill; o chefe da inteligência inglesa, Stuart Menzies; e o diretor da inteligência naval, o contra-almirante John Godfrey. Os ingleses o haviam fascinado (ele tinha pago pela segunda viagem). Donovan havia enviado um relatório de quatro páginas a seu amigo íntimo e cavalo de batalha republicano, o novo secretário da Marinha, Frank Knox, descrevendo o sistema inglês de inteligência, assim como Hoover tinha feito um mês antes, mas com palavras muito mais brilhantes. Hoover tinha seus próprios contatos no serviço inglês de inteligência, mas os mantinha a distância. Donovan, ao contrário, estava sendo recrutado por especialistas.

Ele tinha refeito seus planos de inteligência em Nova York, com o intenso e constante encorajamento de William Stephenson, o oficial inglês de inteligência que dirigia as operações americanas em um escritório no Rockefeller Center. Dois colegas ingleses permaneciam por perto, fazendo sugestões: o almirante Godfrey e seu assessor, o comandante Ian Fleming, mais tarde criador do mais famoso espião fictício de sua geração, James Bond.

As ambições de Donovan tiveram o incomum efeito de unir o FBI e as inteligências do Exército e da Marinha: Hoover e seus homólogos militares permaneceram inflexivelmente contra ele. Eles assinaram uma declaração formal enviada ao Departamento de Guerra, chamando a ideia de Donovan de sério dano à segurança nacional. E disseram que "a resultante superagência de inteligência seria muito pesada e complicada".[8]

Em 5 de julho de 1941, a raiva de Hoover pela ascensão de Donovan foi registrada em uma conversa telefônica com Vincent Astor. Astor ainda desempenhava o papel de "coordenador da inteligência" em Nova York e apoiava o trabalho clandestino do SIS. Ele havia criticado o trabalho de Hoover na América Latina, tendo ouvido boatos vindos da América do Sul.

Hoover achou que Astor e Donovan queriam derrubá-lo. E gravou o telefonema:[9]

> HOOVER: Sobre essa ideia de ter um novo diretor no Bureau... Em todo caso, como você provavelmente já sabe, esse emprego não significa muito para mim.

> ASTOR: É claro que significa, Edgar. É um emprego tão bom quanto se pode ter.

> HOOVER: É uma terrível dor de cabeça e se alguém o quiser [...] basta pedir, porque não estou muito interessado, de qualquer maneira.

> ASTOR: Bem, Edgar, acho que você não deveria estar falando em desistir de seu emprego logo nesta hora... A situação em que o país se encontra...

> HOOVER: Eu sei. É a única coisa que me segura [...] Se eles querem a vinda do coronel Donovan, ou a sua. [...] Que droga, enviarei minha demissão hoje à noite, se é assim que o presidente se sente. [...] Não faz a menor diferença para mim. [...] Esse emprego não significa tanto assim para mim.

Durante meses, Hoover sentiu um medo genuíno de ser demitido. Ele havia feito inimigos em altas posições.

A primeira-dama, Eleanor Roosevelt, tinha ficado indignada quando o FBI começou a analisar o histórico político de sua secretária social, Edith Helm. E tinha escrito uma carta pessoal a Hoover: "Parece-me que esse tipo de investigação utiliza muitos métodos da Gestapo."

Membros do gabinete de Roosevelt haviam ficado nervosos quando o FBI arruinou Summer Welles, subsecretário de Estado, especialista em política externa favorito de FDR e principal arquiteto de suas estratégias para a América Latina. O Bureau havia conduzido uma longa investigação sobre sua homossexualidade, revelada integralmente quando Welles, embriagado, havia tentado praticar sexo oral no carregador de um trem de passageiros.

A reputação de Hoover se baseava em grande parte no poder de sua vigilância secreta. As pessoas o respeitavam, mas alguns simplesmente o temiam e um bom número o desprezava. Hoover sabia disso e comentou com seu braço direito no FBI, Clyde Tolson, que havia "um movimento para me remover da direção".[10] Estava certo: Donovan era uma das forças por trás desse movimento. Os dois haviam se odiado desde 1942, quando Donovan havia servido brevemente como superior de Hoover no Departamento de Justiça. Hoover tinha lutado contra ele, opondo-se com sucesso a sua tentativa posterior de se tornar procurador-geral, e renegava a ideia de qualquer serviço secreto de inteligência sob seu comando.

Hoover acreditava que Donovan era um homem desonesto e perigoso e espalhou rumores de que era simpatizante comunista. Donovan acreditava que Hoover era um fracasso na inteligência estrangeira e espalhou rumores de que era homossexual.

Hoover era alvo desses rumores desde ao menos 1937 — o ano em que o Bureau tinha começado seus longos esforços para desencavar os homossexuais do governo. Essas insinuações são provavelmente o mais famoso aspecto de sua vida hoje em dia.

A coisa que todos pareciam saber a respeito de Hoover é que havia mantido relações sexuais com seu companheiro constante, Clyde Tolson. A ideia tinha sido impressa no imaginário público havia muito tempo, no livro de um jornalista inglês que incluía indeléveis descrições de Hoover vestido de mulher. Seria fascinante, se fosse verdade. Quase certamente é mentira. A alegação resultou de comentários de terceira mão feitos por fontes altamente duvidosas. Nenhum fiapo de evidência suporta a noção de que Hoover alguma vez tenha feito sexo com Tolson ou com qualquer outro ser humano. Eles eram pessoal e profissionalmente inseparáveis, Hoover deixou todos os seus bens para Tolson em seu testamento e há fotografias dos dois cuja leitura pode revelar sentimentos mais profundos que afeto. Um dos biógrafos de Hoover chamou o relacionamento de casamento sem sexo e isto talvez esteja próximo da verdade. Mas ninguém que conhecesse Hoover pessoal ou profissionalmente acreditava em nada além disso.

"Ele abominava a homossexualidade",[11] disse Cartha "Deke" DeLoach, leal assessor de Hoover durante muitos anos. "É por isso que tantos homossexuais foram demitidos pelo Bureau." Se Hoover fosse um homossexual reprimido cujas frustrações secretas se transformavam em fúria contra seus inimigos, suas raivas internas não eram conhecidas por ninguém.

"Tenho comigo um mapa secreto"

Hoover não perdeu seu emprego nem a coragem de lutar contra Donovan. Mas, em 11 de julho de 1941, o presidente nomeou Wild Bill "Coordenador de Informações" nacional, dando-lhe "autoridade para coletar e analisar"[12] qualquer informação relacionada à segurança nacional. Tendo dividido o campo da inteligência americana, FDR agora o havia fragmentado.

O oficial inglês de inteligência William Stephenson enviou um telegrama a Londres: "Você pode imaginar quão aliviado estou, após meses de batalha e manobras em Washington, em ver nosso homem em posição."[13] Sua escolha de palavras exige atenção. A inteligência inglesa de fato via Donovan como seu homem e o usou na busca de seu mais elevado objetivo nos desesperados meses de 1941: fazer com que os Estados Unidos entrassem na guerra.

"Tenho comigo um mapa secreto feito na Alemanha pelo governo de Hitler — pelos planejadores da nova ordem mundial", anunciou o presidente em um discurso transmitido a todo o país em 27 de outubro de 1941. "É um mapa da América do Sul e de parte da América Central, como Hitler propõe reorganizá-las. Hoje, há quatorze países diferentes nessa área. Os especialistas geográficos de Berlim, contudo, apagaram cruelmente todas as linhas de fronteira existentes e dividiram a América do Sul em cinco Estados vassalos, exercendo seu domínio sobre todo o continente. E fizeram com que o território de um desses novos Estados fantoches incluísse a República do Panamá e nossa grande linha de vida — o canal do Panamá."

"Esse é o plano", disse FDR. "Esse mapa deixa claro o projeto nazista não apenas para a América do Sul, mas também para os Estados Unidos."

O presidente obteve o mapa secreto de Wild Bill Donovan. Donovan o havia conseguido com seu bom amigo Bill Stephenson, o chefe da estação inglesa em Nova York. E qual era a fonte? Um dos principais assessores de Stephenson, H. Montgomery Hyde, alegou que tinha sido furtado pela inteligência inglesa de um mensageiro da embaixada alemã no Rio de Janeiro. "O presidente ficou muito impressionado",[14] escreveu Hyde. "A descoberta do mapa foi uma prova convincente das intenções da Alemanha na América Latina e um choque considerável para todos os bons cidadãos americanos." Mas era falso, fabricado pela inteligência inglesa. O ardil, calculado para ajudar a atrair os Estados Unidos para a guerra na Europa, permaneceu em segredo durante décadas.

O presidente tinha fragmentado o campo da inteligência. Um dos resultados foi um falso mapa-múndi. O outro foi um ataque-surpresa.

13

Lei da guerra

Quando o Japão atacou os Estados Unidos em Pearl Harbor no domingo, 7 de dezembro de 1941, Hoover já estava com seus planos de guerra preparados. Seus agentes reuniam informações sobre suspeitos políticos em solo americano fazia meses.

O novo procurador-geral, Francis Biddle, começou a assinar ordens para a detenção de 3.846 estrangeiros alemães, italianos e japoneses. Hoover e seus homens já haviam começado a arrebanhar centenas de pessoas consideradas muito perigosas, sem se importar com mandados. Haviam identificado suspeitos por todos os meios necessários, incluindo operações ilegais. O agente do FBI Morton Chiles tinha invadido o apartamento de um suspeito de simpatizar com os alemães, roubado seu caderno de endereços e fugido rapidamente quando o suspeito tinha voltado para casa. Chiles deixou o caderno em uma caixa de correio e ele foi entregue ao FBI no dia seguinte.

"Era ilegal. Era roubo",[1] disse Chiles. Mas "coloquei 114 pessoas em um campo de concentração" baseado nos nomes do caderno.

Hoover não endossava as ordens do presidente para deter os 112 mil japoneses e nipo-americanos que foram enviados para campos após Pearl Harbor. Ele não queria que as pessoas fossem presas de acordo com sua etnia. Queria investigá-las e, se necessário, mandá-las para a prisão em função de suas alianças.

O presidente expandiu os poderes de Hoover durante a guerra. Ele assumiu a responsabilidade de conduzir investigações de antecedentes sobre cada candidato a um emprego no governo. E começou a trabalhar com as autoridades de imigração e passaportes para controlar as fronteiras, aeroportos e estações ferroviárias dos Estados Unidos. Tinha de garantir a segurança de fábricas produzindo material de guerra. Foi encarregado da censura da imprensa americana. Hoover e seus homens começaram a abrir correspondências em Nova York e Washington, assim como telegramas e cabogramas enviados pela Western Union, pela International Telephone and Telegraph Company e pela Radio Corporation of America.

Nos primeiros meses da guerra, enquanto soldados, marinheiros e aviadores americanos começavam a lutar e a morrer na África do Norte, na Europa Ocidental e no sul do Pacífico, o FBI lutava em casa e no exterior contra a ameaça de espiões e sabotadores.

Os submarinos alemães deixaram sua base em Lorient, França, nos últimos dias de maio de 1942. O primeiro submarino, carregando quatro sabotadores nazistas vestidos como fuzileiros navais alemães, atracou na praia de Amagansett, Long Island, na noite de 13 de junho. O segundo, transportando quatro outros agentes nazistas, tinha estabelecido seu curso para Jacksonville, Flórida.

Os oito infiltrados, todos alemães, haviam vivido durante anos nos Estados Unidos. Eles foram escolhidos por sua habilidade de falar inglês sem sotaque, seu conhecimento das cidades americanas e sua alegada disposição para explodir pontes, túneis, estações ferroviárias, lojas de departamento e fábricas militares. Estavam equipados com maletas à prova d'água contendo explosivos, bombas modeladas como pedaços de carvão, manuais, estopins, detonadores, carteiras de identidade e cerca de 180 mil dólares em dinheiro. Eram controlados por um tenente da Abwehr chamado Walter Kappe, que havia vivido e trabalhado nos Estados Unidos entre 1925 e 1937. Ele tinha sido o chefe de propaganda da Aliança Germano-Americana, a principal organização americana de fascistas e simpatizantes do nazismo. Voltando à Alemanha, servia Hitler organizando círculos internacionais de espiões.

George Dasch era o líder da equipe no submarino que atracou em Long Island. Havia lutado com o Exército alemão durante a Primeira Guerra

Mundial, como criança-soldado de quatorze anos. Aos dezenove, tinha chegado aos Estados Unidos como passageiro clandestino em um navio. Havia servido durante um ano no Exército americano, tinha casado com uma mulher americana e trabalhado como garçom em Nova York e arredores. Suas lealdades estavam divididas. Ele havia se candidatado à cidadania alemã, mas não tinha completado o processo nem jurado lealdade aos Estados Unidos.

Dasch e seus colegas sabotadores atracaram na praia por volta da meia-noite e foram instantaneamente detectados por uma patrulha da Guarda Costeira. O guarda John Cullen viu quatro homens tentando manobrar uma jangada e os ouviu conversar em alemão. Um dos homens carregava uma arma. Cullen recuou, voltando ao amanhecer com uma equipe da Guarda Costeira. Eles rapidamente desenterraram bombas, cigarros e conhaque e chamaram a polícia, que chamou o FBI. Enquanto isso, a equipe alemã pegava o trem das 6 horas para Nova York, onde Dasch e seu parceiro, Ernest Burger, se registraram em um hotel do centro. Burger era americano naturalizado. Havia morado em Detroit e Milwaukee, onde tinha trabalhado como maquinista entre 1927 e 1933. De volta à Alemanha em 1933, havia servido lealmente como propagandista nazista, até ser preso pela Gestapo em 1940, durante uma purga política. Tinha ficado dezessete meses em um campo de concentração, antes de ser recrutado pela Abwehr como sabotador.

Dasch e Burger tiveram uma longa conversa no hotel. Tinham grandes dúvidas sobre sua missão. Sua lealdade para com o Terceiro Reich estava se desvanecendo. A maleta cheia de dinheiro era tentadora. Burger queria pegar o dinheiro e fugir. Dasch disse ter uma ideia melhor. Ele telefonou para o escritório de campo do FBI em Nova York.

O agente que atendeu a ligação considerou Dasch insano. O escritório de Nova York tinha um arquivo de três gavetas, chamado "arquivo dos malucos", abarrotado de registros de anos de conversas com bêbados e excêntricos. O homem do FBI registrou a chamada e jogou o registro no arquivo.

Em 18 de junho, Dasch ficou desesperado. Ele embarcou em um trem para Washington, foi até a sede do FBI e exigiu ver J. Edgar Hoover.

Ao contar sua história, teve dé abrir a maleta e jogar 82.350 dólares em dinheiro na mesa antes que o levassem a sério. Falou pelos oito dias seguintes. E forneceu ao FBI toda a informação necessária para prender imediatamente os três alemães remanescentes em Nova York. Sabia o suficiente para ajudar o Bureau a localizar a segunda unidade, que havia atracado na Flórida. Em 27 de junho de 1942, os oito sabotadores alemães estavam presos.

"Alta traição"

Hoover modificou a história dos sabotadores nazistas. Da maneira como a contou ao presidente e, mais tarde, à imprensa, Dasch jamais havia desertado, jamais tinha caminhado até a sede do FBI e jamais havia contado nada. Escrevendo a Roosevelt, Hoover alegou que Dasch tinha sido apreendido pelo FBI em 22 de junho, quatro dias depois de ele ter se entregado.

"Nada foi dito a respeito da longa, minuciosa e estrondosa confissão de Dasch",[2] escreveu o procurador-geral Biddle vinte anos depois, "e se concluía, de modo geral, que um agente do FBI particularmente brilhante, provavelmente frequentando a escola de sabotagem onde os oito haviam sido treinados, havia conseguido se infiltrar e fazer relatórios regulares para os Estados Unidos".

O presidente, o procurador-geral e Hoover se reuniram em um dos mais extraordinários tribunais militares da história dos Estados Unidos. Sua conduta ecoa até hoje. Em 30 de junho de 1942, dois dias depois que a história de Dasch chegou aos jornais, o procurador-geral Biddle recebeu uma nota de FDR, citada aqui com os comentários de Biddle entre colchetes:

> Não tive oportunidade de falar com você sobre o julgamento dos oito sabotadores que chegaram em dois submarinos alemães, nem, recentemente, li os estatutos aplicáveis. [Note o toque rooseveltiano, como se dissesse: sei tudo sobre a lei e, de qualquer modo, não tenho de ler os estatutos; estamos em guerra.]

150

Acho, contudo:

1. Que os dois cidadãos americanos são culpados de alta traição. Como estamos em guerra, estou inclinado a julgá-los na corte marcial. Não vejo como poderiam oferecer qualquer defesa adequada. Certamente são tão culpados quanto possível e parece que a sentença de morte é quase obrigatória.

2. No caso dos outros seis, que acredito serem alemães [...] não vejo diferença. [Ou seja, não discuta ninharias, senhor procurador-geral.]

F.D.R.

Mas as leis dos Estados Unidos e as decisões da Suprema Corte estavam no caminho. Em um caso da Guerra Civil, a Corte havia decidido que civis não podiam ser julgados em tribunais militares, a menos que a lei marcial tivesse sido declarada e os tribunais civis estivessem fechados. Biddle precisava encontrar uma maneira de contornar essa decisão. Ele disse ao presidente para indicar uma comissão militar especial. Ela coordenaria o julgamento secreto dos sabotadores, pela lei militar. Quando a sentença fosse para revisão na Suprema Corte, como seria inevitável, Biddle argumentaria que combatentes inimigos, lutando em uma guerra secreta contra os Estados Unidos, podiam ser julgados e punidos por tribunais militares, de acordo com as leis da guerra. O mesmo argumento seria utilizado na guerra norte-americana contra o terror, no século XXI.

FDR imediatamente assinou uma ordem executiva criando a comissão militar. O julgamento secreto começou na semana seguinte, presidido por sete generais do Exército. Furgões blindados flanqueados por soldados com metralhadoras escoltaram os prisioneiros da penitenciária do distrito de Colúmbia para uma câmara fechada no quinto andar do Departamento de Justiça, um pequeno cômodo que servia, em tempos normais, como sala de aula para os agentes do FBI.

Biddle liderou a acusação. Hoover se sentou a sua direita, entregando-lhe os dossiês de cada réu, resumos das provas e transcrições de suas declarações e confissões após a prisão. Dasch e Burger foram os dois últimos a testemunhar no julgamento de duas semanas. Ambos fizeram confissões completas e disseram não ter intenção de cumprir missões de destruição.

Em 3 de agosto, os sete generais chegaram a um veredito unânime. Cabia ao presidente decidir a sentença. Ele já havia decidido que a morte era "quase obrigatória". E essa foi a sentença que pronunciou. Mas Biddle o persuadiu a comutar as sentenças de Burger e Dash para trinta anos de prisão. O procurador-geral achava que suas confissões tinham valor — e sabia que o FBI jamais teria conseguido um caso sem Dasch.

Às 7 horas de 8 de agosto, o general Cox informou aos sabotadores qual seria seu destino. Um por um, os seis homens condenados foram levados ao corredor da morte da penitenciária distrital, receberam um café da manhã de ovos com bacon, foram enviados ao barbeiro para que suas cabeças fossem raspadas e, a partir das 12h01, sentaram-se na cadeira elétrica, vestiram uma máscara de borracha e um capacete de aço e foram eletrocutados. Seus corpos foram enterrados em uma vala coletiva nos limites da capital da nação; seis tábuas sem nome serviram como lápides.

Dasch e Burger foram para a penitenciária federal em Atlanta; Dasch foi enviado para a solitária, onde ninguém poderia ouvir sua história. Apenas sete semanas se passaram entre o dia de sua deserção e a data da execução.

A Suprema Corte havia se reunido antes do veredito para decidir se o presidente tinha o poder de criar tribunais militares secretos em casos de sabotagem e terror. Mas os procedimentos haviam sido tão secretos que nenhum registro tinha sido apresentado à Corte. O caso preocupou profundamente o juiz presidente Harlan Fiske Stone — o sigilo do julgamento e do veredito, as regras que haviam governado a comissão e o fato de o presidente possuir o poder de condenar réus à morte. Mas precisava escrever seu parecer. E cuidadosamente escreveu. *Ex Parte Quirin*, assim intitulada em função do nome de um dos sabotadores alemães executados, se tornaria a última palavra sobre a questão dos tribunais militares durante os sessenta anos seguintes.

A Corte não podia "definir com meticuloso cuidado os limites últimos da jurisdição dos tribunais militares para julgar pessoas de acordo com a lei da guerra", dizia o parecer de Stone, datado de 29 de outubro; tampouco podia escrever regras que criariam bases constitucionais para uma comissão militar — isso cabia ao Congresso. Mas, naquele caso, o governo tinha o poder de julgar os réus como combatentes inimigos ilegais.

A Suprema Corte tinha sido acuada pelo presidente e pelo FBI. Os seis homens condenados já estavam mortos. E daí se a Corte decidisse que os procedimentos haviam sido inconstitucionais? E daí se tivesse descoberto que Hoover havia prometido liberdade a Dasch em troca de sua confissão? Como escreveu o juiz presidente Stone em um memorando privado para os arquivos, a Suprema Corte tinha sido colocada "na pouco invejável posição de ter se mantido de lado e permitido que seis homens morressem, sem deixar claro a todos os envolvidos — incluindo o presidente — que não se havia decidido uma questão sobre a qual os advogados se apoiavam fortemente para assegurar a liberdade dos postulantes".

A questão era se a comissão tinha sido instituída de maneira legal pelo presidente. E ficaria sem resposta até que os Estados Unidos enfrentassem um novo tipo de combatente inimigo, em 2001.

O caso dos sabotadores nazistas ofereceu dois resultados ao FBI: um público e um secreto. A publicidade foi ótima: o povo americano como um todo acreditava que o Bureau havia resolvido o caso sozinho. Nada sabia sobre a deserção e confissão de George Dasch. A máquina de relações públicas do FBI preparou uma indicação de Hoover à Medalha de Honra do Congresso. Embora a medalha nunca tenha sido entregue, o caso não poderia ter sido uma bênção maior para a imagem do Bureau.

A segunda bonança do caso dos sabotadores nazistas foi uma melhor compreensão do FBI sobre como funcionava o sistema *Rueckwanderer*. O Bureau, investigando as vidas passadas dos sabotadores nos Estados Unidos, havia descoberto que três deles tinham declarado sua lealdade ao Terceiro Reich ao comprar marcos nazistas em bancos de Nova York e Chicago. Seus pedidos para trocar dólares por marcos fizeram com que a inteligência alemã soubesse quem eram, onde viviam e como chegar até eles. A Abwehr tinha pago sua passagem de volta à Alemanha além de treiná-los como agentes de sabotagem.

Milhares de alemães americanos haviam comprado marcos e viajado para a Alemanha. Quantos haviam retornado aos Estados Unidos como espiões nazistas?

No outono de 1942, o FBI intensificou a investigação nacional, uma das maiores e mais complexas já realizadas por ele.[3] Interrogou 997 estrangeiros alemães nos Estados Unidos, dos quais 441 foram detidos ou presos, por ordem do procurador-geral, por lealdade à Alemanha. O caso envolveu centenas de agentes, dezenas de milhares de documentos e o maior banco americano: o Chase National.

Em Nova York, Percy Foxworth, o novo diretor adjunto de Hoover para questões de segurança nacional, se encarregou do caso. Ele obteve documentos sugerindo lucrativas conexões financeiras entre banqueiros americanos, multinacionais fazendo negócios secretos com a Alemanha, a Aliança Germano-Americana e o governo nazista. Precisamente como Foxworth havia colocado as mãos nesses documentos era uma questão delicada.

O FBI tinha recrutado um auxiliar de caixa e um gerente de médio escalão no departamento internacional da principal agência do Chase em Nova York. À noite, agentes do FBI entravam na agência e passavam horas e horas percorrendo os arquivos do departamento. Essas buscas haviam sido conduzidas sem mandado e se encaixado na área cinza entre invasão e investigação de inteligência. De qualquer modo, eram ilegais.

O FBI trabalhava com a teoria de que o Chase agia em benefício do governo alemão, violando a Lei de Registro de Agentes Estrangeiros, a mesma utilizada pelo Departamento de Justiça para indiciar suspeitos de espionagem. Isso era mais que uma questão política espinhosa: equivalia a uma acusação de colaboração com Hitler.

Mas tal acusação não podia ser provada. O banco superou o Bureau. O Chase contratou John Cahill, um advogado muito experiente que tinha sido o promotor federal encarregado do grande júri responsável pela investigação do caso. Ele estava consciente de que as provas contra o Chase haviam sido obtidas de maneira ilegal. E sabia o bastante para virar a mesa. Ameaçou levar o FBI a julgamento. Muitas operações ilegais seriam reveladas se o caso prosseguisse — um preço que Hoover não podia pagar. A investigação politicamente explosiva foi encerrada.

"Não tínhamos ninguém para nos aconselhar"

O FBI sofreu outro revés naquele inverno. Em 15 de janeiro de 1943, Percy Foxworth morreu. Seu avião caiu nas florestas da Guiana Holandesa, na fronteira sudeste da América do Sul. Ele e outro agente do FBI estavam a caminho do Marrocos, onde Roosevelt e Churchill se reuniam em um conselho de guerra. Foxworth tinha sido designado pelos departamentos de Guerra e de Estado para interrogar um cidadão americano e suposto colaborador nazista, preso em Casablanca, como ameaça potencial ao presidente.

Sua morte foi um grande golpe para o Serviço Especial de Inteligência, que, em 1943, havia crescido para 583 agentes do FBI, mas ainda enfrentava dificuldades para cumprir sua missão.

Hoover tinha tentado repetidamente se livrar do SIS e escreveu ao novo chefe de inteligência do Exército, major-general George Veazey Strong: "Recomendo enfaticamente que o FBI seja liberado da responsabilidade sobre qualquer trabalho especial de inteligência no hemisfério ocidental e que tal responsabilidade seja completamente repassada à organização do coronel Donovan."[4] E completou: "Estou ansioso para e disposto a me retirar completamente da América Latina."

Há poucos exemplos de Hoover se oferecendo para ceder poder, certamente não a um inimigo político como Donovan. Ele só agia assim quando pressentia o risco de constrangimento. E o SIS era uma incessante fonte de decepção.

"Você precisa lembrar que estávamos começando do zero em questões de inteligência",[5] disse John Walsh, agente do FBI envolvido com a segurança nacional que foi para Medellín, na Colômbia, pelo SIS em 1943. "Não tínhamos ninguém para nos aconselhar a respeito."

As atribuições do SIS na Colômbia eram caçar espiões nazistas e fechar as redes clandestinas de rádio que conectavam oficiais e agentes de espionagem a seus mestres na Alemanha. Mas Walsh rapidamente havia descoberto, ao chegar ao país, que não tinha o que fazer. "Todos os estrangeiros alemães haviam sido presos", lembrou ele. "A Colômbia tinha declarado guerra à Alemanha e detido todos os alemães."

"Passei muito tempo no Country Club", disse ele. "Não havia muito o que fazer."

O FBI alegaria, anos depois, que o trabalho do SIS tinha levado à prisão de 389 agentes do Eixo e à destruição de 24 redes radiofônicas dos círculos espiões nazistas, majoritariamente em 1942 e 1943. Hoover roubou o crédito que, por direito, pertencia à Divisão de Radiointeligência (Radio Intelligence Division, RID) da Comissão Federal de Comunicações (Federal Communications Commission, FCC), a organização do New Deal que supervisionava as transmissões nos Estados Unidos. Hoover tinha uma rixa com o presidente da FCC, James Lawrence Fly; os dois haviam disputado durante anos o direito de o FBI instalar grampos telefônicos.

Os civis da Divisão de Radiointeligência haviam interceptado comunicações alemãs clandestinas com espiões na América Latina. Eles trabalharam com oficiais das embaixadas americanas e com a polícia local para fechar as redes. Em 1942, a RID descobriu um plano para afundar o navio *Queen Mary*, que transportava 10 mil soldados americanos e canadenses para a guerra, o que levou a polícia brasileira a prender mais de duzentos espiões alemães. Esse único caso representou metade das prisões de espiões do Eixo reivindicadas pelo FBI e pelo SIS na América Latina durante a Segunda Guerra Mundial.

A história secreta do FBI relata que "não se podia esperar que um agente produzisse qualquer informação de valor até que tivesse servido em determinada missão por um número mínimo de meses, a fim de aprender os costumes locais, a língua etc."[6]

Todavia, passar mais que alguns meses no exterior se provou demais para os agentes do FBI. Dezenas, se não centenas pediram demissão de seu trabalho clandestino junto ao SIS ou solicitaram transferência para casa, "enojados" e "completamente desiludidos quando confrontados com algo inteiramente diferente dos glamourosos retratos imaginados por eles antes de aceitarem a missão". Eram "expostos a todo tipo de ridículo" pelos soldados e marinheiros americanos na América Latina, que lhes perguntavam "por que não estavam vestindo o uniforme e tentavam vender sabão e revistas ou realizar algum outro trabalho ostensivamente desimportante e sem ligação com a guerra". Os diplomatas do Departamento de Estado e os adidos militares se deliciavam em "revelar, expor e constranger os agentes disfarçados do Bureau", continua a história secreta, acusando-os de fugir à convocação. "Infelizmente, os representantes disfarçados do Bureau eram em grande medida americanos jovens, saudáveis, inteligentes e apresentáveis, na idade de serem convocados e com óbvio potencial militar, operando sob disfarces débeis e não raro sem lógica."

Os homens do SIS eram chamados de coisa pior, como vira-casacas ou traidores. Tentando "obter a confiança dos indivíduos pró-nazistas e, assim, conseguir informações de dentro das fileiras pró-nazistas", eles se envolviam "no que pareciam, aos olhos dos oficiais americanos do Departamento de Estado, da Marinha e do Exército, atividades e associações suspeitas e questionáveis", conta a história secreta. "Muitos dos homens se viram também sob suspeita dos ingleses, alguns por razões legítimas e outros, aparentemente, apenas devido ao fato de os ingleses suspeitarem de que eram representantes do Bureau e desejarem expô-los e constrangê-los."

Durante toda a sua vida, Hoover teve uma regra: não constranger o Bureau. Ele tinha de retificar a má reputação e o baixo status do FBI no exterior. Seu confidente no Departamento de Estado, o secretário adjunto de Estado Adolf A. Berle, ofereceu uma engenhosa solução.

Uma nova posição começou a ser oferecida pelo FBI nas embaixadas americanas em todo o hemisfério norte: a de "adido legal". Como no caso dos adidos militares, o cargo oferecia status diplomático, com posto correspondente, benefícios e proteção da embaixada. O adido legal devia manter o embaixador americano informado sobre o que o FBI estava fazendo no país. Tinha ordens de trabalhar em harmonia com seus homólogos no Exército e na Marinha, se possível. Era, em teoria, "o oficial americano responsável pelas questões de inteligência clandestina, particularmente no campo das atividades subversivas", registra a história secreta.

O sistema de adidos legais salvou o serviço de inteligência internacional do FBI.

Hoover ordenou que os adidos conquistassem a amizade de chefes de polícia e ministros de segurança interna da América Latina. Oferecer vinhos e jantares e, às vezes, subornar o chefe de polícia — preferencialmente o chefe da polícia secreta — eram maneiras muito mais efetivas de reunir informações do que se disfarçar de correspondente de revista ou vendedor de sabão.

Os programas de ligação estabelecidos pelos adidos legais se tornaram a linha de frente da Política de Boa Vizinhança de FDR durante a guerra. Eles cresceram com grande velocidade, impulsionados pelo influxo de dinheiro, poder e autoridade vindo das embaixadas americanas para os presidentes e as forças policiais da América Latina. Os adidos legais e os embaixadores persuadiam presidentes latino-americanos inseguros de que seria prudente manter um homem do FBI como conselheiro de segurança. O conselheiro, é claro, servia também como espião.

Do verão de 1943 em diante, as ligações do FBI tornaram "possível obter quase qualquer tipo de informação e assistência investigativa das polícias de praticamente todos os países da América Latina", relata a história secreta. Chefes de polícia e ministros do Interior, alguns na folha de pagamento do FBI, forneciam aos homens de Hoover acesso a informações dos serviços postais, de companhias de telefones e telégrafos, empresas aéreas e de transporte marítimo, alfândegas e uma rica variedade de agências governamentais — "incluindo, em muitos lugares, o palácio presidencial".

Cada chefe de polícia e cada presidente da América Latina tinha uma coisa em comum com Hoover, mesmo que fosse apenas uma: o anticomunismo. Alianças construídas pelos adidos legais durante a Segunda Guerra Mundial duraram enquanto houve esquerdistas para combater na América Latina.

No verão de 1943, a espionagem alemã no hemisfério norte estava morrendo. O perigo de uma invasão do Eixo desaparecia. Quando a maré começou a virar na guerra contra Hitler, líderes americanos começaram a pensar no mundo do pós-guerra.

Hoover e um grupo de homens de mesma mentalidade em Washington olharam para o horizonte e viram Stalin e o Exército Vermelho marchando para oeste. Viram que a batalha não acabaria quando o fascismo fosse derrotado. Viram que a guerra contra o comunismo continuaria.

Mas, naquele momento, Hoover enfrentava o maior desafio a sua autoridade para lutar nessa guerra.

14

A máquina de detecção

Desde a Primeira Guerra Mundial, Hoover caçava uma conspiração comunista secreta contra os Estados Unidos. Após um quarto de século de investigação, finalmente encontrou a primeira prova arrasadora. Na primavera e verão de 1943, o FBI registrou secretamente conversas que mudariam o curso da história.

O Bureau estivera espionando Steve Nelson, líder local do Partido Comunista de Oakland, Califórnia, desde 1940. Em maio de 1941, o agente especial encarregado de São Francisco o tinha colocado na lista de Detenção sob Custódia, uma lista secreta de americanos e estrangeiros que o FBI julgava passíveis de detenção militar em caso de emergência nacional.

Hoover tinha convencido o procurador-geral Francis Biddle de que um grampo no telefone de Nelson seria "uma fonte muito provável de informações relacionadas às políticas do Partido Comunista".[1] O FBI havia instalado escutas em sua casa e grampeado seu telefone em fevereiro de 1942. Os arquivos sobre ele revelam que era um cara durão que tinha cursado até a oitava série. Seu sobrenome verdadeiro era Mesarosh. Era eslavo e havia chegado aos Estados Unidos, usando passaporte falso, em 1920; filiado ao Partido Comunista em 1925; havia recebido dezenove votos como candidato ao Congresso pela Pensilvânia, em 1936; e havia derramado sangue na Guerra Civil Espanhola em 1937. Trabalhava no comitê nacional do Partido e se esgueirava por entre os estudantes da Universidade da Califórnia, em Berkeley.

Na noite de 29 de março de 1943, o FBI registrou uma conversa entre Nelson e um homem chamado Joe, também conhecido como "Cientista X". Joe era comunista convicto e estudante de física. Ele descreveu um projeto do Laboratório de Radiação de Berkeley, dedicado a enriquecer urânio. Disse que milhares de pessoas trabalhavam no projeto em Los Alamos, Novo México, e Oak Ridge, Tennessee.

Nelson tomou nota. Alguns dias depois, o FBI o seguiu até um encontro no pátio de um hospital próximo, onde ele entregou alguns papéis a um homem que trabalhava no consulado soviético em São Francisco.

Em 10 de abril de 1943, o FBI registrou Nelson conversando com um diplomata soviético chamado Vassili Zarunbin, também conhecido como Zubilin. O FBI não sabia na época, mas ele era o chefe da espionagem soviética nos Estados Unidos.

Desde o início, contudo, os agentes sabiam que era *alguém* importante. "Era óbvio que Zubilin estava no controle da organização de inteligência",[2] relatou o FBI após a transcrição da conversa. O soviético estava contando dinheiro, aparentemente pagando a Nelson por "colocar membros do Partido Comunista e agentes do Comintern em indústrias envolvidas na produção de guerra".

Em 7 de maio, Hoover enviou um relatório à Casa Branca informando que o governo da União Soviética estava usando o Partido Comunista americano para criar uma rede de espionagem nos Estados Unidos.

O FBI viu, pela primeira vez e em tempo real, uma ligação entre a inteligência soviética e os comunistas americanos. Era tudo que Hoover sempre havia temido — e pior. A espionagem soviética pretendia roubar um segredo tão bem guardado que o próprio Hoover nada sabia sobre ele (ainda). Algumas semanas depois, foi informado pela primeira vez a respeito do Projeto Manhattan, o programa nacional secreto para construir uma bomba atômica. E soube dos esforços do Exército americano para ler os cabogramas criptografados usados por espiões e diplomatas soviéticos em suas comunicações com Moscou.

Podem-se levar anos para construir uma operação secreta — inventar uma nova arma, criar ou destruir uma rede de espionagem, decifrar um código. Hoover iniciou duas investigações de inteligência que consumiriam o FBI durante uma década. Uma era chamada CINRAD (Communist Infiltration of Radiation Laboratory ou Infiltração Comunista no Laboratório de Radiologia); a outra, COMRAP (Comintern Apparatus ou Aparato do Comintern). Ambas queriam descobrir redes soviéticas de espionagem nos Estados Unidos. Com início em maio de 1943, cinquenta agentes do FBI em Nova York e cinquenta outros em Washington começaram a rastrear e monitorar espiões soviéticos que se passavam por diplomatas e compradores governamentais do Amtorg, a missão comercial soviética. Logo depois, Hoover espalhou 125 agentes pelo país, de Nova York a Chicago e São Francisco, para tentar descobrir espiões soviéticos trabalhando disfarçados, sem a proteção da imunidade diplomática. A caçada doméstica seria muito mais longa que a guerra no exterior.

"Como crianças perdidas na floresta"

Os agentes do FBI que lutaram contra a espionagem soviética durante a Segunda Guerra Mundial eram "como crianças perdidas na floresta",[3] disse o funcionário do Departamento de Estado Lawrence Duggan, um agente comunista, ao oficial da inteligência soviética que o entrevistou em Washington. O FBI sabia muito pouco sobre o trabalho dos serviços de inteligência de Moscou — tinha encontrado Gaik Ovakimian, o chefe da espionagem soviética em Nova York, sem entender quem era; havia ouvido Walter Krivitsky, um espião soviético desertor, sem entender o que ele havia dito.

O FBI não era incompetente ou indiferente. E desconhecia não saber. A inteligência é uma guerra na qual as armas são o conhecimento e a antecipação. As informações são sua força mais poderosa. Se há um espião no campo inimigo, você pode vencer uma batalha. Se conhece a mente de seu inimigo, pode ganhar a guerra.

O FBI não dispunha de fontes soviéticas confiáveis — e o governo dos Estados Unidos não estava ansioso para lutar contra os soviéticos. Stalin matava mais nazistas que Roosevelt e Churchill juntos. Mas, se americanos que colaboravam com a inteligência soviética pudessem ser pegos em flagrante durante um ato de espionagem, Hoover poderia usar os poderes da lista de Detenção sob Custódia para prendê-los em segredo, sem julgamento, e jogá-los em campos de concentração militar durante toda a guerra.

O procurador-geral Biddle descobriu sobre a lista.

O cortês e aristocrático Biddle se considerava um especialista no assunto J. Edgar Hoover. Havia estudado o homem desde o início de seus quatro anos trabalhando juntos. Via "um lado humano em Edgar Hoover que nem sempre é reconhecido".[4]

"O caráter de Hoover me interessava", escreveu ele muitos anos depois. "Tentei ganhar sua confiança e, em pouco tempo, almoçando comigo em uma sala ao lado de meu escritório, ele começou a corresponder, partilhando um pouco de seu extraordinário conhecimento sobre os detalhes mais íntimos do que meus associados no gabinete faziam e diziam, do que gostavam ou não, suas fraquezas e associações. [...] Confesso que, dentro de certos limites, gostava de ouvir o que ele dizia."

Dentro de certos limites, Biddle admirava muitas das maneiras pelas quais Hoover usava seu poder no FBI. O procurador-geral tinha assinado sua parte de mandados autorizando grampos telefônicos e enfrentou as ameaças apresentadas pelos inimigos dos Estados Unidos com todas as leis sob seu comando. Mas se preocupou durante toda a vida com as operações secretas do FBI, "essa grande máquina de detecção, com seus 10 milhões de arquivos pessoais", e "as óbvias possibilidades de usar mal a confiança que recebeu".

Biddle não queria repetir as batidas vermelhas de 1920 durante sua diretoria. Ele tinha ordenado que o FBI trabalhasse com a nova divisão do Departamento de Justiça criado por ele, a Unidade de Políticas Especiais de Guerra. Painéis civis supervisionavam as detenções de inimigos estrangeiros — somente estrangeiros, não cidadãos americanos. Biddle manteve seu trabalho legal durante toda a guerra.

Nos dezenove meses desde Pearl Harbor, o FBI havia prendido 16.062 estrangeiros suspeitos de subversão. Mas cerca de dois terços, algo em torno de 10 mil pessoas, foram soltos depois que os júris civis decidiram que não representavam perigo claro e presente para os Estados Unidos. Como tinha ocorrido uma geração antes, o FBI havia recolhido milhares de inocentes. A contínua improcedência desses casos fez com que o procurador-geral questionasse a profundidade e a acuidade dos arquivos de inteligência do FBI.

Em 6 de julho de 1943, Biddle descobriu que Hoover mantinha uma lista de americanos sujeitos a internamento militar. Ficou consternado. Nenhuma lei permitia que Hoover possuísse "uma lista de 'detenção sob custódia' de cidadãos",[5] disse o procurador-geral ao diretor. Ele achava que os arquivos secretos já representavam um perigo para os Estados Unidos.

O trabalho do FBI era "investigar as atividades de pessoas que podem ter violado a lei", escreveu o procurador-geral em sua ordem abolindo o programa. "De nada lhe vale, nesse trabalho, classificar as pessoas quanto a seu grau de perigo."

"Agora está claro para mim que esse sistema de classificação é inerentemente pouco confiável", escreveu Biddle a Hoover. "As provas usadas para criar as classificações são inadequadas, os padrões aplicados às provas com o objetivo de criar as classificações são falhos e, finalmente, a noção de que é possível determinar, de maneira válida, quão perigosa é uma pessoa, de modo abstrato e sem referência a tempo, ambiente e outras circunstâncias relevantes, é pouco prática, imprudente e perigosa."

O diretor deixou a ordem de lado. E a desobedeceu em segredo. Não contou ao procurador-geral ou a qualquer um fora do FBI o que estava fazendo. Simplesmente começou a chamar a lista de Índice de Segurança. Nada mudou, exceto o sigilo cercando o índice. Sua decisão permaneceu secreta até sua morte.

Hoover, é claro, manteve seus inquestionáveis poderes para colocar as pessoas sob vigilância. Isso lhe dava grande autoridade para conduzir investigações de inteligência sobre as crenças políticas dos americanos. Entre os milhares acrescentados a seu Índice de Segurança durante a guerra, o maior número era de comunistas americanos — não meramente membros do Partido, mas pessoas que escreviam livros ou artigos com ideias comunistas, discursavam durante comícios comunistas ou frequentavam reuniões "nas quais pregações revolucionárias são feitas".[6] Os líderes da Aliança Germano-Americana e das organizações italianas fascistas também estavam na lista, juntamente com americanos racistas que pertenciam a grupos como a Ku Klux Klan.

Hoover tinha padrões: aquelas que se qualificavam para a lista eram pessoas "contrárias ao modo de vida americano".[7]

O procurador-geral queria que o FBI focasse nos agentes do Eixo. Ele não achava que estivesse na hora de lutar contra o comunismo nos Estados Unidos. "Hoover deve ter suspeitado que eu seria muito leniente, particularmente agora que estávamos em guerra; muito leniente com os comunistas — tantos liberais ainda não haviam percebido o que os comunistas buscavam", escreveu Biddle. "Hoover [...] claramente não era reflexivo nem filosófico. Edgar Hoover era, primariamente, um homem de ação imediata."

Hoover havia observado com frustração enquanto a filiação ao Partido Comunista, encorajada pela aliança com Stalin, crescia em direção ao mais alto patamar até então — 80 mil membros de carteirinha durante a Segunda Guerra Mundial. Suas ordens de campo exigiam a investigação de cada um deles.

Em 14 de agosto de 1943, Hoover ordenou que seus agentes intensificassem a busca de suspeitos para o Índice de Segurança e se assegurassem de que o índice fosse mantido em sigilo dentro do Bureau, escondido do procurador-geral. A lista de pessoas "que podem ser perigosas ou potencialmente perigosas para a segurança pública ou interna dos Estados Unidos"[8] devia ser partilhada apenas com oficiais confiáveis da inteligência militar, "em bases estritamente confidenciais". "Potencialmente perigosas" eram pessoas que poderiam não ter cometido nenhum crime para além da deslealdade política.

Com frequência generais são acusados de estarem lutando a guerra anterior. Hoover estava se preparando para lutar a seguinte.

Stalin ainda era o mais poderoso aliado militar dos Estados Unidos. Wild Bill Donovan e seus oficiais de inteligência na Agência de Serviços Estratégicos (Office of Strategic Services, OSS) queriam trabalhar de maneira próxima com os soviéticos. Mas Hoover tinha voltado o foco do Índice de Segurança do FBI para "figuras-chave"[9] e "potenciais figuras-chave" da subversão comunista nos Estados Unidos, não apenas para os membros de carteirinha. Em breve, 10 mil indivíduos constariam do índice — quase todos comunistas e, para Hoover, espiões soviéticos em potencial.

O FBI ainda estaria sozinho, ou perto disso, durante os dois anos seguintes. Mas as batalhas de inteligência da Guerra Fria já haviam começado.

15

Organizando o mundo

Espiar os soviéticos exigia espiar os americanos. Hoover espionava ainda mais de perto seus inimigos dentro do governo dos Estados Unidos.

Ele escreveu ao mais próximo assessor de FDR na Casa Branca, Harry Hopkins, em 10 de fevereiro de 1944, avisando sobre o esquema de Wild Bill Donovan para levar espiões soviéticos aos Estados Unidos:

> Acabo de saber, de uma fonte confidencial, porém confiável, que um arranjo de ligação foi estabelecido entre a Agência de Serviços Estratégicos e a Polícia Secreta Soviética (NKVD), pelo qual oficiais serão trocados entre esses serviços. A Agência de Serviços Estratégicos designará homens para Moscou e, em troca, o NKVD nomeará um oficial para Washington, D.C. [...]
>
> Acho altamente perigoso e muito indesejável estabelecer nos Estados Unidos uma unidade do Serviço Secreto Russo, que admitidamente tem como objetivo descobrir segredos oficiais de várias agências do governo. [...]
>
> Em vista do perigo potencial dessa situação, pensei em trazê-la a sua atenção e fornecerei qualquer informação adicional que receber sobre a questão.

Sinceramente,

J. Edgar Hoover

O problema era que o próprio presidente havia despachado Donovan para sua missão em Moscou. FDR tinha enviado Donovan e o embaixador americano W. Averell Harriman para se encontrarem com o ministro do Exterior soviético, Vyacheslav Molotov. Eles foram até a sede da inteligência soviética na rua Dzerzhinsky, nomeada em homenagem ao chefe da espionagem e terrorismo de Lenin, e conheceram o chefe da inteligência internacional soviética, o general Pavel Fitin, bem como seu vice. Esse vice era Gaik Ovakimian, responsável pelas operações de inteligência soviética nos Estados Unidos durante oito anos, antes de ser preso pelo FBI em Nova York e então liberado pelo Departamento de Estado no verão de 1941.

Os quatro brindaram à inauguração da estação americana em Moscou e da estação soviética em Washington. Stalin rapidamente deu seu imprimátur.

Em 11 de janeiro de 1944, Donovan foi atrás da aprovação de FDR. Eles se sentaram na Sala dos Mapas, o centro de inteligência da Casa Branca. Donovan indicou as vantagens da ligação de inteligência com os soviéticos na guerra contra Hitler, que eram significativas. Quanto aos soviéticos espionando os Estados Unidos, disse ao presidente: "Eles já estão aqui."

O presidente passou o acordo de Donovan ao chefe do gabinete Militar da Casa Branca, o almirante William D. Leahy. Péssima ideia, disse Leahy, e o transferiu para os chefes militares. Eles contaram a Hoover e Hoover partiu para a batalha. Ele se recusou a permitir que os soviéticos instalassem uma nova estação de inteligência a alguns quarteirões da Casa Branca. E suspeitou — corretamente — que a Agência de Serviços Estratégicos de Donovan havia sido infiltrada pelos soviéticos e que um de seus principais assessores espionava para Stalin.

Hoover enfatizou a ameaça em um memorando ao procurador--geral, confiando a Biddle a altamente confidencial informação de que espiões soviéticos estavam no interior dos domínios de Donovan. Biddle apontou os riscos ao presidente. Primeiro, a Lei de Registro de Agentes Estrangeiros exigia que os espiões soviéticos preenchessem formulários declarando sua identidade. Segundo, esses eram documentos que podiam ser revelados e o conhecimento público sobre o arranjo poderia ter consequências políticas. E, terceiro, como havia avisado Hoover, os soviéticos tentavam roubar os maiores segredos do governo americano. O almirante Leahy formalmente comunicou a Donovan de que o acordo seria recusado. Wild Bill tinha perdido uma grande batalha.

Hoover então começou a contemplar a ideia de assumir o controle da inteligência americana quando a guerra acabasse. Ele se via como comandante em chefe do anticomunismo nos Estados Unidos. O FBI, em parceria com os militares, protegeria a nação enquanto ela projetava seu poder pelo mundo.

Hoover agora comandava 4.886 agentes especiais e 8.305 oficiais de apoio, um crescimento de cinco vezes desde 1940, com um orçamento três vezes maior que o de antes da guerra. O FBI direcionava mais de 80% de seu dinheiro e de seus quadros à segurança nacional. Era, de longe, a maior força dedicada a lutar contra a ameaça comunista.

Em dezembro de 1944, Hoover definiu essa ameaça como uma conspiração internacional na qual o serviço de inteligência soviético trabalharia com o Partido Comunista americano para se infiltrar no governo dos Estados Unidos e roubar os segredos de suas indústrias militares de guerra. O FBI já trabalhava de maneira próxima com a inteligência inglesa e os oficiais de segurança em Londres. Com o recuo dos nazistas, agentes do FBI se estabeleceram em Moscou, Estocolmo, Madri, Lisboa, Roma e Paris. Adidos legais se instalaram nas embaixadas americanas na Inglaterra, França, Espanha e Canadá. Os homens de Hoover investigavam a ameaça de espionagem dentro das salas de código de embaixadas na Inglaterra, Suécia, Espanha e Portugal; na Rússia, tentavam responder à sensível questão sobre a possibilidade de o governo soviético estar explorando qualquer parte da ajuda em *lend-lease* no valor de 11 bilhões de dólares, fornecida pelos Estados Unidos, para roubar segredos militares americanos. Em Ottawa, os homens do FBI trabalhavam em ligação com a Real Polícia Montada do Canadá. Adidos e seus novos amigos entre a polícia e os políticos latino-americanos criavam redes internacionais para a guerra contra o comunismo.

Como disse Hoover, "o sistema que funcionou com tanto sucesso no hemisfério ocidental deveria ser estendido a todo o mundo".[1] Ele tinha de enterrar a história das dificuldades do SIS ao apresentar suas primeiras propostas de transformar o FBI em serviço global. Somente seus sucessos seriam conhecidos em Washington.

O FBI continuou a encontrar peças do imenso quebra-cabeça da espionagem soviética. Em 29 de setembro de 1944, agentes do FBI invadiram o apartamento nova-iorquino de um homem de meia-idade que trabalhava em uma gravadora que vendia músicas comunistas. Seu nome era Arthur Alexandrovich Adams e era um habilidoso engenheiro mecânico. Provavelmente tinha ido para os Estados Unidos em 1925 e pode ter sido um dos primeiros espiões soviéticos disfarçados no país. Certamente foi o primeiro encontrado pelo FBI.

A operação ilegal produziu uma bonança.

Adams tinha cadernos que faziam pouco sentido para os agentes que o viram. "Ele possuía um documento que falava sobre algum tipo de água",[2] disse o agente Donald Shannon, membro do esquadrão de espionagem soviética do FBI, em uma entrevista seis décadas depois. "Não tínhamos certeza sobre o teor da informação, então a entregamos à Comissão de Energia Atômica para avaliação." Durante a revisão dos especialistas, as anotações revelaram íntimo conhecimento das altamente técnicas e profundamente secretas fases do Projeto Manhattan. Elas incluíam material sobre água pesada, um elemento decisivo da pesquisa secreta sobre a bomba atômica.

"Fomos informados de que a pessoa que as havia escrito certamente possuía informações sobre a pesquisa atômica americana", disse Shannon. Adams foi rapidamente indiciado por um júri federal em Nova York, por violação da Lei de Registro de Agentes Estrangeiros — e o Departamento de Estado ordenou sua deportação.

Dezoito meses haviam se passado desde a primeira pista do FBI de que os espiões de Stalin tentavam roubar a bomba. A segunda estava agora disponível.

Hoover entendia, em termos gerais, do que se tratava o Projeto Manhattan. O Departamento de Guerra havia lhe contado sobre sua própria busca por espiões em Los Alamos. Ele começou a perceber que o controle da bomba não era simplesmente uma questão de vencer a guerra. Tratava-se da sobrevivência nacional depois que fosse vencida.

Não muito tempo depois de Pearl Harbor, Hoover e seus assessores haviam escrito sobre os objetivos da guerra da inteligência inglesa: "[...]

estar em posição, ao fim da guerra, de organizar o mundo."[3] Hoover achava que esse papel pertencia, de direito, aos Estados Unidos. A bomba atômica seria a chave para sua supremacia. Ele acreditava que somente o FBI poderia proteger o segredo e o poder da segurança nacional americana.

As batalhas finais da guerra ainda estavam por vir. Mas Hoover tinha começado sua luta pelo controle da inteligência americana. Ele se decidiu a comandar o curso da Guerra Fria para o governo dos Estados Unidos.

PARTE III

Guerra Fria

16

Nenhuma Gestapo

Nos primeiros dias de fevereiro de 1945, o presidente Roosevelt se hospedou no palácio Livadia, a casa de verão do último tsar da Rússia, Nicholas II. Os vilarejos arruinados das montanhas Ialta jaziam a sua volta, cobertos de neve e devastados pela guerra.

Roosevelt se reuniu com Churchill e Stalin em Ialta para mapear o curso do mundo após a guerra. Todos eles acreditavam, como disse Churchill, que "o direito de guiar o curso da história é o mais nobre prêmio da vitória".[1]

Nas grandes cidades dos Estados Unidos, as manchetes de 9 de fevereiro dos jornais pertencentes aos arqui-inimigos políticos de FDR diziam: REVELADO PROJETO PARA SUPERESPIÕES AMERICANOS. [...] SUPERAGÊNCIA DA GESTAPO [...] ENGLOBARIA O FBI. Em preto e branco, palavra por palavra, estava o projeto de Wild Bill para uma agência internacional de inteligência. Uma suíte começava dizendo: "Os chefes do Estado-Maior conjunto declararam guerra ao general de brigada William J. Donovan."[2]

Quinze cópias do plano de Donovan haviam circulado nos mais altos níveis do governo; uma tinha ido para o FBI. A mais provável fonte de vazamento era o oficial que dirigia a Sala dos Mapas da Casa Branca, o centro de inteligência de FDR, coronel Richard Park Jr. O coronel havia compilado um devastador relatório para o presidente sobre Donovan e a

Agência de Serviços Estratégicos. Após deixar FDR em Ialta, tinha viajado pela Europa e pela África do Norte, entrevistando generais do Exército e oficiais de inteligência em campo. Park devia sua carreira ao chefe da inteligência do Exército, o imperioso e tortuoso general George Veazey Strong, que respeitava Hoover e desprezava Donovan. O vazamento provavelmente ocorreu por instrução do general. Uma única outra pessoa poderia tê-lo autorizado: o presidente.

Em 4 de abril de 1945, FDR enviou suas últimas palavras sobre o futuro da inteligência americana. Escrevendo de Warm Springs, Geórgia, para onde tinha ido a fim de descansar o frágil corpo e a alma, ele ordenou que Donovan reunisse aliados e inimigos e chegasse a um acordo. Oito dias depois, uma hemorragia cerebral o matou, aos 66 anos. A vitória na Europa ocorreria em quatro semanas.

As notícias sobre a morte do presidente começaram a chegar a Washington por volta das 17 horas de uma bela tarde de primavera. Elas se espalharam rapidamente por telefone entre os mais altos níveis do governo.

Quando os telefones começaram a tocar, o procurador-geral Biddle estava profundamente envolvido em uma conversa com o secretário de Estado Edward R. Stettinius Jr. e o secretário da Marinha James V. Forrestal. Eles avaliavam os méritos de ter J. Edgar Hoover dirigindo um novo serviço de inteligência.

Quando Hoover soube da morte do presidente, imediatamente pediu os arquivos do FBI sobre Harry S. Truman.

O vice-presidente correu para a Casa Branca, saindo de seu tradicional bourbon das 17 horas com amigos em um refúgio privado no Capitólio. Após uma longa busca por uma Bíblia, o juiz presidente Harlan Fiske Stone ouviu seu juramento como novo comandante em chefe da mais poderosa nação do mundo. Foi um momento de imensa tristeza e medo. Truman disse sentir como se a lua, as estrelas e os planetas tivessem caído sobre ele. Ele havia servido apenas 82 dias como vice-presidente; tinha sido uma engrenagem da máquina política de Kansas City antes de chegar a Washington como senador pelo Missouri. Truman chegou à Casa Branca com muito bom senso, uma boa dose de coragem e a capacidade de tomar decisões difíceis, inclusive a de dizer *não*. Mas não conhecia nenhum dos segredos do governo americano.

Sexta-feira, 13 de abril de 1945, foi seu primeiro dia completo no cargo. Ele passou a manhã no Salão Oval com o secretário da Guerra Henry L. Stimson e o secretário de Estado Stettinius, seus principais chefes militares, e o assessor militar de FDR, o almirante Leahy, aprendendo suas primeiras lições sobre o comando e o controle do poder presidencial. Truman então foi para a Sala dos Mapas, onde o coronel Park lhe entregou seu relatório sobre o desempenho de Wild Bill Donovan durante a guerra. Era uma adaga, afiada por Hoover e pelo Exército. Dizia que os oficiais da Agência de Serviços Estratégicos haviam prejudicado seriamente a segurança nacional dos Estados Unidos; sua incompetência "tornou inconcebível sua utilidade como agência secreta de inteligência no mundo do pós-guerra".[3] Em uma carta de apresentação a Truman marcada como ULTRASSECRETA — uma cópia de algum modo chegou aos arquivos de Hoover —, o coronel Park aconselhava o novo presidente a tomar "ações drásticas" contra a OSS, "abolindo-a completamente e transferindo seus melhores membros para onde possam fazer algo de bom". E concluía: "[...] acima de tudo, o general Donovan deveria ser substituído."

A iniciação de Harry Truman no mundo de armas secretas, informações secretas e operações secretas dos Estados Unidos começou naquele dia, uma jornada da inocência para a experiência.

"Isso tem de parar"

Dez dias se passaram antes que Hoover se encontrasse com Truman pela primeira vez, durante uma breve reunião na Casa Branca em 23 de abril. Ele causou uma má impressão no presidente.

Hoover tentou contar a Truman a respeito do mundo secreto do FBI. O presidente ainda não sabia sobre a bomba atômica, muito menos sobre a conspiração da espionagem soviética para roubá-la. Ele ainda não sabia sobre o combate político autorizado por FDR ao dar seu imprimátur aos grampos telefônicos sem mandado de Hoover, sobre as operações ultramarinas do FBI ou os planos do diretor de expandi-las por todo o mundo.

Truman rapidamente chamou Harry Vaughan para a reunião. Vaughan era um de seus amigos mais próximos, desde o tempo em que haviam servido juntos durante a Primeira Guerra Mundial. O presidente o havia escolhido como seu assessor militar pessoal, transformando-o em brigadeiro-general.

Truman disse que, no futuro, quando Hoover tivesse algo a dizer à Casa Branca, deveria dizer a Harry Vaughan, e deixou os dois sozinhos.

Hoover se deu bem com Vaughan, um lobista cordial, piadista e apreciador de bourbon. O diretor dividiu seu íntimo conhecimento das vidas pessoais do círculo interno de Roosevelt. Ele se ofereceu para realizar uma "Pesquisa de Segurança na Casa Branca" a fim de descobrir quem era leal a Truman. E entregou a Vaughan transcrições de conversas entre os mandachuvas de Washington.

"Eu perguntei 'Que diabos é isso?', e ele respondeu 'Isso é um grampo no telefone de Fulano'",[4] contou Vaughan.

"Harry me perguntou 'Que diabos é essa porcaria?'"

"Eu respondi 'É um grampo telefônico'."

"Ele disse 'Retire todos. Diga ao FBI que não temos tempo para esse tipo de merda'."

Mas o presidente Truman encontrou tempo. Os relatórios de Hoover lhe deram motivo para se perguntar se a Casa Branca era um ninho de víboras. Os assessores de FDR seriam leais a ele? Seriam confiáveis?

Hoover possuía um novo arquivo, sobre um funcionário da Casa Branca suspeito de falar com os jornais: Edward Prichard, outrora assessor legal de sua antiga nêmesis, o juiz da Suprema Corte Felix Frankfurter, pai fundador da União Americana de Liberdades Civis. Vaughan rapidamente disse a Hoover que o presidente tinha lido o relatório sobre Prichard com grande interesse e queria "futuras comunicações nessa linha [...] sempre que, em sua opinião, sejam necessárias".[5]

Hoover instalou um grampo no telefone de Prichard. O grampo logo produziu transcrições de suas conversas com o juiz Frankfurter — o primeiro de doze juízes da Suprema Corte ouvidos ou mencionados nas fitas do FBI. A investigação sobre a lealdade de Prichard levou a grampos nos telefones de Drew Pearson, um influente colunista de Washington, e de um advogado com boas conexões políticas, chamado Tommy Corcoran. Os quatro eram fonte de boatos mordazes sobre o novo presidente. Um segundo assessor de Truman — outro camarada de Kansas City, Ed

McKim — relatou ao FBI que o presidente tinha ficado devidamente impressionado. Tudo isso aconteceu nas sete semanas seguintes à posse de Truman. Tudo foi feito em nome do presidente, com o objetivo de impedir vazamentos e tomar conhecimento da fofoca política.

Vaughan informou a Hoover que ele estaria sozinho se o FBI fosse pego violando a lei. A Casa Branca negaria qualquer conhecimento sobre os grampos ilegais.

Truman podia ter saboreado seu primeiro gostinho de inteligência política, mas não confiava em Hoover. Em 4 de maio de 1945, ele disse ao diretor de orçamento da Casa Branca, Harold D. Smith, que temia que Hoover estivesse "montando uma Gestapo".[6] Voltaria várias vezes a esse tema. A palavra teve certa ressonância na semana em que Adolf Hitler cometeu suicídio em seu bunker e o Terceiro Reich entrou em colapso. "Não queremos nenhuma Gestapo ou polícia secreta", escreveu o presidente Truman em seu diário em 12 de maio. "O FBI está caminhando nessa direção. Está chapinhando em escândalos sexuais e chantagem pura e simples. [...] *Isso tem de parar.*"

Não parou. Duas semanas depois, o presidente, tomado de suspeitas, decidiu que não podia confiar no procurador-geral Francis Biddle e o demitiu sumariamente. Foi uma das piores decisões de sua presidência. A carreira de Biddle prosseguiu com grande distinção, durante o julgamento de criminosos de guerra nazistas no tribunal militar internacional de Nuremberg. Truman o substituiu por um comparsa político, Tom Clark — um lobista profissional do ramo do petróleo, vindo do Texas, que havia se unido ao Departamento de Justiça como advogado antitruste, chegando à chefia da Divisão Criminal. Truman concluiu, muitos anos depois, que Clark não era mau, apenas "um filho da mãe estúpido".[7]

Hoover sentiu isso desde o início. Quando Tom Clark assumiu o cargo, em 1º de julho, Hoover imediatamente preparou uma carta a ser enviada ao presidente pelo novo procurador-geral. A carta dizia que FDR havia concedido a Hoover o poder de instalar grampos telefônicos sem mandado. Mas ele omitiu um fato-chave: Roosevelt também tinha lhe ordenado a manter os grampos no mínimo e limitá-los, na medida do possível, aos estrangeiros. Clark carimbou a carta e a enviou ao presidente Truman em seu próprio nome, após o feriado de 4 de Julho. Truman aprovou.

Dois meses após o início da nova administração, Hoover tinha renovado seu poder de grampear sem restrições.[8] Dali em diante, o procurador-geral escolheu um curso de voluntária ignorância no que dizia respeito a grampos telefônicos, escutas e invasões do FBI. Ele não queria saber o que Hoover estava fazendo para além dos limites da lei.

Naquela semana, o presidente retornou ao tema dos poderes do FBI. Ele aprovou seis meses adicionais de fundos secretos da Casa Branca para o Serviço Especial de Inteligência do FBI, mas com evidente repugnância. E disse a seu diretor de orçamento, Harold Smith, que queria "confinar o FBI aos Estados Unidos"[9] e que "o FBI deve ser reduzido o mais rapidamente possível". Truman confiava em Smith. O presidente contava com ele para descobrir o que realmente ocorria no governo. O diretor de orçamento sabia tudo sobre os fundos secretos da Casa Branca com que FDR tinha financiado as operações clandestinas dos Estados Unidos durante a Segunda Guerra Mundial. O Congresso no qual Truman havia servido nada sabia sobre o dinheiro — mesmo que, pela Constituição, o presidente não pudesse gastar um único centavo sem autorização do Congresso. Smith sabia precisamente o valor da retirada feita por FDR do Tesouro — dezenas de milhares de dólares por ano para espionagem e 2 bilhões para que o Projeto Manhattan construísse a bomba atômica.

"Uma nova arma de força destrutiva incomum"

Truman embarcou no cruzador *Augusta* em 7 de julho de 1945, sua primeira viagem à Europa desde a Primeira Guerra Mundial. A ele se reuniu, oito dias depois, em Antuérpia, o general Dwight D. Eisenhower, supremo comandante aliado. Eles viajaram por terra até Bruxelas e voaram para Berlim, no passado a quarta maior cidade do mundo. Aviões americanos e ingleses haviam bombardeado a maior parte da cidade e os soviéticos haviam destruído o restante. Em 16 de julho, um comboio levou Truman pela cidade. As ruínas fediam a morte. Corpos apodreciam entre os destroços e cães selvagens roíam seus ossos. Uma civilização jazia em colapso. "Pensei em Cartago, Balbek, Jerusalém...", escreveu Truman em seu diário. "Tenho esperança por algum tipo de paz — mas temo que as máquinas tenham superado a moral há alguns séculos e, quando a moral as alcançar, já não haverá razão para nada disso." Era meio da tarde em Berlim, manhã nos Estados Unidos. Sobre o deserto perto de Alamogordo, Novo México, brilhou um flash mais ofuscante que a luz do sol.

Truman se encontrou com Churchill e Stalin em Potsdam, leste de Berlim, em terreno mantido pelo vitorioso Exército Vermelho. Eles se reuniram no palácio Cecilienhof, outrora residência de verão do príncipe coroado da Prússia, Wilhelm. Truman não estava certo de como utilizar o imenso poder em suas mãos. Churchill parecia envelhecido e exausto; tinha sido excluído por votação do gabinete do primeiro-ministro naquela semana. O rosto de Stalin estava impassível, sem permitir qualquer leitura que se pudesse fazer. Truman escreveu em seu diário que "tio Joe [Joseph Stalin] parecia cansado e o P.M. parecia perdido". No dia seguinte, o presidente soube das notícias do Novo México e chegou bastante feliz ao banquete oferecido por Stalin naquela noite.

Os sete dias da conferência de Potsdam decidiram uma grande questão: a bomba cairia sobre o Japão. Truman e Churchill se reuniram com seus chefes militares às 11h30 de 24 de julho. Truman chamou Stalin de lado naquela tarde. "Mencionei casualmente a Stalin que temos uma nova arma de força destrutiva incomum", escreveu ele em suas memórias. "O premiê russo não demonstrou nenhum interesse especial. Tudo que disse foi que estava feliz em saber e esperava que fizéssemos 'bom uso dela contra os japoneses'."

Graças aos esforços da inteligência soviética, Stalin já sabia sobre a bomba.

Duas semanas depois, a arma secreta já não era secreta. Duas bombas atômicas haviam matado cerca de 200 mil japoneses, quase todos civis, em Hiroshima e Nagasaki. Enquanto a segunda bomba estava a caminho, o *Augusta* atracou na Virgínia. Harry Truman retornou à Casa Branca, 1 milhão de soldados soviéticos invadiram a Manchúria e o imperador Hirohito reuniu seu conselho de guerra na Biblioteca Imperial, em Tóquio, para decidir como superar o insuperável. Notícias sobre a rendição japonesa chegaram a Washington em 14 de agosto de 1945.

"Inteligência secreta mundial"

O presidente Truman agora tinha noção do quão pouco sabia sobre o que se passava no mundo. O que não sabia era como adquirir tal conhecimento. Hoover prometeu fornecer o que o presidente desejava. Mas queria poder em troca.

"O bem-estar futuro dos Estados Unidos necessita e exige um eficiente serviço de inteligência secreta mundial",[10] escreveu ele ao procurador-geral em 29 de agosto. O FBI estava "qualificado para operar tal serviço", sustentou. "É fato, como o senhor bem sabe, que o programa SIS conduzido pelo Bureau no hemisfério ocidental foi um sucesso completo."

Em 6 de setembro, Hoover bateu com mais força à porta do presidente, em uma nota com dois atos falhos freudianos que traíam sua raiva. Reclamando dos "planos de Donovan para a perpetuação de sua dinastia"[11] e "segredos letalmente enterrados de Donovan", ele exigiu uma decisão.

Conseguiu uma. Truman demitiu Donovan em 20 de setembro e desativou a Agência de Serviços Estratégicos. No fim do verão de 1945, os Estados Unidos já não tinham um serviço de inteligência.

No dia seguinte, Hoover entregou seu plano pessoalmente ao procurador-geral e o instou a enviá-lo imediatamente ao presidente. Era intitulado "Plano do FBI para inteligência americana secreta em nível mundial".[12] E transformava Hoover no supervisor inquestionável da segurança nacional americana.

Sob sua liderança, os agentes do FBI espionariam os soviéticos no exterior e nos Estados Unidos e seu trabalho seria avaliado pelos analistas de inteligência do Departamento de Estado. Hoover sincronizaria suas operações secretas com os secretários de Estado e de Guerra. Ele queria que o presidente soubesse que dividir a inteligência americana em internacional e doméstica era um convite ao desastre. Ele já estava enviando a Truman boletins de inteligência, incluindo relatórios de cem páginas sobre as atividades subversivas de doze embaixadas estrangeiras nos Estados Unidos.

Em 2 de outubro de 1945, Hoover enviou um agente especial do FBI até a Casa Branca para se assegurar de que o presidente tinha lido sua proposta. Sagazmente, selecionou Morton Chiles, filho de um velho amigo do presidente. Truman conhecia Chiles desde que ele era bebê. "Fiquei com o presidente Truman por aproximadamente 35 minutos",[13] contou Chiles em um relatório a Hoover, no mesmo dia. "Discutimos a participação do Bureau na inteligência internacional no hemisfério norte e a conveniência de expandir sua jurisdição para uma cobertura global."

Chiles imediatamente percebeu que o presidente parecia não estar ciente da proposta de Hoover. Se a havia visto, não a tinha lido. "Tive a oportunidade de explicar integralmente o plano do Bureau, seu método de operação e todas as razões pelas quais deveria expandir sua cobertura", relatou Chiles. "Ele expressou preocupação com a possibilidade de uma organização mundial de inteligência ganhar a reputação de uma 'Gestapo'."

Não era a primeira vez que Hoover ouvia seus homens serem comparados a nazistas. Mas era a primeira vez que a comparação vinha de um presidente.

Truman se voltou para mentes mais experientes nos departamentos de Estado e de Guerra para encontrar uma nova solução para a inteligência americana e a segurança nacional. Em 20 de novembro, houve uma reunião, na câmara dourada do secretário de Estado, com uma dúzia de conselheiros. Liderada pelo subsecretário Dean Acheson, a conversa obteve poucos resultados, para além de estabelecer que "o presidente afirmou claramente que o FBI não deve operar fora dos Estados Unidos".[14]

Mantendo-se silencioso durante a reunião estava um homem muito interessado no futuro da inteligência americana: Alger Hiss, da Agência de Assuntos Políticos Especiais do Departamento de Estado. Astro em ascensão da diplomacia americana, Hiss tinha estado em Ialta enquanto Roosevelt, Churchill e Stalin tentavam estabelecer o destino do mundo após a guerra. Ele era um agente comunista infiltrado no governo dos Estados Unidos havia dez anos.

No mesmo dia, os chefes da espionagem internacional em Moscou receberam uma eletrizante revelação, enviada por seu principal espião em Londres. "Os americanos estão investigando outra organização de inteligência soviética nos EUA",[15] relatou Kim Philby, oficial sênior da inteligência britânica e agente duplo soviético. Philby havia obtido a informação secreta em um cabograma de William Stephenson, o comandante da inteligência inglesa em Washington. A inimputável fonte de Stephenson era o diretor do Federal Bureau of Investigation.

Hoover apresentou o caso uma semana depois, entregando um assombroso relatório supersecreto de 71 páginas ao presidente, ao procurador-geral e ao secretário de Estado. Seu dossiê, "Espionagem soviética nos Estados Unidos", datava de 27 de novembro de 1945. Continha muitos nomes. Um deles era o de Harry Dexter White, que trabalhava duro nos planos para o Fundo Monetário Internacional e para o Banco Mundial, em nome do Tesouro dos Estados Unidos. Outro era Alger Hiss, que ajudava a estabelecer as bases das Nações Unidas. Hoover estava dizendo ao presidente que dois dos principais arquitetos intelectuais dos planos americanos para o pós-guerra eram espiões comunistas.

O presidente o ignorou. Ele raramente lia os memorandos e relatórios do FBI sobre segurança nacional. "O presidente Truman não apreciava ou entendia inteligência",[16] disse Cartha DeLoach, assessor de confiança de Hoover. "Ele achava que o sr. Hoover era seu inimigo. E o tratava assim."

O diretor e o presidente eram agora adversários implacáveis. Seu conflito político se transformou em guerra sobre a segurança nacional americana. Hoover tinha servido a sete chefes executivos desde a Primeira Guerra Mundial. Nunca havia enfrentado um presidente como inimigo. Em segredo, tinha recebido poderes extraordinários de Roosevelt para conduzir a guerra política nos Estados Unidos. Pretendia usá-los, com ou sem o conhecimento de Truman.

Hoover estava convencido de que o presidente era o elo fraco na cadeia de comando. Achava que teria de conduzir, por si mesmo, os generais, os políticos e o povo americano na guerra contra o comunismo. E via o FBI como a maior força americana na luta de vida ou morte no front doméstico.

Ele tinha um grande mapa em mente. Sua inteligência não parava nas fronteiras americanas. Tinha enfrentado ameaças vindas de Berlim para Nova York, de Moscou para o Novo México e de Tóquio para o Havaí. Hoover acreditava que os soviéticos planejavam um ataque de emboscada e que os comunistas americanos serviriam como suas tropas de choque. Tinha de irradiar inteligência e poder de Washington para o mundo a fim de proteger os Estados Unidos. O mundo era seu campo de batalha.

17

Resolução

Hoover iniciou um arquivo secreto de inteligência no fim de 1945. Fez cópias dos relatórios enviados por seus assessores e escreveu seus comentários nas margens, trabalhando com uma caneta-tinteiro e deixando marcas de tinta azul vivo. O imprimátur de sua inicial — H. — transformou as palavras em ordens.

Ler suas notas manuscritas é como ouvi-lo pensar em voz alta. Sua raiva era pessoal e política, amarga e implacável, rosnando e mordendo. Ele tinha grandes ideias e acessos de fúria. Seu senso de humor era sarcástico, às vezes petulante. Seu conhecimento, imenso, embora com uma mente estreita.

O arquivo continuou a ser alimentado durante 27 anos. Constitui, de fato, o diário de Hoover e a história secreta da Guerra Fria. E, acima de tudo, revela seu imenso medo de que os Estados Unidos perdessem a guerra contra o comunismo.

Em 1946 e 1947, Hoover travou suas batalhas em três frentes. Lutou pelo controle da inteligência americana. Lutou para convencer os líderes americanos de que a Guerra Fria poderia continuar pelo resto de suas vidas. E iniciou uma campanha de guerra política contra o presidente.

Hoover ficou furioso quando soube dos planos de Truman para indicar um novo diretor para uma Central de Inteligência que teria domínio sobre as operações do FBI contra espiões e traidores. "Completamente impraticável",[1] escreveu ao procurador-geral Tom Clark em 15 de janeiro de 1946. Isso "destruiria qualquer agência existente, incluindo o Federal Bureau of Investigation". O procurador-geral objetou à linguagem brusca. Hoover respondeu: "Certamente, não partilho das ideias do procurador--geral. [...] Conciliação pode trazer ainda mais dificuldades. H."

Para grande consternação de Hoover, em 24 de janeiro de 1946, o presidente selecionou um contra-almirante da reserva da Marinha, Sidney Souers, democrata do Missouri, como primeiro diretor da Central de Inteligência.[2] Em uma cerimônia improvisada no Salão Oval, Truman entregou a Souers uma capa preta, um chapéu preto e uma pequena adaga de madeira, sagrando-o chefe do "Grupo de Espiões de Capa e Espada". No dia seguinte, Hoover convocou Souers a seu escritório na sede do FBI. Em pouco tempo, o almirante comia em sua mão. "Ele deixou bem clara sua intenção de depender profundamente do FBI para recomendações e conselhos",[3] escreveu Hoover a seus principais assessores. E acrescentou o almirante à lista de subalternos úteis.

Sozinho, Hoover não podia aniquilar os planos para o que se tornaria a Agência Central de Inteligência. Mas fez tudo que podia para proteger seu poder. E foi até o Pentágono consultar o general Dwight D. Eisenhower, o mais poderoso militar americano. Hoover argumentou que Truman arruinaria a espionagem americana com o novo sistema de Central de Inteligência. "O general Eisenhower perguntou como isso afetaria o Federal Bureau of Investigation",[4] registrou Hoover. O diretor respondeu que "parece que o FBI terá de se retirar das operações internacionais". Eisenhower "expressou surpresa e real preocupação". Hoover acrescentou o general à lista de aliados poderosos.

"Infiltração direta"

Incapaz de impedir a investidura do diretor da Central de Inteligência, Hoover infiltrou e sabotou a nova agência de espiões.

Ele havia recebido um pedido de ajuda do coronel Bill Quinn, militar que tentava criar um novo corpo para a Central de Inteligência, com vistas a operações clandestinas e de espionagem. O coronel tinha encontrado determinada oposição dos militares uniformizados, que haviam lhe dito que sua companhia estava infestada de comunistas. O FBI tinha arquivos cheios de rumores de que a Central de Inteligência estava contratando vermelhos.

De chapéu na mão, Quinn procurou Hoover. Eis as lembranças do coronel:

— O que você quer que eu faça? —[5] perguntou Hoover.

— Sr. Hoover — disse Quinn —, a resposta mais simples à sua pergunta é descobrir se há algum comuna na minha organização.

— Bem, posso fazer isso — disse Hoover.

— Enquanto os investiga por subversão, pode também, por favor, investigá-los criminalmente?

— Tudo bem.

— Antes de decidirmos como fazer isso, para a posteridade e em nome da total cooperação, gostaria de pedir que o senhor enviasse um representante para ser sua ligação com minha organização.

Nesse momento, Hoover quase caiu da cadeira, de acordo com o coronel. "Eu sabia o que passava por sua cabeça", relatou Quinn. "Ele provavelmente estava pensando 'Meu Deus, esse cara está pedindo infiltração direta em sua agência'."

Quinn tinha acabado de convidar Hoover para espionar seus espiões. Ligação era infiltração. Você cumprimentava com a mão direita e esvaziava bolsos com a esquerda.

O Bureau investigou as lealdades políticas de dezenas de oficiais da Central de Inteligência, muitos dos quais haviam sido contratados especificamente por seus históricos russos e europeus orientais, tornando-os suspeitos aos olhos de Hoover. Os três primeiros diretores da Central de Inteligência pediram que Hoover fornecesse oficiais experientes do FBI, treinamento de campo, relatórios formais e nome e identidade de informantes confiáveis e agentes estrangeiros recrutados. Hoover sentiu prazer em rejeitar seus pedidos.

Seu ressentimento por ter sido excluído da inteligência mundial era imenso. Ele decidiu recuperar sua relevância.

"Uma época de certa histeria"

A pedido de Hoover, o almirante Souers escreveu ao presidente Truman em 17 de abril de 1946: "É da maior urgência que o Federal Bureau of Investigation receba permissão para continuar exercendo suas funções de segurança [...] nos países do hemisfério ocidental, em Londres, Paris, Roma, Manila e Tóquio e na zona americana na Alemanha. A missão de segurança realizada por ele pode ser ilustrada pela investigação canadense em Ottawa, que atinge tanto os Estados Unidos quanto a Inglaterra."[6]

A "investigação canadense" estava prestes a revelar o alcance da espionagem soviética sobre o arsenal atômico americano.

O caso começou com um descuidado tenente de 36 anos do Exército Vermelho, Igor Sergeyevich Guzenko, um dos espiões de Stalin no escritório do adido militar soviético em Ottawa, Canadá. Ele era secretário de códigos e lidava com cabogramas secretos e criptogramas. Certa noite, jogou fora dois rascunhos de mensagens codificadas de Moscou. Uma das mulheres da limpeza, que também era oficial de segurança, encontrou os comunicados amassados e informou o embaixador. A penalidade por violações da segurança no serviço secreto de Stalin era exílio na Sibéria ou morte. Guzenko reuniu todos os cabogramas secretos que conseguiu carregar e fugiu. Passou três dias escondido, antes de convencer a Real Polícia Montada do Canadá a protegê-lo.

O adido legal do FBI em Ottawa participou de seu interrogatório. Hoover rapidamente colocou 75 agentes no caso.

O caso Guzenko revelou quatro fatos: Ottawa era um centro de comando da espionagem soviética na América do Norte; os soviéticos haviam infiltrado um espião em algum lugar do Departamento de Estado; um físico nuclear inglês chamado Allan Nunn May havia se infiltrado no Projeto Manhattan para Moscou; o roubo do segredo da bomba atômica era a mais alta prioridade da inteligência soviética.

Outro desertor do mundo da espionagem soviética estava agora nas mãos do FBI. Seu nome era Elizabeth Bentley, comunista americana convicta. Tinha abordado o FBI pela primeira vez em 1942, mas o Bureau não tinha acreditado em sua palavra. Estava confusa, intelectual e ideologicamente, sobre o motivo de estar mudando de lado.

"Ela era uma tola. Maluca, na verdade",[7] disse o agente especial do FBI Jack Danahy, que trabalhou no caso durante anos. "Tivera uma série de amantes malucos, fascistas na Itália e comunistas nos Estados Unidos." Quando se voltara para o FBI, "flertou com todos os agentes com quem conversou. [...] Ficamos preocupados. Bem, não achávamos informantes em conventos, sabe?"

O Bureau sempre havia tido suas dúvidas sobre Bentley. Ela bebia demais, mas parecia ter boa memória quando estava sóbria. Sua história era estranha, mas ao menos isto era verdade: tinha sido mensageira de uma rede de espiões soviéticos. E sabia nomes — oito, no total, embora nenhum jamais tenha sido preso por espionagem e somente dois condenados por algum crime.

Hoover decidiu aceitar a confissão dessa excêntrica vira-casaca.

Suas revelações permitiram que o FBI começasse a traçar os contornos de um sistema soviético de inteligência que tentava se infiltrar no governo dos Estados Unidos havia doze anos. Depois que o FBI aceitou o *bona fides* de Bentley, Hoover designou 227 agentes para a investigação. Mas já havia partilhado a essência do caso com seu homólogo na inteligência inglesa em Washington. As notícias foram enviadas a Londres e então entregues a Moscou — cortesia de Kim Philby, o agente duplo soviético dentro do serviço inglês.

Os soviéticos reagiram rapidamente ao alerta de Philby. Ordenaram que a maioria de seus oficiais de inteligência de tempos de guerra saísse dos Estados Unidos e interromperam contato com muitas de suas redes de agentes. Quando o FBI foi procurar pelos soviéticos, descobriu que estava tentando laçar sombras.

O presidente Truman leu o relatório seguinte de Hoover à Casa Branca em 29 de maio de 1946, com incredulidade.

"Existe um enorme círculo soviético de espionagem em Washington",[8] escreveu Hoover em uma mensagem "pessoal e confidencial" ao presidente e ao procurador-geral. "Certo número de altos oficiais do governo, cujas identidades são estabelecidas abaixo, está envolvido." Alguns dos nomes na lista eram chocantes. Os suspeitos de Hoover incluíam o sub-secretário de Estado Dean Acheson e o ex-secretário adjunto da Guerra

John J. McCloy, dois pilares do establishment americano cujas credenciais anticomunistas nunca haviam sido questionadas.

O procurador-geral também não acreditou. "*Era* uma época de certa histeria",[9] disse Clark. Mas ele estava aprendendo a levar a sério o poder das informações secretas de Hoover. Tinha descoberto que o diretor também o observava. "Sempre que alguma informação derrogatória a meu respeito chegava ao Departamento, eles a incluíam naquele arquivo", contou ele. "Era ultrajante."

"Devemos forçar uma resolução"

Hoover continuou tentando convencer a Casa Branca de que os espiões de Stalin tentavam roubar os segredos atômicos americanos. Foi urgido a fazê-lo pelo chefe de inteligência do FBI, Mickey Ladd, filho de um senador de Dakota do Norte. Ladd queria uma guerra declarada e sem limites contra o comunismo — incluindo prisões em massa e detenções de suspeitos de subversão — em nome da contraespionagem. Queria colocar cada um dos 8 mil membros do Partido Comunista dos Estados Unidos no Índice de Segurança do FBI. Uma vez indexados, poderiam ser presos durante uma operação nacional, sob a autoridade de um mandado em massa, "em caso de emergência".[10]

Hoover concordou. Sem revelar a existência do Índice de Segurança, ele disse ao procurador-geral Clark que o FBI "intensificaria suas investigações sobre as atividades do Partido Comunista"[11] e "listaria todos os membros do Partido Comunista e outros que poderiam ser perigosos em caso de rompimento das relações diplomáticas com a União Soviética". Escreveu, na linguagem mais clara possível, que uma crise política poderia tornar necessário "deter imediatamente um grande número de cidadãos americanos".

A guerra de Hoover contra a Casa Branca se intensificou. Ele havia solicitado dinheiro para contratar centenas de novos agentes, a fim de investigar a espionagem soviética e a subversão comunista. Em vez disso, Truman tinha eliminado seiscentos agentes, quase um sétimo das fileiras de frente do FBI, no primeiro orçamento que havia enviado ao

Congresso. O FBI não enfrentava tal redução desde que Hoover tinha se tornado seu diretor. Ele reagiu aos cortes ordenando que seus agentes ultramarinos voltassem para casa.

Em 8 de julho de 1946, Hoover disse a seus agentes na América Latina e no Caribe para encerrarem imediatamente suas operações. Ele havia prometido ao novo diretor da Central de Inteligência, o general Hoyt Vandenberg, um ano para uma transição suave. Mas, no fim do verão, o FBI não tinha deixado para trás nada além de escritórios vazios e embaixadores insatisfeitos.

"Movam-se rapidamente e saiam daí o mais depressa possível",[12] comandou. Sete semanas depois, o FBI havia praticamente se retirado da América Central e do Caribe e logo faria o mesmo na América do Sul. "Todos os documentos relacionados às investigações, tanto pendentes quanto fechadas, foram queimados",[13] relatou à sede o assessor de campo de Hoover, C. H. "Kit" Carson, ao encerrar as operações no México, Guatemala, Costa Rica, Nicarágua, El Salvador, Honduras, Venezuela, Haiti e Cuba.

Hoover foi até a Casa Branca e deixou clara sua posição. Se o presidente queria o FBI fora do campo da inteligência internacional, se queria que o diretor da Central de Inteligência estivesse no comando, era isso que teria.

Mas ninguém que tivesse trabalhado para o Bureau — ativo, aposentado, chefe ou subalterno — teria permissão para trabalhar para a nova Agência Central de Inteligência, disse Hoover ao chefe de Estado-Maior do presidente, o almirante Leahy. O almirante aconselhou o general Vandenberg a "evitar ofender o sr. Hoover".[14] Mas, quando Vandenberg propôs criar um registro global de contatos estrangeiros, Hoover avisou seus principais assessores no FBI: "Observem com meticuloso cuidado *todas* as diretivas vindas dessa fonte, pois acho que está *bêbada* de poder e, secretamente, tentará colocar as mãos em tudo."[15] Quando Hoover viu o esboço de um projeto de lei que daria mais autoridade ao diretor da Central de Inteligência, escreveu: "Os 'construtores de impérios' [...] perpetuam sua presente monstruosidade e se intrometem cada vez mais nos campos civil e doméstico."[16]

A recusa de Hoover em trabalhar com a nova CIA se aproximava da insubordinação. Seus desafios ao Departamento de Estado eram quase rebelião. Sua rancorosa decisão ameaçava ser "um grande golpe para a eficácia de nosso trabalho de segurança e inteligência",[17] escreveu o subsecretário de Estado Acheson. Hoover permaneceu resoluto. Ele praticamente havia declarado guerra à Casa Branca.

"Acho que devemos forçar uma resolução",[18] escreveu a Mickey Ladd.

Sua raiva pela relutância do presidente em declarar guerra total ao comunismo se transformou em fúria. Ele começou a escrever petições a membros do Senado e da Câmara, solicitando poder para proteger os Estados Unidos contra "a ameaça de agentes estrangeiros infiltrados, ideologias e conquistas militares".[19] Suas convicções sobre a ameaça eram tão fortes que começaram a influenciar os liberais de Washington — e, por meio deles, o próprio presidente.

Hoover estava criando uma cultura política de Guerra Fria nos Estados Unidos.

18

"Fascismo vermelho"

Em 26 de setembro de 1946, o conselheiro da Casa Branca Clark Clifford e seu assessor, George Elsey, entregaram um relatório secreto a Truman dizendo-lhe para se preparar para a guerra contra os soviéticos.[1] Eles utilizaram o trabalho de Hoover e do FBI ao delinearem um plano de batalha para o Juízo Final.

Eles disseram a Truman que ele tinha de se preparar para uma nova guerra, com armas biológicas e atômicas. O inimigo era uma ditadura soviética planejando conquistar o mundo, auxiliada por um insidioso serviço de inteligência e por uma rede clandestina nos Estados Unidos. Cada comunista americano era potencialmente um espião e um soldado de Moscou. Truman escreveu em seu diário naquela semana: "Os vermelhos, comunas e simpatizantes parecem estar se unindo e se transformando em um perigo nacional. Temo que sejam uma frente de sabotagem para o tio Joe Stalin."

Em novembro de 1946, pela primeira vez desde a Depressão, os republicanos tiveram uma vitória esmagadora nas eleições e conseguiram maioria no Senado e na Câmara. Suas campanhas possuíam um acentuado tom anticomunista. Sua mensagem para os americanos tinha sido escolher entre "comunismo e republicanismo".

A retórica política dos republicanos fluía diretamente de uma brochura de 42 páginas publicada pela Câmara de Comércio dos Estados Unidos, que tinha imprimido e distribuído 400 mil exemplares por todo o país. Seu título era "Infiltração comunista nos Estados Unidos". Sua mensagem era pregada em palanques e púlpitos de todo o país. Seu autor era o reverendo John F. Cronin, um padre de Baltimore que tinha muitos seguidores entre as católicas fileiras do FBI. Seu material tinha vindo diretamente dos arquivos secretos e confidenciais do Bureau, incluindo passagens dos relatórios de Hoover à Casa Branca. O padre Cronin era amigo de um novo membro do 80º Congresso que havia sido eleito graças à ameaça comunista e tinha chegado à capital, vindo da Califórnia, em janeiro de 1947.

Richard Milhous Nixon tinha 34 anos e era um político de grande inteligência, imensa ambição e um quase inexplorado, porém infinito, talento para a intriga. Ele tinha origens humildes, graças ao trabalho duro alimentado por sonhos frustrados. Dez anos antes de chegar a Washington para prestar juramento na Câmara dos Representantes, enquanto ainda estava na faculdade de Direito, Nixon havia se candidatado a um emprego no FBI. Não tinha obtido resposta. Mas tiraria o máximo proveito de seus contatos no Bureau pelos 25 anos seguintes. Em fevereiro de 1947, o padre Cronin o ajudou a fazer a primeira dessas conexões. Ele pessoalmente informou Nixon sobre as investigações do FBI sobre comunismo americano e espionagem soviética, apresentando-o a agentes especializados em caçar vermelhos, e se tornou a ligação secreta entre Nixon e o Bureau.

Em seus primeiros dias como membro do Congresso, Nixon assumiu um assento no Comitê de Atividades Antiamericanas da Câmara. Seu presidente era J. Parnell Thomas, republicano de Nova Jersey, um homem vulgar e de mentalidade mesquinha que logo seria preso por corrupção política. Os excessos do comitê eram notórios. Em 1939, sua investigação da indústria cinematográfica, cujo real objetivo era chegar às manchetes, tinha desmoronado quando, por implicação, havia acusado a cachinhos de ouro Shirley Temple de ser comunista. Mas agora sua equipe profissional incluía ex-agentes do FBI e antigos membros do Partido, cujos arquivos constituem uma história secreta, embora altamente seletiva, do comunismo americano. A ligação da equipe com o Bureau se tornaria uma das maiores forças da política da Guerra Fria.

"Um modo de vida maligno"

Em 26 de março de 1947, o comitê se reuniu para ouvir o depoimento público de J. Edgar Hoover. Era um momento épico de sua vida. Tinha 52 anos e dirigia o FBI fazia quase um quarto de século. Era a face do anticomunismo nos Estados Unidos.

Naquele dia, Hoover rompeu com as autoridades superiores. Pelos 25 anos seguintes, até o dia de sua morte, obedeceria às ordens executivas quando achasse necessário. Seu depoimento era um ato de desafio à administração Truman, uma declaração de que havia se aliado aos mais poderosos inimigos políticos do presidente no Congresso.

Ele possuía grande influência sobre os poderes presidenciais. Cinco dias antes, após meses de pressão, Truman tinha assinado uma ordem executiva determinando a realização da maior investigação governamental da história americana: o Programa Federal de Lealdade e Segurança. O FBI analisaria o histórico de mais de 2 milhões de funcionários do governo e iniciaria investigações mais profundas sobre as vidas pessoais e as crenças políticas de mais de 1.400 deles. Mas a caça por deslealdade se espalhou pelo sistema político americano.

Hoover agora dizia ao Congresso e ao povo americano que o Partido Comunista, movido pelos sonhos de dominação mundial da Rússia soviética, estava se infiltrando nas organizações sociais e políticas do país em uma missão para destruir os Estados Unidos — e que a administração Truman não levava a ameaça a sério. "O comunismo, na realidade, não é um partido político",[2] testemunhou ele. "É um modo de vida — um modo de vida maligno. Ele revela uma condição parecida com uma doença e que se espalha como uma epidemia; assim como no caso de uma epidemia, uma quarentena é necessária para evitar que a nação seja infectada."

O Partido Comunista, no papel, podia parecer uma força insignificante na política americana — Hoover disse que tinha 74 mil membros —, mas sua influência era infinitamente maior: "Para cada membro, há dez outros prontos, dispostos e capazes de fazer o trabalho do partido. Aí jaz a maior ameaça do comunismo — pois essas são as pessoas que se infiltram e corrompem várias esferas da vida americana."

Hoover disse que, até aquele momento, poucos americanos "possuem o zelo, o fervor, a persistência e a engenhosidade para aprender sobre essa ameaça do fascismo vermelho. Temo pelos liberais e progressistas, enganados e ludibriados a fim de darem as mãos aos comunistas. Confesso real apreensão, pois os comunistas são capazes de atrair ministros evangélicos para promover seu maléfico trabalho. [...] Temo, pois os conselhos escolares e os pais toleram condições pelas quais comunistas e seus colegas viajantes, sob o disfarce da liberdade acadêmica, podem ensinar seu modo de vida a nossos jovens. [...] Temo, pois os grupos laborais estão infiltrados, dominados ou saturados pelo vírus do comunismo. [...] Temo pela ignorância de nosso povo, que pode ingerir as pílulas venenosas da propaganda comunista".

Hoover proclamou seu apoio político ao Comitê de Atividades Antiamericanas e seus membros na guerra contra o comunismo. Eles agora eram um time. O FBI reuniria provas em segredo, trabalhando pela "incansável perseguição" dos subversivos. O comitê faria sua maior contribuição por meio da publicidade — o que Hoover chamou de "exposição pública das forças que ameaçam os Estados Unidos".

Hoover e Nixon se encontraram durante a audiência daquele dia e se deram extraordinariamente bem. Nixon perguntou onde os comunistas americanos representavam a maior ameaça. Hoover indicou a subversão nos meios universitários, nas telecomunicações, nos filmes e, acima de tudo, no próprio governo.

O desempenho de Nixon impressionou Hoover.

"Quem é aquele jovem?",[3] perguntou a um velho amigo após a audiência. "Parece que será um bom homem para nós."

19

Ataque-surpresa

O presidente estava cada vez mais convencido dos perigos da ameaça comunista. Mas também desconfiava profundamente de J. Edgar Hoover. "Fortemente anti-FBI",[1] escreveu Clark Clifford, conselheiro da Casa Branca, em suas anotações sobre uma conversa com Truman em 2 de maio de 1947. "Quer se assegurar de poder conter o FBI."

Truman sentia que Hoover dirigia "uma espécie de operação ditatorial", disse o secretário do Tesouro John Snyder, um velho amigo e confidente político do presidente. "Essa, acho, era a sensação geral do sr. Truman — a de que o sr. Hoover tinha construído um Frankenstein no FBI."[2]

Hoover sabia o que o presidente achava e usou esse conhecimento habilmente durante seus esforços para assumir o controle da inteligência americana. Artisticamente, torceu o braço dos membros do Congresso que avaliavam uma nova Lei de Segurança Nacional na primavera e verão de 1947.[3]

A lei propunha unificar os serviços militares americanos sob a égide do Pentágono; criar uma Secretaria de Defesa para supervisionar o Exército, a Marinha e a Força Aérea, agora com munição nuclear; formar um novo Conselho Nacional de Segurança para coordenar os poderes militares, diplomáticos e de inteligência da Casa Branca; e estabelecer o primeiro serviço americano permanente de espionagem em tempos de paz. "A espionagem é velha como a humanidade", afirmou Hoover. "Sempre a tivemos e continuaremos a tê-la até que a irmandade dos homens se torne tanto uma realidade quanto um ideal." Até lá, os Estados Unidos tinham de ter um serviço de espiões permanente e profissional, estabelecido por lei. E ninguém estava mais qualificado que ele para dirigi-lo.

Hoover reconheceu "o desconforto e a apreensão dos líderes responsáveis", famintos por informações sobre as intenções e capacidades da União Soviética e seus aliados. Ele disse que satisfaria suas necessidades. Supervisionaria as informações internacionais coletadas por agentes do FBI, diplomatas e militares em missões ultramarinas. Os especialistas do Departamento de Estado, em Washington, analisariam o trabalho. O Bureau continuaria a caçar espiões estrangeiros e a monitorar os planos comunistas nos Estados Unidos.

Boas informações podiam evitar um novo Pearl Harbor. "Um futuro ataque pode ser feito contra o território americano", disse Hoover. "Seus efeitos desastrosos podem ser minimizados por uma cobertura de inteligência que nos alertará e tornará possível que nos preparemos. Os modernos avanços da ciência e suas aplicações militares são uma prévia do que podemos esperar, mas isso não é suficiente: precisamos nos preparar sabendo quando, onde e como o ataque contra nós será iniciado. Poderemos fazer isso somente se possuirmos uma cobertura de inteligência adequada, em âmbito mundial."

Hoover disse que "o FBI poderia fornecer uma cobertura mundial de inteligência com uma equipe de aproximadamente 1.200 funcionários e um custo estimado de 15 milhões de dólares por ano". O plano para a CIA chegava a estimativas tão altas quanto: "3 mil funcionários e um custo anual de 60 milhões." Hoover condenou a proposta para a CIA como nada mais que "sonhos de visionários, mas pouco práticos, construtores de impérios".

O contra-almirante Roscoe Hillenkoetter tinha acabado de se tornar o terceiro diretor da Central de Inteligência em quatorze meses. (Hoover e seus assessores haviam conhecido o general e o achado "muito franco em sua declaração de nada saber"[4] sobre seu novo emprego.) Hoover argumentou que a inteligência deveria ser "uma carreira, não apenas tempo servido"; contratar militares para realizar operações de inteligência por apenas um ou dois anos era "injusto com a nação". Acima de tudo, declarou Hoover, os Estados Unidos não queriam uma Agência Central de Inteligência liderada por um sombrio tsar que organizaria as operações de espionagem do país, avaliaria os segredos revelados por essas operações e julgaria o trabalho dos agentes de espionagem internacional do FBI.

Hoover encerrou seu relatório secreto jogando com os temores do presidente sobre uma polícia secreta. "Para nossa sorte", disse ele, "o exemplo mais horrível do que pode ocorrer quando da criação de uma vasta superestrutura que tanto investiga quanto julga é a Gestapo alemã".

"É UMA TRAGÉDIA"

Hoover foi vencido por um rival cuja retórica foi mais longe. Allen Dulles era o principal *protégé* de Wild Bill Donovan, um astro de seu escritório jurídico em Wall Street e irmão de John Foster Dulles, o obscuro secretário de Estado do Partido Republicano. Fumando seu cachimbo, ele forneceu um suave, sofisticado e factualmente escorregadio depoimento durante uma audiência fechada do Congresso sobre a Lei de Segurança Nacional, em 27 de junho de 1947.

Dulles afirmou que o projeto para a nova CIA era sensato. Os Estados Unidos possuíam "o material bruto necessário para construir o maior serviço de inteligência do mundo".[5] Algumas dúzias de homens habilidosos servindo no exterior dariam conta do recado. "Não acredito em uma grande agência", disse ele. "É preciso mantê-la pequena. Se as coisas se transformarem em um grande polvo, ela não funcionará bem. [...] A operação do serviço não deve ser nem espalhafatosa nem envolta em um excesso de mistério e abracadabra, como o detetive amador gosta de presumir. Tudo que se precisa para obter sucesso é trabalho duro, capacidade de julgamento e bom senso."

Um mês depois, em 26 de julho, o presidente Truman assinou a Lei de Segurança Nacional. O FBI não recebeu nenhum novo poder para prosseguir com a Guerra Fria. O diretor da Central de Inteligência recebeu muitos.

Hoover começou a espionar a CIA no dia seguinte. De início, grampeou os telefones de oficiais suspeitos de possuírem simpatias comunistas ou tendências homossexuais. Lendo relatórios sobre a "profunda confusão" na Agência, ele comentou: "É uma tragédia que a verdadeira impostura da CIA não seja exposta."[6] A Agência implorou ao FBI homens experientes em espionagem. Hoover consentiu, com a esperança e a expectativa de que seus agentes servissem como seus espiões dentro da CIA. Poucos o fizeram — pouquíssimos, na opinião de Hoover —, embora um deles rapidamente relatasse: "Se as pessoas desta nação dependem da CIA, em sua presente forma, para impedir outro desastre como o de Pearl Harbor, é melhor que comecem a cavar buracos."

A guerra política de Hoover se intensificou mês a mês. "Parece-me uma perda de tempo cultivar essa organização",[7] escreveu ele, após oferecer aos oficiais da CIA um tour pela academia de treinamento do FBI. Ele rejeitou furiosamente o esboço de uma polida carta ao diretor da Central de Inteligência, dizendo ao assessor: "*Por favor*, corte todos esses balbucios. Sabemos que eles não precisam de nós e não pretendo fazer nenhum acordo de Munique." Quando a CIA perguntou o que o FBI sabia sobre o Comintern, Hoover ignorou a solicitação: "Não percam tempo com isso. Temos assuntos mais urgentes."

Hoover rapidamente formou uma aliança com o novo secretário de Defesa, James Forrestal, um magnata de Wall Street que havia comandado a Marinha. Em 24 de outubro de 1947, Hoover dominou uma reunião do Pentágono à qual estavam presentes líderes da CIA, oficiais das inteligências da Marinha e do Exército e a equipe de segurança nacional do presidente. Ele evocou "a presente e disseminada crença de que nosso grupo de inteligência é inteiramente inapto".[8] Falou enfaticamente contra os vazamentos no Departamento de Estado sobre uma investigação do grande júri sobre o Partido Comunista. Também explicou as suspeitas do FBI sobre a influência de cientistas de esquerda trabalhando na recém-formada Comissão de Energia Atômica, os civis que supervisionavam as mais letais armas americanas. Os comissários haviam lhe dito que os Estados Unidos nada sabiam sobre a ameaça soviética.

"O CONTRABANDO DE UMA BOMBA ATÔMICA PARA OS ESTADOS UNIDOS"

Hoover enviou uma carta aterrorizante para Forrestal na semana seguinte. Ele alertou contra "o contrabando de uma bomba atômica para os Estados Unidos, ou partes dela, que mais tarde poderia ser montada no país".[9] Descreveu os espiões de Moscou carregando os componentes da bomba em malotes diplomáticos, sabotadores montando-a em segredo e ataques suicidas explodindo os marcos do governo dos Estados Unidos. O medo de um ataque-surpresa dominava o dia.

O aviso de Hoover, em novembro de 1947, foi o primeiro do gênero. Na década seguinte, ele produziria uma série constante de alertas sobre a ameaça de terroristas e espiões utilizando armas atômicas, biológicas e químicas contra as cidades americanas, um pesadelo que ainda assombra os líderes da nação. Forrestal reuniu um grupo secreto que chamou de Conselho de Guerra, compreendendo os chefes uniformizados e civis das forças americanas, para responder ao alarme. O conselho chamou Vannevar Bush, principal conselheiro científico do governo, e Karl Compton, presidente do Massachusetts Institute of Technology (MIT); ambos haviam aconselhado o presidente Truman a lançar a bomba atômica sobre o Japão sem aviso. O Conselho de Guerra conduziu um projeto altamente secreto para avaliar a ameaça de bombas de destruição em massa como instrumentos de terror político. Explorou "o uso de agentes biológicos" e "materiais de fissão" — a bomba suja — e iniciou a busca pelo escudo contra ataques catastróficos que continua até hoje.

"Sua primeira carta foi o que nos levou a empreender esse estudo", escreveu o secretário de Defesa a Hoover. "Por causa das grandes responsabilidades do Federal Bureau of Investigation no desenvolvimento das informações sobre esse assunto", continuou Forrestal, "a preparação nesse campo particular exigirá uma cooperação muito próxima entre nossas duas organizações".

Tendo definido a ameaça como uma questão de sobrevivência nacional, Hoover pressionou por uma poderosa série de denúncias que acusariam os líderes do Partido Comunista dos Estados Unidos de conspirarem para "destruir o governo pela força e pela violência". As acusações exigiam uma declaração legal e política de que havia um estado de emergência entre americanos e soviéticos e que os comunistas americanos eram combatentes ilegais da Guerra Fria.

Onze líderes do Partido Comunista foram condenados no primeiro julgamento e enfrentaram sentenças de cinco anos. Seis foram para a prisão e cinco fugiram. Nos meses seguintes, 115 outros comunistas americanos de todo o país enfrentaram acusações semelhantes. Noventa e três foram condenados. Todas as denúncias foram apresentadas como violações da Lei Smith, de 1940, que tornava ilegal a filiação ao Partido. Todos os casos se apoiaram sobre o documento de 1.350 páginas que Hoover apresentou ao tribunal, uma nova versão do caso que estivera construindo desde a Primeira Guerra Mundial. Agora, contudo, tinha testemunhas. Havia cinco anos, o Bureau tinha um agente duplo dentro do Partido. Tratava-se de um polido funcionário de nível médio que prestou um depoimento devastador para o grande júri e durante o julgamento dos onze líderes. Mais tarde, sua história se tornou a clássica série televisiva em preto e branco *I Led Three Lives* [Tenho três vidas], com uma introdução instantaneamente familiar a toda uma geração de americanos: "Esta é a história, a fantástica história real [...] de Herbert A. Philbrick [...] Cidadão comum, alto membro do Partido Comunista e contraespião do Federal Bureau of Investigation."

"Dentro da casa do inimigo"

O caso de Hoover contra a conspiração comunista foi fortalecido por provas secretas: um punhado de documentos dos arquivos da inteligência soviética. Tais documentos vieram de Arlington Hall, uma velha escola feminina do outro lado do rio Potomac, perto do Pentágono, então centro dos esforços americanos para ler os cabogramas soviéticos enviados durante e imediatamente após a Segunda Guerra Mundial.

O Serviço de Radiointeligência do Exército dos Estados Unidos tinha obtido cópias de milhares de cabogramas enviados por Moscou, durante a guerra, para seus postos avançados nos Estados Unidos, incluindo o Amtorg, a missão de comércio soviética que havia servido como frente de espionagem desde 1920.[10] Em uma operação ilegal de 1944, o FBI tinha invadido o escritório do Amtorg em Nova York, roubando resmas de mensagens em russo e seus equivalentes codificados. Os códigos soviéticos eram números de cinco dígitos distribuídos em cinco sistemas criptográficos diferentes. Deviam ser usados apenas uma vez, fornecendo a cada mensagem um padrão único e tornando o sistema inviolável. Mas o serviço de inteligência soviético, sob grande pressão, havia cometido um erro durante a guerra. Depois que a Alemanha tinha invadido a União Soviética e marchado para Moscou, conjuntos duplicados de códigos haviam sido enviados aos espiões soviéticos em todo o mundo. Os analistas do Exército haviam descoberto um punhado desses códigos duplicados em outubro de 1943. A duplicação teoricamente tornava possível decifrar a comunicação codificada entre os espiões soviéticos e seus mestres — se um padrão pudesse ser encontrado.

Meredith Gardner era mestre de uma antiga arte. Trabalhava com lápis, blocos e cartões perfurados. Mas seu conhecimento crescia cada vez mais. Linguista civil, tinha aprendido russo e japonês logo depois de entrar para a unidade de decodificadores do Exército, aos trinta anos, durante os primeiros meses da Segunda Guerra Mundial. Em 1946, ele havia começado a quebrar fragmentos de comunicados de inteligência soviéticos, a partir de uma mensagem de dois anos de idade de Moscou para Nova York, com uma passagem em inglês que soletrava um nome, encapsulada entre duas palavras codificadas. Gardner teve um insight e viu que as duas palavras codificadas deviam ser "soletração" e "fim da soletração". Ele tinha introduzido uma rachadura no código. Quebrou outra mensagem de tempos de guerra de Moscou que incluía os nomes dos principais cientistas envolvidos na construção da bomba atômica no Projeto Manhattan. A palavra codificada russa para a bomba era Enormoz.

Em maio de 1947 — algumas semanas depois de Hoover testemunhar perante o Comitê de Atividades Antiamericanas da Câmara —, Gardner leu duas mensagens mostrando que os soviéticos haviam mantido um espião no Departamento de Guerra durante os últimos meses da Segunda Guerra Mundial. Moscou havia se infiltrado no coração das forças armadas americanas. Ao saber disso, o general Carter W. Clarke, chefe adjunto da inteligência do Exército, partilhou com Hoover o esforço secreto para decifrar os códigos.[11]

O FBI começou a colaborar com o Exército em Arlington Hall em julho de 1947. Meredith Gardner trabalhava diariamente com um talentoso agente de trinta anos, Bob Lamphere, que lhe entregou os cabogramas do Amtorg roubados pelos artistas ilegais do Bureau. Seu trabalho ganhou seu próprio codinome: Venona.

Venona foi uma das mais secretas armas dos Estados Unidos durante a Guerra Fria — tão secreta que nem o presidente Truman nem a CIA sabiam a respeito. Nas ocasiões em que Hoover enviava informações baseadas em Venona, elas eram esfregadas, desinfetadas e atribuídas somente a "uma fonte altamente sensível". Hoover decretou: "Em vista dos métodos desleixados da CIA e de alguns de seus questionáveis funcionários, devemos ser muito circunspectos. H."[12]

Durante quase cinco anos, o FBI havia tentado revelar as profundezas da espionagem soviética. Nunca tinha conseguido um único caso. A inteligência soviética havia se recolhido após o fim da Segunda Guerra Mundial, alertada por seus agentes dentro da aliança anglo-americana. Mas, agora que os soviéticos começavam a reativar suas redes nos Estados Unidos, o FBI passou a perceber alguns movimentos indistintos, como os sons evanescentes de passos em uma rua escura. Hoover praticava a mesma paciência estoica demonstrada pelos soviéticos.

No verão de 1948, Venona estava construindo uma massa crítica de cifras, códigos e cabogramas soviéticos — pistas dos vinte anos de história da espionagem soviética nos Estados Unidos. A investigação estava prestes a descobrir provas de uma conspiração internacional para roubar os segredos atômicos americanos.

"Tínhamos dúzias de mensagens completamente decodificadas",[13] lembrou Lamphere. "Estávamos dentro da casa do inimigo."

"Julgamento pelo fogo"

Nesse momento, o poder político de Harry Truman estava em seu ponto mais baixo. "Estou enfrentando um terrível 'julgamento pelo fogo'",[14] escreveu ele a Winston Churchill em 10 de julho de 1948. "Atravessamos tempos graves e difíceis. Você pode contemplar com satisfação sua grande contribuição para a derrubada do nazismo e do fascismo no mundo. O assim chamado 'comunismo' é nosso próximo grande problema. Espero poder resolvê-lo sem o 'sangue e as lágrimas' que os outros dois exigiram."

Truman colocou comunismo entre aspas. Hoover o escrevia em negrito.

Hoover sabia como trabalhar em segredo. Agora escolhia a publicidade. Assim como tinha usado os filmes para cimentar o poder e a reputação do FBI na guerra contra os gângsteres nos anos 1930, agora usava políticos e jornais na guerra contra o comunismo. Sua estratégia não tinha nenhuma relação com a lei. Suas testemunhas não eram confiáveis, as informações que reunia com grampos telefônicos sem mandado e escutas ilegais eram inadmissíveis e os cabogramas decodificados eram secretos demais para serem partilhados.

Mas Hoover sabia usar a inteligência como instrumento de combate político. Ele forneceu uma poderosa arma aos republicanos e caçadores de vermelhos do Congresso, que, em troca, atingiram o presidente e os democratas.

Ele enviou o diretor adjunto Lou Nichols, que dirigia o escritório de relações públicas do FBI e servia como sua ligação com o Congresso, para se reunir com membros do Comitê de Atividades Antiamericanas da Câmara e um subcomitê de investigação do Senado. Nichols levou uma pilha de documentos secretos e confidenciais do FBI e revelou o nome de dois informantes do FBI aos congressistas e suas equipes. Seu trabalho não era segredo em Washington: o caçador de escândalos Drew Pearson rapidamente relatou em seu jornal que Nichols entrava e saía da sede do comitê "como uma peteca".[15]

Em 31 de julho de 1948, Elizabeth Bentley compareceu perante o Comitê de Atividades Antiamericanas. Não era a testemunha ideal. O FBI a considerara não confiável durante anos; entre 1942 e 1944, suas alegações sobre a espionagem soviética haviam parado no "arquivo dos malucos". Seu depoimento seria inútil em um tribunal, por causa de sua instabilidade e alcoolismo. Qualquer julgamento baseado em suas palavras levaria a "uma absolvição em circunstâncias muito constrangedoras",[16] avisou Hoover.

Mesmo assim, Hoover a enviou ao Congresso. Ela falou durante muito tempo sobre seu trabalho como mensageira para o serviço de inteligência soviético durante a Segunda Guerra Mundial. Forneceu 32 nomes no total, incluindo o do secretário adjunto do Tesouro, Harry Dexter White; o de sete membros da equipe de Wild Bill Donovan na Agência de Serviços Estratégicos, inclusive o de seu assessor pessoal, Duncan Chaplin Lee; e o de figuras da administração Roosevelt, das Forças Armadas à Casa Branca. Embora muito de seu depoimento fosse indireto, era a primeira revelação pública de que o governo americano sabia que tinha sido infiltrado por espiões soviéticos. E esse conhecimento havia partido de Hoover.

No dia seguinte, o comitê intimou um editor sênior da *Time* chamado Whittaker Chambers.

Chambers frequentemente dizia a verdade, mas não toda a verdade, sob juramento. Ele havia contado sua história ao FBI e A. A. Berle, o secretário adjunto de Estado, pouco mais de seis anos antes. Na época, o FBI o tinha ouvido com incredulidade. Hoover e seus homens eram simplesmente incapazes de aceitar a palavra de um ex-comunista. Mas acreditavam nele agora.

Suas roupas estavam amarrotadas, seus olhos estavam vermelhos e sua história era intrigante. Ele havia se filiado ao Partido Comunista em 1925 e tinha servido como agente da inteligência soviética durante outros seis, nos anos 1930. Disse que os soviéticos haviam recrutado espiões em altas posições na administração Roosevelt. Entre eles, estava Laurence Duggan, chefe da divisão latino-americana do Departamento de Estado, que havia trabalhado na formação do Serviço Especial de Inteligência do FBI.[17] E também Alger Hiss, outro membro de destaque do Departamento de Estado, que agora dirigia a Fundação Carnegie pela Paz Mundial. O presidente da fundação era John Foster Dulles, que seria o próximo secretário de Estado se os republicanos conseguissem a presidência em novembro.

Na manhã de 3 de agosto de 1948, o investigador-chefe do Comitê de Atividades Antiamericanas, Robert Stripling, levou Chambers até uma sala de audiências fechada, a fim de começar o interrogatório. Primeira pergunta: Chambers "tinha sabido, em algum momento durante sua filiação ao Partido Comunista, de algo a respeito do assim chamado círculo de espionagem que estaria sendo organizado ou já estava funcionando em Washington"?

"Não, não soube",[18] respondeu Chambers.

Era uma mentira descarada. Mas, quando o comitê se reuniu em público naquela manhã, perante uma multidão de repórteres e fotógrafos na sala de audiências do Comitê de Meios e Recursos, a maior arena pública da Colina do Capitólio, Chambers tinha mudado sua versão. Ele disse que havia pertencido a "uma organização clandestina do Partido Comunista dos Estados Unidos" de 1932 a 1938. Nomeou oito membros do círculo. O nome mais reconhecível era o de Alger Hiss.

"O propósito desse grupo, na época, não era primariamente a espionagem", disse Chambers. "Seu propósito original era a infiltração comunista no governo americano. Mas a espionagem certamente foi um de seus objetivos eventuais." Esse era um ponto crucial. A infiltração e a influência política invisível eram imorais, mas possivelmente não ilegais. Espionagem era traição, tradicionalmente punida com a morte.

A distinção foi percebida pelo membro mais perspicaz do comitê. O congressista fez a Chambers as perguntas mais profundas daquele dia. Sabia que perguntas fazer porque já conhecia as respostas. Tinha estudado os arquivos do FBI durante cinco meses, cortesia de J. Edgar Hoover. Nixon iniciou sua carreira política perseguindo Hiss e os comunistas secretos do New Deal.

Truman escarnecia de caçadores de vermelhos como Nixon e denunciou a perseguição de Hiss. Mas jamais criticou Hoover em público. Não ousava.

"Não estava aceitando ordens de Truman"

Era um momento perigoso para a democracia americana. Hoover já não ouvia o presidente.

"Hoover fazia o que queria",[19] disse Stephen Spingarn, um comandante da contrainteligência do Exército recém-nomeado pela Casa Branca como conselheiro de segurança. "Ele não estava aceitando ordens de

Truman ou de qualquer outra pessoa, muito menos do procurador-geral dos Estados Unidos."

O secretário de Defesa Forrestal pressionou o presidente a dar a Hoover abrangentes poderes de segurança nacional sobre a lei e a inteligência — torná-lo um tsar da polícia secreta. A Casa Branca se recusou. "Isso contrariava toda a nossa tradição",[20] disse Spingarn. "Isso era feito nos países comunistas e fascistas, mas não nos Estados Unidos."

Hoover confrontou o procurador-geral Clark sobre o poder do FBI de deter milhares de cidadãos americanos politicamente suspeitos em caso de crise séria com a União Soviética. Agora que os contornos gerais da espionagem soviética nos Estados Unidos haviam sido estabelecidos, argumentou ele, a crise estava próxima.

"Começamos a discutir",[21] disse o procurador-geral Clark, sobre a questão da "infiltração comunista".

O entendimento desde os primeiros dias do FBI era de que o procurador-geral tinha de saber o que o Bureau estava fazendo. Dessa maneira, o presidente também saberia. Mas, quando Hoover passou a desconfiar da Casa Branca, ele se tornou mais reservado. Fez coisas. No domínio da segurança nacional, infringiu a lei e ultrapassou os limites da Constituição.

Hoover então fazia planos para sua maior perseguição ao comunismo americano. Eles incluíam a detenção em massa de suspeitos políticos em campos de concentração militares, um sistema secreto de prisão para deter cidadãos americanos e a suspensão do *habeas corpus*. O assessor de segurança nacional de Hoover, Mickey Ladd, começou a trabalhar nos detalhes de "um programa para a detenção de comunistas"[22] em outubro de 1948, incluindo "o esboço de um acordo com o secretário do Exército" sobre a detenção de suspeitos em bases militares em Nova York, São Francisco e Los Angeles, onde o número de presos ultrapassaria a capacidade das prisões federais. O acordo dizia que oficiais do FBI, da CIA e da inteligência do Exército dividiriam entre si o dever de realizar milhares de interrogatórios.

Quase dois anos se passaram antes que Hoover formalmente comunicasse à Casa Branca e ao Conselho de Segurança Nacional: "Há meses, representantes do FBI e do Departamento de Justiça formulam um plano de ação para uma situação de emergência na qual seria necessário apreender e deter pessoas potencialmente perigosas para a segurança interna do país."[23] As detenções começariam em caso de guerra, emergência, crise nacional, "ameaça de invasão" ou "rebelião". De acordo com o plano, o presidente assinaria uma ordem de emergência suspendendo o *habeas corpus* e instruindo o FBI a iniciar uma operação nacional. O procurador-geral enviaria ao presidente um "mandado-mestre" ligado ao Índice de Segurança do FBI, cuja existência Hoover finalmente revelou ao presidente. "Durante um longo período de tempo, o FBI tem acumulado nomes, identidades e atividades de indivíduos", escreveu Hoover. "O Índice agora contém aproximadamente 12 mil indivíduos, dos quais aproximadamente 97% são cidadãos dos Estados Unidos." Esse número poderia dobrar. "O plano exige a acusação de cada detido e a concessão de uma audiência", continuou Hoover. "As audiências não serão regidas pelas regras da apresentação de provas."

Hoover fez planos para encher os centros de detenção em caso de emergência nacional e o Congresso secretamente financiou a criação de seis desses centros durante os anos 1950.[24] Mas nenhum presidente da Guerra Fria considerou seriamente a prisão em massa de suspeitos de subversão. Somente o primeiro presidente do século XXI fez isso.

Hoover, assim como seus compatriotas, assumiu que o governador republicano de Nova York, Thomas E. Dewey, seria eleito presidente em novembro de 1948. Ele havia feito seu nome como procurador lutando contra o crime e seria o primeiro conservador na Casa Branca em uma geração. Hoover trabalhava nos bastidores para apoiar Dewey, que partilhava suas opiniões sobre a emergência nacional vivida pelos Estados Unidos. Hoover esperava que o novo presidente lhe concedesse mais poderes, talvez transformando-o em procurador-geral ao mesmo tempo que lhe permitia manter o comando sobre o FBI.

Truman parecia sem poderes e politicamente esgotado enquanto as eleições se aproximavam. Atravessando Indiana de trem em uma longa campanha, com a eleição dali a quatro semanas, ele viu uma pesquisa da revista *Newsweek* feita entre os cinquenta jornalistas políticos mais proeminentes da nação. Sua predição unânime: Dewey derrotaria Truman.[25] Cada pesquisa e cada especialista diziam a mesma coisa. Hoover foi dormir, na noite da eleição, confiante nesse resultado.

Às 11h14 de quarta-feira, 3 de novembro de 1948, um boletim foi enviado ao mundo: Truman havia realizado a maior virada da história da presidência americana. O apoio de apenas 33 mil eleitores na Califórnia, em Illinois e em Ohio teria dado a vitória a Dewey.

Quando ouviu a notícia, Hoover deixou sua mesa na sede do FBI e ficou afastado durante duas semanas. Seu escritório de relações públicas disse à imprensa que ele estava com pneumonia. Ele simplesmente desapareceu.

20

Paranoia

Os Estados Unidos eram a força mais poderosa da Terra na primavera de 1949. "Eles cavalgam o mundo como um Colosso",[1] escreveu um historiador inglês naquele ano. "Nenhum outro poder, em nenhuma outra época da história do mundo, possuiu influência tão variada ou tão intensa sobre as outras nações." O império britânico tinha entrado em colapso. Os soviéticos haviam perdido 27 milhões de pessoas durante a guerra. A China estava no caos enquanto um exército comunista se dirigia à capital. A Alemanha e o Japão haviam sido destruídos e estavam ocupados. Os Estados Unidos possuíam metade da riqueza mundial, metade de sua produção material, dois terços da maquinaria e o único arsenal atômico. Mesmo assim, antes de o ano terminar, o país perderia o monopólio sobre a bomba atômica e, com tal perda, viria uma sensação de intenso perigo nos mais altos níveis do governo.

Hoover descobriu que a espionagem soviética tinha se infiltrado na CIA, no Pentágono, no Departamento de Justiça e no próprio FBI.

O ano começou com uma grande descoberta de Venona. Quinze recém-decodificados cabogramas soviéticos do tempo da guerra descreviam uma mulher que tinha um emprego na Divisão de Combate Econômico do Departamento de Justiça em Nova York, em 1944. Ela havia se mudado para Washington em 1945 para assumir outro cargo no Departamento de Justiça — uma posição muito melhor, do ponto de vista soviético. Ela trabalhava na Divisão de Registro de Agentes Estrangeiros, em ligação com o FBI, monitorando as operações políticas de poderes estrangeiros.

Seu nome clandestino era Sima. "Ela passa a impressão de ser uma mulher muito séria, recatada, amável e ideologicamente parecida conosco"[2], relatou o recrutador do Comitê de Segurança do Estado (KGB).

O FBI rapidamente determinou que apenas uma mulher no Departamento de Justiça tinha o perfil de Sima. Seu nome era Judith Coplon e tinha autorização para ver registros secretos do FBI nos arquivos dos agentes estrangeiros, um tesouro de dados registrando a perseguição de soviéticos e comunistas americanos.

Hoover tinha de escolher uma estratégia para usar contra ela. O Bureau se moveu com rapidez. Ele estava dentro de uma operação de espionagem soviética, vendo-a acontecer.

Primeiro vieram grampos telefônicos na casa e no escritório de Coplon, na casa de seus pais e na casa de um soviético para quem ela telefonava, Valentin Gubitchev, que trabalhava nas Nações Unidas, mas, claramente, era espião. Cinquenta agentes trabalharam sem parar, monitorando e registrando os grampos. Então Bob Lamphere montou uma armadilha. Ele criou um documento falso mostrando que um advogado do Amtorg, o grupo de comércio soviético em Nova York, era informante do FBI e o colocou, como uma isca, entre os documentos vistos por Coplon em seu emprego no Departamento de Justiça. Ela mordeu a isca.

O FBI ouviu Coplon planejando uma viagem a Nova York para ver Gubitchev. Agentes procuraram o procurador-geral adjunto Peyton Ford para obter um mandado de prisão. Ele respondeu que não havia provas suficientes e disse que Coplon só poderia ser presa se fosse pega no ato de entregar documentos secretos a um agente de uma potência estrangeira. Em 3 de março de 1949, Coplon entrou em um trem para Nova York. Uma equipe de agentes do FBI a seguiu. Ela e um espião soviético perceberam que estavam sendo seguidos. Coplon nunca entregou o documento. O FBI prendeu ambos mesmo assim, sem mandado.

Ela foi julgada duas vezes: a primeira, em abril, por furtar segredos em Washington; a segunda, em novembro, por espionagem em Nova York. Os julgamentos se provaram desastrosos para Hoover e o FBI.

Coplon sem dúvida era uma espiã, mas o FBI havia violado a lei na tentativa de condená-la. O Bureau tinha grampeado ilegalmente suas conversas telefônicas com o advogado. Durante o primeiro julgamento, um agente especial do FBI negou, no banco de testemunhas, que seu telefone tivesse sido grampeado, uma mentira que mais tarde foi revelada.

Então, para consternação de Hoover, o juiz admitiu como prova relatórios do FBI aludindo à busca por informações no círculo de espionagem soviético sobre a bomba — uma ameaça para Venona.

A fim de evitar que os segredos de inteligência do FBI fossem expostos no tribunal, Hoover instituiu um novo procedimento interno de segurança em 29 de julho de 1949. Ele ficou conhecido como June Mail — um novo esconderijo para registros de grampos telefônicos, escutas, invasões, operações ilegais e relatórios potencialmente explosivos oriundos das fontes mais secretas. Documentos June Mail não eram guardados ou indexados na central de registros do FBI, mas mantidos em uma sala secreta, longe de olhos curiosos.

A sede do FBI enviou uma ordem escrita para destruir "todos os registros administrativos no escritório de campo em Nova York", referindo-se aos grampos telefônicos de Coplon, "em vista de seu julgamento". A ordem continha uma observação em tinta azul: "Ok. H."[3]

A despeito dos esforços de Hoover, a existência dos grampos telefônicos foi revelada durante o segundo julgamento — penetrando outra camada de sigilo do FBI. Então o mesmo agente especial que havia mentido durante o primeiro julgamento admitiu ter queimado os registros do grampo.

Coplon foi considerada culpada, mas o veredito não podia ser mantido. O juiz Learned Hand, que ouviu a apelação de Coplon, anulou sua sentença de 25 anos. E censurou Hoover publicamente — um evento raro na jurisprudência americana. Nas palavras de Bob Lamphere, responsável pela investigação, Hoover ficou furioso com "todo o caso Coplon — especialmente com a anulação da condenação".[4] O juiz lembrou o FBI de que a proibição dos grampos telefônicos pela Suprema Corte ainda era lei. A proibição baseava-se em "considerações mais amplas sobre a moralidade e o bem-estar público". A prisão sem mandado tinha sido ilegal. As provas obtidas durante uma prisão ilegal eram inadmissíveis

— "frutos da árvore envenenada". O juiz Hand também escreveu que a defesa deveria ter tido o direito de identificar a "informação confidencial" original do FBI no caso. Essa fonte, claro, era Venona, o mais profundo segredo da inteligência americana.

O FBI tinha sido apanhado violando a lei. Pela primeira vez desde as batidas de 1920, advogados, acadêmicos e jornalistas questionaram abertamente os poderes exercidos por Hoover. Quase todos concordavam que o FBI deveria ter permissão para usar grampos telefônicos ao investigar traição, espionagem e sabotagem. É claro que os grampos ajudariam a prender espiões. Assim como a violação de correspondências, a busca em casas e escritórios, o roubo de documentos e a instalação de escutas sem mandado judicial — todas condutas-padrão do FBI e todas ilegais. Mesmo no auge da Guerra Fria, a sociedade livre ainda olhava de esguelha para uma polícia secreta.

"Portanto, a Rússia sabe"

Hoover aumentou a pressão sobre seus agentes para revelar os segredos da espionagem soviética. O KGB soube da caçada, graças a espiões colocados estrategicamente dentro dos serviços americanos e ingleses de inteligência.

Com regularidade, os caçadores de espiões americanos consultavam Peter Dwyer, o principal representante em Washington do serviço inglês de inteligência internacional, o M16. Em agosto de 1949, Dwyer entregou algumas decodificações recentes de Venona aos chefes da inteligência inglesa em Londres.

Elas incluíam um cabograma soviético de cinco anos de idade que continha a citação de um inglês naturalizado, um cientista atômico de destaque chamado Klaus Fuchs, que havia trabalhado no Projeto Manhattan. O cabograma mostrava que Fuchs tinha servido como espião soviético em Los Alamos enquanto os Estados Unidos aperfeiçoavam a bomba. Excelente físico teórico e comunista convicto fugitivo da Alemanha de Hitler, ele havia provado ser a melhor fonte de inteligência secreta para os soviéticos sobre a bomba atômica e sua sucessora, muito mais poderosa, a bomba de hidrogênio. Em 7 de setembro de 1949, informados sobre as provas contra o dr. Fuchs, os ingleses tentavam decidir como prendê-lo e condená-lo sem revelar Venona como fonte de suas informações.[5]

Em 20 de setembro, a CIA publicou um relatório informando que os soviéticos provavelmente não produziriam uma bomba atômica pelos quatro anos seguintes. Três dias depois, o presidente Truman anunciou ao mundo que Stalin tinha a bomba. Aviões americanos haviam captado a precipitação radioativa do teste secreto soviético. O equilíbrio do terror se modificou.

Hoover enviou seus agentes por todo o país a fim de interrogar os cientistas que haviam trabalhado com Fuchs. Os americanos pressionaram os ingleses a levá-lo a julgamento. Ele finalmente cedeu em 31 de janeiro de 1950, após semanas de intenso interrogatório em Londres. Harry Truman decidiu publicamente, quase na mesma hora, construir a bomba de hidrogênio. A decisão do presidente coincidiu com o alerta de Hoover de que Fuchs havia tido acesso quase ilimitado aos segredos de Los Alamos, incluindo pesquisas sobre a bomba H.

"Fuchs sabia tanto sobre a bomba de hidrogênio quanto qualquer cientista americano e, portanto, a Rússia sabe",[6] relatou o FBI dias após sua confissão.

O FBI estava desesperado para encontrar o restante do círculo responsável pelo roubo dos segredos da bomba. Mas os diplomatas ingleses o proibiram de interrogar Fuchs até depois da sentença formal. Hoover chamou o atraso de ultraje — especialmente porque os ingleses haviam recomendado Fuchs para o Projeto Manhattan. Preciosas semanas se passaram antes que o FBI interrogasse o espião. Fuchs deixou muitas informações de fora em suas respostas, relacionadas principalmente ao salto tecnológico entre as bombas atômica e nuclear. Mas o Bureau conseguiu o que queria: a identificação do mensageiro que o havia conectado à espionagem soviética nos Estados Unidos.

Ele se chamava Harry Gold e era espião da inteligência soviética nos Estados Unidos havia quinze anos. Seu nome tinha constado arquivos do FBI desde 1947. Agentes do escritório de Nova York o haviam entrevistado e ele havia admitido livremente ser parte da rede de agentes russos para quem Elizabeth Bentley tinha trabalhado durante a guerra. "Mas, após aquele contato com Gold, três anos se passaram",[7] disse Donald Shannon, agente especial do FBI. A entrevista tinha sido enviada à sede e esquecida.

Hoover descobriu, para seu intenso pesar, que o FBI havia ignorado seus próprios registros sobre Klaus Fuchs durante quatro anos. Eles eram traduções para o inglês de documentos do Exército alemão e estavam em posse do FBI desde o fim da Segunda Guerra Mundial, quando Fuchs ainda espionava para os soviéticos nos Estados Unidos. Revelavam que Fuchs era conhecido como "comunista relativamente importante".

A falha jazia sobre um brilhante, porém errático, supervisor de contrainteligência do FBI chamado William K. Harvey. Hoover o havia demitido por alcoolismo em 1947 e ele tinha se unido à CIA. As evidências só foram conhecidas depois que Fuchs confessou.

"Tome nota",[8] escreveu Hoover a seu chefe de segurança nacional em 16 de fevereiro de 1950. "Não podemos tolerar tais métodos desleixados."

"O QUE OS COMPETIDORES POSSUEM"

O KGB sabia, com curiosa precisão, como o caso se desenrolaria após a confissão de Fuchs. Ele previu que Fuchs entregaria Gold, o qual, por sua vez, trairia o círculo de espiões e mensageiros soviéticos que haviam trabalhado para obter os segredos atômicos americanos. E lamentou: "O que os competidores possuem é não somente seu claro e incontroverso envolvimento em nosso trabalho, mas também provas de que nos passaram material secreto sobre a bomba."[9] Os "competidores" eram o FBI.

O conhecimento do KGB veio de um espião soviético chamado William Weisband. Ele estava na sede de Venona, em Arlington Hall, havia cinco anos.

Muita coisa sobre Weisband ainda permanece misteriosa, incluindo seu local de nascimento — Alexandria, no Egito? Odessa, na Rússia? — e o ano em que chegou aos Estados Unidos. Ele provavelmente foi treinado na Escola Lenin, do Comintern, em Moscou, durante o início dos anos 1930. Falava russo com fluência, inglês sem sotaque e um árabe razoável. Em 1936, estava trabalhando como mensageiro para a inteligência soviética em Nova York. Tornou-se cidadão americano em 1938. Ingressou no Exército e serviu com a Radiointeligência na Inglaterra, Itália e África do Norte.

Weisband chegou a Arlington Hall como tradutor de russo em 1944. Era um animal social, extremamente afável. "No Hall, tinha a reputação de gostar de perambular. Ele andava por lá, conversando e ouvindo fofocas",[10] diz um relatório secreto sobre o caso preparado pela Agência de Segurança Nacional. "Também costumava incluir seu nome na distribuição de documentos que não estavam diretamente relacionados ao trabalho de sua seção. Muito gregário, Weisband possuía um grande círculo de amigos. [...] Seu casamento após a guerra ficou conhecido como o 'quem é quem' da criptologia do Exército." Sua nova esposa também trabalhava em Arlington Hall.

De fevereiro de 1948 em diante, ele enviou a Moscou centenas de informações relacionadas a Venona. Moscou logo alterou seus códigos. Os soviéticos "implementaram uma série de medidas defensivas, o que resultou em um decréscimo significativo da efetividade do serviço americano de decodificação",[11] dizem os arquivos do KGB. Seis semanas antes de os soviéticos testarem sua primeira bomba atômica, ele relatou que a inteligência americana "subitamente já não consegue ler nossos telegramas cifrados".

O relatório secreto da Agência de Segurança Nacional continua a história. "O FBI começou a juntar as informações" sobre por que Venona tinha ficado no escuro. O Bureau "ficou chocado ao saber, em 1950, que Weisband estava empregado em Arlington Hall" como chefe de seção sobre os cabogramas soviéticos. Ele foi preso, mas nunca falou. Permaneceu encarcerado durante um ano por desacato ao tribunal quando se recusou a testemunhar perante um júri federal. Trabalhou em Washington na venda de carros e cuidando de apartamentos por dezesseis anos, antes de morrer.

A infiltração paralisou o progresso de Venona. Durante as três décadas seguintes, os Estados Unidos seriam incapazes de ler as mensagens mais secretas dos soviéticos. Podiam apenas olhar para trás, tentando decifrar velhos cabogramas dos anos 1940.

O FBI nunca descobriu o que Weisband contou aos soviéticos. O relatório da Agência de Segurança Nacional conclui: "Seu caso instilou certa paranoia na profissão."

A paranoia atingiu o FBI. Hoover insistiu para que o Bureau criasse e controlasse seu próprio sistema de comunicações secretas. "O sr. Hoover não confiava em ninguém",[12] disse Ronald M. Furgerson, importante criptoanalista do FBI. "Ele temia que a Agência de Segurança Nacional, que produzia o equipamento de criptografia usado por todos, tivesse sido infiltrada."

Weisband havia se embrenhado na inteligência americana de baixo para cima. E outro espião soviético a infiltraria de cima para baixo.

Hoover tinha acreditado, desde o início, de que a CIA seria um alvo fácil para os espiões soviéticos. Em outubro de 1949, um novo homem do M16, amável e de fala macia, chegou a Washington. Com o tempo, ele personificaria os temores de Hoover.

Kim Philby se apresentou aos principais líderes da CIA e do Pentágono. Eles o informaram sobre suas operações mais secretas. Philby soube dos planos da CIA de, usando paraquedas, enviar emigrados e refugiados da Rússia e da Europa Oriental para trás da Cortina de Ferro, a fim de servirem como espiões, sabotadores e tropas de choque contra a União Soviética e seus satélites. Seu conhecimento antecipado condenou essas missões e assegurou a morte ou a captura dos agentes estrangeiros recrutados pela CIA. Ele ficou sabendo de todo o trabalho de contrainteligência do FBI e dos ingleses em Venona. Seus relatórios mantiveram o KGB informado sobre o ataque americano ao sistema soviético de códigos, o destino de Klaus Fuchs e a ameaça aos membros americanos do círculo de espionagem sobre a bomba atômica.

Philby se movia livremente pelos corredores do Pentágono, uma instituição ainda em estado de confusão seis meses após o suicídio do secretário de Defesa James Forrestal, que havia tido um surto psicótico e tinha saltado da janela de seu quarto no Bethesda Naval Hospital. Forrestal havia sido o mais forte aliado de Hoover no governo dos Estados Unidos. Sua morte contribuiu para o aprofundamento de seu desespero em relação à inteligência americana e sua capacidade de enfrentar a crescente ameaça soviética.

216

Enquanto Philby começava a pilhar os segredos americanos, Hoover travava uma batalha defensiva contra o futuro diretor da Central de Inteligência, Allen Dulles. Ainda advogando em seu escritório particular, Dulles tinha sido indicado pelo Pentágono para conduzir um estudo ultrassecreto sobre o lamentável estado da espionagem americana. Ele pretendia usar seu relatório ao presidente como fulcro para se elevar ao comando da CIA. Dulles não havia consultado Hoover ou o FBI durante sua investigação de um ano, um ato intencional de desprezo. Quando Hoover arrancou um esboço do relatório do Pentágono, viu que Dulles não reconhecia sua autoridade, concedida pelo presidente, em questões de segurança nacional.

"É ultrajante que o FBI seja excluído",[13] escreveu Hoover.

Dulles não respondeu. Após um longo esforço, um agente especial do FBI conseguiu obter uma cópia do novo orçamento da CIA de um membro do Comitê de Apropriações da Câmara: estava enterrado em sete ou oito pedidos de verba do Pentágono. Apenas quatro membros do Congresso sabiam a respeito. "Esse é o mais chocante retrato de contabilidade irregular que já vi",[14] escreveu Hoover no memorando. Ainda mais chocante: a CIA estava gastando cinco vezes e meia a mais que o FBI.

Hoover viu que tinha de renovar sua batalha pelo poder de comandar a guerra contra o comunismo.

21

"Parece que a Terceira Guerra Mundial chegou"

No verão de 1950, os americanos perceberam que a Guerra Fria era real e que a sobrevivência do mundo estava em jogo. O FBI de Hoover lutava duramente no front doméstico: sua força era sentida em cada ramo do governo, cada tribunal e cada faculdade dos Estados Unidos.

Em 24 de julho de 1959, apenas um mês depois do início da Guerra da Coreia, Hoover ganhou uma declaração formal do presidente Truman expandindo a autoridade do FBI para investigar "espionagem, sabotagem, atividades subversivas e questões relacionadas"[1] que afetassem a segurança nacional americana, um mandato ainda mais amplo que as diretivas de guerra de FDR. Hoover tentou justificar seus poderes ampliados com um estarrecedor relatório secreto, enviado ao presidente em 24 de agosto. Ele avisou que um exército invisível — dezenas de milhares de membros dedicados do comunismo americano clandestino — estava pronto para lutar contra os Estados Unidos.

Ele fez uma detalhada descrição da morte das cidades americanas nas mãos de suicidas armados com bombas. Atribuiu seus alertas de holocausto terrorista a "dez substanciais e altamente confiáveis informantes do FBI".[2] Alguns deles eram antigos membros do Partido Comunista que haviam testemunhado perante júris federais ou nos tribunais; outros haviam sido agentes da inteligência soviética durante vinte anos ou mais. Ou assim disse Hoover em seu relatório para a Casa Branca.

"Os líderes soviéticos utilizarão qualquer método que permita atingir seu objetivo de total dominação mundial", dizia o relatório. "No caso de conflito entre os Estados Unidos e a União Soviética, cada comunista fará o possível para prejudicar este país." Eles se infiltrariam nas Forças Armadas, incitariam motins, começariam levantes raciais, travariam a indústria de armamentos, destruiriam a economia com greves e sabotagem e se apoderariam de estações de rádio e televisão para bombear propaganda nos olhos e ouvidos das pessoas. Os comunistas americanos observavam "os principais centros industriais dos Estados Unidos", havia assegurado um informante, "incluindo os pontos estratégicos a serem capturados ou destruídos em caso de guerra".

Hoover deixou o pior para o fim: "[...] a União Soviética não hesitaria em lançar bombas atômicas contra qualquer alvo, mesmo que tal ataque envolvesse missões suicidas." Hoover previu "aviões suicidas com bombas atômicas" e "um ataque de larga escala de paraquedistas suicidas carregando pequenas bombas ou outros mecanismos de destruição". Os paraquedistas seriam auxiliados pelos comunistas americanos ao chegarem ao solo — e a escala do ataque era sugerida por sua declaração de que milhares de crianças russas estavam sendo treinadas como paraquedistas.

Acreditava-se ser possível que componentes de bombas atômicas ou de hidrogênio fossem contrabandeados para os Estados Unidos; tais armas, então, podiam ser preparadas para o ataque e "detonadas por controle remoto ou por indivíduos prontos para se sacrificar" — os comunistas americanos clandestinos. O relatório dizia que "20 mil membros devotados do Partido Comunista, incluindo seu núcleo" — as mesmas pessoas colocadas por Hoover no Índice de Segurança, os suspeitos que queria detidos em nome da sobrevivência nacional —, estavam "dispostos a seguir implicitamente as instruções do governo soviético" em caso de guerra ou crise.

As descrições de camicases nucleares ou suicidas adolescentes e armados com bombas caindo dos céus pretendiam atordoar a mente do governo americano. Seus cenários apocalípticos soavam como ficção científica, mas realmente representavam seus piores temores.

Eles também descreviam uma ameaça que o FBI podia enfrentar: a mobilização política dos comunistas americanos em tempos de guerra.

Hoover cronometrou seu relatório para a Casa Branca com precisão. Uma semana antes, um júri federal em Nova York havia acusado os espiões atômicos que tinham ajudado a entregar segredos do Projeto Manhattan a Moscou. A acusação de 17 de agosto de 1950 contra Julius Rosenberg havia sido blindada. O júri do julgamento veria as provas como incontroversas. Assim como o juiz. Assim como o povo americano.

Em 23 de setembro, o Congresso aprovou a Lei de Segurança Interna de 1950. Ela continha provisões que Hoover solicitava havia uma década. As leis que definiam espionagem e sabotagem foram expandidas e fortalecidas. Cidadãos subversivos agora estavam sujeitos à detenção política. Organizações comunistas deviam se registrar em um novo Conselho de Controle de Atividades Subversivas. O novo procurador-geral, J. Howard McGrath, decidiu que a Lei de Segurança Interna dava sanção legal ao Índice de Segurança de Hoover, com suas provisões para detenção preventiva, suas propostas de suspensão das proteções constitucionais e seu sempre crescente rol de mais de 20 mil americanos. O índice de Hoover agora era legal — parte aceita do establishment de segurança nacional americana. Ele permaneceu efetivo pelos 21 anos seguintes.

O ano de 1950 trouxe muitos dias sombrios ao presidente Truman. Nenhum foi tão escuro quanto 1º de novembro.

Pela manhã, o novo diretor da Central de Inteligência, o general Walter Bedell Smith, entregou um boletim: soldados da China comunista haviam entrado na Guerra da Coreia. O boletim subestimou gravemente o tamanho do ataque. Trezentos mil soldados chineses atacaram em uma avalanche humana que matou milhares e milhares de soldados americanos. Eles chegaram perto de empurrar os americanos nas montanhas até o mar. Por trás deles, estava o novo ditador da China, o presidente Mao Tsé-tung. Generais americanos presumiam que Stalin apoiava Mao, acenando com sua nova bomba atômica.

À tarde, uma extemporânea onda de calor atingiu Washington, com temperaturas chegando a 30 graus. Truman se deitou para um cochilo na Casa Blair, em frente à Casa Branca; a mansão executiva estava em ruínas e sendo reformada. Na calçada, em frente à porta da Casa Blair, estavam dois nacionalistas porto-riquenhos, um armado com uma Luger e o outro com uma Walther, ambas alemãs, e 69 projéteis. Eles tentaram entrar e matar o presidente em nome da independência de Porto Rico. Um deles morreu, assim como um agente do Serviço Secreto. O outro foi preso, condenado e sentenciado à morte. Truman comutou sua sentença para prisão perpétua. A investigação do FBI sobre os líderes e seguidores da causa independentista durou mais de cinquenta anos.

Em 28 de novembro de 1950, uma vez que se tornou clara a escala do ataque chinês à Coreia, Truman convocou uma rara reunião de todos os membros do Conselho de Segurança Nacional. A ameaça de uma nova guerra com armas de destruição em massa estava sobre o mundo. Truman declarou estado de emergência nacional, triplicou o orçamento do Pentágono, nomeou o general Eisenhower comandante supremo da OTAN e rejeitou os pedidos ultrassecretos do general Douglas MacArthur e dos chefes de Estado-Maior conjunto para lançar todo o arsenal americano de bombas atômicas sobre a China e a Manchúria. Mas Truman disse que estava preparado para usar a bomba, se tivesse de fazê-lo.

"Parece que a Terceira Guerra Mundial chegou", escreveu Truman em seu diário em 9 de dezembro. "Espero que não — mas, se precisarmos enfrentar o que quer que aconteça, nós o faremos."

"Vinte anos de traição"

O FBI, seguindo velhas pistas de Venona, suspeitava da continuada presença de um agente do KGB na embaixada inglesa em Londres. O Bureau sabia apenas que era diplomata e seu codinome era Homer.

Ingleses e americanos já entrelaçavam suas inteligências havia uma década, mas Hoover nunca havia se sentido confortável com a parceria. Ele desprezava os americanos anglófilos. Olhava de soslaio para os membros da inteligência inglesa. E ficou chocado com sua reticência sobre a investigação Homer.

Oficiais de elite das inteligências inglesa e americana se reuniram em uma quente noite de sábado, em abril de 1951, na casa de Kim Philby em Washington. Entre os convidados estavam James Angleton e Bill Harvey, da CIA; Bob Lamphere e Mickey Ladd, do FBI; Robert Mackenzie e Jeff Patterson, da inteligência inglesa; e o desgrenhado hóspede de Philby, um diplomata inglês chamado Guy Burgess. O jantar foi horrível, e os drinques, abundantes. Os veteranos da Segunda Guerra Mundial haviam navegado até 1950 em um mar de álcool. Angleton, um intelectual da CIA, gostava de beber no almoço com Philby, partilhando detalhes dos planos americanos e ingleses para ataques de comandos por trás da Cortina de Ferro. Ele previu que Philby seria o próximo chefe da inteligência internacional inglesa.

A festa terminou mal. Burgess estava embriagado e criando confusão, provocando discussões com os americanos e suas esposas. Mickey Ladd, do FBI, perguntou-se em voz alta por que Philby, o principal oficial da inteligência inglesa em Washington, tinha alguém como Burgess vivendo sob seu teto.

Algumas semanas depois, em 25 de maio de 1951, jornais de ambos os lados do Atlântico noticiaram que Burgess e Donald Maclean, chefe da divisão americana no Foreign Office em Londres, haviam desaparecido juntos por trás da Cortina de Ferro. Maclean tinha sido o primeiro--secretário da embaixada inglesa em Washington entre 1944 e 1945.

Ele era Homer.

Sua fuga para Moscou levou o chefe da inteligência internacional inglesa, Sir Percy Sillitoe, até Washington. Sir Percy carregava uma maleta diplomática lotada de dossiês sobre Philby, Maclean e Burgess e partilhou seu conteúdo com Hoover e o FBI. Os três ingleses eram amigos havia vinte anos, desde seus dias no Trinity College, em Cambridge. Nos anos 1930, todos os três haviam sido comunistas ou socialistas. Os dossiês continham outros segredos: Burgess era famoso por sua promíscua homossexualidade, Maclean era homossexual reprimido e Philby tinha se casado com uma comunista austríaca que era agente soviética. Todos os três eram alcoólatras. Tudo isso era sabido por seus superiores e, mesmo assim, eles haviam sido protegidos e promovidos. Maclean e Burgess estavam em Moscou, e Philby havia sido chamado de volta a Londres. Hoover argumentou que Philby claramente era agente soviético e que tinha permitido que Moscou se infiltrasse nos mais altos níveis da CIA e do Pentágono. Sir Percy polidamente discordou, pouco disposto a aceitar que um homem da posição e educação de Philby pudesse ser traidor.

Refletindo sobre as vidas passadas dos espiões ingleses em Cambridge nos anos 1930, Hoover associou seu comunismo a sua homossexualidade.

A conexão lhe parecia autoevidente. Homossexualidade e comunismo eram motivos de dispensa imediata no governo americano — e na maioria das outras categorias de emprego. Tanto comunistas quanto homossexuais levavam vidas clandestinas e compartimentalizadas. Frequentavam comunidades secretas. Usavam linguagem codificada. Hoover acreditava, assim como seus pares, que ambos eram extremamente suscetíveis a armadilhas sexuais e chantagem pelos serviços estrangeiros de inteligência.[3]

Os agentes do FBI renovaram sua vigilância contra essa ameaça. "Os soviéticos sabiam, naqueles dias, que um funcionário homossexual perderia seu emprego",[4] disse John T. Conway, que trabalhou no esquadrão de espionagem soviética no escritório de campo do FBI em Washington. Conway investigou um oficial do Departamento de Estado suspeito de se encontrar com um jovem, loiro e belo oficial do KGB em um bar gay. "Aquela missão foi um inferno", disse ele. "Certa noite, estávamos de tocaia e ele pegou um garoto, levou-o para seu apartamento e ficou com ele a noite toda. No dia seguinte, pegamos o garoto, obtivemos sua declaração e o cara do Departamento de Estado perdeu o emprego."

Em 20 de junho de 1951, menos de quatro semanas após a revelação do caso Homer, Hoover montou o Programa de Desviantes Sexuais.[5] O FBI alertou universidades e as polícias locais e estaduais sobre a ameaça subversiva, tentando retirar os homossexuais de cada instituição do governo, universidade e força policial da nação. Os arquivos do FBI sobre os homossexuais americanos cresceram para 300 mil páginas nos 25 anos seguintes, antes de serem destruídos. Foram necessárias seis décadas, até 2011, para que homossexuais declarados pudessem servir nas Forças Armadas americanas.

Hoover então lançou o Programa de Responsabilidades, uma nova campanha nacional iniciada em segredo na primavera e verão de 1951. Pela lei, o FBI deveria partilhar seus arquivos de investigação somente com o ramo executivo do governo. Hoover já havia rompido essa barreira vazando documentos para seus membros favoritos do Congresso. O Programa de Responsabilidades começou a alimentar governadores, prefeitos e outros líderes estaduais e locais com munição para atacar subversivos. O agente especial local dos escritórios regionais do FBI servia como ligação entre Hoover e os oficiais políticos da nação. Durante os quatro anos seguintes, o Programa de Responsabilidades serviu como ferramenta de purga de centenas de suspeitos de esquerdismo de universidades estaduais, faculdades e escolas públicas, até que seu sigilo fosse quebrado por um comissário estadual de educação em busca de publicidade. Juntos, os programas de Responsabilidades e de Desviantes Sexuais resultaram na demissão de incontáveis professores em todo o país.

Hoover abordou a questão homossexual em seu primeiro encontro com o diretor da Central de Inteligência de Truman, Walter Bedell Smith, um general de quatro estrelas do Exército que havia sido chefe de Estado-Maior de Eisenhower durante a Segunda Guerra Mundial. O general Smith tinha ganhado a reputação de ser o capanga de Ike, os dentes afiados por trás de seu sorriso caloroso. Ele havia servido como embaixador de Truman na União Soviética e tinha enfrentado Stalin diretamente. Era um homem de grande força e pouca paciência, intolerante com a imperfeição. Ele e Edgar Hoover se deram bem instantaneamente. Tinham muito em comum.

Eles se reuniram para um almoço informal em uma suíte do Mayflower Hotel. Após as amenidades, Hoover abordou a questão da homossexualidade na CIA. "O general Smith pareceu consideravelmente surpreso com a ampla prevalência dessa condição",[6] escreveu Hoover. "Ele inquiriu sobre a porcentagem de pessoas na população que tinham tendências dessa natureza." Hoover disse que enviaria uma sinopse, feita pelo FBI, de *Sexual Behavior in the Human Male* [Comportamento sexual do homem], de Alfred S. Kinsey, que relatava que um a cada dez homens era homossexual praticante, um número muito maior que o imaginado pela maioria dos americanos.

Hoover e o general Smith tinham preocupações mais sérias. Eles achavam que os soviéticos haviam se infiltrado na CIA. Cada uma das operações de guerrilha que havia iniciado nos dois últimos anos tinha dado errado. Centenas de agentes estrangeiros recrutados pela CIA haviam sido lançados de paraquedas para trás das linhas inimigas, no interior da Cortina de Ferro, e quase todos haviam sido capturados ou mortos. Ela não estava fazendo progresso em sua guerra ultramarina contra o comunismo. O FBI tampouco tinha novos casos contra espiões comunistas.

Algumas dessas falhas podiam ser atribuídas à traição de Philby — mas não todas. Se os soviéticos ainda tivessem um homem em alta posição dentro da inteligência americana, então as operações secretas dos Estados Unidos podiam ser sabotadas, no país e no exterior.

Hoover decidiu que tinha de mudar a maneira pela qual o FBI e a CIA trabalhavam juntos contra os soviéticos. Ele designou Sam Papich para servir na sede da CIA e o general Smith designou Jim Angleton para trabalhar com o FBI. Papich, nascido em Montava e com raízes na Iugoslávia, tinha trabalhado disfarçado no Rio de Janeiro durante e depois da Segunda Guerra Mundial, fingindo ser um representante da Dun & Bradstreet. Angleton, nascido em Ohio e educado em Yale, havia sido espião americano na Itália durante a guerra. Os dois mantiveram viva a ligação entre o FBI e a CIA durante as duas décadas seguintes.

Angleton logo em seguida se tornou chefe da equipe de contrainteligência da CIA, o homem encarregado de identificar espiões soviéticos. Tinha o hábito de estudar casos de espionagem passados, tentando decodificar décadas de trapaça soviética. Ele encontrou padrões que poucos podiam detectar, alguns invisíveis a olho nu e a mente racional.

Sua promoção a chefe da contrainteligência foi uma vitória para J. Edgar Hoover. A profundidade de suas discussões com o FBI era surpreendente: ele era, de longe, a melhor fonte que Hoover possuía dentro da CIA. "Ele tem sido muito cooperativo e, como você sabe, forneceu muitas informações que nos foram úteis",[7] relatou Papich. "O fato de que lidou com o Bureau de maneira muito franca, livre da atmosfera sigilosa usualmente encontrada na CIA, fez com que pudesse trabalhar com o Bureau."

Em 2 de julho de 1952, Angleton disse ao FBI que os grupos políticos e organizações de propaganda da CIA na Europa estavam "amplamente expostos à infiltração de agentes soviéticos".[8] E acrescentou que o KGB devia ter plantado espiões entre os milhares de refugiados do Leste

Europeu e russos brancos recrutados na Alemanha e na Inglaterra, em um esforço para conter os soviéticos. As operações da CIA na Europa estavam repletas de exilados políticos e "emigrados que usavam a organização para cuidar de seus próprios interesses", concluiu Angleton. E deixou escapar que o comandante de operações disfarçadas da Agência, Frank Wisner, que já havia gastado centenas de milhares de dólares em segredo, tinha acabado de solicitar 28 milhões adicionais para expandir seu império ultramarino. Hoover escreveu em tinta azul vivo: "É chocante que tal desperdício e desleixo possam prevalecer e nada possa ser feito a respeito."

Havia algo a ser feito. A segurança nacional dos Estados Unidos jazia na balança da eleição presidencial de 1952. Hoover trabalhou para assegurar que o general Eisenhower fosse presidente dos Estados Unidos, e Richard Nixon, seu vice-presidente. A candidatura republicana foi estabelecida em 11 de julho. Os democratas escolheram o governador de Illinois, Adlai Stevenson, no dia 24. Hoover já dispunha de um relatório sobre ele. O diretor adjunto do FBI, Mickey Ladd, o havia desenterrado dos arquivos de Desviantes Sexuais: "Atendendo a sua solicitação, segue memorando relativo ao governador Stevenson, sobre o qual se alegou ser sabidamente homossexual."[9]

No momento da nomeação de Adlai Stevenson, um memorando de dezenove páginas sobre o candidato democrata foi entregue a Lou Nichols, do FBI, que cuidava das relações com o Congresso e a imprensa. Continha um compêndio de fofocas cruéis, incluindo o relatório de um detetive da polícia de Nova York dizendo que o governador não apenas era um dos mais conhecidos homossexuais do estado de Illinois como também usava o nome "Adeline". Hoover se certificou de que os boatos chegassem até Richard Nixon, o comitê de campanha republicano e um grande número de jornalistas.

A eleição de Eisenhower e Nixon em novembro de 1952, juntamente com a vitória republicana na Câmara e no Senado, encerrou duas décadas de domínio democrata em Washington — a era que o senador Joseph McCarthy chamou de "vinte anos de traição". No início desses vinte anos, Hoover havia liderado uma pequena e débil organização com 353 agentes especiais e um orçamento bem abaixo dos 3 milhões. Agora, liderava um exército anticomunista de 6.451 homens, equipe de apoio de 8.206 funcionários e 90 milhões de dólares para gastar.

Alguns dias após sua vitória, Ike assegurou que Hoover seria diretor do FBI enquanto ele fosse presidente e que a Casa Branca o apoiaria completamente nos anos futuros. Alguns homens eram mais respeitados do que ele em Washington, mas não muitos. Alguns podem ter sido mais temidos, mas muito poucos.

22

Nenhum senso de decência

Uma linha telefônica direta agora ligava a Casa Branca à casa de Hoover. Eisenhower telefonava apenas eventualmente, mas Nixon ligava duas vezes por dia, no início da manhã e no fim da noite.[1]

Hoover estendeu sua influência sobre cada canto do sempre crescente establishment de segurança nacional. Como relatou ao recém-empossado presidente em 26 de janeiro de 1953, os agentes do FBI agora trabalhavam "pessoal e diariamente"[2] na Casa Branca, no Pentágono, no escritório do secretário de Defesa, no Estado-Maior conjunto, na Agência de Segurança Nacional, na CIA, no Departamento de Estado, no Congresso, em seis embaixadas americanas, em bases de inteligência do Exército na Alemanha e na Áustria e em mais uma dúzia de centros americanos de poder.

Hoover assumiu um assento no Conselho de Segurança Nacional, juntamente com o secretário de Defesa e o secretário de Estado. O novo procurador-geral, Herbert Brownell Jr., tratava sua palavra como lei. O vice e sucessor de Brownell, William Rogers, tornou-se seu amigo e almoçava com ele duas vezes por semana. Hoover ajudou a modelar as políticas e estratégias do governo em tudo, da segurança nacional aos direitos civis.

O anticomunismo americano adquiriu seu pleno poder sob Eisenhower. Os homens de Hoover investigavam candidatos a cargos governamentais, de embaixador a assessor do Congresso. Supervisionavam purgas de segurança interna, destruindo vidas e carreiras em função de suspeitas de deslealdade ou homossexualidade.

O impacto de Hoover sobre o Departamento de Estado foi imenso. Com total apoio do secretário de Estado John Foster Dulles, um agente do FBI chamado R. W. "Scott" McLeod assumiu o cargo de chefe de segurança interna do departamento. Suas limpezas políticas em Washington e em embaixadas e consulados no exterior usavam métodos do FBI, incluindo grampos telefônicos, para forçar liberais e suspeitos de esquerdismo a saírem do Serviço Externo. Um grande número de diplomatas se demitiu em desespero.

Homens do FBI estavam sempre presentes nas organizações criadas por Eisenhower para projetar a influência e o poder americanos, como a Agência de Informação dos Estados Unidos, que difundia suas ideias pelo mundo. Os agentes especiais Charles Noone e Joe Walsh dirigiam as operações de segurança interna da agência em Washington e Nova York. O FBI conduziu investigações de campo sobre cada um dos funcionários, conferindo detalhe por detalhe de suas vidas desde a infância.

"Nossa bíblia era a ordem executiva 10.450, assinada pelo presidente Eisenhower",[3] contou Walsh. "Essa ordem se relacionava ao fato de funcionários federais afetarem a segurança nacional do país. Tais empregos eram negados a qualquer um associado ao comunismo, homossexuais, alcoólatras e outras aberrações sociais que poderiam ser considerados uma ameaça à segurança dos EUA. Era um negócio sujo — procurar e identificar pessoas suspeitas de homossexualidade", disse ele. "Houve várias pessoas muito decentes e inteligentes que trabalhavam na agência, que eu conhecia bem e com quem gostava de trabalhar, que saíram de cena súbita e peremptoriamente — desapareceram! Ao serem investigadas, haviam admitido sua homossexualidade e pedido demissão."

Ninguém no governo estava isento, nem mesmo aqueles com elevadas credenciais de segurança. Stanley Grand era um oficial do Departamento de Estado trabalhando com a CIA no golpe que derrubou o governo da Guatemala em 1954. "Não foi uma boa época para o Departamento de Estado",[4] lembrou ele. "Todos tivemos de ser reavaliados pelo FBI e obter novas credenciais, o que a maioria fez. Algumas pessoas foram terrivelmente prejudicadas [...] Um oficial que conheço, que era excelente, ficou tão atormentado por saber o tipo de falsas acusações que poderiam ser feitas contra ele que cometeu suicídio. Foi uma tragédia."

Mas o novo regime de segurança interna de Ike era um triunfo para Hoover. Ele afirmava a fé do presidente no FBI como linha de frente da segurança nacional americana.

A Casa Branca considerava os relatórios de Hoover sobre os soviéticos os mais fidedignos do governo. O procurador-geral Brownell disse: "O FBI me relatou um dos resultados de seu trabalho de contrainteligência contra a conspiração comunista. Eles souberam que Stalin estava doente e que Malenkov agia como seu substituto e o sucederia se morresse. Stalin morreu em 3 de março de 1953 e, como se sabe, Malenkov o sucedeu."[5]

Em contraste, os Estados Unidos não tinham embaixador em Moscou quando Stalin morreu e a CIA não tinha espiões dentro da União Soviética. O primeiro oficial da CIA despachado para Moscou tinha sido seduzido por sua governanta russa — que era coronel do KGB —, fotografado durante o ato sexual, chantageado e demitido pela Agência por suas indiscrições em 1953. Seu substituto havia sido apanhado em ato de espionagem, preso e deportado logo depois de chegar.

O FBI agora tinha informantes comunistas por todo o país. Por meio de testemunhas, grampos telefônicos, escutas, invasões e implacável vigilância, o Bureau tinha se infiltrado no Partido Comunista dos Estados Unidos. Muitos comunistas acusados e condenados por violação à Lei Smith foram para a prisão em silêncio, alguns entraram na clandestinidade, mas outros se tornaram testemunhas cooperativas. Hoover sentia alguma satisfação quando comunistas de destaque iam para a prisão, mas via as operações de inteligência como mais cruciais que a imposição da lei. As duas missões exigiam técnicas diferentes.

Um policial confrontando um malfeitor queria prendê-lo. Um espião queria recrutá-lo. Esperar e observar exigiam terrível paciência. Hoover a possuía. Após vinte anos de ataques e uma década de contra-ataques, o FBI começava a entender o escopo das operações do KGB nos Estados Unidos.

O Bureau tinha um punhado de agentes duplos trabalhando contra o KGB. A primeira oportunidade produtiva foi o caso de Boris Morros. Nascido na Rússia em 1895, o mesmo ano que Hoover, Morros tinha ido para os Estados Unidos no início da Revolução Bolchevique, indo parar em Los Angeles e se iniciando no mundo do faz de conta. Ele trabalhava na Paramount Pictures, fazendo trilhas sonoras para filmes B, e também dirigia a Boris Morros Music Company.

Morros havia ido até o consulado soviético em Nova York em busca de um visto para seu pai, que queria voltar para a Mãe Rússia, em 1934. O oficial de vistos, que servia à inteligência soviética, tinha perguntado: "Você faria um favor a seu país em troca do visto?" Morros havia concordado e criado um personagem — um funcionário fantasma com falsas credenciais — no escritório da Paramount em Berlim. O personagem servia de disfarce para Vassili Zarubin, mais tarde chefe da espionagem soviética nos Estados Unidos durante a Segunda Guerra Mundial. Zarubin retornou o favor. Ele pagou a Morros pelo uso de sua companhia de música em Hollywood como fachada para os espiões soviéticos disfarçados.

O FBI tinha gravado Zarubin, na primavera de 1943, conversando com o comunista americano Steve Nelson sobre a infiltração de agentes soviéticos dentro do Laboratório de Radiação de Berkeley. Naquele verão, Hoover havia recebido uma carta anônima de um insatisfeito oficial soviético de inteligência em Washington. A carta identificava Zarubin como chefe da inteligência internacional responsável pela espionagem nos Estados Unidos e dizia que espiões soviéticos estavam recrutando e dirigindo largas redes de agentes disfarçados que estavam "roubando toda a indústria bélica dos EUA".[6] A carta citava cinco oficiais soviéticos de inteligência operando sob disfarces diplomáticos e comerciais no país — incluindo Boris Morros.

Mas o FBI esperara quatro anos antes de enviar um agente para falar com Morros em Los Angeles, em junho de 1947. O inexplicável atraso levou Hoover a escrever uma nota muito incisiva: "O que me preocupa é quantas outras situações como essa existem em nossos arquivos. H."[7]

Felizmente para Hoover, Morros concordou em trabalhar para o FBI. Sua decisão de trair Moscou era muito rara. Ainda mais raro era o fato de um lampejo de seu antigo arquivo soviético ter se tornado legível para o exército de decodificadores e para o FBI, confirmando que tinha profundas conexões com o KGB. Os codificadores soviéticos se descui-

232

davam apenas de vez em quando. O nome de Moscou para Boris Morros, nascido Boris Moroz, era Frost. A palavra russa para *frost* [geada] é *moroz*. Qualquer pequena rachadura na armadura da inteligência soviética era um presente dos deuses da guerra.

Morros havia se tornado um homem do FBI após uma década de trabalho para Moscou. O Bureau chamava seu trabalho de Mocase. Sua companhia de música ainda servia como fachada para as operações do KGB em Nova York e Los Angeles. Ele tinha obtido um avanço para o FBI em 1948, conseguindo um convite para viajar até a Alemanha e conhecer Aleksander Korotkov, o homem que dirigia o círculo mundial de ilegais do KGB. Encontrou-se com Korotkov novamente em Moscou, em 1950. Para benefício do Kremlin, Morros contou animadas histórias sobre os convites recebidos por ele para a Casa Branca e para o Vaticano. Apesar de suas dúvidas, o KGB acreditou nele.

O caso era único no início dos anos 1950: nem a CIA nem o Pentágono tinham agentes dentro do KGB. Alguns poucos escolhidos na Casa Branca e no Congresso sabiam que Hoover havia conseguido — muito poucos.

"O FBI É J. EDGAR HOOVER"

No Congresso, três comitês de investigação agora trabalhavam com o FBI contra a ameaça comunista. O Comitê de Atividades Antiamericanas da Câmara caçava esquerdistas de Hollywood e denunciava simpatizantes no clero. O Subcomitê de Segurança Interna do Senado perseguia intrigas soviéticas nas Nações Unidas e simpatizantes nas faculdades. O Subcomitê Permanente de Investigação do Senado estava sob o comando de um novo presidente, o senador Joe McCarthy, republicano de Wisconsin.

McCarthy estava na caçada havia três anos. Uma versão truncada de um velho e impreciso relatório do FBI tinha sido a principal fonte para a primeira falsa acusação que havia lhe rendido fama em 1950: a de que o Departamento de Estado estava infestado com centenas de comunistas. Ele não possuía uma lista de nomes, como tinha afirmado, somente um número que variava com o tempo. Mas, mesmo assim, o senador devia parte de sua fama e poder por usar e abusar dos relatórios do FBI fornecidos pelos agentes de ligação de Hoover. McCarthy e seu principal investigador, um ex-agente do FBI chamado Don Surine, liam resmas de relatórios do Bureau sobre a ameaça comunista. Em troca, Surine mantinha Hoover informado sobre o trabalho de McCarthy.

Como seus colegas no Congresso, o senador regularmente afirmava sua lealdade a Hoover, em público e em particular. "Ninguém precisa erigir um monumento a você",[8] escreveu McCarthy ao diretor em uma homenagem típica. "Você construiu seu próprio monumento, na forma do FBI — pois o FBI é J. Edgar Hoover e acho que podemos ter certeza de que sempre será."

Na primavera de 1953, os políticos americanos pareciam prontos para a impiedosa forma de anticomunismo do senador McCarthy, enquanto se aproximava o dia da execução de Julius e Ethel Rosenberg. O juiz que tinha pronunciado a sentença de morte aos espiões atômicos tinha considerado seus crimes "piores que assassinato". Sua retórica combinava com o tom da época. O juiz havia afirmado que Julius Rosenberg tinha colocado a bomba atômica nas mãos de Stalin, o que "causou, em minha opinião, a agressão comunista na Coreia, com as resultantes mortes passando de 50 mil. Quem sabe quantos milhões de inocentes ainda pagarão o preço de sua traição?". Em 19 de junho de 1953, chegou o dia da execução. Mesmo Hoover tinha dúvidas sobre a sabedoria política de condenar Ethel Rosenberg à morte. Mas o FBI tinha iniciado o caso.

"Vítima das críticas mais extremamente cruéis"

Os ataques do senador McCarthy eram indiscriminados, mas, eventualmente, quando os relatórios do Bureau firmavam sua mão, sua mira era acurada. Às vezes, ele acertava na mosca, como quando ameaçou expor o fato de que a CIA tinha um funcionário bem-pago preso por atividades homossexuais ou quando tentou arrancar um depoimento de um oficial do Fundo Monetário Internacional que o FBI suspeitava ser agente soviético.

Hoover entendia McCarthy. E disse a um repórter: "McCarthy é ex--fuzileiro. Foi boxeador amador. É irlandês. Combine tudo isso e você terá um indivíduo vigoroso que não tolera ser intimidado. [...] Não conhecia o senador McCarthy antes de ele chegar ao Senado. Passei a conhecê-lo bem, oficial e pessoalmente. Eu o vejo como amigo e acredito que ele também me veja assim. Certamente, é um homem controverso. É sério e honesto. Tem inimigos. Ao atacar subversivos de qualquer tipo, comunistas, fascistas ou mesmo a Ku Klux Klan, torna-se vítima das críticas mais extremamente cruéis que podem ser feitas. Sei bem disso."[9]

Mas, quando McCarthy começou a destruir os pilares da segurança nacional, Hoover teve de lutar para controlar os danos que o senador infligia ao anticomunismo e ao governo americano.

No verão de 1953, o senador começou a planejar uma inquisição contra a CIA. McCarthy fez acusações de filiação ao Partido Comunista ou atividades comunistas contra funcionários da CIA em sessões executivas de seu comitê de investigação. Allen Dulles, diretor da Central de Inteligência, ficou muito perturbado; McCarthy tinha avisado que a CIA não era "nem sacrossanta nem imune à investigação",[10] como Dulles disse a seu irmão, o secretário de Estado.

Os agentes de Hoover lhe disseram que "o senador McCarthy descobriu que a CIA é um alvo muito 'suculento'".[11] O agente de ligação com o Congresso, Lou Nichols, relatou que o senador e sua equipe haviam reunido "31 testemunhas potencialmente amigáveis",[12] prontas para depor contra 59 funcionários e oficiais da CIA.

Os alvos de McCarthy incluíam James Kronthal, um chefe de estação homossexual considerado suspeito de ter sucumbido à chantagem soviética e que cometeu suicídio durante as investigações; um segundo oficial da CIA que tinha um "relacionamento íntimo" com Owen Lattimore, um oficial do Departamento de Estado falsamente acusado por McCarthy de ser o principal espião soviético nos Estados Unidos; e vários outros funcionários da CIA suspeitos de "alcoolismo, perversão, sexo extraconjugal, uso de narcóticos e má aplicação de fundos da CIA".

Muitas das acusações de McCarthy eram retiradas de relatórios inacabados e não corroborados do FBI, incluindo depoimento indireto. Preocupado com a exposição dos relatórios, Hoover pediu que o senador fosse mais devagar. Em vez disso, McCarthy recarregou e escolheu novos alvos.

Em 12 de outubro de 1953, o senador começou uma semana de audiências a portas fechadas sobre suspeitas de espionagem soviética no centro do Corpo de Comunicações do Exército, em Fort Monmouth, Nova Jersey, onde Julius Rosenberg havia trabalhado. Rosenberg era engenheiro elétrico do Corpo de Comunicações quando o FBI tinha descoberto que era comunista secreto. Sete engenheiros que trabalhavam nos radares e rádios do Corpo de Comunicações eram suspeitos de fazerem parte do círculo de espiões — e quatro ainda estavam soltos no dia em que os Rosenberg morreram.

O senador tinha obtido o sumário de três páginas de uma carta de 1951 enviada por Hoover ao general Alexander R. Bolling, chefe da inteligência do Exército, nomeando 35 funcionários de Fort Monmouth como suspeitos de subversão. Um especialista em radar e um engenheiro eletrônico rapidamente foram demitidos por conhecerem Julius Rosenberg. Outros 33 foram suspensos durante as investigações de segurança. Mas o Exército não encontrou espiões entre eles.

A fúria de McCarthy se intensificou. O palco estava pronto para as audiências Exército-McCarthy, o primeiro grande evento transmitido ao vivo da história. O show atingiu seu ponto alto em 4 de maio de 1954.

McCarthy sacou sua cópia da carta de Hoover sobre os 35 suspeitos de subversão em Fort Monmouth e a sacudiu na frente do garboso secretário do Exército. Hoover ficou mortificado quando McCarthy exibiu a carta publicamente. Poucas pessoas sabiam que o senador tinha acesso a seus arquivos secretos.

Hoover e o presidente Eisenhower concluíram que o ataque de McCarthy ao Exército e à CIA subvertia a causa do anticomunismo. Obedecendo a suas ordens, o procurador-geral Brownell declarou que a posse da carta de Hoover constituía uso não autorizado de informação confidencial — um crime federal. McCarthy respondeu pedindo que todos os 2 milhões de funcionários governamentais lhe enviassem todos os segredos que possuíam sobre corrupção, comunismo e traição. Ike, enraivecido, decretou que ninguém no ramo executivo do governo responderia à convocação para testemunhar no Congresso sobre o que quer que fosse, em qualquer tempo — a mais abrangente afirmação de privilégio executivo em toda a história da presidência americana.

A pressão sobre McCarthy aumentou. Ele bebia bourbon pela manhã e vodca à noite, dormindo duas ou três horas antes de aparecer em rede nacional para vociferar contra os comunistas secretos no governo americano. O drama apresentado na TV era forte. Assim como o teatro de sombras por trás das cortinas.

Em 2 de junho de 1954, o senador McCarthy renovou publicamente seu voto de perseguir a CIA, fazendo o anúncio na televisão, durante as audiências Exército-McCarthy.

O presidente respondeu. Na Casa Branca, em 8 de junho, Ike disse a seus assessores, incluindo seu assessor de imprensa, Jim Hagerty: "Meninos, estou convencido de uma coisa. Quanto mais McCarthy ameaçar investigar nossa inteligência, mais apoio público obteremos. Se houvesse algum modo de levá-lo a renovar sua ameaça, eu ficaria muito feliz em fazer isso e então partir para cima dele."[13]

Hoover disse a seus homens para interromper toda colaboração com o senador. Sem os arquivos do FBI para guiá-lo, McCarthy encalhou. A CIA realizou uma operação para confundi-lo. Um dos homens de McCarthy tentou chantagear um oficial da CIA, dizendo-lhe que ou o oficial fornecia documentos confidenciais da CIA em segredo, ou McCarthy o destruiria em público. Allen Dulles e seu especialista em contrainteligência, Jim Angleton, aconselharam o oficial da CIA em questão a fornecer desinformação sobre comunismo nas forças armadas americanas, esperando confundi-lo e enganá-lo no momento em que seu confronto com o Exército chegava ao clímax.

Em 9 de junho de 1954, McCarthy caiu na armadilha. O assunto do dia era sua fútil busca por espiões em Fort Monmouth. Seu conselheiro, Roy Cohn, tentou confrontar o advogado do Exército Joe Welch. E Welch o destruiu. Cohn parecia um sapo nas garras de uma águia. McCarthy, exausto e de ressaca, tentou defendê-lo. Ele havia feito um acordo com Welch: se o Exército não perguntasse como Cohn tinha evitado o serviço militar durante a Segunda Guerra Mundial e a Guerra da Coreia, uma pergunta para a qual não havia uma boa resposta, McCarthy não traria à toma o assunto Fred Fisher. Welch manteve sua palavra. McCarthy a quebrou. Poucos, na enorme audiência televisiva, haviam ouvido falar de Fisher, um advogado republicano do escritório de Welch. McCarthy, com a voz cheia de veneno, afirmou que ele fazia parte do Sindicato Nacional dos Advogados, "o baluarte legal do Partido Comunista". Fisher tinha se unido ao sindicato enquanto frequentava a faculdade de Direito de Harvard e havia se desligado logo após a formatura.

McCarthy então se voltou para Welch.

"Não acho que, conscientemente, você auxiliaria a causa comunista", disse o senador. "Acho que, inconscientemente, você a auxilia ao tentar ridicularizar esta audiência." Welch ficou chocado, mas não sem fala. Sua censura foi retumbante: "Vamos deixar de assassinar o caráter desse camarada, senador. O senhor não tem senso de decência, depois de tudo isso? Não lhe sobrou nenhum senso de decência?"

Com a queda de Joe McCarthy, Hoover readquiriu seu papel como principal cruzado da nação na guerra contra o comunismo. O presidente Eisenhower confiava nele mais que nunca para modelar e afiar as respostas americanas às ameaças de espionagem e subversão.

McCarthy, censurado pelo Senado, decaiu até a autodestruição. Bebeu até morrer, três anos depois. Hoover compareceu a seu funeral, assim como o jovem democrata ex-conselheiro do comitê, Robert F. Kennedy. Era um momento adequado para os dois se conhecerem.

23

Jogo sem regras

Após trinta anos como diretor do FBI, a antena política de Hoover estava tão afinada que notícias sobre as decisões presidenciais mais sensíveis chegavam quase imediatamente a sua mesa.

Em 16 de julho de 1954, o presidente Eisenhower convocou um general aposentado de três estrelas chamado Jimmy Doolittle. Dez anos antes, Doolittle havia liderado o primeiro bombardeio de Tóquio. O presidente queria que ele o ajudasse a revisar a CIA. Ike queria o relatório pronto em outubro.

Hoover descobriu essa investigação ultrassecreta em poucos dias. "O presidente declarou desejar que o general Doolittle conduzisse um estudo profundo e objetivo das operações secretas da CIA",[1] soube Hoover por meio de Pat Coyne, um veterano do FBI que era o mais confiável membro de inteligência da equipe do Conselho Nacional de Segurança. Ike queria "desenterrar qualquer evidência de que a CIA não estava operando de forma eficiente e fazer recomendações que pudessem melhorar a organização em qualquer aspecto. Ele resumiu sua posição dizendo que queria que Doolittle fizesse uma pesquisa tão completa e exaustiva quanto seria se o próprio presidente a estivesse conduzindo".

Hoover também soube da resposta dada por Doolittle ao presidente: "Havia um indivíduo no governo que poderia ser de uma assistência extremamente valiosa para ele em relação à administração correta e adequada das operações de inteligência. Doolittle declarou que essa pessoa era J. Edgar Hoover."

Hoover duvidava muito que os problemas da CIA pudessem ser consertados. E escreveu a seus assessores de segurança nacional: "Tenho uma atitude completamente derrotista em relação à efetividade de quaisquer medidas corretivas que possam melhorar a CIA. H."[2]

Ele queria deixar muito claro seu desdém pessoal e profissional pelo chefe da CIA, Allen Dulles. Dignou-se a se encontrar com ele não mais que meia dúzia de vezes durante os oitos anos da administração Eisenhower. E se assegurou de que seus assessores refletiam seu modo de pensar.

"Como posso me relacionar com o Bureau?",[3] tinha gritado Dulles para seu agente de ligação com o FBI em um momento de descontrole. "Eu tento e vocês continuam batendo."

A investigação Doolittle apresentou a Hoover mais uma oportunidade de assegurar sua proeminência na inteligência americana.

"Desmantelar a CIA completamente"

O chefe da Divisão de Inteligência do FBI, Al Belmont, doutrinou o general Doolittle e seus investigadores durante três horas, em 25 de agosto de 1954.

"Doolittle via o Bureau como modelo para guiá-lo",[4] contou Belmont com satisfação. "Enfatizei muito o fato de que, além de ser um corpo de cumprimento da lei, o Bureau também estava muito embrenhado no campo da inteligência. Deixei claro que fazíamos todos os esforços para nos mantermos atualizados sobre as atividades do Partido Comunista. Mantínhamos diplomatas soviéticos e de países-satélite sob observação constante e, no que dizia respeito ao Bureau, jamais podíamos relaxar."

Em contraste, disse Belmont ao grupo Doolittle, a CIA era permeada de "desperdício, ineficiência e pura e simples perda de tempo".

Hoover concedeu uma audiência a Doolittle em 6 de outubro de 1954. A mão direita da CIA não sabia o que a esquerda estava fazendo, disse ele ao general. Seus espiões não tinham a menor ideia do que ocorria por trás da Cortina de Ferro e seus analistas sabiam ainda menos. Sem dúvida, concedeu Hoover, "algumas de suas debilidades e defeitos se devem ao fato de suas operações serem muito recentes".[5] Mas a Agência não possuía oficiais treinados. Não tinha serviço interno de inspeção; esses supervisores eram parte crucial da maneira como Hoover punia e promovia agentes do FBI. A Agência precisava de uma grande dose da disciplina do Bureau.

Em 19 de outubro de 1954, Doolittle entregou sua sombria avaliação da inteligência americana ao presidente. "Enfrentamos um inimigo implacável cujo objetivo professo é a dominação do mundo",[6] começava ela.

"Não existem regras neste jogo", continuava. "Aqui, normas aceitáveis de conduta humana não se aplicam. Se os Estados Unidos quiserem sobreviver, os tradicionais conceitos americanos de 'jogo justo' precisam ser reconsiderados. Precisamos desenvolver serviços efetivos de espionagem e contraespionagem e temos de aprender a subverter, sabotar e destruir nossos inimigos com métodos mais habilidosos, mais sofisticados e mais efetivos que os usados contra nós."

A crítica de Hoover modelou a conclusão confidencial de Doolittle: "A solução ideal seria desmantelar a CIA completamente e começar do zero."[7]

O presidente Eisenhower não conseguia se forçar a dar esse passo. Em vez disso, apoiou-se mais intensamente sobre os relatórios de Hoover sobre a ameaça soviética.

Hoover aprofundou os medos do presidente de um ataque devastador aos Estados Unidos. Influenciou um alerta ultrassecreto do Conselho Nacional de Segurança ao presidente, sobre potenciais ações soviéticas que poderiam iniciar a Terceira Guerra Mundial. Seu relatório de 28 de fevereiro de 1955 alertava sobre espiões e sabotadores assassinando líderes americanos civis e militares;[8] contrabandeando componentes de armas nucleares e "agentes de guerra biológica, química ou radiológica" para os Estados Unidos; explodindo "armas de destruição em massa" em bases militares americanas; usando comunistas americanos clandestinos para dirigir ataques com bomba contra alvos governamentais; e organizando "insurreições armadas entre membros do Partido Comunista ou pessoas sob orientação soviética", que seriam equipadas com "armas escondidas, munição, explosivos e equipamento militar".

Hoover prosseguiu informando à Casa Branca que o FBI estava in
tensificando seu trabalho de inteligência em todas as frentes de combate
da Guerra Fria e aumentando sua vigilância dos diplomatas soviéticos
e do pessoal das embaixadas à procura de espiões e agentes secretos.
"Planos para a detenção de pessoal diplomático inimigo foram feitos",[9]
assegurou ao presidente. O Bureau agora tinha uma lista de 26.500 pessoas "potencial ou comprovadamente perigosas" no Índice de Segurança,
que poderiam ser detidas a um comando do presidente. Entre elas, havia
americanos prisioneiros de guerra que tinham retornado da Coreia do
Norte, alguns dos quais, suspeitava o FBI, haviam sofrido lavagem cerebral nas mãos dos interrogadores chineses comunistas para servirem
como agentes clandestinos que se infiltrariam nas forças armadas americanas e trairiam a nação se houvesse guerra novamente.

Hoover disse à Casa Branca e ao Pentágono que "o mais importante
objetivo"[10] do FBI era "o desenvolvimento de bons agentes duplos" para
infiltração nos mais altos níveis da liderança soviética a fim de descobrir
as intenções e capacidades do Kremlin. Ele já estava trabalhando em um
plano para atingir esse até então inalcançável objetivo.

24

A longa sombra

Na manhã de 8 de março de 1956, Hoover falou ao presidente e ao Conselho de Segurança Nacional na Casa Branca. Ele disse estar usando "todos os meios disponíveis" — grampeando telefones, abrindo correspondências, instalando escutas e invadindo escritórios e residências de suspeitos de serem espiões e sabotadores comunistas — para evitar um ataque-surpresa soviético aos Estados Unidos.

Seu relatório, "A presente ameaça da espionagem e subversão comunista", trouxe o novo espectro de uma bomba suja detonada por espiões soviéticos. Os soviéticos poderiam transportar uma quantidade letal de cobalto 60, um isótopo radioativo desenvolvido para o combate ao câncer, em malotes diplomáticos.[1] Se detonada em Manhattan, a bomba poderia matar centenas de milhares de pessoas e tornar a cidade de Nova York inabitável por anos. Seria uma arma do Juízo Final.

A ameaça de ataque nuclear assombrava Eisenhower todos os dias. Ele perguntou a Hoover o que o FBI estava fazendo para evitar esse perigo.

"Às vezes, é necessário fazer uma entrada sub-reptícia durante a qual fotografamos registros comunistas secretos,"[2] respondeu Hoover. Todos na sala entenderam que a "entrada sub-reptícia" era contra a lei.

Hoover explicou que os relatórios do FBI baseados em informações obtidas ilegalmente seriam saneados para garantir seu sigilo e proteger o presidente e o procurador-geral. Os relatórios, revisados para extrair quaisquer referências a invasões e escutas, teriam suas informações atribuídas a "fontes confidenciais".

O presidente o elogiou. As minutas da reunião não mostram nenhuma outra pergunta a respeito dos métodos do FBI.

Hoover voltou para a sede convencido de que tinha fortalecido os poderes da licença de caça concedida a ele pelo presidente Hoover. Estava certo de que ela resistiria por ao menos mais quatro anos; a reeleição de Ike estava assegurada — se sobrevivesse, pois havia sofrido um sério ataque cardíaco fazia seis meses — e, se Nixon se tornasse presidente, apoiaria Hoover integralmente. O procurador-geral Brownell também se manteria firme, desde que Hoover não lhe contasse precisamente o que fazia em nome da segurança nacional.

Esses homens entendiam tacitamente o código de silêncio exigido por Hoover. Eisenhower tinha coordenado a invasão do Dia D, a maior operação secreta da Segunda Guerra Mundial. Nixon havia ficado imerso em relatórios não revistos do FBI desde seus primeiros dias em Washington. Brownell sabia mais sobre inteligência secreta que qualquer um de seus predecessores: tinha presidido o comitê criador do monstro de vigilância eletrônica e criação e decodificação de códigos da Agência de Segurança Nacional, em 1952.

A pedido de Hoover, Brownell havia solicitado aos presidentes de comitês do Congresso a criação de novas leis permitindo grampos telefônicos sem mandado. Eles haviam negado, uma vez após a outra. Hoover havia solicitado autorização legal para vigilância com microfones — escutas ou "técnicas", na linguagem do Bureau —, mas os legisladores haviam desdenhado do pedido.[3] O diretor teria de depender da autoridade concedida explicitamente pelo presidente Roosevelt e tacitamente pelo presidente Eisenhower. Isso era bom o bastante para o procurador-geral. Ele não queria saber dos detalhes.

As operações de inteligência de Hoover já chegavam ao limite da lei — e iam além. Cada uma era um desastre em potencial se algo desse errado. Mas, para Hoover, os riscos compensavam. A Guerra Fria não seria vencida simplesmente seguindo o inimigo.

"Todos nós fazíamos, porque era o Bureau"

O orçamento do FBI tinha dobrado desde o fim da Segunda Guerra Mundial. A Divisão de Inteligência era agora a mais poderosa força do Bureau, comandando a maior quantidade de dinheiro, de pessoal e de atenção do diretor. A divisão realizou incontáveis invasões e escutas durante os anos Eisenhower, mas a rotineira destruição de arquivos assegurou a inexistência de registros acurados.

"Vigilância não era a resposta",[4] disse o agente Jack Danahy, que organizou inúmeras durante os dias do círculo de espionagem atômica. "Tínhamos de mudar nossas táticas. [...] Tínhamos de nos esforçar para desenvolver informantes, utilizar microfones e escutas e nos tornarmos mais sofisticados em nossas técnicas."

O agente James R. Healy, que trabalhou em São Francisco e no norte da Califórnia, lembrou: "Tínhamos um grupo que era como uma espécie de 'doze condenados', um grupo muito talentoso de agentes que se infiltrou completamente no submundo do Partido Comunista."[5] Seu esquadrão perseguia "COMFUGS, comunistas fugitivos", que tentavam escapar de acusações federais e estaduais de subversão. Healy e seus homens descumpriram os códigos de vestimenta do FBI, assim como muitas outras regras, ao se infiltrarem no submundo.

"As roupas que usávamos combinavam com o ambiente", disse ele. "Usávamos roupas velhas. Alguns dos caras deixaram o cabelo crescer um pouco. Não nos barbeávamos todos os dias. Combinávamos com as vizinhanças pelas quais seguíamos essas pessoas. [...] Sabíamos o que eles estavam fazendo antes que eles soubessem. Os informantes e as técnicas relacionadas nos deram uma visão interna de todo o aparato clandestino do Partido Comunista."

As "técnicas relacionadas" incluíam invasões que pretendiam tanto roubar documentos quanto instalar microfones escondidos. No escritório nova-iorquino do FBI, "usávamos todos os meios necessários na época, o que significava operações ilegais, entradas sub-reptícias, violação de correspondência",[6] contou Graham J. Desvernine, que começou a trabalhar com uma unidade especial chamada Esquadrão Clandestino em 1956. "Entrávamos regularmente na sede do Partido Comunista e em seu cofre principal", disse

Desvernine. "[O objetivo era] Entrar lá e esvaziar o lugar. Tínhamos chaves para tudo. Eu abria fechaduras. A coisa toda era até divertida."

Somente uma operação do FBI era mais sensível que o Esquadrão Clandestino: a equipe especial de espionagem, criada em 1954, que instaurou "um programa de coleta de informações que mais tarde se tornou conhecido como Programa C",[7] contou Edward S. Miller, que começou no esquadrão de São Francisco e mais tarde se tornou o número 3 do FBI. Esse esforço internacional incluiu tentativas de invadir embaixadas e consulados do bloco soviético em Nova York, Washington, São Francisco e em outras cidades. Um dos objetivos era apoiar a Agência de Segurança Nacional em seus esforços para roubar códigos secretos dos inimigos dos Estados Unidos.

Os homens de Hoover realizaram operações ilegais em todo o país, não somente nos viveiros comunistas nas costas leste e oeste. Em 1955, John F. McCormack, um jovem agente do escritório de Cleveland, saiu em sua primeira operação ilegal. O alvo era a casa de um suspeito comunista — funcionário de uma siderúrgica com Ph.D. pela Universidade de Nova York. "Invadimos a casa, abrimos a fechadura [...] e fotografamos tudo",[8] contou McCormack. "Mais tarde, determinamos que ele tinha conexões com um país estrangeiro. Basicamente, presumimos, ele estava lá para fazer algo na siderúrgica em caso de emergência nacional." McCormack tinha consciência de que "seria demitido ou, no mínimo, preso" caso algo desse errado em uma dessas invasões. "Não podíamos carregar nossas credenciais nem identificação" durante operações ilegais, disse ele. "Sabíamos que estaríamos por nossa conta se algo acontecesse. Acho que todos os agentes envolvidos faziam aquilo pelo senso de realização. Eles assumiam o risco de fazer isso. Não era menos arriscado que prender um fugitivo e levar um tiro. E todos nós fazíamos, porque era o Bureau."

Em Cleveland, a oitava maior cidade americana em meados dos anos 1950, o FBI encontrou seis líderes comunistas para prender e processar de acordo com a Lei Smith, que efetivamente tinha tornado ilegal a filiação ao Partido Comunista. Todos foram considerados culpados.

Mas cada uma dessas condenações foi anulada. Os tribunais começavam a questionar as bases legais do FBI para as investigações de segurança nacional.

A Suprema Corte, em uma série de decisões em 1955 e 1956, invalidou dezenas de condenações baseadas na Lei Smith, dificultou o uso de informantes pagos como testemunhas contra o Partido Comunista e manteve o direito dos advogados de defesa de terem acesso às provas coletadas durante a vigilância do FBI. Cada decisão era um golpe contra Hoover.

A Corte rejeitou casos baseados em testemunho indireto e perjúrio por parte das testemunhas profissionais do Bureau, selecionadas entre as fileiras de ex-comunistas. A pior delas era Harvey Matusow. Veterano do Exército que tinha abandonado o ensino médio para se filiar ao Partido Comunista em 1947, Matusow havia oferecido seus serviços como informante ao FBI em 1950 e testemunhado nos tribunais e perante o Congresso que comunistas haviam infiltrado cada aspecto da sociedade americana, do Departamento de Estado aos escoteiros. Ele se retratou em um livro de 1955, *False Witness* [Testemunha falsa] e, em 1956, começou a cumprir pena de 44 meses em uma prisão federal, por perjúrio.

A Corte também estava se tornando mais alerta para o continuado uso de grampos telefônicos e escutas. Em uma decisão de 5 a 4, manteve uma condenação estadual baseada em provas obtidas por microfones ocultos instalados pela polícia durante uma invasão sem mandado. Mas cinco juízes expressaram indignação com o fato de a escuta ter sido instalada em um quarto. A decisão preocupou o procurador-geral Brownell, que, em caráter privado, avisou a Hoover onde colocar seus microfones.

Uma decisão da Suprema Corte, em especial, enfureceu Hoover. Ela permitiu que membros do Partido Comunista evocassem a Quinta Emenda ao se negarem a identificar seus camaradas. Um parecer majoritário foi escrito pelo mais velho inimigo vivo de Hoover, o juiz Felix Frankfurter.

Os juízes enfim decidiram que o governo havia aplicado a Lei Smith com liberdade excessiva ao atacar palavras e não atos — liberdade de expressão, em vez de golpes violentos contra o sistema político. Isso a tornou quase inútil no julgamento de comunistas americanos. Uma década de ataques legais ao Partido Comunista estava chegando ao fim. A lei já não era uma arma efetiva na guerra contra o comunismo.

Esses reveses enfureceram Hoover e dessa fúria vieram os mais ousados ataques que jamais tinha perpetrado contra seus inimigos — as mais ambiciosas e destrutivas operações na história do FBI.

"VAI NOS DAR O QUE QUEREMOS?"

Em 18 de maio de 1956, o novo plano de ataque começou a tomar forma — obra de Al Belmont, chefe da Divisão de Inteligência, e William C. Sullivan, seu confiável assessor.

Eles chamaram o plano de COINTELPRO, sigla para programa de contrainteligência. A contrainteligência, formalmente definida, é o trabalho de impedir que espiões roubem seus segredos. O COINTELPRO era mais que isso. Hoover e seus homens pretendiam subverter os subversivos americanos. Seus estratagemas foram afiados pelas sugestões de agentes de campo, endurecidos por Sullivan e, finalmente, aprovados por Hoover.

As primeiras operações começaram em 28 de agosto de 1956. Armado com informações reunidas em invasões, escutas e grampos, o COINTELPRO começou a atacar centenas — e depois milhares — de potenciais comunistas e socialistas com cartas anônimas ameaçadoras, auditorias da Receita Federal e documentos falsos criados para plantar e adubar as sementes da desconfiança entre as facções de esquerda.

A ideia era instilar ódio, medo, dúvida e autodestruição na esquerda americana. O FBI usou técnicas comunistas de propaganda e subversão. O objetivo era destruir as vidas públicas e as reputações privadas dos membros do Partido Comunista e de todos conectados a eles.

Haveria doze grandes campanhas COINTELPRO, voltadas para alvos em todo o espectro político, e um total de 2.340 operações. A maioria delas, nos casos em que os registros não foram queimados ou picotados, continha a aprovação pessoal de Hoover em sua tinta azul.

"Ok. H."

"Concordo. H."

"Sim e imediatamente. H."

A mente mais sagaz por trás do nascimento e crescimento do COINTELPRO pertencia a Bill Sullivan, o recém-nomeado chefe de pesquisa e análise da Divisão de Inteligência. Nascido em 1912 em uma fazenda a 56 quilômetros de Boston, Massachusetts, Sullivan se lembrava do espetáculo das cruzes em chamas, nos campos perto de sua cidade natal, acesas pela Ku Klux Klan, a sociedade secreta racista que surgiu depois da Guerra Civil e cresceu extremamente após a Primeira Guerra Mundial. Ele foi professor, trabalhou para a Receita Federal e então entrou no FBI quatro meses antes de Pearl Harbor.

Sullivan se lembra vividamente do treinamento e da doutrina do FBI — especialmente "da terrível propaganda feita pelos instrutores: *'Esta é a maior organização já criada pela mente humana.'* Eles ficavam citando Emerson: *'Uma instituição é a sombra alongada de um homem.'* Eles batiam nessa tecla quase todos os dias. Gravaram aquilo na gente."[9]

Ele subiu rapidamente na Divisão de Inteligência em razão de sua motivação e ambição. A despeito de sua aparência — ele parecia um amarrotado e evasivo detetive de filme B —, Sullivan se tornaria o marechal de campo de Hoover em termos de segurança nacional, chefe da inteligência do FBI e comandante do COINTELPRO. Naquele mundo ultrassecreto e altamente compartimentalizado, um FBI dentro do FBI, Sullivan serviu como executor das mais clandestinas e recônditas demandas.

"Ele era um camaleão brilhante",[10] disse Sullivan a respeito de Hoover. "Era um dos maiores trapaceiros que o país já produziu, o que exige certo tipo de inteligência, certa astúcia, certa perspicácia."

O talentoso capanga político e confiável assessor de Hoover, Cartha "Deke" DeLoach, pintou um retrato parecido de Sullivan: "Intrépido, brilhante, transbordando de autoestima, como um garnisé, Sullivan tinha mais ambição do que seria saudável, combinada a uma ligeira deficiência de princípios. Durante anos, o COINTELPRO foi seu domínio especial. Ele o dirigiu com habilidade e ousadia na maior parte do tempo, mas, às vezes, com descuidado abandono."[11] Alguns dos caciques do FBI achavam que o Partido Comunista estava tão desmoralizado que "já não valia a pena se preocupar com ele", refletiu DeLoach. "Mas, cada vez mais, o arquiteto do COINTELPRO — Sullivan — se preocupava com ele."

Os mercuriais talentos de Sullivan para a intriga palaciana e sua sagacidade política eram forças primais que modelaram o Bureau, a segurança nacional dos Estados Unidos e a presidência americana durante duas décadas. Ele esteve a um passo de suceder Hoover após a morte do diretor — uma decisão muito difícil tomada pelo presidente Nixon, cuja queda, em seguida, Sullivan secretamente ajudou a assegurar. No fim de sua era, Sullivan falou em uma câmara fechada do Senado sobre o modo de pensar que levou o FBI e o COINTELPRO adiante.

Sullivan era capaz de prestar falso testemunho, mas seu depoimento soou verdadeiro.

"Era um negócio duro, difícil e sujo. Era perigoso, às vezes. Não havia limites",[12] disse ele. E a lei não estava em questão. "Jamais ouvi alguém, incluindo eu mesmo, perguntar: 'Esse curso de ação está dentro da lei? É legal? É ético ou moral?' Nunca entrávamos nesse campo de reflexão, pois éramos naturalmente pragmáticos. A única coisa com que nos preocupávamos era isto: esse curso de ação vai funcionar, vai nos dar o que queremos?"

Sullivan disse que ele e seus colegas no FBI não podiam se livrar "da psicologia de que tínhamos sido imbuídos ainda jovens". Eles eram soldados da Guerra Fria. "Nunca nos livramos da psicologia com a qual fomos doutrinados, logo após Pearl Harbor. [...] Era como um soldado no campo de batalha. Quando atira no inimigo, ele não se pergunta se aquilo é legal ou ético. Atirar é o que se espera que faça, como soldado. Fizemos o que se esperava que fizéssemos."

"AS COISAS QUE ODIAVA, ELE ODIAVA PARA SEMPRE"

O FBI espionava cada figura política negra proeminente dos Estados Unidos desde a Primeira Guerra Mundial. O escopo da vigilância dos líderes negros era impressionante, considerando-se a finita mão de obra do Bureau, o peso de suas responsabilidades e o limitado número de horas no dia. Hoover passou sua carreira convencido de que, desde o início, o comunismo tinha estado por trás do movimento americano pelos direitos civis.

Hoover deu especial atenção a William Edward Burghardt Du Bois. Nascido em 1868, em 1910 o venerável Du Bois havia se tornado líder da Associação Nacional para o Progresso das Pessoas de Cor (National Association for the Advancement of Colored People, NAACP). A NAACP, o mais augusto grupo de direitos civis dos Estados Unidos, era foco de intenso interesse do FBI desde a Segunda Guerra Mundial.

A investigação de inteligência sobre a influência comunista na NAACP começou na primavera de 1941 e durou 25 anos. O escritório de campo do FBI em Washington abriu o caso depois que a Marinha lhe pediu para investigar "quinze frequentadores do refeitório" que protestavam contra condutas racistas, pois "as forças armadas americanas permaneceram segregadas durante toda a Segunda Guerra Mundial". O FBI contratou um informante e analisou a NAACP em busca de "conexões com o Partido Comunista".[13] Quatro meses antes de Pearl Harbor, a sede do FBI ordenou que os agentes de Oklahoma City investigassem a "dominação do Partido Comunista" na NAACP. Eles relatam "intensa movimentação por parte dos comunistas para tentar dominar o grupo. [...] Consequentemente, as atividades da NAACP serão observadas atentamente no futuro".

E foram. Hoover expandiu a investigação para todo o país. Informantes do FBI se infiltraram em conferências pelos direitos civis em ao menos dez estados e preencheram relatórios sobre centenas de membros da NAACP, incluindo Thurgood Marshall, conselheiro do grupo e futuro juiz da Suprema Corte.

Em 2 de outubro de 1956, Hoover intensificou a longa vigilância dos ativistas negros de direitos civis. Ele enviou um memorando COINTELPRO ao campo, avisando que o Partido Comunista tentava infiltrar o movimento.

"A situação negra é uma questão da mais alta importância"[14] para os comunistas, escreveu o diretor.

Hoover disse ao presidente Eisenhower que os comunistas estavam concentrando seus esforços no Alabama, na Geórgia e no Mississippi; eles pretendiam injetar os direitos civis em cada questão política dos Estados Unidos; exigiriam intervenção federal para fazer cumprir a lei; e tentariam conseguir o impeachment do senador James Eastland, do Mississippi, o presidente democrata do Comitê Judiciário, dono de fazenda e segregacionista ávido.

Hoover começou a vigiar muito atentamente os novos líderes do movimento pelos direitos civis. Em 1957, COINTELPRO foi usado como arma na longa luta entre os negros americanos e seu governo.

Três anos antes, no caso *Brown versus Conselho de Educação*, a Suprema Corte havia rachado a fachada do modo de vida americano ao ordenar a integração das escolas públicas. Hoover tinha avisado a Eisenhower que comunistas, nos Estados Unidos e no exterior, viam a decisão Brown como uma vitória e planejavam "explorar o fim da segregação de todas as maneiras".[15]

A decisão tinha jogado gasolina nas brasas da Ku Klux Klan. Dias após a decisão, a Klan havia começado a queimar novamente.

"A Klan estava morta até o caso Brown",[16] disse o agente John F. McCormack, que deixou de caçar comunistas em Cleveland e foi transferido para uma série de missões no sul em 1957. "Eles viviam aqui em seu pequeno mundo particular. Não havia problemas. Os negros tinham sua própria área, os negros tinham suas próprias escolas." Agora a Suprema Corte dizia aos sulistas brancos que eles precisavam aceitar a integração. Na opinião de McCormack, os operários brancos temiam "os negros entrando em sua área. Negros iriam para a escola com seus filhos, se casariam com suas filhas, negros roubariam seus empregos. Essa era uma força motivadora [...] e a Klan cresceu".

A Klan começou a dinamitar igrejas negras, queimar sinagogas, atirar em pessoas pelas costas com rifles de caça e a se infiltrar nas agências locais e estaduais da lei. Tornou-se o mais violento grupo terrorista americano do século XX. Com a ressurreição da Klan, os xerifes do velho sul prometeram resistir à nova lei. O senador James Eastland, do Mississippi, falou por eles ao proclamar que americanos anglo-saxões viam a resistência à integração como um ato de obediência a Deus.

A despeito da violência, Hoover assumiu uma postura de não intervenção em relação à KKK. Ele não faria com que o FBI investigasse ou se infiltrasse na Klan, a menos que o presidente assim ordenasse. "Vieram instruções da sede dizendo que não deveríamos envolver nenhum informante de alto nível na Klan, pois poderia parecer que estávamos guiando e dirigindo suas operações",[17] disse o agente Fletcher D. Thompson, baseado na Geórgia. Isso era uma racionalização para o racismo.

Hoover tinha nascido no século XIX em Washington, D.C., uma cidade sulista que permaneceu segregada durante a maior parte do século XX. Em seu mundo, os negros conheciam seu lugar: eram criados, valetes e engraxates. Ele temia a ascensão de um "messias" negro, para citar uma declaração de missão do COINTELPRO.[18] Ele presidia um país anglo-saxão e pretendia preservá-lo e defendê-lo.

"Ele sempre foi muito consistente. As coisas que odiava, odiava para sempre",[19] disse Bill Sullivan. "Ele odiava o liberalismo, os negros, os judeus — a lista de coisas que odiava era longa."

Mais precisamente, Hoover odiava as ideologias mais que os indivíduos, grupos de pressão mais que as pessoas; acima de tudo, odiava ameaças à estabilidade do sistema político americano e qualquer um que personificasse esse perigo era um inimigo para toda a vida.

A antipatia de Hoover pela ideia de igualdade racial pode explicar um pouco de sua hostilidade ao movimento pelos direitos civis, mas não toda ela.

Seu alarme com o nexo entre comunismo e direitos civis se intensificou no início de 1957. Para o FBI, a recém-organizada Conferência Sulista de Liderança Cristã e seu então obscuro diretor, Martin Luther King Jr., de 27 anos, representavam uma ameaça.

Hoover focou primeiro em Bayard Rustin, o principal estrategista da desobediência civil e da resistência não violenta — boicotes, manifestações e marchas de protesto —, durante a conferência. O Bureau já possuía um arquivo substancial sobre Rustin, um homem aparentemente criado por Deus apenas para irritar Hoover — socialista, pacifista e abertamente gay, com histórico de prisões por resistência à convocação e sodomia. Ele foi alvo das investigações do FBI durante os vinte anos seguintes, assim como um nova-iorquino branco de óculos espessos, empresário e conselheiro legal que Rustin apresentou a King no fim de 1956. Seu nome era Stanley David Levison.

Ele ajudou a esboçar os documentos fundadores da Conferência Sulista de Liderança Cristã. Tornou-se o confidente mais próximo de King — escrevendo seus discursos, polindo o manuscrito de seu primeiro livro, preparando suas declarações de renda e sendo seu primeiro ouvinte enquanto escrevia seu primeiro grande discurso à América branca, feito nos degraus do Lincoln Memorial em 17 de maio de 1957.

Àquela altura, Levison já estava nos arquivos do FBI havia cinco anos, suspeito de financiar o Partido Comunista na clandestinidade desde 1952. Embora as provas fossem circunstanciais, Hoover acreditava nelas.

Mas, sete semanas antes do discurso no Lincoln Memorial, o FBI retirou Levison da lista de americanos comunistas importantes. A decisão foi baseada em informações de seus melhores informantes dentro do partido. Seis semanas após o discurso, em 25 de junho de 1957, o FBI registrou que Levison era "membro do PC sem título oficial, que realiza o trabalho do partido por meio de atividades de organização das massas".[20] Ele parecia ter deixado seu papel de liderança na clandestinidade comunista para se devotar aos direitos civis.

Mas a crença de Hoover de que o comunismo estava por trás de Martin Luther King e do movimento pelos direitos civis jamais esmoreceu.

Seus agentes em Chicago e Nova York trabalhavam fazia anos em uma operação para recrutar um homem que fosse respeitado nas mais altas fileiras do Partido Comunista dos Estados Unidos. A operação, chamada Solo, não tinha precedentes nos anais da Guerra Fria.

Solo teve uma terrível consequência: convenceria Hoover de que o movimento americano pelos direitos civis era apoiado por Moscou e infiltrado, no topo, por comunistas secretos. Isso o levaria a declarar guerra política a King.

25

"Não confie em ninguém"

Em um almoço formal com o rei do Marrocos em 26 de novembro de 1957, J. Edgar Hoover e Richard Nixon conversaram sobre o fato de que o presidente Eisenhower poderia morrer a qualquer momento.[1] Na tarde anterior, Ike havia sofrido um derrame. Nixon correu para a Casa Branca, onde o chefe de gabinete do presidente, Sherman Adams, lhe disse: "Você pode ser presidente em 24 horas."[2]

Eisenhower se recuperou na primavera de 1958, embora às vezes suas palavras e pensamentos parecessem ligeiramente oblíquos. O próprio Hoover pareceu sofrer um ataque cardíaco leve logo após o derrame de Ike, um evento cardiovascular não documentado que ele manteve escondido de todos. Seu comportamento começou a mudar, assim como o do presidente. Os dois ficaram mais irritadiços, impacientes e exigentes. Mas, enquanto Ike começou um exame de consciência, tentando aquecer a Guerra Fria, Hoover endureceu. Os poucos homens próximos a ele no FBI o viram se tornar imperioso, orgulhoso e grandioso.

Naquele verão, *Masters of Deceit* [Mestres do embuste], um sinuoso tratado sobre o comunismo, deixou Hoover rico. Escrito por seus assessores, principalmente Bill Sullivan, e publicado em seu nome, com seu rosto na capa, o livro vendeu centenas de milhares de exemplares, muitos dos quais comprados a granel por grupos patrióticos como a Legião Americana. Uma investigação superficial do Congresso, realizada após sua morte, mostrou que ele havia lavado 20% dos lucros líquidos do livro por meio de uma fundação isenta de impostos para oficiais aposentados do FBI. Ele embolsou ao menos 71 mil dólares, mais de meio milhão em valores de hoje.

Masters of Deceit foi publicado por um texano explorador de petróleo e fabulosamente rico chamado Clint Murchison, que havia concebido o livro como um acordo de negócios. Hoover tinha uma parceria separada com Murchison. Ele podia investir em poços de petróleo: se jorrassem, ele lucraria; se estivessem secos, não perderia um centavo. Hoover (e seu número 2, Clyde Tolson) passou as férias de verão no elegante resort de Murchison em La Jolla, Califórnia, ficando na melhor suíte, Bangalô A, apostando em cavalos, comendo e bebendo — tudo por conta da casa. "Eles viviam em grande opulência",[3] refletiu o assessor de Hoover, Deke DeLoach, anos depois. As regalias em La Jolla foram "a coisa mais próxima de um escândalo genuíno na vida de Hoover".

Ele gostava de luxo. Um círculo de servidores, todos empregados pelo FBI, cuidava dele em sua casa na 30th Place, uma rua frondosa com casas espaçosas no noroeste de Washington, onde morava havia duas décadas, desde a morte da mãe. O Bureau lhe fornecia motoristas, funcionários de manutenção, jardineiros, valetes e os contadores que organizavam os honorários que recebia, totalizando dezenas de milhares de dólares, das corporações. Os presentes, dados por discursos e artigos escritos em segredo e como recompensas privadas por serviço público, suplementavam os dólares públicos que financiavam seu estilo de vida de quatro estrelas.

Ele tinha cinco reluzentes Cadillacs blindados em Washington, Nova York, Chicago, Miami e Los Angeles. Seus motoristas o levavam para onde quisesse ir. Quando estava em Washington — e era onde ficava onze meses no ano —, ele almoçava no Mayflower Hotel, após deixar o Bureau às 11h45, e costumava pedir rosbife ou, por ordens médicas, sopa de galinha e queijo cottage. Às 18h15, normalmente estava bebericando um Jack Daniel's e pedindo um filé no restaurante Harvey's, um dos poucos perto do Capitólio. A papada e as bolsas sob os olhos refletiam seus gostos em comida e bebida.

Hoover agora estava consciente de que talvez não vivesse para sempre. Pela lei, podia servir como diretor apenas por mais seis anos e meio, até que fizesse setenta. Ele tentou uma sinecura com o líder da maioria no Senado, Lyndon B. Johnson, do Texas. Johnson era vizinho de Hoover na 30th Place desde 1945. Ele o convidava para um copo de uísque ou café da manhã de domingo de vez em quando. Eles tinham certa amizade, ou o que se passava por amizade em Washington. Mais precisamente, eram aliados políticos. Juntos, conceberam um projeto especial de lei. LBJ venceu uma rápida e não contestada votação no Congresso concedendo a Hoover salário perpétuo, de julho de 1958 até o dia em que morresse. Johnson providenciaria para que jamais tivesse de se aposentar do FBI.

O Congresso o bajulava durante suas aparições anuais perante os líderes do judiciário e os comitês de apropriação. Em suas declarações públicas, o trapaceiro dentro dele assumia: suas performances rituais eram interpretações teatrais. Ele recebia elogios dos presidentes de comitês. Respondia com estatísticas criadas pela Divisão de Registros Criminais do FBI, seu escritório de relações públicas. Vomitava vitupérios contra a ameaça vermelha. "O comunismo",[4] para citar o diretor, "representa um esforço intenso para transformar não apenas o mundo, mas a própria natureza humana".

Mas o Partido Comunista já não era uma força significativa na vida política americana. Tinha sido atingido pelas acusações do Departamento de Justiça no início dos anos 1950, subvertido pelos esquadrões clandestinos do FBI nos cinco anos seguintes, dividido pela denúncia da ditadura de Stalin feita pelo líder soviético Nikita Kruchev em 1956 e derrubado pelos primeiros golpes do COINTELPRO. O Partido tinha perdido ao menos três quartos de seus membros desde o fim da Segunda Guerra Mundial. Talvez 22 mil membros de carteirinha ainda permanecessem em suas fileiras. Um bom número era composto por agentes disfarçados do FBI ou informantes; um grande número era composto por sobreviventes obsoletos das batidas vermelhas dos anos 1920.

Hoover tinha de continuar a apresentar o Partido como uma ameaça mortal. O poder do FBI dependia da existência de um grande inimigo, assim como do inabalável apoio que recebia do povo americano e de seu presidente.

A única coisa que ele temia eram vazamentos. Preocupava-se com eles constantemente. Tinha medo de que suas operações de inteligência fossem reveladas, para seu constrangimento. Não confiava na segurança interna do próprio FBI. Observava de perto os casos que poderiam prejudicar sua reputação. O que queria eram informações secretas que resultassem em sucesso público — casos de segurança nacional que chegassem às primeiras páginas dos jornais. Eles exigiam a terrível paciência que possuía havia tanto tempo.

"A INTELIGÊNCIA AMERICANA ESTÁ ENGATINHANDO"

Um espião soviético embriagado chamado Reino Hayhanen entrou na embaixada americana em Paris em abril de 1957. Disse que era oficial do KGB e que operava nos Estados Unidos havia cinco anos. Hayhanen tinha recebido ordens de voltar para Moscou e temia por sua vida, pois havia estragado tudo. Havia recebido 5 mil dólares para entregar à clandestinidade comunista em Nova York. Em vez disso, tinha se entregado a uma bebedeira e comprado uma passagem apenas de ida para Paris. O chefe de estação da CIA em Paris decidiu enviá-lo de volta para Nova York e entregá-lo ao FBI. O Bureau o internou no hospital do Serviço de Saúde Pública em Staten Island.

"Dizia-se que o cara era maluco",[5] lembrou o agente do FBI Philip Mogen.

Nascido em Leningrado, Hayhanen tinha sido recrutado pelo serviço soviético de inteligência nos primeiros meses da Segunda Guerra Mundial, aos vinte anos. Após a guerra, o KGB começou a construir um disfarce para ele — uma identidade falsa que se tornou sua vida. Após cinco anos de treinamento, seu disfarce estava pronto, juntamente com um passaporte americano falso.[6] Hayhanen chegou a Nova York no *Queen Mary* em 1952. Serviu como mensageiro, carregando microfilmes codificados dentro de moedas ocas, baterias, canetas, lápis e parafusos. Ele pegava e deixava informações secretas em pontos de entrega — locais escondidos nos parques e calçadas de Nova York.

Uma vez nas mãos do FBI, ele identificou seu superior como Mikhail Svirin, que tinha trabalhado como primeiro secretário da delegação soviética aos Estados Unidos. O Bureau sabia muito sobre diplomatas soviéticos que eram espiões do KGB — havia identificado dezesseis no fim dos anos 1950, todos imunes em virtude de seus passaportes diplomáticos, todos expulsos pelo Departamento de Estado de acordo com os protocolos de espionagem.[7] Svirin entrava e saía dos Estados Unidos desde antes da Segunda Guerra Mundial, mas, em 1957, partiu de Nova York e nunca mais voltou.

"O FBI ficava atento ao que acontecia dentro da embaixada soviética e às viagens do pessoal diplomático",[8] disse um cônsul do Departamento de Estado chamado William D. Morgan. "Não podiam dizer que a informação tinha vindo de escutas, pois jamais admitiriam isso. [...] Se o homem fosse pego manuseando algo perto de uma caixa de correio ou de um poste — em outras palavras, atividades envolvendo indicações realmente sérias de que estava 'cumprindo deveres em desacordo com seu status diplomático' —, é claro que isso servia de base para declará-lo *persona non grata*."

Hayhanen conhecia seu segundo contato no KGB como coronel Rudolph Abel. Ele havia viajado pelo nordeste dos Estados Unidos, por ordens do coronel, carregando mensagens e dinheiro. "Uma coisa sobre Reino é que ele amava a vida, mas tinha inteligência suficiente para nos colocar no caso",[9] disse o agente Edmund J. Birch, que liderou o esquadrão de espionagem na perseguição ao coronel Abel, do KGB, seguindo as pistas que Hayhanen fornecia quando sua embriagada memória lhe permitia.

O coronel usava o pseudônimo Emil Goldfus e seu disfarce era um artista com estúdio no Brooklyn. Birch, carregando uma câmera escondida em uma maleta, o seguiu enquanto saía de um restaurante, fotografando enquanto o suspeito caminhava pela rua. Birch tirou uma última foto, entrou em um táxi e correu para a sede do FBI em Nova York, na esquina da Third Avenue com a 69th Street. Um técnico mergulhou o filme em um tonel de revelador. "Boas fotos de árvores, uma estação do corpo de bombeiros e, subitamente, uma bela fotografia de seu rosto", lembrou Birch. Hayhanen imediatamente reconheceu o homem na foto como o coronel Abel.

O FBI jamais havia compreendido completamente os espiões que haviam desistido de suas vidas e suas identidades para servir ao Estado soviético fora dos confortáveis limites das embaixadas e consulados. Birch e seus colegas agentes mantiveram Abel sob constante vigilância, quatro esquadrões de três homens trabalhando 24 horas no dia. Ele nunca fez nada remotamente ilegal. O FBI estava "tentando encontrar que tipo de aparato ele possuía em Nova York", disse Birch. "Acho que nunca encontramos nada [...] e, depois de certo tempo, o Bureau finalmente disse, como o Bureau sempre dizia, 'agora basta'."

A prisão do coronel Abel em 21 de junho de 1957 foi a história de espião da década. Mas foi uma fonte de infinita frustração para Hoover. O coronel não podia ser acusado de espionagem; as provas do FBI eram indiretas. A prisão foi executada por agentes da imigração, de acordo com a Lei de Registro de Agentes Estrangeiros, que o Departamento de Justiça usava quando o caso contra um espião não podia ser apresentado aos tribunais.

O Bureau precisava quebrar Abel. Agentes "o entrevistaram feito loucos, dia após dia", durante meses, disse Birch. "Ele nada dizia." As primeiras séries de interrogatórios foram feitas em uma prisão improvisada para imigrantes ilegais em McAllen, Texas, na fronteira mexicana. Abel estava detido "em um campo de imigrantes mexicanos, em uma gaiola de arame, quente e desconfortável",[10] disse o agente Ed Gamber, que interrogou Abel oito horas por dia durante seis semanas. "Ele era realmente leal aos soviéticos. Era um cavalheiro, polido e agradável — exceto quando você lhe perguntava sobre o KGB."

Equipes de agentes do FBI, um após o outro, passaram mais de dois anos interrogando Abel em uma cela na Penitenciária Federal de Atlanta, uma das mais rígidas prisões dos Estados Unidos. "Falarei com você sobre arte, matemática, fotografia, o que você quiser, mas não me pergunte sobre meu histórico na inteligência", disse Abel ao agente Alden F. Miller. "Decidi, ao ser preso em Nova York, que não diria nada e não vou começar agora." O melhor que o FBI podia fazer era fotografar as telas produzidas por Abel e vasculhá-las em busca de sinais de esteganografia — mensagens escondidas em imagens. Não tinha encontrado nenhuma.

O FBI levou anos para entender o caso. Finalmente descobriu que Abel não era Abel — ele não era nem soviético. Seu verdadeiro nome era Willie Fisher, nascido em 1903 em Newcastle-on-Tyne, Inglaterra. Era a prova viva de que os soviéticos possuíam uma rede de espiões nos Estados Unidos, homens que podiam vir de qualquer lugar, usando qualquer nome, comandados por mestres em Moscou cuja paciência era difícil de imaginar. Fisher viveu disfarçado nos Estados Unidos durante nove anos: seu treinamento e seu disfarce vinham do início dos anos 1930.

Uma coisa que ele disse ao FBI ficou gravada na memória de Birch, mesmo cinquenta anos depois: "[...] a inteligência americana está engatinhando."

O caso Abel enfureceu Eisenhower. Durante uma reunião do Conselho de Segurança Nacional, com a presença do vice-presidente e do procurador-geral, ele falou com raiva e frustração. "Se descobríssemos um espião soviético, teríamos de expor todas as nossas fontes de informação e métodos para obter uma condenação",[11] disse o presidente. "Tudo que o FBI pode fazer é manter os espiões sob vigilância." Eisenhower resmungou que jamais esqueceria o caso Abel. Nunca o esqueceu. E o coronel nunca falou. Cinco anos depois, os Estados Unidos o trocaram por Francis Gary Power, um piloto americano aprisionado após a queda de seu avião espião U-2.

O caso teve uma consequência de valor perene para o FBI. Ajudou a convencer Hoover a ir em frente com a operação cujo codinome era Solo, o mais ousado plano do Bureau para infiltrar a União Soviética.

SOLO

Os mais valiosos agentes secretos do FBI durante a Guerra Fria eram dois irmãos, Morris e Jack Childs. A operação que o Bureau construiu sobre seu trabalho apresentava grandes riscos e a promessa de recompensas ainda maiores.

Morris Childs era um judeu russo, nascido Moishe Chilovsky perto de Kiev, em 1920. Tinha ido para os Estados Unidos em 1911 onde se tornou uma figura importante do Partido Comunista nos anos 1930 e 1940, trabalhando como editor de seu jornal, o *Daily Worker*. Havia se desiludido com o Partido em 1948. Três anos depois, o FBI o abordou, assim como a seu irmão mais novo, Jack, como parte de um novo programa chamado

TOPLEV, no qual agentes do FBI tentavam convencer membros de elite do Partido Comunista a se tornarem informantes. Jack Childs, vigarista nato e coletor das operações financeiras clandestinas do PC, logo aceitou a oferta. Finalmente, convenceu Morris a se juntar a ele como comunista disfarçado para o FBI.

Morris subiu cada vez mais na hierarquia secreta. Ganhou a confiança dos líderes do Partido. No verão de 1957, eles propuseram que ele fosse emissário em um esforço para restabelecer laços pessoais, políticos e financeiros com o Kremlin. Se Moscou aprovasse, o FBI teria uma chance de colocar um espião dentro dos mais altos conselhos da União Soviética. Morris Childs se reportaria a Hoover como secretário internacional do Partido Comunista dos Estados Unidos da América.

O chefe de inteligência de Hoover, Al Belmont, mal podia conter sua excitação. "Temos tentado produzir provas diretas de que o PC americano segue ordens e diretivas do PC soviético",[12] escreveu ele em 30 de agosto de 1957. "Se formos capazes de desenvolver tais provas, isso não somente fortaleceria nosso caso contra o PC americano, como também aumentaria tremendamente o prestígio do Bureau como agência de inteligência."

As primeiras entrevistas com Morris Childs, preenchendo 166 páginas em espaçamento simples, foram reveladas ao público em agosto de 2011.[13] Elas revelam quão poderosamente seu trabalho afetou o presidente Eisenhower e o vice-presidente Nixon e ajudam a explicar vários mistérios da Guerra Fria, incluindo a feroz oposição de Hoover a Martin Luther King Jr. e ao movimento pelos direitos civis; a falha de Eisenhower em seguir adiante com os planos da CIA para invadir a Cuba de Fidel Castro; e os primeiros pensamentos de Nixon sobre uma *détente* com os soviéticos.

Em 24 de abril de 1958, Morris Childs embarcou no voo 824 da TWA para Paris, no primeiro trecho de sua longa viagem até Moscou, a convite do Kremlin, onde se encontrou com os líderes do partido durante oito semanas. Ele descobriu que sua próxima parada seria em Beijing. Em 6 de julho, teve uma audiência com o presidente Mao Tsé-tung. Mao perguntou se os Estados Unidos planejavam uma guerra no sudeste da Ásia. Se sim, a China pretendia lutar, como havia lutado durante a Guerra da Coreia. "Pode haver muitas Coreias na Ásia", previu Mao.

Retornando a Moscou naquele verão, conversando com líderes do Partido e com o KGB, Morris recebeu um convite formal para comparecer ao 21º Congresso do Partido Comunista da União Soviética e aceitou promessas de pagamentos em dinheiro para o PC americano, que chegariam a 348.385 dólares nos meses seguintes; o dinheiro seria entregue pessoalmente a Morris por um delegado soviético nas Nações Unidas, em um restaurante no Queens, Nova York.

Em janeiro e fevereiro de 1959, durante a convenção do Partido em Moscou, Morris Childs conheceu líderes comunistas de todo o mundo e oficiais de inteligência que supervisionavam a espionagem contra os Estados Unidos. Embora as viagens o deixassem exausto e fisicamente alquebrado, ele iria para o exterior duas ou três vezes por ano durante as duas décadas seguintes. Ele cumpriu 52 missões internacionais, tornando-se amigo dos mais poderosos comunistas do planeta. Controlou a renda do Partido Comunista americano e contribuiu com insights para sua política externa. Seu trabalho permaneceu desconhecido pelo KGB e foi mantido em segredo, com exceção dos mais poderosos líderes americanos.

O relatório de Solo concedeu a Hoover autoridade inquestionável na Casa Branca. Os Estados Unidos nunca haviam tido um espião dentro dos altos círculos da União Soviética ou da República Popular da China. Morris Childs se infiltraria em seus níveis mais altos e forneceria ao FBI insights jamais possuídos por nenhum outro presidente.

Hoover informou ao gabinete sobre a missão Solo em 6 de novembro de 1958. Durante os dois anos seguintes, enviou sumários diretamente ao presidente, ao vice-presidente, ao secretário de Estado e ao diretor da Central de Inteligência. Sentia prazer em esconder a fonte de suas informações de Allen Dulles e da CIA: "Simplesmente *me recuso* a revelar o informante, a despeito de quaisquer 'acessos' que Allen Dulles ou quem quer que seja possam ter. H."

Hoover relatou que os dois comunistas mais poderosos do mundo — Mao Tsé-tung e Nikita Kruchev — estavam pulando na garganta um do outro. A fissura entre Moscou e Beijing foi uma revelação para o presidente Eisenhower. Era consenso entre a inteligência americana que os líderes comunistas eram unidos. Durante anos, Eisenhower havia se apoiado em informações equivocadas da CIA e do Pentágono sobre as forças militares e políticas de seus inimigos. Os relatórios de Solo lhe forneceram insights que nenhum satélite ou avião espião poderia fornecer, retratando os líderes comunistas como confusos e em conflito.

Hoover disse que Moscou tinha decidido que "a principal tarefa do Partido Comunista americano é lutar pela igualdade e integração dos negros". O FBI registrou que o Kremlin havia pedido a Solo para enviar uma cópia do primeiro livro de Martin Luther King Jr., o recém-publicado *Stride Toward Freedom* [Avanço em direção à liberdade], escrito com a ajuda de Stanley Levison, conselheiro de King e antigo membro da clandestinidade comunista. Essa prova de laços entre o comunismo internacional e o movimento americano pelos direitos civis deixou Hoover eletrizado. A ideia de que estavam conectados por meio de operações clandestinas seria parte elementar de seu modo de pensar e de sua conduta pelo restante de sua vida.

Hoover também contou à Casa Branca que Solo tinha conhecido Anibal Escalante, um líder político da vitoriosa revolução cubana, confidente de Fidel Castro e mais respeitado comunista cubano em Moscou. Escalante havia afirmado que os cubanos sabiam que os Estados Unidos estavam planejando um ataque paramilitar para derrubar Castro. Esse relato fez Eisenhower pensar melhor sobre a proposta da CIA de invadir a ilha com uma força de cubanos anticastristas que estavam sendo treinados na Guatemala. Ele nunca aprovou o plano.

Hoover se reportou diretamente a Nixon quando o vice-presidente se preparou para ir até Moscou em julho de 1959, onde enfrentaria Kruchev em um debate público sobre os méritos políticos e culturais do comunismo e do capitalismo. Solo tinha conhecido os oficiais do Partido Comunista responsáveis pelas questões americanas. Hoover destilou suas opiniões sobre os líderes dos Estados Unidos e as qualificações dos principais candidatos da eleição presidencial de 1960. Moscou gostava de Ike: ele entendia o significado da guerra e estava disposto a tentar a paz. Os democratas eram menos atraentes: o senador John F. Kennedy era considerado "inexperiente" e o senador Lyndon B. Johnson era "um reacionário". Quanto ao próprio Nixon, os comunistas achavam que seria um presidente capaz, embora fosse "astuto" e "ambicioso".

Nixon aprendeu com as informações de Solo que Moscou podia fazer discursos políticos racionais; uma década depois, a lição lhe foi útil como presidente, quando tentou estabelecer uma relação com os soviéticos.

Nixon apresentou Kruchev a Hoover em um jantar de Estado na Casa Branca de Eisenhower em 15 de setembro de 1959. O cansado líder soviético usava uma medalha na lapela. Nixon, já se preparando para concorrer à presidência, estava formal e untuoso; Hoover prestou muita atenção quando um tradutor se aproximou para se unir à conversa com Kruchev.

"Quando o apresentei a Hoover, ele imediatamente se animou e disse: *'Acho que temos alguns conhecidos em comum'*"[14], lembrou Nixon. "Achei o comentário de Kruchev muito astuto: *'Temos alguns conhecidos em comum, portanto não confie em ninguém.'*"

Eles de fato tinham um conhecido em comum. Morris Childs retornou a Moscou com Kruchev na semana após o jantar na Casa Branca.

O conselho do principal comunista do mundo — "não confie em ninguém" — soou muito sábio a Hoover enquanto ele se preparava para o fim da era Eisenhower e a eleição do próximo presidente dos Estados Unidos.

26

Conduta imoral

Hoover pediu uma avaliação completa dos arquivos do FBI sobre John F. Kennedy assim que se tornou claro que o senador venceria a indicação democrata, vitória adquirida após uma livre e custosa campanha primária dirigida por seu irmão Robert e financiada por seu pai, Joseph.

Hoover conhecia Joe Kennedy: empresário bucaneiro que valia centenas de milhões de dólares, famoso mulherengo e feroz cruzado anticomunista. Sua amizade tinha sobrevivido à recusa de Hoover de aceitar 100 mil dólares por ano para cuidar dos interesses de segurança da família Kennedy.

Ele estava começando a conhecer Robert Kennedy; os dois haviam se encontrado ao menos três vezes em função do trabalho de Kennedy como principal interrogador do Comitê do Crime Organizado do Senado entre 1957 e 1959. As audiências do comitê sobre o crime organizado foram palco de um dramático confronto entre Kennedy e o chefe da máfia de Chicago, Momo Salvatore "Sam" Giancana. O mafioso evocou a Quinta Emenda, rindo de Kennedy. Bobby disparou: "Achei que somente garotinhas davam risadinhas, sr. Giancana."

Hoover sentia rivalidade pelas audiências do Crime Organizado; ele saboreava os momentos em que Robert Kennedy tropeçava devido a sua inexperiência e zelo. Em março de 1959, o jovem cruzado fez uma acusação que não podia provar: a de que uma testemunha-chave havia oferecido dinheiro à campanha presidencial do senador Kennedy se o comitê fosse leniente. "Isso é o que acontece quando o filho pródigo se afasta demais de casa e do papai",[1] escreveu Hoover em um desdenhoso comentário em um relatório interno do FBI sobre Robert Kennedy e o Comitê do Crime Organizado.

Hoover não queria nada com a máfia, cuja existência como força na economia e na vida política americana era um segredo conhecido por todos. Em 1959, mais de quatrocentos agentes baseados em Nova York cuidavam da ameaça comunista; apenas quatro cuidavam da máfia. Hoover tinha argumentado que o crime organizado e a extorsão eram questões para as agências locais e estaduais da lei. Ele achava que investigar a máfia criaria o risco de que agentes fossem subornados e comprados, lembrou o agente Graham Desvernine: "Os problemas e a publicidade resultantes superavam quaisquer benefícios."[2] Hoover havia proibido a infiltração na Ku Klux Klan por medo de que seus agentes fossem vistos como se estivessem auxiliando e instigando o racismo que queimava cruzes. E desistiu do trabalho clandestino contra a máfia por causa da possibilidade de seus homens serem corrompidos. Razões diferentes, mesmo raciocínio: não constranja o Bureau.

Mas o trabalho do Comitê do Crime Organizado e a competição pela publicidade o fizeram mudar de tom. Ele selecionou as táticas empregadas contra os comunistas e começou a usá-las contra os mafiosos. "A decisão foi que usaríamos os métodos e técnicas de investigação do Esquadrão Clandestino contra o crime organizado", disse Desvernine. Operações ilegais, microfones escondidos, escutas e grampos telefônicos eram "muito efetivos para descobrir o que estavam fazendo e tramando". Não podiam ser usados nos tribunais, é claro — "[...] tratava-se estritamente de coleta de informações [...] primeiro você consegue as informações e então encontra testemunhas." No verão de 1959, o FBI instalou grampos e escutas para vigiar Giancana e seus compatriotas em Chicago e Las Vegas.

Hoover também conhecia o senador John F. Kennedy, mas não muito bem. E não gostou do que leu nos arquivos do FBI. Datado de 7 de julho de 1960, um sumário de nove páginas sobre o passado de JFK deixou Hoover apreensivo sobre o futuro político dos Estados Unidos. Ele incluía acusações de "conduta imoral" — histórias sexuais, algumas verídicas, incluindo uma alegação de que o senador estava dormindo com a esposa de seu secretário social. Hoover se lembrava vagamente do caso mais antigo: em 1942, quando era um soldado da Marinha de 24 anos, JFK havia tido um notório romance com uma mulher casada chamada Inga Arvad, colunista em Washington e simpatizante nazista. O FBI, sob a impressão de que também era espiã alemã, tinha colocado Inga sob vigilância, grampeado seus telefonemas para Kennedy e instalado escutas nos quartos de hotel onde os dois faziam amor.

Os arquivos do FBI sobre Kennedy também incluíam acusações inespecíficas e não verificadas de "conexões com gângsteres".[3]

Em 13 de julho de 1969, o dia em que JFK venceu a nomeação na Convenção Democrata Nacional, o FBI produziu um esboço biográfico do candidato para Hoover. Ele relatava que o senador e Frank Sinatra haviam socializado em Nova York, Las Vegas e Palm Springs durante a campanha. O FBI tinha um extenso arquivo sobre Sinatra. O Bureau concluiu que o cantor estava tentando usar sua influência junto ao clã Kennedy em benefício dos mafiosos. O arquivo de Sinatra incluía sua associação com Sam Giancana, que mais tarde foi ouvido, em uma escuta, gabando-se de ter influência junto aos Kennedy. O FBI logo descobriria que Sinatra tinha apresentado JFK e Giancana a uma mulher de pouca virtude chamada Judith Campbell, que havia servido sexualmente ao senador durante a campanha e mantinha relações íntimas com ambos os homens.

"O PRESIDENTE EXPRESSOU ASSOMBRO"

O presidente Eisenhower chamou Hoover para uma reunião urgente do Conselho Nacional de Segurança em 13 de outubro de 1960. Prementes questões de segurança nacional estavam sendo enfrentadas pela Casa Branca naquele outono. A ascensão do comunismo de estilo soviético na Cuba de Fidel Castro era a principal delas. Mas o presidente passou grande parte da reunião falando sobre sexo.

A tensão política era grande em Washington. A eleição seria dali a 25 dias, a corrida estava apertada e o terceiro debate presidencial ocorreria em poucas horas. (Eles discutiram na televisão, naquela noite, sobre inteligência americana e espiões soviéticos. "A espionagem comunista não para", disse Nixon, na voz nervosa que lhe custou inumeráveis votos. "Os Estados Unidos não podem ter uma falta de es... ou devemos di... ah... atraso, quero dizer, um atraso na inteligência, assim como não pode ficar para trás em relação aos mísseis.")

O presidente, contudo, passou quase uma hora da reunião de 13 de outubro dizendo a Hoover para livrar o país de homossexuais em altas posições.

Dois jovens gênios matemáticos que trabalhavam para a Agência de Segurança Nacional (National Security Agency, NSA) como decifradores de códigos haviam desertado para a União Soviética. Bernon Mitchell, de 31 anos, e William Martin, de 29, faltaram ao trabalho por oito dias antes que alguém notasse. A hipótese universal — não apoiada por registros da NSA liberados cinco décadas depois — era que Martin e Mitchell eram amantes. Eles haviam voado de Washington para Havana via Cidade do México e então para Moscou. Concederam uma entrevista coletiva em 6 de setembro, informando ao mundo sobre a quebra de códigos diplomáticos e de inteligência de aliados americanos feita pela NSA, incluindo a França, a Itália, a Indonésia, o Egito e a Síria.

O presidente pediu a Hoover um relatório completo sobre o caso. "Mitchell demonstrou tendências homossexuais",[4] disse Hoover ao presidente, e "Martin era visivelmente instável". Mas, mesmo assim, o Pentágono lhes havia concedido elevadas credenciais de segurança. O presidente achou isso ultrajante. Ele conectava comunismo e homossexualidade, assim como Hoover; ambos acreditavam, sem sombra de dúvida, que os homossexuais eram especialmente suscetíveis aos serviços de inteligência estrangeiros.

"O presidente expressou assombro com o fato de esses dois homens terem sido mantidos após a obtenção de tais informações",[5] registrou Hoover em um memorando ditado sobre a conversa. "Ele instruiu o presidente do Estado-Maior conjunto, general Lyman L. Lemnitzer, a chamar os oficiais responsáveis por aprovar esses dois indivíduos e, nas palavras do presidente, 'repreendê-los severamente'."

O presidente perguntou a Hoover como limpar o governo dessa ameaça de uma vez por todas. Hoover relatou:

> Houve certa discussão sobre o papel do presidente, do procurador-geral e também do meu na criação de uma lista de homossexuais, a fim de que exista alguma central para a qual as investigações possam ser direcionadas, em relação a indivíduos que possam se candidatar a empregos no governo ou já estejam empregados pelo governo [...].
>
> O presidente acha que essa informação deveria estar no FBI e sugeriu que medidas sejam tomadas para reunirmos no FBI quaisquer informações relacionadas a tais tendências em indivíduos que estão no governo ou podem se candidatar a posições no governo, a fim de que tais informações estejam prontamente disponíveis para todas as agências governamentais.
>
> O presidente pareceu muito preocupado com esse problema e não deixou dúvidas [...] de que se opõe completamente ao emprego ou retenção no emprego de indivíduos que podem apresentar tais tendências.

O Programa de Desviantes Sexuais do FBI era efetivo desde 1951; os arquivos ocupavam centenas de milhares de páginas. A ordem executiva do presidente Eisenhower, em 1953, banindo homossexuais do serviço governamental, declarava que "perversão sexual", espionagem, sabotagem, doença mental, vício em drogas e filiação ao Partido Comunista eram comportamentos que constituíam um perigo para a segurança nacional. Mas nunca havia existido um arquivo central no FBI com um "quem é quem" dos homossexuais americanos. Agora haveria.

Hoover pode não ter tido vida sexual, mas demonstrava profundo interesse pelas vidas secretas das outras pessoas — especialmente pela do próximo presidente dos Estados Unidos.

27

"Assassinato estava na moda"

No fim de 1960, Hoover e o FBI se viram envolvidos nos planos do presidente Eisenhower para assassinar tanto Fidel Castro quanto Rafael Trujillo, ditadores de Cuba e da República Dominicana, respectivamente.

Hoover começou a ver os contornos dessas sombrias conspirações pouco antes de John Kennedy derrotar Richard Nixon por pequena margem de votos na eleição de novembro de 1960. Seus penetrantes olhos começaram a se abrir para um submundo de poder. Ele compreendeu as conexões entre o governo americano e o crime organizado.

Em 18 de outubro de 1960, Hoover escreveu um conciso memorando a Richard Bissel, chefe de operações secretas da CIA, com cópias para os principais membros dos departamentos de Justiça e de Estado, do Pentágono e da cadeia de comando do FBI. Ele se referia a Sam Giancana e Fidel Castro.

Hoover tinha lido nos relatórios do FBI que Giancana, enquanto fazia uma refeição no La Scala, o melhor restaurante italiano de Nova York, havia afirmado que "Castro será eliminado muito em breve"[1] — em novembro. O mafioso havia afirmado ter se encontrado três vezes com o assassino contratado em Miami. O instrumento da morte seria uma pílula de veneno. E, como Hoover descobriu em seguida, a CIA estava por trás do plano. Hoover começou uma abrangente vigilância eletrônica de Giancana — não somente grampos e escutas, mas também microfones parabólicos que podiam captar conversas a metros de distância, uma nova tecnologia utilizada somente nos casos mais sensíveis de espionagem. "Você sabe que, no passado, seu uso foi confinado aos principais casos de segurança interna e espionagem", escreveu Hoover para o agente especial encarregado em Chicago. A investigação Giancana era agora um caso de inteligência.

O FBI descobriu que Giancana era um dos dez membros da "comissão" que supervisionava o trabalho das famílias mafiosas nos Estados Unidos e no Caribe. Os chefes da máfia pretendiam reabrir seus cassinos em Havana, de onde haviam sido expulsos por Castro, do subir ao poder em Cuba em 1º de janeiro de 1959, após derrubar o ditador Fulgencio Batista. Se isso não desse certo, mudariam para operações de apostas e suborno na República Dominicana.

A máfia gostava do generalíssimo Rafael Trujillo, um aliado americano que retinha o poder na República Dominicana desde 1930. Ele governava pelo medo e pela fraude. Sua fortuna, retirada do solo da ilha e do suor de seus súditos, era avaliada em centenas de milhões de dólares. Seus crimes incluíam sequestro e homicídio em solo americano, suborno e corrupção de membros do Senado e da Câmara dos Estados Unidos e subversão de líderes latino-americanos rivais.

"O PRESIDENTE TINHA O DIREITO DE SABER"

Hoover tinha reunido uma valiosa coleção de informações políticas sobre os políticos homicidas do Caribe durante o fim dos anos 1950. Suas melhores fontes incluíam um veterano do FBI que havia se tornado embaixador na República Dominicana, seus agentes e adidos legais em Miami e Havana e o chefe de contraespionagem da CIA, James Angleton.

O denominador comum de seus relatórios era a corrupção política em Washington. Dez membros do Congresso haviam sido condenados durante os anos de Hoover no FBI; quase todos os casos envolviam episódios relativamente menores de suborno. Mas Hoover descobriu, por meio de informações secretas, que alguns de seus mais fortes aliados no Senado estavam embolsando dinheiro de Batista e Trujillo. Ele havia recebido um relatório de Angleton, baseado em uma dica do cônsul-geral cubano em Nova York, de que "o senador Homer E. Capehart recebeu a soma de 20 mil dólares como 'taxa' pela entrada e asilo de Batista nos Estados Unidos".[2] Hoover também ficou sabendo, pelo embaixador americano na República Dominicana, que seu mais poderoso apoiador no Congresso, o senador James Eastland, do Mississippi, recebia dinheiro e outros favores de Trujillo, um grande fazendeiro sendo generoso com outro.

Hoover evitava investigações criminais de congressistas. Muito raramente lidava com questões envolvendo dinheiro, sexo e política como casos legais. Classificava-as como assuntos de inteligência, adequados somente para os arquivos e para os olhos do presidente. Ele entregou à Casa Branca lascivos segredos políticos sobre membros do Congresso e, de Franklin Roosevelt em diante, os presidentes costumavam apreciá-los.

"Se fosse politicamente explosivo [...] o presidente tinha o direito de saber",[3] disse Nicholas deB. Katzenbach, mais tarde procurador-geral dos Estados Unidos. "O Bureau não fornecia muita informação. Eles o faziam se houvesse homossexualidade ou algo desse gênero envolvido. [...] Sabe como é, garotinhas ou algo assim."

Hoover jamais acusou Eastland de corrupção; teria sido extremamente embaraçoso investigar seu senador favorito, o presidente democrata do Comitê Judiciário e de seu Subcomitê de Segurança Interna. Mas disse ao presidente que outros membros do Congresso estavam nas mãos de Trujillo. O próprio Eisenhower havia nomeado dois deles em uma reunião na Casa Branca: o senador Allen Ellender, democrata da Louisiana, presidente do Comitê de Agricultura do Senado, e o congressista Harold Cooley, democrata da Carolina do Norte, presidente do Comitê de Agricultura da Câmara.[4] Os comitês estabeleciam as cotas de importação de açúcar da República Dominicana; suas decisões geravam milhões para a ditadura e seus presidentes recebiam presentes consideráveis em troca. Trujillo controlava pessoalmente dois terços das plantações e ficava com a maior parte do lucro.

Ele tinha se distinguido, aos olhos de seus aliados americanos, como um baluarte contra o comunismo. Havia declarado durante entrevistas aos jornais americanos ter fornecido aos Estados Unidos informações de valor incalculável sobre o "Comintern caribenho", com sede na embaixada soviética da Cidade do México e bases em Nova York, Miami e Porto Rico. O vice-presidente Nixon tinha feito um tour pela República Dominicana e o elogiado em público e em particular. Franklin D. Roosevelt Jr. era um de seus muitos e bem-pagos lobistas em Washington. Trujillo comprava publicidade favorável colocando dinheiro nas mãos de donos de jornais, magnatas das comunicações, agentes de propaganda e colunistas sindicalizados, por meio de seus operadores políticos e de inteligência, que trabalhavam em 54 consulados nos Estados Unidos. Sua recompensa pelo apoio de gringos poderosos e proeminentes era de 25 mil dólares em dinheiro.

Os problemas que causava não tinham precedentes na história política americana. Os Estados Unidos já haviam instalado dirigentes pró-americanos por meio de golpes e complôs. Mas nunca removeram um.

INFILTRE-SE NO SUBMUNDO

O presidente, os irmãos Dulles e J. Edgar Hoover encontraram uma solução incomum para o problema de Trujillo. Eles enviaram um agente veterano do FBI para a República Dominicana, como novo embaixador americano.

Joseph S. Farland não era um diplomata típico. Sua especialidade eram as operações secretas. Ele havia se tornado agente do FBI em 1943. Suas missões incluíam grampos telefônicos, operações ilegais e vigilância sob disfarce. Como explicou, Hoover o tinha escolhido para fazer parte "de um grupo muito seleto de indivíduos", uma "organização secreta dentro de uma organização secreta", trabalhando contra os espiões atômicos soviéticos. "Nosso trabalho era saber quem era quem, quem estava fazendo o quê para quem e como estavam se saindo." Sua nova missão na República Dominicana não era tão diferente. Ele se lembrou de suas ordens: "Infiltre-se no submundo e descubra o que está acontecendo e o que acontecerá no futuro. É uma operação delicada, mas seu histórico e seu treinamento o tornam a melhor escolha dentro do Departamento. Não queremos eliminar Trujillo, isto é, em outras palavras, assassiná-lo; mas queremos que pegue seu saque e desapareça."[5]

As relações americanas militares, econômicas e diplomáticas estariam na balança se o poder de Trujillo fosse ameaçado. Mas Farland fez seus relatórios — e contou tudo: câmaras de tortura, homicídios políticos e homenagens bajuladoras que Trujillo recebia de membros do Senado e da Câmara, em troca de dinheiro e sexo.

"Trujillo estava completamente no controle", disse ele. "Estava eliminando seus oponentes. Assassinato estava na moda. Era completamente amoral."

Farland encontrou seus colegas americanos agindo sob protocolos incomuns. A lista de políticos que gozavam do dinheiro, do rum e das garotas de Trujillo era longa. O ex — e posteriormente futuro — embaixador dominicano nos Estados Unidos, Manuel de Moya, um dos chefes de inteligência de Trujillo, mantinha uma mansão nos arredores de Santo Domingo onde congressistas americanos eram recebidos — "[...] um ninho de amor nos limites da cidade, no qual se entrava por um labirinto de sebes, para que nenhum carro pudesse ser observado", descreveu Farland. "Estava cheia de escutas. Havia espelhos de face dupla. Havia um suprimento do que quer que se desejasse. Certo número de nossos congressistas fez uso desse suprimento e foi fotografado e gravado. Um senador foi até lá e eu disse: 'Senador, eu e minha equipe estamos preparados para informá-lo.' Ele respondeu: 'Sei tudo que preciso saber sobre este maldito país. Tudo que quero é que você se assegure de que terei uísque suficiente em meu quarto de hotel, durante uma semana.'"

Farland começou a limpar a casa na embaixada americana. Tinha um irresponsável chefe de estação da CIA como homólogo na República Dominicana. "Um dia, ele veio até mim e disse: 'Senhor embaixador, detesto incomodá-lo, mas fiquei preso do lado de fora do meu escritório.'" Farland abriu a fechadura. "Aprendi isso em meu treinamento no FBI." O chefe de estação foi rapidamente substituído.

O embaixador também descobriu que seu segundo em comando na embaixada, o vice-chefe da missão, estava "definitivamente no bolso de Trujillo. [...] Era tão estúpido que me contou que havia passado algum tempo na casa de Manuel de Moya". Foi substituído por um confiável número 2, Henry Dearborn. Ele também ficou chocado com os representantes da democracia americana que eram convidados de honra de Trujillo. "O senador Eastland era um deles",[6] disse Dearborn. "Não era o único."

Farland fez amizade com Trujillo, por assim dizer, e por meio dele conseguiu uma grande quantidade de informações sobre a ascensão de Fidel Castro em Cuba. "Castro tem conhecidos comunistas entre seus tenentes e recebe apoio financeiro da União Soviética",[7] escreveu Farland em um cabograma ultrassecreto para Washington em 15 de dezembro de 1958, dezessete dias antes que a revolução tomasse Havana. A CIA não detectou a ameaça durante vários meses.

Em 29 de janeiro de 1959, Hoover tomou a palavra em uma reunião formal no Departamento de Estado sobre a crise no Caribe. Dirigindo-se a Allen Dulles, da CIA, a oito líderes do Departamento de Estado e ao chefe do serviço de imigração, Hoover afirmou possuir "considerável quantidade de informações"[8] sobre exilados cubanos trabalhando para e contra Castro em Miami, Nova York, Nova Orleans e em todo o restante do país. Ele ordenou que cada agente do FBI ficasse na cola dos cubanos. Seria Castro comunista? Quem trabalhava para ele e contra ele nos Estados Unidos?

Em 31 de março de 1959, obedecendo a ordens de Hoover, agentes do FBI entrevistaram um mercenário e comerciante de armas americano, ex-fuzileiro e oficial da inteligência do Exército, chamado Frank Sturgis, também conhecido como Frank Fiorini. Ele lhes forneceu uma visão detalhada do interior da revolução de Castro. Tinha lutado com Fidel nas montanhas e lhe havia fornecido armas e aeronaves. Após a revolução, Castro o tinha contratado para expulsar os mafiosos americanos dos cassinos de Havana. Sturgis havia avaliado a mesa de jogo e apostado nos Estados Unidos. Disse ao FBI que tinha decidido mudar de lado e "ofereceu seus serviços como 'agente' do governo dos Estados Unidos",[9] respondendo diretamente a Hoover. (Sturgis passou a trabalhar para a CIA e, anos depois, para a Casa Branca: foi preso durante a invasão do Watergate Hotel.)

Os relatórios do FBI sobre Cuba eram quase sempre corretos. Eles abriram um mundo de segredos, incluindo as conexões entre os operadores americanos de cassinos em Havana, a máfia, os cubanos anticastristas e a CIA. O FBI identificou os comunistas no campo de Castro e posicionou precisamente seu movimento esquerdista no espectro político. O Bureau confirmou os relatos de Farland de que Castro e Trujillo estavam conspirando um contra o outro.

O presidente Eisenhower decidiu se livrar de ambos.

Primeiro, cancelou cada dólar da assistência militar à República Dominicana. Coube a Farland informar o generalíssimo. "Fui sozinho",[10] contou Farland durante uma entrevista gravada. "Ele tinha o embaixador nos Estados Unidos, o chefe do Exército, o chefe da Marinha e o chefe da Força Aérea a seu lado. Ele explodiu. Ficou vermelho. E então fez o impensável. Começou uma diatribe contra Eisenhower, meu presidente. Chamou-o de estúpido, disse que ele não entendia nada de política, não entendia o que se passava no Caribe e o chamou — detesto dizer isso em uma gravação — de 'filho da puta'. Quando ele fez isso, minha diplomacia foi embora. [...] Decidi que tinha chegado a hora de dizer algumas palavras em defesa de meu país, o que fiz, concluindo: 'Quanto a você, em minha opinião, você não é nada além de um ditadorzinho e seu país, comparado ao meu, é um cocô de mosca em um mapa.'"

Trujillo tinha um revólver. Farland pensou consigo: "Se piscar, estou morto. [...] Mas não pisquei. Ele piscou. Ele contornou a mesa e disse: 'Senhor embaixador, em momentos de estresse, frequentemente dizemos coisas que não pretendemos. Vamos esquecer e perdoar.' Não consegui me conter. Disse: 'Senhor Trujillo, sou cristão. Perdoarei, mas não esquecerei.' Dei as costas e caminhei pelo que pareciam quilômetros até meu escritório, o tempo todo me perguntando se levaria um tiro de 38 pelas costas."

Farland conspirou em segredo com os oponentes de Trujillo na República Dominicana. Seus planos envolviam a morte do ditador. "Eu estava muito próximo da clandestinidade", disse ele — próximo o bastante para enviar ao Departamento de Estado uma lista de dissidentes que estavam preparados "para assumir o governo uma vez que Trujillo tenha sido assassinado". Era crucial para os Estados Unidos que esses homens fossem seguramente anticomunistas. Farland assegurou a Washington que eram: "São advogados, médicos, engenheiros e comerciantes, pessoas que, de modo geral, foram treinadas nos Estados Unidos."

O embaixador relatou que eles queriam que os Estados Unidos lhes fornecessem um suprimento clandestino de armas para matar Trujillo. A lista de desejos dos conspiradores, entregue por Farland à CIA, também incluía um esquadrão de ataque de "ex-agentes do FBI que planejariam e executariam o assassinato de Trujillo",[11] nas palavras de Richard Bissell, o chefe de operações secretas da CIA.

Em abril de 1960, Eisenhower decidiu que os Estados Unidos deviam se preparar "para remover Trujillo da República Dominicana".[12] Isso seria feito "assim que um regime de sucessão adequado possa ser induzido a assumir, com a certeza de apoio político, econômico e — se necessário — militar dos Estados Unidos".

Em 13 de maio de 1960, o presidente convocou Farland e dois de seus superiores no Departamento de Estado à Casa Branca. De acordo com as notas de seu assessor militar, o presidente disse a Farland que "ele estava sendo bombardeado pelas pessoas que se opõem a Castro e Trujillo"[13] e que "gostaria de ver ambos removidos".

O presidente Eisenhower não concluiu o trabalho. A administração Kennedy herdou as conspirações para cometer homicídios no Caribe.

28

Homem perigoso

A guerra entre J. Edgar Hoover e o procurador-geral Robert F. Kennedy foi uma campanha abrasadora que queimou por todos os anos da década de 1960. E ameaçou consumir o FBI, o Departamento de Justiça e a Casa Branca.

Robert Kennedy disse achar Hoover "muito assustador"[1] — um homem "perigoso" que dirigia "uma organização muito perigosa". Mas ele acreditava que "era um perigo que podíamos controlar". RFK achava que podia impor sua autoridade sobre Hoover: "Pela primeira vez, desde que havia assumido como diretor do FBI, ele tinha de receber instruções ou ordens do procurador-geral dos Estados Unidos — e não podia ignorá-lo."

Mas Hoover não queria ser instruído por um jovem insolente que jamais tinha comandado nada além da campanha presidencial de seu irmão.

Hoover acreditava que "Bobby estava tentando controlar, dirigir e enfraquecer o FBI",[2] disse seu assessor Deke DeLoach. "Ele estava tentando reformular toda a máquina de acordo com suas preferências e não tinha experiência nem nosso respeito para ordenar coisas assim."

Robert F. Kennedy tinha 35 anos — tinha nascido em 1925, apenas algumas semanas depois de Hoover assumir o FBI. Não havia pedido para ser procurador-geral, mas tinha sido a primeira escolha do irmão. Havia uma lógica nessa decisão. JFK era o terceiro presidente seguido a indicar seu gerente de campanha como procurador-geral; o cargo havia se tornado político, exigindo lealdade acima de tudo. Robert Kennedy era, antes de qualquer coisa, leal ao irmão. E seu pai, cujos milhões haviam ajudado a vencer a eleição, exigia isso. Hoover havia comentado com seu velho amigo Joe Kennedy que aprovava a indicação.[3] Mais tarde, lamentou o fato.

O presidente e o procurador-geral inicialmente foram deferentes com Hoover. Mas deferência não era natural para eles. O presidente achava que um almoço ocasional na Casa Branca satisfaria Hoover. "Fizemos isso para mantê-lo feliz",[4] disse RFK. "Era importante, no que nos dizia respeito, que permanecesse feliz e permanecesse no cargo, pois ele era um símbolo — e o presidente tinha vencido por uma margem muito estreita."

Mas dividir o pão com a Casa Branca algumas vezes por ano não era suficiente. Nada era. Quase tudo a respeito de Robert Kennedy aborrecia o diretor. O crime do procurador-geral era grave. "Ele ofendeu o FBI",[5] disse o vice de RFK no Departamento de Justiça, Nicholas deB. Katzenbach.

"NÃO SABEMOS O QUE FAZER"

O prolongado problema de Rafael Trujillo modelou o início da luta entre Hoover e Robert Kennedy.

Em 16 de fevereiro de 1961, a quarta semana da nova administração, o procurador-geral Kennedy assinou ordens que pretendiam revelar a corrupção política usada pelo regime para se manter no poder. Foram instalados os primeiros dos 582 grampos telefônicos e oitocentas escutas autorizados durante a administração Kennedy.

O FBI grampeou o escritório no Congresso do presidente do Comitê de Agricultura da Câmara, Harold Cooley; a casa do secretário do comitê; a embaixada e os consulados da República Dominicana; e os escritórios dos lobistas de Trujillo. Tanto quanto se pode determinar pelos registros existentes, foi a primeira vez, desde a administração Harding, que um procurador-geral ordenou que um membro do Congresso fosse grampeado.

Mas RFK rapidamente recuou. A investigação chegou muito perto de casa. Se prosseguisse, apanharia congressistas, senadores e lobistas politicamente conectados, a maioria dos quais democratas conservadores — detentores de um poder de que os Kennedy precisavam para manter o Congresso na linha. A única pessoa acusada foi o colunista de fofocas Igor Cassini, amigo da família Kennedy, irmão do costureiro favorito de Jackie Kennedy, frequentador da alta sociedade e chamariz pago de Trujillo. E os fatos desse caso vieram de um repórter investigativo, não do FBI. Robert Kennedy mais tarde chamou a investigação Trujillo de caso "mais desagradável"[6] que já havia enfrentado — um padrão elevado — e "a única investigação de que desisti enquanto fui procurador-geral".

Kennedy cancelou a investigação depois que o generalíssimo caiu em uma emboscada e foi assassinado por seus oponentes nos limites da capital, na noite de 30 de maio de 1961. O apoio moral dos Estados Unidos não salvou doze dos quatorze conspiradores de serem brutalmente assassinados pelo filho, irmãos e herdeiros políticos de Trujillo, que rapidamente voltaram ao poder.

"O grande problema agora",[7] escreveu RFK logo após o assassinato de Trujillo, "é que não sabemos o que fazer".

A Casa Branca levou anos para encontrar uma resposta. A solução final estava com J. Edgar Hoover. No fim, o próprio Hoover escolheria um novo líder para a República Dominicana.

"Demitir J. Edgar Hoover? Jesus Cristo!"

Como admitido pelo próprio Robert Kennedy, ele não ficava acordado à noite pensando no comunismo ou nos direitos civis quando se tornou procurador-geral. Ele pensava sobre o crime organizado. Queria que o FBI fosse atrás da máfia, como tinha feito quando havia trabalhado no Comitê do Crime Organizado do Senado.

Ele tentou assumir o controle do FBI — por lei, um direito seu —, luta que o consumiria pelo restante de seus dias no Departamento de Justiça.

Hoover ficou ultrajado com o fato de o procurador-geral querer perseguir os chefões da máfia em vez de os agentes de Moscou. Furioso por Kennedy desdenhar o combate à espionagem soviética. Indignado com suas grandes ideias para uma comissão federal contra o crime e forças de combate ao crime organizado. Chocado com suas operações genéricas, seus acordos na surdina, seu encontro a sós com um oficial diplomático soviético que sabidamente era espião do KGB e seu papel como intermediário político do presidente na resolução de problemas internacionais e domésticos.

Hoover ficou genuinamente furioso quando foi convocado por seu superior nominal, em vez de o contrário. Era uma curta caminhada pelos corredores do Departamento de Justiça, de seu escritório até a exuberante câmara de Kennedy. Mas Hoover se recusou a fazê-la. "Bobby nunca ia ao escritório do sr. Hoover, nem o sr. Hoover ao seu", disse Katzenbach. Incapazes de se suportarem, Hoover e RFK escolheram um intermediário. Um agente do FBI de que ambos gostavam, Courtney Evans, serviu como ligação oficial durante três anos. "Courtney explicava as coisas de uma maneira para Bobby e de outra para Hoover", relatou Katzenbach. "Quando estava tentando convencer Bobby de alguma coisa que Hoover queria, ele a explicava de uma maneira que a tornasse palatável para Bobby e vice-versa." Tentar servir a esses dois mestres era uma tarefa que poucos homens poderiam realizar.

Mais tarde, Evans afirmou: "Impedi que os Kennedy demitissem Hoover. Eles ficavam furiosos com ele de tempos em tempos. Sentiam que ele desperdiçava seus recursos investigando casos de segurança nacional."[8] Mas a ideia de demitir o diretor era quase inconcebível. "Demitir J. Edgar Hoover? Jesus Cristo!", disse Katzenbach. "Duvido seriamente que o presidente Kennedy pudesse demiti-lo."

Mas o presidente jurou demitir Allen Dulles após o desastre que atingiu os Estados Unidos na Baía dos Porcos em abril de 1961. Dulles tinha vendido seus planos de invadir Cuba e derrubar Castro como infalíveis. A invasão da Baía dos Porcos deixou 114 cubanos da Agência mortos, 1.189 capturados, Castro triunfante — e o presidente prometendo, em suas próprias palavras, quebrar a CIA em mil pedaços e jogá-los ao vento.

JFK ordenou que seu irmão fizesse uma autópsia da invasão e consertasse o aparato da inteligência americana. Entre as muitas questões em aberto, estava a possível indicação de RFK para diretor da Central de Inteligência. Em 20 de abril, um dia depois do fracasso da invasão, Bobby Kennedy telefonou para Hoover para saber suas ideias sobre como controlar a CIA.

O infinito desdém de Hoover pela CIA foi registrado em seus memorandos manuscritos daquele dia: "Há anos, a CIA não tem jogado limpo conosco. [...] A CIA é tão capaz de mudar quanto uma zebra é capaz de trocar de listras. H."[9] Mas ele achou o rumor de que o presidente poderia colocar seu irmão no controle da Agência intrigante e atraente. Em um único golpe, isso removeria RFK da posição de seu superior e condenaria o arrogante Kennedy à impossível tarefa de remover a mancha da Baía dos Porcos do brasão da família.

Hoover organizou um sofisticado relatório em três partes sobre a inteligência americana e o entregou em mãos ao procurador-geral. Ele cobria a história da CIA e as personalidades-chave em seu interior. Hoover enfatizou a história da espionagem americana desde 1941, insistindo que Kennedy não podia "analisar a debilidade da inteligência americana hoje sem analisar sua história passada";[10] a infiltração comunista durante a Segunda Guerra Mundial "criou situações e problemas que, até hoje, afetam as operações de inteligência dos EUA". Também o preveniu contra uma longa lista de oficiais de elite da CIA, especialmente William K. Harvey, ex-agente do FBI, responsável pela coleção clandestina de comunicados de inteligência da CIA, mas também um notório alcoólatra que havia destruído a investigação do espião atômico Klaus Fuchs.

É pouco provável que Robert Kennedy tenha lido uma única linha do relatório. Harvey se tornou o principal participante dos novos planos da CIA contra Fidel Castro, supervisionados de perto pelo procurador-geral.

"AGENTES NÃO DIRIGEM ÔNIBUS"

Hoover desafiava o procurador-geral constantemente. Naqueles mesmos dias de maio de 1961, ocorreu o primeiro exemplo claro de seu desdém.

Os Freedom Riders (Cavaleiros da Liberdade), um contingente de manifestantes brancos e negros pelos direitos civis, planejavam desafiar a segregação no sul viajando juntos em um ônibus da Greyhound até o Alabama. O FBI, por meio de fontes declaradas e secretas, incluindo informantes, soube de seus planos com dias de antecedência. O Bureau avisou oficiais locais e estaduais no Alabama. A polícia e a Ku Klux Klan, trabalhando juntas, pretendiam emboscar os manifestantes e espancá-los praticamente até a morte. O FBI também sabia disso.

Hoover tomou a consciente decisão de não contar ao Departamento de Justiça o que sabia sobre os Freedom Riders e a Klan. Seus relatórios escritos a Kennedy sobre os Freedom Riders se relacionavam principalmente às capacidades do Partido Comunista no Alabama.

Hoover desafiou as ordens diretas do procurador-geral para proteger os integracionistas, como os chamava. Joseph G. Kelly, agente de 37 anos na pequena divisão de direitos civis do FBI, observou o desenrolar da história na sede.

"O motorista do ônibus se recusou a continuar dirigindo para os Freedom Riders",[11] relatou ele. "Recebemos um telefonema de Nick Katzenbach, do escritório do procurador-geral. Ele disse que o procurador-geral, o sr. Kennedy, queria que um agente dirigisse o ônibus dos Riders. É claro que, naqueles dias, nem sempre fazíamos o que o Departamento solicitava, se não fosse de interesse do caso ou do Bureau.

"Assim, dissemos a Katzenbach que agentes não dirigem ônibus, isso não estava incluído em sua descrição de cargo, e que havia vários advogados na Divisão de Direitos Civis que podiam fazer isso. E Katzenbach disse: 'É um pedido do procurador-geral.' E eu disse: 'Eu sei, mas essa é nossa resposta.' Então desliguei e telefonei para o escritório do diretor, avisando que Kennedy iria telefonar, como fez. O diretor lhe disse a mesma coisa."

"Ninguém estava a salvo da inquisição"

RFK começou a compreender a ubiquidade do poder de Hoover. Ele viu que Hoover havia infiltrado o establishment de segurança nacional dos Estados Unidos. O diretor possuía mais informação e poder que o procurador-geral.

Hoover recolhia segredos em todo o espectro da política doméstica e internacional. Seus agentes de ligação e seus apoiadores lhe contavam o que acontecia na CIA, na Colina do Capitólio e no Departamento de Estado. O procurador-geral tentou identificar e neutralizar os espiões de Hoover dentro da administração Kennedy. A batalha começou no Departamento de Estado — um clássico empate armado, com Kennedy e Hoover, ambos de armas na mão, desafiando o outro a atirar.

"Tínhamos um vazamento",[12] disse William J. Crockett, o mais alto administrador do Departamento de Estado sob JFK. "Dia após dia, eu era chamado pelo Comitê de Segurança Interna do Senado e me perguntavam por que certas pessoas haviam recebido credenciais de segurança" e como o Departamento de Estado estabelecia sua política externa.

O leal apoiador de Hoover, o senador James Eastland, do Mississippi, liderava o Comitê de Segurança Interna. Quando Eastland começava a "caçar bruxas", disse Crockett, "ninguém estava a salvo da inquisição". Crockett suspeitava que um agente duplo no Departamento de Estado servia como espião de Eastland e, se o senador tinha um espião no Departamento de Estado, Hoover também tinha. Cumprindo um acordo formal de ligação assinado em 1951, a equipe da Segurança Interna havia enviado ao FBI cada fiapo de informação confidencial em seus arquivos. Desde 1955, Hoover e Eastland mantinham a informal e altamente secreta prática de partilhar informações um com o outro.

Crockett pediu a ajuda do secretário de Estado, Dean Rusk, que foi até o presidente, que procurou o irmão. RFK chamou seu assessor especial, Walter Sheridan — seu investigador favorito no Comitê do Crime Organizado do Senado, ex-agente do FBI e veterano das equipes de vigilância da Agência de Segurança Nacional. "Sheridan era o principal recurso secreto"[13] de Kennedy no Departamento de Justiça, disse Hoover, mais tarde, a Lyndon Baines Johnson. Sheridan sugeriu que um amigo e colega da NSA assumisse a segurança do Departamento de Estado. O homem de Sheridan foi pego em flagrante instalando escutas e realizando operações ilegais na busca pelos vazamentos. Crockett o demitiu imediatamente.

Mas ele havia identificado o agente duplo. "O autor dos vazamentos era um certo Otto Otepka, alto oficial do Serviço de Segurança e remanescente do período McCarthy",[14] disse Crockett. "Ele justificou suas ações dizendo: 'Sinto que é meu dever para com o país revelar os riscos de segurança que essa nova administração está trazendo ao governo. Estou disposto a violar a lei e a sacrificar minha carreira para impedir essa prática.'" A investigação sobre o vazamento se mostrou sensível demais para prosseguir. As escutas não podiam ser reveladas. Otepka ocupou um posto de segurança nacional sete anos depois, na administração Nixon.

O fato de Robert Kennedy ter usado Walter Sheridan como investigador secreto "ofendeu tremendamente o FBI", disse Katzenbach. Hoover achou que estavam usurpando o poder do FBI. O diretor não permitiria que Kennedy subvertesse seu comando sobre os sistemas de segurança interna. Ele controlava o poder das informações secretas.

29

Governar pelo medo

Hoover convenceu os Kennedy de que Martin Luther King Jr. fazia parte de um grande plano de Moscou para subverter os Estados Unidos.

Ele havia identificado o conselheiro e escritor de discursos de King, Stanley Levison, como membro secreto do Partido Comunista. Sua maior e mais secreta fonte, Solo, relatou que Levison tinha sido parte da clandestinidade comunista de 1952 a 1957. Obviamente, havia cortado seus laços com o Partido naquele ano, ao começar a trabalhar para King. Mas Hoover estava convencido de que ainda recebia ordens de Moscou, sussurrando no ouvido de King e o doutrinando com pensamentos marxistas e estratégias subversivas.

Em 8 de janeiro de 1962, Hoover alertou o procurador-geral, por escrito, de que Levison era agente secreto do comunismo internacional. RFK rememorou o momento em que soube sobre Levison: "Quando soube que ele talvez estivesse ligado a alguns comunistas, pedi que o FBI fizesse uma intensa investigação a seu respeito."[1]

Kennedy e Hoover tiveram uma conversa telefônica no dia seguinte, sobre técnicas de instalação de grampos telefônicos e escutas. O teor da conversa permanece secreto, cinquenta anos depois.[2]

RFK partiu em uma viagem ao redor do mundo logo depois, deixando seu substituto, Byron "Whizzer" White, que em breve seria nomeado juiz da Suprema Corte, como procurador-geral em exercício. White pediu os arquivos do FBI sobre Levison. Hoover se recusou a entregá-los. Ele achou que manter o sigilo em torno de Solo, a fonte do FBI para a acusação de influência comunista sobre o movimento dos direitos civis, era mais importante que manter Kennedy informado.

Hoover estava convencido de que o KGB tentava renovar seus laços financeiros, políticos e de espionagem nos Estados Unidos — com a Velha Esquerda, com o crescente movimento que se intitulava Nova Esquerda, e especialmente com a campanha dos direitos civis. Foi encorajado pelas descobertas do FBI sobre espionagem soviética nos Estados Unidos, uma das quais forneceu uma nova visão sobre Stanley Levison.

O FBI tinha duzentos agentes de olho nas Nações Unidas. Grampos telefônicos nos escritórios das Nações Unidas eram fáceis, escutas nos escritórios do bloco soviético eram difíceis e operações ilegais dentro das Nações Unidas eram arriscadas e raras. Mas o Bureau fez os três, enquanto também observava diplomatas insatisfeitos que poderiam desertar para os Estados Unidos. O FBI vigiava as Nações Unidas: quando o vice-premiê soviético Anastas Mikoyan se encontrou com a delegação soviética na véspera da crise dos mísseis de Cuba, mais tarde naquele ano, Hoover enviou ao presidente relatórios em tempo real sobre as conversas a portas fechadas.

O agente Edmund J. Birch — o mesmo que havia apanhado o espião do KGB conhecido como coronel Abel — trabalhava na operação das Nações Unidas. Ele observava um soviético chamado Viktor Lesiovsky, que tinha acabado de assumir um cargo elevado na secretaria das Nações Unidas, como um dos três principais assessores do novo secretário-geral, o diplomata birmanês U Thant. Lesiovsky, que morava em um belo apartamento na Sutton Place, o endereço mais elegante do East Side de Manhattan, tinha sido chefe do KGB na Índia. Birch suspeitava que ele fazia mais que se infiltrar nas Nações Unidas. Achava que ele estava dirigindo operações políticas para revigorar os laços de Moscou com a esquerda americana.

A ideia ganhou poder quando a equipe de vigilância do FBI relatou que Lesiovsky tinha se encontrado secretamente com Stanley Levison.[3]

Dias depois, Robert Kennedy, recém-retornado ao Departamento de Justiça após sua viagem pelo mundo, autorizou pessoalmente o grampeamento do telefone comercial de Levison em Nova York, na 39th Street, perto da Fifth Avenue. Para garantir, os homens de Hoover também instalaram escutas em seu escritório.

Em 16 de março de 1962, as fitas de Levison começaram a rodar e se mantiveram rodando durante seis anos. Para Hoover, era quase tão bom quanto grampear King, uma vez que Levison era um dos guias do movimento e King o consultava constantemente por telefone.

Armado com os resultados de 24 horas de vigilância, Hoover começou a bombardear o presidente, o vice-presidente Lyndon B. Johnson, o procurador-geral Kennedy e o senador Eastland, entre muitos outros, com relatórios sobre King, Levison, o movimento pelos direitos civis e a subversão comunista. O Comitê de Segurança Interna do senador Eastland intimou Levison para uma sessão executiva, a portas fechadas. Sob juramento, ele negou ter sido membro do Partido Comunista. Depois disso, invocou a Quinta Emenda para todas as perguntas cruciais.

Hoover jamais explicou completamente a Kennedy por que afirmava que Levison era um agente comunista. Proteger Solo era mais importante, escreveu o diretor a seus assessores: "Em nenhuma circunstância nosso informante deve ser posto em perigo."[4]

"FOFOCA DE SARJETA"

O poder das informações secretas era uma arma que Hoover sempre mantinha carregada. Ele a tirava do coldre quando sentia que seu poder estava sendo ameaçado — ou quando isso lhe dava prazer.

Em 22 de março de 1962, o diretor teve um de seus raros almoços na Casa Branca. A conversa deu ao presidente razões para temer que Hoover conhecesse seus mais profundos segredos. Nenhum registro da reunião sobreviveu, mas as provas circunstanciais sobre o que aconteceu são fortes.

Suspeita-se que Hoover informou ao presidente que estava ciente sobre a interação entre a CIA, o procurador-geral, os seguidos planos para matar Castro, a participação do chefão da máfia San Giancana e o namorico com a amante de Giancana, Judith Campbell.

Imediatamente após o almoço com Hoover, o presidente teve uma reunião improvisada com o procurador-geral. Imediatamente em seguida, teve sua última conversa telefônica com Campbell. Segundo um relato, após o almoço, o presidente disse a um assessor que tinha de demitir "aquele bastardo",[5] J. Edgar Hoover.

Em 9 de maio, Hoover registrou, com evidente satisfação, sua reunião com Robert Kennedy a respeito dos planos para assassinar Castro. Eles discutiram a "fofoca de sarjeta" cercando a CIA e Giancana. "Expressei perplexidade com [...] a terrível ideia de usar um homem como Giancana",[6] escreveu Hoover. RFK rabiscou uma nota para seu agente de ligação com o FBI: "Courtney, espero que isso tenha vigoroso seguimento."[7]

Hoover deu seguimento. Era evidente para ele que a namorada do mafioso tinha feito sexo com o presidente (assim como, segundo as contas do FBI, cinco mulheres além de sua esposa). Hoover também sabia que Robert Kennedy supervisionava os novos planos para eliminar Castro.

O conhecimento de Hoover sobre a conduta privada de JFK e sobre as conspirações políticas de RFK era uma arma política potencialmente letal. Ele as havia brandido. Tinha informado ao presidente e ao procurador--geral que sabia que haviam cometido pecados mortais.

Em 11 de junho de 1962, as escutas do FBI captaram a voz de barítono de Martin Luther King Jr. Ele estava visitando o escritório de Stanley Levison na 39th Street, em Manhattan. Sua conversa chamou atenção do procurador-geral. RFK sabia muito mais sobre a vigilância do que jamais admitiu. Ele pessoalmente tinha renovado a autorização para as escutas no escritório de Levison e aprovado o pedido de Hoover para grampear seu telefone residencial, para onde King telefonava tarde da noite várias vezes por semana. O FBI começou a adquirir insights, livremente partilhados com a Casa Branca e com o Departamento de Estado, sobre as esperanças, medos e sonhos do dr. King. O Bureau tinha identificado um assessor de Levison chamado Jack O'Dell como suspeito de ser a fonte de influência comunista dentro da Conferência Sulista de Liderança Cristã. Hoover citou o duplo espectro de Levison e O'Dell como justificativa para uma investigação de King e seus assessores, em Atlanta.

Robert Kennedy agora concordava com a hipótese de Hoover de que Levison era um Svengali vermelho hipnotizando o reverendo dr.

King. "Levison o influenciava. Seus objetivos realmente eram idênticos, suponho",[8] disse ele.

Hoover ordenou que o FBI em Atlanta e Nova York abrisse um novo caso.[9] O título dizia: INFILTRAÇÃO COMUNISTA NA CONFERÊNCIA SULISTA DE LIDERANÇA CRISTÃ, abreviada para COMINFIL/SCLC — uma investigação completa sobre comunismo no centro do movimento pelos direitos civis.

"PRECISAMOS MARCÁ-LO AGORA"

O confronto sobre o movimento de direitos civis se tornou cada vez mais tenso. Hoover tinha adotado uma atitude semelhante à desobediência civil em relação ao procurador-geral.

Em setembro de 1962, quando um negro chamado James Meredith tentou se matricular na segregada Universidade do Mississippi, ocorreu um levante branco. A administração Kennedy reagiu enviando centenas de soldados para o Mississippi e prendendo um general aposentado do Exército por insurreição. O oficial de plantão na sede do FBI naquele sábado em que o Mississippi pegou fogo era um supervisor chamado Fred Woodcock. "A Klan se envolveu e começou a fazer ameaças de violência",[10] lembrou ele. "Algumas dessas estúpidas organizações pró-nazistas daqui também estavam envolvidas e minha vida virou um inferno."

Os telefones tocavam sem parar quando um advogado do Departamento de Justiça pegou Woodcock na linha e pediu informações dos agentes do FBI no Mississippi e de seus informantes sobre a Klan. "Eu disse: 'Você sabe que não posso revelar nenhuma informação; temos um relacionamento confidencial com nossos informantes e, se revelarmos suas identidades, podemos prejudicar o programa de informantes'", relatou Woodcock. "Alguns minutos depois, ele telefonou novamente e disse: 'Bobby Kennedy quer vê-lo em seu escritório imediatamente.'"

"Eu fiquei pasmo", disse Woodcock. "Reuni meus arquivos e informações sobre a Universidade do Mississippi e fui até o escritório de Kennedy. [...] Bobby estava só de camisa e eles estavam jogando uma bola de futebol americano de um lado para o outro. Você sabe, havia rumores de que essas coisas aconteciam, mas nunca acreditei realmente que eles se sentariam em seus escritórios e fariam coisas assim."

"Quero que você vá até lá e prenda aqueles membros da Klan", disse Kennedy.

"Qual será a base das prisões?", perguntou Woodcock. "Por que devemos prendê-los?"

"Não importa", disse Kennedy. "Estou com um grande problema aqui. Essa merda vai ficar muito funda."

O agente do FBI desafiou o procurador-geral: "Acho que posso falar em nome do diretor Hoover e dizer que não faremos isso sem uma base para a prisão. Não faremos essas prisões." Woodcock voltou para seu escritório e escreveu um longo memorando para Hoover, não se esquecendo de mencionar a bola de futebol americano e a camisa de mangas arregaçadas. O documento retornou "sem aquele monte de tinta azul habitual" — havia apenas o "H." de Hoover — "então acho que fiz a coisa certa".

Naquele verão, pressionado pelo procurador-geral, Hoover achou sensato contratar um grupo de agentes negros. Um dos primeiros foi Wayne G. Davis, designado para Detroit. Logo em seguida, recebeu um telefonema: Hoover queria conhecê-lo. "Fui ver Hoover",[11] lembrou Davis. "Ele falou — durante a meia hora inteira em que estive com ele — sobre Martin Luther King." Hoover reclamou sobre "quão horrível e hipócrita era King e como sua preocupação era o fato de o movimento liderado por ele, a Conferência Sulista de Liderança Cristã, ter sido infiltrado pelos comunistas", disse Davis. "E então ele disse: 'Bom, foi bom conversar com você, Wayne, você está fazendo um bom trabalho, continue assim.'"

"Hoover era um bastardo", disse Davis. "Ele governava pelo medo."

O FBI, implacavelmente, gravou Martin Luther King planejando a marcha de agosto de 1963 em Washington, que levou 250 mil manifestantes para a capital, no maior protesto público da história americana. E, nos meses que antecederam a marcha, RFK e seus assessores alertaram King pessoalmente sobre suas associações com comunistas. O presidente dos Estados Unidos fez o mesmo. King se tornou mais circunspecto a respeito de seu relacionamento com Levison, mas o manteve por perto.

Hoover continuou a bombardear os Kennedy com memorandos acusando King de possuir papel de liderança na conspiração comunista contra os Estados Unidos. Ele encomendou relatórios do FBI sobre toda a história das conexões entre o Partido Comunista e o movimento pelos direitos civis. O que queria era um documento tão convincente que destruiria Martin Luther King.

"Os 19 milhões de negros nos Estados Unidos constituem o maior e mais importante alvo racial do Partido Comunista americano",[12] dizia um relatório de 23 de agosto de 1963, do chefe de inteligência do FBI, Bill Sullivan, para o diretor. "Desde 1919, líderes comunistas desenvolveram incontáveis táticas e programas criados para infiltração e controle da população negra."

Mas o relatório não conseguiu fornecer provas diretas de controle comunista. Hoover pegou a caneta: "Não posso ignorar os memorandos referentes a King." Sullivan cedeu no dia seguinte a "Eu tenho um sonho": "À luz do poderoso discurso demagógico de King [...] precisamos marcá-lo agora, se não o tivermos feito antes, como mais perigoso negro nesta nação, do ponto de vista do comunismo, dos negros e da segurança nacional."

O resultado foi "um documento realmente explosivo, do ponto de vista político",[13] disse Nick Katzenbach. Assinado por Hoover, ele percorreu Washington — "chegou à Casa Branca — a todo o maldito lugar —, sobre os contatos comunistas de King". Era dinamite política. Robert Kennedy ordenou que fosse recolhido, mas era tarde demais. Chocou senadores e generais. O memorando deu a Hoover o apoio de que precisava para a vigilância total de King e do movimento pelos direitos civis.

"Bobby achou que era pura chantagem", disse Katzenbach. "Mas entendeu que não podia, com todo aquele fluxo de memorandos sobre suas associações comunistas, negar os grampos ao Bureau."

Em 10 e depois 21 de outubro de 1963, Robert F. Kennedy aprovou os pedidos de Hoover para vigilância eletrônica ilimitada de King e da sede da SCLC em Atlanta. O arquivo do caso foi intitulado MARTIN LUTHER KING JR./QUESTÃO DE SEGURANÇA — COMUNISTA. As escutas rapidamente deram resultado. Quando King viajava, como fez constantemente nas semanas seguintes, para Washington, Milwaukee,

Los Angeles e Honolulu, o Bureau plantava microfones escondidos em quartos de hotel. Um total de oito grampos telefônicos e dezesseis escutas foi instalado.[14] As transcrições estão seladas por ordem judicial até 2027. Mas sua essência é um segredo conhecido. Os grampos telefônicos, em grande parte, gravaram King pensando em voz alta, planejando o movimento pelos direitos civis, avaliando táticas e estratégias. As escutas nos hotéis às vezes capturavam os sons de festas que terminavam com os inconfundíveis sons de sexo. Thomas F. McGorray, um agente do FBI em sua primeira missão em 1963, recebeu a tarefa de monitorar a vigilância do apartamento particular de King em Atlanta. Ninguém questionou a sabedoria de instalar escutas em seus quartos.

"É uma questão moral",[15] refletiu McGorray. Para Hoover, certamente era.

"Hoover estava me dizendo: *'É uma coisa terrível'*",[16] contou Jack Danahy, o agente do FBI que dirigiu as investigações sobre os comunistas durante décadas, lembrando-se de uma conversa no escritório do diretor. "*'Aquele Martin Luther King, um pastor, um pastor religioso [...] isso me deixa tão furioso.'* E ele bateu na mesa recoberta de vidro com o punho. "*'Ah, droga'*, disse ele. Ele tinha quebrado o vidro." O diretor também demonstrava seu ressentimento no papel. "King é um 'gato selvagem' com desejos sexuais obsessivos e degenerados",[17] escreveu em 27 de janeiro de 1964.

Mas, em caráter privado, ele tinha razões para estar feliz enquanto se aproximava o fim de sua quarta década no cargo, não somente porque havia descoberto os podres de sua nêmesis.

A vigilância técnica do FBI em embaixadas e consulados estrangeiros constituía algo próximo da cobertura total. O monitoramento de espiões e diplomatas soviéticos nos Estados Unidos era detalhado. O COINTELPRO, após sete anos de sabotagem, tinha obtido resultados: os números do próprio Bureau mostravam que o Partido Comunista dos Estados Unidos havia sido reduzido a 4.453 membros — cerca de 5% de sua força nos anos após a Segunda Guerra Mundial.[18] O Bureau tinha a ameaça comunista sob controle.

E, quando a bala de um assassino levou Lyndon Johnson ao poder na Casa Branca, Hoover novamente teve um comandante em chefe que se deliciava em partilhar segredos.

Em 22 de novembro de 1963, Hoover teve sua última conversa significativa com Robert Kennedy. Foi curta e brutal. Hoover havia telefonado para Kennedy para informar que seu irmão tinha levado um tiro. "Tenho notícias para você",[19] disse Hoover — não más notícias, apenas notícias. Quarenta e cinco minutos depois, Hoover disse a RFK que seu irmão estava morto.

A investigação do FBI sobre o assassinato de Kennedy foi igualmente brusca: Lee Harvey Oswald era o culpado. Caso encerrado. Hoover não permitia que se falasse em conspiração.

A investigação oficial da Comissão Warren foi um cansativo espetáculo secundário para ele. Ele não confiava em seu líder, o juiz presidente Earl Warren, e monitorou de perto suas atividades por meio de um informante confidencial que era membro da comissão: o congressista Gerald R. Ford, futuro presidente dos Estados Unidos.

Hoover ainda tinha de controlar os rumores sobre o assassinato. O senador James Eastland, presidente do Comitê Judiciário, avisou que oficiais da CIA e do Departamento de Estado andavam dizendo que "Oswald era informante confidencial do FBI"[20] e que "representantes do Serviço Secreto estão tentando culpar o FBI". Isso era muito ruim. Mas tanto Lyndon B. Johnson quanto Robert F. Kennedy temiam que pudesse ter havido uma conspiração comunista para matar o presidente. A discussão pública dessa questão era impensável. Exigiria que ambos desafiassem a autoridade de J. Edgar Hoover e nenhum deles estava preparado para isso. Tanto Hoover quanto Allen Dulles, o diretor da CIA entre 1953 e 1961 e membro da Comissão Warren, se asseguraram de que ninguém dissesse uma palavra sobre os planos americanos para matar Fidel Castro. Se tivesse havido um complô comunista para assassinar o presidente como vingança, se os soviéticos ou os cubanos tivessem ordenado a morte do presidente Kennedy e os Estados Unidos obtivessem um fiapo de evidência para provar isso, seria o tiro inicial de uma nova guerra mundial.

Hoover sabia muito bem que o FBI era culpado — em suas próprias palavras — de "flagrante incompetência" por sua falha em monitorar Oswald nas semanas anteriores ao assassinato. O zangado e instável fuzileiro havia desertado para a União Soviética e retornado como facínora marxista. Era conhecido pelo oficial do FBI em Dallas — conhecido como demagogo comunista, possivelmente insano, que distribuía panfletos apoiando Fidel Castro e tinha um emprego no edifício do depósito de livros da Texas School, com vista para a rota da caravana de JFK. Quatro dias após o assassinato, Hoover soube que Oswald jamais havia constado do Índice de Segurança do FBI, a lista de pessoas que representavam perigo, devido a "seu treinamento, tendências violentas e proeminência em atividades subversivas",[21] para citar o próprio Bureau.

"Falhamos em completar alguns aspectos salientes da investigação Oswald", concluiu Hoover. "Que sirva de lição para todos nós." Ele disciplinou seus agentes por abandono do dever, ignorando as advertências de DeLoach de que reprimendas oficiais ou cartas de censura poderiam ser vistas como "admissão direta de que somos responsáveis por uma negligência que pode ter resultado no assassinato do presidente".[22]

Mas Hoover jamais permitiria que o público americano pensasse assim.

30

"Você grampeou este telefone?"

"Edgar, não consigo ouvi-lo muito bem. Qual é o problema? Você grampeou este telefone?",[1] perguntou o presidente dos Estados Unidos.

"Não, acho que não", respondeu Hoover, com uma risadinha. "Consigo ouvi-lo perfeitamente, senhor", disse ele a Lyndon B. Johnson, que, por sua vez, estava gravando a conversa.

Naquela noite, 27 de fevereiro de 1964, Johnson era presidente havia 97 dias. Cada nascer do sol trazia uma nova série de crises, pousando no alpendre como o jornal matutino. O problema daquela noite era a cidade turística de St. Augustine, Flórida, conhecida por sua "fonte da juventude", atormentada por assassinatos racistas e pela explosão da Florida East Coast Railroad. LBJ ordenou que Hoover cuidasse do caso da ferrovia. "Não vou tolerar que pessoas sejam atacadas com bombas", disse ele.

Johnson se apoiava mais em Hoover que qualquer outro presidente antes dele. Contava com ele para as questões de segurança nacional, política externa e intrigas. Elogiava Hoover publicamente e na sua frente. Algumas dessas lisonjas eram apenas manipulação; outras, a mais pura verdade. Ele queria acreditar em Hoover como uma questão de fé.

O novo presidente afirmou sua lealdade a Hoover. "Você é meu irmão",[2] disse ele uma semana após o assassinato de Kennedy. "Tem sido meu irmão pelos últimos 25, 30 anos. [...] Confio mais em você que em qualquer outra pessoa."

Seu relacionamento político foi cultivado tão cuidadosamente quanto o Jardim de Rosas da Casa Branca, onde os dois estavam lado a lado na sexta-feira, 8 de maio de 1964, durante uma cerimônia em homenagem ao diretor. O sábado marcaria o quadragésimo ano de Hoover no poder. O novo ano traria seu septuagésimo aniversário e sua aposentadoria compulsória, de acordo com a lei federal. Johnson assinou uma ordem executiva naquele dia, anulando a lei. Hoover seria diretor até morrer.

"J. Edgar Hoover é um nome familiar",[3] disse o presidente naquela tarde ensolarada. "É um herói para milhões de cidadãos decentes e um anátema para o mal [...] que subverteria nosso modo de vida e para os homens que feririam e destruiriam nosso povo. Edgar Hoover é meu amigo íntimo há trinta anos e foi meu vizinho durante dezenove. Sei que ele amava meu cachorro e acho que gostava um pouquinho de mim como vizinho. Estou orgulhoso e feliz de me unir ao restante da nação, nesta tarde, para homenagear este discreto, humilde e magnífico servidor público."

"Aquele maldito esgoto, J. Edgar Hoover"

Hoover atiçou o medo do presidente de que Robert F. Kennedy e seus seguidores pudessem retomar a Casa Branca. Johnson não conseguia nem pensar nisso e colaborou com Hoover para retirar o procurador-geral do poder, afastando-o com silêncios e mentiras.

"Um dos problemas de lidar com o presidente era que ele tinha aquele maldito esgoto, J. Edgar Hoover, fluindo por sua mesa",[4] disse o conselheiro de segurança nacional McGeorge Bundy, um homem de Kennedy que trabalhou e sofreu sob LBJ. "Como muitos políticos extremamente habilidosos, ele tinha um fraco por informações secretas."

LBJ registrou várias conversas angustiadas com RFK pouco antes de ele se demitir para concorrer ao Senado por Nova York.

"O sr. Hoover está indo para Jackson, Mississippi. Acredito que há uma entrevista coletiva agendada",[5] disse RFK a LBJ. "Se lhe perguntarem sobre a situação comunista em conexão com o movimento pelos direitos civis e ele responder da maneira que alguns dos memorandos indicaram que pode responder, isso causará muitas dificuldades em todo o país."

LBJ respondeu: "Tudo bem. Você quer que eu fale com ele?"

RFK hesitou e gaguejou. Sua decepção era audível: "Como disse antes, é bastante difícil para mim [...]"

Alguns dias depois: "Martin Luther King está indo esta noite para Greenwood, Mississippi, e falará para um grande número de pessoas", disse RFK ao presidente. "Se for morto, isso criará toda sorte de problemas — estará morto, para começar, mas haverá outros tipos de problema."

LBJ sugeriu que Kennedy falasse com Hoover e ordenasse o monitoramento de King.

O procurador-geral disse que não tinha o poder de ordenar nada a Hoover. "Não tenho mais ligação com o FBI",[6] disse Kennedy. "É uma situação muito difícil."

"Ele envia todo tipo de relatório a você [...] dizendo que estou planejando coisas e conspirando", continuou Kennedy, "conspirando para derrubar o governo pela força e pela violência [...] liderando um golpe".

Johnson verbalizou seu choque com essa possibilidade e ignorância sobre tais relatórios. Não era a última mentira que contaria a Kennedy sobre seu relacionamento com Hoover.

"O sr. Johnson sempre reconhecia a força e sabia como usá-la",[7] disse Deke DeLoach, então recém-nomeado agente de ligação entre Hoover e a Casa Branca. "Hoover estava na crista da onda naquela época e o sr. Johnson sabia como usá-lo. Eles não eram grandes amigos, de modo algum. Havia desconfiança política entre eles, mas precisavam um do outro."

"Estamos nos preparando para declarar guerra"

Lyndon Johnson concentrou informação e poder no Salão Oval melhor que qualquer outro presidente desde Franklin Roosevelt. Ele admirava a maneira como Hoover usava a inteligência secreta e usou o FBI como arma política de uma maneira que nenhum outro presidente jamais havia feito.

Ele precisava da ajuda de Hoover para usar cada grama de seu poder presidencial: empregar sua influência política tão livre e secretamente quanto possível; conter a ameaça comunista, doméstica e internacional;

espionar seus amigos e inimigos no Congresso e na Suprema Corte; manter os bajuladores da esquerda liberal sob controle; e matar os dragões da extrema direita.

LBJ jamais usou o poder tão efetivamente como quando ordenou que Hoover destruísse a Ku Klux Klan no Mississippi, uma guerra vermelha, branca e azul contra os terroristas incendiários de igrejas da Klan.

Burke Marshall, chefe da Divisão de Direitos Civis do Departamento de Justiça, lembrou-se de LBJ dizendo que "três soberanias"[8] estavam envolvidas na batalha: "Os Estados Unidos, o estado do Mississippi e J. Edgar Hoover." Lidar com os três exigia uma combinação de força bruta e muita delicadeza. LBJ fez com que funcionasse.

No sábado, 21 de junho de 1964, três defensores dos direitos civis desapareceram, após fugirem em sua caminhonete de uma cadeia na Filadélfia, Mississippi, com os homens da Klan em rápida perseguição, no seu encalço. Ao desaparecerem, foram dados como mortos. Em 1964, o Mississippi testemunhou uma média de 25 incidentes relacionados aos direitos civis: tiroteios, espancamentos, bombas e sequestros. Mas homicídio triplo — envolvendo dois homens brancos do norte — era incomum.

Hoover telefonou para LBJ na Casa Branca dois dias depois. "Encontramos o carro",[9] disse ele. Tinha sido incendiado a 13 quilômetros da Filadélfia.

"Aparentemente, esses homens foram mortos", continuou Hoover.

"Ou talvez sequestrados, não mortos", respondeu LBJ, com pouca esperança.

"Bom, duvido que aquelas pessoas lhes tenham dado essa chance", disse Hoover. "O carro está tão queimado e deformado pelo calor [...]"

"O carro ainda está queimando?", perguntou LBJ.

"O carro ainda está queimando", respondeu Hoover.

"Teremos mais casos como esse no sul", continuou Hoover. "As coisas serão ainda mais complicadas pelos agitadores do movimento negro."

A busca começou no quente e hostil terreno do condado de Neshoba, Mississippi. A Klan tinha membros trabalhando na Patrulha Rodoviária do Mississippi (Mississippi Highway Patrol, MHP) e no escritório do xerife. O FBI tinha uma presença insignificante no estado; alguns agentes da velha escola, que precisavam trabalhar e conviver com os oficiais locais e estaduais, não sentiam muito entusiasmo pela ideia de transformar o assassinato de três agitadores em um caso federal.

Em 24 de junho, LBJ chocou Hoover ao enviar o aposentado diretor da CIA, Allen Dulles, para conversar com o governador do Mississippi e o chefe da MHP. O presidente o acalmou: "Não tenho neste governo um amigo melhor que você. [...] E ninguém tirará nada de você enquanto eu viver. [...] Ninguém estragará nossa amizade de trinta anos."[10]

Em 26 de junho, Dulles voltou à Casa Branca para se reportar a LBJ. O presidente o colocou ao telefone com Hoover. "Você precisa revisar seu número de agentes naquele estado",[11] disse Dulles ao diretor. A Patrulha Rodoviária do Mississippi e os xerifes do condado "não vão colaborar realmente, a menos que haja alguém olhando sobre seus ombros. [...] Há outras situações muito difíceis e que podem ser atividades terroristas de qualquer natureza."

Hoover permaneceu profundamente cético. "Essa será uma tarefa quase sobre-humana, você não acha, Allen?"

Enquanto LBJ ouvia no viva-voz, Hoover focou em manter os integracionistas sob controle. "Essas pessoas foram treinadas [...] e vão viver nas casas das pessoas de cor", disse ele. "Farão reuniões em cada comunidade para lhes dar a educação que precisam ter" para serem registradas como eleitores, de acordo com a lei do Mississippi. "Precisamos praticamente manter um homem, um agente, com cada um desses indivíduos quando entram no estado", continuou. "Porque essa multidão da Klan — integrantes da MHP são membros, muitos dos chefes de polícia são membros, os xerifes são membros." Hoover queria que um contingente de U.S. Marshals, e não o FBI, lidasse com a Patrulha Rodoviária do Mississippi, o Conselho Nacional de Igrejas e os ativistas negros.

LBJ voltou à linha, dizendo a Hoover para aumentar o número de agentes do FBI no Mississippi: "Talvez possamos impedir alguns desses atos de terror apenas com a presença de nossa gente."

O presidente telefonou para Hoover novamente na noite de 29 de junho. LBJ havia convidado a mãe de um dos homens desaparecidos, Andy Schwerner, para ir à Casa Branca. Hoover estava infeliz. "Ela é comunista", disse ele ao presidente. "Ela e o marido foram membros ativos do Partido Comunista, em Nova York, por vários anos."

LBJ, tossindo muito e forçando a voz: "Ela realmente é membro?"

Hoover, cansadamente: "Sim, ela realmente é membro."

Hoover, mesmo assim, havia começado a obedecer ao comando do presidente. "Estou abrindo um escritório", disse ele, "um escritório oficial em Jackson, Mississippi, com um agente encarregado e equipe completa, como faríamos em Nova York ou São Francisco".

Em 2 de julho de 1964, LBJ pediu que Hoover fosse até o Mississippi e proclamasse a onipresença do FBI. O diretor estava em dúvida. "O que quer que faça, você está condenado", disse ele. "É impossível satisfazer ambos os lados."

Então recebeu uma ordem direta do presidente dos Estados Unidos.

"*Ninguém* vai condenar *você*", disse LBJ. "Ninguém além de alguns comunistas, uns malucos e uns poucos selvagens está contra você neste país. Você é unânime. Ninguém neste país goza do respeito que você possui."

"Veja quantas pessoas pode levar para lá", disse o presidente. "Você deveria colocar cinquenta, cem pessoas atrás da Klan e estudar esse caso de um condado para outro. Acho que sua presença, sozinha, pode nos economizar uma divisão de soldados. [...] Acho que você deve ter o *melhor* sistema de inteligência, *melhor* que o usado contra os comunistas. Li uma dúzia de seus relatórios na noite passada, até uma da manhã, sobre os comunistas. E eles não podem abrir a boca sem que você saiba o que estão dizendo."

"É verdade", respondeu Hoover.

LBJ sabia como torcer o braço de Hoover: "Agora, não quero que esses homens da *Klan* abram a boca *sem que você saiba o que estão dizendo*. Ninguém precisa saber, além de você, mas *temos de ter inteligência* naquele estado [...]"

"Se tiver de enviar as tropas [...] pode ser *terrivelmente* perigoso", disse LBJ. "Estão me pedindo 5 mil soldados. [...] Enviar um bando de gente do Exército, divisões, é um erro. Mas tenho *muitos* homens do FBI. [...] Descubra de onde pode tirá-los. [...] Veja quantos pode mandar para lá já na semana que vem."

"Quero que você tenha *o mesmo tipo* de inteligência que tem sobre *os comunistas*", disse o presidente.

LBJ estava dizendo a Hoover para ir atrás da Klan em uma linguagem que ele entendia. Hoover obedeceu. O FBI perseguiria a Klan, se infiltraria em suas fileiras, subverteria seus membros e sabotaria suas operações, pois Lyndon Johnson havia ordenado que isso fosse feito.

"O sr. Hoover jamais teria mudado por si mesmo" — não sem o enérgico comando de LBJ, disse Burke Marshall.[12] "O FBI relutava em fazer qualquer coisa" contra a Klan. "O sr. Hoover via os ativistas pelos direitos civis como infratores. O FBI era mais que inútil, dada sua maneira de pensar" — até que o presidente o fizesse mudar de ideia.

Hoover designou um de seus favoritos, o teimoso, porém muito inteligente, Joe Sullivan, para dirigir as operações no Mississippi. Sullivan escolheu Roy K. Moore como seu agente especial encarregado. Moore era ex-fuzileiro. Um número incomum dos melhores jovens que enviou para o Mississippi era composto por combatentes veteranos retirados de postos avançados do FBI em todo o país.

"Quero que consigam informações tentando se infiltrar na Klan",[13] disse Moore a seus homens. "Estamos nos preparando para declarar guerra."

Moore ensinou a seus muitos agentes em primeira missão "técnicas para conseguir informações [...] que eram usadas desde o tempo dos egípcios", disse um novato do FBI chamado Billy Bob Williams, um ex-fuzileiro que descobriu câmaras de tortura e campos de morte da Klan nos desolados vilarejos do delta do rio Mississippi.

"Martin Luther King gritou que não havia agentes ianques suficientes no Mississippi — então, surpresa, lá estava eu no Mississippi",[14] disse o agente Donald J. Cesare. Na Filadélfia, incubadora dos Cavaleiros Brancos da Ku Klux Klan, uma cidade de cerca de 40 mil habitantes, "devia haver quarenta ou cinquenta agentes realizando buscas por toda a parte" à procura de corpos.

Cesare era incomumente experiente para um novato do FBI. Ele tinha ido ao Mississippi após sua primeira missão, em Dallas, onde havia investigado o assassinato de Kennedy. Uma década antes, era um capitão mascador de tabaco do Corpo de Fuzileiros dos Estados Unidos, recrutado pela CIA como oficial paramilitar durante a Guerra da Coreia. Entre outras tarefas, tinha treinado guerrilheiros tibetanos fiéis ao Dalai

Lama. Tinha desejado ir para a África Oriental em 1963, mas a CIA o queria de volta na Ásia. Cesare se demitiu — e terminou encarregado do condado de Neshoba, Mississippi, em vez de Nairóbi, Quênia. Porque era desejo de seu pai, chefe de polícia em Old Forge, Pensilvânia, que o filho trabalhasse para o Bureau.

O chefe de Cesare, o inspetor Joe Sullivan, descobriu onde os corpos dos três defensores dos direitos civis estavam enterrados. Sullivan era "muito amigável com Maynard King, que era capitão da Patrulha Rodoviária do Mississippi", disse Cesare. Sullivan nunca disse a seus subordinados como havia conseguido a informação. Mas Hoover sabia.

Na noite de 4 de agosto de 1964, Deke DeLoach telefonou para a Casa Branca, interrompendo um conselho de guerra. O presidente tinha recebido um alarmante relatório sobre um ataque comunista a navios americanos no golfo de Tonquim — o relatório era falso, mas foi considerado verdadeiro. O fiasco da inteligência foi o primeiro tiro da guerra americana no Vietnã. Naquela noite, ao vivo na televisão, o presidente disse ao povo americano que os Estados Unidos haviam começado a bombardear o Vietnã.

Gostou muito mais de conversar com DeLoach.

"O sr. Hoover me pediu para telefonar, senhor, e contar imediatamente que o FBI encontrou os três corpos, 10 quilômetros a sudoeste de Filadélfia", disse DeLoach. "Os agentes de nossa equipe de busca encontraram os corpos há quinze minutos."

"Vocês têm ideia de quem fez isso?", perguntou LBJ.

"Senhor presidente, temos alguns excelentes suspeitos", disse DeLoach. "Temos algumas excelentes provas circunstanciais."

"Como vocês acharam o local? Alguém deu uma dica?"

"Sim, senhor, alguém que temos de proteger com muita cautela, é claro."

"Vocês não têm dúvidas de que são os corpos certos?"

"Senhor presidente, achamos que são definitivamente os corpos certos", respondeu DeLoach. "Foi preciso cavar muito para encontrá-los."

Através de Maynard King, que havia levado o FBI até os corpos, o Bureau recrutou outro membro da Klan, Delmar Dennis, um belo pastor de 27 anos com memória fotográfica. Sullivan designou Don Cesare para lidar com Dennis. O pastor tinha uma boa cabeça sob o chapéu. Ele se lembrava de placas. Números de telefone. Nomes, datas e lugares. Cesare foi autorizado a pagar o que fosse necessário para manter Dennis trabalhando como agente secreto do FBI dentro da Klan.

"Paguei a ele quase 250 mil dólares",[15] disse Cesare — soma equivalente a 1,75 milhão de dólares hoje, muito mais que qualquer outro informante do FBI jamais recebeu.

Delmar Dennis mereceu. "Ele identificou todos os agentes da lei no condado de Neshoba como membros da Klan", disse Cesare. Identificou os oficiais que haviam perseguido, atirado, matado e enterrado os agitadores; "em particular, repetiu a ordem para matar os três ativistas dos direitos civis, que havia se originado de Sam Bowers, Mago Imperial da Klan no Mississippi, para o Klavern de Neshoba — naquela época, liderado por Edgar Ray Killen", continuou ele. "Confiavam tanto em Delmar que ele servia tanto ao Bureau quanto à Klan — e não somente como mensageiro, mas também como distribuidor de fundos."

Levou muito tempo para que homens como Killen e Bowers fossem levados à Justiça; no caso de Killen, quarenta anos. Delmar Dennis se transformou em um homem alquebrado e desiludido, dividido por seu papel como informante. Mas, com seu recrutamento, o FBI entrou na Klan do Mississippi.

White Hate

Um dia depois de os corpos dos três ativistas serem encontrados, LBJ telefonou para Hoover. "Sabia que você conseguiria", disse o presidente. "Se você acha que vai sair da folha de pagamento só porque está ficando um pouco mais velho, você está maluco. Eu não aposento o FBI."

"Isso é muito gentil de sua parte, senhor presidente", respondeu Hoover, com evidente orgulho. "Acabei de fazer meu exame físico e passei com 100%."

Então ele passou aos casos de assassinato no Mississippi: "Cada um desses homens foi *baleado*", disse ele. "E temos o nome das pessoas que fizeram isso. *Provar* vai ser um pouco mais difícil. O xerife está envolvido.

O vice-xerife está envolvido. O juiz de paz está envolvido. E outros sete homens. Temos todos os nomes e estamos concentrando nossos esforços em desenvolver as provas."

A profunda infiltração da KKK no Mississippi levou Hoover a autorizar um programa completo de contrainteligência.

COINTELPRO-WHITE HATE foi inaugurado em 2 de setembro de 1964, dois meses depois que o presidente disse a Hoover para perseguir a Klan como havia feito com os comunistas. WHITE HATE continuou ativo por sete anos, infligindo sérios e duradouros danos à Klan. Agentes de camisa branca lutavam contra membros da Klan cobertos por lençóis brancos como guerreiros matando cobras na selva, mas seu trabalho exigia algo mais sutil que derrubar portas. Ele exigia o recrutamento e a manutenção de informantes. Os homens do FBI tinham de agir mais como espiões e menos como soldados. Duzentos agentes haviam trabalhado nos assassinatos no Mississippi e interrogado 480 membros da Klan. Depois que a KKK assassinou Lemuel Penn, um tenente da reserva do Exército, perto de Atlanta, o FBI expandiu seu trabalho para cobrir cada grande grupo da organização no Mississippi, no Alabama e na Geórgia.

Eram casos de segurança interna, não investigações criminais. Eles dependiam de infiltração, vigilância e sabotagem dos membros da Klan e seus líderes assassinos.

A operação WHITE HATE se intensificou rapidamente no outono de 1964. Envolveu todas as técnicas desenvolvidas pelo FBI durante os longos ataques à esquerda. Uma vez por semana, agentes do FBI interrogavam todos os membros conhecidos dos Cavaleiros Brancos, acusando outros membros da Klan de serem delatores e semeando profunda desconfiança entre eles. Poucos sabiam quem era informante e quem não era. O FBI exibia pequenas fortunas diante de informantes potenciais, oferecia suborno declarado aos membros que pudessem servir como agentes duplos dentro das forças policiais locais e estaduais, plantava escutas e grampos telefônicos nos Klaverns, realizava operações ilegais para roubar listas de afiliação e (ao menos em uma ocasião) dinamitava esconderijos. A infiltração do FBI na Klan se provou melhor que a infiltração da Klan nas agências locais e estaduais da lei.

"Acontecia uma reunião da Klan com dez membros e, no dia seguinte, seis deles faziam relatórios",[16] disse o agente Joseph J. Rucci Jr. "Tínhamos uma operação muito efetiva contra a Klan. Também nos comunicávamos com eles pelo correio. Lembro que enviávamos cartões-postais, grandes cartões-postais enviados pelo correio. Lembro de um em particular, mostrando um membro da Klan e alguém espiando por baixo do lençol, e o cartão dizia: 'Quem será que está espiando debaixo de seu lençol esta noite?'"

O entusiasmo dos agentes que conduziam WHITE HATE era notável, considerando-se que seus colegas estavam lutando contra a infiltração comunista no movimento pelos direitos civis com igual intensidade.

O COINTELPRO no Partido Comunista estava focado no movimento e em seus apoiadores brancos entre os liberais e jovens esquerdistas. "O Bureau estava fazendo o que se esperava que fizesse, acompanhando as influências estrangeiras"[17] dentro do movimento pelos direitos civis, disse Billy Bob Williams. O FBI havia identificado um número significativo de ativistas pelos direitos civis "treinados na União Soviética ou em Cuba e tudo no que estavam interessados era na *inquietação* civil".

"FICO COM MEDO DE DISCUTIR COM MINHA ESPOSA!"

Os recém-revelados diários e registros telefônicos de LBJ mostram que esteve em constante contato com Hoover durante 1964 e 1965, às vezes duas ou três vezes por dia, à procura de informações políticas sobre muitas questões, a maioria delas bem longe do campo legal.

Hoover vivia para tais momentos.

Quando as tensões raciais explodiram nas ruas de Nova York em setembro de 1964, LBJ enviou Hoover para investigar. Hoover fez uma rápida viagem à cidade e relatou ao presidente que "os tumultos raciais [...] não foram iniciados pelos comunistas",[18] mas "comunistas apareceram imediatamente" para colher os frutos políticos da agitação. Paralelamente, Hoover forneceu ao presidente um relatório sobre as chances de seu rival republicano na próxima eleição, o senador Barry Goldwater, do Arizona, entre os judeus de Nova York. "Muitos dos judeus que votariam em Goldwater — achando que ele é judeu — decidiram votar em você", disse ele a LBJ. Os dois riram juntos.

Com a eleição de 1964 a três semanas de distância, o chefe de gabinete de LBJ, Walter Jenkins, foi flagrado por um policial da delegacia de Washington, D.C. fazendo sexo oral em um homem dentro de um banheiro da Associação Cristã de Moços, a um quarteirão da Casa Branca. Presumia-se amplamente que as armadilhas sexuais com o objetivo de chantagem política eram uma técnica usada havia muito pelos serviços comunistas de inteligência. Em uma questão de dias, Hoover foi capaz de assegurar a Johnson que o caso não tinha implicações de segurança nacional.

"Estou muito grato a você por sua dedicação, seu patriotismo e pela maneira como lidou com isso, assim como por todo o resto que já fez",[19] disse LBJ.

"É claro, sei da posição em que o senhor estava e de todas as terríveis pressões que teve de suportar. Isso foi terrivelmente ruim. Mas acho que resolvemos tudo com compaixão", respondeu Hoover.

"Lembre-se, meu amigo, de que você cumpriu seu dever, como fez durante toda a sua vida, e estou orgulhoso de você. Mais orgulhoso agora do que jamais estive antes", disse LBJ. "E, enquanto seu comandante em chefe se sentir assim a seu respeito..."

"É tudo que me importa", replicou Hoover.

Mas a homossexualidade de seu principal assessor ainda confundia o presidente. "Acho que você terá de me ensinar algumas coisas sobre isso", disse LBJ. "Juro que não os reconheço. Não sei nada sobre eles."

"Nem sempre se pode dizer — como no caso do pobre Jenkins", respondeu Hoover. "Alguns deles andam de um jeito engraçado e coisas assim, coisas um pouco estranhas ou afeminadas."

Uma semana depois, um profundamente desconfortável Robert Kennedy se sentou ao lado do presidente em uma limusine percorrendo as ruas de Nova York.

LBJ havia se unido a RFK cinco dias antes das eleições, enquanto Kennedy fazia campanha para o senado americano. O presidente começou uma reservada conversa sobre as bombas políticas que eram mantidas no cofre do escritório de Jenkins. Ele disse a Kennedy que o cofre continha relatórios do FBI detalhando a depravação sexual de membros do Senado e da Câmara que saíam com prostitutas. O presidente se perguntou, em voz alta, se deveriam vazar seletivamente, contra os republicanos, antes da eleição.

"Ele me disse que havia passado toda a noite lendo os arquivos do FBI sobre essas pessoas",[20] relatou Kennedy. "E Lyndon falava sobre esse material, essas informações, tão livremente. Lyndon falava sobre todo mundo e com todo mundo. E, claro, isso era muito perigoso." Como procurador-geral, Kennedy tinha visto alguns daqueles arquivos. E achava que sua revelação iria "destruir a confiança que o povo dos Estados Unidos sentia por seu governo e nos tornar motivo de riso em todo o mundo".

Esses não foram os únicos arquivos sexuais que o FBI dividiu com o presidente.

Em 18 de novembro de 1964, Hoover, enfurecido com o fato de que Martin Luther King deveria receber o Prêmio Nobel da Paz e duplamente enfurecido com suas críticas sobre o desempenho do FBI no campo dos direitos civis, concedeu uma altamente incomum entrevista coletiva, chamando um grupo de jornalistas do sexo feminino até seu escritório e proclamando que King era "o mais notório mentiroso do país". LBJ, conversando com Deke DeLoach dois dias depois, expressou certa simpatia pela posição de Hoover.

"Ele *conhece* Martin Luther King",[21] disse LBJ, rindo baixinho. "Quero dizer, ele o conhece melhor que qualquer um no país."

O chefe de inteligência do FBI, Bill Sullivan, havia conduzido seu próprio COINTELPRO contra Martin Luther King. Ele embalou um pacote das fitas de conteúdo sexual, preparado pelos analistas do FBI, acrescentou uma carta venenosa e enviou ambos para a casa de King. Sua esposa abriu o pacote.

"King, ouça seu coração", dizia a carta. Em breve, o povo americano saberia "quem você é — uma besta anormal e maligna. [...] Só existe uma saída para você. É melhor escolhê-la antes que seu caráter sujo, anormal e fraudulento seja revelado à nação".

O presidente sabia que Hoover tinha gravado as aventuras sexuais de King. Hoover estava usando essa informação em uma tentativa de desmoralizá-lo na Casa Branca, no Congresso e em sua própria casa. O próprio DeLoach havia oferecido a alguns jornalistas e editores de jornal a chance de ouvir as fitas. Quando Nicholas Katzenbach, agora procurador-geral em exercício dos Estados Unidos, soube dessas ofertas à imprensa, ele chamou DeLoach a seu escritório e o confrontou.

"Ele negou completamente qualquer atividade dessa natureza e quis saber quem estava espalhando essas mentiras",[22] contou Katzenbach. "Eu estava totalmente convencido sobre quem estava de fato mentindo, mas não tinha como provar." Convencido de que o movimento pelos direitos civis estava à beira de um desastre, Katzenbach voou para ver o presidente em seu rancho no Texas, onde LBJ descansava após sua esmagadora vitória na eleição presidencial de novembro de 1964. O presidente ouviu, fez algumas perguntas e mudou de assunto.

LBJ não podia se impedir de admirar a força maquiavélica do ataque de Hoover. "Vou dizer uma coisa",[23] disse ele a Katzenbach em 4 de março de 1965. "Quando Martin Luther King questionou sua integridade, ele respondeu de uma maneira bastante efetiva!"

A opinião de LBJ sobre Hoover atingiu seu ponto mais alto em 25 de março de 1965, após o assassinato de Viola Liuzzo, uma ativista dos direitos civis que tinha saído dirigindo de Selma, Alabama, com um passageiro negro. Um carro havia emparelhado com ela na rodovia escura e um atirador a havia alvejado mortalmente. O FBI logo resolveu o caso. Um informante disfarçado chamado Gary Thomas Rowe estava no carro com três colegas da Klan.

Às 8h10 de 26 de março, LBJ e Hoover conversaram sobre as prisões.

"Um dos nossos homens estava *no carro*", disse Hoover a um incrédulo presidente. "Felizmente, ele não tinha arma e não atirou. Mas identificou os dois homens que estavam armados e atiraram. [...] Sabemos quem são e vamos prendê-los e interrogá-los. [...] O informante está em nosso escritório e estamos conversando com ele. Ele está bastante assustado, naturalmente, pois teme por sua vida."

"O que é um infiltrado e o que é um informante?", perguntou LBJ. "Você contrata alguém e ele se filia à Klan?"

O orgulho de Hoover praticamente pulsava pela linha telefônica. "Eles procuram alguém que já é membro da Klan e o convencem a trabalhar para o governo", explicou. "Pagamos por isso. Às vezes, eles exigem um preço bem alto, outras não. Por exemplo, por aqueles três corpos que encontramos no Mississippi, tivemos de pagar 30 mil dólares [...] e, depois que os encontramos, descobrimos a identidade de um dos homens e a partir dele... nós o quebramos e ele nos deu a identidade de outros dezenove, dois dos quais confessaram."

Johnson ficou entusiasmado. "Isso é maravilhoso, Edgar", disse ele.

O caso foi uma dúbia bênção para Neil Shanahan, o agente do FBI que cuidava do informante no carro, Gary Rowe. "O caso estava resolvido duas horas depois",[24] lembrou ele. Mas como o FBI lidaria com o fato de que Rowe havia tomado parte em um homicídio? "Não tínhamos serviço de proteção às testemunhas naquela época", disse Shanahan. "*Eu* era o serviço de proteção àquela testemunha [...] Era um problema para o qual não havia solução."

LBJ e J. Edgar Hoover ficaram lado a lado no Salão Leste da Casa Branca ao meio-dia de 26 de março, em um pronunciamento ao vivo para a nação. O presidente anunciou a prisão dos quatro membros da Klan, incluindo o informante disfarçado do FBI. Elogiando Hoover e o FBI pelas rápidas prisões, sem mencionar seu homem dentro do carro, Johnson denunciou a KKK como "inimiga da justiça que, há décadas, usa a corda, o revólver, o piche e as penas para aterrorizar seus vizinhos".

"Não seremos intimidados pelos terroristas da Ku Klux Klan, assim como não seremos intimidados pelos terroristas do Vietnã do Norte",[25] disse ele, certamente a primeira vez em que um presidente denunciava os incendiadores de cruzes e os vietcongues na mesma frase. Hoover estava a seu lado, silencioso e estoico.

Eles conversaram novamente pelo telefone, um breve momento de prazer mútuo, em 13 de abril de 1965. "Estou muito orgulhoso do que você fez nesse assunto dos direitos civis e acho que ficará para a história", disse o presidente. "Qualquer um poderia ter um homem naquele carro, é a coisa mais impensável de que já ouvi falar! Fico com medo de discutir com minha esposa! Medo de que você tenha alguém por lá para *me* prender!"

Hoover e Johnson riram juntos, um som raro nos anais da história americana. O momento de hilaridade encerrou uma das últimas conversas francas e fáceis entre os dois. Em onze dias, Lyndon Johnson enfrentaria uma crise que não saberia manejar. E teria de contar com Hoover para salvá-lo.

31

"O homem com quem estou contando"

A República Dominicana explodiu no sábado, 24 de abril de 1965. O presidente Kennedy havia sonhado em transformar o país em um modelo de democracia. Agora, era um caldeirão de medo e ódio.

Uma junta de direita tinha derrubado o presidente Juan Bosch, o primeiro líder livremente eleito da nação. Então seus seguidores haviam contra-atacado. Bosch, um liberal sonhador, tinha fugido para San Juan. Seu predecessor, Joaquín Balaguer, a última marionete presidencial da ditadura passada, havia fugido para Nova York. Sangue corria nas ruas da capital, Santo Domingo.

Às 9h35 de 24 de abril, LBJ telefonou para o diplomata americano em que mais confiava, Thomas Mann, um rijo conservador do Texas que havia sido subsecretário de Estado.

"Realmente teremos de estabelecer um governo por lá, orientá-lo e estabilizá-lo, de um jeito ou de outro", disse ele a Mann. "Esse Bosch não serve."[1]

O presidente tinha se colocado na posição de escolher o próximo líder da República Dominicana. O problema era que quase ninguém nos Estados Unidos sabia o que estava acontecendo em Santo Domingo. O chefe de estação da CIA estava fora de combate, com as costas machucadas. O embaixador americano estava visitando a mãe na Geórgia. Os oficiais americanos na capital estavam fugindo das balas.

315

Mas J. Edgar Hoover e seu homem em San Juan conheciam a situação.

A posição do agente especial encarregado era a mais alta que podia ter no FBI sem trabalhar na sede — "a sede do governo", como Hoover a chamava. O agente especial encarregado era o príncipe de sua cidade, fosse Nova York ou Butte, Montana. Nessa categoria, Wallace F. Estill era único. Ele era o agente especial encarregado de Porto Rico.

Poucos homens do FBI de Hoover eram tão cosmopolitas. Nascido em 1917, Estill havia entrado no Bureau em 1941. Tinha investigado contrabandistas nazistas de platina no Uruguai, reunido informações sobre a Rússia com os esquimós no Alasca, servido como oficial de ligação entre Hoover e a Real Polícia Montada do Canadá e, de algum modo, conseguido fazer tudo isso mantendo o sangue-frio, uma qualidade rara após 24 anos trabalhando para Hoover.

Wally Estill estivera observando Juan Bosch muito atentamente. Ele e o Bureau ouviam suas conversas telefônicas de San Juan enquanto ele planejava sua volta ao poder na República Dominicana. A base legal para a vigilância técnica era no mínimo dúbia. "Não temos provas de que Bosch violou ou conspirou para violar qualquer lei americana",[2] tinha escrito Tom Mann dois meses antes. "O que ele fez foi exercitar seu direito à livre expressão."

Mas Hoover e o Bureau haviam decidido que Bosch era comunista já em 1961 e essa acusação, uma vez feita, era indelével.

O próprio Hoover autorizava a "*tech*" — vigilância eletrônica ilimitada — em Bosch em San Juan; sua ordem se estendeu à ilha porque, de acordo com a lei, Porto Rico era território americano. "Com a aprovação do Bureau, uma *tech* foi instalada no telefone de Bosch",[3] lembrou Estill. "Teve mais sucesso que nossas mais selvagens expectativas."

O FBI ouvia enquanto Bosch e seus auxiliares em San Juan conversavam com seus aliados em Santo Domingo. O grampo telefônico mostrou que "Bosch era não apenas o líder nominal da revolta, como também o líder *de fato*", disse Estill. "Informamos isso ao Bureau, que, por sua vez, informou à Casa Branca."

Bosch começou a desconfiar que seu telefone estava grampeado. "Ele começou a usar telefones públicos por toda a cidade, além do telefone de amigos e apoiadores" em Porto Rico, contou Estill. "Com autorização verbal" — de Hoover — "expandimos nossa cobertura até termos a capacidade, limitada apenas pela mão de obra, de monitorar praticamente cada telefonema feito em Porto Rico."

Na manhã de terça-feira, 27 de abril, o subsecretário Mann aconselhou o presidente Johnson a "tentar organizar uma junta" na República Dominicana. À tarde, enquanto se aprofundavam os confrontos entre os apoiadores de Bosch e os soldados do regime, Johnson enviou a Marinha dos Estados Unidos para evacuar cerca de mil americanos da ilha. Naquela noite, um insone presidente, conversando com o oficial de plantão na Sala de Crises da Casa Branca às 3h30, monitorou o bombardeio do Vietnã pela Força Aérea dos Estados Unidos.

No dia seguinte, 28 de abril, o presidente ouviu o juramento do novo diretor da CIA, almirante William F. "Red" Raborn, outro colega texano, na Sala do Gabinete da Casa Branca. Todos os membros superiores da CIA estavam presentes. Mas, quando a cerimônia de seis minutos chegou ao fim, a primeira coisa que LBJ fez foi recuar para o Salão Oval para uma conversa de oito minutos com Hoover. "O sr. Hoover expressou sua profunda preocupação com as atividades comunistas neste hemisfério e com suas influências sobre a Guerra do Vietnã", de acordo com os registros diários do presidente.

À noite, Johnson ordenou que quatrocentos fuzileiros americanos fossem para a República Dominicana, o primeiro desembarque de tropas americanas no hemisfério ocidental desde 1928.

Na alvorada de 29 de abril, os fuzileiros que protegiam a embaixada americana em Santo Domingo se viram sob o fogo dos atiradores de elite. LBJ ordenou que outros mil fuzileiros desembarcassem. Naquela tarde, Hoover foi à Casa Branca para uma reunião de vinte minutos, sozinho com o presidente. Hoover via uma ameaça global: enquanto os comunistas se moviam no Caribe e o Kremlin dirigia os vietcongues, os marxistas americanos e seus mestres em Moscou mobilizavam o movimento contra a guerra nos Estados Unidos. Segundo ele, os acontecimentos na República Dominicana faziam parte de um padrão global.

"O inimigo controla as estradas"

LBJ recebeu muitas informações pouco confiáveis sobre a República Dominicana da CIA e de Red Raborn. "Em minha opinião, é uma luta real organizada pelo sr. Castro",[4] disse o almirante, com poucas evidências.

LBJ queria acreditar nele. Em 30 de abril, o presidente disse a seu advogado, Abe Fortas, que a CIA tinha "homens nessas operações — assim como Hoover tinha um naquele carro em Alabama — que sabiam o que estava acontecendo".

"E agora não há dúvidas de que isso é obra de Castro", continuou ele. "Eles estão se movimentando em outros lugares do hemisfério. Pode ser parte de todo um padrão comunista ligado ao Vietnã. [...] Nossa escolha é entre Castro e a intervenção. [...] Acho que o pior desastre político doméstico que poderíamos sofrer seria se Castro assumisse o controle."

No mesmo dia, o presidente decidiu intervir com toda a força militar americana. Ele enviou um general de três estrelas do Exército, Bruce Palmer Jr., e o 18º Corpo Aerotransportado, incluindo a 82ª Divisão Aerotransportada, para a República Dominicana. Mais de 20 mil soldados e oficiais de operações especiais e combate psicológico se juntaram aos fuzileiros. Uma semana antes, LBJ havia enviado mais 49 mil soldados para o Vietnã.

Em 1º de maio, o general Earle Wheeler, presidente do Estado-Maior conjunto, entregou ao general Palmer suas ordens de marcha: "Sua missão declarada é salvar vidas americanas. Sua missão não declarada é impedir que a República Dominicana se torne comunista. O presidente declarou que não permitirá outra Cuba. Tome todas as medidas necessárias para cumprir sua missão."

Forças americanas se interpuseram entre os soldados da junta e os soldados leais ao presidente Bosch ("rebeldes", para os americanos). Uma tensa espera se instalou, marcada por escaramuças, atiradores de elite, bombardeios e selvagens ataques noturnos aos civis.

Inteligência era a commodity mais preciosa — mas somente o FBI de Wally Estill a possuía, em razão de sua vigilância eletrônica de Bosch em San Juan e seus aliados na República Dominicana.

"Um batalhão de artilharia rebelde atirou contra as linhas americanas" em Santo Domingo, relatou Estill. "Meu telefone tocou e nossa recepcionista anunciou que o Bureau estava na linha." Era Al Belmont, diretor adjunto de Hoover. "Imediatamente ouvi o sr. Belmont exigindo saber se os tiros haviam sido disparados com autorização da liderança rebelde. Respondi que teria de subir as escadas e pesquisar os registros para ver o que poderia ter sido interceptado, então ligaria de volta. Ele replicou com um enfático NÃO e disse que o presidente Johnson estava na outra linha, preparado para ordenar que nossas tropas respondessem com uma devastadora barragem que demoliria os rebeldes, a menos que os tiros rebeldes tivessem sido um evento não autorizado."

"Corri para o andar de cima e perguntei em voz alta para os que estavam de plantão. Tínhamos acabado de interceptar um telefonema da sede rebelde para Bosch explicando que um jovem oficial de artilharia tinha ordenado os tiros — por sabe-se lá que razão. Havia sido algo sem aprovação e contrário às ordens. O oficial tinha sido retirado de seu posto e seria disciplinado. Enquanto entregava a informação a Belmont, e este a Johnson, pude sentir, mesmo pelo telefone, a tensão se dissipar. Nossa barragem retaliatória não ocorreu."

Em 5 de maio, LBJ conversou com George Mahon, um congressista democrata do Texas, de 30 anos. "Com todas essas técnicas terroristas sendo desenvolvidas no mundo, acho que está chegando o momento, como essa coisa em Santo Domingo, em que refinarão os instrumentos de terror", disse o congressista. "Eles poderiam explodir o Capitólio algum dia."

"Sem dúvida", respondeu LBJ. "E devemos encarar isso."

O presidente respondeu à ameaça ordenando que Hoover instalasse uma rede de inteligência na embaixada americana em Santo Domingo. A legalidade da ordem era discutível: o FBI não possuía jurisdição. Hoover chamou a operação de DOMSIT, situação dominicana. Então reuniu duas dúzias de agentes que falavam espanhol, chamou-os de LEGAT, ou adido legal, entregou-lhes passaportes diplomáticos e começou a mandá-los para o Caribe na mesma noite.

O agente Paul Brana estava na primeira turma de dez agentes. "Eles nos levaram em um C-130",[5] um transporte militar com suítes no compartimento principal, disse Brana. "Aterrissamos o C-130 na República Dominicana e embarcamos em helicópteros. Perguntei: 'Por que estamos indo de helicóptero? Por que não estamos dirigindo?'"

Um oficial militar respondeu: "Porque o inimigo controla as estradas."

"Eu repeti: *'O inimigo controla as estradas?'* Ninguém nos havia dito que havia uma operação de combate em andamento. Então estávamos naquele maldito helicóptero e eu vi a metralhadora. Pensei: 'Jesus Cristo, ninguém nos disse que estávamos indo para o combate.'"

Os chefes de Brana haviam lhe dito que o presidente "estava muito infeliz por nada saber" sobre a situação política da República Dominicana. LBJ tinha ordenado que o FBI levantasse o histórico de qualquer um competindo pelo poder.

"Ele era o homem do futuro"

O presidente e Hoover telefonaram um para o outro três vezes em 14 de maio, enquanto o FBI iniciava suas operações em Santo Domingo. A chamada final foi de LBJ, às 19h05, no meio de uma reunião de duas horas e meia na Sala do Gabinete com Robert McNamara, secretário de Defesa; McGeorge Bundy, conselheiro de segurança nacional; Tom Mann e George Ball, subsecretários de Estado; Red Raborn, diretor da CIA; e Richard Helms, seu vice.

O presidente disse a Hoover para colocar um pequeno destacamento atrás de Joaquín Balaguer, o presidente exilado que tinha sido marionete de Trujillo. "Vá atrás dele em Nova York", ordenou LBJ. "Quero que essa operação esteja pronta nas próximas 48 ou 72 horas, a menos que você deseje outro Castro."

Hoover prometeu que tudo estaria pronto. Os resultados surpreenderiam até mesmo LBJ. Em 72 horas, o FBI havia recrutado o exilado dominicano como confiável fonte confidencial.

Na tarde de 17 de maio, o principal oficial do Departamento de Estado para a República Dominicana, Kennedy Crockett, voou para Nova York para uma reunião apressadamente agendada com Balaguer. A Casa Branca queria que Balaguer estivesse no voo das 17 horas para Porto Rico, para um encontro com seu rival Bosch; o plano estava sendo improvisado pelo advogado de LBJ, Abe Fortas. LBJ e Hoover conversaram sobre a antecipada reunião com Balaguer às 15h02.

"Cheguei ao Regency Hotel às 15h40",[6] escreveu Crockett em um memorando secreto para a Casa Branca. "Balaguer não estava lá. Às 15h50, ele ainda não havia chegado."

Fortas e Crockett aguardaram no acarpetado lobby do hotel. "Balaguer apareceu por volta das 15h55", escreveu Crockett. "Eu lhe disse que tínhamos pouco tempo — havia um táxi esperando — e eu o informaria sobre os acontecimentos desde nosso último encontro no caminho para o Aeroporto Kennedy. Balaguer disse que teríamos de esperar até as 16 horas, pois sua mala estava no carro que o havia deixado no hotel e não voltaria até as 16 horas. Ele sugeriu que fôssemos ao aeroporto em 'seu' carro. Objetei, observando que não queria que ninguém mais ouvisse nossa conversa. Ele disse que isso não seria problema, pois 'seu carro' tinha sido fornecido pelo FBI."

"O 'carro de Balaguer' apareceu às 16 horas em ponto", escreveu Crockett. "O agente especial sênior que o acompanhava era Heinrich von Eckardt." Balaguer agora era uma fonte recrutada pelo FBI e Von Eckardt era seu gerenciador.

"Após examinarmos as credenciais um do outro, entramos todos no carro e fomos para o Aeroporto Kennedy", relatou Crockett. No banco de trás, Fortas e Crockett asseguraram a Balaguer que os Estados Unidos o apoiariam integralmente — afinal, "ele era o homem do futuro na República Dominicana e não faríamos nada que não levasse em conta seu valor, tanto a curto quanto a longo prazo, para o governo americano e para o povo dominicano". Então Fortas comprou para Balaguer uma passagem para San Juan; Von Eckardt embarcou no mesmo voo.

Em San Juan, Wally Estill enviou um motorista para levar o ex-presidente até seu encontro com Bosch. "Conseguimos um táxi particular para pegá-lo no aeroporto e levá-lo a um hotel em particular", lembrou Estill. "Havíamos instalado microfones no quarto para gravarmos toda a conversa e podermos enviá-la a Washington. Era uma espécie de segunda verificação de que Balaguer era honesto. E tudo isso depois que Von Eckardt o colocou no avião para Santo Domingo."

O presidente dificilmente poderia pedir mais. Mas o fez.

"Homem de J. Edgar Hoover"

Na mesma noite, um minuto após a meia-noite, LBJ fez uma reunião sobre a República Dominicana na Casa Branca. McGeorge Bundy, Tom Mann, Abe Fortas e outros assessores de LBJ haviam se reunido com líderes dominicanos em San Juan e Santo Domingo. Os americanos propunham que Balaguer e Bosch concorressem pela presidência, depois que os ânimos se acalmassem e os soldados deixassem as ruas. Entretanto um rico empresário pró-americano chamado Antonio Guzmán lideraria o governo provisório.

No meio da noite, LBJ tentava escolher um gabinete para o governo provisório.

"Eles permitirão que você leve o homem de J. Edgar Hoover como conselheiro legal da embaixada, para aconselhar o sr. G. sobre os maus caracteres e fazer com que sejam vigiados?", perguntou o presidente a Mann. A resposta foi sim: um esquadrão vermelho americano em Santo Domingo, liderado pelo FBI, serviria ao governo provisório. Mas LBJ rapidamente anulou o acordo, temendo que não pudesse garantir um governo livre de comunistas. Seu diário mostra que ele ficou acordado até 4h30, dormiu durante três horas e foi para a Sala de Crises às 8h06.

Em 19 de maio, pouco antes do meio-dia, Abe Fortas telefonou para LBJ. O presidente, aborrecido, perguntou se os militares americanos estavam apoiando o poder de fogo dos ataques de direita na República Dominicana.

> LBJ: Fizemos isso, em sua opinião?
>
> FORTAS: Sim, senhor.
>
> LBJ: *Admitimos* ter feito isso?
>
> FORTAS: Não, senhor.

Ansiosamente, Fortas garantiu ao presidente que quase havia terminado a lista de potenciais líderes dominicanos, militares e políticos, assegurando-se de que não tinham a menor relação com a esquerda. Então o presidente o interrompeu: "Hoover está esperando na outra linha." Sem saber em quem confiar, ele queria sua ajuda.

"Edgar, eis o problema", disse ele. "Nosso Departamento de Estado, em minha opinião, e eu não diria isso a ninguém além de você, não vale nada, são um bando de mariquinhas e nunca oferecem soluções."

"*Veja bem...* Fortas, fui eu que o chamei", disse LBJ, ainda mais intensamente. "Ele é tão próximo de mim quanto você. Ele quer fazer o que eu quero que seja feito, se puder ser feito de maneira honrosa."

"*Veja bem!*", gritou o presidente. "Queremos uma democracia. Queremos a vontade do povo. Queremos ajudar a *influenciar* essa vontade, ajudar a dirigi-la. [...] Mas precisamos de um governo *anticomunista*. [...] A maioria das pessoas é anti*americana*, porque agimos como tolos, impondo nossa autoridade."

"Sim, fizemos isso, fizemos isso",[7] respondeu Hoover.

"*Veja bem! Preciso decidir hoje. Preciso decidir*", disse LBJ. "Mas não vou decidir por *ninguém* a menos que você, Raborn ou alguém responsável me diga que esse alguém não é comunista."

"Entendo", disse Hoover.

"Eu sei que não sou infalível", disse o presidente. "Cometi muitos erros na vida."

"Todos cometemos", disse Hoover.

"Então escolha seu melhor homem para conferir aqueles nomes", ordenou LBJ.

"Vamos fazer isso agora", respondeu Hoover. "Se possível, teremos essa informação ainda esta noite."

"Verifique todo mundo que puder", disse LBJ. "Não quero trabalhar um mês, fazer um acordo, enviar 30 mil soldados e então *foder com tudo por causa dos comunistas!*"

"Está certo", disse Hoover.

"E *você é o homem com quem estou contando* para evitar que eu foda com tudo! Essa é uma expressão feia, mas expressiva, e você sabe o que quero."

"Não vamos decepcioná-lo", respondeu Hoover.

"Isso é sério"

Joaquín Balaguer era agora o escolhido na República Dominicana. A bênção de J. Edgar Hoover havia pavimentado seu caminho até o poder.

Balaguer havia confirmado sua boa-fé para com o Bureau em 27 de maio de 1965. Ele tinha relatado integralmente ao FBI suas conversas em Nova York com Kennedy Crockett, o diretor de assuntos caribenhos do Departamento de Estado. O diplomata americano havia pedido ao líder exilado nomes adicionais para o governo dominicano além de discutir as estratégias de Balaguer. O dominicano tinha repetido a conversa a seus gerenciadores no FBI antes que o relatório de Crockett chegasse a Washington. Isso havia lhe rendido a confiança de Hoover.

Seu domínio sobre a República Dominicana era uma glória para Hoover. E foi refletido nas ordens que o novo líder da CIA, Richard Helms, deu a seu novo chefe de estação em Santo Domingo, David Atlee Phillips. Helms era famoso por enviar oficiais para missões internacionais com lacônicas ordens de uma linha. Phillips, em suas memórias, capturou o momento:

> Quais seriam as instruções de Helms? Certamente, desta vez, as ordens de marcha seriam detalhadas, as demandas claramente enumeradas. As pessoas ainda estavam se matando em Santo Domingo e o presidente observava os desenvolvimentos com grande interesse. [...] Mas minhas instruções só continham uma linha.[8]
>
> Helms disse: "Entenda-se com o FBI."
>
> Será que ele estava brincando? Não estava. "Entenda-se com o FBI. É muito importante!"

O comando refletia em que grau LBJ dependia de Hoover.

Hoover dominou a reunião na Casa Branca com os líderes da CIA, em 1º de setembro. Ele sugeriu que uma competição entre dois homens seria o melhor para a República Dominicana; uma disputa mais ampla, com quatro ou cinco candidatos, poderia "fornecer excelente munição para os comunistas".[9] Avisou que talvez duzentos ou trezentos "comunistas convictos, habilidosos e treinados" permanecessem ao largo na ilha: o governo provisório "deve identificar esses comunistas e tirá-los de circulação imediatamente; eles perdem a coragem quando estão presos". Notou que os militares tinham "mãos muito pesadas e eram muito maltreinados" para esse tipo de trabalho; uma forte polícia nacional serviria melhor à causa. Assim, o FBI forneceria treinamento e instalações para criar uma nova força dominicana de inteligência, o Departamento de Operações Especiais, na verdade uma polícia secreta para combater os subversivos.

O presidente pediu que Hoover o ajudasse a escolher um novo embaixador americano — um homem duro o bastante para lidar com a mudança de regime orquestrada pelos Estados Unidos. Hoover tinha em mente "um bom e rijo indivíduo que se destacará e será capaz de dominar o governo". E deu sua bênção a John Hugh Crimmins, experimentado em assuntos caribenhos e cubanos, que havia passado longos dias e noites observando a crise na República Dominicana do centro de emergência do Departamento de Estado. Quando o novo embaixador chegou à República Dominicana, encontrou 26 adidos legais do FBI na embaixada americana.

"Toda aquela operação era estranha",[10] disse Crimmins. "O aparato político e de execução do governo americano estava esticado ao máximo absoluto. Era uma loucura. Era um caos. [...] Era tudo muito doido."

Quando o embaixador Crimmins assumiu, LBJ voltou a telefonar para Hoover. A transcrição da fita foi pesadamente editada, por questões de segurança nacional.

"É uma tremenda bagunça",[11] disse Hoover. "Acho que a situação é muito crítica por lá."

"Detestaria ver seu pessoal sair de lá antes de formarmos um governo", disse LBJ.

"Bem, não sairemos até recebermos ordens suas", assegurou Hoover.

"Isso é sério. Não podemos ter um governo comunista por lá", disse o presidente. "Não podemos perder essa, Edgar. Se perdermos, vou jogar isso no seu colo, vou dizer que J. Edgar Hoover fez isso e vou abdicar." Hoover riu com vontade.

"Ele quer vencer"

Em 25 de setembro, Juan Bosch voltou de San Juan, onde tinha ficado sob vigilância total do FBI durante cinco meses. Soldados americanos ainda patrulhavam as ruas de Santo Domingo e os adidos legais do FBI mantinham cerrada vigilância sobre Bosch e seus aliados. O presidente

Johnson recebeu um alerta de que "fontes do FBI em Santo Domingo estão recolhendo um número cada vez maior de relatos de que Bosch gostaria que as eleições fossem adiadas por vários meses, por causa do que ele descreve como atual estado de insegurança política".

Os Estados Unidos proclamaram que ocorreria uma eleição livre entre Balaguer e Bosch. Mas Richard Helms explicou a verdade a Desmond FitzGerald, seu chefe de operações secretas na CIA: "O presidente espera que a Agência devote todo o pessoal e recursos materiais necessários, na República Dominicana, para que a eleição presidencial seja vencida pelo candidato favorecido pelo governo dos Estados Unidos. As declarações do presidente foram inequívocas. Ele quer vencer a eleição e ele espera que a Agência faça isso acontecer."[12]

Os Estados Unidos forneceram tanto dinheiro quanto era possível contrabandear com segurança para as mãos de Balaguer. O presidente Johnson havia ordenado que o candidato recebesse todo o dinheiro de campanha de que precisasse, juntamente com informações e propaganda, cortesia da CIA e do Departamento de Estado.

Balaguer venceu com 57% dos votos, contra 39% de Bosch — uma vitória esmagadora construída com dinheiro, inteligência e poder americanos. A imprensa americana relatou unanimemente que a eleição tinha sido livre e justa.

Dez dias após a eleição, o presidente Johnson recebeu notícias satisfatórias de seu conselheiro de segurança nacional. "Hoover forneceu relatórios de segurança sobre as primeiras 35 indicações de Balaguer"[13] em 11 de junho de 1966, dizia o relatório. "Isso cobre o gabinete e o subgabinete, a Suprema Corte e algumas das principais agências independentes, como Propriedades Estatais, Desenvolvimento Industrial, Imigração, Comunicações e Administração de Aeroportos. [...] Em termos de segurança, o gabinete parece bom. [...] Balaguer fez uma boa limpeza na Suprema Corte. [...] O procurador-geral foi considerado limpo. Podemos esperar que a nova Suprema Corte faça uma limpeza nas fileiras do judiciário."

Hoover tinha ajudado a instalar um governo liderado por um informante do FBI e conduzido por 35 ministros, chefes militares e juízes aprovados pelo Bureau. Joaquín Balaguer, o homem do FBI em Santo Domingo, era um dos últimos tiranos latino-americanos da velha guarda Governou com mão de ferro durante 22 anos.

32

Claramente ilegal

Na primavera de 1966, LBJ tinha enviado quase 250 mil soldados americanos ao Vietnã. Milhares de cidadãos americanos protestaram. Hoover observava as manifestações com alarme crescente e viu longas sombras por trás do movimento contra a guerra, indo de Hanói a Harvard, de Beijing a Berkeley.

"Os chineses e norte-vietnamitas acreditam que, ao intensificarem a agitação neste país, particularmente no nível das universidades, os americanos ficarão tão confusos e divididos que nossas tropas no Vietnã terão de recuar, a fim de preservar a ordem aqui",[1] disse Hoover a LBJ dias depois que ele começou a enviar soldados para o combate. Foi uma agonia para o presidente ouvir sua profecia de que o Vietnã se tornaria uma guerra política no front doméstico.

O movimento pela paz afetou quase todos os postos avançados do FBI. "Estávamos engajados, em quase todos os fins de semana, contra várias demonstrações contra a guerra, no Álamo e no rancho do presidente Johnson em Johnson City",[2] disse Cyril P. Gamber, agente do FBI, em sua primeira missão no escritório do Bureau em San Antonio, Texas. "A maioria dos feriados e fins de semana era tomada pela Nova Esquerda se manifestando em um lado da estrada e a Klan e o Partido Nazista do outro." Como a estrada para o rancho de LBJ, os Estados Unidos estavam divididos ao meio. O FBI tinha o flanco direito coberto, mas sabia cada vez menos o que acontecia no esquerdo.

Hoover e seu círculo interno viam os protestos pelo velho prisma da conspiração internacional comunista. "As manifestações foram marcadas por crescente militância",[3] escreveu Hoover em uma carta a todos os agentes especiais do FBI. "Com o verão se aproximando, a possibilidade de deflagrações violentas crescerá incomensuravelmente, sejam manifestações dirigidas contra a política externa dos Estados Unidos no Vietnã, sejam protestos sobre questões raciais. Precisamos não apenas expandir nossa cobertura [...] mas também nos assegurar de que sinais prematuros de tais deflagrações sejam detectados."

Hoover disse a seus homens: *"Somos uma agência de inteligência e, como tal, espera-se que saibamos o que está acontecendo e o que provavelmente acontecerá."*

Os agentes do FBI padeceram adquirindo esse insight, enquanto as batalhas dos anos 1960 se intensificavam. Eles não eram adequados para se infiltrar na Nova Esquerda. E Hoover estava se tornando cauteloso em relação às antigas técnicas do Bureau de operações ilegais, invasões, escutas, grampos telefônicos e violação de correspondência. Ele não tinha perdido sua disposição para o combate político. Nem o presidente havia perdido seu apetite por inteligência política. Mas a Suprema Corte e os membros do Congresso suspeitavam cada vez mais do poder e da ubiquidade da vigilância secreta do governo. Nem LBJ nem Hoover queriam ser pegos espionando americanos.

"Não tinha a ilusão"

O nobre porém politicamente astuto Nicholas deB. Katzenbach, protegido de Bobby Kennedy e seu sucessor como procurador-geral, discutiu com Hoover sobre as escutas e grampos telefônicos. Tinha percebido que não havia controle sobre eles. O Departamento de Justiça não mantinha registro de sua instalação. Uma vez que um grampo telefônico era aprovado, Hoover o considerava aprovado para sempre. Ele tinha decidido que o FBI era livre para instalar escutas à vontade, sem informar a uma autoridade maior. E disse a Katzenbach que seu poder havia lhe sido concedido, perpetuamente, por Franklin Delano Roosevelt, 25 anos antes.

"Francamente, fiquei boquiaberto ao ouvir isso",[4] contou Katzenbach. "Não tinha a ilusão de que poderia controlar o FBI. Mas achava que era possível instituir um procedimento mais ordenado."

Ele começou a exigir fatos e números do FBI; o Bureau os revelou lentamente. Hoover havia instalado 738 escutas, por iniciativa própria, desde 1960;[5] os advogados do Departamento de Justiça haviam sido informados sobre apenas 158, cerca de uma em cinco. Instalar escutas em casas, escritórios, apartamentos e quartos de hotel geralmente exigia invadi-los, o que era ilegal. O Bureau tinha conduzido incontáveis invasões e operações ilegais por ordem de Hoover.

O procurador-geral propôs que, dali em diante, grampos e escutas só fossem instalados com sua aprovação, por escrito. Ficou ainda mais boquiaberto quando Hoover pareceu concordar. LBJ havia deixado claro para ambos que queria o mínimo possível de grampos telefônicos — a menos que se tratasse de seus oponentes na esquerda. Katzenbach prontamente aprovou a vigilância dos ativistas contrários à guerra do grupo Estudantes por uma Sociedade Democrática (Students for a Democratic Society, SDS).

O SDS tinha liderado as primeiras grandes marchas antiguerra em Washington. O FBI vigiava o grupo havia três anos, desde o momento em que tinha sido concebido. O primeiro manifesto SDS dizia: "O comunismo, como sistema, repousa sobre a supressão da oposição organizada. O movimento comunista falhou em todos os sentidos." Mesmo assim, Hoover via o movimento estudantil pelo prisma soviético. Um protesto puramente americano contra a autoridade era inconcebível para ele. Após a primeira marcha, ele havia relatado à Casa Branca que "os Estudantes por uma Sociedade Democrática, amplamente infiltrados pelos comunistas",[6] tinham feito planos para realizar protestos contra a guerra em oitenta outras cidades. Ele tinha prometido a LBJ um relatório completo sobre a influência comunista nas manifestações contra a Guerra do Vietnã.

Hoover ordenou que seus chefes de inteligência e de segurança interna "se infiltrem no grupo Estudantes por uma Sociedade Democrática, para que tenhamos cobertura adequada de informantes, similar à que temos na Ku Klux Klan e no próprio Partido Comunista. [...] Deem a essa questão atenção imediata e a mais alta prioridade, pois o presidente está muito preocupado com a situação e exige ação rápida". Mas o Bureau tinha pouquíssimas fontes na Nova Esquerda. Nenhum esquadrão clandestino infiltrava cafeterias e faculdades — ainda não. A vigilância eletrônica era essencial se Hoover quisesse informações.

"Grampos telefônicos e microfones",[7] lembrou Hoover ao procurador-geral, tornaram "possível ao FBI obter informações altamente significativas para auxiliar nossos criadores de políticas internacionais, assim como controlar os elementos subversivos no país". Mesmo assim, Katzenbach rejeitou a instalação de novas escutas na esquerda estudantil. Ele estava dolorosamente consciente da intensa vigilância eletrônica que tinha sido usada contra Martin Luther King e temia as consequências políticas de sua exposição.

Hoover disse estar "extremamente preocupado" com a decisão. Mas relatou que tinha "descontinuado completamente o uso de microfones" e "havia restringido severamente" os novos grampos telefônicos contra os movimentos pelos direitos civis e contrários à guerra.

Perplexos agentes do FBI se perguntavam se o velho estava perdendo a coragem. O que Hoover estava fazendo? Por que estava fazendo? Poucos entendiam a resposta. Hoover tinha razões para temer que a ilegalidade do FBI fosse exposta.

O senador William Fullbright, democrata do Arkansas e presidente do Comitê de Relações Exteriores, ameaçava criar um novo comitê para supervisionar o trabalho de inteligência do FBI; o presidente Johnson havia dito a Hoover para observar Fullbright de perto, pois suspeitava que ele estivesse se encontrando secretamente com diplomatas soviéticos. Um senador democrata muito menos proeminente, Edward Long, do Missouri, tinha iniciado uma ampla série de audiências sobre o uso de grampos telefônicos pelo governo. "Ele não é confiável",[8] avisou um supervisor de inteligência do FBI.

Hoover suspeitava fortemente que o senador Robert F. Kennedy estivesse vazando informação sobre as práticas do FBI. Ele confrontou Katzenbach. O procurador-geral negou. "Quão ingênuo ele pode ser!",[9] escreveu Hoover.

"Hoover nos tirou do negócio"

Hoover sabia que um caso politicamente explosivo, envolvendo as escutas ilegais realizadas pelo FBI contra um lobista de reputação duvidosa de Washington, estava chegando à Suprema Corte.

O réu era Fred Black, um poderoso traficante de influência que apelava contra uma condenação por fraude fiscal. O FBI tinha instalado escutas em sua suíte no Sheraton-Carlton Hotel, em Washington, em 1963, e havia registrado suas conversas com o advogado. A gravação secreta era ilegal, assim como a invasão necessária para instalar as escutas. Hoover lutou amargamente com o Departamento de Justiça sobre a necessidade legal de revelar esses fatos à Suprema Corte enquanto ela analisava o caso *Black versus Estados Unidos*.

Hoover usou o juiz Abe Fortas, recém-nomeado para a Corte por LBJ, como informante confidencial no caso. Deke DeLoach, agente de ligação entre o FBI e a Casa Branca, servia como intermediário. Durante um café da manhã em sua casa, o juiz Fortas havia criado uma estratégia legal para responsabilizar Bobby Kennedy pelas escutas. "Ele estava sempre disposto a ajudar o FBI",[10] escreveu DeLoach, observando que a conduta do juiz ao discutir um caso da Suprema Corte era "descaradamente antiética".

A despeito dos melhores esforços de Hoover, o advogado-geral dos Estados Unidos, Thurgood Marshall, revelou a conduta do FBI à Corte. (Marshall tinha sido alvo da vigilância do FBI durante muitos anos, como principal advogado da NAACP.) A Corte anulou a condenação. Nos meses seguintes, os juízes decidiram que a vigilância eletrônica de telefones públicos era inconstitucional e compararia as escutas governamentais aos "mandados gerais" utilizados pelos colonialistas ingleses para suprimir a Revolução Americana.

A exposição pública dos procedimentos do FBI chegou às primeiras páginas dos jornais, como Hoover temia. Ele sempre havia controlado a força da informação secreta. O então sigilo começava a ser erodido e, com ele, parte de seu poder.

Em 19 de julho de 1966 — seis dias após a escuta Black ser revelada na Corte —, Hoover proibiu o FBI de realizar operações ilegais e invasões. "Tais técnicas não devem mais ser utilizadas",[11] disse ele a seus assessores.

As invasões eram "claramente ilegais",[12] tinha lembrado o chefe de inteligência do FBI, William Sullivan, em um memorando ao diretor. "A despeito disso, operações ilegais foram utilizadas porque *representam uma técnica inestimável* no combate às atividades subversivas de natureza clandestina que visam a solapar e destruir nossa nação."

A velha guarda de Hoover achava que o FBI seria algemado. Os paladinos da inteligência do Bureau e das divisões de segurança interna ficaram pasmos com a ordem do diretor.

Edward S. Miller, que havia crescido nas fileiras da inteligência até se tornar o número 3 na sede, disse: "Em nosso tempo no Bureau — e esse foi o tempo de Hoover e depois dele —, a única coisa que tínhamos era nossa confiança nas técnicas investigativas que haviam sido bem-sucedidas contra o Partido Comunista e o comunismo soviético."[13] O Bureau iria ascender ou cair ao "conduzir os negócios da única maneira que sentíamos estar autorizados a conduzi-los", disse Miller, que enfrentou uma acusação federal uma década mais tarde, pela realização de operações ilegais.

Além das invasões, Hoover também suspendeu a longa prática do Bureau de abrir correspondências.

O programa de abertura de correspondências do FBI datava da Primeira Guerra Mundial. Ele violava a Quarta Emenda, que proibia buscas e apreensões sem mandado. Havia continuado ininterruptamente até 1940, quando os ingleses haviam ensinado ao Bureau a velha arte de chanfrar, cortando os envelopes com bisturis e fechando-os novamente, de maneira indetectável.

A busca por comunicações secretas entre espiões e subversivos nas bolsas do serviço postal americano tinha se expandido imensamente nos sete anos desde 1959. O FBI realizava operações de abertura de correspondência em agências postais de oito cidades americanas — Nova York, Washington, Boston, Los Angeles, São Francisco, Detroit, Seattle e Miami —, inspecionando centenas de milhares de cartas e pacotes e procurando provas de espionagem. Desde o início da Segunda Guerra Mundial, o programa de abertura de correspondências tinha levado à identificação de quatro comunistas e dois americanos que haviam se oferecido para vender segredos milionários aos soviéticos. Abrir correspondência era tão patentemente ilegal que Hoover nunca havia pensado em pedir esse poder a qualquer procurador-geral ou presidente. Valia o risco para o FBI? Hoover achava que não.

Seus éditos criaram furor entre a comunidade americana de inteligência. A Agência de Segurança Nacional e a CIA trabalhavam com o FBI desde 1952 em um esforço mundial para roubar os códigos de comunicação de nações estrangeiras, tanto aliadas quanto inimigas. Um elemento crucial desse programa era uma gangue de arrombadores e ladrões do FBI ou da CIA, que podia roubar livros de códigos de embaixadas e consulados estrangeiros. A proibição de operações ilegais ameaçava emperrar o avanço da quebra de códigos.

Os chefes militares e civis da Agência de Segurança Nacional, o general Marshall Carter e Louis Tordella, foram ver Hoover. Receberam quinze minutos para defender a retomada dos velhos métodos do FBI. A conversa unilateral durou duas horas e meia, enquanto Hoover divagava sobre seus maiores casos nos anos 1930 e 1940. Carter e Tordella finalmente conseguiram pedir, em algum ponto da segunda hora, pela volta da coleta secreta de inteligência. Hoover negou.

"Alguém pegou o velho",[14] disse Bill Sullivan a Tordella. Mas não existe prova de que alguém tenha torcido o braço de Hoover. Ele sabia que, se seus métodos fossem revelados, o Bureau ficaria manchado para sempre. O perigo de exposição crescia a cada dia. A maré política das liberdades civis estava subindo. Hoover estava cada vez mais isolado contra liberais da velha guarda no Congresso e advogados da Nova Esquerda nos tribunais. Um ataque conjunto contra as técnicas ilegais de inteligência do FBI poderia destruir a imagem de Hoover como avatar da lei e da ordem nos Estados Unidos.

O custo de sua cautela foi alto para os chefes do FBI na perseguição de espiões e sabotadores.

"Hoover nos tirou do negócio em 1966 e 1967, quando impôs pesadas restrições à coleta de informações"[15] usando escutas e operações ilegais, disse Bill Cregar, ex-jogador profissional de futebol americano que se tornou um dos principais especialistas do Bureau em inteligência soviética. "Precisávamos de cobertura técnica em cada soviético no país. Eu não dava a mínima para os Panteras Negras, mas me importava com os russos."

As restrições de Hoover no uso de métodos ilegais para coleta de informações mutilou os caçadores de espiões do FBI. O cada vez mais implacável foco do Bureau nos protestos políticos americanos drenou tempo e energia da contrainteligência internacional. Os resultados foram evidentes.

Na década seguinte, entre 1966 e 1976, o FBI não conseguiu um único caso importante contra um espião soviético.[16]

"UM ÚLTIMO TRABALHO ANTES DE SAIR"

A fome do presidente por informações sobre a esquerda americana se tornou cada vez mais voraz. Hoover tentava satisfazê-la com infiltrados e informantes nos crescentes movimentos black power e contra a guerra.

O Bureau instituiu um programa nacional chamado VIDEM, de manifestações sobre o Vietnã, e enviou à Casa Branca um fluxo contínuo de informações sobre os líderes do movimento, a identidade das pessoas que enviavam telegramas ao presidente protestando contra a guerra e os organizadores das reuniões sobre o Vietnã em igrejas e universidades. Uma conferência de paz na Filadélfia gerou um relatório de 41 páginas, baseado em treze informantes e fontes, incluindo transcrições de cada discurso e histórico dos capelães, pastores e professores que compareceram.

Alguns agentes fizeram esforços extraordinários para confirmar as suspeitas do presidente e do diretor de que os soviéticos estavam por trás do movimento contra a guerra. O agente Ed Birch — o homem que havia caçado o coronel Abel, do KGB, em 1957 — tinha seguido o espião soviético Viktor Lesiovski por todo o país, enquanto ele viajava em função de seu posto diplomático no secretariado das Nações Unidas, no início dos anos 1960. Ele suspeitava que Lesiovsky, que havia se encontrado em 1962 com Stanley Levison, o conselheiro de Martin Luther King, financiava secretamente a esquerda americana com fundos de Moscou. "Aquele cara viajava muito",[17] disse Birch. "Mas o que me chamou atenção foram os lugares para onde ia", incluindo a Universidade de Michigan, a sementeira do SDS. "Sempre foi minha impressão — mas não consegui convencer ninguém no Bureau — que esse cara ajudava no custeio do SDS." Provas de apoio financeiro soviético para os movimentos americanos contra a guerra e pelos direitos civis sempre foram elusivas.

As cidades da nação se tornaram zonas de guerra no longo verão de 1967. Negros americanos lutavam contra o Exército, a Guarda Nacional e a polícia; as forças da lei e da ordem suprimiram 75 tumultos diferentes, às vezes com munição real e ordens de atirar para matar. Quarenta e três pessoas morreram em Detroit, onde o Exército foi convocado para oito dias de combate e patrulhas; 26 em Newark, onde o Exército ficou em alerta para motins. No total, a nação teve 88 mortos e 1.397 feridos, a polícia prendeu 16.389 pessoas e o dano econômico foi estimado em 664,5 milhões de dólares.

Enquanto Detroit ardia na manhã de 25 de julho de 1967, Hoover telefonou para o presidente com informações em tempo real: a transcrição de uma conversa grampeada entre Martin Luther King e Stanley Levison, que permanecia sob vigilância do FBI.

"King ouviu de Levison, seu principal conselheiro e comunista secreto, que tem mais a ganhar, nacionalmente, concordando com a violência",[18] relatou Hoover, confidenciando que essa nova informação era resultado de um grampo do FBI. Hoover disse que King achava que "o presidente está com medo agora e disposto a fazer concessões". O presidente não temia Martin Luther King. Mas estava com medo de que houvesse uma mão invisível por trás da violência. Ele achava que agentes estrangeiros — talvez cubanos, talvez soviéticos — podiam estar instigando os tumultos urbanos. E disse a Hoover para manter "seus homens ocupados a fim de encontrar a conexão central" entre os comunistas e o movimento black power. "Encontraremos algum tema central", disse o presidente.

Hoover prometeu começar imediatamente. Um mês depois, em 25 de agosto, o FBI inaugurou COINTELPRO-BLACK HATE.

Ordens foram enviadas a 23 escritórios de campo do FBI para "interromper, desorientar, desacreditar ou de outra forma neutralizar as atividades das organizações de ódio negro nacionalista".[19] O Bureau focou na Conferência Sulista de Liderança Cristã, de Martin Luther King, e no Comitê de Coordenação Não Violenta dos Estudantes (Student Nonviolent Coordinating Committee, SNCC), de Stokely Carmichael e H. Rap Brown. Hoover afirmou publicamente que King e seus homólogos mais radicais eram os principais agitadores por trás dos levantes negros. BLACK HATE seguiu de mãos dadas com o recém-criado "Programa de Informantes dos Guetos". Em um ano, 3 mil pessoas haviam sido selecionadas como fontes do FBI — muitas das quais empresários respeitáveis, veteranos militares e cidadãos mais velhos — para observar as comunidades negras urbanas. As fileiras de BLACK HATE e Informantes dos Guetos dobraram em tamanho e escopo.

No outono de 1967, os tumultos urbanos diminuíram, mas as marchas pela paz cresceram. Os manifestantes em Washington cantavam: "Ei, ei, LBJ, quantas crianças você matou hoje?" (*"Hey, hey, LBJ, how many kids did you kill today?"*) O presidente ordenou que o FBI, a CIA e o Exército acabassem com essa conspiração para derrubar o governo.

"Não vou deixar que os comunistas peguem este governo e *eles estão fazendo isso neste momento"*, gritou LBJ para o secretário de Defesa Robert McNamara, o secretário de Estado Dean Rusk e o diretor da Central de Inteligência Richard Helms durante uma reunião de noventa minutos na manhã de sábado, 4 de novembro de 1967.

Cumprindo suas ordens, homens de mente liberal —[20] como o novo procurador-geral, Ramsey Clark, e seu adjunto Warren Christopher, mais tarde secretário de Estado do presidente Bill Clinton — ordenaram que o FBI espionasse americanos, juntamente com o Exército dos Estados Unidos e a Agência de Segurança Nacional. Cerca de 1.500 oficiais da inteligência do Exército, vestindo roupas civis, vigiaram 100 mil cidadãos americanos. A inteligência do Exército partilhou todos os seus relatórios com o FBI durante os três anos seguintes. A CIA monitorou líderes contrários à guerra e militantes negros que viajavam para o exterior e relatou os resultados ao FBI.

O FBI, em troca, partilhou milhares de arquivos selecionados com a inteligência do Exército e a CIA. Todos os três serviços de inteligência enviaram os nomes desses americanos à Agência de Segurança Nacional para serem incluídos em uma lista global de vigilância; a NSA retransmitiu ao FBI centenas de transcrições de telefonemas interceptados de e para americanos suspeitos.

O presidente havia criado um esforço coordenado para organizar uma polícia secreta. Estava tentando sincronizar as engrenagens do FBI, da

CIA e do Exército para criar uma máquina de inteligência totalmente abrangente que vigiaria cidadãos como se fossem espiões estrangeiros.

Mas as forças políticas em curso no mundo em 1968 eram poderosas demais para controlar. Nenhuma das informações que o presidente recebeu acalmou sua mente perturbada. Na época da ofensiva do Tet, no fim de janeiro de 1968 — com 400 mil soldados comunistas atingindo praticamente todas as grandes cidades e guarnições militares no Vietnã do Sul —, LBJ acreditava que seu inimigo o havia cercado em Washington.

Foi um homem assombrado que falou com Hoover em 14 de fevereiro de 1968.

"Não quero que ninguém saiba que telefonei para você",[21] disse LBJ em um sussurro rouco, respirando pesadamente e soando exausto.

"Quero que você, pessoalmente, faça um último trabalho antes de sair", disse o presidente. O que ele queria era uma busca intensificada por espiões em Washington. Ele achava que políticos americanos e seus assessores serviam à causa comunista.

A vigilância eletrônica do FBI nas embaixadas e consulados estrangeiros agora incluía monitoração de circuitos fechados de TV e grampos telefônicos nos soviéticos em Washington e Nova York. LBJ disse a Hoover para aumentar a vigilância, em busca de americanos vazando informações para os inimigos da nação. Ele queria relatórios sobre senadores, congressistas, suas equipes na Colina do Capitólio e qualquer outro cidadão americano proeminente que pudesse estar em contato secreto com comunistas em embaixadas estrangeiras. Ele temia que membros das equipes de congressistas estivessem trabalhando secretamente com os soviéticos, talvez entregando documentos governamentais ao KGB, em nome de seus chefes.

"Se não fizer mais nada — enquanto eu e você estivermos aqui —, quero que observe, com todo o cuidado e discernimento que adquiriu nesses quarenta anos, essas embaixadas e aqueles que se dedicam a destruir o que estamos fazendo", disse o presidente.

"Observe atentamente e faça disso sua mais alta prioridade", disse LBJ a Hoover. "Veja com quem estão falando, o que estão dizendo. [...] Quero que você se encarregue pessoalmente e supervisione tudo."

Ele queria que Hoover escrutinasse membros politicamente suspeitos do Congresso com especial atenção. "Insisto que todo o mundo que tem acesso a documentos secretos seja cuidadosamente analisado", disse ele. "Diga aos presidentes daqueles comitês: 'O presidente ordenou que verificássemos todo mundo.'"

"Porque, quando McNamara testemunha, perante Fullbright, que estamos quebrando o código do Vietnã do Norte e um desgraçado de um simpatizante comunista vai lá e conta, eles simplesmente mudam de código. [...] Destrua cada vazamento e veja com quem se encontram e com quem conversam, onde e como. [...] Você é o único cara no governo que está prestando atenção nisso. Ordeno que seja mais diligente do que já foi em toda a sua vida."

"Darei a isso minha atenção pessoal, senhor presidente", disse Hoover.

O FBI enviou esquadrões para espionar as instalações diplomáticas de aliados e inimigos. Eles deram especial atenção à embaixada do Vietnã do Sul, o hesitante parceiro dos Estados Unidos na guerra contra o comunismo, tentando ver se americanos estavam trabalhando com diplomatas estrangeiros e espiões para subverter o presidente.

"Um pilar de força em uma cidade de homens fracos"

Lyndon Johnson renunciou ao poder em 31 de março de 1968. Disse que não tentaria a reeleição. Falou à nação pela televisão, o rosto uma máscara enrugada de exaustão, a voz tingida pela amargura e o desespero.

Para angústia de LBJ, e raiva de Hoover, o senador Robert F. Kennedy imediatamente se tornou o principal candidato para a nomeação democrata. Ambos tinham boas razões para acreditar que seu mais amargo inimigo político seria o próximo presidente. Hoover temia uma explosão concomitante da esquerda e, acima de tudo, a ascensão de um radical do movimento black power. A campanha de RFK estava cativando eleitores negros por todo o país; o candidato havia descoberto um novo fervor pela política da liberação.

Quatro dias depois de LBJ renunciar à eleição presidencial, Hoover recomendou que seus agentes de campo ficassem vigilantes contra as forças que havia rotulado de BLACK HATE: "A juventude negra e os moderados devem entender que, se sucumbirem às lições revolucionárias, serão revolucionários mortos."[22]

Na noite seguinte, Martin Luther King foi assassinado em Memphis. O assassinato liberou um ódio desmedido pelo país; as chamas chegaram perto da Casa Branca. Voltando do funeral de King em Memphis, o procurador-geral Ramsey Clark olhou para baixo, na direção de Washington, D.C., de seu avião. A cidade em chamas, acesa em meio à noite que caía, estava nas garras da mais perigosa insurreição desde a guerra de 1812. O assassino de King, James Earl Ray, fugiu da maior caçada da história do FBI pegando um ônibus para Toronto e um avião para Londres. Um detetive da Scotland Yard o prendeu 66 dias depois, enquanto ele tentava embarcar em um voo para Bruxelas.

Em 23 de abril, membros do Estudantes por uma Sociedade Democrática tomaram a Universidade de Colúmbia; seis dias depois, a polícia invadiu o campus e prendeu setecentos estudantes. O FBI demorou mais dez dias para responder. A resposta foi COINTELPRO-NEW LEFT.

A primeira onda do ataque nacional do FBI ao movimento contra a guerra incluiu instruções explícitas de Hoover e Sullivan a todos os escritórios de campo: instigar conflito entre os líderes da Nova Esquerda. Explorar as rixas entre o SDS e as facções rivais. Criar a falsa impressão de que um agente do FBI está atrás de cada caixa de correio, de que informantes enxameiam em suas fileiras. Usar desinformação para desorientá-los. Deixá-los malucos. Mas COINTELPRO estava atrasado. Mais de cem universidades em todo o país haviam sido atingidas por protestos estudantis. As marchas derrubavam barricadas e, em suas franjas, estavam militantes dispostos a lançar coquetéis-molotov e mais. Hoover fez um feroz chamado às armas a seus agentes especiais encarregados em toda a nação. "Fiquei chocado com a reação de alguns de nossos escritórios de campo aos atos de violência e terrorismo ocorridos [...] nas universidades",[23] escreveu ele. "Espero resposta imediata e agressiva."

Hoover viu a aproximação de uma tormenta diferente de tudo desde as grandes greves da polícia, do carvão e do aço que varreram a nação enquanto a esquerda americana se levantava após a Primeira Guerra

Mundial. Mas o FBI não tinha resposta para a onda de violência e raiva que chocou os Estados Unidos naquela primavera.

Robert Kennedy foi assassinado em Los Angeles em 6 de junho. Milhões de americanos haviam depositado suas esperanças nele. Hoover permaneceu frio. "Ele se tornou uma espécie de messias para o choque de gerações e para os indivíduos que eram e ainda são pró-King",[24] escreveu em um memorando a seus principais assessores após a morte de RFK. A eleição de Kennedy teria sido o fim do poder de Hoover.

O homicídio abriu caminho até a Casa Branca para um homem que jurou restaurar a lei e a ordem. Hoover agora tinha razões para ter esperanças na restauração, no retorno das verdades republicanas e no renascimento do FBI. Seu velho amigo Richard Nixon poderia ser eleito presidente em novembro.

Foi uma vitória muito apertada. A competição entre Nixon e o vice-presidente de LBJ, Hubert Humphrey, oscilou com a opinião pública sobre a Guerra do Vietnã. Quinhentos mil soldados americanos estavam em combate e centenas morriam todas as semanas. Dez dias antes das eleições, após uma reunião durante toda a noite com seus mais próximos assessores militares e de inteligência, Johnson estava pronto para declarar a suspensão do bombardeio americano ao Vietnã e um plano para a paz negociada. Mas, no último minuto, o presidente Thieu, do Vietnã do Sul, recuou.

"Perdemos Thieu",[25] disse LBJ a um assessor na véspera da eleição. "Ele acha que vamos traí-lo."

O FBI havia detectado evidências de um complô para sabotar o plano de cessar-fogo no Vietnã. Para o presidente, o complô tinha sido obra da campanha de Nixon.

Três dias antes da eleição, LBJ disse que estava "observando pessoalmente o tráfego" — telefonemas e telegramas sendo interceptados na embaixada do Vietnã do Sul pelo FBI e pela Agência de Segurança Nacional — e havia detectado o esquema de Nixon para torpedear as conversações de paz. Ele ordenou que o FBI colocasse Anna Chennault, a mais famosa representante do anticomunismo chinês, sob vigilância.

LBJ suspeitava que ela fosse intermediária de Nixon. A sede do FBI enviou uma mensagem ultrassecreta ao presidente na segunda-feira, 4 de novembro, um dia antes da eleição: "Anna Chennault foi em seu Lincoln

Continental de sua residência até a embaixada vietnamita, onde permaneceu por aproximadamente trinta minutos". Depois disso, relatou o FBI, ela foi até a Pennsylvania Avenue, n. 1.701, e entrou na sala 205 — um escritório não anunciado da campanha de Nixon.

LBJ resumiu o que tinha descoberto sobre o caso Chennault na véspera da eleição. "Ela foi até a embaixada do Vietnã do Sul... era uma mensageira, isso sim... Ela disse: 'Acabei de falar com meu chefe. [...] E diga a seu chefe para esperar um pouco mais.' E é isso."

Nixon ganhou a presidência por uma margem muito estreita: menos de 500 mil votos, 0,14% do eleitorado. Um acordo de paz certamente teria dado a vantagem a Humphrey.

LBJ estava convencido de que Nixon havia feito uma barganha secreta com o governo do Vietnã do Sul para garantir sua vitória. A essência era esta: não faça um acordo de paz com Johnson e Humphrey. Espere até eu ser eleito. Farei uma oferta melhor.

"Essa é a história, Dick", disse LBJ em um acalorado telefonema para Nixon após a eleição, praticamente acusando-o de um ato equivalente à traição. "E é uma história sórdida."

Nixon negou até o dia de sua morte. Mas a conversa o deixou com a indelével impressão de que o presidente dos Estados Unidos tinha usado o FBI para espioná-lo.

O presidente nem ao menos sonhava em fazer a acusação em público. O mero fato de que havia ordenado que o FBI colocasse a campanha de Nixon sob vigilância seria explosivo o bastante. Uma acusação pública de que Nixon tinha torpedeado as conversas de paz seria o equivalente político a uma guerra nuclear.

LBJ tinha de se entender com ele. Em 12 de dezembro, convidou Nixon para uma reunião de duas horas na Casa Branca. Os dois encontraram um campo comum em sua admiração pelo trabalho de J. Edgar Hoover.

No Salão Oval, Johnson pegou o telefone e teve uma conversa a três com Hoover e Nixon. O telefonema não foi registrado. Mas Nixon se lembrava do presidente dizendo: "Se não fosse por Edgar Hoover, eu não poderia ter levado adiante minhas responsabilidades como comandante em chefe, ponto. Dick, você passará a depender de Edgar. Ele é um pilar de força em uma cidade de homens fracos."[26]

341

33

A arma definitiva

Richard Nixon chegou ao poder com uma exorbitante visão da paz mundial. Se tivesse sucesso, ele achava que poderia reunificar uma nação em guerra consigo mesma. Se falhasse, temia que os próprios Estados Unidos pudessem cair.

Ele queria encontrar uma maneira de sair do Vietnã. Achava que podia pôr fim à Guerra Fria com a Rússia e a China. Seu cálculo político do preço do compromisso com os líderes do mundo comunista era brutal: "O risco de guerra diminui, mas o risco de conquista sem guerra, por meio da subversão e do sigilo, cresce geometricamente."[1]

Suas esperanças para o mundo se articulavam com a administração secreta dos Estados Unidos. Suas políticas e planos, de bombardeios de varredura à diplomacia de *détente*, eram clandestinos, escondidos de todos, com exceção de alguns poucos assessores confiáveis. Mas ele sabia que as chances de obter o sigilo absoluto que buscava eram muito pequenas.

"Vou lhe dar um aviso",[2] LBJ havia lhe dito na Casa Branca em dezembro de 1968, "os vazamentos podem matá-lo". Ele tinha aconselhado Nixon a confiar em Hoover, e somente nele, para manter seus segredos e proteger seu poder: "Você precisará dele muitas vezes para manter a segurança. Ele é o único em quem você pode confiar totalmente."

Mas Nixon não confiava totalmente em ninguém — nem mesmo em Hoover, um homem que ele chamava de "meu amigo mais próximo em toda a vida pública".[3]

Eles eram comparsas, como dizia Nixon, havia mais de vinte anos. Hoover tinha ensinado o inexperiente recém-chegado ao Congresso em 1947. Sua tutela nas táticas políticas da guerra contra o comunismo havia sido a primeira experiência de poder de Nixon. Eles haviam partilhado suas ideias, em caráter confidencial, inúmeras vezes nos anos 1950. Hoover sempre havia se mantido em contato: tinha sido uma fonte de conselhos políticos por todo o longo exílio de Washington enfrentado por Nixon. Hoover fora mais que uma fonte de informações secretas: havia sido um confiável conselheiro político. E nunca tinha deixado de alimentar o medo que Nixon sentia da subversão política.

Os dois conversaram ao menos 38 vezes, pessoalmente ou por telefone, nos primeiros dois anos da nova administração — antes que Nixon ligasse seus microfones na Casa Branca. A cada poucas semanas, como relatou Nixon, "ele vinha sozinho"[4] e falava por muito tempo sobre as ameaças enfrentadas pelos Estados Unidos. "Muito do que dizia era extremamente valioso", disse Nixon. "E nunca vazou."

Eles conversavam por horas durante os jantares na Casa Branca, na casa de Hoover ou no iate presidencial de Nixon. O jantar para quatro a bordo do *Sequoia* incluía o chefe de gabinete de Nixon, H. R. Haldeman. "Conversa quase inacreditável",[5] escreveu Haldeman em seu diário. "J. Edgar falou e falou", fazendo "relatos detalhados das grandes operações do FBI". Hoover era "um personagem real dos tempos de outrora" — e Nixon estava "fascinado por ele".

Hoover foi ver Nixon na sede da equipe de transição presidencial, no elegante Pierre Hotel, em Nova York, no fim de 1968. Estava "vermelho e com o rosto inchado"[6] e "não parecia bem", lembrou John Ehrlichman, que seria conselheiro de Nixon na Casa Branca e agente de ligação com Hoover. Mas seus poderes verbais continuavam inalterados.

Hoover disse a Nixon que ele deveria ser cauteloso a respeito do que dizia a LBJ pelo telefone durante os dias de transição e cuidadoso com o que diria ao telefone depois de assumir. Ele poderia ser gravado. Hoover explicou que o Corpo de Comunicações do Exército controlava o sistema de comunicação do presidente e monitorava todas as chamadas que passavam pela mesa telefônica da Casa Branca; da maneira como Nixon entendeu o aviso, um soldado podia ouvir as conversas do presidente.

O diretor então lembrou enfaticamente a Nixon sobre os poderes de vigilância que eram comandados pelo presidente. Anos depois, Nixon foi compelido, por uma ordem do Congresso, a fazer uma declaração formal sobre o que Hoover havia lhe dito naquele dia.

Hoover tinha enfatizado que o FBI havia realizado, "sem mandado de busca",[7] operações ilegais, invasões e instalação de escutas para cada presidente desde FDR, disse Nixon. Suas habilidades incluíam "entradas sub-reptícias e interceptação de comunicações verbais e não verbais". O Bureau era especialmente bom na caça a vazamentos, tinha confiado Hoover. E os grampos telefônicos eram "o meio mais eficiente" que possuía.

Nixon também aprendeu com Hoover como mentir para o Congresso a respeito dos grampos telefônicos, sem ser apanhado.

"Essa era uma prática comum do sr. Hoover",[8] disse Nixon em um depoimento confidencial aos promotores de Watergate, revelados em novembro de 2011. "Ele me contou a respeito. Ele disse: 'Um mês antes de testemunhar perante o Comitê de Apropriações, eu interrompo todos os grampos [...] e, assim, quando eles me perguntam se estou grampeando alguém, posso dizer que não.'" Quando Hoover encerrava seu comparecimento anual ao Congresso, o FBI retomava os grampos.

"Durante cinquenta anos, Hoover sempre circundou a pergunta", disse Nixon, "e sempre, tecnicamente, disse a verdade."

Nixon reviveu as tradições de grampos telefônicos, escutas e operações ilegais do FBI. Elas rapidamente se tornaram parte da cultura política da Casa Branca de Nixon. Ele ordenou que Hoover voltasse ao campo de combate político.

"Havia apenas uma maneira de lidar com aquilo"

Nixon tinha visões apocalípticas de uma revolução nos Estados Unidos e seus pensamentos sombrios se aprofundaram com os assassinatos políticos, tumultos em guetos e marchas contra a guerra dos anos 1960.

Seu desfile inaugural, em 20 de janeiro de 1969, sofreu um breve, porém furioso ataque de pedras, garrafas e latas de cerveja, jogadas por centenas de manifestantes contra a guerra. Durante a campanha, seu mantra fora "Bring Us Together" ("Una-nos"). As pessoas que, em sua opinião, estavam dividindo os Estados Unidos gritaram maldições contra sua limusine preta enquanto ela entrava na Casa Branca.

Os primeiros dias de sua presidência foram marcados por alarmantes tiroteios e ataques com bomba: radicais atacaram escritórios de recrutamento do Exército e centros do Corpo de Treinamento de Oficiais da Reserva (Reserve Officer Training Corps, ROTC) nas universidades; nacionalistas de Porto Rico explodiram uma junta de recrutamento em San Juan; militantes negros usaram atiradores de tocaia contra a polícia. Hoover tinha proclamado que os Panteras Negras e seus fotogênicos líderes eram a maior ameaça à segurança interna dos Estados Unidos. Seu chefe de inteligência, Bill Sullivan, havia conseguido, por meio do COINTELPRO, colocar informantes nos mais altos níveis do grupo, que, em 1969, já começava a se fragmentar. Mas o FBI não tinha a menor pista sobre o movimento estudantil e os estudantes eram os que mais preocupavam Nixon.

Ele temia que fossem uma ameaça subversiva tão poderosa quanto soviéticos, chineses e vietcongues. Ele falou dos tumultos nas universidades americanas em um de seus primeiros grandes discursos.

"É assim que a civilização começa a morrer",[9] disse ele. E citou Yeats: "*As coisas desmoronam. O centro não consegue se manter.* Nenhum de nós tem o direito de supor que isso não acontecerá aqui."

A correlação de forças estava mudando nos Estados Unidos. Nixon reformaria a Suprema Corte, indicando juízes de direita. Ele jurou repetidamente restabelecer o respeito pela lei e pelo poder da presidência. Havia nomeado o profundamente conservador John N. Mitchell para o cargo de procurador-geral, a fim de restabelecer a ordem nos Estados Unidos, continuando a tradição política de contratar seu gerente de campanha para dirigir o Departamento de Estado. Mitchell, sempre baforando seu cachimbo, tinha maneiras plácidas e devoção passional pelo presidente. Ele faria qualquer coisa que Nixon pedisse e tratava Hoover com a deferência que o diretor exigia. "Procuradores-gerais raramente controlavam o sr. Hoover",[10] disse Nixon. "Era difícil até mesmo para os presidentes."

Em sua primeira semana na presidência, Nixon exigiu inteligência secreta sobre os radicais. "Ele queria saber quem estava por trás daquilo e o que estava sendo feito para pegar os sabotadores", escreveu Ehrlichman. O presidente disse a seu conselheiro na Casa Branca para ir até Hoover, estabelecer-se como "seu amigo e confidente na Casa Branca"[11] e criar um canal direto de comunicações secretas entre o FBI e a Casa Branca.

Ehrlichman se aproximou do diretor com cautela. Sua equipe o havia avisado "que cada reunião no escritório de Hoover era secretamente filmada ou gravada. Mas eles não me prepararam para a abordagem *à la* Mágico de Oz que se exigia de seus visitantes". Nos corredores do Departamento de Justiça, Ehrlichman foi conduzido até portas duplas guardadas pelos atendentes pessoais de Hoover. Entrou em uma sala lotada de homenagens ao diretor — placas e citações adornadas com águias americanas e tochas perenes. A antessala conduzia a uma segunda, mais formal, com centenas de outras homenagens. E essa levava a uma terceira sala de troféus com uma mesa muito polida. A mesa estava vazia.

"J. Edgar Hoover não estava em parte alguma", escreveu ele. "Meu guia abriu uma porta atrás da mesa, nos fundos da sala, e eu fui levado até um escritório de uns 15 m², dominado pelo próprio Hoover; ele estava sentado em uma grande cadeira de couro, por trás de uma mesa de madeira no centro da sala. Quando se levantou, ficou claro que ele e a mesa estavam sobre uma plataforma de uns 15 centímetros. Fui convidado a me sentar em um sofá baixo, de couro púrpura, a sua direita. J. Edgar Hoover olhou para mim, de cima para baixo, e começou a falar." Ele falou sem parar, durante uma hora, sobre os Panteras Negras, o Partido Comunista dos Estados Unidos, a espionagem soviética, o Congresso, os Kennedy e muito mais. Mas tinha pouco a dizer sobre o que o presidente queria dele: inteligência sobre as facções radicais da Nova Esquerda.

Ehrlichman aprenderia — assim como Nixon — que "o Bureau lidava excessivamente com rumores, fofocas e conjecturas" quando se tratava de inteligência política sensível. Mesmo quando um relatório era baseado em grampos telefônicos ou escutas, "a informação frequentemente era indireta, duas ou três vezes distante da fonte".

Tal era o caso com a primeira pista que Hoover obteve no fim de janeiro de 1969. Nixon tinha convidado Hoover para um jantar de doze pessoas na Casa Branca. O convite cruzou com um alarmante memorando ao presidente. Hoover afirmava que um antigo membro do corpo de imprensa da Casa Branca, Henry Brandon, que cobria Washington para o *Sunday Times*, de Londres, era uma ameaça à segurança nacional.

"Telefonei para o sr. Hoover e perguntei: 'O que é tudo isso?'",[12] lembrou Nixon. Ele conhecia Brandon como o mais proeminente correspondente estrangeiro em Washington, alpinista social bem-sucedido e amigo do conselheiro de segurança nacional, Henry Kissinger, que gostava de passar os domingos em sua piscina.

Hoover disse que o jornalista era suspeito de espionar para os serviços de inteligência inglês e tcheco — e que o FBI o grampeava havia anos, em busca de provas. Isso plantou uma ideia na mente de Nixon: grampear jornalistas era a maneira de encontrar vazamentos e suas fontes dentro da Casa Branca.

Em 1º de fevereiro de 1969, Henry Kissinger reuniu a equipe do Conselho de Segurança Nacional para uma reunião ultrassecreta com Nixon sobre o Oriente Médio. "Alguns dias depois",[13] lembrou Nixon, "detalhes da discussão vazaram para a imprensa. Eisenhower, a quem eu havia informado pessoalmente sobre a reunião, considerava o vazamento de informações confidenciais sobre política internacional, em tempos de guerra ou de paz, uma traição."

Nixon e Kissinger pensavam da mesma forma. Histórias de primeira página sobre suas estratégias para lidar com a União Soviética e o sudeste da Ásia, parecendo ter sido retiradas diretamente das minutas do Conselho Nacional de Segurança, eram publicadas quase toda semana. Pelos cálculos de Kissinger, 21 artigos de jornal baseados em vazamentos sobre as políticas internacionais secretas do presidente foram publicados nos primeiros cem dias de sua administração. Nixon explodia de raiva com as manchetes: "O que é essa merda dessa matéria? Descubra quem vazou e demita!" Kissinger aprendeu a imitar seu chefe; às vezes, podia até superá-lo: "Temos de esmagar essas pessoas! Destruí-las!"

Em 23 de abril, Nixon passou vinte minutos ao telefone com Hoover, pensando em voz alta sobre um plano para impedir os vazamentos. Dois dias depois, o presidente se sentou com Hoover e o procurador-geral John Mitchell na Casa Branca.

O depoimento juramentado de Nixon sobre a reunião sobre os vazamentos no Salão Oval foi sucinto. "Hoover me informou que [...] havia apenas uma maneira de lidar com aquilo. [...] Ele tinha autoridade para grampear. [...] Os grampos telefônicos eram a arma definitiva."[14]

"Eu disse ao sr. Hoover para seguir adiante com o programa", lembrou Nixon. "Chamei o dr. Kissinger e lhe disse que ele tinha a responsabilidade de averiguar sua própria equipe." Kissinger, é claro, obedeceu. "Lá estava ele, naquele salão, com J. Edgar Hoover, John Mitchell, Richard Nixon",[15] disse o assessor de Kissinger, Peter Rodman. "Eles estavam dizendo: 'Vamos instalar alguns grampos.' E J. Edgar Hoover e John Mitchell disseram: 'Sim, podemos fazer isso. Bobby Kennedy fazia isso o tempo todo.'"

Kissinger selecionava suspeitos para a vigilância. Se Hoover concordasse, os grampos eram instalados. A responsabilidade de encontrar e interromper os vazamentos era inteiramente do FBI.

Na manhã de 9 de maio, Hoover atendeu o telefone e ouviu a inconfundível voz de Kissinger, em tom de grande indignação. Ele estava furioso com uma matéria de primeira página do jornal *The New York Times*. Nixon vinha bombardeando o Camboja, uma nação neutra, tentando atingir os depósitos de suprimentos dos vietcongues e norte-vietnamitas. O bombardeio violava as leis internacionais. Mas a matéria violava os princípios do sigilo. O presidente a via como um ato de traição — "um vazamento que foi diretamente responsável pela morte de centenas de americanos".[16] Ele acreditava que o bombardeio secreto poderia salvar os soldados americanos lutando no Vietnã do Sul. Kissinger transmitiu sua ira a Hoover. As notas do diretor sobre a conversa a refletem: "Segurança nacional [...] extraordinariamente prejudicial [...] perigoso."

Os grampos de Kissinger deviam continuar. "O dr. Kissinger disse estar muito grato",[17] escreveu Hoover, "e manifestou a esperança de que eu continue até onde for possível, pois, se pudermos encontrar o autor, eles o destruirão, não importa quem seja".

Hoover deu a tarefa de instalar os grampos a seu chefe de inteligência, Bill Sullivan. Sullivan estava mais que disposto a seguir as ordens da Casa

Branca. Havia anos, mantinha os olhos no emprego de Hoover. Agora, teria toda a atenção dos homens do presidente e havia pouco que não faria para servi-los. Em breve, ele teria a atenção do próprio presidente.

Sullivan guardou as volumosas gravações e suas transcrições como documentos "Não arquivar". Ele as manteve trancadas em um escritório fora da sede do FBI e forneceu resumos diários a Kissinger e a seu assessor militar, o coronel Al Haig. Nixon enviou Kissinger ao FBI com instruções de "expressar seu apreço ao sr. Hoover e ao sr. Sullivan por seu excepcional apoio".[18] Suas ordens eram para "informar ao sr. Hoover que você discutiu esses problemas em detalhe com o presidente" e "perguntar ao sr. Hoover se ele tem qualquer informação ou orientação adicional que, em sua opinião, poderia ser útil nessa situação tão difícil".

Alguns dos assessores mais próximos de Nixon sabiam que os grampos telefônicos estavam em uma zona crepuscular da lei. Nixon achava ter o poder de espionar quem quisesse, com base na segurança nacional. Em 1968, o Congresso tinha aprovado uma lei dizendo que o presidente podia autorizar grampos telefônicos para proteger os Estados Unidos de espiões estrangeiros e subversivos. Mas os alvos desses grampos não eram agentes do KGB. Eram treze oficiais do governo americano e quatro jornalistas. Durante os dois anos seguintes, embora os vazamentos tenham continuado, os grampos nunca revelaram provas incriminatórias contra ninguém. Mas foram o primeiro passo na rota que conduziria a Watergate.

Em 28 de maio de 1969, às 15 horas, Nixon se sentou ao lado de Hoover no Salão Leste da Casa Branca. Juntos, eles presidiram a graduação da 83ª sessão da Academia Nacional do FBI, um curso de treinamento para comandantes das agências legais americanas e chefes de polícia estrangeiros. Minutos antes, no Salão Oval, Hoover havia entregado pessoalmente um conjunto de resumos dos grampos de Kissinger ao presidente.

No Salão Leste, Hoover entregou a Nixon um distintivo dourado, tornando-o membro honorário do FBI, e Nixon falou do império da lei. "Nosso problema", disse o presidente, "é fazer com que, em todos os Estados Unidos, nossas leis — nossas leis escritas — mereçam o respeito de todos os americanos, e que aqueles que fazem cumprir a lei — que têm a árida, difícil, penosa e às vezes perigosa tarefa de fazer cumprir a lei — cumpram suas responsabilidades de uma maneira que merece respeito."

"Ninguém sabia o que era certo e o que era errado"

Na mesma tarde, em Chicago, um jovem agente do FBI chamado Bill Dyson estava prestes a ser iniciado nas regras de um mundo sem lei. Ele se lembraria claramente daquele dia. Era o início de uma nova vida.

Dyson tinha 28 anos e estava em sua primeira missão, apenas dois anos depois de ingressar no FBI. Seu chefe havia lhe dito que ele trabalharia em um grampo telefônico. Ele não tinha certeza do que era um grampo, como funcionava ou que leis o regulavam. Mas seguiu seu superior até uma sala sem janelas no subsolo do escritório do Bureau. Seus superiores fizeram com que se sentasse e disseram: "Aqui está sua máquina."[19]

Eles o colocaram no turno das quatro à meia-noite, ouvindo membros do Estudantes por uma Sociedade Democrática. O SDS se reuniu formalmente em Chicago três semanas depois. Uma facção declarou que iniciaria um combate armado contra o governo dos Estados Unidos. Durante o verão e o outono, Dyson ouviu enquanto os membros do grupo argumentavam, debatiam e conspiravam. Estava testemunhando o violento nascimento de uma gangue terrorista.

"Eu *vi* eles se tornarem os Weathermen (Homens do Tempo)! Eu estava *com* eles quando se tornaram os Weathermen!", disse ele. "Era excitante. Era como presenciar a história." Quase cinquenta anos antes, em Chicago, em setembro de 1919, os agentes de J. Edgar Hoover haviam presenciado o nascimento do Partido Comunista dos Estados Unidos. Dyson seguia sua tradição.

Os Weathermen se viam como revolucionários que podiam derrubar o governo dos Estados Unidos, uma visão alimentada em parte por doses de LSD. Eles se chamavam de comunistas, mas suas táticas eram mais próximas das dos anarquistas italianos que haviam explodido bombas em Washington e Wall Street em seguida à Primeira Guerra Mundial. "Anarquismo era uma palavra muito bonita para eles", disse John Kearney, que liderou o Esquadrão Secreto 47 do FBI, em Nova York, em muitas missões contra os Weathermen e, mais tarde, enfrentou acusações de realizar invasões sem mandado. "Eles eram terroristas."

Seus líderes eram brancos, de boa aparência e bem-educados; alguns vinham de famílias prósperas. Eles tentaram formar alianças com os

Panteras Negras. Viajaram para Cuba e se encontraram com representantes do governo do Vietnã do Norte. Instilavam disciplina uns nos outros com um esmagador pensamento de grupo que o presidente Mao teria admirado. Lutavam uns contra os outros e dormiam uns com os outros. E Dyson ouvia. "Eu sabia mais sobre eles do que eles sabiam sobre si mesmos. Se trabalha com um grampo, um bom grampo, você fica assim", disse ele. "Eu vivia com essas pessoas, às vezes 24 horas por dia, sete dias por semana."

Mas então os Weathermen se tornaram o Weather Underground. No outono de 1969, eles começaram a mudar — de agitadores declarados a construtores clandestinos de bombas. Então desapareceram. Os grampos de Dyson ficaram silenciosos. O FBI foi pego de surpresa. Os agentes traçaram chamadas para telefones particulares e instalaram radiotransmissores em telefones públicos. Mas a trilha esfriou. Isso causou um estremecimento de medo no chefe de inteligência do FBI, Bill Sullivan, que havia relatado, em 8 de setembro de 1969, que o grupo tinha "o potencial de ser muito mais danoso para a segurança desta nação que o Partido Comunista jamais foi, mesmo no auge de sua força, nos anos 1930".[20]

Começando em Chicago, células clandestinas de quatro ou mais Weathermen se espalharam pelo país, de Nova York a São Francisco. Naquele inverno, três membros-chave da facção de Nova York explodiram a si mesmos em uma elegante residência na West 11th Street, enquanto tentavam conectar sessenta bananas de dinamite em uma bomba que deveria matar soldados em Fort Dix, Nova Jersey. Após o fiasco mortal, o movimento se tornou ainda mais clandestino, mas conseguiu clamar o crédito por novos ultrajes a cada poucos meses durante os anos Nixon, provocando o FBI e a Casa Branca com comunicados passionais e plantando bombas em locais aparentemente impenetráveis. Um grupo que mal contava com cem membros — com um núcleo de uma dúzia de tomadores de decisão e construtores de bombas — começou a deixar o governo dos Estados Unidos semienlouquecido de medo enquanto os anos 1960 se transformavam nos anos 1970.

Dyson, que se tornou o principal agente do FBI na perseguição ao grupo, aceitou sua palavra. Ele os julgou uma ameaça mortalmente séria, assim como seus superiores. A mensagem vinda da clandestinidade, da maneira como a lia, era letal: *Se vocês não saírem da guerra, mataremos seus congressistas. Mataremos seus senadores. Mataremos o presidente.*

"Eles eram capazes de entrar no Capitólio, instalar uma bomba na parede e explodi-la", disse Dyson. "Eles entraram no Pentágono. [...] Eram capazes de telefonar e dizer que a bomba explodiria em cinco minutos — e ela explodia em cinco minutos. Eram tão bons quanto qualquer grupo terrorista do mundo em termos de sofisticação."

Eles realizaram 39 explosões. O FBI não solucionou nenhuma.

"Não sabíamos como investigar terrorismo", disse Dyson. "Não tínhamos informações suficientes sobre essas pessoas."

Isso apresentava um terrível problema para o FBI. Sua resposta foi tomar as mais drásticas medidas. "Certas pessoas no FBI tomaram a decisão de fazer algo, qualquer coisa, para se livrar daquela gente. Qualquer coisa!", disse Dyson. "Não matá-las, simplesmente, mas qualquer outra coisa. Se suspeitar de alguém, grampeie. Instale um microfone. Abra as cartas. Faça qualquer coisa!"

Dyson tinha dúvidas legais: "Posso colocar um informante na sala de aula de uma faculdade? Ou mesmo no campus? Posso me infiltrar em qualquer organização estudantil? O que posso fazer? E ninguém tinha regras. Não havia nada."

"Isso vai acabar nos destruindo", disse ele. "Vamos acabar com agentes do FBI na prisão. Não porque o que fizeram era errado. Mas porque ninguém sabia o que era certo e o que era errado." Não conhecer essa diferença é a definição legal de insanidade. Os temores de Dyson se revelariam proféticos. Com o tempo, os principais comandantes do FBI em Washington e Nova York enfrentariam a perspectiva de serem presos por seu trabalho contra a ameaça da esquerda. Assim como os mais próximos confidentes do presidente.

"Nixon ordenou que o FBI cuidasse disso"

Nixon, Mitchell e Ehrlichman jantaram na casa de Hoover em 1º de outubro de 1969; o conselheiro da Casa Branca registrou esse raro evento. Eles beberam coquetéis "em uma sala de estar encardida, quase sórdida", com as paredes cobertas de velhas fotografias de Hoover com estrelas do cinema já mortas. Comeram chili e filé em uma sala de jantar iluminada por lâmpadas de brilho púrpura, verde, amarelo e vermelho. Os drinques após o jantar foram servidos no subsolo, em um bar decorado com desenhos de *pinups* seminuas.

A conversa foi mais atraente. "Hoover nos regalou com histórias das invasões noturnas e operações ilegais do FBI", relatou Ehrlichman. "Ele nos contou sobre as operações contra radicais domésticos e estrangeiros e nossas reações foram entusiásticas e positivas." Nixon e Mitchell "adoraram aquilo". Daquela noite em diante, Hoover tinha todo o direito de acreditar que o presidente dos Estados Unidos queria que ele usasse cada um de seus poderes contra a ameaça.

Por todo o país, 2 milhões de pessoas marcharam contra a Guerra do Vietnã naquele outono. O FBI achou difícil distinguir entre o garoto com um coquetel-molotov e o garoto carregando um cartaz.

Durante outubro, novembro e dezembro, entrando no novo ano e na nova década, quase todo dia trazia relatos de ameaças e ataques de grupos de esquerda nas maiores cidades americanas, nas universidades e também em muitas cidades menores. Bombas atingiram o Rockefeller Center, em Nova York; o tribunal do condado de Franklin, Missouri; e o escritório do xerife em Sioux City, Nebraska. Os Panteras Negras atiraram contra policiais de Chicago e a polícia contra-atacou com a ajuda do FBI, matando dois líderes proeminentes enquanto dormiam. Milícias negras armadas, incluindo uma pequena gangue que se tornou conhecida como Exército Negro da Libertação, aliaram-se a membros do Weather Underground. "Eles estavam tentando ferir e matar policiais", disse o agente William M. Baker. "Quando via um oficial branco e um oficial negro trabalhando juntos, o Exército Negro da Libertação, em um esforço para criar a revolução, atirava em ambos e assumia a autoria. Bem, o presidente Nixon ordenou que o FBI cuidasse disso."

Bill Sullivan espalhou a notícia pela cadeia de comando naquele inverno: a proibição de operações que Hoover certa vez havia declarado "claramente ilegais" estava suspensa. Ele jurou fazer qualquer coisa para parar os Weathermen. O vice de Sullivan, Charles D. Brennan, recém--nomeado chefe da Divisão de Segurança Interna, disse o mesmo. Ele sentia tremenda pressão da Casa Branca para defender a nação contra "ataques à polícia em geral e ao FBI em particular"[21] vindos da esquerda. Ele acreditava que o FBI tinha de lidar com a ameaça de os radicais "formarem unidades do tipo comando"[22] que realizariam atos de terror, "incluindo assassinatos".

Agentes do FBI de todo o país começaram a montar novas operações, tanto contra manifestantes pacíficos quanto contra militantes violentos. Um esquadrão tentou infiltrar a extrema-esquerda posando como veteranos radicais do Vietnã bem-abastecidos de armas e drogas. Quatro ou cinco gostaram tanto da nova vida que nunca mais voltaram. "Eram um bando de renegados",[23] disse o agente Bernardo Perez, que recebeu a difícil missão de controlá-los, anos depois.

Hoover não sabia sobre algumas das operações mais politicamente carregadas. O diretor tinha feito setenta anos em 1º de janeiro de 1970. Sullivan e muitos de seus principais agentes viam os poderes de percepção do diretor diminuírem, sua autoridade escoar, sua consciência do que acontecia cotidianamente no FBI começar a falhar.

"Hoover não tinha ideia de que tínhamos agentes parecidos com garotos, vestindo jeans e essas coisas, durante as manifestações",[24] disse Courtland Jones, o agente que tinha a responsabilidade cotidiana pelos grampos de Kissinger. "A reação de Hoover foi: 'Quem autorizou isso?'"

"Ele estava realmente por fora", disse Jones. "Deveria ter se retirado, muitos anos antes de sua morte. A única coisa que ele nunca fez e jamais toleraria seria ensinar alguém para tomar seu lugar."

Somente um homem estava disposto a correr o risco de disputar o emprego de Hoover. Somente um homem chegou perto de conseguir. Foi Bill Sullivan, o homem que conhecia os segredos mais profundos do FBI.

34

"Derrubar o templo"

Após meio século como contrarrevolucionário em chefe dos Estados Unidos, Hoover já não possuía autoridade inquestionável.

Ele tinha feito inimigos na Casa Branca e dentro do FBI e eles haviam começado a reunir coragem para denunciá-lo. O presidente e o procurador-geral falavam em substituí-lo. O controle das informações secretas sempre tinha sido a fonte primária de poder de Hoover. Ele o havia perdido.

Na segunda-feira, 1º de junho de 1970, ele fez uma escolha fatídica. Mais tarde, ele a chamaria de "maior erro que já cometi".[1] Ele decidiu que Bill Sullivan se tornaria seu principal comandante, encarregado de todas as investigações criminais do Bureau, assim como dos programas de inteligência. Sullivan dirigiria o trabalho diário do FBI — uma inebriante dose de poder para um homem conhecido por muitos de seus colegas como Crazy Billy (Billy Maluco).

Hoover achava que ele era leal. E ele já havia sido. Mas Sullivan, criador e lorde supremo do COINTELPRO, mestre do combate político, exasperava-se cada vez mais sob a pesada e instável mão de Hoover, confidenciando a seus homólogos na CIA e a seus contatos na Casa Branca que o chefe tinha perdido a coragem. Ele disse que o FBI estava perdendo a batalha contra a esquerda radical. Estava na hora, aconselhou Sullivan a Richard Helms, da CIA, de começar a "se mover na frente dos ventos da mudança, em vez de ser empurrado por ele".[2]

Agora ele tinha a chance de defender suas ideias diretamente para o presidente dos Estados Unidos.

Nixon sabia que Sullivan estava supervisionando os grampos telefônicos de Kissinger, ouvindo alguns dos mais proeminentes jornalistas e colunistas de Washington, assim como suas fontes suspeitas nos altos postos. Um ano antes, depois que os primeiros grampos haviam sido instalados, Nixon tinha enviado um advogado da Casa Branca de 29 anos, extremamente ambicioso, chamado Tom Charles Huston para se encontrar com Sullivan no FBI. Huston havia sido oficial da inteligência do Exército e líder do conservador Jovens Americanos pela Liberdade; Nixon carinhosamente o chamava de filho da puta arrogante e o transformou em responsável por todas as ligações de inteligência da Casa Branca.

Sullivan havia percebido que o assessor do presidente podia abrir as portas do Salão Oval. Enquanto conversavam em segredo durante 1969 e 1970, ele tinha cultivado Huston cuidadosamente, elogiando seu intelecto e sua visão. Huston retribuía: "Acho que não conheço ninguém no governo a quem respeite mais."[3]

Em nome de Nixon, Huston urgiu Sullivan a caçar os financiadores estrangeiros da fermentação política americana e encontrar provas de que a conspiração comunista internacional apoiava a esquerda radical e os militantes negros. O pedido não pôde ser atendido, para insatisfação de Nixon. "O presidente Nixon era insaciável em seu desejo por inteligência",[4] disse Deke DeLoach. "Ele constantemente pedia ao FBI mais e mais informações, para provar que os tumultos no país estavam sendo causados por grupos insurgentes em países estrangeiros. E não estavam." Sullivan, por sua vez, pressionou intensamente seus subordinados — "transformou nossa vida em um inferno, porque não podíamos provar que os soviéticos estavam por trás da agitação racial e estudantil",[5] disse Jim Nolan, então um jovem agente do FBI galgando as fileiras da inteligência. "Sabíamos que eles não estavam. Nada teria assustado os soviéticos mais do que aqueles estudantes."

Sullivan culpou Hoover pela falha em encontrar provas. Ele disse a Huston que Hoover havia cortado todas as ligações formais com a CIA e com os militares em um acesso de despeito; que o FBI não possuía as habilidades de contrainteligência que a Casa Branca desejava; que precisava de mais liberdade para espionar os americanos, especialmente os estudantes com menos de 21 anos; e que as restrições às operações ilegais, escutas, grampos e vigilância eram muito intensas. Huston relatou tudo isso a Nixon. O presidente prontamente acreditou. Ele reclamava com seus conselheiros que todos os relatórios ultrassecretos que recebia sobre seus inimigos, estrangeiros e domésticos, eram besteiras sem sentido.

Na primavera de 1970, Sullivan tinha criado um plano para satisfazer a sede do presidente por inteligência secreta — e para se transformar em sucessor de Hoover. Enquanto sua estrela ascendia na Casa Branca, a de Hoover começava a cair.

"Engrandecido e ilimitado"

Na sexta-feira, 5 de junho de 1970, Nixon chamou Hoover e Helms à Casa Branca. Eles se sentaram com o almirante Noel Gayler, diretor da Agência de Segurança Nacional, e com o tenente-general Donald Bennett, chefe da Agência de Inteligência de Defesa.

"O presidente acabou conosco",[6] lembrou o general Bennett.

Nixon estava em pé de guerra, no exterior e em casa. Universidades por todo o país explodiram depois que ele invadiu o Camboja e escalou a Guerra do Vietnã. Homens da Guarda Nacional haviam atirado e matado quatro estudantes na Universidade Estadual de Kent, em Ohio. Mais de cem bombas, incêndios e tiroteios se seguiram em maio. Os Weathermen e os Panteras Negras, cujos líderes haviam visitado Cuba e a Argélia em busca de doutrinação, mostraram que podiam atingir juntas de convocação, distritos policiais e bancos sem restrição.

O presidente disse que o "terrorismo revolucionário" era a ameaça mais grave enfrentada pelos Estados Unidos.[7] Milhares de americanos com menos de trinta anos estavam "determinados a destruir nossa sociedade": sua ideologia doméstica era "tão perigosa quanto qualquer coisa que pudessem importar" de Cuba, da China ou da Rússia. "Boa inteligência", disse ele, era "a melhor maneira de impedir o terrorismo."

Nixon exigiu "um plano que nos permita limitar as atividades ilegais daqueles que estão determinados a destruir nossa sociedade". Sullivan já o havia esboçado. Tinha estado trabalhando nele durante dois anos. Praticamente abolia as restrições à coleta de informações. A Casa Branca lhe deu sinal verde para atingir esse objetivo.

Sullivan organizou cinco reuniões com os chefes americanos de espionagem e seus departamentos. "Individualmente, nós da comunidade da inteligência somos relativamente pequenos e limitados",[8] disse ele durante a primeira reunião, em 8 de maio, na sede do FBI. "Unidos, nosso potencial combinado é engrandecido e ilimitado. É por meio da unidade de ação que podemos aumentar tremendamente nosso potencial de coleta de inteligência e, estou certo, obter as respostas que o presidente deseja." As esperanças cresceram entre a velha guarda. "Vi essas reuniões como a oportunidade perfeita para conseguir de volta os métodos de que necessitávamos",[9] disse Bill Cregar, que dirigia os programas de contrainteligência internacional contra os soviéticos. "Assim como Sullivan." O obstáculo, como ambos sabiam, seria o próprio Hoover. Ele não queria coordenar o trabalho do FBI com a CIA ou qualquer outro serviço de inteligência. Bem ao contrário: tinha cortado a comunicação com seus homólogos tão completamente que o contato entre Huston e Sullivan era a única ligação formal entre o Bureau e o restante do governo americano.

O programa que emergiu se tornou conhecido como Plano Huston. Mas era obra de Sullivan do começo ao fim. E tinha o imprimátur secreto do presidente dos Estados Unidos.

O plano exigia que os serviços americanos de inteligência trabalhassem como um só. As paredes entre eles teriam de ser derrubadas. As restrições à coleta de inteligência nos Estados Unidos teriam de ser ignoradas. Os agentes do FBI e seus similares seriam livres para monitorar as comunicações internacionais de cidadãos, intensificar a vigilância eletrônica de dissidentes americanos, ler suas correspondências, invadir suas residências e escritórios, intensificar a espionagem disfarçada entre calouros no campus — em resumo, continuar a fazer o que o Bureau fazia havia décadas, mas fazer mais, melhor e em conjunto com a CIA e o Pentágono.

Isso se conformava à filosofia de segurança nacional do presidente: faça o que for preciso. Ele sabia que abrir correspondência era um crime federal e que operações ilegais eram nada mais que arrombamento. Mas eram os melhores meios para coletar inteligência. E Nixon acreditava que, se o presidente fizesse, não era ilegal.

Em 14 de julho, depois que Huston levou o plano à Casa Branca, o presidente disse que o aprovava. Mas Hoover discordou. Ele "ficou furioso",[10] lembrou Sullivan, assim que percebeu que o plano teria de se basear em sua autoridade — não na de Nixon. O presidente não o havia assinado: sua aprovação tinha sido verbal, não escrita. "Isso me deixa como o homem que tomou a decisão", disse ele. "Não aceitarei a responsabilidade sozinho, embora o tenha feito por muitos anos. [...] Está se tornando cada vez mais perigoso e podemos ser pegos."

Hoover exigiu uma reunião com Nixon. E enfrentou o presidente.

Nixon acreditava que, "em vista da crise de terrorismo",[11] o plano era tanto "justificado quanto responsável". Mas ele percebeu que "pouco importaria o que eu havia decidido ou aprovado" se Hoover discordasse. "Mesmo que eu lhe desse uma ordem direta, à qual ele indubitavelmente obedeceria, ele faria com que, em breve, eu tivesse motivos para voltar atrás. Havia mesmo a remota possibilidade de que ele se demitisse, em sinal de protesto."

Nixon cancelou o plano, em benefício de Hoover. Seu círculo mais próximo começou a denunciar o diretor como aliado pouco confiável na guerra contra o terrorismo revolucionário. "Alguém precisa dizer a Hoover quem é o presidente",[12] disse Huston a Haldeman em 5 de agosto. "Ele não age de maneira razoável e sua conduta é prejudicial para nossas operações domésticas de inteligência. [...] Se impuser sua vontade, vai parecer que é mais poderoso que o presidente."

O novo conselheiro da Casa Branca, um advogado de 31 anos chamado John W. Dean, se encarregou de salvar o plano. Ele trabalhou em ligação com Sullivan. A despeito da discordância de Hoover, a vigilância eletrônica foi sub-repticiamente ampliada. O FBI começou a recrutar informantes de apenas dezoito anos. Operações de infiltração contra a esquerda se expandiram. (O pequeno mas crescente contingente de agentes do FBI que pareciam, se vestiam e agiam como seus alvos tinha sua própria camaradagem e seu próprio *esprit de corps*: os agentes chamavam a si mesmos de "Barbas, Negros e Liberais".)

Essas operações ocorriam por ordem verbal de Sullivan, do procurador-geral Mitchell e, às vezes, do próprio presidente.

O controle das mais poderosas armas do FBI começou a escorregar das mãos de Hoover para as dos capangas políticos de Nixon. Eles acreditavam que o ideal de segurança nacional superava a lei. Sua missão, acima de tudo, era a reeleição do presidente.

"Criar um confronto"

O presidente começou a pensar em forçar Hoover para fora do poder. "Mitchell e eu tivemos uma sessão de duas horas com o presidente",[13] escreveu Haldeman em seu diário em 4 de fevereiro de 1971. "Discutimos a questão de J. Edgar Hoover e se ele deve ou não continuar no cargo."

Nixon escolheu uma estratégia indireta. Ele disse a Mitchell para ressuscitar a Divisão de Segurança Interna no Departamento de Justiça, sob comando do procurador-geral adjunto Robert Mardian — um homem que Hoover pessoalmente desprezava, embora fosse ardente anticomunista. Nixon ordenou que Mardian e Sullivan intensificassem as operações de inteligência contra a esquerda, o trabalho "que J. Edgar costumava fazer". Ele começou a falar de Hoover no passado. E sabia que suas ordens poderiam "criar um confronto", escreveu Haldeman. "O presidente deixou claro que Hoover deveria ser substituído antes do fim de seu primeiro mandato. Precisávamos mostrar isso a Hoover, de maneira a fazê-lo pedir demissão."

O procurador-geral começou a procurar candidatos para suceder Hoover. O mais forte era Sullivan — mas Mitchell o achava excessivamente ambicioso e inescrupuloso. Ao menos três outros assessores de Hoover concorriam ao cargo. As conversas de corredor no Departamento de Justiça eram selvagens. "Ouvi em cinco ocasiões que Hoover seria demitido",[14] disse Mardian.

Enquanto uma crescente corte de seus adversários dentro da administração Nixon conspirava para suplantá-lo, os inimigos de Hoover na esquerda organizaram um devastador e desmoralizante ataque ao sigilo e ao poder do próprio Bureau. Eles fizeram uma operação ilegal contra o FBI. Na noite de 8 de março de 1971, um bando de ladrões invadiu a unidade do Bureau em Media, Pensilvânia, um plácido subúrbio da

Filadélfia, urinando na porta de vidro do escritório, que ficava em frente ao tribunal do condado. A tarefa foi fácil; o FBI não tinha um sistema de segurança para selar os segredos dentro da sala 204. Eles roubaram ao menos oitocentos documentos. O grupo, que se autointitulou Comissão de Cidadãos para Investigar o FBI, nunca explicou por que o escritório de Media foi escolhido como alvo. Barry Green, cuja família administrava o prédio, chegou durante a madrugada e encontrou agentes do FBI e da polícia "por todo o lugar, tentando descobrir como isso podia ter acontecido e quem poderia ser o autor",[15] lembrou ele. "Quem invadiria um escritório do FBI? Era como invadir a toca de um leão."

Hoover reagiu ao roubo como se um assassino tivesse tentando arrancar seu coração. Ele suspeitava que os ladrões fossem aliados dos padres católicos radicais Daniel e Philip Berrigan, que haviam sido presos por destruir documentos de convocação; o próprio Hoover os havia acusado, em público, baseado em provas muito débeis, de conspirar para sequestrar Henry Kissinger. Ele assegurou à Casa Branca que as prisões eram iminentes. Mas, a despeito de uma investigação nacional que durou ao menos seis anos, ninguém foi acusado do roubo. O caso permaneceu sem solução.

A Comissão de Cidadãos para Investigar o FBI copiou os documentos roubados e os entregou a membros do Congresso e da imprensa. Foram necessárias semanas, às vezes meses, para que os repórteres começassem a entender o que tinham em mãos. Eram registros fragmentados de operações disfarçadas do FBI para infiltrar 22 universidades com informantes que descreviam o grampo telefônico do ramo dos Panteras Negras na Filadélfia. Passou-se um ano antes que um repórter fizesse um esforço conjunto para decodificar uma palavra que aparecia nos documentos: COINTELPRO. Ela era desconhecida fora do FBI.

Em um desesperado esforço para evitar que os mais profundos segredos do FBI fossem expostos, Hoover ordenou o fim de COINTELPRO seis semanas após a invasão em Media. Centenas de operações, quase todas contra a esquerda, foram extintas. Sullivan, seu autor intelectual, ficou furioso. Ele disse a seus aliados que Hoover havia desistido da mais poderosa arma jamais empregada pelo Bureau para alquebrar, desarmar e destruir seus inimigos.

Nixon ressuscitou seu propósito algumas semanas depois.

"Vamos pegar esses bastardos"

As recém-instaladas fitas da Casa Branca estavam rodando e registraram a velha amizade e os novos atritos entre Nixon e Hoover.

Falando do passado no Salão Oval em 26 de maio, Hoover relembrou o ódio entre o presidente Johnson e o procurador-geral Robert F. Kennedy. E disse que havia avisado que Kennedy tentaria "roubar a nomeação de Lyndon"[16] na Convenção Nacional Democrata de 1964.

"Foi isso que deixou Bobby na lama comigo", disse Hoover.

"Na *cama* com você?", perguntou Nixon.

"Não, na *lama* comigo", gargalhou Hoover.

Nixon tentou uma imitação verbal de LBJ: "Não poderia ter sido presidente sem J. Edgar Hoover. Não deixe esses filhos da puta pegarem você." Os dois riram.

Mais tarde naquele dia, ao telefone, Nixon disse a Hoover para fazer o que fosse necessário para encontrar dois atiradores do Exército Negro da Libertação que haviam matado dois policiais em Nova York. "As informações de segurança nacional que buscamos são ilimitadas",[17] disse Nixon. "Ok? Diga ao procurador-geral que eu sugeri — não, *ordenei* — e faça isso. Você concorda?"

"Concordo totalmente", disse Hoover.

"Por Deus, vamos pegar esses bastardos", disse o presidente.

"Vou usar todos os recursos da inteligência nisso", respondeu Hoover.

"Vá em frente, com tudo que tiver", disse Nixon. "Vigilância, eletrônica, tudo." O presidente tinha evocado o mantra da segurança nacional; Hoover respondeu ritualisticamente.

Duas semanas depois, o jornal *The New York Times* começou a publicar os Pentagon Papers (os Papéis do Pentágono), uma história ultrassecreta sobre a Guerra do Vietnã. Os documentos haviam sido roubados por Daniel Ellsberg, que havia trabalhado no estudo como analista civil para o Departamento de Defesa. Ele tinha se tornado um dedicado ativista contra a guerra e havia tentado vazar o estudo durante vários meses. Hoover e Sullivan rapidamente o identificaram como principal suspeito.

Em 17 de junho, Haldeman disse ao presidente que achava que a Instituição Brookings, uma *think tank* de Washington, poderia possuir documentos que serviriam como prova contra Ellsberg. Nixon adorou a ideia de roubá-los. "Vocês se lembram do plano de Huston? *Implementem*",[18] disse o presidente. "Maldição, entrem lá e peguem esses documentos. *Destruam o cofre e peguem os documentos.*"

Nixon queria tanto inteligência política que criou seu próprio esquadrão secreto de invasores e grampeadores. Ele autorizou a criação de uma unidade secreta da Casa Branca que tinha a capacidade de conduzir esse tipo de missão. O grupo era chamado de Encanadores, porque, inicialmente, tinha tentado interromper os vazamentos que incomodavam o presidente. Eles realizavam operações ilegais, instalação de grampos telefônicos e campanhas de desinformação.

O cérebro do grupo era um estranho tipo de gênio chamado G. Gordon Liddy. Ele havia passado cinco anos no FBI de Hoover, de 1957 a 1962, chegando a supervisor da sede, onde tinha aprendido as artes sombrias do COINTELPRO. Seu disfarce era o cargo de conselheiro-geral do Comitê de Reeleição do Presidente, cujo líder era John Mitchell. Ele criou um plano, que apresentou pessoalmente ao escritório do procurador-geral, para gastar 1 milhão de dólares em agentes secretos que sequestrariam líderes do movimento contra a guerra e os levariam para o México, flagrariam políticos liberais com prostitutas trabalhando em casas-barco monitoradas, plantariam informantes dentro das campanhas dos oponentes de Nixon e grampeariam o aparato do Partido Democrata para a campanha eleitoral de 1972. Mitchell desaprovou o sequestro e a chantagem — em retrospecto, disse ele, deveria ter jogado Liddy pela janela —, mas os elementos de espionagem do plano sobreviveram.

Liddy cometeu erros do começo ao fim. Sua primeira missão era invadir o escritório do psiquiatra de Ellsberg, onde não conseguiu encontrar documentos difamatórios. Sua última missão, nove meses depois, foi instalar escutas na sede do Partido Democrata em Watergate, onde ele e seus confrades, todos ex-agentes da CIA e do FBI, foram capturados.

"Por que Watergate?",[19] perguntou o agente Ed Miller, veterano de muitas operações ilegais, que em breve ascenderia para suceder Sullivan como terceiro em comando no Bureau. "Por causa da influência de Sullivan na Casa Branca. [...] Eles se apaixonaram pelas entradas sub-reptícias, como técnica bem-sucedida de investigação. E foi aí que a Casa Branca decidiu criar sua própria equipe."

Se Hoover se recusava a fazer o trabalho sujo, Nixon teria de fazê-lo por si só.

"Isso vai virar um inferno"

O presidente criou os Encanadores por achar que Hoover tinha perdido a coragem de se engajar no combate político. Muitos dos elementos da lei de impeachment usada contra Nixon três anos depois se deveram a suas frustrações com o FBI, sua sede por segredos que Hoover já não fornecia e as escutas e invasões que se seguiram.

O caso dos Pentagon Papers foi o ponto de ruptura. Ellsberg, após viver na clandestinidade, se entregou em 28 de junho de 1971. O FBI tinha de construir um caso, baseado na Lei de Espionagem de 1917, que pudesse mandá-lo para a prisão pelo resto de sua vida. Mas "Hoover se recusou a investigar",[20] disse Nixon. "Foi por isso que conduzimos as investigações daqui. Foi simples assim."

O complô para remover J. Edgar Hoover começou no dia seguinte.

O desfecho começou com uma "história bizarra", nas palavras de Nixon: "Edgar Hoover se recusou a investigar por causa de Marx — a filha de Marx era casada com o filho da puta do Ellsberg." O sogro do filho da puta não era Karl Marx nem Groucho Marx, como disse Nixon, mas Louis Marx, um abastado fabricante de brinquedos que contribuía todos os anos com a arrecadação de fundos para caridade que Hoover fazia todo Natal. Estava listado oficialmente, na sede, como amigo do FBI. Sullivan e seu chefe de inteligência, Charles Brennan, decidiram que Marx tinha de ser entrevistado no caso Ellsberg. Ele estava pronto para testemunhar contra o genro. Hoover disse não. Mas a entrevista ocorreu mesmo assim. Hoover sumariamente removeu Brennan como chefe da Divisão de Inteligência.

Enraivecido, Sullivan tentou organizar uma revolta entre os líderes do FBI. Em poucas horas, a Casa Branca e o procurador-geral ficaram sabendo de sua fúria. Mitchell disse ao presidente, em 29 de junho, que havia uma revolução fermentando no Bureau. "Em termos de disciplina, Hoover está certo. Em termos de decisão, está errado",[21] disse Nixon a Mitchell. "Ele não pode — e realmente acho que você tem de dizer isso a ele —, ele não pode, com meu discurso amanhã durante a formatura do FBI e também com o caso Ellsberg em questão, fazer nada que cause discórdia entre as fileiras do FBI. Isso vai virar um inferno. Eles dirão: 'Aquele velho louco novamente.' É isso que sinto a respeito."

Mitchell respondeu: "Bem, não acho que exista qualquer dúvida a respeito, senhor presidente. Acho que essa pode ter sido a gota d'água, no que diz respeito a ele."

Nixon instruiu: "Diga a ele 'Falei com o presidente e, Edgar, ele não quer constrangê-lo em um assunto disciplinar no qual seria preciso anular sua decisão como diretor, mas ele está *muito* preocupado. Ele virá ao FBI, como você sabe, e afinal... ele sabe que disciplina é importante, mas ele sente muito intensamente que a questão Ellsberg não pode ser uma razão de discórdia para o Bureau. Isso vai virar um inferno.' Soa bem?"

"Sim, senhor", respondeu Mitchell. "Tentaremos fazer assim e veremos no que dá. Espero que ele não se enfureça e peça demissão."

Nixon replicou: "Se ele fizer isso, estarei pronto."

A Suprema Corte decidiu, em 30 de junho, que os jornais tinham o direito de publicar os Pentagon Papers. A decisão foi anunciada enquanto Nixon elogiava Hoover perante cem formandos da academia de treinamento do FBI.

"Como jovem congressista,[22] trabalhei com ele e outros no Federal Bureau of Investigation em importantes investigações de vários elementos subversivos neste país", disse ele. "Deixem-me dizer algo a respeito. Qualquer um que seja forte, qualquer um que lute pelo que acredita, qualquer um que mantenha sua posição quando é difícil fazê-lo será controverso. E digo que, no que diz respeito a ele, pode haver controvérsia, mas a grande maioria do povo americano apoia o sr. Hoover."

A questão era se Nixon e Hoover ainda apoiavam um ao outro. Eles conversaram pelo telefone no dia seguinte. Nixon perguntou a Hoover o que a decisão da Suprema Corte significava para a acusação no caso Ellsberg.

PRESIDENTE NIXON: Qual é sua opinião de relações públicas a respeito, Edgar? Eu gostaria de saber.

HOOVER: Minha opinião de relações públicas, senhor presidente, é de que o senhor deve permanecer absolutamente calado a respeito.

PRESIDENTE NIXON: Você permaneceria?

HOOVER: Sim. [...] E acho que devemos ser *terrivelmente cuidadosos* com o que fazemos no caso desse Ellsberg. Porque eles o transformarão em mártir. Toda a imprensa deste país vai retratá-lo como mártir. E, tendo em vista a opinião da Suprema Corte, não sei se conseguiremos condená-lo.

O presidente ficou furioso. "Conversei com Hoover na noite passada e ele não está tão empenhado nesse caso quanto eu gostaria", reclamou Nixon a Haldeman. "Há algo o segurando."

"O senhor acha que o FBI não está se empenhando?", perguntou Haldeman.

"Sim, particularmente na questão da conspiração", disse Nixon. "Quero ir atrás de todo mundo. Não estou tão interessado em Ellsberg, mas temos de ir atrás de todo mundo que faz parte dessa conspiração."

Nixon acreditava até os ossos que enfrentava uma vasta cabala — um conjunto de forças indo dos serviços de inteligência das ditaduras comunistas à ala liberal do Partido Democrata — e que a civilização ocidental estava em jogo nesse combate. Em 6 de julho, ele fez um discurso a executivos de jornais e da televisão nas grandes colunas do prédio que abrigava os Arquivos Nacionais e o exemplar original da Constituição. "Quando vejo essas colunas", disse ele, "penso no que aconteceu à Grécia e a Roma."

"Eles perderam a vontade de viver", continuou. "Tornaram-se vítimas da decadência que destrói civilizações. Os Estados Unidos estão chegando a esse período."

"UM CONFRONTO TERRÍVEL"

Bill Sullivan tinha um ultimato: Hoover precisava partir. Ele foi ver Robert Mardian na Divisão de Segurança Interna do Departamento de Justiça, carregando uma arma ameaçadora: duas maletas cheias de transcrições e sumários dos grampos nos telefones dos assessores e jornalistas de Nixon, sem mandado. Os grampos provavelmente eram ilegais; sem dúvida, eram politicamente explosivos.

Sullivan disse que Hoover podia usar os documentos para chantagear o presidente dos Estados Unidos — uma ideia alarmante, embora implausível. Profundamente preocupado, Mardian telefonou para a Casa Branca. O presidente entrou em estado de alerta máximo.

"O presidente concordou em encontrar J. Edgar Hoover amanhã para solicitar sua demissão", escreveu Haldeman em seu diário na sexta-feira, 17 de setembro. Mas, mais tarde naquele dia, Nixon desistiu da ideia. Ele cancelou a reunião e tentou convencer o procurador-geral a dizer ao diretor para se afastar em seu 77º aniversário, no Ano-Novo de 1972. Mitchell disse que Hoover não aceitaria tal ordem de ninguém além do presidente.

Temendo a conversa, Nixon convidou Hoover para um café da manhã na Casa Branca às 8h30 de sábado, 20 de setembro. O diretor desempenhou seu papel perfeitamente. "Ele tentava demonstrar que, apesar de sua idade, ainda era física, mental e emocionalmente capaz de continuar",[23] relatou Nixon em suas memórias. "Tentei mostrar, tão gentil e sutilmente quanto possível, que, como político astuto, ele devia saber que os ataques se intensificariam." Foi sutil demais. Hoover respondeu: "Mais que qualquer outra coisa, quero que *você* seja reeleito em 1972. Se você acha que minha posição como líder do Bureau prejudica suas chances, é só me dizer."

O presidente perdeu a coragem. "No fim do dia", recordou Haldeman, "ele me relatou seu muito sigiloso café da manhã com J. Edgar Hoover. Disse que não seria desta vez. Hoover não mordeu a isca, aparentemente, e vai permanecer por questões políticas. Ele acha que é muito melhor para o presidente que seja assim. Ele se afastará a qualquer momento, no futuro, se o presidente sentir que é politicamente necessário."

Dez dias depois, Hoover demitiu Bill Sullivan e o botou para fora de seus escritórios no FBI — uma decisão baseada no julgamento de que havia enlouquecido. Mesmo os mais leais assessores de Sullivan tinham de concordar com isso. "Ele pode ter sofrido um colapso mental",[24] escreveu Ray Wannall, supervisor de inteligência do FBI, que conhecia Sullivan desde 1947, "talvez por causa de sua obsessão em se tornar diretor do FBI".

No dia em que foi forçado a sair, Sullivan tentava em vão proteger seus documentos, incluindo a cópia de uma venenosa carta enviada por ele a Martin Luther King, entre outros documentos potencialmente incriminadores. No corredor, encontrou o homem escolhido por Hoover para substituí-lo: um alto e agradável veterano do FBI chamado Mark Felt, de trinta anos, que procurava, sem sucesso, cópias dos sumários dos grampos roubados por Sullivan. Ele estava convencido de que Sullivan havia se tornado um renegado, tentando cavar seu caminho até o poder "jogando com a paranoia e as obsessões políticas da administração Nixon".[25]

Felt chamou Sullivan de Judas. Eles chegaram quase a trocar socos. Enraivecido, Sullivan deixou o Bureau pela última vez.

Felt foi até o santuário de Hoover para informá-lo da altercação. Hoover ouviu, sacudiu a cabeça com tristeza e olhou pela janela. Há muito ele temia uma traição interna. "Poucos homens podiam destruir o que eu tinha levado anos para construir",[26] havia escrito ele. Agora, pela primeira vez, Felt via Hoover como ele realmente era: um homem idoso e isolado, sozinho no topo, já sem aduladores, temendo o futuro.

A batalha pelo FBI se intensificou. O destino de Hoover foi o assunto de um acirrado debate no Salão Oval em outubro.

MITCHELL: Temos as fitas, registros etc. daquela investigação no cofre de Mardian, grampos que instalamos na equipe de Kissinger, nos jornalistas e outros [...][27]

EHRLICHMAN: Temos todas as cópias do FBI.

MITCHELL: Hoover está colocando o lugar abaixo tentando consegui-los. [...] Não deveríamos retirá-los do escritório de Mardian antes que Hoover exploda o cofre?

EHRLICHMAN: Hoover se sente muito inseguro sem suas próprias cópias daquelas coisas, porque, é claro, elas lhe dão vantagem sobre Mitchell e sobre você — e porque são ilegais. [...] Ele tem agentes em toda a cidade, interrogando as pessoas, tentando descobrir onde estão [...].

PRESIDENTE NIXON: Ele não tem suas próprias cópias?

EHRLICHMAN: Não, nós as pegamos. Sullivan as pegou e colocou no escritório de Mardian.

MITCHELL: Hoover não falará comigo sobre isso. Ele colocou sua Gestapo em toda parte. [...] Vou lhe dizer: preciso esclarecer as coisas com ele, o que pode levar a um confronto terrível. [...] Não sei o que fazer, não sei se reconsideramos a saída do sr. Hoover ou se simplesmente vou ter de aguentá-lo.

PRESIDENTE NIXON: Em minha opinião, ele deveria pedir demissão enquanto ainda está no topo, antes que se torne um problema. [...] A menor das questões é que ele é velho demais.

MITCHELL: Na verdade, ele está ficando senil.

PRESIDENTE NIXON: Ele deveria se mandar daqui. Pode ser — eu duvido —, mas pode ser que, talvez, eu possa falar com ele e convencê-lo a se demitir.

MITCHELL: Devo prosseguir com o confronto, então?

PRESIDENTE NIXON: Se ele partir, tem de ser por sua própria vontade. No fundo, é isso. E é esse nosso pior problema. [...] Acho que ele ficará até ter cem anos. Acho que ele ama o FBI. Ama o FBI.

MITCHELL: Ele vai ficar até ser enterrado lá.

Haldeman, Ehrlichman, Mitchell e Dean pressionaram o presidente para forçar o velho a se demitir.

Nixon havia chegado ao ponto mais perigoso de sua presidência. Ele não podia perder a lealdade de Hoover. O que o diretor seria capaz de fazer para se manter no poder? Havia sempre a possibilidade de chantagem.

"Temos de evitar uma situação em que ele saia com raiva",[28] disse Nixon. "O que temos em nossas mãos é um homem que, se cair, pode derrubar o templo consigo, incluindo a mim."

A ideia de que Hoover poderia derrubar o governo dos Estados Unidos era um pensamento formidável. E perturbava o presidente. "Quero dizer, ele se considera um patriota, mas agora se vê como McCarthy se via", disse Nixon. Será que tentaria tombar os pilares da segurança nacional, como havia feito o senador McCarthy?

Então ele teve uma ideia. Por que não trazer Sullivan de volta?

Ehrlichman gostou da ideia. "Sullivan foi quem executou todas as suas instruções sobre os grampos secretos", lembrou ele ao presidente.

PRESIDENTE NIXON: Ele é capaz de nos delatar?

EHRLICHMAN: Depende de como será tratado.

PRESIDENTE NIXON: Pode fazer algo por ele? Acho que é melhor que façamos.

EHRLICHMAN: O que ele quer, é claro, é vingança. Ele foi mandado embora e o que quer é o direito de se aposentar honradamente etc. Acho que, se o senhor fizer qualquer coisa por Sullivan, Hoover ficará ofendido. Nesse momento, teria de ser parte de um acordo [...].

PRESIDENTE NIXON: Ele é um grande operador [...].

EHRLICHMAN: Podíamos usá-lo. [...] Ele possui um fundo de informações e poderia fazer todos os tipos de trabalho de inteligência e outras coisas.

Nixon voltaria diversas vezes à ideia de transformar Sullivan em diretor do FBI. "Precisamos de um profissional naquele maldito lugar",[29] murmurou certa vez. "Sullivan é nosso homem."[30]

"ISSO O TERIA MATADO"

Uma apaixonada diatribe de Sullivan chegou à casa de Hoover no dia em que o debate sobre o futuro do diretor começou na Casa Branca. Parecia uma mistura entre carta de rompimento e nota de suicídio. "Essa ruptura completa com você foi agonizante para mim", escreveu Sullivan. Mas ele sentia que era seu dever dizer que "o dano que você está infligindo ao Bureau e a seu trabalho causou tudo isso".

Ele expôs suas acusações em 27 parágrafos numerados, como em uma acusação criminal. Algumas lidavam com os preconceitos raciais de Hoover: as fileiras do FBI permaneciam 99,4% brancas (e 100% masculinas).

Outras abordavam o uso de fundos do Bureau para decorar sua casa e sua vida. Algumas estavam ligadas ao prejuízo causado à inteligência americana ao cortar as ligações com a CIA. Outras chegaram perto de acusá-lo de traição.

"Você aboliu nossos principais programas destinados a identificar e neutralizar o inimigo", escreveu ele, referindo-se ao COINTELPRO e às operações ilegais em embaixadas estrangeiras. "Você conhece o grande número de agentes ilegais operando somente na Costa Oeste. Até esta semana, a semana em que deixo o FBI, não identificamos *nenhum deles*. Esses agentes ilegais, como você sabe, estão decididos, entre outras coisas, a conhecer os segredos de nossas defesas em caso de ataque militar, para que elas se reduzam a nada. O que acha, sr. Hoover? Você realmente é capaz de entender isso? Você não percebe que está traindo nosso governo e nosso povo?"

Sullivan atacou com mais dureza ainda o culto de personalidade de Hoover: "Como você sabe, tornou-se uma lenda viva, com uma mitologia ligada a um poder incrível", escreveu ele. "Fizemos todo o possível para construir sua lenda. Nós o mantivemos afastado de qualquer coisa que pudesse perturbá-lo e fizemos fluir para seu escritório somente o que você queria ouvir. [...] Fazia parte do jogo, mas acabou se revelando um jogo mortal, que não produziu nada de bom. Tudo que fizemos foi ajudar em seu afastamento do mundo real, o que não podia senão influenciar suas decisões com o passar do tempo." E concluiu com um pedido: "Sugiro gentilmente que você se aposente para seu próprio bem e para o bem do Bureau, da comunidade de inteligência e da lei." Sullivan vazou a essência de sua carta a seus amigos na Casa Branca e a um punhado de repórteres e colunistas sindicalizados. Os rumores cruzaram os salões e redações de Washington: havia uma revolta palaciana no FBI. O cetro estava escorregando da mão de Hoover.

"Enquanto os ataques políticos se tornavam cada vez mais estridentes e injustos",[31] escreveu Mark Felt, "Hoover experimentava solidão e medo de que o trabalho de sua vida estivesse sendo destruído."

O presidente lentamente afastou Hoover da Casa Branca. Um último viva ocorreu no fim de 1971: um convite para a propriedade de Nixon em Key Biscaine, Flórida, durante a semana de Natal, e um bolo para celebrar o 77º aniversário de Hoover a bordo do Air Force One, durante o retorno a Washington na véspera do Ano-Novo. Mas, depois disso, durante os quatro meses seguintes, as fitas da Casa Branca registraram apenas três telefonemas, com duração total de oito minutos, entre Nixon e Hoover. Fez-se o silêncio.

A última conversa com Hoover registrada para a posteridade ocorreu em 6 de abril de 1972. Ray Wannall, que havia passado trinta anos caçando comunistas para Hoover, foi até o escritório do diretor para receber uma promoção. Hoover começou uma jeremiada, um grito de dor. "Aquele filho da puta do Sullivan me iludiu",[32] disse ele. "Ele me enganou completamente. Eu o tratei como um filho e ele me traiu." Seu lamento continuou durante meia hora. Então ele se despediu.

PARTE IV

Guerra contra o terror

35

Conspiradores

Em 2 de maio de 1972, na escuridão antes do amanhecer, J. Edgar Hoover morreu dormindo. Choveu durante todo o dia, enquanto seu caixão jazia em um catafalco negro na rotunda do Capitólio. Ele foi enterrado a 800 metros do lugar onde nasceu, ao lado dos pais. Quarenta anos depois, os mitos e lendas ainda estão vivos.

"Ele morreu na hora certa, não foi?",[1] perguntou Nixon. "Maldição, perder aquele cargo o teria matado. Isso o teria matado."

Alguns minutos depois de o caixão de Hoover deixar o Capitólio, o procurador-geral em exercício, Richard Kleindienst, telefonou para seu mais leal assessor no Departamento de Justiça, L. Patrick Gray.

"Pat, vou nomeá-lo diretor em exercício do FBI",[2] disse ele.

"Você deve estar brincando", respondeu Gray.

Gray tinha 55 anos e jamais havia tido autoridade maior que comandar um submarino. Ainda usava o corte de cabelo da Marinha. Era um homem grandalhão de queixo pontudo e acólito fiel de Nixon. Conhecia o presidente havia um quarto de século e o reverenciava. Ele tinha uma qualificação: faria tudo que Nixon pedisse. Agora o presidente lhe confiava o legado de Hoover.

Reverentemente, Gray foi até a Casa Branca após o enterro de Hoover, em 4 de maio. Nixon lhe deu alguns conselhos sensatos: "Nunca, nunca ache que alguém é seu amigo",[3] disse o presidente. "Nunca, nunca, nunca.

[...] Você tem de ser um conspirador. Tem de ser totalmente impiedoso. Tem de parecer agradável. Mas, por baixo, tem de ser duro como aço. Essa, acredite, é a maneira de dirigir o Bureau."

Gray não era duro feito aço. Era um homem flexível. Estava profundamente inseguro de como assumir o controle do FBI. Temia ser visto como "um intruso decidido a empurrar Hoover para as páginas da história e remodelar o FBI a minha semelhança",[4] havia escrito em um livro de memórias publicado postumamente. Ele sabia muito pouco sobre o Bureau. Não entendia nada de seus costumes e tradições. Não compreendia a conduta de seus principais líderes. Aprendeu, como escreveu mais tarde, que "eles mentiam uns para os outros e trapaceavam uns aos outros tanto quanto podiam".

Assim começou a idade das trevas do FBI. Em questão de meses, as condutas de Pat Gray; de seu número 2 no Bureau, Mark Felt; e de seu chefe de inteligência, Ed Miller, chegariam perto de destruir a casa erigida por Hoover.

"Quando Hoover morreu",[5] lembrou Miller, pesarosamente, "sofremos um dilúvio".

"A DELICADA QUESTÃO DO PODER DO PRESIDENTE"

Nixon telefonou para o Bureau em 15 de maio de 1972, depois que George Wallace, o governador racista do Alabama, que tinha recebido quase 10 milhões de votos durante a eleição presidencial em 1968, foi gravemente ferido por um atirador insano durante a campanha.

Mark Felt atendeu a chamada do presidente.

"Bremer, o autor, está em boa forma física", relatou Felt. "Ele tem alguns cortes e contusões, mas..."

"Que bom!", respondeu Nixon. "Espero que tenham trabalhado nele um pouco mais que isso."

Felt riu. "De qualquer modo, os psiquiatras o examinaram", disse ele, acrescentando: "Esse cara tem problemas mentais."

Nixon queria que uma coisa ficasse clara. "Assegure-se de que não passaremos de novo pelo que já passamos... o assassinato de Kennedy, no qual não demos prosseguimento adequado. Entendeu?" Ele insistiu na questão. "Lembre-se, o FBI é o encarregado agora, é responsável, e não quero nenhum escorregão. Ok?"

"Sem dúvida", respondeu Felt cuidadosamente. "O senhor está no comando aqui." Nixon gostou da resposta. "Certo", disse ele. "Muito bem. Agradecemos sua ajuda. Obrigado." A conversa estava encerrada. "Sim, senhor presidente", disse Felt. "Até logo." Eles nunca mais se falariam novamente.

Felt estava encarregado da sede há muito mais tempo do que tinha esperado. Gray viajava pelo país, visitando todos os 59 oficiais de campo do FBI e conhecendo cada agente especial encarregado. O diretor em exercício viajava com tanta frequência que os agentes na sede começaram a chamá-lo de "Three-Day Gray" [Gray Três Dias]. Na sexta-feira, 17 de junho, ele deu entrada no elegante Newporter Inn, ao sul de Los Angeles — assim como John Mitchell, agora chefe do CREEP, apelido do Comitê de Reeleição do Presidente, e seu confiável assessor Robert Mardian, ex-chefe de segurança interna do Departamento da Justiça.

Washington virou um inferno naquele fim de semana. A polícia do distrito de Colúmbia prendeu cinco homens dentro dos escritórios do Comitê Democrata Nacional, no complexo comercial Watergate. Entre eles estavam James McCord, ex-agente do FBI e oficial da CIA que agora trabalhava como chefe de segurança do CREEP. Os homens tinham ferramentas de arrombamento, aparelhos eletrônicos e algo que a polícia pensou ser uma bomba disfarçada de detector de fumaça. Era um sofisticado aparelho de escuta. Os suspeitos tinham notas novas de cem dólares e chaves do Watergate Hotel nos bolsos. Seus líderes eram o ultrazeloso Gordon Liddy, o ex-agente do FBI que havia se tornado conselheiro do CREEP; e E. Howard Hunt, ex-oficial da CIA que, como o FBI rapidamente determinou, trabalhava para o presidente dos Estados Unidos.

O agente supervisor Daniel Bledsoe estava no plantão de crimes graves do FBI na manhã de domingo, 17 de junho, quando leu o relatório da invasão noturna. Ele reconheceu o nome de Liddy, que tinha conhecido no FBI uma década antes. Quando soube que os invasores haviam sido capturados com equipamento de escuta, imediatamente abriu um caso de violação ao estatuto federal contra grampos telefônicos. Por volta das 13 horas, seu secretário atendeu o telefone e lhe disse que era a Casa Branca.

"Aqui é o agente supervisor Dan Bledsoe", disse ele. "Quem fala?"

"Aqui é John Ehrlichman. Você sabe quem eu sou?"

"Sim. Chefe de gabinete na Casa Branca."

"Isso mesmo. Tenho uma ordem do presidente dos Estados Unidos", disse Ehrlichman. "O FBI deve encerrar a investigação sobre a invasão."

Bledsoe ficou em silêncio.

"Você ouviu o que eu disse?", trovejou Ehrlichman. "Você vai encerrar a investigação?"

"Não", respondeu Bledsoe. "Pela Constituição, o FBI é obrigado a iniciar uma investigação para determinar se houve violação do estatuto de interceptação ilegal de comunicações."

"Você tem consciência de que está dizendo 'não' ao presidente dos Estados Unidos?"

"Sim", respondeu o agente do FBI.

"Bledsoe, sua carreira acabou", disse Ehrlichman, e desligou.

Bledsoe telefonou para a casa de Mark Felt e relatou a conversa. "Ele riu porque conhecia aquelas pessoas. Em sua alta posição, ele sabia o que estava acontecendo na Casa Branca. E apenas riu."[6]

Gray soube, por um telefonema de Felt na manhã de domingo, 19 de junho, que a investigação do FBI sobre a invasão de Watergate poderia implicar a Casa Branca. O diretor em exercício voou de volta para Washington e convocou sua primeira reunião oficial, na sede, sobre a invasão, às 16 horas de quarta-feira, 21 de junho.

Mark Felt estava à mesa, juntamente com Robert G. Kunkel, agente especial encarregado do escritório de campo de Washington, e Charles W. Bates, chefe da Divisão de Investigação Criminal do FBI. Bates registrou aquela e muitas outras reuniões sobre Watergate em um memorando. Ele escreveu: "Concordou-se que isso era muito importante, que a reputação do FBI estava em jogo e que a investigação deveria ser completamente imparcial, cuidadosa e completa."[7] Gray avisou a seus homens que o conselheiro do presidente, John Dean, estaria presente a todas as entrevistas do FBI. Gray secretamente planejava manter Dean informado sobre todos os movimentos do FBI, enviando-lhe resumos diários das investigações e interrogatórios.

No dia seguinte, agentes do FBI interrogaram Charles W. Colson, conselheiro especial do presidente, com Dean sentado a seu lado. Colson mencionou que um dos invasores de Watergate, E. Howard Hunt, tinha um cofre na Casa Branca. Dean mentiu instintivamente para o FBI. Cofre? Que cofre? Não sei nada sobre nenhum cofre. Quando eles partiram, ele o abriu e viu duas resmas de documentos do lado de dentro. Eram provas dos truques sujos que os Encanadores haviam realizado para o presidente. Ele começou a pensar em como escondê-los do FBI.

Logo depois das 10 horas de 23 de junho, o presidente Nixon estabeleceu um plano para escapar da investigação do FBI. "O FBI não está sob controle, pois Gray não sabe exatamente como controlá-lo",[8] disse Haldeman ao presidente. Eles concordaram que o recém-nomeado diretor adjunto da Central de Inteligência, tenente-general Vernon Walters, colega de longa data de Nixon, diria a Gray para recuar. Ele levantaria a bandeira da segurança nacional e do sigilo. Gray e Felt fariam o que lhe mandassem, predisse Haldeman, confiante. "Felt quer cooperar porque é ambicioso", disse ele. "E vai dar certo porque os agentes do FBI que estão trabalhando no caso já sabem, a essa altura, do que se trata. Isso é coisa da CIA."

Nixon gostou da ideia. "Muito bem!", disse ele. "Siga em frente. Essa é a maneira como agem e é a maneira como vamos agir."

Walters estava no escritório de Gray às 14h30. A investigação, disse ele, poderia invadir o domínio da CIA. Gray telefonou para Charles Bates no momento em que Walters deixou seu escritório. Ele defendeu a ideia de recuar. Bates objetou. "Novamente disse a ele que, em minha opinião, o FBI não tinha escolha a não ser continuar a investigação e obter todos os detalhes."[9]

Gray agonizou até responder a uma convocação urgente da Casa Branca às 18h30 de 28 de junho. Dentro do escritório de John Ehrlichman, John Dean entregou a Gray dois envelopes brancos — os documentos retirados por ele do cofre de Hunt.

"Isso nunca pode ver a luz do dia",[10] disse ele a Gray.

"Então por que me entregar?"

"Porque é dinamite política tão poderosa que sua existência não pode ser sequer reconhecida", disse Dean. "Preciso ser capaz de dizer que dei todos os documentos de Hunt ao FBI. E é isso que estou fazendo."

Gray tinha uma lixeira vermelha em seu escritório, com um saco de papel, conhecido como *burn bag*, para documentos secretos que deveriam ser destruídos. Mas ele não sabia o que era um *burn bag*. Seis meses depois, queimou os documentos em uma lixeira nos fundos de sua casa.

"Há poucas dúvidas",[11] concluiu um relatório interno do FBI, "de que o sr. Gray tomou deploráveis decisões de proporções históricas."

"SEM LIMITES"

A Casa Branca e o FBI tiveram outra crise em suas mãos naquele verão. Nixon deu ordens para escalar a guerra contra os terroristas nos Estados Unidos. Mas o Bureau havia perdido a licença para usar sua mais poderosa arma naquela batalha.

A Suprema Corte tinha proibido a instalação de grampos telefônicos sem mandado contra americanos, em uma decisão unânime em 19 de junho de 1972 — na segunda-feira após a invasão de Watergate.

Um anarquista passional pertencente à lista dos Dez Mais Procurados do FBI foi o centro do caso. Pun Plamondon — ministro da Defesa dos Panteras Brancas, cuja plataforma partidária repousava amplamente sobre sexo, drogas e rock'n'roll — era acusado de ter plantado uma bomba na estação de recrutamento da CIA perto da Universidade de Michigan, em Ann Arbor. Seus advogados suspeitaram, corretamente, que seu telefone tinha sido grampeado. O juiz federal havia concedido uma rotineira petição pela revelação das provas do governo. O Departamento de Justiça de Nixon se recusou a obedecer. Os advogados do presidente alegaram que o comandante em chefe tinha o direito inerente e incontestável de instalar grampos telefônicos.

O governo perdeu. Uma corte federal de apelação decidiu que até mesmo o presidente tinha de obedecer à Quarta Emenda — a passagem da Carta de Direitos que protege os americanos de buscas e apreensões sem mandado.

A Suprema Corte nunca havia autorizado grampos telefônicos sem mandado dentro dos Estados Unidos. A maioria da vigilância secreta do FBI tinha sido realizada em desafio à Corte — por ordem de presidentes e procuradores-gerais e, às vezes, de Hoover e seus subordinados — desde 1939. A tecnologia da escuta eletrônica tinha se expandido exponencialmente desde então. Milhares de americanos foram alvo de espionagem do governo Nixon.

Robert Mardian, como chefe da segurança interna de Nixon, representou o governo nos argumentos orais perante a Suprema Corte. O juiz Byron White havia lhe perguntado bruscamente: se "o presidente decidisse que era necessário grampear o telefone de Fulano de Tal",[12] não haveria "nada sob o sol que Fulano de Tal pudesse fazer?".

Mardian tinha respondido: "O presidente dos Estados Unidos pode autorizar vigilância eletrônica e, nesses casos, ela é legal."

O juiz Lewis Powell, recém-indicado pelo presidente Nixon, escreveu o parecer unânime rejeitando o argumento. "O problema diante de nós é importante para o povo deste país e para seu governo", escreveu ele. "Ele envolve a delicada questão do poder do presidente, agindo através do procurador-geral, de autorizar vigilância eletrônica em questões de segurança nacional, sem prévia aprovação judicial. Sucessivos presidentes, durante mais de um quarto de século, autorizaram tal vigilância em vários níveis, sem orientação do Congresso ou uma decisão definitiva desta corte."

Aquela autoridade já não existia.

"Embora alguma responsabilidade adicional vá ser colocada sobre os ombros do procurador-geral, essa inconveniência é justificada, em uma sociedade livre, para proteger os valores constitucionais", decidiu a corte. "A segurança do público em geral de que os grampos e escutas indiscriminados de cidadãos cumpridores da lei não poderão ocorrer é de extrema importância."

A Corte disse que o governo estava livre para grampear "poderes estrangeiros ou seus agentes" — espiões soviéticos, por exemplo —, mas não cidadãos americanos. Não sem um mandado.

O FBI tinha ao menos seis grampos sem mandado instalados nos telefones do Weather Underground e Panteras Negras na manhã da decisão da Suprema Corte. Tiveram de ser desativados imediatamente.

O Bureau respondeu ressuscitando as operações ilegais.

Gray chamou os melhores agentes do país em meados de setembro de 1972. O presidente Nixon tinha ordenado que o FBI — juntamente com o Pentágono, o Departamento de Estado, a CIA e a Agência de Segurança Nacional — criasse um plano nacional de contraterrorismo.

O mundo havia ficado paralisado, dez dias antes, pelos assassinatos do Setembro Negro nos Jogos Olímpicos de 1972 em Munique. Onze atletas israelenses (e oito atacantes palestinos) haviam morrido, a maioria após um resgate malsucedido realizado pela polícia da Alemanha Ocidental. O presidente Nixon tinha conversado sobre o problema do contraterrorismo com seu conselheiro de segurança nacional, Henry Kissinger, e seu embaixador nas Nações Unidas, George H. W. Bush. Sua secretária pessoal, Rose Mary Woods, contou ao presidente sobre as profecias de uma popular médium chamada Jeane Dixon; a clarividente havia predito o ataque palestino contra um alvo judeu, como Yitzhak Rabin, então embaixador de Israel nos Estados Unidos.

"Eles vão sequestrar alguém. Podem atirar em alguém",[13] disse Nixon a Kissinger em 21 de setembro, citando "aquela adivinha, Jeane Dixon", como fonte de seus temores. "Temos de ter um plano. Suponha que sequestrem Rabin, Henry, e exijam que libertemos todos os negros prisioneiros dos Estados Unidos; nós não cederíamos e eles atirariam nele. [...] O que, em nome de Cristo, faremos então?", perguntou Nixon. "Temos de ter planos de contingência para rapto de aviões, sequestro, todo tipo de coisa."

Em 25 de setembro, Nixon lançou uma diretiva presidencial secreta comandando uma campanha total de contraterrorismo. O resultado foi o Comitê sobre Terrorismo do Gabinete Presidencial — o primeiro esforço em escala total do governo americano para lidar com a ameaça. O comitê se reuniu uma vez, e apenas uma.

"Todo o mundo naquela reunião lavou as mãos, como Pôncio Pilatos, e disse: 'É com você, FBI'",[14] relatou Gray. Ninguém mais queria assumir a responsabilidade.

Gray disse a Mark Felt e Ed Miller, seu chefe de inteligência, que "tinha decidido reautorizar as entradas sub-reptícias",[15] disse Miller. "Achei ótimo."

Os primeiros alvos das invasões foram atacados em outubro de 1972. O Bureau caçou grupos palestinos em todo o país. Agentes do FBI roubaram os arquivos e a lista de filiação de uma organização chamada Liga de Educação Árabe, em Dallas, identificaram os líderes do grupo, bateram em suas portas e os expulsaram do país. Gray escreveu, anos mais tarde, que as invasões e roubos eram "claramente ilegais". Mas ele acreditava estar seguindo as ordens do presidente.

As operações ilegais do FBI contra amigos e familiares de 26 fugitivos do Weather Underground começaram naquele mês. Gray ficou chocado ao saber que nenhum dos fugitivos tinha sido capturado, a despeito da busca nacional que já durava três anos.

Ele ordenou que fossem "caçados à exaustão",[16] a ordem de um comandante de submarino. "Sem limites", escreveu a Felt. Ao menos sete das invasões foram realizadas pelo Esquadrão 47, a unidade secreta baseada na unidade nova-iorquina do FBI. Sob o comando de John Kearney, o esquadrão havia conduzido ao menos oitocentas operações ilegais desde os anos 1950.

Nenhuma das invasões produziu qualquer prova levando à prisão de um fugitivo do Weather Underground. Mas, com o tempo, levaram a investigações federais sobre os comandantes do FBI.

"Eu sabia que alguém ia ceder"

Os veteranos do FBI Liddy e McCord haviam sido acusados em 15 de setembro de 1972, juntamente com outros cinco invasores de Watergate, pela instalação de escutas eletrônicas na sede do Partido Democrata. Mas as acusações terminaram aí. O caso Watergate tinha batido em um muro de pedra.

Felt e seu círculo mais próximo no FBI tomaram a decisão de lutar contra a obstrução da Justiça. Eles tinham motivos pessoais e profissionais. Agiram segundo seus instintos para retirar os obstáculos no caminho da investigação do FBI. Sabiam que a conspiração e a ocultação haviam se originado na Casa Branca. Ressentiam-se profundamente com o fato de o presidente ter colocado Pat Gray, um homem que consideravam uma marionete política, na diretoria do FBI.

"Isso nos feriu profundamente",[17] disse Charles Boltz, chefe da Divisão de Contabilidade e Fraudes do FBI. Felt era o herdeiro legítimo de Hoover. "Ele deveria ter sido a escolha do diretor. Mas o diretor morreu. E Mark Felt devia ter assumido na hora. E foi isso que o fez agir. Ele estava disposto a descobrir o que estava acontecendo. E, cara, ele realmente descobriu."

Felt e seus aliados começaram a vazar segredos de Watergate algumas semanas antes da eleição de novembro de 1972. Felt se tornaria famoso 33 anos depois, quando confessasse ser o homem conhecido como "Garganta Profunda", a fonte do FBI que ajudou *The Washington Post* a confirmar os fatos de seus revolucionários relatos sobre a investigação Watergate. Mas não foi a única.

As notas da primeira entrevista documentada de Felt a Bob Woodward, do *Post*, agora são públicas. "Existe uma maneira de desfazer o nó de Watergate",[18] disse ele a Woodward em 9 de outubro de 1972. "As coisas desandaram." Uma operação de combate político contra os inimigos do presidente tinha saído do controle. Gray sabia. O procurador-geral e chefe do CREEP, John Mitchell, sabia. Se Mitchell sabia, o presidente sabia. E, se os fatos fossem revelados, iriam "arruinar [...]; quero dizer, realmente arruinar" Richard Nixon.

Felt se assegurou de que os fatos seriam revelados ao partilhar informações com quatro colegas confiáveis no FBI. Bob Kunkel e Charles Bates estavam com Felt no topo da cadeia de comando do FBI na investigação Watergate. Kunkel era o encarregado do escritório de campo em Washington e se reportava a Felt diariamente. Bates mantinha a cronologia que fazia as vezes de memória institucional do FBI no caso. Dick Long e Charles Nuzum, respectivamente chefe e principal agente da seção de crimes de colarinho branco do Bureau, eram os mestres da trilha de papel de Watergate. Bates e Long contaram a alguns poucos agentes confiáveis o que haviam feito e por quê. Os rumores começaram a se espalhar.

"Eles se encontravam no fim do dia e discutiam o que tinha acontecido, o que sabiam sobre a investigação",[19] disse Paul Daly, agente da Divisão de Inteligência. "Eles tomaram a decisão, a decisão consciente, de vazar para os jornais. Fizeram isso porque a Casa Branca estava obstruindo a investigação. E vazaram porque isso lhes forneceu o ímpeto para continuar."

Assim, agentes de rua transformaram segredos em informações, e seus líderes levaram essas informações aos repórteres, aos promotores, aos júris federais e ao público. Foi o início do fim da presidência de Richard Nixon. Sem o FBI, os repórteres estariam perdidos. O *Washington Post* e a *Time* foram os primeiros a sugerir que havia engrenagens dentro de engrenagens no caso Watergate. *The New York Times* e *Los Angeles Times* os seguiriam em breve. Nem todas as suas matérias eram precisas. Mas os fatos em seu interior, tomados em conjunto, delinearam uma série de conspirações na Casa Branca para subverter os inimigos políticos do presidente com espionagem e sabotagem.

Richard Nixon, com sua reeleição iminente, percebeu isso. "Eu sabia que alguém ia ceder", disse ele, amargamente, depois que os primeiros artigos apareceram na imprensa. Dez dias após o primeiro grande vazamento, ele estava certo de ter identificado a fonte principal.

"Sabemos o que foi vazado e por quem",[20] disse Haldeman ao presidente em 19 de outubro.

> PRESIDENTE NIXON: Foi alguém no FBI?
>
> HALDEMAN: Sim, senhor. [...] E alguém lá no topo.
>
> PRESIDENTE NIXON: Alguém próximo de Gray?
>
> HALDEMAN: Mark Felt.
>
> PRESIDENTE NIXON: E por que ele faria isso?
>
> HALDEMAN: É difícil entender. Mas o senhor não pode dizer nada sobre isso, porque revelaríamos nossa fonte.[21] [...] Mitchell é o único que sabe sobre isso. E ele àcha que devemos... é melhor não fazermos nada, porque...
>
> PRESIDENTE NIXON: Fazer alguma coisa? Nunca!
>
> HALDEMAN: Se fizermos um movimento contra ele, ele vai revelar tudo. Ele sabe tudo que há para saber no FBI.

PRESIDENTE NIXON: Com certeza.

HALDEMAN: Ele tem acesso a absolutamente tudo. [...] Gray está morrendo de medo. Precisamos alertá-lo.

PRESIDENTE NIXON: E o que devemos fazer com Felt? [...] Cristo! Você sabe o que tenho vontade de fazer com ele? Bastardo!

O presidente e o FBI estavam agora engajados em uma guerra não declarada. O procurador-geral Kleindienst, seguindo ordens da Casa Branca, disse a Gray cinco vezes para demitir Felt. O diretor em exercício não conseguia encontrar a coragem para isso. Felt era mais poderoso que ele. Ele podia não saber "tudo que havia para saber no FBI", mas ele e seus principais investigadores sabiam mais que qualquer um fora da Casa Branca. Seu conhecimento lhes dava poder para ir atrás do próprio presidente.

"PESSOAS TRAIÇOEIRAS"

Gray ficou seriamente doente logo após a reeleição de Nixon, em uma vitória esmagadora, em 7 de novembro de 1972. Ele foi para o hospital perto de sua casa, em Stonington, Connecticut, para sofrer uma cirurgia abdominal. Seu médico o liberou em 3 de dezembro, mas ordenou que ficasse em casa até o Ano-Novo. Mark Felt dirigiu o FBI durante seus dois meses de ausência.

Gray, ainda diretor adjunto, não sabia se Nixon pretendia pedir ao Senado para confirmá-lo, como exigia a lei. Não sabia se Nixon confiava nele. Logo também teria motivos para se perguntar por que jamais havia confiado em Nixon.

Conduzido por John Ehrlichman, ele entrou no Salão Oval pela segunda vez em sua vida às 9h09 de 16 de fevereiro de 1973. Nixon foi direto ao ponto: as audiências do Senado sobre sua nomeação apresentavam um risco de confronto sobre o poder do presidente de conduzir operações secretas de inteligência.

"Eles provavelmente lhe perguntariam coisas como 'Você sabe de alguma outra coisa que o Bureau tenha feito? Esteve envolvido nos grampos domésticos?'",[22] começou Nixon. "Eu diria 'Sim, tivemos de fazer isso. [...] O que você quer que façamos a respeito? Deixemos que as pessoas sejam baleadas?'"

A mente de Gray ficou vazia.

"Terrorismo", disse o presidente. "Sequestro de avião é outra coisa. E você precisa se envolver nisso. Parte disso exige grampos telefônicos. [...] Não podemos ver negado nosso direito de usar essa arma. A ideia de que estamos grampeando um monte de grupos políticos é besteira." Gray permaneceu sem fala.

O presidente imediatamente se voltou para Watergate. "Seria bom ou ruim para você ir até lá e ser estraçalhado por causa disso?", perguntou Nixon.

Gray reencontrou sua coragem. "Senhor presidente, sou o homem na melhor posição para lidar com isso", disse ele, de maneira confiante. "Lidei com isso consistentemente desde o início. [...] Acho que a administração fez um excelente trabalho ao ir atrás disso." Isso era bravata e Nixon sabia.

"Você não foi capaz de fazer nada — ou foi? —, até agora, sobre os vazamentos", respondeu Nixon. "Descobrimos que toda a história está vindo do FBI."

"Bem, não estou completamente pronto para aceitar isso, senhor presidente", disse Gray.

"E quanto a Felt?", perguntou Nixon abertamente. "Seria muito, muito difícil ter Felt naquela posição sem esclarecer essa acusação", disse Nixon. "Esse tipo de coisa não vazava enquanto Hoover esteve lá. Nunca soube de um único vazamento enquanto Hoover esteve lá. Eu podia conversar com ele, aqui neste gabinete, sobre qualquer coisa. E a razão para isso não é porque o amavam, mas porque o *temiam*. E eles têm de *temer* o homem que está no topo. [...] Você tem de jogar exatamente desse jeito. Você tem de ser brutal, duro e respeitado. [...] Entendo vazamentos na CIA, entre aqueles malditos burocratas. Mas, se há vazamentos no Bureau, então todo o maldito lugar tem de ser despedido."

Nixon agora estava furioso e gaguejando. "Você tem de fazer como se fazia durante a guerra", disse o presidente. "Na Segunda Guerra Mundial, se os alemães entrassem em uma cidade e alguém acertasse um de seus soldados, eles alinhavam toda a maldita cidade e diziam: 'Até que falem, todos serão baleados.' Quero dizer, não acho que você possa ser o sr. Agradável por lá."

"Eu não tenho sido", protestou Gray. "Eles sabem que não podem mentir para mim como mentiam para Hoover."

Nixon se tornou imperioso. "Francamente, estou me referindo a disciplinas da mais alta sensibilidade, relacionadas ao que podem ser questões políticas. Questões partidariamente políticas", disse ele. "Suponhamos que há um vazamento para certo membro da imprensa. Preciso de um relacionamento em que você faça algo e então negue sobre uma pilha de bíblias."

"Certo", disse Gray. "Entendo."

"Não tenho mais ninguém", disse Nixon. "Não posso contratar algum babaca de fora."

"Houve épocas", disse ele, com sua fúria chegando ao ponto de ebulição, "e... e... e Lyndon Johnson me disse a mesma coisa... em que senti que a única pessoa nesse maldito governo que estava ao meu lado era Edgar Hoover. [...] Ele faria o impensável se visse que algo errado estava sendo feito, que havia alguém ferrando conosco. [...] O que você tem de fazer é *fazer como Hoover*."

Pelo relato de Gray, o presidente se voltou para Ehrlichman, que assentiu ligeiramente, como se dissesse: vá em frente. Nixon parece relaxar e voltou a seu roteiro.

"Acho que será uma confirmação sangrenta", disse ele. "Você tem de estar preparado para aguentar o tranco e se sujar de sangue. Mas, se houver sangue, lembre-se que você provavelmente só ficará lá durante quatro anos. E então será expulso. Então, vamos até lá e vamos fazer algo de bom por este país."

"Como você sabe, eu jamais pediria ao diretor do Bureau para fazer algo errado", disse o presidente. "Mas certamente terei de pedir ao diretor do Bureau, em alguns momentos, para fazer coisas a fim de proteger a segurança deste país."

"Sem problemas", respondeu Gray.

"Este país", disse Nixon, "esta burocracia — Pat, você sabe disso — está infestada, Pat, no melhor dos casos, de pessoas desleais e, no pior, de pessoas traiçoeiras."

"Pessoas traiçoeiras", repetiu Gray, obediente e atordoado.

"Precisamos pegá-las, esmagá-las", disse Nixon.

"Certo", disse Gray. "Sei disso."

"A maneira de pegá-las é através de você. Entende?"

"Concordo. Não tenho problemas com isso."

Nixon estava satisfeito. Ele havia escolhido um sucessor. Todos estavam sorrindo agora.

"No momento em que você for confirmado", disse o presidente, "teremos o tipo de relacionamento que eu tinha com Hoover."

36

"O Bureau não pode sobreviver"

Em 3 de março de 1973, um iraquiano de aparência agradável perto dos trinta anos, usando as costeletas da moda e calças jeans boca de sino, estacionou seu Plymouth Fury alugado e se registrou no Skyway Hotel, perto do Aeroporto Internacional John F. Kennedy, no Queens, Nova York.

O iraquiano tinha chegado a Nova York oito semanas antes. Logo depois, o FBI havia recebido uma dica da inteligência israelense de que ele poderia ser agente de uma gangue assassina chamada Setembro Negro, sob controle de Yasser Arafat, o chefe da Organização pela Libertação da Palestina (OLP). Setembro Negro tinha acabado de assassinar o embaixador americano e seu vice no Sudão.

Um agente do FBI entrevistou o iraquiano, que explicou que havia ido para os Estados Unidos a fim de frequentar uma escola de aviação e se tornar piloto comercial.[1]

A entrevista foi arquivada e, durante certo tempo, esquecida. O agente não podia ser culpado por tê-la ignorado. Como instituição, o FBI não sabia como investigar um terrorista. Os Estados Unidos não experimentavam uma conspiração transnacional para cometer homicídio em massa desde os ataques terroristas durante a Primeira Guerra Mundial.

Na manhã de 4 de março, o iraquiano deixou seu Fury estacionado perto do terminal El Al do Aeroporto Kennedy, ao qual a primeira-

-ministra de Israel, Golda Meir, devia chegar em poucas horas. No centro de Manhattan, dois cúmplices estacionaram seus carros na Fifth Avenue, em frente a dois bancos israelenses.

Em 5 de março, linguistas da Agência de Segurança Nacional, que havia acabado de criar uma subdivisão para lidar com a questão do terrorismo internacional, começou a traduzir uma recém-interceptada mensagem da missão iraquiana nos Estados Unidos. A mensagem tinha sido enviada para Bagdá e retransmitida à OLP. Continha os contornos de um plano homicida.

Enquanto a NSA começava a ler a mensagem, o operador de um guincho removia um Dodge Dart 1973 da esquina da 43rd Street com a Fifth Avenue. Na manhã seguinte, um Plymouth Duster 1972 foi removido da esquina da 47th com a Fifth. Ambos foram multados por estacionar em zona proibida. Um supervisor da locadora Olin foi ao depósito, em um píer do rio Hudson, para pegar o Dart de volta. Ele abriu o porta-malas e ficou olhando, assombrado.

Uma chamada foi feita para o esquadrão antibombas do Departamento de Polícia de Nova York. Seus melhores homens correram para o depósito. Na mala do Dart, e então do Duster, encontraram recipientes plásticos cheios de gasolina, tanques de propano, blocos de explosivo plástico Semtex, detonadores, baterias e fusíveis. No painel, havia propaganda do Setembro Negro e da OLP, enrolada em jornais hebraicos.

As bombas haviam sido programadas para disparar ao meio-dia de 4 de março. Se tivessem explodido, teriam matado ou ferido centenas de pessoas e aterrorizado outros milhares. Mas cada uma tinha uma falha idêntica no circuito.

A polícia tinha encontrado a primeira conspiração com bomba na guerra entre os terroristas árabes e os Estados Unidos.

Às 18h15 de 6 de março, o FBI se juntou ao caso. Em Washington, a NSA contou ao Bureau a respeito da mensagem codificada para Bagdá e avisou que havia um terceiro carro-bomba do lado de fora do terminal El Al, no JFK. Mais tarde, naquela noite, o FBI e o esquadrão antibomba da polícia de Nova York encontraram o Fury e abriram o porta-malas.

A bomba era idêntica às encontradas em Manhattan, incluindo o circuito defeituoso — mas era duas vezes maior. Se tivesse explodido, teria produzido uma bola de fogo de 45 metros de altura e largura e uma destrutiva onda de choque com três vezes esse tamanho, destruindo o terminal El Al e a pista em volta. Aviões a uma altitude de 90 metros ou mais alto teriam sido arrastados para o lado.

O FBI retirou uma impressão digital do tanque de propano do Fury. Dezoito anos se passariam antes que ligasse a impressão ao construtor da bomba.

Levou apenas um dia para o FBI descobrir que os três carros haviam sido alugados pelo iraquiano entrevistado pelo FBI semanas antes. O Bureau rapidamente traçou o roteiro das viagens do suspeito até o Skyway Motel, no JFK, onde encontraram mais componentes para bombas. Rastrearam uma transferência de 1.500 dólares recebidos por ele de Beirute. Analisaram a caligrafia dos contratos de aluguel dos carros e sua inscrição para aulas de voo na Teterboro School of Aeronautics.

Mas os agentes não encontraram o passaporte falso escondido por ele atrás do ar-condicionado no Skyway; o responsável pela manutenção o encontraria meses depois. E nunca encontraram seus cúmplices. Até hoje, os dois homens permanecem os mais prováveis suspeitos pelo assassinato de Yosef Alon, o adido da Força Aérea israelense em Washington. Alon, um importante agente de ligação com Washington, foi baleado em frente a sua casa em Maryland, quatro meses depois. A investigação do FBI sobre o assassinato foi inútil; o caso permaneceu oficialmente não solucionado.

Em 15 de março de 1973, o FBI percebeu que o iraquiano com o Fury era responsável pelas três bombas. O caso contra ele recebeu o codinome TRIBOMB.

Seis anos depois, o mesmo homem foi parado e interrogado pela polícia de fronteira na Baviera, enquanto saía da Alemanha. Portava um passaporte francês falso. No porta-malas do carro, a polícia encontrou outros nove passaportes — juntamente com 40 quilos de explosivos, oito conjuntos de timers e detonadores eletrônicos e 12.500 dólares americanos. A embalagem dos explosivos tinha vindo de uma confeitaria em Beirute, conhecida fachada de terroristas. O suspeito foi detido por sete meses e interrogado por oficiais de inteligência alemães e israelenses. Nunca cedeu. Os alemães o deportaram para a Síria. O FBI nunca ficou sabendo.

A investigação TRIBOMB esfriou. O caso tinha quinze anos quando o agente Mike Finnegan o reativou. Em outubro de 1990, ele já estava no caso havia dois anos quando recebeu uma dica. Os Estados Unidos e seus aliados estavam em estado de alerta de inteligência contra o Iraque. Saddam Hussein tinha invadido o Kuwait e o relógio estava correndo na direção de um contra-ataque americano. A dica veio na forma de novas informações fornecidas pelos israelenses: o suspeito iraquiano era Khalid Mohammed el-Jessem, tenente sênior da OLP, com ligações em Bagdá. O FBI lançou um alerta mundial. Funcionou. O suspeito TRIBOMB foi detido no dia em que a Guerra do Golfo começou; estava no Aeroporto Internacional de Roma, em rota para Túnis, para o funeral de seu colega mais próximo, Salah Khalaf, fundador do Setembro Negro, assassinado após se opor a Saddam Hussein.

O FBI ainda tinha as digitais da bomba no Fury. Finnegan as enviou para a polícia italiana. Combinavam com as de el-Jessem. Os italianos o prenderam e, após uma longa batalha legal, o entregaram ao FBI.

Em 5 de março de 1993, vinte anos após o dia em que a conspiração TRIBOMB foi descoberta, e uma semana após o ataque terrorista ao World Trade Center, o iraquiano foi julgado em um tribunal federal no Brooklyn. Seu julgamento durou três dias e meio. A única questão para os jurados eram as digitais. Eles o consideraram culpado em três horas. O juiz distrital Jack B. Weinstein o sentenciou a trinta anos de prisão. "O trabalho do FBI foi metódico e cuidadoso", disse o juiz ao pronunciar a sentença. "Sua memória institucional foi perfeita. Sua tenacidade, impressionante." Ele havia mostrado aos terroristas internacionais que tinha o poder "de caçá-los em qualquer lugar do mundo".

O FBI tinha precisado de uma geração para chegar a esse nível. Mas, antes, seus poderes como serviço de inteligência secreta tiveram de ser destruídos e reconstruídos.

A destruição havia começado na semana do caso TRIBOMB.

"Um jogo perigoso"

Enquanto o Bureau iniciava seu primeiro confronto com o terrorismo internacional, uma luta pelo poder sacudia as fundações do governo dos Estados Unidos. De um lado da lei, estava o presidente; do outro, o FBI.

"O Bureau não pode sobreviver, John",[2] disse o presidente Nixon a seu conselheiro na Casa Branca, John Dean, em 1º de março de 1973. "Não pode sobreviver."

Para desespero de Nixon, Patrick Gray tinha permitido que membros do Senado lessem os arquivos não editados do FBI sobre a investigação Watergate, durante sua audiência de confirmação. Nixon havia acreditado que Gray queria tanto o cargo que faria qualquer coisa que a Casa Branca mandasse — incluindo encobrir os crimes de Watergate.

"Pelo amor de Deus",[3] rugiu o presidente, "ele perdeu a cabeça".

A quebra de sigilo era uma cessão de poder, como entregar uma espada ao inimigo. Nixon tinha uma boa ideia do que podia ser encontrado nos arquivos do FBI, uma vez que Gray vinha entregando cópias a John Dean havia nove meses. Eles continham provas da elaborada conspiração para obstruir a Justiça.

Nixon viu que tinha cometido um erro terrível. Ele começou a pensar em sabotar a nomeação e retomar o controle do FBI. Seu plano exigia muito sangue-frio. Ele vazaria histórias de terror sobre os abusos políticos do Bureau sob os presidentes Kennedy e Johnson, incluindo a vigilância eletrônica de Martin Luther King. Ele havia sabido os detalhes quando Dean tinha entrevistado Bill Sullivan — o recém-nomeado diretor da Unidade Nacional de Narcóticos do Departamento de Justiça. A Casa Branca relataria essas histórias ao Comitê Judiciário do Senado; os senadores então interrogariam Gray. Ele não poderia responder com sinceridade. Iria, na frase imortal de John Ehrlichman, girar lentamente, lentamente ao vento. Sua nomeação não seria confirmada e um homem mais leal seria escolhido para dirigir o FBI.

Em 13 de março de 1973, Dean propôs Bill Sullivan. Nixon gostou da ideia.

"O *quid pro quo* com Sullivan é que, algum dia, ele quer voltar ao Bureau",[4] disse ele.

"Isso é fácil", respondeu Nixon.

Mas, enquanto o presidente conspirava, dois agentes do FBI estavam sentados nas câmaras do Senado, segurando as armas oferecidas por Gray.

O único membro do Comitê Judiciário que havia se incomodado após ler os arquivos não editados sobre Watergate tinha sido o senador Roman Hruska, republicano do Nebraska e defensor da lei e da ordem. Agentes do FBI lhe entregaram 26 livros volumosos juntamente com sumários e análises, e ele tinha passado seis horas folheando o material, das quatro da tarde às dez da noite. O senador havia chegado a uma conclusão, como relatou o agente Angelo Lano a seus superiores. "Dean mentiu para nós"[5] ao esconder o conteúdo do cofre do invasor de Watergate Howard Hunt. Mentir para o FBI era crime punível com cinco anos de prisão.

Um dos investigadores de Watergate passou essa informação ao senador Robert Byrd, democrata de West Virginia que tinha sido abertamente contrário à nomeação de Gray. Byrd usou a espada. Em 22 de março de 1973, ele perguntou a Gray bruscamente: Dean havia enganado o FBI?

Gray respondeu: "Sou obrigado a concluir que isso provavelmente está correto, senhor."[6] Ele não revelou que tinha destruído os documentos retirados por Dean do cofre.

Os homens do presidente se reuniram no Salão Oval, cheios de falsa bravata, após a devastadora declaração de Gray contra Dean. Ehrlichman relatou que o presidente do Comitê Judiciário, o melhor amigo do FBI no Congresso, senador James Eastland, do Mississippi, havia suspendido as audiências de nomeação. "Gray está morto",[7] disse Ehrlichman ao presidente. "Ele acusou seu conselheiro de ser um mentiroso", insistiu. "Ele pode estar morto", disse Dean, "porque eu posso muito bem atirar nele". Muitos risos — os últimos capturados nas fitas da Casa Branca.

Na noite de domingo, 15 de abril, Ehrlichman telefonou para a casa de Gray com péssimas notícias. Enfrentando a possibilidade de indiciamento, John Dean estava determinado a se salvar revelando seus mais sombrios segredos a um júri federal. "Dean, aparentemente, decidiu contar tudo",[8] disse Ehrlichman. "Uma das perguntas que estão fazendo a ele é sobre os envelopes que entregou a você."

Gray ficou desesperado. "O que diabos vou fazer a respeito disso?", perguntou ele. "A única coisa que posso fazer é negar."

Dois dias depois, os investigadores do caso Watergate, por ordem de Mark Felt, bateram aos portões da Casa Branca. "Estou preocupado",[9] disse Ehrlichman ao presidente. "O FBI acabou de apresentar uma intimação à polícia da Casa Branca." Ele queria os nomes das pessoas que haviam recebido autorização para entrar na Casa Branca em 18 de junho de 1972.

PRESIDENTE NIXON: Jesus Cristo.

EHRLICHMAN: O que diabos é isso?

PRESIDENTE NIXON: Onde estávamos?

HALDEMAN: Em que data?

PRESIDENTE NIXON: 18 de junho.

HALDEMAN: 18 de junho.

EHRLICHMAN: O dia da instalação da escuta. [...] Bem, talvez tudo isso seja sobre o cofre de Hunt. Aposto que é sobre o cofre de Hunt [...].

PRESIDENTE NIXON: Preciso de um conselheiro.

HALDEMAN: E de um procurador-geral.

PRESIDENTE NIXON: Preciso de um diretor para o FBI.

Gray confessou seu papel na destruição de provas de Watergate ao procurador-geral Kleindienst em 26 de abril. O procurador-geral imediatamente telefonou para o presidente. "Isso foi de uma estupidez inacreditável",[10] disse Nixon. "Ele terá de pedir demissão."

Gray havia trabalhado 361 dias como diretor em exercício do FBI. Seu futuro era sombrio. Ele enfrentava a perspectiva de anos de investigação criminal. Pensou em se matar. Sofreu, na mais profunda vergonha, pelo resto da vida.

Mark Felt estava certo de que seria escolhido para liderar o FBI. Estava se iludindo. Foi diretor em exercício por três horas. Em vez dele, Nixon escolheu um factótum republicano chamado William D. Ruckelshaus, administrador da Agência de Proteção Ambiental, a recém-criada agência encarregada dos recursos naturais dos Estados Unidos. Sua decisão pareceu inexplicável para todos, incluindo o nomeado. Mas Nixon lhe empurrou o cargo, com crescente ferocidade, durante uma hora.

"Nunca tinha visto o presidente tão agitado",[11] lembrou Ruckelshaus. "Fiquei preocupado com sua estabilidade."

Eles finalmente chegaram a um acordo: ele serviria durante um curto período como diretor em exercício, até que Nixon encontrasse o homem certo para calçar os sapatos de Hoover. Se a entrevista tinha sido difícil, o primeiro dia no cargo foi pior. Em sua mesa — a mesa de Hoover —, estava uma carta ao presidente assinada por Mark Felt e todos os seus principais assessores, protestando contra sua nomeação. Não era pessoal, disse Ruckelshaus. "Eles só achavam que era inapropriado ter um observador de pássaros como sucessor de Hoover." Então Ruckelshaus foi chamado apressadamente para uma reunião da equipe no escritório do procurador-geral. "Dick Kleindienst, emocionado, anunciou seu pedido de demissão", disse Ruckelshaus. "Estava extremamente amargo."

O destino de Felt foi selado dias depois.

Nixon havia determinado, sem sombra de dúvida, ter sido Felt a fonte da devastadora matéria publicada pelo *The New York Times* na página 18 na manhã de sexta-feira, 11 de maio, detalhando os grampos Kissinger que o presidente havia ordenado que fossem instalados contra assessores presidenciais e jornalistas proeminentes desde 1969.

"Felt... todo o mundo precisa saber que ele é um maldito traidor e observá-lo cuidadosamente",[12] disse Nixon a seu novo chefe de gabinete, o general Al Haig, no dia seguinte. "Ele tem de ir embora, é claro [...] o filho da puta." Ruckelshaus, seguindo o comando do presidente, ordenou que Felt deixasse o FBI. Com sua demissão iminente, Felt vestiu a capa de Garganta Profunda para um encontro clandestino com Bob Woodward, do *The Washington Post*. Ele disse que o próprio presidente era o principal conspirador do caso Watergate.

O FBI iniciou uma caçada frenética pelos sumários e transcrições dos grampos Kissinger, retirados por Bill Sullivan da sede. Na noite de 11 de maio, agentes do FBI interrogaram Sullivan, Haldeman, Ehrlichman e John Mitchell. Mitchell mentiu para o FBI, dizendo que nunca havia aprovado nenhum dos grampos. Mas confidenciou que sabia a respeito.

Eles eram parte de "um jogo perigoso que estávamos jogando",[13] confessou. Ele disse ao FBI onde procurar os registros. Os investigadores do FBI estavam dentro da Casa Branca no dia seguinte.

"Os registros foram encontrados duas semanas após minha nomeação, em um sábado, no cofre de John Ehrlichman", lembrou Ruckelshaus. "Um agente do FBI, enviado por mim à Casa Branca para guardar esses e outros registros no escritório de Ehrlichman, ficou muito abalado quando o presidente dos Estados Unidos agarrou sua lapela e lhe perguntou o que estava fazendo ali."

O cabo de guerra pelo controle do governo era feroz. As audiências Watergate, realizadas pelo Senado, arrancaram depoimentos condenatórios dos soldados de infantaria de Nixon. Matérias importantes da imprensa estabeleciam os fatos. Mas a informação, quase toda ela, tinha sua fonte no trabalho do FBI. E a informação tinha uma força crescente, com cada regato se juntando aos outros em um grande rio, com a força que faz com que a água possa perfurar rocha sólida. Apoiadas por grandes júris federais e pelos promotores que os dirigiam, as investigações do FBI preservaram o império da lei contra a obstrução da Justiça. E, legalmente, os agentes estavam realizando um ato de destruição criativa com o qual os radicais da esquerda podiam apenas sonhar.

Eles estavam derrubando o presidente dos Estados Unidos.

"FOI POR MUITO POUCO"

Pela terceira e última vez, Nixon escolheu um candidato para suceder J. Edgar Hoover.

Em 9 de julho de 1973, Clarence M. Kelley pronunciou seu juramento como segundo diretor do FBI. Ele tinha passado um terço de sua vida trabalhando para o Bureau de Hoover, de 1940 a 1971. Desde então, era o competente chefe de polícia de Kansas City. Kelley era afável e sincero, um atarracado e típico americano do interior. O Senado o confirmou rápida e unanimemente.

"Não acho que um policial deva comandar o Bureau",[14] havia comentado o presidente certa vez. "Policiais têm mente muito estreita."

Tinha sido compelido a ir contra seus instintos. O FBI precisava de lei e ordem.

Nixon voou para Kansas City para ouvir o juramento de Kelley. Era sua primeira aparição pública em um mês. "Fiquei chocado com os ferimentos de Watergate, visíveis no rosto do presidente",[15] escreveu Kelley mais tarde. Nixon era um homem assombrado. Tinha acabado de declarar que não cooperaria com a investigação do Senado. Seu impeachment era objeto de sérias discussões no Congresso. Ele havia sido investigado pelo recém-nomeado promotor especial, Archibald Cox, que exigia que entregasse seus documentos e arquivos presidenciais. A revelação da existência das fitas secretas da Casa Branca tinha ocorrido uma semana antes. Cox instantaneamente as havia intimado. Nixon o desafiou e, em outubro, o demitiu. O procurador-geral Elliot Richardson e seu vice, Bill Ruckelshaus, tombaram sob a fuzilaria de Nixon, no tumulto que instantaneamente ficou conhecido como Massacre de Sábado à Noite.

"Lembro-me daqueles dias como sendo quase mais do que eu podia suportar", escreveu Kelley. Entre as piores dificuldades que enfrentou, estava um sucinto relatório de duas páginas entregue por Ruckelshaus no dia em que tinha assumido o cargo, listando os problemas mais urgentes do FBI. No topo da lista estavam as questões legais e morais suscitadas pelas operações secretas de inteligência, incluindo grampos telefônicos, vigilância e perseguição da esquerda americana.

Kelley era inocente em termos de inteligência secreta. Nunca havia lidado com uma operação ilegal e nunca havia grampeado um suspeito de espionagem. Nunca tinha ouvido falar do COINTELPRO. "As metodologias desses programas eram desconhecidas para mim", escreveu ele. "Foi uma experiência bastante reveladora." Quando começou a aprender sobre as operações mais secretas do FBI, soube que tinha de trazê-las para seu controle. "Era uma questão sensível e delicada, fazer esse recuo", relatou. Mas ele o fez assim mesmo.

Em 5 de dezembro de 1973, ele enviou um alerta escrito para todos os 8.767 agentes do Bureau. E ordenou que evitassem "atividades investigativas que pudessem, de qualquer maneira, prejudicar os direitos constitucionais dos cidadãos". Começou a desmantelar a arquitetura de segurança nacional criada por Hoover. Quando terminou, o FBI havia eliminado 94% de suas investigações domésticas de inteligência, apagado mais de 9 mil casos ainda em curso de seus registros, transferido os papéis e funções dos casos de segurança nacional para a Divisão de Investigação Criminal e redesignado ao menos 645 agentes da caça aos radicais para a perseguição de criminosos comuns.

Kelley aboliu os poderes totais da Divisão de Inteligência do Federal Bureau of Investigation. Eles só seriam totalmente retomados na virada para o século XXI. Durante anos, os agentes do FBI que caçavam terroristas nos Estados Unidos vagaram em uma imensidão legal, à procura de sinais para guiá-los em uma terra não mapeada.

37

Castelo de cartas

O colapso da Casa Branca de Nixon enviou ondas de choque que racharam as paredes do FBI. Nixon havia temido que o FBI pudesse não sobreviver à exposição de seus segredos. Tinha sido profético.

O FBI lutou nos tribunais federais para manter os arquivos COINTELPRO selados ao público. Mas, quando uma única página caiu nas mãos de um velho inimigo e os segredos começaram a vazar, "o castelo de cartas desmoronou", disse Homer Boynton, que foi agente de ligação entre o FBI, a Casa Branca, o Congresso e a CIA.

O inimigo era o Partido dos Trabalhadores Socialistas, uma coalizão de esquerda com não mais que 2 mil membros. O partido havia trabalhado dentro do sistema político americano, embora em suas fronteiras. Seus candidatos presidenciais nunca haviam recebido mais que um décimo dos votos. A investigação do FBI sobre os socialistas tinha conduzido diretamente à condenação dos líderes do partido, por sedição política, em 1941. O FBI havia infiltrado o partido até o núcleo durante os anos 1950 e 1960. Centenas de membros, incluindo líderes locais e nacionais, eram informantes. Mas nenhum forneceu provas de que o partido estava engajado em espionagem, subversão, violência, conspiração ou qualquer outra violação das leis federais. Nenhum membro jamais tinha sido julgado por — ou suspeito de — um ato terrorista.

A primeira revelação legal dos registros do FBI pela Lei de Liberdade de Informação ocorreu em 7 de dezembro de 1973. Os documentos indicavam que o FBI havia feito mais que infiltrar as fileiras do partido. Os socialistas rapidamente descobriram que haviam sido alvo de uma grande operação COINTELPRO.

Eles processaram o governo dos Estados Unidos por violar suas garantias constitucionais de liberdade de expressão e reunião política. O juiz encarregado do caso, Thomas P. Griesa, um jovem republicano recentemente indicado pelo presidente Nixon, levou o processo a sério, assim como o principal réu — o novo procurador-geral, William B. Saxbe. Ele tinha assumido em 4 de janeiro de 1974, depois que Nixon havia demitido o principal homem do Departamento de Justiça, em uma tentativa desesperada de manter seladas as fitas da Casa Branca.

O FBI respondeu formalmente à ação um mês depois. Ele informou ao juiz Griesa que suas operações COINTELPRO serviam simplesmente para "alertar o público sobre a natureza e as atividades do Partido dos Trabalhadores Socialistas". O Bureau disse que suas ações haviam sido inteiramente legais. Negou qualquer participação em operações ilegais e invasões. Os arquivos do escritório do Bureau em Nova York estavam cheios de evidências em contrário. O FBI estava mentindo para um juiz federal e para seus superiores no Departamento de Justiça. Não era pelo crime, como tinha alegado Nixon, mas sim pelo acobertamento.

"Uma resposta verdadeira", escreveu o juiz Griesa mais tarde, "exigiria revelação desses fatos. O FBI tentou evitar tal revelação".

Os fatos estavam guardados no cofre do agente especial encarregado de Nova York, John Malone, que roubava dos comunistas desde a administração Truman. Malone dirigiu o escritório de Nova York por trinta anos, de 1962 até sua aposentadoria, em 1975. Era o rosto do velho FBI — e mortalmente contrário à mudança. Seus subordinados o chamavam de Cement Head (Cabeça de Cimento).

Seus cofres guardavam os registros de 193 operações ilegais contra a sede e os escritórios do partido dos socialistas durante os anos 1950 e 1960, juntamente com provas conseguidas com grampos telefônicos e escutas sem mandado e cópias de cartas venenosas com o objetivo de criar atritos políticos e raciais entre eles, destruindo suas reputações, suas carreiras e suas vidas.

"O FBI se engajou em uma prolongada série de táticas para esconder as operações ilegais",[1] escreveu o juiz Griesa. "No fim de 1973 ou início de 1974, um agente do FBI em Washington, lidando com a questão, disse ao agente do FBI em Nova York para não falar ao advogado-geral sobre as operações ilegais. Durante uma reunião entre o advogado-geral adjunto e o FBI, os representantes do FBI usaram o termo 'técnicas investigativas confidenciais', sabendo que essa referência incluía operações ilegais. O adjunto pediu uma explicação sobre o que o termo cobria. A resposta não incluiu operações ilegais."

O juiz concluiu: "Essas respostas foram imensamente enganosas."

Como a Casa Branca, o Bureau não podia permitir a revelação pública de seus segredos. Quando o presidente Nixon caiu do poder no verão de 1974, pedidos de revelação dos arquivos do FBI começaram a crescer no Congresso e nos tribunais federais. O procurador-geral Saxbe ordenou que o acossado diretor do FBI, Clarence Kelley, revisasse os registros do Bureau em busca de evidências de que os agentes de Hoover haviam violado a letra e o espírito da lei americana.

Os truques sujos haviam terminado, disse o procurador-geral. Sua proclamação foi prematura.

Agentes seniores do FBI esconderam capítulos cruciais da história do Bureau dos olhos do Departamento de Justiça, do Congresso e do próprio diretor Clarence Kelley. Um agente especial queimou milhares de páginas de documentos para impedir que os segredos vazassem, disse o assessor de Kelley, Homer Boynton. Ele achou lamentável que a sede do FBI não tivesse uma fogueira própria.

Agentes em Nova York e Washington fizeram esforços extraordinários para esconder a existência de cinco grandes programas do COINTELPRO do diretor e do procurador-geral. Um deles visava a uma pequena mas letal gangue de terroristas cujo objetivo era a independência porto-riquenha.

"SIRENES SEM FIM"

O grupo tinha acabado de sair da clandestinidade, com um novo nome e uma força terrível. A caçada do FBI por seus líderes durou até o século XXI.

As raízes das FALN — Fuerzas Armadas de Liberación Nacional (Forças Armadas de Libertação Nacional) — voltavam aos dias em que Porto Rico ainda era colônia americana. Em 1950, dois dias após a ilha se tornar território americano, dois atiradores haviam tentado assassinar o presidente Truman em nome da independência porto-riquenha. Quatro de seus colegas nacionalistas balearam e feriram cinco membros do Congresso, no Capitólio, em 1954. Vinte anos depois, as FALN começaram a plantar bombas em Nova York.

O primeiro ataque ocorreu logo depois das 3 horas de 26 de outubro de 1974, quando cinco poderosas explosões varreram Wall Street e o Rockefeller Center, em Manhattan, causando milhões de dólares de prejuízo a bancos e outros negócios. O segundo aconteceu às 23h03 de 11 de dezembro, com uma armadilha na East Harlem, que feriu gravemente um oficial novato da polícia de Nova York que, por acaso, também era porto-riquenho. O terceiro foi às 13h22 de 24 de janeiro de 1975, no coração do distrito financeiro.

O agente Richard Hahn estava em uma missão de vigilância no subúrbio, observando possíveis espiões entre a delegação chinesa para os Estados Unidos, quando começou a ouvir as "sirenes, sirenes sem fim",[2] dos carros de polícia que rumavam para o sul.

"Dirigimos até lá para ver o que estava acontecendo", lembrou ele. "A Fraunces Tavern tinha sido bombardeada."

A taverna era uma das mais antigas construções de Nova York. Em 1783, o presidente George Washington havia feito seu discurso de adeus aos oficiais do Exército Continental em seus degraus. O salão de jantar no primeiro andar era o local favorito dos empresários e corretores de Wall Street. A escadaria para o segundo andar levava ao Angler's Club, uma associação particular de abastados pescadores. A explosão veio de uma sacola de lona cheia de dinamite, escondida debaixo das escadas. Quatro pessoas morreram e 63 ficaram feridas na Fraunces Tavern, algumas gravemente. O comunicado das FALN assumindo responsabilidade pela explosão foi assinado em nome de Griselio Torresola, morto após tentar assassinar o presidente Harry Truman. Ninguém jamais foi preso pelas mortes em Nova York.

"Era um fluxo contínuo de explosões e da inabilidade de solucioná-las", disse Hahn. O FBI não tinha nenhuma pista sobre as FALN. Nenhum dos quarenta agentes designados para o caso da Fraunces Tavern tinha a menor ideia sobre a identidade de seus membros ou onde o grupo poderia atacar em seguida. "Fomos de um suspeito a outro e desenvolvemos nossas próprias equipes de vigilância para seguir esses suspeitos", disse Hahn. "Alguns ativistas repetiam as mesmas palavras que as FALN tinham dito em seus comunicados" — em marchas, manifestações e comícios políticos em arenas públicas — "e não havia como saber quem, entre esses ativistas, podia ser o suspeito".

Vinte e quatro ataques com bomba se seguiram em rápida sucessão, juntamente com ameaças de bomba, com o intuito de aterrorizar Nova York. Cem mil trabalhadores foram evacuados dos escritórios do World Trade Center e do Empire State Building depois de uma das ameaças. Depois que as FALN atacaram bancos e edifícios no centro de Chicago, o agente Bill Dyson começou a trabalhar no caso. Ele era um dos poucos agentes no Bureau que entendia o modo de pensar e as táticas dos terroristas, entendimento adquirido em cinco anos em investigações de inteligência sobre o Weather Underground — cinco anos inúteis. Ele permaneceu no rastro das FALN enquanto ela realizava outros cem ataques pelo país e realizou o mais lucrativo assalto à mão armada da história dos Estados Unidos.

O trabalho de Dyson levou à criação da primeira força-tarefa contra terrorismo do FBI. Era tão secreta que ninguém na sede sabia sobre ela.

"Era tudo feito clandestinamente",[3] disse ele. "Nós nos encontrávamos na Mike's Tavern. Mike tinha um bar policial, um verdadeiro bar policial. Você não podia entrar lá a menos que interfonasse e Mike o reconhecesse como policial. E ele permitia que nós, que trabalhávamos contra o terrorismo, fôssemos para a sala dos fundos, onde podíamos nos reunir, coordenar vigilâncias e trabalhar juntos. Mas não tínhamos a bênção de ninguém!" Dyson prestou juramento, em segredo, para o cargo de inspetor da polícia estadual de Illinois, cujos membros, juntamente com oficiais do Departamento de Polícia de Chicago, uniram-se secretamente à força-tarefa na Mike's Tavern. Anos depois, um colega agente perguntou a Dyson o que a sede do FBI pensava a respeito.

"Nunca contamos à sede", respondeu ele.

"Chegar ao fundo disso"

O FBI estava sob cerco em Washington. O novo Congresso, eleito três meses após a renúncia de Nixon, era o mais liberal até então. Após Watergate, o Senado e a Câmara de Representantes resolveram realizar investigações formais sobre as operações de inteligência da nação. O presidente Gerald R. Ford percebeu que a revelação desses segredos mancharia a reputação dos líderes americanos, dele até FDR. Seus principais assessores tentaram limitar os danos e restringir a investigação à CIA.

"Por que não acrescentar o FBI?",[4] perguntou enfaticamente ao presidente o ex-diretor da Central de Inteligência, Richard Helms. "É melhor chegar ao fundo disso." O procurador-geral adjunto, Laurence Silberman, concordou. "O FBI pode ser a parte mais sexy dessa história",[5] disse ele à equipe de segurança nacional do presidente em 20 de fevereiro de 1975. "Hoover fez coisas que não suportarão escrutínio, principalmente sob Johnson."

O diretor Clarence Kelley estava começando a entender que as operações de inteligência do Bureau violavam a lei. Ele temia que o Congresso impusesse severos limites a seus agentes. E implorou ao presidente para conter essa ameaça, assinando uma ordem executiva que expandisse os poderes de segurança nacional do FBI.

O FBI se apoiava em leis "criadas para a Guerra Civil,[6] não para o século XX", argumentou. A Suprema Corte tinha reduzido "a uma concha frágil" os estatutos contra a defesa da revolução, disse ele; a proibição dos grampos telefônicos sem mandado havia forçado o Departamento de Justiça a abandonar suas acusações contra os líderes do Weather Underground, por serem construídas sobre vigilância ilegal. Sob a lei existente, disse Kelley, ele duvidava da habilidade do Bureau para obter informações sobre "terroristas e revolucionários que pretendem derrubar ou destruir o governo".

Se os tribunais e o Congresso questionavam a legalidade das operações ilegais e das invasões, acreditavam Kelley e seus aliados no Departamento de Justiça, a solução era legalizá-las. Em 9 de maio de 1975, eles declararam que o FBI podia conduzir "buscas sem mandado envolvendo entradas físicas em propriedade privada",[7] se o presidente desse a ordem.

Mas Watergate tinha posto fim à velha ideia de que o presidente tinha os poderes de um rei. O clima político dificilmente era favorável a uma alegação de que o FBI podia cometer crimes por ordens da Casa Branca, mesmo que fosse em nome da segurança nacional. Após quase sete décadas de liberdade do escrutínio de observadores externos, o Bureau já não era inviolável.

"Eles têm meu nome!"

Um confronto estava a caminho. A despeito da forte resistência na sede, os comitês do Congresso que investigavam as operações de inteligência já estavam lendo os arquivos do FBI e ouvindo depoimentos juramentados de seus comandantes.

Uma discussão nos corredores do FBI foi a batalha inicial de uma longa guerra.

O Bureau havia começado a desocupar as instalações do Departamento de Justiça, mudando-se para o outro lado da Pennsylvania Avenue. O novo J. Edgar Hoover Building, que recebeu esse nome oficialmente em 30 de setembro de 1975, tinha custado 126 milhões de dólares. Era a mais feia construção de Washington: parecia um prédio de estacionamento construído pelo Politburo soviético.

Membros do Congresso queriam fazer passeios pela velha e pela nova sede. O agente James R. Healy — grande defensor do Bureau e admirador de Hoover[8] — tinha o dever de escoltar o congressista Robert Drinan, democrata de Massachusetts, padre jesuíta pacifista, passional oponente da Guerra do Vietnã e inimigo declarado do FBI.

Eles passaram pelo estande interno de tiro do FBI. Healy explicou que um agente só atirava em um suspeito em autodefesa. Alguém perguntou: "E se eles atirarem de volta?' "Então atiramos para matar", respondeu Healy.

"O reverendo Drinan começou a gritar: 'Eles atiram para matar! Eles atiram para matar!'", relatou ele. "Achei que o cara tinha pirado de vez." Healy tentou mover a delegação do Congresso para uma sala com fichas contendo os nomes de todas as pessoas nos arquivos do FBI; as fichas eram a fundação da casa construída por Hoover. "O reverendo Drinan disse: 'Quero ver meu nome.' Como cortesia, eu o conduzi até uma jovem que estava preenchendo as fichas. Pedi a ela que mostrasse algumas." A funcionária entregou as fichas com uma mão trêmula. O congressista as agarrou.

"Eles têm meu nome!", gritou. "Eles têm meu nome!"

Ele exigiu saber o que mais o Bureau possuía a seu respeito. Tornou-se um dos primeiros americanos a ter o direito de ver seu próprio arquivo no FBI. Ele incluía a carta enviada por uma enfermeira cheia de suspeitas a Hoover quatro anos antes, chamando o padre Drinan de espião comunista dentro da Igreja católica.

Tal era o espírito dominante quando o Senado iniciou suas primeiras audiências públicas sobre o FBI, em 18 de novembro de 1975.

"CABEÇAS VÃO ROLAR"

Como temia o diretor Kelley, os investigadores do Congresso cavaram o passado do FBI e desenterraram algumas histórias mortificantes — a vigilância eletrônica de Martin Luther King, a manutenção de meio milhão de páginas de arquivos de segurança interna sobre americanos, os abusos das liberdades civis durante as campanhas COINTELPRO e o mau uso do poder investigativo como arma de combate político.

O comitê do Senado concluiu que o FBI tinha espionado os americanos sem justa causa. E colocou a culpa das violações da lei e da Constituição principalmente na "longa linha de procuradores-gerais, presidentes e congressistas que deram poder e responsabilidade ao FBI, mas falharam em lhe dar orientação adequada, direção e controle".[9]

Mas o Bureau pagou a conta. A aprovação pública ao FBI despencou. A percepção das pessoas, modelada pela imprensa, era clara. O respeito foi erodido. O medo permaneceu.

Um novo procurador-geral — Edward Levi, o quinto homem a ocupar o cargo em um período de três anos — viu que o julgamento estava chegando. Levi estabeleceu as primeiras orientações para guiar as operações de inteligência do FBI. Ele disse ao Congresso que elas haviam surgido da convicção de que "o monitoramento governamental de indivíduos ou grupos por possuírem opiniões políticas impopulares ou controversas é intolerável em nossa sociedade".[10] Elas definiam o terrorismo doméstico como um problema das agências da lei. Limitavam os poderes à disposição do FBI: o Bureau tinha de acreditar que o alvo de uma investigação estava disposto a usar violência antes que a investigação pudesse começar. Era um alto padrão.

Em 8 de maio de 1976, Kelley tentou consertar as coisas com o público em um discurso feito no Westminster College, no Missouri, onde Winston Churchill tinha avisado, no início da Guerra Fria, que uma Cortina de Ferro desceria sobre a Europa. Ele reconheceu que o FBI havia se envolvido em operações indefensáveis e disse que isso nunca mais se repetiria.

Seu desempenho não foi cativante. Dentro do Bureau, foi instantaneamente chamado de discurso "Sinto muito".

Era tarde demais para desculpas. Sete semanas antes, por ordem do procurador-geral e sua Divisão dos Direitos Civis, Kelley havia transmitido um comando secreto a todo o FBI. Todos os agentes deveriam relatar qualquer coisa que soubessem a respeito de operações secretas ocorridas durante a última década. As respostas voltaram, quase todas idênticas: ninguém sabia nada sobre invasões ou entradas sub-reptícias. Mas a Divisão de Direitos Civis começou a vasculhar aquele aglomerado de mentiras e evasões. O investigador das FALN, Richard Hahn, disse que a notícia se espalhou entre os agentes secretos em Nova York: "Cabeças vão rolar."

Em todos os Estados Unidos, agentes começaram a recuar de missões secretas de inteligência. Não vou aceitar o caso, diziam. Não vou entrar nesse esquadrão. "Ninguém queria trabalhar com terrorismo",[11] lembrou

413

Bill Dyson, que havia se tornado líder da investigação nacional do FBI sobre as FALN. "Todo mundo tentava fugir." Centenas de agentes achavam que "ninguém vai me apoiar", nas palavras de Dyson. "O Bureau não vai me apoiar. O Departamento de Justiça não vai me apoiar. Os cidadãos não vão me apoiar."

Cinquenta e três agentes foram informados de que eram alvos de uma investigação criminal, por estarem implicados em crimes cometidos em nome da segurança nacional. Qualquer agente que usasse escutas ou operações ilegais em nome do contraterrorismo ou da contrainteligência poderia ser acusado e preso.

38

"Estado continuado de perigo"

O FBI agora enfrentava um caso de complexidade sem precedentes. Tinha de investigar a si mesmo.

Clarence Kelley tinha assegurado à imprensa, ao público e ao presidente, diversas vezes, que o FBI havia deixado de realizar operações ilegais uma década antes. Seus principais assessores haviam lhe dito isso e falaram a mesma coisa ao Congresso e aos tribunais, em depoimentos juramentados. Em 8 de agosto de 1976, quatros meses após ter os fatos em mãos, ele foi forçado a admitir que tinha sido enganado pelos especialistas — "clara, hábil e intencionalmente enganado"[1] por homens no topo da cadeia de comando do FBI.

Kelley deveria ter sabido que esse dia chegaria. Ele sabia, por experiência própria — duas décadas como agente do FBI — que "pouquíssimas más notícias eram comunicadas a J. Edgar Hoover".[2] Em suas palavras, todos no Bureau tinham "medo de contar a verdade a Hoover"; o chefe tinha sido "tão dominador e seu poder sobre as pessoas era tão intimidador" que os agentes escondiam dele os fatos desagradáveis. Ele atribuiu a trapaça de que havia sido vítima a "uma arrogante crença, nos níveis mais altos, na infalibilidade e na propriedade de *todas* as atividades e políticas do FBI" — uma crença inquestionável na imagem pública do Bureau.

Três dias após sua confissão pública de que tinha sido enganado por alguns dos mais experientes trapaceiros do FBI, Kelley anunciou que tinha decidido dar dois passos dramáticos para reformar o Bureau.

Primeiro, havia criado uma nova força para lidar com as inspeções internas; sob os vigilantes olhos dos promotores do Departamento de Justiça, agentes do FBI iniciaram dezenas de investigações criminais em suas próprias fileiras.

Segundo, tinha retirado o coração da Divisão de Inteligência. Com exceção de seu trabalho contra espiões nos serviços estrangeiros, o FBI dali em diante lidaria com casos de segurança nacional da mesma maneira como lidava com crimes comuns. Investigações secretas de inteligência contra americanos subversivos seriam encerradas. Foi seu golpe mais forte contra os fantasmas do passado de Hoover.

"Uma experiência degradante e humilhante"

O procurador-geral Edward Levi tinha questionado a infalibilidade do FBI desde seu primeiro dia no cargo. Levi era um dos mais respeitados advogados dos Estados Unidos. Calvo, de óculos e gravata-borboleta, filho e neto de rabinos, havia sido presidente da Universidade de Chicago antes de retornar ao Departamento de Justiça, onde tinha trabalhado durante toda a Segunda Guerra Mundial. Como seu predecessor, Harlan Fiske Stone, que tinha tornado Hoover diretor meio século antes, ele reverenciava a lei mais que o poder dos políticos. E acreditava que a polícia secreta representava uma ameaça à sociedade livre.

Levi começava a se acomodar em sua cadeira de couro, admirando os belos painéis de madeira de seu escritório, quando "um agente do FBI apareceu em minha sala sem se anunciar",[3] lembrou. O agente se apresentou como Paul Daly. "Ele colocou à minha frente um pedaço de papel, pedindo minha autorização para a instalação de um grampo telefônico sem ordem judicial, e ficou esperando."

"Vou ter de pensar a respeito",[4] disse Levi. "Os agentes podem ser pegos fazendo isso."

"Já está feito", respondeu Daly. "O microfone já está instalado." Esse era o procedimento habitual: primeiro a invasão para instalar a escuta, então a aprovação para ligá-la. As tradições do FBI diferiam das regras de procedimento criminal.

Levi ficou abismado. "Sua gravata-borboleta ficou de ponta-cabeça", lembrou Daly.

O procurador-geral não aprovou buscas, apreensões e vigilâncias sem mandado. Em seguida a Watergate, ele achava que a nação não os aprovaria. Ficou mortificado ao saber que os líderes do FBI haviam mentido para o Congresso e para os tribunais a respeito da continuada realização de operações ilegais.

Ele começou a estabelecer orientações para as investigações do FBI, as primeiras na história do Bureau, governadas pelo princípio de que o governo não devia violar a lei para fazer cumprir a lei. Estabeleceu uma clara cadeia de comando dentro do Departamento de Justiça para supervisionar a má conduta criminal dos agentes. E deu a Kelley a ordem direta de relatar as improbidades do FBI.

"Não pedimos a nossos agentes para delatarem uns aos outros",[5] tinha dito Kelley. Mas essa tradição também estava sendo erodida.

As tensões na sede estavam crescendo desde que o FBI havia aberto uma investigação criminal de Mark Felt, o dispensado vice-diretor, durante o desfecho da investigação Watergate. Nos dias finais da administração Nixon, Felt foi acusado, dentro do Bureau, de retirar documentos do FBI e entregá-los ao *The New York Times*. A acusação de roubar registros do Bureau era punível com dez anos de prisão. Felt foi confrontado por agentes do FBI e aconselhado sobre seus direitos constitucionais. Ele havia mentido sobre seu papel nos vazamentos, habilmente, primeiro para os agentes e então em uma carta pessoal ao diretor.

"Prezado Clarence",[6] havia escrito. "Ser tratado como principal suspeito em um sórdido exemplo de grosseira deslealdade ao FBI é uma experiência humilhante e degradante." E acrescentou: "Incidentalmente, não sou Garganta Profunda."

Kelley concluiu corretamente que tinha havido um esforço concentrado por um grupo de agentes seniores para vazar os segredos de Watergate e tinha boas razões para suspeitar que Felt havia liderado a campanha. Mas Felt também era seu amigo havia duas décadas. As lealdades de Kelley — ao FBI e a Felt — o compeliram a proteger Felt do julgamento. Ele não constrangeria o Bureau. Kelley se assegurou de que a investigação do vazamento fosse encerrada e, finalmente, despediu o homem que a havia iniciado por abuso não especificado de poder. Mas, a essa altura, os problemas de Felt haviam se multiplicado por dez. Sua mulher estava cada vez mais doente, física e mentalmente, terminando por se suicidar. Sua filha tinha desaparecido em uma comunidade hippie na Califórnia. Ele se tornou alvo de uma segunda investigação criminal do FBI. Esta não pôde ser anulada.

Em 19 de agosto de 1976, o FBI fez uma batida em sua própria sede. Dois times de agentes, liderados pelos investigadores criminais da Divisão de Direitos Civis do Departamento de Justiça, executaram as buscas em Washington. Um esquadrão separado do FBI foi para o escritório de Nova York. Descobriram um esconderijo de documentos que ninguém de fora jamais tinha visto. O sistema de "Não Arquivar" de Hoover, criado antes da Segunda Guerra Mundial, havia sido designado para manter as provas de invasões e instalação de escutas do FBI escondidas para sempre. Ele exigia que os agentes do FBI destruíssem os registros originais de suas investigações secretas de inteligência. Mas mesmo Hoover ocasionalmente errava em questões de segurança nacional. Ele tinha mantido um arquivo em seu escritório, chamado "Operações Ilegais", contendo uma descrição detalhada dos regulamentos "Não Arquivar". De algum modo, tinha sobrevivido à fogueira de seus arquivos pessoais, logo após sua morte. E levou os investigadores de Nova York a descobrirem 25 volumes de registros originais que, inexplicavelmente, haviam sido preservados. A investigação começou a focar em uma série de invasões aos apartamentos nova-iorquinos de parentes e amigos dos integrantes fugitivos do Weather Underground. As invasões haviam sido conduzidas em 1972 e 1973 pelo Esquadrão 47, liderado por John Kearney.

Kearney, recentemente aposentado após 25 anos no FBI, abriu seu jornal diário. E leu sobre "uma unidade especial sendo montada no Departamento de Justiça para investigar o Esquadrão 47", lembrou ele. "Eles estavam interessados nas técnicas investigativas incomuns que haviam sido usadas ao tentar capturar os fugitivos. Eu tinha ouvido pessoalmente que certo número de agentes havia ido testemunhar perante um grande júri e então recebi um telefonema, de alguém que não se identificou e disse: 'Tive de entregar você, John.'"

Kearney estava prestes a ser indiciado por conspiração. Foi o primeiro agente superior do FBI a ser acusado de cometer crimes contra os Estados Unidos.

Na sede, Clarence Kelley disse a alguns poucos agentes confiáveis para realizar uma contrainvestigação — e descobrir para onde o Departamento de Justiça estava levando o caso. Eles rapidamente souberam que Kearney seria o alvo principal de uma acusação criminal. Mas não era o único. Em 26 de agosto, uma semana após as batidas iniciais, Mark Felt e Ed Miller, o chefe de inteligência aposentado, foram intimados a testemunhar em segredo perante um júri federal. Os dois decidiram adotar uma perigosa estratégia legal. Eles juraram ter autorizado as operações ilegais realizadas pelo Esquadrão 47. E disseram ter recebido a aprovação do diretor em exercício do FBI, Pat Gray.

Seu depoimento fez com que os promotores parassem, pensassem e argumentassem entre si, um debate que subiu até os mais altos níveis do Departamento de Justiça. Se indiciassem Felt e Miller, teriam de indiciar Gray. Teriam de construir uma acusação criminal contra o sucessor de Hoover.

A acusação criminalizaria as tradições no FBI no domínio da inteligência. De fato, denunciaria o FBI como instituição.

Felt e Miller acreditavam que, se fossem a julgamento, poderiam convencer o júri de que o FBI tinha o poder de dobrar a lei em nome da segurança nacional, um poder que fluía diretamente do presidente dos Estados Unidos. Eles achavam poder provar que o dever do presidente de proteger e defender a Constituição lhe dava o poder de invadir a casa de um cidadão. Afirmariam que o presidente podia violar os direitos de um indivíduo para preservar os interesses da nação.

Enfrentariam mais um obstáculo: o ônus da prova. Pela lei, teriam de mostrar que haviam realizado as invasões para defender os Estados Unidos contra os agentes de potências estrangeiras. Tanto Felt quanto Miller suspeitavam que os fugitivos do Weather Underground recebiam apoio direto de Cuba e do Vietnã. O FBI em Chicago tinha rascunhado uma declaração juramentada de mais de cem páginas em espaçamento simples, tentando provar esse argumento. Ele não era apoiado por evidências. Os presidentes Johnson e Nixon haviam exigido diversas vezes que o FBI encontrasse provas de que os Weathermen eram agentes estrangeiros secretos, financiados pelos inimigos dos Estados Unidos. Mas o FBI não tinha nenhuma arma fumegante.

Felt foi ao show das manhãs de domingo *Face the Nation* para dizer ao mundo o que havia dito ao grande júri: ele tinha autorizado as invasões. Eram operações de inteligência de importância vital para a segurança nacional. "Você pode ter um FBI que tenta evitar a violência antes que ela aconteça ou não", disse ele. "Eu acho que foi justificado e faria novamente."

Ed Miller fez uma colocação mais elegante anos depois. Ele retirou seu argumento da lei comum de séculos passados. A casa de um homem é seu castelo, concedeu.[7] Mas nenhum homem pode manter um castelo contra o rei.

O argumento voltou ao início dos Estados Unidos. "Segurança contra perigos externos é a mais poderosa diretriz da conduta nacional",[8] tinha escrito Alexander Hamilton em 1787. "Mesmo o mais ardente amante da liberdade irá, após algum tempo, ceder a seus ditames. A violenta destruição da vida e da propriedade relacionada à guerra e o esforço e o alarme incessantes de um estado contínuo de perigo compelirão as nações mais ligadas à liberdade a recorrer, em busca de repouso e segurança, a instituições que têm a tendência de destruir seus direitos civis e políticos. Por fim, para estarem mais seguras, elas se dispõem a correr o risco de serem menos livres."

"A imagem super-humana do FBI"

Até 21 de setembro de 1976, ninguém jamais tinha visto um assassinato terrorista cometido por uma potência estrangeiras nos Estados Unidos.

Naquela manhã chuvosa, uma explosão sacudiu Sheridan Circle, a 800 metros da Casa Branca. Orlando Letelier, ex-embaixador do Chile nos Estados Unidos, havia sido assassinado nas ruas da capital por uma poderosa bomba escondida embaixo de seu carro. Seu assessor americano de 26 anos, Ronni Moffitt, morreu com ele. Letelier e Moffitt estavam dirigindo pela Embassy Row quando a bomba explodiu.

Letelier havia servido durante o governo do presidente Salvador Allende — primeiro como embaixador, então como ministro do Exterior e, finalmente, como ministro da Defesa. Seu governo de esquerda tinha sido livremente eleito em 1970, a despeito dos melhores esforços da CIA, que havia recebido ordens do presidente Nixon para manter Allende afastado do poder por quaisquer meios necessários. Allende tinha durado três anos, antes de morrer durante um golpe liderado pelo general de extrema direita Augusto Pinochet. A junta militar havia aprisionado Letelier durante um ano em uma gélida ilha. E então o havia expulsado.

Após sua chegada a Washington para fazer campanha contra o regime Pinochet, a Dirección de Inteligencia Nacional (Direção de Inteligência Nacional, DINA), o serviço de inteligência chileno, tinha feito planos para assassiná-lo.

Pinochet e seus aliados — os líderes de extrema-direita de cinco nações sul-americanas — haviam feito um esforço global para exterminar seus inimigos de esquerda. O esforço tinha recebido o codinome Operação Condor. A DINA empregou cubanos anticastristas e um mercenário americano chamado Michael Townley como membros de um esquadrão da morte internacional. Antes do assassinato de Orlando Letelier, o Departamento de Estado de Henry Kissinger e a CIA de George H. Bush estavam conscientes de que a Operação Condor envolvia assassinatos políticos. Mas ambos haviam duvidado que o general Pinochet fosse arriscar as consequências de realizar um ato terrorista em Washington. A maioria dos oficiais americanos de inteligência parecia concordar. Com uma exceção.

"A Operação Condor envolve a formação de equipes especiais dos países-membros para aplicar sanções, chegando ao assassinato", havia escrito o adido legal do FBI em Buenos Aires, Robert Scherrer, em um relatório secreto de quatro páginas enviado à sede sete dias após os assassinatos. Ele argumentou ser possível que Pinochet e seus agentes tivessem sido os autores do homicídio.

Graças a todos os esforços do FBI, o assassinato de Orlando Letelier se tornou um caso único: um ato comprovado de terrorismo nos Estados Unidos, financiado por um Estado do século XX.

A paciente e detalhada perseguição do caso também deveu algo à eleição, em novembro de 1976, de Jimmy Carter, o primeiro líder político a tornar os direitos humanos um princípio central de sua presidência.

Carter tinha uma visão incomum dos inimigos dos Estados Unidos. "A paz não é a mera ausência de guerra", tinha dito ele ao receber a nomeação. "A paz é a ação de destruir o terrorismo internacional."

Mas o novo presidente teve dificuldades para assumir o controle dos instrumentos americanos de inteligência e imposição da lei. Os inquéritos do Congresso sobre a CIA e o FBI — e as investigações criminais no interior do Bureau — haviam levado a revoltas e amargura em ambas as agências. Nenhuma estava preparada para colaborar no contraterrorismo. As administrações Nixon e Ford haviam tentado criar uma resposta coordenada à ameaça de terrorismo internacional. Carter não se saiu melhor. O terrorismo internacional era um ato de guerra que devia ser respondido por soldados e diplomatas; o terrorismo doméstico era um crime que o FBI deveria solucionar. Os Estados Unidos ainda estavam a anos da estratégia que combinaria as agências da lei e as capacidades de inteligência para impedir terroristas antes que agissem.

A sede do FBI entrou no limbo depois que Carter assumiu o cargo em janeiro de 1977. E permaneceu lá por mais de um ano. O presidente havia deixado claro que queria um novo líder para o FBI, mas parecia não conseguir escolher um. Clarence Kelley, como Pat Gray antes dele, girou lentamente ao vento.

"Uma das coisas que mais me perturba em relação ao FBI",[9] tinha dito Kelley durante sua audiência de confirmação, "é a sensação de que os agentes sofrem de falta de liderança em bases permanentes e sentem que sua posição de proeminência, justamente obtida, foi prejudicada".

Ele esperava "restaurar a sensação de confiança em si mesmos". Mas tinha falhado, e sabia disso. "A imagem super-humana do FBI e o poder e a glória que a acompanham foram grandemente diminuídos",[10] concluiu ele perto do fim de sua carreira. "O FBI desceu do Monte Olimpo. E, como se descobriu, somos meros mortais. [...] Mas tão grandiosa e pura era a imagem do FBI de J. Edgar Hoover que cada minúsculo erro — real, imaginário ou grosseiramente exagerado — atraía uma quantidade extraordinária de atenção."

Isso tinha de mudar, insistiu. O povo americano não podia mais suportar "um acossado e paralisado FBI".[11]

422

"O que estava faltando era boa inteligência"

O presidente Carter havia passado mais de um ano à procura alguém para liderar o Bureau. Seu procurador-geral, Griffin Bell, um velho amigo ex-juiz do tribunal de apelações na Geórgia, considerou mais de cinquenta candidatos. Finalmente, escolheu um colega jurista, o juiz William H. Webster, republicano moderado indicado para o cargo federal por Richard Nixon. O juiz Webster era um cientista cristão que projetava santidade, probidade e integridade. O presidente Carter gostava dessas qualidades, que refletiam sua própria imagem.

Webster também era altivo e duro. "Ele tinha aqueles olhos azuis de aço",[12] disse Homer Boynton, o agente veterano do FBI que trabalhou como administrador-chefe de Webster durante dois anos. "Sua voz baixava. A maioria dos homens com quem trabalhei gritava quando se zangava. Seu queixo se projetava e ele o olhava com aqueles olhos azuis de aço e você se sentia com 5 centímetros de altura. Ele podia ser brutal."

Em seu primeiro dia no Bureau, Webster deixou claro que queria ser chamado de "juiz". Sua nomeação iniciou a prática presidencial de colocar juízes a cargo do FBI, uma tradição que durou por todo o restante do século XX.

Durante seu juramento como terceiro diretor do FBI, em 23 de fevereiro de 1978, Webster disse que o Bureau faria "o trabalho que o povo americano esperava, da maneira que a Constituição exigia".[13] Alguns agentes acharam essa postura inquietante. Webster levou quase dois anos para construir um círculo confiável no FBI. E quase o mesmo tempo para lidar com "os capacetes de Hoover", como ele os chamava, "o velho pessoal entrincheirado" que, por lealdade a Hoover, levava suas tradições adiante, sem questionar, continuamente dizendo a Webster que eles estavam fazendo o que Hoover gostaria que fizessem. "Tive alguns problemas para me ajustar a essa maneira de pensar", disse ele mais tarde.

Webster ficou atônito ao descobrir que o FBI não tinha base legal para suas operações. O Bureau não tinha carta fundadora — um certificado de nascimento legal, emitido pelo Congresso e explicitando seu papel. Nunca havia tido. Ainda não tem. Webster disse, desde o início, que queria uma lei que definisse "o que as pessoas esperam de nós — não o que não podemos fazer, mas o que se espera que façamos". Ele passou dois anos esboçando a lei e consultando o Congresso. Nem o presidente Carter nem o presidente Reagan levaram a ideia adiante; a obra foi natimorta.

Webster foi compelido, como disse, "a fingir que tínhamos uma carta fundadora".[14]

O que o FBI conseguiu, em vez disso, foi a Lei de Vigilância e Inteligência Internacional. Produto de anos de luta entre o Congresso, o FBI e a CIA, ela criou um tribunal especial, com juízes selecionados pelo juiz presidente dos Estados Unidos, que se reunia em uma câmara à prova de sol no último andar do Departamento de Justiça. O objetivo do tribunal era aprovar grampos telefônicos e pedidos de vigilância eletrônica feitos por oficiais da inteligência americana — e fazer isso de acordo com a lei. Durante sessenta anos, desde o início da era Hoover, o FBI tinha feito suas próprias leis sobre escutas e grampos. O tribunal não foi um obstáculo para o Bureau — aprovou mais de 7 mil pedidos, sem negar nenhum, durante as duas décadas seguintes. Mas o alvo tinha de ser um agente de uma potência estrangeira. A habilidade do FBI de realizar operações secretas de inteligência agora era governada pela lei.

O juiz Webster enfrentou dois testes à habilidade do FBI de atender a esses padrões logo depois de assumir o cargo — um deles secreto; o outro, dolorosamente público.

Em 8 de abril de 1978, após um uso incomumente intenso do músculo diplomático, dois agentes do FBI colocaram Michael Townley, o assassino americano do serviço de inteligência do general Pinochet, em custódia em Santiago, no Chile. Eles voaram até Miami para um longo interrogatório. Townley tinha construído a bomba responsável pela morte de Orlando Letelier. O FBI, lenta e cuidadosamente, construiria um caso que levaria à condenação criminal e à prisão dos assassinos que trabalhavam para o general Pinochet, incluindo seu chefe de inteligência.

Em 10 de abril, os Estados Unidos iniciaram o indiciamento por 32 acusações contra Ed Miller, ex-chefe de inteligência do FBI; Mark Felt, ex-diretor adjunto; e Pat Gray, ex-diretor. A acusação — baseada em uma leia de sessenta anos usada principalmente para perseguir membros da Ku Klux Klan — foi uma "conspiração para ferir e oprimir cidadãos" com a arma das buscas sem mandado.

Os indiciamentos enfureceram centenas de agentes do FBI que haviam trabalhado com inteligência e em casos de terrorismo durante os anos 1970. Entre suas fileiras, 69 homens que haviam trabalhado com Gray, Felt e Miller durante os anos Nixon agora tinham de responder a investigações internas do Departamento de Justiça e do FBI — investigações que podiam custar seus empregos, suas aposentadorias e, talvez, sua liberdade. Ninguém sabia quantos dentre eles enfrentariam indiciamento.

Alguns desses agentes também haviam sido os responsáveis pelos mais sensíveis casos do FBI contra os inimigos dos Estados Unidos. Eles procuraram o juiz Webster em busca de liderança, orientação — e absolvição. Webster decidiu que nenhum deles, com exceção de seis, tinha culpa pelas buscas sem mandado e administrou disciplina interna, sem publicidade. O Departamento de Justiça finalmente decidiu prosseguir somente com os indiciamentos de Felt e Miller. O caso contra Gray foi abandonado — para indignação dos promotores —, assim como as acusações contra John Kearney, cuja defesa era de que havia obedecido ordens de seus superiores.

A Divisão de Inteligência, certa vez a mais forte do FBI de Hoover, tinha ficado sob cerco do Departamento de Justiça e definhou em força e habilidade no fim dos anos 1970. Os que ainda serviam à causa queriam reviver o esforço de contraespionagem contra os espiões soviéticos e chineses nos Estados Unidos, contratar e treinar agentes que pudessem falar essas duas línguas e transformar a inteligência em carreira, em vez de serviço militar de dois anos. Queriam caçar os fugitivos remanescentes do Weather Underground e os furtivos líderes das FALN. Embora a Ku Klux Klan tivesse sido derrotada, uma nova onda de grupos neonazistas estava se elevando nos Estados Unidos. Assim como os partidários armados que queriam vingança por batalhas épicas do Velho Mundo — sérvios e croatas, turcos e armênios, o Exército Republicano Irlandês. Juntos, eles acrescentavam cem novos casos de terrorismo por ano nos Estados Unidos.

Webster se preocupava com a habilidade do FBI para lutar contra essas ameaças. "O que estava faltando era boa inteligência",[15] disse ele. "Tínhamos de melhorar nossas capacidades de inteligência."

"Uma enchente de quinhentos anos"

Robert Hanssen era filho e neto de policiais de Chicago e entrou para o FBI em 1976. Passou 25 anos a seu serviço. Tornou-se espião de Moscou, roubando uma surpreendente quantidade de segredos americanos, e permaneceu indetectado pelo FBI até a virada do século.

Hanssen tinha aprendido, ainda muito jovem, que um distintivo podia ser um escudo de sigilo. Seu pai havia trabalhado para o esquadrão vermelho do Departamento de Polícia de Chicago, caçando e perseguindo esquerdistas, abusando de sua autoridade e poder, assim como feito por seu pai antes dele. Hanssen conhecia parte dessa história sórdida.

"Seu pai e seu avô haviam sido policiais corruptos — e ele sabia disso", disse o agente Richard L. Ault, um dos fundadores da Unidade de Ciência Comportamental da Academia do FBI, que interrogou Hanssen após sua prisão. "Ele mesmo disse: 'Meus padrões não eram muito elevados.' Foi fácil decidir seguir em frente e começar a espionar." Ele fez isso por dinheiro, mais de 600 mil dólares no total, mas também porque achou que não seria pego.

Em março de 1979, Hanssen começou um tour de dois anos pela Divisão de Contrainteligência Soviética, em Nova York. Com quase 25 anos, ele era politicamente conservador, pronunciadamente anticomunista e católico devoto, que ia à missa todas as manhãs — todos atributos comuns para um agente do FBI. E, como muitos de seus colegas na divisão, Hanssen não tinha treinamento em inteligência. A divisão estava muito aquém de seus dias de glória. Era vista como "afilhada bastarda"[16] na sede do FBI, como disse Ault, um canto sonolento onde as grandes realizações eram poucas e espaçadas. Os administradores do Bureau não viam por que gastar tempo com cursos sobre as complexidades da contrainteligência. O treinamento viria com a prática, se viesse. Mike Manson — mais tarde, principal assessor do diretor do FBI Robert S. Mueller III — recebeu uma doutrinação típica em seu curso de contrainteligência de três horas na Academia do FBI. Ele se lembrava de seu treinador dizendo que o trabalho era uma maldição a ser evitada a todo custo. Mason decorou a lição.

"Eu não tinha ideia do que estava envolvido no trabalho de inteligência",[17] disse ele. "Tudo que sabia era que não queria nada a ver com ele."

Os supervisores de Hanssen descobriram seu único talento algumas semanas após sua chegada: ele era uma das poucas pessoas no FBI que entendia como os computadores funcionavam.[18] Eles o designaram para criar uma base de dados automatizada sobre o contingente de diplomatas e prováveis espiões soviéticos em Nova York. Ele tinha um dom para as tecnologias que revolucionariam o mundo em anos futuros — especialmente a maneira como redes eram conectadas, e informações, transmitidas.

O Bureau estava construindo um novo escudo de segurança para seus computadores. Hanssen rapidamente encontrou suas falhas e rachaduras.

Suas responsabilidades em breve passaram a incluir um relatório mensal sobre a vigilância dos soviéticos. Ele passou muitas horas na sala de arquivos do FBI, lendo a história de seu trabalho contra o KGB e o serviço militar de inteligência russo, o GRU (Diretório Central de Informação). E descobriu a identidade das poucas fontes de longa data do FBI dentro das delegações soviéticas em Nova York.

Em novembro de 1979, Hanssen caminhou pelo escritório de Manhattan do Amtorg, a missão de comércio soviética que havia servido como fachada para a espionagem durante seis décadas. O escritório era dirigido por oficiais do GRU. Hanssen sabia aonde ir e com quem falar. Naquele dia, ofereceu seus serviços como espião. Entregou uma pilha de documentos sobre a vigilância eletrônica do FBI no conjunto residencial soviético em Nova York e estabeleceu um sistema para entregar novos segredos a cada seis meses, por meio de mensagens codificadas de rádio. Seu pacote seguinte continha uma lista atualizada de todos os soviéticos em Nova York que o FBI suspeitava serem espiões. Ele entregou outra revelação que sacudiu as bases dos serviços soviéticos: um importante general do GRU chamado Dmitri Polyakov trabalhava para os Estados Unidos desde 1961. Tinha sido designado para as Nações Unidas durante a maior parte desse tempo. Os soviéticos o chamaram de volta a Moscou em maio de 1980. É provável — embora a questão ainda seja debatida no FBI — que, dali em diante, Polyakov tenha servido como canal de desinformação, com o intuito de confundir e enganar a inteligência americana.

As responsabilidades de Hanssen cresceram. Ele recebeu a tarefa de preparar as solicitações orçamentárias para as operações de inteligência do Bureau em Nova York. O fluxo de dinheiro mostrava os alvos do FBI pelos cinco anos seguintes — e seus planos de colaboração com a CIA e a Agência de Segurança Nacional. Sua terceira entrega aos soviéticos detalhava esses planos. E então ele decidiu se afastar.

Se Hanssen tivesse deixado de espionar nessa época, o prejuízo que causou ainda seria inigualável na história do FBI. O próprio William Webster faria uma análise depois que o caso veio à luz, em 2001. Ele o chamou de "incrível ataque",[19] desastre histórico, "enchente de quinhentos anos" que destruiu tudo em seu caminho.

Hanssen suspendeu seus contatos com os soviéticos em Nova York quando um caso importante contra um espião americano estava prestes a ser revelado. A investigação tinha atravessado os Estados Unidos e chegado à França, ao México e ao Canadá antes que o FBI começasse a focar em um assistente de códigos aposentado do Exército, chamado Joe Helmich, no verão de 1980. Ele foi preso um ano depois e sentenciado à prisão perpétua, após ser condenado por vender aos soviéticos os códigos e manuais de operação do sistema KL-7, a ferramenta básica de comunicações em código desenvolvida pela NSA. Ele era um oficial de baixa patente com altíssimas credenciais de segurança; sua traição tinha ocorrido durante encontros secretos com os oficiais da inteligência soviética em Paris e na Cidade do México, de 1963 a 1966; ele havia recebido 131 mil dólares. Tinha vendido aos soviéticos o equivalente a uma chave-mestra que lhes permitia decodificar as mais secretas mensagens dos militares e oficiais de inteligência americanos durante a Guerra do Vietnã.

Hanssen entendeu um dos aspectos mais importantes da investigação: ela havia durado dezessete anos. O FBI podia manter um caso de contrainteligência ativo durante uma geração. Não havia prescrição para o crime de espionagem.

"QUE OS TERRORISTAS ESTEJAM CONSCIENTES"

A guerra dos Estados Unidos contra o terrorismo chegou a um crescendo com a eleição de Ronald Reagan. Ele havia sido soldado de infantaria nessa luta desde 1947, quando serviu ao FBI como informante confidencial na campanha contra os esquerdistas de Hollywood. Ele acreditava que a guerra contra o comunismo e a guerra contra o terror eram uma só.

"Meus companheiros americanos, estou feliz em dizer que, hoje, assinei uma legislação que proscreverá a Rússia para sempre", disse Reagan com um sorriso durante um teste de som para seu discurso semanal pelo rádio. "Começamos o bombardeio em cinco minutos." A brincadeira fornece um vislumbre da mente do presidente. Reagan queria focar todos os poderes que possuía contra os russos. Ele dobrou o dinheiro gasto pelo FBI, pela CIA e pelo Pentágono e quadruplicou os gastos em armas secretas e operações sigilosas. Pretendia fortalecer os músculos da inteligência americana para a batalha contra Moscou e seus seguidores.

O presidente invocou a causa do contraterrorismo quando encerrou o caso contra Mark Felt e Ed Miller. Os veteranos do FBI haviam sido considerados culpados dois dias depois de Reagan ganhar a Casa Branca em uma vitória esmagadora, condenados por um júri federal por conspirar para violar os direitos constitucionais de americanos. Durante seu julgamento, eles haviam admitido ter ordenado as invasões e operações ilegais sem mandado. Mas alegavam ter o dever de realizá-las, por ordens do presidente. O próprio presidente Nixon havia testemunhado durante o julgamento, assim como cinco antigos procuradores-gerais. No banco de testemunhas, Nixon se manteve fiel a sua doutrina: um presidente tinha o poder de violar a lei e o FBI tinha o direito de cometer crimes a seu comando, em nome da segurança nacional. O presidente Reagan concordava. Seu chefe de gabinete, conselheiro e futuro advogado-geral, Edwin P. Messe, rascunhou uma declaração concedendo a Felt e Miller perdão total e incondicional.

O presidente assinou a ordem logo antes de ser gravemente ferido por um atirador insano em 30 de março de 1981. "Mark Felt e Edward Miller serviram ao Federal Bureau of Investigation e à nossa nação com grande distinção", dizia a ordem. "Possuíam concessões de autoridade que chegavam aos mais altos escalões do governo" e haviam "agido por um nobre princípio, a fim de colocar um fim no terrorismo que ameaçava nossa nação".

O presidente sublinhou esse princípio em seu perdão. "Os Estados Unidos estavam em guerra em 1972", disse ele. "Felt e Miller seguiram procedimentos que acreditavam ser essenciais para manter o diretor do FBI, o procurador-geral e o presidente dos Estados Unidos informados sobre as atividades de potências estrangeiras hostis e seus colaboradores neste país." Os fatos não apoiavam essa frase: os alvos do FBI não eram agentes de potências estrangeiras. Mas o perdão foi uma decisão política. Reagan e seus mais poderosos assessores queriam restabelecer o poder do governo de espionar à vontade dentro dos Estados Unidos, abolir as regras instituídas sob os presidentes Ford e Carter e deixar o FBI escrever suas próprias diretivas sobre grampos telefônicos e escutas. Reagan prometeu repetidamente soltar as amarras da inteligência americana, reviver suas forças secretas e remover os obstáculos legais colocados no caminho da guerra contra o terror.

O secretário de Estado Alexander Haig anunciou, assim que assumiu o cargo, que a União Soviética estava treinando, financiando e armando os grupos terroristas mais perigosos do mundo. O novo chefe da CIA, o astuto gerente de campanha de Reagan, informou que o KGB era a sede mundial dos terroristas. A acusação tinha alguns elementos de verdade — arquivos soviéticos revelados após a Guerra Fria mostram que o KGB tinha apoiado um punhado de militantes palestinos homicidas nos anos 1970, e que o serviço de espionagem da Alemanha Oriental, a Stasi, havia abrigado radicais que tentaram assassinar o próprio Haig em 1979. Mas esses fatos não eram conhecidos pelo presidente e por sua equipe de segurança nacional. Tampouco eram essenciais para sua cruzada retórica.

"Que os terroristas estejam conscientes", tinha avisado o presidente Reagan uma semana após a posse. Se atacassem, a resposta dos Estados Unidos seria "rápida e efetiva".

39

O preço do silêncio

Os alvos do primeiro grande caso de contraterrorismo enfrentado pelo FBI sob o mandato de Reagan eram aliados dos Estados Unidos na guerra contra o comunismo. O agente Stanley Pimentel o chamou de "uma das investigações mais angustiantes"[1] de sua longa carreira.

O regime militar de direita de El Salvador, apoiado pelos Estados Unidos, estava lutando contra uma pequena força armada de guerrilha. Os militares e seus esquadrões da morte mataram cerca de 65 mil civis, incluindo padres, freiras, trabalhadores das igrejas, líderes sindicais, estudantes e camponeses. Três freiras e uma trabalhadora leiga, americanas, estavam entre os mortos. Elas eram "quatro inocentes fiéis que estavam tentando ajudar os pobres", disse Pimentel. Foram jogadas em uma van, sequestradas, estupradas, baleadas à queima-roupa e jogadas no acostamento de uma suja rodovia em dezembro de 1980. Era um caso claro de assassinato premeditado, uma atrocidade em uma guerra suja.

Pimentel, o principal adido legal do FBI na América Central, enfrentava formidáveis obstáculos políticos. O secretário de Estado Haig sutilmente sugeriu que as freiras haviam se associado à guerrilha esquerdista em El Salvador, a Frente de Libertação Nacional Farabundo Martí. (A FLNFM havia cometido assassinatos políticos, mas muito menos que o governo.) A administração Reagan começou a dobrar e redobrar a ajuda militar americana em El Salvador. Militares e oficiais de inteligência salvadorenhos trabalhavam em conjunto com oficiais da CIA.

Mas Pimentel descobriu um aliado na embaixada americana em El Salvador, um jovem oficial político com uma fonte dentro do regime militar. Pimentel prosseguiu com sua investigação até o topo da cadeia de comando. Ele suspeitava fortemente de que as ordens para o assassinato partiram do diretor da Guarda Nacional, o general Carlos Eugenio Vides Casanova.

"Fui ver Vides Casanova", disse Pimentel. Ele disse ao general para entregar as armas dos cinco suspeitos de homicídio, todos soldados rasos. Ele planejava enviar os rifles para o laboratório do FBI, juntamente com as balas extraídas dos corpos das religiosas e digitais retiradas da cena do crime. Rapidamente, descobriu que Vides Casanova havia ordenado que as armas fossem escondidas; o general planejava entregar um conjunto limpo ao FBI.

"Vides Casanova ficou absolutamente desapontado quando descobrimos sua mentira", disse Pimentel. "E, é claro, muito irado." Mesmo assim, Pimentel obteve as armas originais, colocou-as em um malote diplomático e dirigiu até o aeroporto para enviar as provas para os Estados Unidos. Na pista, viu-se às voltas com um confronto armado. "Estávamos cercados por cinquenta soldados da Guarda Nacional, carregando armas automáticas e rifles", disse ele. Pimentel tinha uma Magnum .357 carregada com cinco balas. Ele se manteve firme e observou enquanto o malote era carregado na barriga do avião.

O FBI associou um rifle, balas e impressões digitais aos soldados na cena do crime. Com essas provas, quatro soldados da Guarda Nacional foram condenados pelos assassinatos. Mas Vides Casanova permaneceu intocado. Ele se tornaria ministro da Defesa de El Salvador, em 1984.

Durante esses anos, agentes do FBI nos Estados Unidos trabalhavam em desacordo com Pimentel. Logo após a posse de Reagan, o Bureau havia iniciado uma investigação nacional de terrorismo no CISPES, o Comitê de Solidariedade ao Povo de El Salvador. A coalizão de ativistas americanos de esquerda tinha crescido significativamente após o assassinato das quatro americanas. A investigação do Bureau era baseada quase inteiramente nas informações fornecidas por Vides Casanova e seus oficiais de inteligência a um informante do FBI chamado Frank Varelli.

Filho do ex-chefe da polícia nacional de El Salvador, Varelli ofereceu seus serviços a um agente do FBI em Dallas que não tinha experiência com intrigas internacionais. Varelli disse que tinha fontes de inteligência nos mais altos escalões do governo de El Salvador. Ele confidenciou que o CISPES havia forjado uma aliança terrorista com a guerrilha esquerdista da FLNFM, juntamente com União Soviética, Cuba, Nicarágua e Líbia. O agente acreditou nele.

O FBI investigou 2.375 americanos filiados às 180 unidades do CISPES nos Estados Unidos. O Bureau colocou esses suspeitos políticos sob vigilância fotográfica e visual, infiltrou suas reuniões com agentes disfarçados e informantes, investigou seus grupos religiosos e organizações estudantis, escrutinou seus registros telefônicos e financeiros, vasculhou suas latas de lixo e os confrontou durante agressivas entrevistas.

A investigação durou quatro anos. Não produziu nenhuma evidência.

O FBI finalmente olhou melhor para Frank Varelli. E concluiu que muito do que ele havia relatado era "descaradamente falso",[2] nas palavras do principal assessor criminal e de contraterrorismo de Webster, Oliver B. "Buck" Revell. "Algumas coisas foram inventadas por ele", disse Revell ao Comitê de Inteligência do Senado. "Outras foram fabricadas com base nos contatos iniciados por ele em El Salvador."

Esses contatos eram oficiais de inteligência que trabalhavam para o general Vides Casanova. Ele havia manipulado e enganado o FBI.

Vides Casanova recebeu a Legião de Honra militar do presidente Reagan, juntamente com um green card permitindo que se mudasse para a Flórida. De 1988 em diante, ele estava "gordo, estúpido e feliz em Fort Laurderdale", disse Pimentel.[3]

"A justiça realmente não foi feita", concluiu ele.

"Estranho no ninho"

Enquanto o presidente Reagan lutava na guerra contra o comunismo no exterior, traidores americanos estavam roubando segredos para os soviéticos nas profundezas do establishment de segurança nacional dos Estados Unidos. Juntos, eles realizaram o maior ataque aos segredos militares americanos desde os espiões da bomba atômica da Segunda Guerra Mundial.

Em julho de 1981, François Mitterrand, presidente da França, entregou pessoalmente ao presidente Reagan um revelador arquivo de inteligência conhecido como Dossiê Farewell, derivado de 4 mil documentos do KGB entregues por um desertor durante os anos 1970. Os Estados Unidos levaram meses para decifrar seu significado. Eles descreviam o trabalho da Linha X, uma divisão do diretório de inteligência soviético para ciência e tecnologia. Mostravam como os soviéticos haviam usado os serviços de espionagem da Europa Oriental — especialmente dos poloneses e tchecos — para roubar tecnologia de armamentos dos Estados Unidos.

"Eles eram habilidosos coletores de inteligência a serviço da União Soviética",[4] disse Webster. "Devido a atividades muito interessantes e úteis do serviço francês de inteligência, lidando com oficiais de alta patente do KGB, nós nos tornamos conscientes de seu programa para roubar nossa tecnologia nos Estados Unidos. O inventário que receberam, ou a lista de desejos que lhes foi dada, nos permitiu rastrear suas atividades."

O FBI começou a montar casos contra membros do serviço polonês e dos americanos que haviam trabalhado para eles — principalmente fornecedores de armas corruptos e militares com problemas financeiros. Um fuzileiro aposentado vendeu mais de cem documentos sobre os sistemas de armas nucleares americanas por 250 mil dólares. Um executivo da Hughes Aircraft recebeu 110 mil dólares por detalhes sobre os mais novos radares, sistemas de combate aéreo e mísseis terra-ar americanos.

O serviço de inteligência tcheco havia se saído ainda melhor: tinha infiltrado a CIA. Durante dez anos, de fevereiro de 1973 a agosto de 1983, um americano naturalizado chamado Karl F. Koecher tinha trabalhado para a CIA, tendo convencido a Agência de sua lealdade aos Estados Unidos. Ele passou a década roubando dados altamente sigilosos para seus controladores comunistas, incluindo o nome dos oficiais da CIA que trabalhavam, nos EUA e no exterior, contra os soviéticos.

O serviço de inteligência húngaro tinha recrutado um sargento do Exército na Alemanha Ocidental, Clyde Conrad, que estava encarregado do cofre onde a 8ª Divisão de Infantaria guardava os planos operacionais da OTAN para a Terceira Guerra Mundial. Conrad vendeu arquivos ultrassecretos revelando a localização das armas nucleares da OTAN e as ordens de batalha das tropas, tanques e aeronaves. Ele recebeu mais de 1 milhão de dólares e organizou um círculo de ao menos doze soldados e veteranos americanos que, durante quatorze anos, manteve um fluxo constante de segredos indo para leste e cruzando a Cortina de Ferro.

A longevidade e o escopo do trabalho de espionagem de Conrad foram superados pelo de John Walker, um veterano da Marinha e detetive particular que recrutou seu irmão, seu filho e seu melhor amigo em um círculo vendendo os ultrassecretos códigos de comunicação da Marinha para os soviéticos. O FBI só descobriu Walker depois que sua ex-mulher, Barbara, deu uma série de telefonemas para o Bureau, acusando o ex--marido de ser espião. Ela não foi levada a sério durante cinco meses, porque estava bêbada sempre que telefonava e sempre que um agente tentava entrevistá-la. Mas, quando o FBI começou a investigar Walker, foram necessários apenas três meses para pegá-lo tentando entregar 129 documentos altamente sigilosos da Marinha para o KGB. Ele havia estado dando aos soviéticos as chaves para abrir as mensagens codificadas das forças navais americanas desde 1967. "Há pouca ou nenhuma dúvida de que ele causou a morte de um número incontável de soldados americanos no Vietnã",[5] disse o agente Robert W. Hunter, que prendeu Walker.

O FBI descobriu ao menos 68 americanos trabalhando para roubar segredos para os soviéticos durante os anos 1980. Mas nunca encontrou provas de que Moscou estava por trás de uma organização terrorista que pretendia atacar os Estados Unidos.

Embora os líderes americanos continuassem a mencionar a ameaça de terrorismo financiado por Estados, o número de ataques no front doméstico despencou. Enquanto os casos de espionagem do FBI cresceram três vezes entre 1981 e 1985, casos domésticos de terrorismo caíram cinco vezes, reduzindo-se a um por mês. A FLNFM atacava com mais frequência: matou pessoal da Marinha, plantou bombas no escritório do FBI em Nova York e roubou 7 milhões de dólares de um carro blindado em Connecticut. Os fugitivos do Weather Underground realizaram um último ataque, plantando uma bomba embaixo de um banco do lado de fora da câmara do Senado americano; a explosão, às 22h58 de 7 de novembro de 1983, não feriu ninguém, embora tenha rachado as paredes, espelhos e castiçais do banheiro republicano. Mas foi seu derradeiro suspiro. Pela primeira vez em vinte anos, desde o surgimento da resistência à guerra e o renascimento da Ku Klux Klan, nenhuma bomba estava explodindo.

Ninguém no Bureau sabia se o terrorismo estava morrendo ou evoluindo. William Webster se perguntava se ele estava desaparecendo lentamente. Seu principal assessor, Buck Revell, achava que certamente surgiria novamente.

Revell, agente do FBI desde 1964, foi o diretor adjunto mais politicamente apto de sua era. Como muitos dos melhores agentes do Bureau, era ex-fuzileiro e tinha construído lealdades por toda a cadeia de comando. Ele vestia botas de caubói e falava com sotaque do interior; sua mente era muito mais sutil que seu estilo.

Ele se tornou o principal responsável por terrorismo e inteligência no FBI. Via-se como provável sucessor do juiz Webster e não era tímido a respeito de suas ambições. Tinha uma grande visão dos poderes do FBI. E queria criar uma divisão de contraterrorismo que poderia trabalhar no mundo todo.

Webster tinha suas dúvidas. "Inicialmente, ele foi menos que entusiástico",[6] disse Revell. O diretor tinha suas razões: cerca de quatrocentos agentes do FBI, somente 5% da força, tinham qualquer experiência em casos de terrorismo e a maioria deles temia os riscos legais e políticos desse tipo de operação. Mesmo assim, Revell o persuadiu a declarar publicamente que o terrorismo era uma das quatro prioridades do Bureau, juntamente com a contrainteligência, os crimes do colarinho branco e o crime organizado.

Ele começou a se encontrar regularmente com o diretor da CIA, William J. Casey, e os principais oficiais de seu serviço clandestino. Logo se tornaria a ligação do Bureau com o grupo secreto de contraterrorismo da Casa Branca, liderado por um oficial do Conselho Nacional de Segurança, o tenente-coronel Oliver North, um fuzileiro realizando um espantoso número de missões secretas no Oriente Médio e na América Central. Revell passou a ficar mais atento ao que acontecia na Casa Branca do que Webster. O diretor ficou feliz em ceder parte de seu poder, autoridade e responsabilidade a seu vice. Durante meses, tinha ficado enlutado pela perda da esposa, que havia sofrido uma longa e dolorosa enfermidade e morrido aos 57 anos.

Revell tinha criado um pequeno exército dentro do FBI, antecipando as Olimpíadas de 1984 em Los Angeles. Os ataques do Setembro Negro durante os jogos de Munique doze anos antes ainda estavam vívidos na memória dos organizadores. Ninguém queria uma repetição. O FBI formou uma equipe de resgate de reféns de cinquenta agentes — muitos veteranos do Vietnã treinados nas táticas militares dos comandos. A força cresceu, alimentada pela publicidade elogiosa. Seu arsenal em breve incluía helicópteros, carros blindados e tanques. As Olimpíadas foram realizadas sem contratempos; o maior susto foi a descoberta de duas asas-deltas, que o FBI suspeitou que pudessem ser utilizadas em uma operação camicase realizada por terroristas palestinos. Somente uma coisa deu errado em Los Angeles naquele outono.

Em 3 de outubro de 1984, após uma investigação de dois meses que começou quando a tocha olímpica foi apagada, um indisciplinado e pouco talentoso agente de contrainteligência chamado Richard Miller se tornou o primeiro funcionário do FBI a ser indiciado por espionagem.

O caso Miller foi muito desagradável. Ele era um veterano de vinte anos na contrainteligência do FBI cuja vida começou a desmoronar meses antes de ele se tornar espião. Pai de oito filhos, tinha sido excomungado pela Igreja mórmon por adultério. Havia sido suspenso do FBI por duas semanas, sem pagamento, por estar obeso. Logo depois dessa ação disciplinar, tinha sido recrutado de bom grado por uma mulher que sabia ser agente do KGB. Svetlana Ogorodnikov convenceu Miller a trocar um exemplar do manual de 25 páginas do FBI sobre investigações internacionais de contrainteligência por 15 mil dólares em dinheiro e seus favores sexuais. Miller foi condenado e recebeu uma sentença de vinte anos.

"Miller era um palhaço", disse o agente Patrick J. Mullany, que trabalhou na investigação. "Ele jamais deveria ter sido aceito no FBI, para começo de conversa. Foi um caso patético." Embora o comprometimento dos arquivos de inteligência fosse severo, a maior coisa que o FBI perdeu no caso foi sua reputação pública de força impermeável aos espiões estrangeiros. A imagem de um homem desesperado trocando segredos por sexo com uma espiã soviética ficou indelevelmente registrada na mente dos agentes mais jovens e idealistas. "Aquela foi minha primeira experiência com espionagem",[7] disse Betsey York, então no início de sua

437

carreira na inteligência do FBI. "Eu nunca, nunca havia sonhado que alguém do Bureau pudesse fazer alguma coisa errada. Sempre achei que éramos as pessoas mais perfeitas. E então Richard Miller foi preso. [...] Foi devastador para mim."

Revell foi chamado para movimentar sua força de resgate de reféns logo depois da prisão. Não era um esforço de resgate, mas um ataque contraterrorista.

O FBI estava atrás de Robert Jay Mathews, líder de um culto paramilitar chamado A Ordem. O grupo surgiu no movimento das Nações Arianas, uma coalizão de racistas brancos que planejavam um Juízo Final americano. A Ordem era conhecida por seus membros como Bruders Schweigen, ou Irmandade Silenciosa, em homenagem aos *stormtroopers* de Hitler. Ela criou uma onda de crimes que foi do Colorado à Califórnia, incluindo dois homicídios, a explosão de uma sinagoga e roubos a carros blindados que renderam mais de 3 milhões de dólares. Mathews queria iniciar uma revolução de direita para destruir os Estados Unidos. Ele o chamava de Governo de Ocupação Sionista.

"Mathews se considerava o Robin Hood da direita radical",[8] escreveu o agente William H. Matens, "roubando os judeus ricos e entregando aos arianos, unindo todos esses grupos radicais — Klan, *skinheads*, neonazistas, sobrevivencialistas, opositores aos impostos e fazendeiros militantes". O FBI ficou atônito ao saber que A Ordem alegava possuir centenas de membros com "planos para sabotar represas e outros itens de infraestrutura, como os de comunicações e serviços básicos, para destruir as cidades americanas".

Mathews semeou sua própria destruição ao deixar uma pistola no último roubo de A Ordem. O FBI o rastreou até um chalé em Whidbey Island, Washington, 50 quilômetros ao norte de Seattle, em Puget Sound.

Revell enviou a equipe de resgate de reféns até a ilha. Em 4 de dezembro de 1984, as portas do inferno se abriram. A equipe confrontou o agente especial do FBI encarregado de Seattle. Enquanto discutiam, Mathews abriu fogo. O FBI respondeu ferozmente. Suas latas de gás lacrimogêneo iniciaram um incêndio e o chalé foi reduzido a cinzas. Nenhum resgate, muito menos uma prisão, foi possível. Mathews foi incinerado. Sua morte alimentou as fantasias raivosas de uma geração de fanáticos. Entre eles, estava Timothy McVeigh, o homem que detonou a bomba que mataria 168 americanos em Oklahoma City uma década mais tarde. A operação foi considerada uma calamidade.

Mas Revell e seus caubóis contraterroristas ganharam suas esporas quatro meses depois, ao frustrar uma conspiração para matar o primeiro-ministro Rajiv Gandhi, da Índia, durante uma visita aos Estados Unidos. O FBI havia descoberto que o assassinato seria realizado por sikhs em Nova York. (A mãe de Gandhi, Indira, sua predecessora como primeira-ministra, tinha sido assassinada por nacionalistas sikhs; seis anos depois, ele teria o mesmo destino.) Revell enviou Tom Morris, um membro disfarçado da equipe de resgate de reféns, para ludibriar os conspiradores. Norris se passou por assassino de aluguel. Um soldado de elite veterano das Forças Armadas com um rosto assustador, ele havia perdido um olho em combate no Vietnã e parecia um assassino. Depois que solucionou o caso, foi convidado pela embaixada indiana para receber a gratidão de Gandhi.

Webster costumava evitar armadilhas como essa; quando davam errado, faziam com que o Bureau parecesse uma polícia secreta americana. "Eu não queria transformar o FBI em uma organização como a Gestapo",[9] disse ele. "Mas havia vezes em que o uso de operações disfarçadas era a única maneira."

Buck Revell se tornou oficialmente o número 2 do FBI em junho de 1985. Ele agora tinha o controle e o comando cotidiano de todos os principais casos — de inteligência, de investigação, criminais e de contraterrorismo. Além disso, era o oficial de ligação entre o FBI, a Casa Branca e a CIA.

Ninguém no Bureau havia tido um leque tão amplo de poderes desde a morte de J. Edgar Hoover. E ninguém tinha enfrentado tal sucessão de crises.

As capacidades contraterroristas dos Estados Unidos foram severamente testadas por uma série de sequestros no Líbano. Americanos estavam sendo mantidos prisioneiros nos guetos de Beirute. Os desaparecimentos haviam começado quinze meses antes; entre os primeiros a desaparecer estava o chefe de estação da CIA. Os captores se autointitulavam Jihad Islâmico. Mas esse era um nome de fachada para uma coalizão de forças que os Estados Unidos não compreendiam.

O Congresso aprovou novas leis dando ao FBI o poder de ir atrás dos sequestradores. Pela primeira vez, o Bureau tinha autoridade legal para investigar terrorismo contra americanos no exterior. Também tinha ordens da Casa Branca: faça algo, qualquer coisa, mas liberte os reféns. Revell tinha de trabalhar com a CIA para formar um plano. Mas seu relacionamento com a Agência havia sofrido um sério revés no outono de 1985.

Em 22 de setembro, um oficial renegado da CIA chamado Edward Lee Howard tinha desaparecido dos Estados Unidos. A Agência o havia selecionado para uma missão disfarçada em Moscou. Ele tinha passado por dois anos de treinamento, o que incluía a leitura de alguns dos arquivos mais sensíveis da CIA sobre as operações americanas contra os soviéticos. Howard estava se preparando para partir quando a CIA determinou que não era o homem certo para o trabalho: bebia demais e era mentiroso patológico. Dispensado em função de sua negligência, Howard se tornou amargurado. A CIA estava bem consciente dos riscos de sua dispensa e pediu ao FBI para mantê-lo sob vigilância. Mas o Bureau o perdeu de vista. Howard pegou um voo para Helsinki e desertou para o KGB. A CIA e o FBI retomaram suas tradições, acusando um ao outro pelo fiasco.

O caso Howard foi um entre dezenas de casos importantes de espionagem naquele ano. Duas semanas depois, em 9 de outubro de 1985, Robert Hanssen secretamente retomou sua carreira como espião comunista dentro do FBI. Ele havia sido promovido a supervisor da divisão de contrainteligência soviética em Nova York. Ele prontamente escreveu para o mais antigo oficial do KGB em Washington, dizendo que em breve entregaria documentos contendo "alguns dos mais sensíveis e altamente compartimentalizados projetos da Comunidade de Inteligência dos EUA".

Hanssen cumpriu sua palavra. Ele enviou aos soviéticos um compêndio completo das operações com agentes duplos sendo realizadas pelo FBI; um alerta de que o Bureau estava cavando um túnel no subsolo da nova embaixada soviética; um resumo dos novos esforços para recrutar oficiais soviéticos de inteligência; uma descrição da decodificação das comunicações por satélite de Moscou, realizada pela Agência de Segurança Nacional; os detalhes do orçamento da CIA para os cinco anos seguintes; e muito mais. Era a maior quebra de segredos americanos na história da Guerra Fria — com uma exceção.

Aldrich Ames, o chefe da divisão de contrainteligência soviética do serviço clandestino da CIA, tinha começado a espionar para Moscou naquela primavera. Como Hanssen, era um assíduo coletor de inteligência em benefício da União Soviética. Juntamente com o nome de centenas de oficiais de inteligência e os detalhes de suas operações, Ames vendeu ao KGB o nome de cada soviético que espionava para os Estados Unidos.

Em algumas semanas, Revell e os principais oficiais de contrainteligência do FBI sabiam que algo terrível havia acontecido: dois dos mais valiosos agentes duplos do FBI foram retirados da delegação soviética em Washington e voltaram a Moscou. Logo quase todo oficial de inteligência soviético que espionava para os Estados Unidos estaria preso ou morto.

O KGB claramente tinha obtido conhecimento interno das mais valiosas missões de inteligência do FBI. Como Moscou havia feito isso era outra questão. O FBI queria acreditar que as mortes, desaparecimentos e operações fracassadas se deviam à deserção de Edward Lee Howard. Mas Howard não sabia nada sobre os agentes duplos do FBI. Nem sobre seus esforços para recrutar oficiais das delegações soviéticas em Washington e Nova York — e praticamente todas essas operações começaram a dar errado no fim de 1985.

A caça pela fonte dos vazamentos começou com grande energia e intensidade. Em dois anos, engasgou, afogou e morreu. O FBI permaneceu desconcertado. A CIA parecia indiferente. Seus chefes de contrainteligência estavam furiosos um com o outro. Não conseguiam trabalhar juntos. Não conseguiam imaginar o que tinha saído errado. Suas investigações concluíram que o problema tinha de ser uma escuta, um grampo telefônico ou um computador. Não era concebível que fosse um espião americano.

Traidores como Hanssen e Ames podiam trabalhar durante anos sem serem detectados, pois a contrainteligência americana estava despedaçada. O FBI e a CIA não se falavam havia quase quarenta anos. As indiretas e silêncios entre eles causaram mais danos à segurança nacional americana do que os soviéticos.

Revell tinha um problema ainda maior nas mãos. Em 4 de outubro de 1985, ele havia recebido a responsabilidade por uma operação conjunta com a CIA para libertar reféns americanos no Líbano.

Nada importava mais para Ronald Reagan. O presidente ficou horrorizado quando soube que o FBI e o restante do establishment americano de inteligência não tinham ideia de onde os cativos estavam sendo mantidos ou quem os havia sequestrado. "Reagan estava preocupado com o destino dos reféns",[10] lembrou Bob Gates, então chefe do diretório de inteligência da CIA. "Sem gritos ou acusações grosseiras — nada no estilo de Johnson ou Nixon. Somente um olhar perplexo, uma sugestão de dor, e então o pedido — 'Temos de libertar essas pessoas' — repetido quase diariamente, semana após semana, mês após mês. Implícita, estava a acusação: *Que diabo de serviço de inteligência você está dirigindo, se não consegue encontrar e resgatar esses americanos?*"

Peter Kilburn, bibliotecário da Universidade Americana em Beirute, estava sendo mantido em cativeiro havia dez meses no Líbano. O coronel North disse a Revell que os Estados Unidos pagariam 2 milhões de dólares por sua liberdade, com os fundos fornecidos pelo politicamente hiperativo bilionário texano H. Ross Perot. Informantes do Oriente Médio serviriam como intermediários; o FBI entregaria o dinheiro. Revell recuou à ideia de resgate. Disse que não tomaria parte de uma chantagem. O coronel North rapidamente criou outro conceito. O FBI removeria 2 milhões em dinheiro da Reserva Federal, trataria as notas com uma solução química e as entregaria aos sequestradores no Líbano. O resgate se autodestruiria em duas horas.

Revell se maravilhou com o conceito de *Missão impossível*. Mas não comprou a ideia. E Peter Kilburn foi assassinado por ordens do coronel Muammar Kadafi, da Líbia, antes que o plano pudesse ser executado.

Os oficiais de inteligência de Kadafi haviam plantado uma bomba em uma discoteca de Berlim Ocidental frequentada por soldados americanos, em 5 de abril de 1986. Ela havia matado dois sargentos americanos e uma mulher turca e ferido ao menos 230 outras pessoas, incluindo 79 americanos. O presidente Reagan tinha retaliado bombardeando Trípoli e Benghazi; ao menos quinze pessoas morreram e relatos afirmam que 2 mil haviam ficado feridas. Kadafi então enviara seus espiões a Beirute, tinha comprado Peter Kilburn de seus captores e o executado em 17 de abril.

O FBI organizou seu próprio contra-ataque ao saber que Kadafi pretendia vingar o bombardeio da Líbia com um ataque aos Estados Unidos. Agentes da inteligência líbia tentaram juntar forças com um grupo de gângsteres de Chicago chamado El Rukn ("a Fundação", em árabe). A El Rukn tinha sido iniciada nos anos 1960 como os Blackstone Rangers, uma gangue de rua politizada. Seus líderes agora posavam como islâmicos devotos, enquanto negociavam armas e drogas; o motivo religioso era um disfarce para o comércio criminoso. O FBI descobriu, por meio de grampos nos telefones da El Rukn, que o líder líbio tinha proposto pagar a gangue de Chicago para atacar alvos políticos nos Estados Unidos. Havia escolhido os conspiradores errados. A El Rukn sabia como vender cocaína, mas não tinha ideia de como levar adiante uma conspiração terrorista. O FBI rapidamente montou uma armadilha, enviando um agente disfarçado até os líderes da El Rukn. Fingindo ser um negociante de armas, o agente lhes vendeu um lançador de mísseis. Os agentes detiveram os líderes do grupo por acusações de terrorismo.

Algumas semanas depois, o FBI preparou uma armadilha parecida para um grupo de mercenários de direita que se propunha a derrubar o governo da isolada nação sul-americana do Suriname. Três agentes disfarçados do FBI se infiltraram no grupo de treze mercenários — um posando como veterano do Vietnã ligeiramente insano, outro como zelote religioso e o terceiro como negociante de armas. Em 28 de julho de 1986, o grupo se reuniu em um campo de aviação particular perto de Nova Orleans, com armas, munição e planos operacionais para uma revolução. O FBI prendeu todos.

Enquanto esses casos eram revelados em manchetes gritantes, Revell mergulhava mais profundamente nas intrigas secretas da administração Reagan. A Casa Branca estava realizando sua própria operação secreta internacional.

Em 30 de julho de 1986, North disse a Revell que o procurador-geral Ed Meese tinha assinado um plano, aprovado pelo presidente, para vender mísseis americanos para o governo do Irã, em troca da libertação dos reféns. A administração Reagan pretendia trocar armas letais por vidas americanas.

Revell manteve o rosto impassível. Mas estava pensando: será que isso é legal? Ele se perguntou por que North havia partilhado essa explosiva informação. Concluiu que era para evitar que o FBI tropeçasse em algo ainda mais secreto. Seus instintos estavam corretos. Ele levou suas dúvidas a Webster; o juiz consultou Meese. "O procurador-geral não pareceu ter nenhum problema com aquilo — o que foi impressionante",[11] relatou Revell. Meese lhes havia avisado — falsamente — que todos os carregamentos de armas haviam sido aprovados, por escrito, pelo presidente.

Se o presidente fez isso, concluiu o diretor do FBI, significa que não é ilegal.

Revell sabia que North dividia suas cem horas de trabalho semanais entre os reféns no Líbano e os contrarrevolucionários na América Central. Os contras combatiam o comunismo, tentando derrubar o legalmente eleito governo marxista da Nicarágua. A devoção de North a sua causa não era segredo. O Congresso dos Estados Unidos tinha cortado o apoio militar e financeiro aos contras, cujas fileiras incluíam soldados que torturavam e executavam civis capturados em combate, incluindo crianças. O FBI começava uma investigação sobre os mercenários suspeitos de contrabandear armas para a América Central. O Bureau estava alerta para uma operação de venda de armas que envolvia uma empresa de Miami chamada Southern Air Transport (SAT).

"Em 8 de outubro, eu recebi um telefonema de Oliver North", contou Revell. "Ele estava preocupado que o FBI pudesse descobrir [...] que o SAT, na verdade, estava envolvido com a situação dos reféns no Iraque." North havia contratado o Southern Air Transport para enviar armas para o Irã — e para os contras. Tanto Webster quanto Revell receberam claros sinais do procurador-geral Meese para recuar na investigação. Eles obedeceram por algumas semanas, até que os fatos começaram a vazar.

Os segredos se espalharam porque as operações secretas dos Estados Unidos eram tão malconcebidas e tão pobremente executadas que começaram a desmoronar em público. Primeiro a queda de um avião de carga mantido pelo Southern Air Transport expôs o papel da Casa Branca ao armar os contras, desafiando a lei. Então um jornal de Beirute revelou que a Casa Branca estava contrabandeando armas para o Irã.

O presidente negou em público. Mas Revell sabia que era verdade.

Na tarde de 13 de novembro de 1986, a Casa Branca pediu a Revell para revisar um discurso que o presidente Reagan faria ao povo americano naquela noite. Enquanto lia o rascunho do discurso no escritório de North, ele indicou cinco mentiras evidentes.

"Eu repito, nós não trocamos armas ou qualquer outra coisa por reféns, nem o faremos", dizia o rascunho presidencial. Os Estados Unidos jamais "fortaleceriam aqueles que apoiam o terrorismo"; o governo somente havia vendido "armamentos defensivos e peças avulsas" para o Irã. Não tinha violado sua posição de neutralidade na guerra devastadora entre Irã e Iraque; nunca havia enviado carregamentos de armas saindo de Miami.

Revell sabia que nada disso era verdade. Ele avisou o juiz Webster, que alertou o procurador-geral Meese. Foi ignorado.

"Eu era uma espécie de estranho no ninho",[12] disse Revell.

"O PRESIDENTE NOS PEDIU PARA FICAR DE BOCA FECHADA"

O presidente fez o discurso quase exatamente como havia escrito, palavra dissimulada por palavra dissimulada.

O coronel North e seu superior, o conselheiro de segurança nacional do presidente, almirante John Poindexter, começaram a picotar seus registros e deletar seus arquivos de computador tão rapidamente quanto podiam. Mas, dentro da Casa Branca, um fato crucial emergiu: eles haviam recolhido milhares de dólares com a venda de armas para o Irã e usado o dinheiro para apoiar os contras.

"Uma verdadeira bomba",[13] registrou o vice-presidente George H. W. Bush em seu diário em 22 de novembro, após conversar com o procurador-geral Meese. "Será uma grande confusão. [...] O presidente nos pediu para ficar de boca fechada e é exatamente o que estamos fazendo."

O silêncio durou mais três dias. Meese fez uma curta declaração pública em 25 de novembro, revelando que mísseis haviam sido vendidos e dinheiro desviado.

Em uma questão de horas, agentes do FBI estavam vasculhando o escritório de Oliver North. Eles recuperaram um documento de sua *burn bag* — uma declaração elaboradamente falsa sobre o apoio aos contras, feita sigilosamente ao Congresso. Na declaração, encontraram as digitais do chefe do serviço clandestino da CIA, Clair George. Era o início de uma investigação de seis anos que chegaria aos mais altos níveis dos establishments militar e de inteligência dos Estados Unidos, o caso mais politicamente perigoso que o FBI enfrentava desde Watergate.

Agentes do FBI rapidamente interrogaram o vice-presidente Bush, o procurador-geral Meese, os assessores mais próximos do presidente e os chefões da CIA. Um grupo de agentes, trabalhando em extremo sigilo, rapidamente descobriu a prova mais importante do caso: 5 mil mensagens computadorizadas entre o almirante Poindexter, o coronel North e a equipe do Conselho Nacional de Segurança. Em um notável feito de ciência forense, eles recuperaram e restauraram as fitas de backup do sistema interno de e-mail da Casa Branca, que havia registrado as vendas de armas e desvios de fundos.

Essas provas também levaram a uma igualmente notável confissão do presidente dos Estados Unidos.

"Durante os últimos três meses, mantive o silêncio sobre as revelações sobre o Irã", disse Reagan em um discurso televisionado à nação em 4 de março de 1987. "E vocês devem estar pensando: 'Por que ele não nos diz o que está acontecendo? Por que não fala conosco, como fez no passado, quando enfrentamos problemas e tragédias?' Outros, imagino, estão pensando: 'O que ele está fazendo, se escondendo na Casa Branca?'"

"Bem, a razão pela qual não falei com vocês antes é a seguinte: vocês merecem a verdade", disse o presidente.

"Paguei um preço por meu silêncio. Alguns meses atrás, disse ao povo americano que não troquei armas por reféns. Meu coração e minhas melhores intenções ainda me dizem que isso é verdade. Mas os fatos e as provas me dizem que não é."

Os fatos e provas mostravam que oficiais da CIA e do Conselho Nacional de Segurança haviam colaborado com uma notável gangue de trapaceiros para levar adiante as ordens de Reagan. Eles haviam cometido ou consentido com espetaculares atos de loucura nos acordos de troca de armas por reféns. O presidente havia descumprido seu dever constitucional de executar fielmente as leis dos Estados Unidos.

Reagan concluiu seu discurso com um anúncio que esperava poder restaurar certa confiança em sua administração: nomeou William Webster para ser diretor da Central de Inteligência. Webster era "um homem de reputação impecável", disse o presidente. "Ele entende o significado de 'império da lei'." A escolha parecia fazer sentido: o Congresso e um conselho independente estavam investigando os principais oficiais da CIA e três dúzias de agentes do FBI, armados com mandados, vasculhavam milhares de arquivos ultrassecretos, à procura provas de perjúrio e obstrução da Justiça. O conselho independente concluiria que o presidente Reagan, o secretário de Defesa, o diretor da Central de Inteligência e seus assessores haviam violado a lei. Mas o presidente George H. W. Bush concederia perdão a todos que haviam enfrentado acusações criminais — incluindo o chefe de operações secretas da CIA, Clair George, e seu diretor de contraterrorismo, Duane Clarridge.

Ele fez o mesmo que Ronald Reagan tinha feito ao absolver Mark Felt e Ed Miller. Deixou a segurança nacional triunfar sobre o império da lei.

A chegada do juiz Webster, mesmo assim, foi o fim de uma era na CIA. "Provavelmente, poderíamos ter superado o ego de Webster, sua falta de experiência em questões internacionais e sua perspectiva de mundo de cidadezinha americana",[14] refletiu Clarridge. "O que não podíamos superar era o fato de ele ser advogado. Todo o seu treinamento como advogado e como juiz dizia que não se faziam coisas ilegais. Ele jamais poderia aceitar que é *exatamente* isso o que a CIA faz quando opera no exterior. Violamos as leis daqueles países. É assim que coletamos informações. É para isso que existimos."

Clarridge e seus confrades na CIA se rebelaram contra Webster. Sentiam que ele não compreendia a essência das operações secretas. Seu sucessor no FBI enfrentou problemas quase idênticos.

A escolha de William Sessions, um juiz federal do Texas, foi estranha e surpreendente para Buck Revell e para o restante da liderança do FBI. O juiz Sessions parecia ignorar propositalmente o papel do FBI na segurança nacional dos Estados Unidos.

O FBI começou a perder o foco depois que ele assumiu em 2 de novembro de 1987. Sessions não tinha experiência em dirigir uma organização ou supervisionar investigações. Durante sua audiência de confirmação, ele professou saber pouco sobre o papel do FBI na inteligência ou na segurança nacional. Uma vez confirmado, pareceu ver seu papel como amplamente cerimonial e perderia o controle do FBI antes de perder o emprego. Passou quase seis anos como diretor, sem nunca obter o comando da instituição ou a lealdade de seus subordinados. Buck Revell afirmou que as capacidades de contraterrorismo do FBI foram "efetivamente neutralizadas"[15] no período em que Sessions esteve no Bureau. No fim dos anos 1980, ele acreditava que o FBI estava "reduzido a zero na condução de nossas responsabilidades antiterrorismo".[16] Sessions chegou perto do zero após a virada da década. Ele transferiu mais de um terço dos agentes trabalhando em contraterrorismo para a unidade de crimes comuns.

O FBI claramente achava que "o terrorismo não era um grande problema",[17] disse Richard Marquise, que liderava o Centro de Pesquisa e Análise sobre Terrorismo do Bureau, um pequeno retângulo perto do fim do organograma da sede. Marquise era filho de um agente e tinha começado a trabalhar no FBI em 1971, três anos antes de o pai se aposentar. Serviu a todos os diretores, incluindo Hoover. Permaneceu no contraterrorismo muito depois de seus colegas partirem, trabalhando contra a crença convencional de que a ameaça aos Estados Unidos arrefecia juntamente com a Guerra Fria.

"Os terroristas estão agindo no exterior", seus superiores lhe disseram. "Não estão nos atacando aqui."

Marquise pensava diferente. "Estávamos todos esperando que algo grande acontecesse."

40

Mosaico

A investigação da explosão do voo 103 da Pan Am sobre Lockerbie, Escócia, dependia da habilidade do FBI de formar alianças com analistas da CIA, policiais escoceses, oficiais da inteligência alemã e agentes duplos líbios. Essas ligações dependiam de confiança — uma confiança difícil de encontrar entre policiais e espiões, tanto nos EUA quanto no exterior. O Bureau, sozinho, não podia resolver um caso que atravessava oceanos e fronteiras.

O voo 103 da Pan Am decolou do Aeroporto Heathrow, em Londres, com destino a Nova York, às 18h25 de quarta-feira, 21 de dezembro de 1988. Metade de seus passageiros tinha feito conexão de um voo saído de Frankfurt. Vinte e oitos minutos depois, uma explosão destruiu o 747. Uma chuva de fogo começou a cair sobre Lockerbie.

Cento e oitenta e nove americanos estavam entre as 259 pessoas a bordo, incluindo passageiros e tripulação. Onze pessoas morreram no solo. A força policial escocesa começou a coletar as evidências espalhadas por 2.200 km². Em uma semana, com a ajuda da inteligência inglesa, determinou-se que alguém tinha escondido um explosivo de alto desempenho, chamado Semtex, dentro de uma mala.

O Bureau tinha jurisdição pela lei internacional, pois a aeronave era americana. Mas seus líderes não tinham ideia de como proceder.

"O FBI não estava pronto para lidar com uma investigação como aquela",[1] disse Richard Marquise. "Eu culpo a instituição."

Marquise recebeu o comando da força-tarefa do Bureau em Lockerbie — quatro agentes e três analistas — em 3 de janeiro de 1989. Ele analisou a lista de passageiros durante semanas, procurando pistas. A lista era a matéria-prima perfeita para as teorias de conspiração. Incluía um oficial da CIA, Matt Gannon, e um major da inteligência do Exército, Chuck McKee, que trabalhavam noventa horas por semana em Beirute, tentando libertar os nove americanos ainda reféns no Líbano. O sogro de Gannon era chefe adjunto do serviço clandestino da CIA e havia trabalhado durante muitos anos no Oriente Médio. Seis oficiais de Departamento de Estado e o principal caçador de nazistas do Departamento de Justiça morreram sobre Lockerbie. Outro passageiro, um empresário americano, tinha o mesmo nome do terrorista responsável pelo sequestro de uma aeronave do Kuwait anos antes.

A lista de suspeitos incluía quase toda a amarga batalha entre americanos e árabes no Oriente Médio. O novo presidente dos Estados Unidos, George H. W. Bush, achou que os sírios estavam por trás de Lockerbie. Buck Revell presumiu que os iranianos eram os autores; quase seis meses antes, em julho de 1988, o *USS Vincennes* tinha derrubado o voo 655 da Iran Air sobre o Golfo Pérsico, um ataque não provocado ordenado por um equivocado almirante, matando 290 passageiros. A CIA suspeitava de Ahmed Jibril, um líder terrorista palestino, e teorizou que os iranianos o haviam contratado para explodir o avião. E sempre havia o coronel Kadafi, da Líbia. Ele havia jurado vingar o bombardeio americano de Trípoli, em 1986, que por sua vez tinha sido um ato de retaliação pelo ataque à discoteca de Berlim, causando a morte de dois soldados americanos.

A única pessoa com provas concretas era o chefe de polícia de Lockerbie, John Boyd, cujos oficiais percorreram colinas e vales, em uma busca a pé. Seis semanas após o início da investigação, depois que um dos homens de Boyd encontrou o fragmento de uma placa de circuito impresso do tamanho da ponta de um dedo, o FBI soube que o explosivo Semtex tinha sido empacotado em um rádio preto da Toshiba. Esse foi o único avanço do caso em muitos meses.

"Era tudo dolorosamente lento", disse Marquise. "Em Washington, todos queriam uma resposta. Imediatamente. Quem fez isso? Como aconteceu?"

O FBI reuniu mais de cem investigadores americanos, ingleses, escoceses e alemães no salão de conferências de um hotel perto de Washington, em maio de 1989. Cada nação e cada agência caçava suas próprias pistas. Não havia cooperação nem comunicação real.

Seis meses após a explosão, a força-tarefa do FBI foi desmontada. Marquise e um pequeno grupo de analistas de terrorismo permaneceram no caso.

Os escoceses passaram o verão e o outono juntando centenas de milhares de peças de evidência. Receberam treinamento de campo de veteranos do FBI como Richard Hahn — que vasculhava destroços de explosões letais havia quinze anos, desde o não solucionado ataque das FALN à Fraunces Tavern, em Nova York. Eles aprenderam como o estrago causado por uma explosão de Semtex era diferente do causado pelo calor de uma chama.

Os escoceses rapidamente determinaram que pedaços de roupas com etiquetas dizendo "Feito em Malta" haviam estado em uma mala Samsonite Silhouette acobreada, juntamente com o rádio que continha a bomba. Mas não disseram isso ao FBI. Então os alemães descobriram uma cópia dos registros de bagagem do aeroporto em Frankfurt; eles mostravam que uma única mala de um voo da Air Malta tinha sido transferida para o voo 103 da Pan Am em Frankfurt. Mas não disseram isso aos escoceses. As equipes internacionais de investigação se reuniram na Escócia em janeiro de 1990. Novamente, foi um diálogo entre surdos. Marquise tinha a terrível sensação de que o caso nunca seria solucionado.

"Estávamos tendo toneladas de problemas com a CIA. Toneladas de rivalidade", disse ele. "Os escoceses estavam fazendo sua parte. Os alemães entregavam registros aos escoceses quando achavam que deviam. O FBI ainda estava fazendo sua parte. [...] Todos estavam fazendo apenas sua parte."

Então, em junho de 1990, foi a hora de pequenos favores renderem grandes recompensas. Stuart Henderson, o novo investigador sênior na Escócia, partilhou uma peça de evidência com Marquise: a fotografia de um pequeno fragmento queimado de uma placa de circuito impresso, enrolado em um pedaço de roupa maltesa. Os escoceses haviam visitado 55 empresas em dezessete países sem identificar o fragmento. "Eles não tinham nenhuma ideia. Nenhuma pista", disse Marquise. "Então pensaram, provavelmente de maneira irônica: 'Aqui está, caras. Sua vez de tentar.'"

O laboratório de criminalística do FBI entregou a foto à CIA. Um analista da Agência tinha uma imagem quase idêntica de um circuito impresso, apreendido quatro anos antes de dois libaneses em trânsito pelo aeroporto de Dakar, no Senegal. No verso da placa, havia quatro letras. MEBO. Ninguém sabia o que MEBO significava.

Oito meses haviam se passado desde a explosão do Pan Am 103.

"Cortamos as cadeias de comando"

A investigação era um mosaico de suposições e conjecturas. Poucas pessoas, nos níveis mais altos, estavam convencidas de que se chegaria a uma solução. Alguém precisava assumir o comando.

Robert Swan Mueller III foi nomeado chefe da Divisão Criminal do Departamento de Justiça no fim de julho de 1990. Os agentes gostaram instintivamente dele, apesar de seus modos aristocráticos. Eles o chamavam de Bobby Three Sticks (Bobby Três Tracinhos).

Mueller tinha uma mente afiada, excelente temperamento e grande apreço pelos casos bem-montados. O futuro diretor do FBI era um líder nato. E um fuzileiro.

Mueller tinha ido dos subúrbios da Filadélfia e Princeton para a liderança de um pelotão de rifles no Vietnã. Um relatório oficial de uma batalha em 11 de dezembro de 1968 na província Quang Tri elogiou sua coragem durante a missão de busca e destruição. Confrontando uma força de duzentos soldados do Vietnã do Norte, o segundo-tenente Mueller "destemidamente se moveu de uma posição até outra, dirigindo o acurado fogo de seus homens e gritando palavras de encorajamento. Com completa indiferença a sua própria segurança, ele [...] pessoalmente liderou uma equipe sob fogo cruzado para resgatar um fuzileiro mortalmente ferido que havia caído em uma posição além das linhas amigas".[2] Ele foi homenageado, entre outras condecorações, com a Estrela de Bronze por valor.

Sua indicação para o Departamento de Justiça chegou em um momento crítico para o FBI. Saddam Hussein tinha invadido o Kuwait; os Estados Unidos se preparavam para entrar na Guerra do Golfo Pérsico. O FBI registrava os nervosos espasmos dos alertas de terrorismo, percebido como ameaças iraquianas de atacar alvos nos Estados Unidos. Mas o dinheiro e os recursos humanos alocados para o contraterrorismo eram poucos e estavam diminuindo. Assim como o moral, devido, em grande parte, à liderança do diretor William Sessions. "Conseguir a atenção total do diretor Sessions era um desafio",[3] disse Bill Baker, recém-nomeado chefe da Divisão Criminal do FBI, que forjou uma próxima e crítica aliança com Mueller.

Mueller colocou Marquise no controle total do caso Lockerbie. Nenhum analista de inteligência do FBI havia dirigido uma grande investigação antes disso. Marquise se reportava diretamente a Baker e Baker a Mueller. Suas ordens eram para transformar as informações em provas.

"Literalmente cortamos as cadeias de comando na sede", disse Marquise. "Trouxemos a CIA. Trouxemos os escoceses. Trouxemos o MI5 para Washington. E nos sentamos e dissemos: 'Precisamos mudar a maneira como estamos fazendo as coisas. Precisamos começar a fazer isso direito. [...] Precisamos começar a partilhar informações.'"

Marquise nunca havia tido a autoridade para pegar o telefone e ligar para seus homólogos na Escócia. Ele deu o primeiro telefonema em novembro de 1990. As coisas rapidamente começaram a mudar.

Marquise ficou sabendo que um tribunal de primeira instância escocês tinha desvendado o mistério do MEBO — era uma companhia eletrônica suíça que fazia negócios com a Líbia havia quase vinte anos. Armado desse fato, ele descobriu que o proprietário da companhia, Edwin Bollier, havia entregado pessoalmente uma detalhada carta à embaixada americana em Viena, dias após o atentado de Lockerbie.

"Seguiríamos em frente"

No início de 1991, Marquise tinha os contornos superficiais de um caso circunstancial contra Kadafi e a Líbia. Sentiu que a investigação ganhava ímpeto.

"Tínhamos agentes do FBI trabalhando com os policiais escoceses, com os policiais malteses, seguindo pistas em Malta, todos na mesma página", disse ele. "Estávamos partilhando informações de uma maneira incrível. Começamos a descobrir os nomes dos oficiais da inteligência líbia. E um deles era um cara chamado Abdel Baset Ali al Megrahi."

Um comerciante em Malta escolheu a foto de Megrahi como o homem que havia comprado algumas das roupas encontradas na cena do crime em Lockerbie. Registros de imigração mostravam que havia estado em Malta no mesmo dia em que as roupas foram compradas. Em fevereiro de 1991, em meio à Guerra do Golfo, o FBI convidou Edwin Bollier para uma entrevista que durou uma semana. Hesitantemente, ele identificou uma fotografia de Megrahi como sendo o libanês que dirigia a companhia de fachada que tinha feito negócios com a Mebo em Zurique.

"Fiquei entusiasmado", disse Marquise. "Todo o mundo ficou bastante entusiasmado." Ele informou Robert Mueller, que friamente lhe lembrou que ele ainda tinha um longo caminho a percorrer.

Marquise se voltou para a inteligência em busca de provas. Ele precisava de uma testemunha que pudesse ligar Megrahi à mala Samsonite com o Semtex. Precisava encontrar alguém que soubesse que a mala tinha levado a bomba do voo 180 da Air Malta para o voo 103 da Pan Am. Ele voltou à CIA. A Agência lhe disse, com muito atraso, que certa vez havia tido um informante chamado Abdul Majid Giaka no Aeroporto Internacional de Malta. Ele tinha saído da folha de pagamento da CIA quatro meses antes do atentado de Lockerbie. Havia estado trabalhando na noite da explosão da Pan Am 103. Mas a Agência o tinha dispensado alguns meses depois, julgando-o um fabricante de histórias que queria arrancar dinheiro de seus entrevistadores.

Marquise queria muito falar com Majid, não importava quão dúbio parecesse para a CIA. Em junho de 1991, a Agência o enviou a um navio da Marinha na costa de Malta, para dar ao FBI uma chance de entrevistá-lo em Virgínia. Compreensivelmente cautelosa com seu informante, a CIA só impôs uma condição: não diga a ninguém.

Marquise pesou os prós e contras e violou as regras. Ele telefonou para seu homólogo escocês. "Se você contar a alguém, serei demitido", disse ele a Stuart Henderson. "O cara está nos EUA. Achamos que ele pode ter alguma informação, mas não sabemos. Começaremos a entrevistá-lo amanhã."

Majid foi entrevistado por pelo menos duas semanas, durante setembro de 1991. Ele insistiu em três fatos. Identificou Megrahi como um oficial de inteligência servindo como chefe de segurança aérea da Líbia. Disse que o subordinado de Megrahi em Malta tinha Semtex em um esconderijo. E disse também que tinha visto Megrahi com uma grande mala marrom no aeroporto em Malta, semanas antes do atentado de Lockerbie. Sem dúvida, Majid não era uma testemunha confiável. Mas o FBI achava que estava dizendo a verdade nesses três pontos. Marquise achou que era o alicerce de um caso que resistiria nos tribunais.

Tornou-se uma questão de lei ou guerra. A decisão caberia ao presidente.

Os Estados Unidos podiam tentar sequestrar Megrahi; isso já havia sido feito antes. Mas retirá-lo da Líbia estava além das capacidades da CIA e dos militares. Podiam tentar matá-lo. Mas isso era inconcebível na época: logo antes do atentado de Lockerbie, quando Israel havia enviado uma equipe a Túnis para eliminar Abu Jihad, o segundo em comando da Organização pela Libertação da Palestina, os Estados Unidos haviam condenado abertamente o ato, chamando-o de assassinato político.

O presidente podia atacar a Líbia com bombas e mísseis. Reagan tinha atacado Kadafi depois que espiões líbios haviam explodido a discoteca La Bell, em Berlim, cinco anos antes, citando o direito de usar a força em autodefesa, pelo artigo 51 da Carta das Nações Unidas. Mas as evidências na época eram sólidas; o caso Lockerbie precisava de provas equivalentes.

O presidente George H. W. Bush acreditava que terroristas eram criminosos, não combatentes inimigos. Ele escolheu ir aos tribunais. Mueller concordou enfaticamente. Eles seguiriam a lei até onde ela levasse. Marquise disse: "Seguiríamos em frente com a acusação e anunciaríamos os resultados ao mundo."

Megrahi foi indiciado, nos Estados Unidos e na Escócia, em 15 de novembro de 1991.[4] Foi necessária quase uma década para condená-lo.

Outra década se passou antes que se tornasse indubitavelmente claro que o próprio coronel Kadafi tinha ordenado o ataque ao voo 103 da Pan Am, em um impiedoso ato de vingança contra os Estados Unidos e o Reino Unido. O círculo de retribuição se completou quando um Predator, um avião espião americano, ajudou os inimigos do coronel a caçá-lo, antes de matá-lo na Líbia, 23 anos após o atentado de Lockerbie.

41

O xeque cego

Na semana de indiciamento do Pan Am 103, um julgamento por homicídio foi iniciado no Tribunal Criminal de Manhattan. O réu era El-Sayyid Nosair, um imigrante egípcio vestindo fez e manto branco e seguidor de Omar Abdel Rahman, um guerreiro santo conhecido como xeque cego. Nosair foi acusado do homicídio de Meir Kahane, líder da Liga de Defesa Judaica, um grupo mais tarde considerado organização terrorista pelo Estado de Israel.

Entre os espectadores, estava um informante de 500 dólares por semana do FBI, chamado Emad Salem, um veterano calvo e barbado do Exército egípcio. Salem se sentou ao lado dos associados do réu, conversando com eles nos corredores durante os intervalos e descobrindo mais sobre suas vidas.

Salem era um homem intrigante que trabalhava como detetive no Woodward Hotel, no centro de Manhattan, quando Nancy Floyd, agente de contrainteligência internacional do FBI, o abordou em abril de 1991. Floyd disse a Salem que o hotel era frequentado por suspeitos de espionagem russos. Será que ele não ajudaria a observá-los?

Salem respondeu que ninguém mais ligava para a Guerra Fria e os russos. Ele podia contar muitas coisas sobre a guerra santa e o xeque cego.

A agente Floyd nunca havia ouvido falar do xeque cego. Poucos haviam. Mas ela gostou de Salem, o que era fácil, e confiou nele, o que foi um ato de fé. Ela o recrutou como informante e o apresentou a um colega agente, John Anticev, que tinha começado no Bureau quatro anos antes e trabalhava na força-tarefa conjunta antiterrorismo em Nova York.

Anticev estava muito interessado em El-Sayyid Nosair. O FBI tinha fotografado alguns de seus associados praticando com armas semiautomáticas e realizando exercícios paramilitares. Mas o FBI nunca havia visto uma conexão terrorista com o caso Kahane ou o papel desempanhado nele pelo xeque cego. A força-tarefa havia recolhido 47 caixas de provas no apartamento de Nosair após sua prisão. O FBI as havia arquivado. Entre elas, estava o diário de Nosair, escrito em árabe. Ele registrava a convocação do xeque para uma guerra santa. Descrevia explicitamente planos para um ataque a Nova York, com o intuito de "destruir os pilares de sua civilização [...] e seus altos edifícios, dos quais sentem tanto orgulho".[1]

O diário permaneceu intocado durante três anos. Na época, o FBI tinha apenas um tradutor capaz de ler e compreender árabe. "Se tivesse sido propriamente traduzido, processado, autenticado e analisado",[2] testemunhou Buck Revell mais tarde, o FBI teria visto "uma associação direta entre o assassino de Meir Kahane e o grupo que conspirou para destruir e eventualmente destruiu o World Trade Center".

Quem poderia imaginar que o espírito dos anarquistas que haviam atacado Wall Street e Washington no fim da Primeira Guerra Mundial havia sido ressuscitado? Quem poderia pensar que os islâmicos que expulsaram o exército soviético do Afeganistão voltariam sua raiva contra os Estados Unidos? Quem poderia acreditar que o Bureau estava prestes a enfrentar outra batalha nas cruzadas entre cristãos e muçulmanos? Isso era quase inconcebível na primavera de 1991. Quase todas as investigações que a seção de contraterrorismo do FBI iniciou durante aqueles meses focavam em pequenos grupos de direita — os skinheads de Los Angeles, a Liga das Mulheres Arianas, a Milícia de Reserva do Texas —, cujos membros tinham mais probabilidade de ferir a si mesmos que ameaçar a paz e a segurança dos Estados Unidos.

"Nós nos sentíamos bem"[3] naqueles dias, disse Buck Revell. "A Guerra Fria havia terminado, nós acreditávamos que nosso lado tinha vencido, o comunismo e suas organizações afiliadas nos Estados Unidos estavam praticamente mortos. O comunismo, como movimento global, estava essencialmente desacreditado. O terrorismo estava sob controle nos EUA e decaindo em escala internacional. [...] Tudo considerado, havíamos feito um bom trabalho ao lidar com a ameaça de terrorismo, a despeito de tantos problemas ao longo do caminho."

Emad Salem estava oferecendo ao FBI um relance do futuro. O Bureau não o havia antecipado.

"Sacudir a terra sob seus pés"

Salem começou a comparecer ao julgamento por homicídio de Nosair em 4 de novembro de 1991 e rapidamente se tornou amigo de seus apoiadores. Eles ficaram exultantes quando os jurados se mostraram incapazes de chegar a um veredito. Não havia dúvida de que Nosair tinha matado Kahane. Mesmo assim, foi condenado apenas por posse de arma e agressão. O juiz disse, durante a sentença, que o júri deveria ter enlouquecido coletivamente. Então sentenciou Nosair a um máximo de 22 anos, dizendo: "Acredito que o réu realizou um estupro deste país, de nossa Constituição, de nossas leis e das pessoas que tentam viver juntas e em paz."[4]

Salem visitou Nosair no notório presídio estadual de Attica, dirigindo até o interior do estado com membros do círculo do xeque. Logo foi convidado a conhecer seus planos para explodir os símbolos do poder americano. Salem conheceu o xeque, autor intelectual da conspiração, e ouviu em primeira mão sobre sua intenção de trazer o jihad para os Estados Unidos. "A infiltração de Salem tinha sido tão completamente bem-sucedida que, desde o início, ele tinha acesso ilimitado ao próprio Abdel Rahman",[5] maravilhou-se Andrew McCarthy, promotor federal em Manhattan.

Salem forneceu ao FBI o nome e a identidade de quase todos os homens que conspiraram para explodir o World Trade Center. Ele não conhecia seu alvo. Mas seus novos amigos lhe disseram que seria algo grande, algo jamais visto pelo mundo antes. Isso era algo novo nos anais do FBI: informações em primeira mão sobre uma conspiração terrorista, enquanto ela tomava forma.

A célula poderia ter sido — e deveria ter sido — descoberta muito antes do ataque. Mas a investigação do FBI foi interrompida em junho de 1992, quando o Bureau dispensou Salem como informante.

A decisão foi tomada por Carson Dunbar, de 39 anos, chefe do esquadrão de contrainteligência internacional do FBI em Nova York. Ele suspeitava que Salem era agente duplo da inteligência egípcia. Significativamente, o medo de que Salem fosse um espião estrangeiro superou seu alerta de ataque terrorista. Mas Dunbar e seus agentes tinham um temor mais profundo.

"Não podíamos deixar você construir uma bomba",[6] disse o agente Anticev a Salem. "Se essa bomba explodisse em uma sinagoga, por exemplo, e matasse duas, três pessoas e fosse revelado que um agente do FBI havia participado da construção... nossa, eles ficariam furiosos, a imprensa diria que sabíamos, seríamos processados, gente seria demitida." O Bureau passaria por uma humilhação impronunciável.

A agente Floyd ficou chocada com a decisão de Dunbar. "Essa coisa foi administrada da maneira errada desde o início", disse ela a Salem. Ela concluiu que "os membros do esquadrão não tinham a menor ideia de como operar. [...] Os supervisores não sabiam o que estava acontecendo. Eles não se informaram sobre a história".

Salem conhecia a história melhor que a maioria. O xeque cego tinha sido um dos líderes da organização Jihad Islâmico Egípcio durante muitos anos. Ele pregava que a violência política era sancionada por Deus. Sua prisão no Cairo tinha se seguido a seu apoio ideológico para o assassinato, em 1981, do presidente Anwar Sadat.

O xeque tinha constado da lista de observação do Departamento de Estado, e por uma boa razão, mas, mesmo assim, conseguiu um visto para os Estados Unidos em 1990. Um oficial da CIA trabalhando disfarçado como oficial consular do Departamento de Estado havia expedido o visto — um erro inexplicável, uma vez que os próprios arquivos da CIA o descreviam como "o clérigo sunita mais militante do Egito e associado ao movimento Jihad Egípcio".[7]

O xeque não fazia grande segredo de suas aspirações. "Precisamos ser terroristas", disse ele em 6 de janeiro de 1993 durante uma pregação em sua mesquita no Brooklyn. "Precisamos aterrorizar os inimigos do Islã, assustá-los, perturbá-los e sacudir a terra sob seus pés."

"Isso enlouquecerá o mundo inteiro"

Um golpe palaciano atingiu o FBI em 19 de janeiro de 1993, nas horas finais da presidência de George H. W. Bush. William Sessions foi acusado de má conduta oficial em sua capacidade como diretor do Federal Bureau of Investigation.

Isolado na sede, afastado de suas responsabilidades cotidianas, encantado com as gratificações cerimoniais de seu poder, Sessions tinha dissipado sua autoridade. Uma revolta interna no FBI estava se formando desde que Sessions havia enviado seu mais poderoso rival, o bem-conectado Buck Revell — agente favorito de todos nas administrações Reagan e Bush — para terminar sua carreira em Dallas.

Em seguida, o Departamento de Justiça tinha completado um relatório de 194 páginas acusando o juiz Sessions de corrupção — tentar burlar o imposto de renda, usar fundos governamentais para construir uma cerca de segurança de 9.890 dólares em sua casa, bloquear a investigação sobre um suposto acordo generoso sobre sua hipoteca e usar os poderes do cargo para obter prazer e conforto. Nada disso era crime. Mesmo assim, o relatório era um ataque político e pessoal à integridade e ao caráter do diretor. "Peço que faça a coisa certa para você e para seu país", escreveu Revell. "Peça demissão enquanto ainda possui alguma dignidade e antes que prejudique ainda mais uma agência que prometeu honrar e respeitar."

Cada diretor do FBI, desde Hoover, havia sido confirmado pelo Senado para um mandato de dez anos, à disposição do presidente. Bush podia levar em conta a recomendação de seu procurador-geral e remover Sessions do cargo antes que o próximo presidente assumisse, em 20 de janeiro. Ou podia não fazer nada e deixar Bill Clinton resolver a situação. Ele decidiu deixar o problema para o presidente seguinte, um malévolo presente de despedida.

Orgulhosamente desafiador, Sessions se recusou a reconhecer as acusações. Ele fingiu não ouvir os pedidos para desistir do cargo, embora eles viessem de dentro do próprio Bureau. Seis meses se passaram — seis meses cruciais —, com um homem confuso e sem poder recolhido a seu escritório no FBI.

A habilidade para comandar e controlar o FBI não se provou ser um dos talentos do presidente Clinton. Sessions permaneceu em silêncio desafiador. Os primeiros dois indicados ao cargo de procurador-geral falharam rapidamente; ambos haviam contratado imigrantes ilegais como babás, em violação à lei. Sem um procurador-geral, ele dificilmente podia demitir o líder do FBI. Três semanas após a posse, em 11 de fevereiro de 1993, Clinton fez sua escolha final: Janet Reno, a principal procuradora de Miami. Ela se tornou a primeira procuradora-geral e a que permaneceu mais tempo no cargo durante o século XX. Como foi o caso com o presidente, ela encontraria no FBI uma fonte constante de pesar.

"Rapidamente, ao assumir, aprendi que o FBI não sabia o que tinha",[8] testemunhou Reno mais tarde. "A mão direita não sabia o que a esquerda estava fazendo." Agentes no alvorecer da era da internet viviam em um mundo de 64 kbytes. Quando o FBI instalava novas tecnologias, elas já estavam obsoletas. Reno ficou chocada ao descobrir que o FBI não podia fazer buscas de dados básicas. Não podia colocar seus arquivos em um sistema computadorizado para armazenar e recuperar informações. Escritórios de campo trabalhavam isolados uns dos outros e da sede. Agentes não tinham como se conectar uns aos outros. Mesmo nas forças-tarefa antiterroristas de elite, pilhas de papel se acumulavam pelos corredores, grampos telefônicos potencialmente devastadores não eram transcritos por falta de tradutores e padrões não eram percebidos.

"Às vezes, eu achava que estávamos fazendo progresso, mas então percebíamos outra coisa que não sabíamos que não tínhamos", disse Reno. "Foi muito difícil para o FBI resolver esse problema."

Ela começou a conhecer o melhor e o pior sobre o FBI alguns dias após assumir o cargo.

Na sexta-feira, 26 de fevereiro de 1993, uma bomba de 680 quilos, escondida em um furgão alugado, explodiu no estacionamento subterrâneo de seis andares sob a Torre Um do World Trade Center. Era o maior ataque terrorista aos Estados Unidos desde que a explosão em Black Tom havia destroçado Manhattan e atingido a Estátua da Liberdade, atravessando todo o Porto de Nova York, em 1916.

Seis pessoas morreram na explosão do World Trade Center e mais de mil foram feridas por ondas de choque, fumaça e estilhaços. Os pilares de concreto do estacionamento desabaram. A cratera da bomba chegou a 33 metros de largura. Um fragmento crucial foi retirado dos destroços três dias após a explosão: o despedaçado chassi do veículo, portando um número de identificação. Tinha pertencido a um furgão Ryder alugado uma semana antes em Nova Jersey. Foi um grande golpe de sorte para o FBI o fato de um dos conspiradores ser tolo o bastante para retornar à locadora Ryder, relatar o furto do veículo e solicitar a devolução de seu sinal de 400 dólares.

"A velocidade com que isso acontece e a sorte envolvida aqui são simplesmente fenomenais!",[9] maravilhou-se Richard Hahn, na cena do World Trade Center, após duas décadas investigando terrorismo pelo FBI. Quatro dos conspiradores foram presos. Mas não com a velocidade necessária.

O construtor da bomba fugiu do país. Abdul Basit Mahmoud Abdul Karim — mais conhecido como Ramzi Yousef — era um paquistanês de 25 anos que havia chegado aos Estados Unidos, vindo do Afeganistão, em dezembro. Equilibrado e articulado, Yousef falava sete línguas e tinha estudado química e engenharia em universidades inglesas. Era parte de uma rede global que ia dos cânions de Wall Street às montanhas de Hindu Kush.

A conspiração ainda estava viva. Seus contornos quase não eram visíveis para o FBI. Muitos de seus integrantes viviam clandestinamente em Nova York.

Com o chapéu na mão, John Anticev procurou Emad Salem e lhe pediu para voltar a trabalhar disfarçado. Sua conversa foi amarga. Salem estava furioso por ter sido forçado a sair da investigação.

"Eu disse que eles explodiriam bombas em Nova York e você não fez nada a respeito",[10] reclamou. "Você me tirou do caso."

Anticev disse que tinha sido "bloqueado de todas as maneiras" pela "merda burocrática" de seus cautelosos superiores.

"Quero falar com o chefe do FBI", disse Salem. "A informação que forneci era valiosa o bastante para salvar o país dessa bomba. [...] Quantos desastres seriam criados se o World Trade Center desabasse por causa de alguns babacas estúpidos brincando de muçulmanos?"

Salem não falou com o chefe do FBI, que, de qualquer modo, estava praticamente incomunicável. Mas, após um agonizante debate, ele voltou à folha de pagamento como informante. Salem recebeu mais de 1 milhão de dólares por seu trabalho. Foi corajoso a ponto de se pôr em perigo. Em momentos cruciais, chegou perto de desempenhar o papel de *agent provocateur*. Mas montou o caso que colocou o xeque cego na prisão.

Em 7 de maio de 1993, Salem teve uma longa conversa com um dos mais próximos assessores do xeque, um nativo sudanês chamado Siddig Ali. Ele descobriu que o xeque queria que seus homens explodissem as Nações Unidas — "a grande casa", como a chamava. Salem então falou com o clérigo em pessoa. Em 23 de maio, o informante chegou ao apartamento do xeque em Jersey City, carregando uma maleta com uma escuta em seu interior.

"Quero saber, em relação às Nações Unidas, se a consideramos a casa do mal", disse Salem. "Porque meu golpe será devastador, não uma bagunça como aquela no Trade Center [...]."

O xeque respondeu: "Elabore um plano, elabore um plano [...] para causar dano, causar dano ao próprio Exército americano. Mas as Nações Unidas [...] será uma desvantagem para os muçulmanos. Irá prejudicá-los muito."

"Então esquecemos as Nações Unidas?"

"Não."

"Vamos nos manter com o Exército."

"Sim."

Em 27 de maio, Siddig disse a Salem que o plano contra as Nações Unidas estava ativo novamente. E ele tinha dois novos alvos: os túneis Lincoln e Holland, a ligação de Manhattan com o continente. O plano era atingir os três ao mesmo tempo.

"Cuidarei da grande casa eu mesmo",[11] disse Siddig. "Haverá cinco minutos entre cada explosão. Bum! Deus, o mundo inteiro! Bum! Isso enlouquecerá o mundo inteiro."

Os principais conspiradores se reuniram em um esconderijo no Queens na noite de 23 de junho de 1993. O prédio tinha equipamentos de vídeo e som, instalados pelo FBI. Eles começaram por encher barris de 210 litros com óleo combustível e o fertilizante nitrato de amônio, uma receita básica para bombas caseiras desde os anos 1970. Ou assim acharam: Salem tinha sabotado os sabotadores, fornecendo-lhes 150 dólares de Scotts Super Turf Builder, um fertilizante sem potencial explosivo.

As prisões foram rápidas — com uma exceção.

O xeque cego se refugiou em uma mesquita do Brooklyn. A discussão sobre como lidar com ele causou grande consternação no FBI. Ninguém no comando queria seguir em frente. De Sessions para baixo, todos objetaram. E acharam melhor pedir ao presidente Hosni Mubarak, do Egito, para extraditá-lo. Seria muito mais fácil deportar o xeque — e fazê-lo desaparecer em uma prisão egípcia, que era seu lugar. O diretor adjunto do FBI em Nova York, James Fox, foi inflexível em sua recusa de levar o caso a um tribunal.

Os líderes do FBI sabiam que uma acusação suscitaria questões difíceis. Os agentes nas ruas e seus superiores em Nova York sabiam sobre a conspiração para bombardear o World Trade Center havia vários meses. A força-tarefa antiterrorista tivera o diário de Nosair nas mãos — e nunca o havia lido. O FBI tinha posicionado Salem como informante entre os jihadistas quatorze meses antes da explosão — e o havia mandado embora.

A procuradora-geral Reno tinha de demonstrar alguma coragem coletiva. No fim de uma hora de debate com os líderes do FBI e seus principais promotores, ela tocou a mesa de conferência com os nós dos dedos, no gesto clássico de bater na madeira, e decidiu indiciar o xeque por conspiração sediciosa, uma lei raramente invocada desde as batidas vermelhas de 1920.

A procuradora-geral também aconselhou o presidente a dispensar William Sessions como diretor do FBI por seus "julgamentos seriamente deficientes". Os anos Sessions haviam terminado com um desastroso confronto entre centenas de agentes do FBI, incluindo a força de resgate de reféns, e uma seita milenar cristã, o Ramo Davidiano, em Waco, Texas. O FBI havia usado gás lacrimogêneo contra o grupo entrincheirado e fortemente armado, dando a seu líder o apocalipse que ele desejava. Oitenta davidianos, incluindo 25 crianças, morreram no incêndio que se seguiu. O juiz Sessions tinha deixado Janet Reno levar a culpa.

Para seu grande pesar, Bill Clinton escolheu outro juiz muito dedicado para dirigir o Bureau. Louis J. Freeh tinha sido um bom agente do FBI durante seis anos e promotor conceituado durante uma década antes de vestir a toga em 1991, na precoce idade de 41 anos. Era, discutivelmente, o mais qualificado diretor do FBI desde J. Edgar Hoover; considerava Clinton o mais talentoso político desde Richard Nixon.

Isso tornou seu desprezo mútuo ainda mais trágico. Ele minou o FBI e acabou por prejudicar os Estados Unidos.

42

Buracos na armadura

Logo depois de Louis Freeh assumir como quinto diretor do FBI em 1º de setembro de 1993, ele devolveu seu passe para a Casa Branca. Recusou-se a entrar no Salão Oval. Suas razões eram puras e simples. Ele via o presidente Clinton não como comandante em chefe, mas como sujeito de um caso criminal.

O FBI tinha iniciado a primeira de infinitas séries de investigações sobre a conduta pessoal e política de Clinton. Como consequência, Freeh achava extraordinariamente difícil falar com ele sobre qualquer questão. Durante os oito anos de Clinton no cargo, os dois conversaram apenas cinco ou seis vezes, pessoalmente ou por telefone.

"Ele passou a acreditar que eu estava tentando destruir sua presidência",[1] escreveu Freeh em uma autobiografia. Em muito pouco tempo, o diretor passou a lamentar sua nomeação para o FBI. Mas não se demitiria, por medo de que o presidente o substituísse por um comparsa político.

Freeh sabia que o desentendimento enfraquecia o FBI. "Os recursos desperdiçados e o tempo perdido eram fenomenais", escreveu ele. "Tanto do que deveria ser simples se tornou extremamente problemático." Mas ele se sentia compelido a manter distância do presidente. Esse sentimento se aprofundou com os anos. E se tornou um perigo para os Estados Unidos.

"Uma das grandes falhas de nosso governo neste momento",[2] alertou James Steinberg, conselheiro adjunto de segurança nacional, é um

FBI silencioso e isolado, "totalmente desconectado do presidente e da Casa Branca".

Os principais assessores de contraterrorismo do Conselho Nacional de Segurança, Steven Simon e Daniel Benjamin, acharam Freeh "extraordinariamente indiferente" a seus crescentes temores de um ataque terrorista. "Sua desconfiança da Casa Branca se tornou tão grande que parece tê-lo cegado", escreveram. Mas sabiam que Clinton nada podia fazer a respeito: "A única solução legalmente disponível para o presidente, demitir Freeh, era uma impossibilidade política. Um chefe do Executivo sendo investigado pelo FBI não podia demitir o diretor do FBI: seria outro Massacre de Sábado à Noite, o segundo advento de Richard Nixon."

Freeh, que havia terminado a faculdade de Direito nos últimos meses do escândalo de Watergate, acabou por concluir que Clinton era pior que Nixon. O senso de virtude do diretor, altamente desenvolvido desde seus dias como coroinha, serviu como força purificadora após o reinado do juiz Sessions, e sua reverência pelo Bureau, enraizada durante seus seis anos como agente, era profunda. Mas não santificavam o FBI. Seu cultivo do Congresso tinha lhe rendido um aumento orçamentário de 1 bilhão de dólares e milhares de novos agentes. Mas não o tornou uma instituição governamental mais poderosa. Freeh era pessoalmente incorruptível. Mas o FBI não era.

Freeh enfureceu a Casa Branca quase todos os dias durante mais de sete anos. Um caso, entre muitos, foi a intensa investigação do FBI sobre alegações de que serviços de inteligência chineses haviam comprado influência política na Casa Branca por meio de contribuições ilegais para a campanha. Quando o presidente Clinton expressou descrença nessas alegações, Freeh respondeu que a Casa Branca estava mentindo.[3]

O Bureau gastou muito mais tempo e energia nesse caso que em qualquer investigação de terrorismo durante os anos Clinton. E fez várias acusações criminais contra contribuintes chineses, alguns dos quais buscavam apenas influência, sem nenhuma ideologia ou política particular. Mas o FBI de Freeh conseguiu esconder o fato de que sua mais valiosa fonte sobre espionagem chinesa nos Estados Unidos, uma mulher californiana com muitas conexões políticas, havia trabalhado para a China durante os anos 1980 e 1990. Durante todo esse tempo, tinha estado dormindo com o agente especial encarregado de seu caso, um supervisor do Esquadrão Chinês do FBI chamado James J. Smith — e, ocasionalmente, com um importante agente de contrainteligência especializado na China, William Cleveland. O Bureau pagou a Katrina Leung mais de 1,7 milhão de dólares por seu trabalho como recurso de inteligência.

O FBI suspeitava que, durante a maior parte da década, Leung tinha sido agente dupla. Mas ninguém queria constranger o Bureau. O caso se arrastou por anos. Foi somente depois da partida de Freeh que se tornou claro que os serviços de inteligência chinês, russo e cubano se infiltraram no FBI nos anos 1990.

Assim como um membro da mais perigosa e menos conhecida organização terrorista do mundo. Seu nome era Ali Mohamed. A al-Qaeda tinha um agente duplo se passando por informante do FBI.

"Fazer o povo americano sofrer"

Os Estados Unidos não sofreram um único ataque terrorista, doméstico ou no exterior, em 1994. Mas a ameaça de um golpe catastrófico contra a nação se tornou parte da vida cotidiana no FBI no início de 1995.

"Somente solucionar esse tipo de crime não é suficiente",[4] disse Freeh em uma declaração escrita ao Congresso naquela época. "É igualmente importante que o FBI destrua o terrorismo antes que tais atos possam ser perpetrados." Mas sem a inteligência o Bureau teria de depender da sorte e da sola dos sapatos.

Na noite de 6 de janeiro de 1995, Ramzi Yousef, o arquiteto do ataque ao World Trade Center, estava em um apartamento no sexto andar de um edifício em Manila, capital das Filipinas, cozinhando produtos químicos com seu colega Abdul Hakim Murad. Por volta das 22h45, um vigia viu os dois correndo escada abaixo, carregando os sapatos. Fumaça saía pela janela do apartamento. Murad foi preso, mas Yousef escapou e pegou um voo saindo de Manila.

A polícia revistou o apartamento e encontrou uma fábrica de bombas — produtos químicos, timers, baterias, fusíveis —, juntamente com documentos e um laptop. Foram necessários muitos dias para decifrar os dados criptografados. Mas eles confirmaram a confissão de Murad sobre a mais ambiciosa conspiração nos anais do terrorismo internacional.

O plano Manila tinha o codinome Bojinka. Yousef e cinco de seus aliados pretendiam colocar sofisticadas bombas-relógio a bordo de doze aeronaves 747 — voos da United, da Delta e da Northwest com destino aos Estados Unidos, partindo de Manila, Tóquio, Seul, Singapura, Bangkok e Taipei. Cada um deles embarcaria em um voo, desembarcaria na primeira conexão e pegaria outra. Algumas horas mais tarde, as bombas derrubariam os 747 sobre o Pacífico. Se os voos estivessem lotados e tudo saísse como planejado, 3.500 pessoas poderiam morrer em um único dia, enquanto as bombas explodiam uma a uma.

Os Estados Unidos anunciaram uma recompensa de 2 milhões de dólares por informações que levassem à prisão de Yousef. Três semanas mais tarde, um de seus comparsas o entregou.

Em 7 de fevereiro, o serviço militar de inteligência do Paquistão, acompanhado de um grupo de oficiais de segurança do Departamento de Estado, prendeu Yousef em uma hospedaria não muito longe da embaixada americana em Islamabad. No dia seguinte, três agentes do FBI o enviaram para os Estados Unidos. No avião, Yousef orgulhosamente assumiu a autoria do ataque ao World Trade Center. Lew Schiliro, o principal agente do FBI em Nova York, aguardou o desembarque e escoltou Yousef, vendado, até um helicóptero. Seu destino era o Metropolitan Correctional Center, na parte baixa de Manhattan.

A noite estava clara e fria. O helicóptero sobrevoou o Porto de Nova York. "Permitimos que ele retirasse a venda",[5] relembrou Schiliro. "Ele voltou os olhos para o World Trade Center. Um de nossos agentes a bordo disse ao sr. Yousef que o World Trade Center ainda estava de pé. E a clara resposta de Yousef foi: 'Não estaria, se tivéssemos mais dinheiro.'"

Em 20 de março, um culto japonês milenar chamado Aum Shinrikyo, liderado por um guru cego que havia afirmado ser a reencarnação de Jesus, liberou frascos de gás neurotóxico dentro de cinco carros do metrô de Tóquio. Quinze pessoas morreram, dezenas ficaram cegas e milhares feridas. A Aum Shinrikyo tinha milhares de membros, controlava dezenas de milhares de dólares e já havia feito tentativas de homicídio em massa usando antraz e toxina botulínica. Mas nenhum oficial americano de inteligência sabia algo sobre o culto.

Em 12 de abril, a polícia de Manila entregou Abdul Hakim Murad aos agentes especiais Frank Pellegrino e Tom Donlon. O prisioneiro falou livremente com os agentes enquanto eles voavam até o Alasca, reabasteciam e se dirigiam para Nova York. Ele era um kuwaitiano que havia frequentado duas escolas de aviação nos Estados Unidos; sonhava em sequestrar um avião em Washington e lançá-lo contra a sede da CIA. Murad disse aos agentes do FBI que tinha trabalhado no plano Bojinka, juntamente com Ramzi Yousef, durante seis meses. E afirmou que o objetivo era "fazer o povo americano e o governo americano sofrerem"[6] por causa da política externa dos Estados Unidos no Oriente Médio.

Em 19 de abril, um caminhão alugado da Ryder com 2,4 toneladas de óleo combustível e nitrato de amoníaco explodiu os nove andares da sede do governo federal em Oklahoma City, Oklahoma. Especialistas em terrorismo, falando na televisão, imediatamente culparam os fundamentalistas islâmicos pelo ataque. Mas o autor era um americano patriota. Um militante de direita chamado Timothy McVeigh havia escolhido o segundo aniversário do massacre do Ramo Davidiano no Texas para atacar um posto avançado do governo dos Estados Unidos. Um patrulheiro rodoviário o prendeu noventa minutos após a explosão. Ele estava acima da velocidade permitida, com uma arma no porta-luvas e sem placas. O FBI encontrou o eixo de seu caminhão alugado, com o número de identificação do veículo, a dois quarteirões do local da explosão. A prova estava segura após dois dias, mas o FBI, incansavelmente, conduziu 25 mil entrevistas nos dois anos seguintes. O ataque a Oklahoma City era, de longe, o ataque terrorista mais letal na história dos Estados Unidos até então. A explosão matou 168 pessoas e feriu 850.

Em 24 de abril, o presidente da California Forestry Association, o grupo lobista da indústria madeireira, foi morto por uma bomba escondida dentro de um pacote enviado a seu escritório. Era o último de dezesseis ataques letais atribuídos pelo FBI a um suspeito desconhecido. A investigação — chamada de UNABOM porque os primeiros alvos haviam sido universidades e companhias aéreas — estava ativa havia dezessete anos.

Essas onze semanas de bombas e conspirações pareciam não possuir relação entre si — um maluco no Meio-Oeste, um culto milenar no Japão, uma célula jihadista em Manila. Mas havia padrões. No passado, construtores de bombas haviam desejado criar um teatro político. Agora, queriam queimar o teatro. O terrorismo já havia sido um jogo entre nações. Agora começava a parecer uma guerra global de gangues.

O terrorismo estava em estado de transformação. O contraterrorismo não.

Depois que a conspiração de Manila foi descoberta, o presidente Clinton tentou obter uma dramática expansão dos poderes de vigilância eletrônica do FBI. O Congresso mais conservador dos últimos vinte anos o impediu. E despiu a lei de seus principais estatutos — somente para revisá-los seis anos depois, no Ato Patriota.

Meses de discussões conduziram a apenas três medidas significativas. A nova legislação controlava a venda de explosivos. Criava julgamentos secretos para suspeitos de terrorismo. E dava ao presidente luz verde para "desmantelar e destruir infraestruturas internacionais usadas por terroristas".[7] *Infraestruturas internacionais* era linguagem política. O objetivo da lei era claro: destruir os terroristas. Mas, primeiro, os Estados Unidos tinham de encontrá-los.

Em 21 de junho de 1995, Clinton assinou uma ordem secreta com a intenção de criar um novo regime de contraterrorismo americano. E colocou o FBI como seu pináculo. A questão de como isso poderia funcionar, haja vista o presidente e o diretor do FBI não se falarem, como muitas outras, não foi abordada.

"Não permitiremos que o terrorismo vença",[8] dizia a Decisão Diretiva Presidencial 39 (PDD 39). "Por meio de nossas agências da lei, deixaremos claro que não há prioridade maior que a perseguição, a prisão e a condenação dos terroristas."

A PDD 39 encarregava o FBI de detectar arsenais escondidos de armas nucleares, biológicas e químicas com "equipes de contraterrorismo robustas e de alta mobilidade". Hoover tinha começado a se preocupar com essa ameaça quase cinquenta anos antes. Em 1995, o FBI tinha menos de cinco agentes dedicados às armas de destruição em massa. A procuradora-geral Reno imediatamente pediu ao Congresso outros 175. Conseguiu.

A diretiva havia tornado a captura (*rendition*) de suspeitos de terrorismo — ou seja, sequestrá-los no exterior e levá-los a julgamento nos EUA — "uma questão da mais alta prioridade" para o FBI. A captura havia sido usada raramente, e com grande estardalhaço, nos governos Reagan e Bush na década anterior. Mas se tornaria lugar-comum no governo Clinton, embora realizada em segredo.

O presidente disse ao Bureau para "coletar, analisar e disseminar informações sobre grupos terroristas e sobre as atividades dos terroristas internacionais nos Estados Unidos". A ordem não tinha precedentes. O FBI podia coletar inteligência com muita eficiência, mas não tinha capacidade para analisá-la. Precisaria, para isso, de três elementos: pessoas, computadores e tempo.

A diretiva continha um obstáculo ainda maior: "Os diretores da Central de Inteligência e do FBI, em conjunto, devem se assegurar pessoalmente de que suas agências atinjam cooperação máxima no que se refere ao terrorismo." "A CIA e o FBI devem partilhar, a qualquer tempo, informações sobre terrorismo." Eles tinham de partilhar inteligência. Tinham de falar um com o outro. Tinham de trabalhar juntos.

A tarefa de realizar esse casamento sob mira de espingarda coube a um dos autores da diretiva presidencial, o diretor de inteligência do Conselho Nacional de Segurança, um burocrata extremamente organizado de 42 anos, mastigador de charutos, chamado George J. Tenet. Em 3 de julho de 1995, doze dias depois de o presidente assinar a ordem, Tenet assumiu como diretor adjunto da Central de Inteligência. Ele dirigiu a CIA um dia de cada vez e continuou a dirigi-la pelos nove anos seguintes. Logo se tornou diretor em exercício e então diretor. Louis Freeh ouviu seu juramento quando assumiu o cargo.

Forjar laços com o FBI era uma das muitas missões aparentemente impossíveis no caminho de Tenet. Ele achava que podia conseguir. Começou por se tornar amigo de Freeh. Seus pais eram donos de um restaurante grego no Queens. O pai de Freeh havia sido despachante de caminhões no Brooklyn. Os dois se deram bem e passaram a confiar um no outro. Talvez o FBI e a CIA pudessem fazer o mesmo.

Eles decidiram trocar agentes de contraterrorismo. Quatro agentes seniores do FBI foram transferidos para a Agência e quatro oficiais da

CIA foram consignados ao Bureau. A operação ficou conhecida como "programa de troca de reféns". Quase ninguém se fez voluntário.

Dale Watson, o agente especial assistente encarregado de Kansas City, foi selecionado como primeiro refém. Foi informado de que se tornaria o homem número 2 no novo centro de contraterrorismo da CIA. Era tão qualificado quanto qualquer um: havia trabalhado no atentado de Oklahoma City e nas operações de contrainteligência do Bureau contra espiões iranianos. Watson pesou suas chances de sucesso e decidiu ficar em Kansas City. Disse não duas vezes. A terceira foi uma ordem. Em dois anos, ele seria o chefe de contraterrorismo do FBI.

Em sua nova missão, Watson rapidamente descobriu que, juntos, o Bureau e a Agência podiam realizar atos notáveis de detecção. O que fazer com a informação que reuniam era outra questão.

O FBI havia obtido o caderno de endereços de Ramzi Yousef com a polícia das Filipinas. Rastreando os nomes e telefones no caderno, o Bureau descobriu que um homem no emirado de Qatar, usando o nome Khalid Sheikh, tinha enviado uma transferência eletrônica de 660 dólares para um dos autores do ataque ao World Trade Center, dias antes da explosão. A CIA descobriu cinco fatos sobre esse homem: 1) ele trabalhava como engenheiro governamental; 2) era tio de Ramzi Yousef; 3) estava profundamente envolvido no complô para explodir os 747; 4) trabalhava com a al-Qaeda e seus afiliados havia sete anos; 5) seu nome completo era Khalid Sheikh Mohammed.

Um indiciamento secreto foi realizado por um júri federal em Nova York, no início de 1996. A CIA e o FBI o localizaram em Doha, capital do Qatar, nação recém-aliada dos militares americanos. Eles conversaram sigilosamente com Patrick Theros, embaixador americano, que já havia sido encarregado da seção de contraterrorismo do Departamento de Estado. Juntos, decidiram pedir a ajuda do emir do Qatar para caçar Khalid Sheikh Mohammed. O emir hesitou. Um de seus ministros avisou o suspeito de que os americanos estavam atrás dele. Fugindo para uma província remota do Paquistão, para além do alcance da inteligência e da lei americanas, e então atravessando a fronteira até o Afeganistão, Khalid Sheikh Mohammed começou a trabalhar com a al-Qaeda em um plano para terminar o que o ataque ao World Trade Center tinha iniciado.

Watson entendeu que terroristas nas mais remotas nações da Terra podiam atacar os Estados Unidos sem restrição, atingindo embaixadas, bases militares e outros símbolos do poder americano. O FBI, como estava constituído, não podia desmantelá-los ou destruí-los. Teria de ser reformado para essa missão.

O Bureau tinha recebido centenas de milhares de dólares em fundos extras do Congresso para contratar centenas de novos agentes e analistas de inteligência para a guerra contra o terror. Freeh dobrou o número de adidos legais no exterior, criando uma presença do FBI em nações como a Arábia Saudita e o Paquistão. Ele se encontrou com dezenas de reis, príncipes, emires e outros chefes de Estado em seu esforço para criar um serviço mundial de inteligência. O FBI agora tinha autoridade inquestionável para assumir a liderança se terroristas matassem americanos no exterior. O próprio Freeh assumiu o comando da investigação sobre o ataque às Torres Khobar, em Dhahran, na extremidade do Golfo Pérsico, Arábia Saudita, em 25 de junho de 1996.

Dezenove militares americanos haviam morrido e 372 haviam ficado feridos quando um caminhão-tanque carregado de explosivos destruiu os oito andares do complexo residencial das Torres Khobar. A bomba era ligeiramente maior que a de Oklahoma City. Os mortos eram membros do 4.404th Fighter Wing, que patrulhava os céus sobre o Iraque, impondo uma zona de exclusão aérea desde a base aérea Rei Abdul Aziz.

Freeh despachou centenas de agentes e especialistas forenses para Dhahran e os comandou pessoalmente. Ele falou dos agentes vasculhando toneladas de detritos no calor escaldante, "exaustos, muitos doentes e desidratados, trabalhando até literalmente caírem de joelhos e começarem a cavar com os dedos",[9] separando pedaços de ossos e carne humana.

Freeh ficou obcecado com o caso. Treze sauditas foram implicados, mas Freeh deduziu, por meio das evidências circunstanciais, que o governo iraniano estava por trás do atentado. Ele achou que o caso contra o Irã poderia ser levado aos tribunais. Também achou que poderia convencer, por meio de promessas e elogios, os príncipes sauditas a partilhar evidências criminais e, basicamente, entregar os suspeitos. Quando sua ofensiva de charme falhou, ele atacou — primeiro a família real, depois o presidente. Estava convicto de que Clinton não tinha vontade política nem força moral para vingar os americanos mortos em Khobar. Ele achava que os Estados Unidos deviam retaliar o Irã, em função de seu ato de guerra, e defendeu o caso com paixão e devoção pessoal durante anos. Mas estava praticamente sozinho. Não conseguiu persuadir a Casa Branca, o Departamento de Estado, o Pentágono nem o Departamento de Justiça a punir os mulás ou os militares iranianos. Freeh foi forçado a concluir que "Khobar representou uma ameaça à segurança nacional muito além da capacidade e autoridade do FBI".[10]

Enquanto ele discutia com os príncipes sauditas, o FBI iniciou um caso criminal contra o pária saudita Osama bin Laden em setembro de 1996. Até então, tinha sido descrito pelos arquivos da CIA como abastado financiador do terrorismo. Mas, dias antes, ele havia feito sua primeira declaração de guerra contra os Estados Unidos. Em uma mensagem enviada do Afeganistão, publicada em um jornal árabe em Londres, ele havia feito elogios ao ataque a Khobar e avisado aos Estados Unidos para retirarem suas tropas da Arábia Saudita.

"Nada entre nós precisa ser explicado", escreveu Bin Laden. "Há apenas morte."

"QUE TIPO DE GUERRA?"

A investigação do FBI sobre Bin Laden não era feita apenas de papel. O Bureau tinha uma testemunha.

Um desertor da al-Qaeda, Jamal al-Fadl, um sudanês que havia furtado 110 mil dólares dos cofres de Bin Laden em Cartum, tinha aparecido na embaixada americana na nação vizinha de Eritreia, no Chifre da África, no início do verão. "Tenho informações sobre pessoas que querem fazer algo contra seu governo",[11] disse ele à oficial do Departamento de Estado. "Eu disse a ela que tinha estado no Afeganistão, trabalhado com um grupo e conhecido essas pessoas que queriam declarar guerra contra seu país e treinavam muito, faziam seu melhor para levar a guerra a seu país."

"Que tipo de guerra?", perguntou ela.

"Talvez eles tentem fazer algo dentro dos Estados Unidos, tentem lutar com o Exército dos Estados Unidos no exterior e também tentem plantar uma bomba em alguma embaixada", respondeu ele. "Trabalhei com eles por mais de nove anos."

Três oficiais da CIA entrevistaram al-Fadl durante três semanas. Então, em seu recém-descoberto espírito de cooperação contraterrorista, a Agência o entregou ao FBI.

Daniel Coleman, um veterano com 23 anos de carreira no FBI, ligado à força-tarefa contra o terrorismo de Nova York e ao centro de contraterrorismo da CIA, voou para a Alemanha com Patrick Fitzgerald, um jovem promotor encarregado dos casos de segurança nacional no tribunal federal de Manhattan. Eles conversaram com al-Fadl todos os dias, durante duas semanas, e o levaram até Nova York, onde ele permaneceu sob custódia do Bureau por dois anos. Coleman e seus colegas agentes passaram a gostar dele. O apelidaram de Júnior.

Em janeiro de 1977, Júnior havia oferecido ao FBI uma visão aprofundada das origens da al-Qaeda, sua estrutura, suas ambições e seus líderes. Ele disse ao FBI que Bin Laden havia prometido atacar os Estados Unidos nos três anos anteriores. A América era uma cobra, tinha dito ele a seus seguidores. A al-Qaeda tinha de cortar sua cabeça.

No mesmo mês, Dale Watson retornou à sede do Bureau como chefe da seção de terrorismo internacional da Divisão de Segurança Nacional. Seguindo ordens do novo diretor, Watson tinha passado uma incomum quantidade de tempo caçando sombras no caso das Torres Khobar. Mas agora estava mais interessado no futuro que no passado. Havia aprendido muito na CIA. A Agência tinha milhares de pessoas encarregadas de pensar. Uma de suas principais missões era como fazer o FBI pensar.

A Decisão Diretiva Presidencial 39 tinha ordenado que o Bureau analisasse informações secretas sobre ameaças terroristas e criasse estratégias para impedi-las e destruí-las antes que atacassem novamente. Freeh havia prometido designar um esquadrão de analistas estratégicos para essa missão. Análise estratégica era sobre a imagem geral, sobre o poder de saber o que o inimigo estava pensando. Não era sobre o que tinha ocorrido cinco minutos atrás, mas sobre o que poderia acontecer dali a cinco meses; não uma opinião informada, mas inteligência filtrada e refinada. Sem ela, a ação normalmente era um tiro no escuro.

Watson olhou a sua volta na sede, perguntando-se onde estariam os analistas. Eles haviam sido contratados em 1995 e 1996, cinquenta ou mais deles, muitos com pós-graduações. Mas haviam ficado chocados com o estado da inteligência no FBI. Onde estavam os computadores? Onde estavam os dados? A maioria dos novos contratados partiu em menos de um ano. Eles sentiam ter sido tratados como parte da mobília, não como investigadores federais. Na virada do século, o FBI dispunha apenas de um analista trabalhando no caso da al-Qaeda.

Watson presidia a Unidade de Fundamentalistas Radicais do FBI e a nova Unidade Osama bin Laden. Ele tinha sete agentes, incluindo Dan Coleman, trabalhando no caso Bin Laden sob a liderança do agente especial encarregado de contraterrorismo em Nova York, John O'Neill. Mas, na sede, "ninguém estava pensando no programa contraterrorista — em que consistia a ameaça e o que tentaríamos fazer a respeito",[12] disse Watson. "Então tive um estalo e percebi que éramos um grupo reativo e reação nunca nos levaria à prevenção." Ninguém estava pensando sobre qual poderia ser o próximo alvo da al-Qaeda — e "ninguém estava realmente procurando".

Mas um agente do FBI estava falando sobre isso em público: O'Neill. Ele era exibicionista e adepto da autopromoção, mas tinha estudado a al-Qaeda atentamente. O'Neill acreditava, e dizia a qualquer um que ouvisse, que o grupo tinha a capacidade de atingir os Estados Unidos onde e quando quisesse. "O equilíbrio de poder foi alterado",[13] alertou ele durante um discurso em Chicago naquela primavera. "Nenhum Estado inteligente atacará os Estados Unidos no futuro previsível, em função de nossa superioridade militar. Assim, a única maneira pela qual esses indivíduos podem nos atacar e obter resultados é por meio de atos de terrorismo."

Freeh havia prometido um plano para enfrentar a ameaça. Ele assegurou ao Congresso que iria "investir em dobro nas investigações de contraterrorismo".[14] Mas essa promessa veio depois de o Congresso já ter triplicado seu orçamento de contraterrorismo para 301 milhões de dólares por ano e incrementado seus gastos de 2,4 para 3,4 bilhões no governo Clinton. No papel, Freeh tinha 1.300 agentes e o mesmo número de analistas e equipe de suporte designados para o contraterrorismo. Na realidade, a força não era tão poderosa quanto os números faziam parecer.

Os 56 escritórios de campo do FBI deveriam esboçar estratégias de contraterrorismo e relatá-las à sede. Chefes de seção na sede transformariam os relatórios dos escritórios de campo em elementos de uma estratégia de cinco anos. Os chefes de divisão absorveriam esse trabalho e relatariam ao diretor. O diretor criaria um Plano Estratégico, com letra maiúscula. O FBI vinha trabalhando no Plano Estratégico desde o ataque ao World Trade Center. Nunca ficou pronto.

Watson passou a confiar em Richard Clarke, o chefe de contraterrorismo da Casa Branca. Clarke trabalhava contra o relógio. Seu cabelo havia ficado grisalho aos quarenta anos e sua pele era branca como leite. Ele parecia ter vivido em um abrigo antibombas durante uma década, esperando que elas caíssem do céu. De certo modo, era verdade. Clarke tinha o velho escritório de Oliver North no conglomerado do Conselho de Segurança Nacional, perto da Casa Branca. Uma placa no console da lareira do século XIX dizia: PENSE GLOBALMENTE / AJA LOCALMENTE. Clinton havia lhe fornecido um título adequado a suas responsabilidades: coordenador nacional de contraterrorismo.

Clarke estava tentando coordenar tudo, do Pentágono à polícia. Ele queria elevar o medo de terrorismo nos Estados Unidos a um nível adequado. Queria proteger os americanos de ataques — um objetivo que via como "praticamente a principal responsabilidade do governo" —,[15] mas tinha pouca fé na habilidade de Freeh para auxiliá-lo em sua missão. Ele achava que o FBI não fazia ideia da ameaça terrorista aos Estados Unidos. "Eles nunca nos forneceram análises, nem mesmo quando pedimos por elas", disse ele. "Não acho que, durante aquele período de dez anos, possuíssemos capacidade analítica real sobre o que estava acontecendo no país."

Clarke acreditava que "Freeh deveria ter passado seu tempo arrumando a bagunça em que o FBI havia se transformado, uma organização com 56 principados sem qualquer tecnologia moderna de informação para apoiá-los. Ele poderia ter passado mais tempo caçando terroristas nos Estados Unidos, onde a al-Qaeda e seus afiliados haviam criado raízes profundas."[16] Em vez disso, estava interpretando o papel de investigador-chefe das Torres Khobar e da espionagem chinesa. Mas Clarke acreditava que "seu envolvimento pessoal parecia contribuir para que os casos entrassem em becos escuros e poços vazios".

Watson chegou a uma conclusão mais grave e disse a Clarke: "Temos de destruir o FBI e então reconstruí-lo."[17]

"EU QUERIA FERIR O BUREAU"

O diretor estava tentando evitar que isso acontecesse.

Freeh enfrentava uma cascata de calamidades enquanto o presidente Clinton iniciava seu segundo mandado, em 20 de janeiro de 1997. Seu afastamento da Casa Branca agora era total. Freeh não falou com o presidente durante quase quatro anos.

A procuradora-geral Reno deixou claro, em público e em particular, que havia perdido a confiança em Freeh. A ruptura ocorreu uma semana antes da reeleição de Clinton, quando o chefe da Seção de Crimes Violentos do FBI se declarou culpado de obstrução da Justiça — o mais alto funcionário da sede jamais preso por crime grave. Ele havia destruído documentos relacionados à morte da esposa de um militante de direita durante um confronto com a equipe de resgate de reféns na remota cidade de Ruby Ridge, Idaho; um atirador de elite tinha tirado a vida da mulher enquanto ela carregava a filha de onze meses de idade nos braços. Não havia mandados para sua prisão. Ela não era procurada por nenhum crime. Freeh foi forçado a reconhecer que o FBI havia violado a Constituição ao permitir que seus agentes disparassem sem aviso. Em um acesso de virtude, Freeh destruiu a carreira de seu diretor adjunto, outrora seu amigo, por mandar a equipe para a cena do confronto.

O próprio Freeh chegou perto do ponto de ruptura. Ele havia acusado o presidente de mentir e o presidente tinha devolvido o fogo, durante as investigações de quatro anos sobre contribuintes da campanha e políticos corruptos que supostamente teriam tentado influenciar Clinton. O promotor independente que trabalhou nesses casos juntamente com o FBI estava prestes a perder as esperanças quando soube que uma ex-estagiária de 24 anos da Casa Branca, chamada Monica Lewinsky, tinha prestado favores sexuais a Clinton. O FBI observou o médico da

Casa Branca enquanto ele executava uma ordem para extrair o DNA de Clinton, retirando uma amostra de sangue do braço do presidente. Com essa evidência, pôde-se provar que o presidente tinha mentido sob juramento sobre o caso. Muitos meses de tormento se seguiram, terminando com um impeachment formal na Câmara, julgamento no Senado e um júri incapaz de chegar a um veredito.

Freeh via a investigação como uma questão de princípios: Clinton tinha condenado sua vida política e sua alma imortal por alguns minutos de prazer. O presidente a via como "um show stalinista",[18] uma missão política de busca e destruição, "um irracional desperdício dos recursos do FBI" — centenas de agentes "que poderiam estar trabalhando para combater o crime, as drogas, o terror, coisas que realmente fazem diferença" — e, assim, um perigo para a segurança dos Estados unidos. O diretor do Serviço Secreto, Lew Merletti, cujo trabalho era proteger a vida do presidente, compreensivelmente concordava. Enquanto o FBI estava "investigando as fraquezas do presidente e de Monica", disse ele, "importantes operativos da al-Qaeda estavam viajando para os Estados Unidos".

Freeh tinha seus próprios escândalos para investigar. Uma década antes, as operações de espionagem do FBI em Nova York haviam começado a dar errado. Agora o Bureau achava saber por quê. Um membro do esquadrão de contrainteligência internacional estava roubando documentos secretos e vendendo-os aos russos desde o verão de 1987. Ele tinha continuado a espionar para Moscou após o fim da Guerra Fria.

Earl Pitts parecia o arquétipo de um agente: um homem bonito e conservador, de queixo quadrado, que havia sido capitão do Exército e assessor de um juiz federal. Mas, três meses após chegar a seu novo posto, ele estava espionando para Moscou. O FBI levou uma década para detectá-lo.

"Eu queria ferir o Bureau",[19] disse ele em uma confissão após receber sentença de 27 anos em 27 de junho de 1997. Ele insistiu que era patriota e amava seu país, mas odiava intensamente o FBI, onde tinha trabalhado durante quatorze anos. "O Bureau se orgulha de manter segredos", disse ele. "E eu queria ferir esse orgulho." Seus confusos interrogadores só puderam concluir que ele era um insano funcional. "Nada era sagrado para Pitts", disse o promotor federal do caso.

O verdadeiro custo da traição cometida pelos funcionários da con-trainteligência americana durante os anos 1980 e 1990 pode ser medido em sangue e dinheiro. Doze ou mais agentes internacionais que trabalha-vam para o Bureau e a CIA foram executados. As percepções americanas sobre importantes desenvolvimentos políticos e militares no exterior foram manipulados pela desinformação fornecida aos Estados Unidos por Moscou. Centenas de milhões dólares gastos no desenvolvimento secreto de armas americanas foram para o lixo. Os russos, chineses e cubanos confundiram e enganaram o FBI, enviando centenas de agentes para becos sem saída, durante anos sem fim.

A contrainteligência era um ingrediente crucial do contraterrorismo. Era um campo em que a CIA e o FBI tinham de colaborar de qualquer maneira. Se falhassem, os Estados Unidos estariam em perigo. Terro-ristas e espiões golpearam os buracos na armadura americana, tentando atingir o coração.

43

Alvo fácil

Em 21 de agosto de 1997, o agente do FBI Dan Coleman saiu da embaixada dos Estados Unidos em Nairóbi, Quênia, caçando a al-Qaeda.

Fuzileiros guardavam a entrada do feio prédio marrom, a três degraus de uma calçada cheia de pregadores de rua e crianças sem lar. Guiados pela polícia queniana através das ruas cinzentas, Coleman e dois colegas da CIA dirigiram até o coração da maior cidade da África Oriental.

Chegaram à casa esquálida de Wahid el-Hage, um americano naturalizado, nascido católico no Líbano, que tinha vivido durante anos no Texas. Ele não estava em casa. Estava no Afeganistão com Osama bin Laden.

Coleman estava seguindo uma pista sólida: Júnior al-Fadl havia identificado el-Hage como contramestre da al-Qaeda na África. Dentro de sua casa, enquanto a polícia queniana conversava com a esposa americana de el-Hage, Coleman apreendeu diários, registros comerciais e um PowerBook. Um técnico da CIA copiou o disco rígido do computador. Ele continha mensagens de e para membros-chave da al-Qaeda em Nairóbi. "Os membros da célula na África Oriental estão em grande perigo",[1] dizia uma mensagem. "Eles devem saber que se tornaram o principal alvo americano."

A polícia queniana disse a el-Hage, em seu retorno a Nairóbi, que sua vida corria perigo. Ele e a família voltaram para os Estados Unidos. Dias depois, ele estava sendo interrogado pelo FBI e por um júri federal em

Nova York. Em 23 de setembro de 1997, perguntaram-lhe qual tinha sido a última vez que tinha visto Bin Laden e o que ele sabia sobre os planos da al-Qaeda para atingir postos avançados americanos, tanto militares quanto diplomáticos. Ele foi interrogado sobre o status operacional da al-Qaeda nos Estados Unidos e em outras dezessete nações, incluindo o Quênia, a Arábia Saudita, o Egito e o Afeganistão, e questionado sobre as pessoas cujos nomes apareciam em seus cadernos.

Uma delas era um homem que o FBI conhecia fazia quase quinze anos: Ali Mohamed.

"Fui apresentado à al-Qaeda"

Ali Mohamed havia oferecido seus serviços ao FBI logo após o primeiro ataque ao World Trade Center, em 1993. À primeira vista, deve ter parecido uma dádiva dos céus.

Mohamed era um homem de pele clara e boa forma física de quarenta anos, dezessete dos quais passados no serviço militar egípcio, que havia se oferecido tanto à CIA quanto ao Exército dos Estados Unidos. O Exército tinha dito sim. Ele tinha feito um curso de quatro meses para oficiais estrangeiros em Fort Bragg, Califórnia, e entrado para o Exército em 1986. Era apenas sargento de suprimentos. Mas havia recebido aulas sobre terrorismo islâmico com os boinas-verdes, no Comando Especial de Operações em Fort Bragg, e seus superiores haviam elogiado seu trabalho.

Ele havia se candidatado a um cargo no FBI em 1990 e novamente em 1991, procurando emprego como especialista em árabe que podia conduzir entrevistas, ouvir grampos telefônicos e traduzir documentos. Na época, o Bureau não aceitava falantes de árabe, mas o escritório de São Francisco acreditou quando ele ofereceu histórias bem boladas sugerindo uma conexão criminosa entre contrabandistas mexicanos e terroristas palestinos. Embora seu formulário para se tornar tradutor em tempo integral ainda estivesse pendente, ele se tornou informante do FBI em 1992.

Em abril de 1993, Mohamed tinha dirigido até Vancouver para apanhar um amigo no aeroporto. Mas seu colega — um veterano do Exército egípcio que havia se juntado ao jihad — tinha sido detido por estar em posse de dois passaportes sauditas falsos. A Real Polícia Montada do Canadá também interrogou Mohamed. Ele explicou que trabalhava para o FBI e ofereceu o telefone de seu contato em São Francisco. Os canadenses o liberaram depois que o agente confirmou sua história.

Quando Mohamed retornou à Califórnia, contou ao FBI uma história inacreditável. Os agentes do Bureau não conseguiram compreendê-lo.

Mohamed revelou que havia se unido secretamente à organização Jihad Islâmico Egípcio durante seu primeiro treinamento em Fort Bragg. "Fui apresentado à al-Qaeda — a al-Qaeda é a organização liderada por Osama bin Laden — por meio de meu envolvimento com o Jihad Islâmico Egípcio",[2] disse ele mais tarde a um juiz federal, narrando o que havia contado ao FBI. Ele tinha "conduzido treinamento militar e de explosivos para a al-Qaeda no Afeganistão", assim como "treinamento em inteligência [...] como criar estruturas celulares que poderiam ser usadas durante as operações".

Era a primeira vez que qualquer um no FBI ouvia falar da al-Qaeda ou de Bin Laden.

Os agentes do Bureau em São Francisco não haviam relatado suas revelações a Washington ou Nova York. Entretanto ele tinha voltado a trabalhar para a al-Qaeda, ajudando a construir a célula de Nairóbi. Por ordem de Bin Laden, tinha ido para Nairóbi a fim de escolher alvos potenciais para os atentados. Havia tirado fotografias da embaixada americana e as entregado a Bin Laden em Cartum, a capital do Sudão. Bin Laden havia olhado as fotografias, apontando para uma rampa levando a uma garagem subterrânea. Aquele seria o melhor lugar para estacionar um caminhão carregado de explosivos.

No contato seguinte do FBI com Ali Mohamed, eles tiveram uma conversa nefasta. Um advogado de defesa preparando-se para o julgamento por sedição do xeque cego havia notificado ao promotor federal, Andrew McCarthy, que queria que Mohamed depusesse durante o julgamento. Por ordem de McCarthy, o agente Harlan Bell, um dos poucos agentes especiais do Bureau que falavam árabe, localizou Mohamed ao telefone em Nairóbi e lhe disse que eles precisavam conversar. Mohamed voltou para a Califórnia para um tenso confronto com Bell e McCarthy, em uma sala de conferências em Santa Bárbara, em 9 de dezembro de 1994.

"Ele me havia sido descrito como amigável por seus contatos — os agentes no norte da Califórnia com quem supostamente vinha colaborando",[3] lembrou McCarthy. "Logo ficou claro para mim quem estava enganando quem." McCarthy saiu da conversa com a sensação de que o Bureau estava sendo trapaceado por um terrorista; ele achou que "o FBI devia investigá-lo, em vez de permitir que se infiltrasse". Mas McCarthy não possuía as informações de que precisava para confirmar seus instintos, pois o Bureau não havia revelado o que já sabia sobre o informante: "Foi somente muito depois que descobri que Mohamed tinha dito aos agentes do FBI na Califórnia que Bin Laden dirigia uma organização chamada al-Qaeda."

Os membros da nova Unidade de Fundamentalistas Radicais do FBI nada sabiam sobre Ali Mohamed e a al-Qaeda naquela época. Em geral, não faziam ideia das investigações de seus colegas. Seus supervisores tampouco sabiam o que acontecia no campo. O FBI tinha especialistas individuais, mas não conhecimento institucional. Os 56 escritórios de campo trabalhavam em isolamento. Os agentes raramente conversavam com os analistas. As forças-tarefa de combate ao terrorismo em todo o país raramente falavam com a sede. E o diretor não falava com a Casa Branca.

"Matar os americanos"

No início de setembro de 1997, duas semanas depois de deixar Nairóbi, Dan Coleman confrontou Ali Mohamed durante uma refeição em um restaurante de Sacramento. O egípcio estava trabalhando como segurança para um fornecedor militar na Califórnia. Enquanto os dois conversavam, agentes do FBI vasculhavam a casa de Mohamed e copiavam os dados de seu computador.

Sua conversa foi unilateral. As notas de entrevista de Coleman registram uma chuva de provocações: "MOHAMED declarou [...] amar Bin Laden e acreditar nele. MOHAMED admitiu que tinha treinado pessoas nas 'zonas de guerra' e acrescentou que essas zonas de guerra podiam estar em qualquer lugar. MOHAMED indicou que conhece muitas pessoas, conta com sua confiança e pode aproximá-las de outras pessoas de que precisem."[4]

486

Um forte alerta chegou em 23 de fevereiro de 1998. Bin Laden e seu novo aliado, Ayman al-Zawahiri, o líder do grupo Jihad Islâmico Egípcio, enviaram uma proclamação do Afeganistão. Os dois haviam unido forças, criando o primeiro grupo terrorista global, e suas palavras foram publicadas em todo o mundo.

"Decretamos a seguinte fátua a todos os muçulmanos", disseram. "Matar os americanos e seus aliados — civis e militares — é dever individual de todos os muçulmanos que puderem fazê-lo, em todos os países em que for possível fazê-lo."

Usando os frutos da investigação de Dan Coleman em Nairóbi, o promotor federal encarregado do grande júri de Nova York, Patrick Fitzgerald, preparava uma acusação contra Bin Laden. A procuradora-geral Janet Reno autorizou o monitoramento de todos os telefones, celulares e por satélite, da al-Qaeda, dentro e fora dos Estados Unidos. Mas, conforme a vigilância recolhia sinais de um ataque iminente, a investigação começou a enfraquecer.

O FBI continuou caçando a al-Qaeda na África. A CIA se preparava para capturar ou matar Bin Laden no Afeganistão. Entre eles, possuíam evidências de seu próximo ataque: os arquivos de el-Hage e os grampos em quatro telefones em Nairóbi revelaram a identidade de ao menos quatro homens em um plano de atentado com bomba da al-Qaeda. Mas os principais contraterroristas americanos estavam ocupados demais guerreando uns contra os outros para aperfeiçoar seus planos.

O chefe da Divisão de Segurança Nacional do FBI, John O'Neill, se recusou a partilhar os arquivos de el-Hage com a Agência. Depois que a CIA apreendeu registros da al-Qaeda em uma batida no Azerbaijão, o líder de sua Unidade Bin Laden, Michael Scheuer, recusou-se a partilhá-los com o FBI. Os dois homens construíram muralhas cimentadas pelo ódio mútuo. Quando O'Neill morreu, no segundo atentado ao World Trade Center, Scheuer disse que sua morte era "a única coisa boa"[5] que havia acontecido naquele dia. "O'Neill envenenou as relações entre o FBI e a CIA",[6] disse Scheuer. "Ele omitiu informações dos parceiros do FBI na comunidade de inteligência; enganou os comitês de inteligência do Congresso; e atrapalhou as operações anti-al-Qaeda no exterior."

"Se preparou para a queda"

A embaixadora dos Estados Unidos no Quênia, Prudence Bushnell, lembra-se de tudo que aconteceu quando a bomba explodiu em Nairóbi em 7 de agosto de 1998.

"Pensei que o prédio estava prestes a desabar, que eu cairia por todos aqueles andares e morreria, e cada célula de meu corpo se preparou para a queda",[7] disse ela.

Ela estava coberta de sangue, mas não sabia se era seu ou de outros. "Vi os restos queimados do que certa vez tinha sido um ser humano", lembrou ela. "Vi a parte dos fundos do edifício completamente arrancada e toda aquela destruição, e sabia que ninguém cuidaria de mim."

Dois homens em uma caminhonete carregada com 1 tonelada de explosivos haviam dirigido até o estacionamento subterrâneo da embaixada, exatamente como Bin Laden tinha instruído Ali Mohamed a fazer quatro anos antes. A explosão destruiu a embaixada da fachada à parede dos fundos e derrubou um edifício comercial ao lado. Doze americanos e 212 quenianos morreram. Quase 5 mil pessoas ficaram feridas, muitas cegadas e mutiladas pelos estilhaços de vidro.

A embaixadora sabia que havia uma célula da al-Qaeda em Nairóbi e suspeitava fortemente que Bin Laden queria atacar sua embaixada. "Disseram-me em Washington que queríamos interromper suas atividades, o que me pareceu muito sensível",[8] disse ela. Então um egípcio havia entrado na embaixada e informado ao oficial da CIA que havia uma bomba no prédio. "Asseguraram-me que ele já havia feito a mesma coisa várias vezes em outras embaixadas na África", disse a embaixadora. "Ele era considerado alguém que não deveria ser levado em consideração." Mas deveria. Era um dos terroristas responsáveis pelo ataque à embaixada americana em Dar es Salaam, na Tanzânia, alguns minutos após o ataque a Nairóbi, matando onze pessoas e ferindo 85.

A primeira onda de agentes do FBI — mais de 250 — começou a chegar a Nairóbi durante a noite. O Bureau enviou quase novecentas pessoas para investigar o ataque às embaixadas na África Oriental, a maior investigação internacional de sua história.

A embaixadora Bushnell não queria que viessem como um exército de ocupação. Ela havia se envolvido em "duras negociações para decidir se portariam armas" e convenceu a agente especial encarregada da força, Sheila W. Horan, uma das primeiras mulheres a deter poder no FBI, a fazer com que os agentes usassem roupas comuns, carregassem suas armas discretamente e trabalhassem com a polícia queniana. "Eram os quenianos quem batiam às portas, mas ninguém se deixou enganar", disse ela. "A última coisa de que eu precisava era lidar com mentiras sobre como as pessoas estavam sendo tratadas pela polícia e pelo FBI."

O primeiro homem a confessar foi Mohamed Odeh, um palestino nascido na Arábia Saudita, criado na Jordânia e educado nas Filipinas. Tinha sido preso pela polícia de imigração no Aeroporto Internacional de Karachi, no Paquistão, carregando um passaporte cruamente falsificado e apresentando vestígios de explosivos no corpo. Passou-se uma semana até que fosse enviado ao Quênia e entrevistado pelo FBI. A essa altura, a polícia havia vasculhado sua residência em Nairóbi e encontrado esquemas da área em volta da embaixada americana, juntamente com registros contábeis especificando os gastos com armas e treinamento.

Odeh conversou com o agente John Anticev — o mesmo agente que tinha lidado com a investigação secreta do primeiro atentado ao World Trade Center — na sede da polícia em Nairóbi, em 15 de agosto. O suspeito contou a história de sua vida. Ele havia jurado lealdade a Bin Laden e à al-Qaeda cinco anos antes, em Peshawar, Paquistão. Tinha trabalhado na conspiração de Nairóbi durante meses.

"Ele declarou que a razão de estar falando conosco era o fato de as pessoas de seu grupo o terem pressionado demais e então partido, deixando-o sozinho para enfrentar grandes problemas",[9] relatou Anticev. Odeh considerou o atentado "uma asneira. Ele não gostava do fato de que muitos civis e quenianos haviam sido mortos. E disse que o atentado às Torres Khobar fora cem vezes melhor e que o tinha sido motorista da caminhonete com os explosivos deveria ter entrado no edifício ou morrer tentando".

Rapidamente ficou claro que Odeh estava delatando seu cúmplice — o segundo homem a confessar.

Mohamed al-Owhali tinha ido no banco do passageiro da caminhonete que havia destruído a embaixada. Ele havia entrado em pânico no último minuto. Quando um guarda de segurança queniano havia se recusado a erguer a cancela de madeira na entrada do estacionamento, al-Owhali tinha saído da caminhonete, lançado uma granada de mão e fugido a pé. Ferido pela explosão, havia parado em seu hotel e depois tinha procurado um hospital. O recepcionista do hotel havia alertado a polícia queniana, que no hospital o havia revistado, apreendendo uma cópia detalhada dos planos para o atentado no bolso de sua calça e o tinha prendido.

"Ele queria contar toda a sua história, do começo ao fim",[10] disse o agente Steve Gaudin, que começou a ouvir a confissão em um lotado distrito policial de Nairóbi na semana seguinte. Gaudin curtia suas férias na costa de Nova Jersey quando o chamaram para Nairóbi. Ele jamais havia trabalhado em um caso internacional de terrorismo. Não trabalharia em nada além disso durante os cinco anos seguintes.

Al-Owhali era um abastado saudita de 21 anos, nascido em Liverpool, Inglaterra, educado não apenas no Corão e na *sharia*, mas também em história e ciência política. Ele havia deixado a família para se unir ao jihad no Afeganistão, dois anos antes. "Ele se encontrou com o sr. Bin Laden várias vezes e expressou seu interesse por certas missões", disse o agente do FBI. "O sr. Bin Laden o havia acalmado: 'Não tenha pressa. Sua missão virá na hora certa.'"

O interrogatório incluiu os planos e objetivos da al-Qaeda. "Al-Owhali explicou que Osama bin Laden está no topo da al-Qaeda, mas possui vários líderes militares diretamente abaixo dele, e que Bin Laden fornece os objetivos políticos para esses líderes militares", disse Gaudin. "Essas pessoas então fornecem instruções para as partes inferiores da cadeia de comando." Naquele verão, al-Owhali tinha aprendido que sua missão era servir como suicida.

"Há várias razões pelas quais a embaixada em Nairóbi foi escolhida", disse ele a Gaudin. "Primeiro, existe uma grande presença americana na embaixada americana em Nairóbi; a embaixadora era mulher e, se a bomba resultasse em sua morte, isso geraria mais publicidade para o atentado. Também havia vários missionários cristãos na embaixada. E por último [...] era um alvo fácil."

Al-Owhali completou sua confissão ao revelar as maiores ambições de Bin Laden: "Há alvos nos Estados Unidos que poderíamos atingir, mas as coisas ainda não estão prontas, ainda não temos tudo preparado", disse ele. "Temos de realizar muitos ataques fora dos Estados Unidos; isso os enfraquecerá e aumentará nossa habilidade de atacar dentro do país."

O FBI enviou as confissões para Washington. Pela primeira vez, os Estados Unidos possuíam provas indiscutíveis de que estavam sob ataque da al-Qaeda.

Em 20 de agosto de 1998, o presidente Clinton retaliou com uma barragem de mísseis guiados. Os alvos eram campos de treinamento perto de Khost, no Afeganistão, e uma indústria farmacêutica em Cartum, no Sudão. A CIA achava que Bin Laden estaria no campo de treinamento, mas essa informação já era velha. A Agência também relatou que a indústria farmacêutica era uma fábrica de armas químicas; as provas se mostraram incomumente frágeis. O contra-ataque foi percebido mundialmente como um fiasco, agravado pela confissão pública do presidente de que o FBI o havia flagrado mentindo sobre sua vida sexual. Sua humilhação estava completa, e seu impeachment, assegurado.

Louis Freeh chegou a Nairóbi algumas horas antes de os mísseis começarem a ser lançados. "Deveríamos nos encontrar na manhã seguinte",[11] relembrou a embaixadora Bushnell. "Naquela noite, contudo, recebi um telefonema urgente avisando que o diretor viria me ver imediatamente", disse ela. Ela saiu da cama e se vestiu. "Quando Freeh chegou, estava descontrolado", contou a embaixadora. "Ele tinha acabado de saber que os EUA fariam um ataque de mísseis sem ninguém avisá-lo. Ele queria saber o que eu sabia — o que era menos que ele, àquela altura — e quais eram meus planos."

Freeh evidentemente temia que o ataque iniciasse um levante islâmico no Quênia, onde menos de uma em cada dez pessoas era muçulmana. Ele disse à embaixadora: "Presumo que você vá evacuar. Estou removendo todo o pessoal do FBI. Tenho cinco assentos no avião que está chegando e os darei a você. Você decide quem vai enviar." Então ele foi embora.

Bushnell ficou pasma e chamou os oficiais de segurança até sua casa. "Olhamos uns para os outros chocados e surpresos", relatou ela. "Dada a raiva que os quenianos sentiam da al-Qaeda e o pequeno número de muçulmanos em Nairóbi, o pior que poderíamos experimentar seria a ira das pessoas voltando da mesquita perto dali. Decidimos fechar a embaixada na hora do almoço, aconselhar as pessoas a permanecerem em casa e ver o que aconteceria", disse ela. "Nada. Entretanto, o FBI, com todos os seus rifles, pistolas e ternos macios, havia fugido."

Freeh não retirou todos os seus agentes da África. Em 27 e 28 de agosto, uma semana após o ataque de mísseis, os agentes John Anticev e Steve Gaudin, separadamente, levaram Odeh e al-Owhali para Nova York, de acordo com os procedimentos formais da captura criminal. Sem qualquer sugestão de coerção ou ameaça, o FBI tinha obtido suas confissões integrais, juntamente com informações cruciais sobre o alcance global da al-Qaeda. Entre outras coisas, al-Owhali havia fornecido um número de telefone no Iêmen que servia como mesa telefônica internacional para Bin Laden.

Em 4 de novembro de 1998, um indiciamento público no tribunal do distrito sul de Nova York acusou Bin Laden e vinte outros membros da al-Qaeda pelo atentado à embaixada. Dez dos acusados acabariam cumprindo prisão perpétua. El-Hage, Odeh e al-Owhali foram condenados graças às provas fornecidas pelo FBI.

O promotor federal Patrick Fitzgerald tinha tentado fortalecer a acusação obrigando o dúbio Ali Mohamed, o principal operador da al-Qaeda nos Estados Unidos, a falar. Como Mohamed confessou mais tarde: "Depois do atentado em 1998, fiz planos para ir até o Egito e, mais tarde, para o Afeganistão, a fim de encontrar Bin Laden. Antes que pudesse partir, fui intimado a testemunhar perante o grande júri no distrito sul de Nova York. Testemunhei e contei algumas mentiras."[12] Ele negou, sob juramento, ter treinado Bin Laden e seus homens nas técnicas de terrorismo, inteligência e contrainteligência.

Fitzgerald e os agentes do FBI que haviam tido contato com ele em Nova York sabiam que Ali Mohamed trabalhava para a al-Qaeda. Eles decidiram prendê-lo imediatamente. Dois anos depois, ele se confessou culpado, no tribunal, de ter sido o agente de Bin Laden mais profundamente infiltrado nos Estados Unidos e um dos principais conspiradores dos atentados às embaixadas. Então os Estados Unidos fizeram com que desaparecesse; não existe registro de sua prisão. Ele era um constrangimento para o FBI.

"Prenda o imperador"

Após todos os julgamentos no caso *Estados Unidos versus Bin Laden*, onze terroristas ainda estavam à solta — incluindo o réu principal.[13]

Eleanor Hill, uma experiente promotora federal trabalhando como diretora administrativa de dois comitês de inteligência do Congresso, perguntou a um agente do FBI em Nova York sobre a estratégia contra a al-Qaeda. "Seria como ter dito ao FBI, após Pearl Harbor: 'Vá até Tóquio e prenda o imperador.' O distrito sul não tem mísseis teleguiados."[14]

Fitzgerald não queria mísseis. Ele queria uma escavadeira para derrubar "a Muralha".

O Departamento de Justiça tinha erguido a Muralha para obedecer à Lei de Vigilância e Inteligência Internacional (FISA) de 1978. Durante sessenta anos, antes da lei, o FBI havia instalado grampos telefônicos por ordem do procurador-geral ou de J. Edgar Hoover. Nos vinte anos desde sua aprovação, juízes federais que se encontravam em segredo — o tribunal FISA — supervisionavam a vigilância do FBI contra suspeitos de espionagem e terrorismo. Eles legalizaram os grampos e escutas sem mandado que, outrora, Hoover usava sem restrição.

O FBI tinha o poder de decidir quando partilhar inteligência com os promotores federais. Mas tinha usado mal esse poder, mais de uma vez. Em 1995, novas diretivas ordenavam que os agentes obtivessem aprovação prévia do Departamento de Justiça. As regras foram mal-escritas e amplamente mal-interpretadas. No campo e na sede, agentes trabalhando em casos de inteligência achavam que não podiam falar com elementos externos — incluindo outros agentes trabalhando em casos criminais.

"As regras eram estas",[15] disse Fitzgerald. "Nós podíamos falar com os agentes do FBI trabalhando em casos criminais; com o Departamento de Polícia de Nova York; com outras agências federais, incluindo a comunidade de inteligência; com cidadãos, polícias e serviços de inteligência estrangeiros, incluindo espiões. Fazíamos isso. Íamos para o exterior falar com as pessoas. Falávamos até com a al-Qaeda. [...] Mas havia um grupo de pessoas com as quais não tínhamos permissão de falar. E essas pessoas eram os agentes do FBI do outro lado da rua, em

Manhattan, trabalhando em investigações paralelas de inteligência. Não podíamos falar com eles."

A Muralha era um labirinto de mal-entendidos, criado em ampla medida pela quebra de comunicação no FBI de Freeh. Agentes percebiam muros onde não existia nenhum. Seus enganos tiveram consequências desastrosas na luta contra os terroristas.

Louis Freeh relatou ao Congresso que havia reorganizado o FBI no início de 1999. Contraterrorismo e contrainteligência eram as principais prioridades. Mas seu depoimento foi pouco mais que palavras vazias e *wishful thinking*.

"Tínhamos um plano de guerra?",[16] perguntou retoricamente o chefe de contraterrorismo do FBI, Dale Watson. "De jeito nenhum." Ele tentou forçar o Bureau para a frente. Mas era como empurrar o grande monólito do Hoover Building e tentar mover suas fundações. Ele chamou a iniciativa de "a coisa mais difícil que já tentei fazer".

Watson achava que o trabalho do Bureau em Nairóbi tinha sido um avanço. As informações que os agentes haviam coletado levaram a duzentas pistas contra a al-Qaeda. Ele queria o FBI focado nessa missão.

Em 4 de dezembro de 1998, o título do Comunicado Diário do Presidente, o mais secreto documento de inteligência do governo dos Estados Unidos, dizia: "Osama bin Laden se preparando para sequestrar avião americano e outros ataques." Era um relatório obtido pela CIA com o serviço de inteligência egípcio, mas ninguém jamais tinha visto algo assim. "Osama bin Laden pode implementar planos para sequestrar uma aeronave americana antes do início do Ramadã, em 20 de dezembro", dizia o alerta. "Dois membros da equipe operacional escaparam das checagens de segurança durante um teste recente em um aeroporto não identificado de Nova York." O motivo alegado era libertar os prisioneiros responsáveis pelos atentados ao World Trade Center e às embaixadas americanas na África.

O tsar do terrorismo do governo Clinton, Richard Clarke, via Watson como seu melhor aliado no FBI. Em seu papel como chefe do grupo de contraterrorismo do Conselho Nacional de Segurança, ele disse a Watson para alertar a polícia de Nova York e a Administração Federal da Aviação sobre a ameaça. Os aeroportos de Nova York entraram em estado de segurança máxima.

Daquele dia em diante, Watson tentou enfatizar a urgência da campanha de contraterrorismo de Clarke dentro do FBI. Ele ordenou que todos os 56 escritórios de campo melhorassem sua compreensão da ameaça. Mas muitos, senão a maioria, permaneceram desatentos. Ele convocou agentes de todo o país para conhecer Clarke. Eles receberam o tratamento completo: o portfólio de Clarke estava repleto de ataques portentosos; suas apresentações incluíam bactérias, vírus e guerra cibernética, além dos atos mais tradicionais de terrorismo.

O encontro ficou conhecido, nos anais do FBI, como seminário "Terrorismo para Leigos".

"Era difícil convencer as pessoas da ameaça",[17] disse Clarke. "Havia descrença e resistência. A maioria das pessoas não entendia. Presidentes de grandes corporações nem sequer sabiam do que eu estava falando. Eles achavam que eu me referia a um garoto de quatorze anos invadindo suas páginas na web. Eu estava falando de pessoas desativando a eletricidade de uma cidade inteira, desativando o sistema de emergência, as redes de telefone e os sistemas de transporte. Se causar blecaute em uma cidade, pessoas morrem. Se causar blecaute em muitas cidades, muitas pessoas morrem."

Clarke se desesperava com a falta de habilidade do FBI para defender a nação. Mesmo assim, confiava em Dale Watson, a única conexão constante entre o FBI e os assessores mais próximos do presidente. Eles partilhavam relatórios sobre toda possível ameaça terrorista concebível.

Os alertas se transformaram em um alarme que soou durante dias e noites de 1999. Um dizia que a al-Qaeda tinha células clandestinas dentro dos Estados Unidos. Um segundo afirmava que terroristas assassinariam o secretário de Estado, o secretário de Defesa e o diretor da Central de Inteligência. Um terceiro garantia que Bin Laden estava tentando obter armas nucleares. Eles vinham em um fluxo escaldante e incessante. Ninguém sabia qual poderia ser verdadeiro.

Freeh decidiu, em abril de 1999, que o melhor a fazer era colocar Osama bin Laden na lista dos Dez Mais Procurados do FBI. O Bureau ofereceu uma recompensa de 5 milhões de dólares por informações que levassem a sua prisão.

Durante todo o ano, os líderes do contraterrorismo americano trabalharam com seus aliados nos serviços de inteligência de todo o mundo, para a captura extraordinária de membros suspeitos da al-Qaeda e do Jihad Islâmico Egípcio. Elaborados planos para sequestrar Bin Laden no Afeganistão foram interrompidos por um golpe militar no Paquistão. Oitenta e sete acusados de terrorismo foram detidos secretamente em lugares como Albânia, Bulgária, Azerbaijão e Emirados Árabes Unidos. Todos foram enviados para uma prisão no Cairo. No fim de novembro, o serviço de inteligência jordaniano prendeu dezesseis homens e os acusou de serem membros da al-Qaeda conspirando para atacar os americanos. Encontraram dois americanos entre os suspeitos, um fato que atraiu a atenção do FBI e da CIA. Ambos tinham raízes na Califórnia. Um era um engenheiro de computação de Los Angeles que havia trabalhado em uma instituição beneficente que começava a parecer uma fachada da al-Qaeda.

Então, em 14 de dezembro de 1999, um atento agente alfandegário americano em Port Angeles, Washington, parou um nervoso argelino de 23 anos, chamado Ahmed Ressam, que vinha do Canadá na última balsa da noite. Ele tinha explosivos em sua caminhonete e planos para explodi-los no Aeroporto Internacional de Los Angeles. O caso deixou o governo em estado de alerta. Watson e o grupo de contraterrorismo da Casa Branca se encontraram várias vezes e instalaram um número extraordinário de grampos FISA; Janet Reno autorizou ao menos uma busca sem mandado.

Clarke convocou duas reuniões emergenciais de gabinete. Na segunda, 22 de dezembro, Louis Freeh fez uma de suas raras aparições na Casa Branca. Entre o grupo reunido na Sala de Crises subterrânea, estavam o secretário de Defesa, o secretário de Estado e o presidente do Estado-Maior conjunto. Segundo os registros, Freeh falou sobre uma variedade de grampos telefônicos e investigações. O FBI observava pessoas no Brooklyn que podiam conhecer Ahmed Ressam. Estava trabalhando com a Real Polícia Montada do Canadá para verificar suspeitos em Montreal e analisando um não corroborado relatório de um serviço de inteligência estrangeiro sobre ameaças de ataque a sete cidades americanas. Sua incoerente apresentação foi o ponto alto de sua cooperação com a Casa Branca nos anos 1990.

Na véspera de Ano-Novo, os líderes do contraterrorismo americano lotaram o novo Centro de Informações Estratégicas e Operações do FBI, um posto de comando de 20 milhões de dólares, 3.700 m^2 e 35 salas na sede que servia como salas de crises do Bureau. Freeh e Watson ficaram de vigia a noite toda. Às 3 horas chegaram na Costa Leste, ao mesmo tempo que se comemorava a meia-noite na Califórnia. Os líderes do contraterrorismo relaxaram e tomaram um drinque.

Mas, durante os dias restantes de Freeh no cargo, o FBI sofreu uma série de ferimentos, muitos autoinfligidos, que marcaram os Estados Unidos e a inteligência americana durante anos. "Não tínhamos nem a vontade nem os recursos para manter o alerta",[18] escreveu Freeh. "Era isto que realmente me preocupava: não 31 de dezembro de 1999, mas 1º de janeiro de 2000 e além."

"Ação necessária: nenhuma"

Em 15 de janeiro, um saudita de 24 anos chamado Khalid al-Mihdhar embarcou em um voo da United Airlines de Bangkok para Los Angeles. A CIA havia monitorado al-Mihdhar durante dez dias antes do voo. A Agência o tinha identificado como membro da al-Qaeda, rastreando o número de telefone no Iêmen obtido pelo FBI em Nairóbi, o telefone que servia como mesa telefônica global para o jihad.

Depois de deixar o Iêmen havia se hospedado em um hotel em Dubai, onde um oficial de inteligência tinha copiado seu passaporte saudita e seu visto para os Estados Unidos. Então havia voado para a Malásia onde tinha se encontrado com um químico conhecido da CIA.[19] Notavelmente, a Agência tinha fotos do encontro, um conclave de terroristas que já haviam operado do Mediterrâneo ao Pacífico.

Mas a CIA não disse ao FBI que al-Mihdhar tinha uma passagem para Los Angeles. Nem relatou que seu companheiro de viagem era um conhecido terrorista chamado Nawaf al-Hazmi. O telegrama interno da CIA sobre eles trazia o carimbo: AÇÃO NECESSÁRIA: NENHUMA.

Seu rastro foi perdido depois que passaram pela imigração no aeroporto. Os dois se estabeleceram em San Diego. Usaram seus nomes verdadeiros em um contrato de locação, suas carteiras de motorista e seus números de telefone, que constavam dos catálogos. Passaram muitas horas na companhia de um colega saudita informante de contraterrorismo do FBI. Logo, começaram a ter aulas de aviação. O informante jamais notificou o FBI.

Durante janeiro e fevereiro, Richard Clarke trabalhou com Dale Watson e seus homólogos em 29 propostas para expandir a capacidade contraterrorista dos Estados Unidos. A Casa Branca aprovou todos e pediu ao Congresso 9 bilhões de dólares para financiá-los. As grandes ideias para o FBI incluíam a criação de forças-tarefa contra o terrorismo em cada um dos 56 escritórios de campo, aumento do número de falantes de árabe e grampos telefônicos ouvidos em tempo real.

Watson pegou essas ambições e as expandiu para uma enorme iniciativa que chamou de MAXCAP 2005. O FBI se tornaria um serviço de inteligência. Cada escritório de campo seria treinado e equipado para "evitar e responder efetivamente a atos de terrorismo".[20] O Bureau iria coletar, analisar e relatar informações estratégicas, operacionais e táticas. Finalmente estaria on-line e criaria um sistema computadorizado para conectar seus agentes ao mundo e uns aos outros. Assim armado, o FBI estabeleceria relações sólidas com a comunidade de inteligência americana, os serviços internacionais de espionagem, as agências locais e estaduais da lei, os fornecedores militares e de tecnologia, o Departamento de Justiça e a Casa Branca na guerra contra o terror.

Watson pediu ao Congresso 381 milhões de dólares para contratar e treinar 1.900 novos agentes de contraterrorismo, analistas e linguistas. Recebeu dinheiro suficiente para 76 pessoas. Apresentou sua estratégia a todos os agentes especiais encarregados. Quase todos acharam que se tratava de um sonho. Ele foi até a Divisão de Treinamento, onde três dias das dezesseis semanas de curso para novos agentes eram devotados à segurança nacional, ao contraterrorismo e à contrainteligência. Os professores lhe disseram que levaria tempo para modificar o currículo tradicional.

Em março e abril, no último ano da administração Clinton, a procuradora-geral Reno ordenou que Freeh cumprisse suas promessas sobre contraterrorismo e contrainteligência nos meses seguintes. "Implemente um sistema para assegurar a ligação e a partilha de informações",[21] ordenou. "Partilhe internamente e então partilhe de modo seguro com as outras agências." Ela implorou para que ele "utilizasse as informações de inteligência correntemente contidas nos arquivos do FBI" e usasse esse conhecimento para "identificar e proteger contra ameaças emergentes contra a segurança nacional". Reno disse ter insistido nesses objetivos porque "continuamente encontrava evidências que não sabíamos que tínhamos. Então eu conversava com alguém a respeito e ouvia: 'É preciso esperar até que estejamos automatizados.'" No mínimo, ela queria alguma garantia de que o FBI sabia o que tinha em seus arquivos.

O diretor engoliu seu orgulho e contratou o chefe de operações em rede da IBM, Bob Dies, para aumentar a capacidade dos computadores do FBI. O especialista analisou o estado da tecnologia do Bureau. O adolescente americano médio tinha mais poder computadorizado que os agentes do FBI. Os escritórios de campo trabalhavam com a infraestrutura digital dos anos 1970. Eles não podiam fazer uma busca no Google ou enviar e-mails para fora de seus escritórios. "Vocês não estão na UTI",[22] disse Dies a Freeh. "Estão mortos."

Os sistemas de tecnologia de informação do Bureau tinham de ser revisados. Freeh e Dies convenceram o Congresso a deixar o FBI gastar 380 milhões de dólares, durante os três anos seguintes, para criar o programa Trilogy: novos computadores, servidores e programas para permitir que agentes lessem documentos, analisassem evidências e se comunicassem uns com os outros e com o mundo externo. Cinco anos, dez diretores de projeto e quinze gerentes de TI depois, o Trilogy teve de ser revisado, reprojetado e reconstruído e os programas tiveram de recomeçar do zero. Praticamente metade do dinheiro havia sido desperdiçada.

Enquanto o Trilogy era concebido durante a primavera e o verão de 2000, um setor inteiro do Bureau começou a entrar em colapso. Freeh tinha criado uma nova Divisão de Serviços Investigativos, outrora conhecida como Gabinete de Inteligência, para trabalhar com a Divisão de Contraterrorismo do FBI. Ela deveria se dedicar a análises estratégicas. Uma auditoria interna rapidamente mostrou que dois terços do pessoal não eram qualificados. A nova divisão foi rejeitada e afastada; trabalhava no isolamento e no silêncio. Durou dois anos antes de ser desativada, por exigência quase unânime dos diretores assistentes.

O poder e a autoridade do diretor estavam desaparecendo em Washington e ao redor do mundo. Ele se orgulhava do fato de ter viajado por 68 países e conhecido, por seus cálculos, mais de 2 mil líderes estrangeiros em nome do FBI. Mas viu que estava perdendo autoridade entre os ministros de Segurança, príncipes e chefes de polícia secreta em todo o mundo, fato que atribuiu ao ridículo internacional causado pelos pecadilhos sexuais do presidente.

Na noite de 6 de abril de 2000, Freeh voou até o Paquistão para encontrar seu ditador militar, general Pervez Musharraf. Naquela manhã, um homem tinha entrado no escritório do FBI em Newark e avisado sobre um plano da al-Qaeda para sequestrar um 747. Ele disse que deveria se encontrar com seis homens que faziam parte do plano, iniciado no Paquistão, e que um piloto treinado estava no time de sequestradores. Embora passasse pelo detector de mentiras, o FBI jamais teve certeza de que estava dizendo a verdade. No dia seguinte, em um posto militar em Lahore construído pelos oficiais ingleses do Raj, Freeh apresentou um ultimato ao general Musharraf. Ele queria um mandado para prender Osama bin Laden e que o general o executasse imediatamente.

"Musharraf riu",[23] relatou Freeh. E se recusou a ajudar.

Na mesma semana, a cerca de 800 metros a oeste do Afeganistão, líderes da al-Qaeda filmaram um ataque verbal altamente ameaçador aos Estados Unidos. Osama bin Laden prometeu novamente se vingar pela prisão do xeque cego e dos autores dos atentados às embaixadas. Ele usava uma adaga iemenita no cinto. Essa pista só foi percebida quando a fita foi divulgada cinco meses depois; mas então seus planos já estavam maduros.

Naqueles meses de silêncio do terrorista mais procurado do mundo, alguns dos líderes do Bureau acharam que o perigo estava diminuindo. "Investigações e análises do FBI indicam que a ameaça de terrorismo contra os Estados Unidos é baixa",[24] testemunhou o diretor assistente de contraterrorismo, Terry Turchie, perante o painel de segurança nacional da Câmara, em 26 de julho. Ele falou sobre a prisão dos grupos que haviam sabotado fábricas de processamento de carne de veado em nome dos direitos dos animais, de milicianos de direita que estavam estocando explosivos e de uma gangue contrabandista de cigarros que havia enviado dinheiro para o Hezbollah, no Líbano. Osama bin Laden não foi mencionado.

O Bureau tinha iniciado cerca de duzentos casos de terrorismo desde os ataques na África Oriental, dois anos antes, a maioria visando a membros da al-Qaeda e seus aliados. Muitos foram encerrados depois que o Departamento de Justiça encontrou um padrão de erros e deturpações. Ao menos cem pedidos de grampos telefônicos em nome da segurança nacional, submetidos pelo FBI ao tribunal FISA, eram legalmente falhos. A causa, como o inspetor-geral do FBI determinou mais tarde, era a contínua inabilidade do Bureau de compreender as regras que governavam a inteligência americana. Os juízes fizeram revisões nas leis, tentando impedir que casos criminais contra terroristas fossem anulados por má conduta governamental.

Mary Jo White estava fazendo tudo em seu poder para manter esses casos vivos. Ela era procuradora em Manhattan e trabalhava em investigações secretas de inteligência, com o FBI, havia duas décadas. White havia supervisionado todos os principais processos contra terroristas da nação durante sete anos, do xeque cego aos atentados às embaixadas. Ela via o caso de Nairóbi como um precursor.

White começou suas observações, em um discurso em 27 de setembro de 2000, dizendo que o jantar de gala da noite anterior, ocorrido no restaurante Windows on the World, tinha marcado o vigésimo aniversário da força-tarefa conjunta contra o terrorismo do FBI: "A celebração foi realizada, muito apropriadamente, no World Trade Center."[25]

E disse que era imperioso que o FBI e o Departamento de Justiça preservassem o império da lei durante as investigações, indiciamentos e julgamentos de terroristas. "Mesmo o último desses réus — em termos de papel e evidências — é capaz de sair caminhando do tribunal e cometer novos atos terroristas", disse ela. "Eles provavelmente o fariam com ainda mais zelo e crueldade e gozariam de status mais elevado no mundo terrorista, por terem derrotado o sistema judicial americano."

Os Estados Unidos teriam de depender do trabalho do FBI, continuou ela. Mas ela temia que nada pudesse impedir o próximo ataque ao país. E avisou que "devemos esperar ataques similares no futuro".

44

Todas as nossas armas

Um grito uníssono de raiva do FBI reverberou após o choque dos ataques de 11 de setembro de 2001. A raiva culminou em um debate nos mais altos níveis do governo, sobre desmantelar o Bureau e construir um novo sistema de inteligência em seu lugar.

"Não podemos continuar a ter, neste país, uma agência de inteligência com o histórico do FBI",[1] disse Thomas Kean, o republicano presidente da Comissão Nacional sobre Ataques Terroristas aos Estados Unidos, conhecida como Comissão 11/09. "Seu histórico é o de uma agência que falhou e falhou e falhou novamente."

O colapso das divisões de contraterrorismo e contrainteligência do FBI era esperado havia tempos. A angústia e a frustração dos melhores agentes do Bureau tinham se tornado insuportáveis durante os últimos meses de Louis Freeh no cargo. Computadores e sistemas de informação haviam falhado. A liderança em Washington havia falhado. As comunicações entre Freeh, dois procuradores-gerais e dois presidentes haviam falhado quase completamente. Agentes do FBI que serviam à causa da segurança nacional haviam lutado contra seus superiores e contra o sistema em que trabalhavam. Quase conseguiram.

"Alguns ligaram os pontos",[2] disse a agente do FBI Gabrielle Burger, que trabalhou com contraterrorismo e contrainteligência durante uma década. "Suas vozes eram um sussurro."

Uma das vozes pertencia a Catherine Kiser, uma intrépida agente de inteligência secreta que havia devotado 25 anos de sua vida ao FBI. Ela foi um de seus grandes sucessos e testemunhou dois de seus maiores desastres. Nascida em 1950, criada no Bronx, filha de um oficial da polícia de Nova York, ela trabalhou como professora de ensino médio em uma escola pública, somente para ser demitida quando a cidade quase foi à falência em 1975. Tentando descobrir o que fazer com sua vida, ela havia conhecido um primo em segundo grau durante o funeral de um familiar. Ele era um agente federal de narcóticos e disse a ela que o FBI estava contratando mulheres. Levou dois anos, mas, em 1978, ela se tornou a 78ª agente especial feminina da história do Bureau.

Após seis anos de carreira, em 1984, após lutar contra superiores sexistas e céticos, ela começou a trabalhar em casos de espionagem. O FBI era então um mundo masculino — em geral, homens de ascendência irlandesa ou italiana, educados por jesuítas e criados em uma cultura fechada de policiais e padres. Kiser tinha o mesmo histórico, porém mais visão de futuro; sua mente estava aberta. Ela se tornaria uma das mulheres mais influentes do FBI.

Ela havia estado entre os primeiros agentes do FBI alocados para o novo Centro Nacional de Contrainteligência da CIA, em 1996. Durante os quatro anos seguintes, tinha conduzido inúmeros seminários sobre espionagem; era muito solicitada na Academia de Treinamento do FBI, onde ensinava aos novos agentes as leis que governavam a contrainteligência e o contraterrorismo.

Kiser foi a única agente de ligação do FBI presente na Agência de Segurança Nacional entre 1999 e 2002. A sede da NSA em Fort Meade, Maryland, era o centro da vigilância eletrônica e dos poderes de extração de dados dos Estados Unidos, grampeando telefones e computadores em todo o mundo, cercando o planeta com satélites espiões e monitorando portais secretos em companhias de telecomunicação. Kiser conhecia as regras quando agentes queriam mandados de segurança nacional do tribunal da FISA para espionar inimigos estrangeiros. Ela servia como mesa telefônica humana, sendo uma das poucas pessoas nos Estados Unidos que podia conectar agentes do FBI com Fort Meade. Em sua mesa, havia vários computadores, inclusive seu vergonhoso laptop do FBI, uma frágil conexão com a sede, e telefones que pareciam nunca parar de tocar.

Trabalhando com contrainteligência durante dezesseis anos, ela havia desenvolvido um sexto sentido extremamente aguçado: a suspeita. O que foi muito útil em certa manhã de janeiro de 2001, quando ela recebeu uma chamada da sede do FBI. O homem na linha era um estranho.

Ele disse: "Olá, Cathy. Aqui é Bob Hanssen. Como vai?"[3]

Ela respondeu: "Bem. Quem é você?"

Hanssen se apresentou sucintamente como recém-nomeado membro do serviço executivo do FBI. Foi brusco, quase rude: não gostava de mulheres em posição de autoridade. Ele instruiu Kiser a marcar algumas reuniões com "pessoas em cargos elevados, que possam falar sobre a infraestrutura de computadores da NSA". Kiser se recusou instintivamente, primeiro ao telefone, então pessoalmente, na sede, alguns dias depois.

Após 22 anos de espionagem para Moscou, Hanssen finalmente tinha se tornado alvo de uma investigação que datava da Guerra Fria. O FBI tinha suspeitado do homem errado: um oficial da CIA que, amargamente, havia jurado inocência. O confronto tinha se tornado uma batalha contínua entre o Bureau e a Agência. Em um último esforço para concluir a investigação, o FBI tinha pagado a um espião russo aposentado uma recompensa multimilionária para roubar um arquivo sobre o caso dos arquivos de inteligência do KGB. Ele veio enrolado no mesmo saco de lixo usado por Hanssen para proteger os documentos do FBI que entregava aos russos. Continha não apenas suas digitais, mas uma fita registrando uma conversa com seu contato no KGB quatorze anos antes.

A voz, com sotaque de Chicago, era inconfundível: pertencia a Hanssen.[4]

Dois dias antes de a fita incriminadora chegar, ele havia entregado aos russos quase mil páginas de documentos. Eles incluíam os nomes das fontes de contrainteligência do FBI nos Estados unidos, no Canadá e na Inglaterra; dados fornecidos pelo Bureau à Casa Branca, ao Pentágono, ao Departamento de Estado e à Agência de Segurança Nacional. Tudo baixado do sistema automatizado de apoio do Bureau; foi brincadeira de criança para ele. "Qualquer um no Bureau podia retirar coisas daquele sistema",[5] disse Hanssen durante as entrevistas após sua prisão, em 18 de fevereiro de 2001. "O que eu fiz é crime, mas o que eles fizeram com aquele sistema [...] é negligência criminosa."

Kiser teve de ajudar a avaliar os danos causados por Hanssen à NSA; era uma tarefa penosa. "As pessoas se alinhavam do lado de fora de minha porta com olhares amedrontados e chocados", disse ela. "Funcionários da NSA haviam se reunido com aquele homem durante o curso normal de suas tarefas. Eles o conheciam havia anos. A comunidade de inteligência e o FBI estavam em estado de choque e descrença [...]. A situação estava fora de controle."

O caso Hanssen estourou quatro semanas após a posse de George W. Bush. Foi, na época, o pior constrangimento da história recente do FBI. O caso minou o que restava do espírito de Louis Freeh. Ele decidiu pedir demissão a partir de 1º de junho de 2001, ainda a dois anos do fim de seu mandato de uma década. Não ofereceu aviso prévio ao novo procurador-geral, John Ashcroft, que havia ficado mortificado com as notícias do caso Hanssen em seu primeiro dia no cargo.

Freeh partiu enquanto o FBI lutava para descobrir os fatos por trás do último ataque da al-Qaeda. Dois fanáticos suicidas haviam pilotado um pequeno barco carregando 225 quilos de explosivos de encontro ao *USS Cole*, que abastecia no Iêmen, em curso para o Golfo Pérsico. A explosão criou um buraco de quase 14 metros no destroier de 800 milhões de dólares da Marinha, matando dezessete soldados e ferindo mais de quarenta. Os melhores agentes do FBI no caso haviam aprendido e endurecido em Nairóbi. Mas a investigação no Iêmen era muito mais difícil: o governo, o Exército e a polícia eram mais simpáticos à al-Qaeda que aos Estados Unidos. Seis suspeitos estavam em custódia no Iêmen, mas o FBI não conseguia confirmar sua ligação com a al-Qaeda. O FBI precisava da CIA para construir seu caso. Mas seu confronto a respeito de Hanssen tinha elevado a tensão entre as duas organizações para o nível mais alto desde o fim da Guerra Fria.

Kiser ainda estava tentando escrever seu relatório de danos sobre o caso Hanssen quando recebeu outro telefonema urgente em 17 de agosto de 2001. O agente especial Harry Samit, do FBI, estava na linha, falando de Minneapolis. Ela reconheceu o nome; ela havia lhe dado aulas durante um treinamento de contraterrorismo. Samit, um ex-aviador da

Marinha baseado no escritório de campo do FBI em Minneapolis, estava extremamente tenso. Um dia antes, ele havia confrontado um argelino com passaporte francês e visto expirado chamado Zacarias Moussaoui. Samit vinha seguindo uma dica de um colega piloto que dirigia uma escola de aviação: Moussaoui estava estudando como pilotar um 747, mas não ligava para pousos e decolagens. O argelino tinha 3 mil dólares em dinheiro, uma adaga dobrável de 8 centímetros e uma atitude agressiva quando Samit e um agente de imigração o prenderam por causa do visto. Ele insistiu raivosamente que precisava voltar para a escola de aviação.

"Ele é mau", disse Samit a Kiser. "Tive uma sensação muito ruim a seu respeito."

Ele queria um mandado FISA do Tribunal de Vigilância e Inteligência Internacional para inspecionar o laptop de Moussaoui. Mas não conseguia fazer com que o pedido passasse pelos advogados da sede sem provas concretas de que o suspeito era terrorista.

"Precisamos de uma ligação com a al-Qaeda", disse ele.

Ela saiu correndo pelo edifício, procurando ajuda e encontrando muito pouca; eram 16h30 de uma sexta-feira em agosto. Durante as três semanas seguintes, ela contatou todo mundo que conhecia no FBI, na CIA e na NSA, repassando o alerta de Samit. "Eu estava tentando conseguir alguma coisa", disse ela. "Mas ninguém conseguia estabelecer uma ligação. Havia uma quebra nas comunicações." Uma entre muitas. Cinco semanas antes, um agente especial do FBI em Phoenix, Ken Williams, tinha enviado um relatório à Unidade de Fundamentalistas Radicais do FBI e à Unidade Osama bin Laden da Divisão de Contraterrorismo. Williams e um colega, um recém-contratado ex-policial fluente em árabe chamado George Piro, haviam reunido evidências de que a al-Qaeda possuía uma rede de aderentes nas escolas americanas de aviação. Williams pediu uma investigação nacional urgente. Não ficou surpreso quando a sede não iniciou nenhuma ação; treze anos de experiência haviam lhe ensinado que contrainteligência e contraterrorismo eram "enteados bastardos" no FBI.[6] Disse ele: "Eu sabia que isso ficaria no fundo da pilha."

Samit nunca havia ouvido falar do memorando de Phoenix. Quase ninguém havia ouvido. Estava entre as 68 mil pistas de contraterrorismo que aguardavam ação na sede.[7] Somente a Unidade Bin Laden tinha recebido mais de 3 mil pistas nos últimos meses; Dale Watson, diretor de contraterrorismo, contava com dois analistas nessa tarefa. O fato de que terroristas estavam fazendo aulas de voo passou despercebido.

Samit conversou com os supervisores do Centro de Operações contra o Terrorismo Internacional, o ITOS, que supervisionava os esquadrões Fundamentalistas Radicais e Bin Laden. Ele relatou, na semana seguinte, que Moussaoui estava "se preparando para um ataque terrorista". Não chegou a lugar nenhum. Seu superior imediato em Minneapolis, o agente especial Greg Jones, implorou para que a sede ouvisse. Disse que queria evitar que o suspeito "jogasse um avião contra o World Trade Center".[8]

Mais tarde, Samit chamou a conduta da sede do FBI no verão de 2001 de "negligência criminosa".[9] Kiser disse que seria assombrada durante toda a vida pela ideia de que "aqueles idiotas do ITOS não avisaram a ninguém".

Ela recebeu um desesperançado e-mail de Samit na segunda-feira, 10 de setembro de 2001.[10] Ele relatou que o ITOS havia rejeitado seu pedido para um mandado de busca. Disseram-lhe que "o FBI não tem um cachorro nesta briga" e que ele deveria deixar que o serviço de imigração lidasse com o caso. "Estou tão desesperado para olhar seu computador que aceitarei qualquer coisa", escreveu ele. "Mas não estou otimista. Obrigado por sua ajuda e assistência. Cuide-se. Harry."

Kiser respondeu quase imediatamente, às 15h45. "Você lutou o bom combate. Deus nos ajude se o próximo incidente terrorista envolver o mesmo tipo de avião. Cuide-se. Cathy."

"Cacem os malfeitores"

O Bureau tinha passado o verão de 2001 sem um líder. Cinco semanas se passaram após a demissão formal de Freeh, antes que o presidente Bush anunciasse a indicação de Robert Mueller no Jardim de Rosas da Casa Branca, em 5 de julho. "Os próximos dez anos trarão novas formas de crime, novas ameaças de terror de além de nossas fronteiras e também dentro delas", tinha falado o presidente. "O Bureau deve assegurar seu lugar de direito como primeira organização de espionagem e contraespionagem nos Estados Unidos."

O Senado levou dois meses para confirmar Mueller. Em 2 de agosto, o dia em que recebeu uma votação unânime de aprovação, ele passou por uma cirurgia da próstata. Outro mês se passou antes que assumisse o cargo na terça-feira, 4 de setembro. No mesmo dia, Richard Clarke, do Conselho de Segurança Nacional, avisou sua superiora, Condoleeza Rice, de que um ataque da al-Qaeda poderia ocorrer sem alerta em um futuro não tão distante. Não foi ouvido. Não alertou Mueller. Segundo ele, "Não achei que o FBI fosse saber se havia algo sendo feito pela al--Qaeda nos Estados Unidos".[11]

A primeira semana do novo diretor no FBI foi um borrão de reuniões sobre tudo, do desastre causado por Hanssen aos procedimentos para evacuação de Washington no evento de ataque nuclear. Na manhã de 11 de setembro, Mueller estava sendo atualizado sobre a investigação Cole. Como quase todo o mundo nos Estados Unidos, ele viu os desastres pela televisão. A al-Qaeda havia transformado aviões em mísseis guiados.

Três horas depois, o diretor de contraterrorismo do FBI telefonou para Clarke na Sala de Crises da Casa Branca. "Temos a lista de passageiros das companhias",[12] disse Dale Watson. "Reconhecemos alguns nomes, Dick. Eles são da al-Qaeda." Clarke respondeu: "Como eles entraram na porra do avião?" A pergunta ficou dois anos sem resposta.

Pelos três anos seguintes, Mueller acordaria antes do amanhecer, leria os relatórios noturnos sobre ameaças e previsões, chegaria à sede às 7 horas para uma reunião de contraterrorismo, conversaria com o procurador-geral às 7h30, iria em uma limusine blindada até a Casa Branca e conversaria com o presidente às 8h30. O assunto era sempre o mesmo. Como Bush relatou em sua autobiografia, "Eu disse a Bob que queria que o Bureau adotasse uma mentalidade de guerra [...] Bob respondeu: 'Essa é nossa missão, evitar ataques.'"[13]

Mueller agora estava encarregado da maior investigação da história da civilização. Em 48 horas, ele tinha 4 mil agentes especiais seguindo pistas nos Estados Unidos, vinte adidos legais trabalhando com agências da lei no exterior, três teleconferências diárias com os 56 escritórios de campo, centenas de intimações legais e ao menos trinta mandados emergenciais de busca aprovados pelo Tribunal de Vigilância e Inteligência

Internacional. Tudo que o FBI podia fazer era reconstruir uma cena de crime global e se reagrupar para o próximo ataque.

Mueller claramente ainda não comandava e controlava o que o FBI sabia sobre a ameaça. Em 14 de setembro, ele disse publicamente: "O fato de que havia certo número de indivíduos que haviam recebido treinamento em escolas de aviação aqui no país é novidade, obviamente. Se soubéssemos que esse era o caso, teríamos — talvez tivéssemos evitado isso."

Naquele dia, o Congresso autorizou o presidente a usar "toda força necessária e apropriada" contra os terroristas. O FBI estava prestes a se tornar uma dessas forças.

Ondas de medo estremeceram as fundações dos Estados Unidos. Todo telefone tocando em Washington soava como um alarme de ataque aéreo. O espectro de ataques terroristas com armas nucleares, biológicas e químicas surgia todos os dias. A CIA estava convencida de que eles estavam vindo, comandados pelos líderes da al-Qaeda, a salvo em seus redutos no Afeganistão. O presidente queria um escudo para conter essa invasão e uma espada para contra-atacar. Ele enviou uma equipe paramilitar ao Afeganistão; ataques com mísseis e bombardeios eram iminentes.

Bush foi à sede do FBI para revelar uma lista de Terroristas Mais Procurados com 22 nomes. "Cacem os malfeitores",[14] disse ele aos agentes reunidos no Hoover Building. "Nossa guerra é contra o mal."

Seu vice-presidente, Dick Cheney, sabia onde as armas eram mantidas. Ele havia servido ao pai de Bush durante quatro anos como secretário de Defesa e também como chefe de gabinete de Ford. Os ataques o transformaram no comandante imperial da segurança nacional americana.

Sob a direção de Cheney, os Estados Unidos restauraram os poderes da inteligência secreta que haviam florescido por 55 anos sob os cuidados de J. Edgar Hoover. Em discursos públicos, o presidente, o vice-presidente e o procurador-geral renovaram o espírito das batidas vermelhas. Em ordens ultrassecretas, eles reviveram as técnicas de vigilância usadas pelo FBI na guerra contra o comunismo.

O FBI prendeu mais de 1.200 pessoas nas oito semanas após o ataque. A maioria eram estrangeiros e muçulmanos. Nenhum, até onde se pôde determinar, fazia parte da al-Qaeda. Alguns foram espancados e agredidos durante "sua continuada detenção em duras condições de confinamento", como reportou mais tarde o inspetor-geral do Departamento de Justiça. Centenas de pessoas ficaram presas durante meses, em função da política de "prender até liberar" imposta ao FBI pelo procurador-geral Ashcroft.[15] A política não foi escrita nem debatida. Ninguém falou com Mueller a respeito. Um dos advogados de terrorismo de Ashcroft, consciente de que pessoas inocentes estavam sendo aprisionadas, escreveu que o diretor do FBI iria "querer saber que os agentes de campo não estão fazendo seu trabalho [...] estamos todos sendo prejudicados porque os agentes especiais encarregados não foram instruídos explicitamente de que devem liberar, ou produzir evidências para deter, essas pessoas e tampouco receberam um prazo para fazer isso".

Ashcroft também ordenou a detenção indefinida de ao menos setenta pessoas, incluindo cerca de vinte cidadãos americanos, como testemunhas materiais, obedecendo a uma lei federal geralmente usada em procedimentos de imigração. Trinta jamais foram levados ao tribunal. Quatro foram condenados por apoiar o terrorismo. Dois foram considerados inimigos combatentes.

Ashcroft defendeu essa posição em um discurso aos prefeitos americanos. O FBI, disse ele, tinha sido chamado a combater "uma rede multinacional do mal". Ele foi explícito a respeito da detenção de suspeitos de terrorismo. "Diz-se que o Departamento de Justiça de Robert Kennedy prendia mafiosos por cuspirem na calçada",[16] disse ele. O FBI usaria "as mesmas táticas agressivas de detenção na guerra contra o terror. Que os terroristas entre nós estejam avisados: se seu visto vencer, mesmo que por um dia, iremos prendê-los. Se violar a lei local, será colocado na prisão e mantido em custódia por tanto tempo quanto possível. Usaremos todas as leis disponíveis. Buscaremos cada vantagem judicial. Usaremos todas as nossas armas".

O procurador-geral também mencionou alguns dos poderes concedidos ao FBI pelo Ato Patriota, aprovado no Senado naquele dia: capturar endereços de e-mail, grampear telefones celulares, ouvir mensagens de voz e controlar cartões de crédito e contas bancárias na internet. Tudo isso seria feito de maneira legal, com intimações e mandados de busca.

Mas o Ato Patriota não era suficiente para a Casa Branca. Em 4 de outubro, Bush ordenou que a Agência de Segurança Nacional trabalhasse com o FBI em um programa secreto de codinome Vento Estelar.

O programa era engenhoso. Com o tempo, Mueller também decidiria que era ilegal.

O diretor da Agência de Segurança Nacional, general Michael V. Hayden, tinha avisado a dezenas de milhares de seus oficiais em uma mensagem filmada: "Manteremos este país livre tornando-o seguro novamente."[17] Imediatamente após os ataques de 11 de setembro, disse Hayden, ele "havia liberado os relatórios da NSA para o FBI de uma maneira francamente sem precedentes".[18] Ele e sua chefe de inteligência de comunicações, Maureen Baginski, estavam enviando ao FBI uma torrente de dados crus — nomes, números de telefone e endereços de e-mail retirados de milhares de comunicações entrando e saindo dos Estados Unidos. O objetivo era a perseguição de qualquer um dentro do país que pudesse estar ligado à al-Qaeda, sob os auspícios do Tribunal de Vigilância e Inteligência Internacional. A ação era legal, mas ilógica, disse Hayden. "Descobrimos que estávamos lhes dando informações demais, de maneira muito crua"; como resultado, centenas de agentes do FBI passaram grande parte do outono de 2001 perseguindo milhares de pistas falsas. "É da natureza da inteligência que muitas pistas não levem a lugar nenhum", disse ele, "mas é preciso entrar em alguns becos sem saída para encontrar as pistas que valem a pena."

O presidente e o vice-presidente queriam que o FBI executasse buscas em segredo, evitando as restrições dos padrões legais e constitucionais estabelecidos pelo Tribunal de Vigilância e Inteligência Internacional. A resposta era Vento Estelar. A NSA iria espionar livremente os americanos e estrangeiros nos Estados Unidos, sem causa provável ou mandados de busca. Ela iria recolher e avaliar os registros eletrônicos de milhares de conversas telefônicas — tanto recebidas quanto efetuadas — e as linhas de assunto dos e-mails, incluindo nomes e endereços eletrônicos. Então ela enviaria a inteligência refinada para ação do Bureau.

Vento Estelar ressuscitou táticas da Guerra Fria com tecnologia do século XXI. Ela permitiu que o FBI trabalhasse com a NSA fora dos limites da lei. Como Cheney sabia de seus dias na Casa Branca após Watergate, tanto a NSA quanto o FBI haviam trabalhado dessa maneira até 1972, quando a Suprema Corte, em parecer unânime, havia tornado ilegais os grampos telefônicos sem mandado.

A operação passou pela Suprema Corte em função de um parecer dúbio enviado à Casa Branca na semana em que o Ato Patriota se tornou lei. Era de autoria de John Yoo, um advogado de 34 anos da Unidade de Conselho Legal do Departamento da Justiça, ex-assessor do juiz Clarence Thomas. Yoo escreveu que as proteções constitucionais contra buscas e apreensões sem mandado não se aplicavam a operações militares nos Estados Unidos. A NSA era uma agência militar; o Congresso tinha autorizado Bush a usar força militar; assim, ele tinha o poder de usar a NSA contra qualquer um, em qualquer lugar dos Estados Unidos.

O presidente estava "livre das restrições da Quarta Emenda",[19] escreveu Yoo. Assim, o FBI também estava livre.

Mueller foi pego entre o comando do presidente e a lei. Ele sabia que seria tolice desrespeitar o juiz presidente do Tribunal de Vigilância e Inteligência Internacional, um texano irascível chamado Royce Lamberth, que presidia os mandados secretos de vigilância havia sete anos. O juiz certa vez tinha destruído a carreira de um agente sênior de contrainteligência do FBI, por acreditar que ele o havia enganado deliberadamente. ("Enviamos uma mensagem ao FBI: é preciso dizer a verdade",[20] disse o juiz mais tarde. "O que descobrimos, na história de nosso país, é que não podemos confiar nessas pessoas.")

Mueller já havia ganhado a confiança de Lamberth; o juiz tinha aprovado centenas de vigilâncias de segurança nacional sem audiências formais, apenas atendendo a pedidos do diretor. Agora o presidente tinha ordenado que o FBI abusasse dessa confiança, ignorasse o tribunal e abjurasse sua autoridade. Muito cautelosamente, sem revelar a existência de Vento Estelar, Mueller pensou em uma maneira de assinalar que alguns dos mandados que solicitava eram baseados em informações obtidas com a NSA. O juiz presidente disse que ele e seu sucessor fariam arranjos para que as vigilâncias de Mueller fossem aprovadas "com base nas informações verbais fornecidas pelo diretor do FBI". O arranjo, precário e sem precedentes, durou quase dois anos.

Mas os atritos no Bureau cresceram com o medo de um novo ataque da al-Qaeda. Mueller tentou aliviar a tensão entre os comandantes do contraterrorismo em Washington. Ele afirmou trabalhar em harmonia com a CIA e com Tenet. "A ideia de o Bureau partilhar regularmente informações era algo a que J. Edgar Hoover provavelmente teria resistido",[21] disse ele, "e ele pode ter se revirado na sepultura ao compreender em que extensão, a partir do 11 de Setembro, houve intercâmbio de informações entre nós do FBI e a CIA".

O relacionamento entre o Bureau e o restante do governo permanecia uma luta constante. O procurador-geral ficou horrorizado quando o FBI não conseguiu encontrar um cientista maluco que enviava cartas cheias de esporos de antraz para estações de TV, jornais e senadores americanos. O FBI focou durante quatro anos no homem errado. O Bureau estava se afogando em pistas falsas; suas redes estavam se desmanchando; seus computadores ainda exigiam doze cliques para salvar um documento.

O FBI não estava conectado ao restante da inteligência americana. A sede não podia receber relatórios da NSA ou da CIA classificados como ultrassecretos — e quase tudo era classificado como ultrassecreto. Novas informações não podiam ser integradas aos bancos de dados já existentes.

As pressões sobre os líderes eram inumanas. Os diretores de contraterrorismo aguentavam um ano antes de estarem completamente esgotados. Os líderes administrativos duravam um pouco mais; os executivos de tecnologia da informação, ainda menos.

Enquanto a guerra contra o terror se tornava mundial, a mais perigosa crise pessoal que Mueller enfrentou foi no campo. A luta entre o FBI e seus homólogos do contraterrorismo incendiou toda a cadeia de comando americana, indo das prisões secretas da CIA até a Casa Branca.

Mueller começou a enviar os primeiros de mais de mil agentes do FBI aos teatros de guerra em novembro e dezembro de 2001. Suas missões incluíam coletar inteligência e interrogar prisioneiros. As políticas de interrogatório do FBI estavam escritas na pedra: sem brutalidade, sem violência, sem intimidação.

Alguns agentes foram para postos militares no Afeganistão, outros para a base naval americana na baía de Guantánamo. Um grupo de agentes se uniu às missões secretas para "capturar ou matar" da CIA contra suspeitos da al-Qaeda. Em 28 de março de 2002, eles chegaram a seu primeiro cativo de primeira linha: um palestino que trabalhava para a al-Qaeda em Faisalabad, Paquistão. Ele tinha sido gravemente ferido em um tiroteio; a batida havia atacado um refúgio onde um grupo de militantes tinha se escondido. Amarrado à maca, ele foi levado para a mais nova prisão secreta da CIA — um *black site* em um depósito na base da força aérea Udon Thani, no extremo norte da Tailândia, perto da fronteira com o Laos.

"No outro dia, capturamos um homem chamado Abu Zubaydah",[22] disse o presidente Bush durante uma arrecadação de fundos do Partido Republicano em Greenwich, Connecticut, em 9 de abril. "Ele é um dos principais operadores planejando morte e destruição nos Estados Unidos. Já não está mais conspirando e planejando. Está no lugar a que pertence." Confiando nos relatórios subsequentes da CIA, o presidente mais tarde chamou o prisioneiro de número 3 da al-Qaeda e chefe de operações de Bin Laden.

"TESOURO NACIONAL"

Os primeiros americanos a interrogar Abu Zubaydah foram dois dos oito agentes falantes de árabe do Bureau: Steve Gaudin, um veterano do atentado de Nairóbi, e Ali Soufan, líder da investigação Cole no Iêmen. Soufan tinha trinta anos, um nativo do Líbano com mestrado em relações internacionais pela Universidade Villanova, e havia começado a trabalhar no FBI, por impulso, em 1997. Ele tinha ganhado fama no mundo fechado do contraterrorismo americano por sua habilidade como investigador e sua sutileza como interrogador. O major-general Michael Dunleavy, comandante militar de Guantánamo, onde Soufan conduziu interrogatórios e conseguiu confissões, o chamava de "tesouro nacional".[23]

Soufan se aproximou do prisioneiro ferido na prisão secreta com a voz suave e um grande depósito de conhecimento. "Perguntei seu nome",[24] testemunhou Soufan mais tarde. "Ele respondeu com seu pseudônimo. Então perguntei a ele: 'E eu se te chamar de Hani?' Esse era o apelido dado por sua mãe quando ele era criança. Ele me olhou, chocado, disse 'Ok' e começou a falar."

Em dois dias, o prisioneiro identificou uma fotografia de Khalid Sheikh Mohammed, o planejador dos ataques da al-Qaeda. Foi a maior descoberta do FBI até aquele momento. "Antes daquilo", disse Soufan, "não tínhamos ideia do papel de KSM no 11 de Setembro, nem de sua importância na estrutura de liderança da al-Qaeda".

O oficial da CIA na prisão clandestina entregou seu relatório à sede. O diretor da CIA, George Tenet, ficou insatisfeito ao descobrir que o FBI estava liderando o interrogatório. Ele ordenou que uma equipe de contraterrorismo da Agência assumisse na Tailândia. "Fomos afastados", disse Soufan. "Táticas mais severas foram introduzidas" — primeiro, despir o prisioneiro e privá-lo de sono por 48 horas de cada vez — e "Abu Zubaydah se fechou e parou de falar". Então o FBI assumiu novamente. O prisioneiro revelou que era responsável pela logística e pelas viagens da al-Qaeda e forneceu informações que levaram à prisão, em 8 de maio, de Jose Padilla, um membro de gangue que tinha se convertido ao islamismo na prisão, se associado à al-Qaeda no Paquistão e no Afeganistão e sonhava em explodir uma bomba suja radioativa em Washington.

A CIA exigiu o crédito pela prisão e lutou para retomar o controle do interrogatório. Seus oficiais submeteram o prisioneiro a horas de ruídos, deixaram-no passar frio e o enterraram em um falso caixão. Soufan e Gaudin protestaram. Os oficiais da CIA responderam que as técnicas haviam sido aprovadas nos mais altos níveis do governo americano.

Soufan disse que contataria a sede do FBI para relatar que estava testemunhando algo que "beirava a tortura". E se recusou a tomar parte nos procedimentos. O chefe de contraterrorismo do Bureau, Pasquale D'Amuro, retirou ambos os agentes da Tailândia no fim de maio. Mas só levou a questão a Mueller dois meses depois. O diretor soube a respeito depois que a linha já havia sido cruzada.

Em 1º de agosto, a Unidade de Conselho Legal do Departamento de Justiça aprovou a solicitação da CIA para realizar afogamentos simulados em Abu Zubaydah. A técnica, equivalente à tortura, tinha sido criada para conseguir confissões por meio da ameaça de morte iminente por afogamento. No mesmo dia, John Yoo, agora adjunto do procurador-geral Ashcroft, afirmou à Casa Branca que as leis contra a tortura não se aplicavam aos interrogadores americanos. O presidente, o vice-presidente, o secretário de Defesa e o diretor da Central de Inteligência aprovaram.

Mas não o FBI. "Não fazemos isso",[25] disse D'Amuro a Mueller algumas semanas depois. D'Amuro tinha supervisionado a investigação e o julgamento dos atentados contra as embaixadas da África Oriental. Ele sabia que os terroristas falariam com o FBI. Também acreditava que diriam qualquer coisa para interromper a tortura e que suas invenções levariam o FBI a caçar fantasmas. Além disso, estava convencido de que a tortura secreta seria revelada, de um modo ou de outro: os agentes do FBI teriam de depor a respeito no tribunal. Sua credibilidade e os casos criminais contra os terroristas seriam destruídos se tomassem parte em tortura ou concordassem com ela. Ele queria ser capaz de dizer que as mãos do FBI estavam limpas.

Ambos entendiam que, algum dia, poderiam enfrentar seu próprio interrogatório, sob as luzes da televisão em uma câmara do Congresso ou em um tribunal, sob juramento.

Mueller foi novamente pego entre o império da lei e os requisitos do sigilo. Ele concordava com D'Amuro em princípio. Mas também se manteve em silêncio. Nada escreveu. O argumento sobre se o FBI poderia consentir com a tortura continuou.

A CIA ameaçou afogar Abu Zubaydah 83 vezes em agosto e o manteve acordado por uma semana ou mais de cada vez. Não adiantou. Grande parte do que a CIA relatou da prisão clandestina se revelou falso. O prisioneiro não era o chefe de operações de Bin Laden. Não era um gênio terrorista. Tinha relatado ao FBI tudo que sabia. Disse à CIA coisas que não sabia.

"Você disse coisas para fazê-los parar e essas coisas não eram verdadeiras, isso está correto?", perguntaram-lhe cinco anos depois, em um tribunal em Guantánamo.

"Sim", respondeu ele. "Eles me disseram: 'Sentimos muito, descobrimos que você não é o número 3, não é um parceiro, não é nem mesmo um guerreiro.'"[26]

As técnicas de tortura continuaram no Afeganistão e em Cuba e os agentes do FBI novamente foram testemunhas.

Em meados de setembro, Soufan falou com um prisioneiro da al-Qaeda chamado Ramzi Binalshibh, que estava nu e acorrentado ao chão da prisão clandestina da CIA na base aérea de Bagram, em Cabul. Ele disse que estava começando a obter "informações valiosas à ação" antes que os oficiais da CIA ordenassem que parasse de falar, 45 minutos depois. Em 17 de setembro, eles enviaram o prisioneiro para uma segunda prisão secreta no Marrocos, e então para a Polônia; sob extrema coação, ele descreveu planos para atirar aviões contra o Aeroporto de Heathrow e o Canary Wharf, em Londres. Também foi diagnosticado como esquizofrênico.

Soufan foi para Guantánamo, um entre mais de quatrocentos agentes do FBI que serviram na base da Marinha durante os dois anos seguintes. Metade relataria abuso por parte dos interrogadores.

Entre os prisioneiros que Soufan interrogou, estava um operador da al-Qaeda chamado Mohammed al-Qahtani, capturado pelas forças paquistanesas enquanto fugia para o Afeganistão. O FBI o havia identificado, pelas digitais, como o décimo segundo sequestrador, que não tinha conseguido embarcar: chegando aos Estados Unidos pelo aeroporto de Orlando, sem falar inglês nem possuir uma passagem de retorno, ele tinha sido detido pelos agentes de imigração, identificado, fotografado e enviado de volta para Dubai pouco antes dos ataques.

Soufan tentou fazer com que al-Qahtani falasse durante um mês, em Guantánamo, onde o prisioneiro tinha sido colocado em uma cela gelada na qual as luzes ficavam acesas durante toda a noite. Mas Soufan não pôde quebrá-lo com palavras.

Oficiais do Exército exigiram "um pedaço de al-Qahtani" e "disseram ao FBI para se afastar" em outubro.[27] Eles o interrogaram durante intervalos de vinte horas, obrigaram-no a usar uma coleira e a fazer truques caninos, deixaram-no nu e o exibiram em público, fizeram-no passar frio até a hipotermia, enrolaram sua cabeça e rosto com fita adesiva, ameaçaram-no com cães e ordenaram que rezasse para um ídolo.

Em 22 de outubro de 2002, agentes do FBI em Guantánamo começaram a montar um arquivo que mais tarde chamaram de "Crimes de guerra".

Um e-mail vindo de Cuba, que circulou pelo topo da Divisão de Contraterrorismo em novembro, alertou os oficiais de elite sobre o que os agentes estavam vendo e ouvindo. "Aqueles que empregam essas técnicas podem ser indiciados, julgados e possivelmente condenados", disse Spike Bowman, chefe da Unidade Legal de Segurança Nacional do FBI, a seus colegas na sede. "Não podemos controlar o que os militares estão fazendo", escreveu ele. "Mas precisamos nos manter bem longe disso e precisamos conseguir o máximo possível de informações para [...] Mueller, o mais rapidamente possível."[28]

Ninguém informou Mueller.

Os agentes do FBI em Guantánamo continuaram a relatar o que seus homólogos estavam fazendo. A essência de seus relatos foi dos advogados do FBI para os mais altos níveis do Departamento de Justiça. Mas os assessores mais próximos de Mueller o protegeram de uma batalha cada vez mais acirrada — "um longo e contínuo combate de trincheira",[29] nas palavras do chefe de gabinete de Ashcroft — no Departamento de Justiça, na CIA, no Pentágono e na Casa Branca. A discussão sobre interrogatórios, inteligência, tortura e lei continuou por mais de um ano.

Ali Soufan resolveu o problema a sua maneira. Ele deixou o FBI em 2005 — um evento raro no governo americano: uma demissão por motivos de consciência relacionados a uma questão de honra.

"Ninguém ficou mais chocado"

Mueller estava envolvido em outra discussão acirrada sobre o império da lei e o papel do FBI quando a disputa sobre os interrogatórios começou a deteriorar. O vice-presidente Cheney queria enviar militares americanos para um enclave muçulmano em Lackawanna, uma cidadezinha do estado de Nova York, quase na fronteira com o Canadá. Os soldados deviam capturar seis suspeitos de apoiar a al-Qaeda — todos americanos —, acusá-los de serem combatentes inimigos e enviá-los a Guantánamo para sempre.

Receava-se que os suspeitos de Lackawanna fossem bombas-relógio já ativadas, uma célula adormecida de agentes secretos da al-Qaeda nos Estados Unidos. Todos tinham laços familiares no Iêmen. Todos haviam viajado para o Afeganistão. Mas Mueller convenceu a Casa Branca a deixar o FBI detê-los, em vez de enviar o Exército.

A investigação havia fundido os poderes do FBI, da CIA e da Agência de Segurança Nacional. Eles se uniram instantaneamente, em uma estrada remota do Iêmen, em 3 de novembro de 2002, quando um drone

Predator armado com um míssil Hellfire tinha destruído uma caminhonete com dois terroristas procurados entre os passageiros. Um era um membro da al-Qaeda implicado na explosão do *Cole*; ele tinha sido rastreado por uma combinação da investigação de Soufan, da coleta de dados da NSA e da vigilância da CIA. O outro era Kamal Derwish, que tinha vivido em Lackawanna, se associado aos suspeitos presos e os havia aconselhado a ir para o Afeganistão. Era objeto de um indiciamento selado do caso. Sua sentença foi final: o primeiro americano morto por americanos na guerra contra o terror.

Enquanto o presidente Bush defendia uma guerra mais ampla contra o Iraque em seu Discurso sobre o Estado da União em 28 de janeiro de 2003, chamou os seis homens de Lackawanna de célula da al-Qaeda. O FBI concluiria que isso não era verdade. Jamais houve provas de que planejavam um ataque. Não eram agentes no gelo. Eram jovens flexíveis que cooperaram com o governo. Receberam sentenças relativamente leves de sete anos. Três entraram no programa federal de proteção às testemunhas e depuseram em benefício dos Estados Unidos nos tribunais de Guantánamo.

O caso iniciou um imenso debate na sede que continuou mesmo depois que os suspeitos se confessaram culpados. Se o FBI estivesse pensando como um serviço de inteligência, poderia ter trabalhado com um ou mais dos suspeitos de Lackawanna para penetrar a al-Qaeda no Afeganistão. O Bureau não deveria tê-los recrutado como espiões, em vez de prendê-los?

Mueller não tinha como responder a tais questões. O Bureau ainda não tinha a capacidade de usar inteligência como arma de segurança nacional. Era consumido pela reação aos eventos do último dia, da última hora, do último minuto. Era difícil, para Mueller e seus agentes, olhar além das próprias mesas. Ele estava tentando dobrar o número de agentes de contraterrorismo e analistas de inteligência no FBI, mas a maquinaria resistia com imensa inércia.

Na época em que os Estados Unidos iniciaram a guerra contra o Iraque, em 19 de março de 2003, Mueller e seu novo diretor de contraterrorismo, Larry Medford, estavam sendo torpedeados com centenas de relatos diários de ameaças, vindos do Oriente Médio. Foram pegos de surpresa pelos avanços dos cuidadosamente cultivados acordos de Mueller com o Tribunal de Vigilância e Inteligência Internacional sobre o papel do FBI no programa Vento Estelar. A Casa Branca havia ordenado que o Bureau investigasse a ameaça representada por dezenas de milhares de iraquianos vivendo nos Estados Unidos. A Comissão 11/09 do Congresso estava prestes a iniciar suas primeiras audiências públicas e parecia certo que o diretor seria chamado a responder pelas falhas do FBI, passadas e presentes. A pressão dos telefones tocando incessantemente, as exigências para evitar o próximo ataque e a mentalidade de guerra comandada pelo presidente estavam sendo demais para alguns agentes. Em 29 de abril, após ser acordado por um telefonema às 4h30, o chefe da Unidade Iraniana da Divisão de Contraterrorismo se matou com sua própria arma.

Em 1º de maio, o presidente Bush declarou que as principais operações de combate no Iraque haviam terminado e que a missão americana tinha sido cumprida. Mueller achou que poderia ter uma pausa para pensar. Ele tomou uma decisão pretendendo, em suas palavras, "transformar o Bureau em uma agência de inteligência".

Mueller criou uma Divisão de Inteligência no FBI e contratou a chefe da inteligência de comunicações da Agência de Segurança Nacional para dirigi-la. Ela era a mais poderosa mulher da comunidade americana de inteligência. Quase ninguém no FBI tinha ouvido falar dela.

Maureen Baginski era uma oficial de carreira da NSA que havia começado como analista russa até atingir uma posição de autoridade. Na virada do século, quando a NSA se viu incapaz de acompanhar a explosão de informações criptografadas na internet e os supercomputadores da agência travaram, o general Hayden havia encarregado Baginski de consertar as coisas. Seu diretório SIGINT era o maior componente individual do establishment americano de espionagem; ela comandava um orçamento que rivalizava com os 4 bilhões do FBI e uma força de trabalho maior que os quase 11 mil agentes do Bureau. Também tinha dirigido Vento Estelar desde sua concepção.

Mueller a transformou em seu braço direito. Ela esteve a seu lado em cada reunião crucial. Ele lhe deu um escritório no mesmo corredor do seu e lhe disse para começar a trabalhar. Mas, no início, ela não tinha nem equipe, nem dinheiro; levou um ano para reunir uma equipe de cinquenta agentes, o tamanho de um pelotão de fuzileiros. E, nesse tempo, ela teve pouco apoio do campo. Enviou sua mensagem a todos os agentes especiais espalhados pelo país: eles agora faziam parte de um serviço de inteligência do século XXI. Cada escritório de campo tinha de criar e manter seu próprio grupo de inteligência e relatar à sede as ameaças que enfrentasse. Eles ficaram indecisos.

Baginski quase instantaneamente se tornou conhecida entre os homens do FBI como Vision Lady (Dama Visão). Ela relatou a Mueller que levaria anos para realizar a transformação. Eles estavam em uma maratona, disse ela, não em uma corrida para os rápidos e de pouco fôlego.

Mueller também criou um escritório de campo do FBI em Bagdá. Antes do início da guerra, ele havia assinado uma ordem estabelecendo o papel do FBI no Iraque como uma missão de inteligência que pretendia capturar líderes inimigos, analisar documentos secretos e revelar ameaças potenciais aos Estados Unidos. O plano original era enviar setenta agentes de cada vez. Mais de 1.500 agentes, analistas e técnicos terminariam trabalhando no Iraque.

Inicialmente, a vida era boa. A cidade esteve segura em maio e junho. Milhares de documentos de inteligência sobre o Iraque estavam arquivados em postos de comando americanos. O agente especial encarregado, trabalhando em rotações de três meses, tinha um posto equivalente ao de um general de três estrelas. Sua mesa ficava na casa de banho, ao lado da piscina, no palácio presidencial de Saddam Hussein, na Zona Verde estabelecida pelas forças americanas.

Em algumas semanas, a missão começou a degenerar. O FBI recebeu ordens para trabalhar com o ministro interino do Interior do Iraque para reconstruir as forças da lei na nação. O ministro era Bernard Kerik, o comissário de polícia de Nova York na época do 11 de Setembro e amigo de longa data do Bureau. Dinheiro não era problema para ele. Tijolos de notas de cem dólares estavam disponíveis para tudo, de redes de informantes a sistemas de computadores.

Mas Kerik deixou Bagdá após noventa dias, em 2 de setembro de 2003, sem cumprir sua missão. As únicas coisas que deixou para trás foram 50 mil pistolas Glock em um depósito. Bush o nomeou líder do Departamento de Segurança Interna; uma investigação do FBI anulou a nomeação e levou a seu indiciamento e prisão por fraude.

O treinamento da polícia iraquiana pelo FBI foi interrompido por uma série de emergências imediatas. Carros-bomba estavam explodindo em toda parte. O FBI vasculhou os destroços da embaixada jordaniana e das sedes das Nações Unidas e da Cruz Vermelha em Bagdá. Os militares americanos precisaram chamar o Bureau para coletar provas de um crescente número de cenas de crime — ataques suicidas, bombas em estradas e atiradores de tocaia em barreiras militares e distritos policiais — enquanto seu controle sobre a cidade ocupada começava a enfraquecer.

Dias após a partida de Kerik, os agentes do FBI foram designados para interrogar prisioneiros em Abu Ghraib, a maior prisão de Bagdá. Recolheram milhares de digitais e conduziram centenas de entrevistas nos últimos meses de 2003. Os agentes estavam ansiosos para encontrar detentos que tivessem sido oficiais da inteligência iraquiana ou viajado para os Estados Unidos. Mas detestavam trabalhar dentro do caótico edifício de Abu Ghraib, preferindo conversar com os detentos em tendas ou trailers. Tampouco trabalhavam à noite, quando o posto era atacado por morteiros dos insurgentes. Assim, começaram a ouvir rumores sobre tortura e morte dentro da prisão somente em novembro e dezembro de 2003. E foi apenas em 21 de janeiro de 2004 que souberam em primeira mão, por meio de um capitão do Exército, que havia fitas de vídeo dos espancamentos e estupros. Um agente sênior do FBI em Bagdá, Edward Leckenhoff, repassou as notícias à sede. Era a primeira vez que alguém em Washington ouvia falar sobre provas que seriam reveladas três meses depois, manchando a honra dos Estados Unidos em todo o mundo.

Três assessores de contraterrorismo de Mueller avaliaram os relatórios e decidiram não fazer nada a respeito. Estava fora de sua jurisdição e bem acima de seu cargo. Eles não queriam prejudicar as relações do FBI com os militares e a CIA no Iraque. Algo mais importante estava prestes a acontecer. O FBI estava prestes a criar a primeira brecha no Detido de Alto Valor Número Um.

Saddam Hussein e George Piro se reuniram na primeira de suas 25 conversas dentro das paredes ultravigiadas de Camp Cropper, a prisão militar americana extremamente iluminada ao lado do Aeroporto Internacional de Bagdá, logo após as 7 horas de 7 de fevereiro de 2004.

Piro tinha começado sua carreira no FBI procurando pela al-Qaeda em Phoenix, Arizona, cinco anos antes. Estava agora entre os doze nativos falantes de árabe do Bureau e em sua segunda missão em Bagdá. Havia nascido e sido criado em Beirute e sua voz tinha uma distinta cadência libanesa de que Saddam gostava. Em breve, estavam se tratando pelo primeiro nome.

Piro tinha nascido mais ou menos na época em que Saddam tinha subido ao poder pela primeira vez no Iraque. Tinha 34 anos, era alto, magro e possuía olhos intensos. Havia sido oficial da polícia em Turlock, Califórnia, 160 quilômetros a leste de São Francisco, durante décadas o lar de uma comunidade de assírios cristãos do Oriente Médio. Seus pais haviam se mudado em 1982, quando ele tinha doze anos, a fim de escapar da guerra que destruía Beirute.

Piro tinha se preparado durante seis semanas para interrogar Saddam. Seu relatório mostra que a relação que estabeleceu e o rigor de suas perguntas produziram revelações que chamaram atenção da Casa Branca. Saddam disse que havia usado o telefone somente duas vezes e raramente dormia na mesma cama duas noites seguidas desde o início da primeira guerra americana contra o Iraque, em 1991. Ele desprezava Osama bin Laden como zelote sunita. Estava preparado para morrer nas mãos de seus captores.

Após seis dias de entrevista, Piro questionou Saddam intensa e repetidamente sobre o elusivo arsenal químico e biológico do Iraque, que era a justificativa do presidente Bush para a invasão americana.

Onde estavam as armas de destruição em massa? Elas existiam? "Não", respondeu Saddam. Haviam sido apenas um blefe, uma trapaça com a intenção de manter iranianos, israelenses e americanos a distância.

"Nós as destruímos. Dissemos isso a vocês", disse ele a Piro em 13 de fevereiro de 2004. "Por Deus, se eu tivesse tais armas, eu as teria usado na luta contra os Estados Unidos." Ele estava dizendo a verdade.

O FBI — não pela primeira vez — tinha produzido provas que prejudicavam um presidente. "Ninguém ficou mais chocado e zangado do que eu", escreveu Bush em suas memórias. "Ficava nauseado toda vez que pensava nisso. Ainda fico."

45

"Se não fizermos *isso*, pessoas vão morrer"

Um dia após Pearl Harbor, o presidente Roosevelt deu a J. Edgar Hoover o poder de monitorar todo o tráfego de telecomunicações entrando e saindo dos Estados Unidos. Três semanas após o 11 de Setembro, o presidente Bush entregou a Robert Mueller uma autoridade quase tão grande quanto aquela.

Durante 29 meses após a ordem de Bush, o FBI rastreou milhares de telefones e endereços da web nos Estados Unidos, sob a égide da Agência de Segurança Nacional. "Todos os dias",[1] como disse Mueller, o Bureau investigava "ameaças por e-mail de todo o mundo, dizendo que certa atividade terrorista ocorrerá nos Estados Unidos".

A tarefa de "neutralizar os operadores da al-Qaeda que já entraram nos Estados Unidos e se estabeleceram na sociedade americana é um de nossos mais sérios desafios de inteligência e imposição da lei",[2] tinha comentado Mueller durante uma reunião a portas fechadas do Comitê Selecionado de Inteligência do Senado, em 24 de fevereiro de 2004. Agora o diretor enfrentava uma tarefa tão assustadora quanto aquela. Ele tinha de desafiar o presidente e o vice-presidente dos Estados Unidos em um confronto sobre sigilo e democracia, em nome da lei.

Ao menos três programas de vigilância diferentes recolhiam e avaliavam o éter eletrônico sob a rubrica de Vento Estelar. Ao menos dois violavam as proteções constitucionais contra buscas e apreensões sem mandado. Mueller não encontrou nenhuma evidência de que as vigilâncias haviam salvado uma vida, interrompido um ataque iminente ou revelado um membro da al-Qaeda nos Estados Unidos.

Vento Estelar era reautorizado pelas assinaturas do presidente Bush e do procurador-geral Ashcroft a cada 45 dias. Eles agiam baseados nos relatórios da CIA — oficiais de inteligência os chamavam de "memorandos assustadores" —, justificando a vigilância continuada. O número de pessoas que conheciam os fatos era muito pequeno, mas estava crescendo. Um punhado de advogados do Departamento de Justiça e de juízes de tribunais de inteligência achava que os programas eram inconstitucionais e que seus poderes tinham de ser controlados. Eles convenceram James Comey, o recém-nomeado número 2 do Departamento de Justiça. E Comey logo convenceu Robert Mueller.

Em 4 de março, Mueller e Comey concordaram que o FBI não podia continuar com os programas de vigilância. O escopo das buscas tinha de ser alterado para proteger os direitos dos americanos. Eles achavam que o procurador-geral Ashcroft não podia endossar Vento Estelar novamente, não daquela maneira. Comey defendeu seu caso perante seu chefe durante um debate de uma hora no Departamento de Justiça naquele dia e Ashcroft concordou. Comey era um advogado persuasivo. Um dos promotores favoritos do FBI e neto de um comissário de polícia irlandês, ele havia trabalhado com habilidade e intensidade nos casos de terrorismo como procurador de Manhattan durante dois anos após os ataques da al-Qaeda. A confiança investida nele naquele dia tinha mostrado que a assombrosa força da segurança nacional americana se apoiava em relacionamentos pessoais tanto quanto em poderes estatutários.

Naquela noite, horas após Comey convencê-lo, Ashcroft sofreu uma onda de náusea e dor excruciante. Os médicos diagnosticaram um caso potencialmente fatal de cálculo biliar. Ele foi sedado, e sua cirurgia, agendada. Com Ashcroft incapacitado, Comey era o procurador-geral em exercício e principal oficial da lei nos Estados Unidos.

Vento Estelar tinha de ser reautorizado em 11 de março. Sete dias de conflito estavam à frente, um cabo de guerra entre segurança e liberdade. Mueller foi "uma grande ajuda durante aquela semana", disse Comey.

526

O diretor do FBI se encontrou com o vice-presidente na Casa Branca ao meio-dia de 9 de março. Eles se encararam por sobre a mesa no escritório de canto do chefe de gabinete do presidente, Andrew Card. Cheney foi adamantino: ninguém tinha o direito de desafiar o poder do presidente. A espionagem continuaria, de acordo com suas ordens. E continuaria com ou sem a aprovação do Departamento de Justiça.

"Eu poderia ter um problema com isso",[3] respondeu Mueller. Suas notas sobre a reunião afirmam que ele disse ao vice-presidente que o FBI precisava "revisar a legalidade de sua continuada participação no programa".

Em 10 de março, o presidente Bush ordenou que Card e o conselheiro da Casa Branca Alberto Gonzales fossem até a unidade de tratamento intensivo do George Washington University Hospital, quase 2 km a noroeste da Casa Branca, e conseguissem a assinatura de Ashcroft. Um agente do FBI guardava a porta de seu quarto. Ele havia realizado a cirurgia no dia anterior. Não tinha condições de receber visitas, muito menos de assinar ordens presidenciais. O presidente telefonou para o hospital às 18h45, insistindo em falar com Ashcroft. Sua esposa atendeu a ligação.

O presidente lhe disse que era uma questão de segurança nacional. Ela se recusou a passar a chamada. Os agentes do FBI tiveram a presença de espírito de alertar o chefe de gabinete de Ashcroft de que os homens do presidente estavam a caminho. Ele telefonou para Comey. O procurador--geral em exercício telefonou para Mueller, pedindo-lhe para se encontrar com ele no hospital e testemunhar o confronto.

Eles correram até a unidade de tratamento intensivo. Comey chegou primeiro. Ele caminhou pelo quarto escuro e viu que Ashcroft estava adormecendo. "Comecei imediatamente a falar com ele [...] e tentei ver se ele podia se concentrar no que estava acontecendo. Não ficou claro para mim se podia ou não. Ele parecia muito mal." Comey foi até o corredor e telefonou para Mueller novamente. O diretor disse que estaria lá em poucos minutos. Ele pediu para falar com seus agentes e ordenou que garantissem que os homens do presidente não tentassem retirar o procurador-geral em exercício do quarto.

Os agentes do FBI relataram que Card e Gonzales entraram às 19h35. Gonzales ficou na cabeceira da cama, segurando um envelope com a autorização presidencial. E disse a Ashcroft que queria sua assinatura.

Ashcroft levantou a cabeça. E se recusou. "Em termos muito fortes", disse que o programa era ilegal; seu argumento foi "rico tanto em substâncias quanto em fatos — o que me surpreendeu", disse Comey. Então Ashcroft recostou novamente a cabeça e disse: "Mas isso não importa, pois não sou o procurador-geral. Aquele é o procurador-geral." E apontou para Comey.

Mueller cruzou com os emissários do presidente enquanto eles saíam do quarto de mãos vazias. Estavam prestes a cruzar espadas.

O presidente assinou sozinho a autorização na manhã de 11 de março. Ela afirmava explicitamente que seus poderes como comandante em chefe superavam todas as outras leis da nação. Mueller se encontrou com o chefe de gabinete da Casa Branca, Card, ao meio-dia. Segundo suas notas, disse a Card que "a Casa Branca estava tentando contornar" a lei.

Mueller rascunhou sua carta de demissão à 1h30 de 12 de março de 2004. "Na ausência de esclarecimento sobre a legalidade do programa por parte do procurador-geral", escreveu ele, "sou forçado a impedir que o FBI participe desse programa. Além disso, se o presidente ordenar que o FBI continue a participar, e na ausência de conselhos legais do procurador-geral, serei obrigado a me demitir do cargo de diretor do FBI."

Sete horas depois, Mueller foi para a reunião matinal com o presidente na Casa Branca. Tinha sido uma noite atribulada no mundo do contraterrorismo. Em Madri, jihadistas islâmicos afirmando-se inspirados pela al-Qaeda haviam explodido dez bombas em quatro trens. Mataram 191 pessoas e feriram 1.800, o pior ataque terrorista à Europa desde a explosão do Pan Am 103 sobre Lockerbie, em 1988. O FBI estava procurando ligações com os Estados Unidos.

Após a reunião, o presidente ficou sozinho com Mueller no Salão Oval. Bush percebeu que o diretor do FBI, o procurador-geral e seu adjunto haviam se rebelado. Mueller disse a Bush que pediria demissão se o FBI recebesse ordens para continuar a executar buscas sem mandado contra americanos, sem autorização do Departamento de Justiça. E disse que tinha "uma obrigação independente com o FBI e com o Departamento de Justiça de assegurar a legalidade de nossas ações", de acordo com as recentemente reveladas notas da reunião. "Uma ordem presidencial não pode fazer isso."

Ambos haviam jurado, ao tomar posse do cargo, executar fielmente as leis dos Estados Unidos. Somente um ainda mantinha seu juramento.

O presidente alegou ignorância da lei e dos fatos. Disse não saber que havia problemas legais com o programa Vento Estelar. Que Ashcroft estava no hospital. Que Mueller e Comey haviam dado o alerta. Estava quase certamente tentando enganar o diretor, e deliberadamente.

Sem dúvida, viu um desastre político à frente. "Tive de tomar uma grande decisão, e rapidamente", escreveu ele em sua autobiografia. "Pensei sobre o Massacre de Sábado à Noite em outubro de 1973" — quando Nixon desafiou o Departamento de Justiça sobre suas fitas secretas, forçou o procurador-geral e seu vice a se demitirem e destruiu sua aura de poder presidencial. "Aquela não era uma crise histórica que eu tivesse disposição para duplicar. Não me daria muita satisfação saber que estava certo, pelos princípios legais, enquanto minha administração implodia e nossos programas-chave na guerra contra o terrorismo eram expostos na mídia."

Bush prometeu legalizar os programas. Isso não aconteceu da noite para o dia. Levou anos. Mas, baseado na promessa do presidente, Mueller e seus aliados recuaram de suas ameaças de pedir demissão. Bush manteve o segredo por mais vinte meses. O homem que finalmente denunciou a vigilância sem mandado foi um advogado do Departamento de Justiça chamado Thomas Tamm; seu pai e seu tio haviam sido assessores próximos de J. Edgar Hoover. Quando os primeiros fatos foram revelados no *New York Times*, tanto Ashcroft quanto Comey já haviam saído da administração Bush.

A posição de Mueller contra o presidente permaneceu secreta por muito mais tempo. Mas Comey disse a uma audiência seleta, na Agência de Segurança Nacional, o que Muller tinha ouvido de Bush e Cheney na Casa Branca:

> "Se não fizermos *isso*, pessoas vão morrer."[4] Vocês podem substituir a expressão "isso" à vontade: "Se não coletarmos esse tipo de informação", "Se não usarmos essas técnicas" ou "Se não ampliarmos esses poderes". É extraordinariamente difícil ser o procurador que fica na frente do trem de carga que é a necessidade *disso*. [...] É preciso muito mais que

uma mente legal afiada para dizer "não" quando mais importa. É preciso caráter. É preciso habilidade para ver o futuro. É preciso uma apreciação do dano que será causado por um "sim" injustificado. É preciso o entendimento de que, a longo prazo, inteligência sob os ditames da lei é a única inteligência sustentável neste país.

Mueller testemunhou em público perante a Comissão 11/09 um mês depois, em 14 de abril de 2004, e não disse uma palavra sobre o que havia ocorrido na Casa Branca. Jamais o fez.

"O início de um serviço de inteligência"

A comissão e o Congresso aceitaram a garantia do diretor de que o FBI protegeria tanto a liberdade quanto a segurança. Mas pediram ainda mais de Mueller. Queriam saber se o FBI estava usando todos os poderes que o Congresso tinha lhe concedido pelo Ato Patriota de 2001.

Estava, mas nem sempre de forma adequada. Em 6 de maio de 2004, o FBI prendeu um advogado do Oregon, Brandon Mayfield, cumprindo um mandado de testemunha material em conexão com os atentados de Madri. Ele era um cidadão americano convertido ao islamismo. O FBI tinha usado cada grampo telefônico e instrumento de vigilância que possuía contra Mayfield, durante sete semanas. O caso repousava sobre a leitura errônea, por parte do FBI, de uma digital retirada de uma sacola plástica em Madri. A polícia espanhola havia avisado ao adido legal do FBI em Madri que Mayfield era o homem errado. Ele foi preso mesmo assim. A prisão levou a duas semanas de confinamento em solitária antes que fosse liberado; mais tarde, ele recebeu desculpas formais e 2 milhões de dólares do governo.

O Ato Patriota, escrito rapidamente, em estado de medo, tinha expandido amplamente a força das cartas de segurança nacional, raramente usadas antes do 11 de Setembro. As cartas ordenavam que bancos, companhias de crédito e de telefone e provedores de internet entregassem os registros de seus clientes ao FBI. E também compeliam os que a recebiam a permanecerem em silêncio — não podiam dizer nem mesmo a um advogado. As cartas tinham os poderes combinados de um mandado e de uma ordem de silêncio. O FBI enviava cerca de cem dessas cartas por semana; mais da metade dos alvos eram cidadãos americanos. Agentes do FBI diziam que eram ferramentas investigativas indispensáveis; a essência do contraterrorismo nos Estados Unidos. Mas as cartas, assim como os grampos telefônicos sem mandado, eram uma forma de invasão. Um supervisor do FBI podia escrevê-las sem ordem judicial ou solicitação de um promotor.

Em setembro de 2004, juízes federais começaram a decidir que eram inconstitucionais. Os tribunais anularam as previsões do Ato Patriota que davam esses poderes ao FBI; o Congresso reescreveu a lei para preservá-los. O Bureau agora tinha de justificar a ordem de silêncio a um juiz, mas as cartas continuaram.

Os agentes de contraterrorismo do FBI também estavam abusando de seu poder ao criar "cartas exigentes" — intimações de emergência para milhares de registros telefônicos — sem dizer a ninguém na sede. Uma infinita sucessão de diretores adjuntos, assessores e agentes especiais encarregados não sabia as regras ou seus papéis. Disse Mueller: "Não tínhamos um sistema de gerenciamento para assegurar que todos seguiam a lei."[5] Ele admitiu que o Bureau havia utilizado mal o Ato Patriota a fim de obter informações.

O depoimento que a Comissão 11/09 ouviu deixou muitos de seus membros achando que o Bureau devia ser reconstruído. Eles consideraram seriamente a criação de um novo serviço doméstico de inteligência para suplantar o FBI. Mueller travou uma batalha de três frentes contra a comissão, o Congresso e a Casa Branca para evitar que o Bureau se tornasse uma casa dividida, com a lei de um lado e a inteligência do outro. A luta continuou diariamente durante todo o verão e o outono de 2004 e no ano seguinte.

A única parte do relatório da comissão sobre o FBI transformada em lei foi uma ordem para a criação de "uma cultura institucional com substancial habilidade para e comprometimento com missões de inteligência".[6] Mueller tentava isso havia anos. Seu progresso era lento e desigual, mas ele logo conseguiu seu objetivo de dobrar o número de analistas de inteligência do FBI. Havia agora 2 mil deles e já não eram designados para atender os telefones e esvaziar as lixeiras.

Mueller tinha relatado confidencialmente à comissão que estava fazendo grandes avanços, "entrando no estágio seguinte da transformação do Bureau em uma agência de inteligência".[7] Mas o FBI estava pelo menos cinco anos distante desse objetivo.

O presidente tinha sido compelido a criar sua própria comissão de inteligência após admitir que as armas de destruição em massa no Iraque eram uma miragem. O juiz do tribunal federal de apelação Laurence Silberman a liderava. Ele tinha sido escolha de Cheney; os dois tinham a mesma opinião sobre o Bureau. E assim era havia trinta anos, desde que Silberman havia sido procurador-geral adjunto, e Cheney, chefe de gabinete do presidente Ford. Naquela época, após a queda de Nixon, a Casa Branca tinha enviado Silberman para procurar os arquivos secretos de J. Edgar Hoover. O juiz tinha problemas com o FBI desde então.

"Foi a pior experiência de minha longa carreira como servidor público",[8] disse Silberman a seus colegas juízes. "Hoover havia encarregado seus agentes de relatar sigilosamente a ele qualquer sujeira que encontrassem sobre figuras como Martin Luther King e suas famílias. Ele às vezes usava essa informação para uma chantagem sutil, a fim de assegurar poder a si mesmo e ao Bureau [...] Acho que seria apropriado apresentar todos os novos recrutas à natureza dos arquivos secretos e confidenciais de J. Edgar Hoover. E, em relação a isso, este país — e o Bureau — ficaria melhor se esse nome fosse removido do prédio do FBI."

O relatório de Silberman sobre o FBI, feito durante o inverno e enviado à Casa Branca em 31 de março de 2005, era todo de arame farpado. "Já se passaram três anos e meio desde os ataques do 11 de Setembro",[9] dizia o relatório. "Três anos e meio após 7 de dezembro de 1941, os Estados Unidos haviam construído e equipado um Exército e uma Marinha que cruzaram dois oceanos, o canal inglês e o Reno; já haviam garantido a rendição da Alemanha e estavam a dois meses de vencer o Japão. O FBI passou os últimos três anos e meio construindo o início de um serviço de inteligência."

O relatório era severo com o diretório de inteligência do FBI, criado por Mueller dois anos antes. Ele concluía que o diretório tinha grande responsabilidade, mas nenhuma autoridade. Não realizava investigações ou operações de inteligência. Não fazia análises. Tinha pouca influência sobre os 56 grupos de campo que tinha criado. Ninguém além do diretor tinha qualquer poder sobre esses feudos.

"Perguntamos se o Diretório de Inteligência pode assegurar que as prioridades de coleta de informações sejam cumpridas", dizia o relatório. "Não. Perguntamos se o diretório supervisiona diretamente a maior parte dos analistas do Bureau. Não." Não controlava o dinheiro ou as pessoas que parecia presidir. "Será que esse último esforço do FBI para adquirir capacidade de inteligência será capaz de vencer a resistência que destruiu as últimas reformas? O resultado ainda é duvidoso." Era um julgamento duro — e ainda pior por ser verdadeiro.

Se o FBI não pudesse comandar e controlar seus agentes e seus poderes, concluía o relatório, os Estados Unidos deveriam desmantelá-lo e começar de novo, construindo uma nova agência doméstica de inteligência.

Com os dentes cerrados, Mueller começou a instituir as maiores mudanças na estrutura de comando do Bureau desde a morte de Hoover. Um único Serviço de Segurança Nacional dentro do FBI controlaria a inteligência, a contrainteligência e o contraterrorismo. A mudança foi tornada efetiva em setembro de 2005. Como tinha previsto o juiz, levaria quase cinco anos para mostrar resultados.

"QUEM ESTÁ NO COMANDO?"

A Guerra do Iraque estava jogando areia nas engrenagens do FBI. Centenas de agentes se revezavam no Iraque e centenas mais trabalhavam no laboratório de criminalística em Quantico, Virgínia, tomando parte de uma batalha que parecia não ter fim. Eles analisavam dezenas de milhares de digitais e dados biométricos dos prisioneiros, procurando pistas sobre a al-Qaeda. Trabalhavam na captura, análise e engenharia reversa de dezenas de milhares de fragmentos dos dispositivos explosivos aprimorados que matavam soldados americanos.

Membros da elogiada equipe de resgate de reféns do FBI, treinados em táticas de comando, estavam em alta demanda tanto no Iraque quanto no Afeganistão. Alguns haviam cumprido quatro deslocamentos de batalha, mais que qualquer outro soldado na guerra, no verão de 2005.

A equipe estava preparando o assalto militar a um terrorista que havia estado na lista dos Mais Procurados do FBI por mais de vinte anos.

O Bureau tinha perseguido Filiberto Ojeda Rios desde o atentado à Fraunces Tavern de Nova York, em janeiro de 1975, um dos primeiros ataques terroristas letais da era moderna. As forças armadas do movimento pela independência de Porto Rico, as FALN, haviam assumido a responsabilidade. O FBI tinha realizado operações COINTELPRO contra o movimento de independência durante os anos 1960 e início dos anos 1970; o próprio Hoover tinha citado a "crescente ousadia"[10] de seus programas políticos e "a coragem fornecida à causa pela Cuba de Castro".

Ojeda era o comandante das FALN. Tinha sido treinado pelo serviço de inteligência cubano de 1961 a 1967 e havia voltado a Porto Rico como revolucionário. Preso por um agente do FBI em San Juan, após pagar fiança, tinha fugido para Nova York, onde trabalhava sob a proteção dos oficiais de inteligência de Castro na missão cubana nas Nações Unidas. No início de 1974, Ojeda organizou as FALN em Nova York e Chicago.

O FBI culpou o grupo por mais de 120 atentados terroristas com bomba na década seguinte; os ataques mataram um total de seis pessoas e haviam causado milhões de dólares de prejuízo. O Bureau havia tido sorte em novembro de 1976, quando um viciado em heroína invadiu o esconderijo secreto das FALN em Westown, Chicago, à procura de algo para roubar. Ele encontrou dinamite e tentou vendê-la nas ruas. Dois dias depois, em 3 de novembro de 1976, a polícia de Chicago e o FBI souberam de suas ofertas e obtiveram um mandado para realizar uma busca no apartamento roubado por ele. Encontraram a primeira fábrica de bombas ativa descoberta durante uma investigação terrorista nos Estados Unidos. O esconderijo tinha explosivos, baterias, tanques de propano, relógios e um tesouro de documentos. A investigação levou a uma série de acusações criminais. O FBI havia ferido as FALN, mas não as havia matado.

Ojeda voou de volta para Porto Rico, de onde supervisionou o assassinato de um soldado da Marinha americana em San Juan, em 1982, e dirigiu o roubo de 7,1 milhões de dólares do banco Wells Fargo em Connecticut, em 1983. O FBI acreditava que metade do dinheiro tinha sido para a inteligência cubana.

O novo agente especial encarregado de San Juan, Luis Fraticelli, criou um esquadrão antiterrorista de quinze membros. Rastrear Ojeda era sua prioridade. Trinta anos haviam se passado desde o atentado a Fraunces Tavern.

Durante o verão de 2005, o esquadrão determinou que o fugitivo de 72 anos estava morando em uma pequena casa, em uma rua de terra, em um povoado isolado na fronteira oeste de Porto Rico. Fraticelli pediu que a equipe de resgate de reféns o capturasse.

A sede do FBI aprovou o deslocamento. Dez atiradores de elite e uma equipe de apoio aterrissaram em Porto Rico dez dias depois, em 23 de setembro de 2005. Não haveria negociação. Nenhum membro da equipe falava espanhol.

Mas o plano deu errado. O helicóptero deixou a força de resgate no local errado. Seu disfarce foi rapidamente descoberto. Quando finalmente encontraram a casa de Ojeda, uma multidão havia se reunido na rua, cantando "Assassinos do FBI". Tiros foram disparados — pelo FBI e por seu alvo — às 16h28. Seguiu-se um impasse. A equipe de assalto se instalou. A chuva começou a cair com a aproximação da noite. Os líderes do FBI, monitorando os eventos da sede, começaram a ficar preocupados.

Willie Hulon — o sexto diretor de contraterrorismo do FBI durante os quatro anos de mandado de Mueller — telefonou para seu superior, Gary Bald, o novo chefe de segurança nacional do FBI.

"Bald acreditava haver confusão sobre quem estava no comando",[11] relatou um atenuado relatório pós-ação. Ele escreveu em suas notas: "Quem está no comando?" A resposta era: três líderes diferentes do FBI.

Em San Juan, o extremamente estressado agente especial encarregado queria um ataque imediato. Em Quantico, o comandante da equipe de resgate de reféns queria enviar mais soldados. Em Washington, Hulon queria ver o plano escrito do ataque. Perto da meia-noite, Bald disse à equipe para esperar. Seus membros discordaram veementemente. Seu comandante despachou uma nova equipe do Aeroporto Internacional Dulles à 1 hora de 24 de setembro. Eles entraram na pequena casa branca, perfurada com 111 buracos de bala, logo depois do meio-dia. Encontraram o corpo de Ojeda no chão, com uma pistola Browning 9 mm carregada e engatilhada a seu lado. Ele já estava morto desde a primeira troca de tiros. Ninguém na sede culpou a equipe que o havia abatido. Ojeda era um terrorista e um assassino e tinha atirado contra o FBI, ferindo um agente, antes de morrer.

Mas "Quem está no comando?" era uma questão retumbante. Dada a contínua inabilidade de comunicação entre os comandantes do FBI e seus agentes no campo, era difícil ver quem poderia colocá-los no mesmo comprimento de onda. A instável liderança dos chefes de contraterrorismo e inteligência do FBI tornava a tarefa ainda mais difícil. A maioria havia se demitido em busca de empregos mais compensadores como diretores de segurança de companhias de cartão de crédito, cassinos e empresas de cruzeiros.

Todas as manhãs, Mueller lia o relatório diário de ameaças que vinha do novo Centro Nacional de Contraterrorismo, até vinte páginas por dia de e-mails capturados, dicas de serviços de inteligência estrangeiros, entrevistas com informantes e relatórios sobre pessoas suspeitas das polícias locais e estaduais. Em um dia comum, o sistema local de rastreamento de ameaças do FBI, chamado Guardian, registrava até cem alertas. A grande maioria não passava de alarme falso.

O FBI tinha de encontrar uma maneira de analisar tudo isso, escolher alvos para suas investigações e transformar essas investigações em prisões e acusações que pudessem se sustentar no tribunal e serem contadas como vitórias contra o inimigo. Mueller ainda precisava transformar a inteligência em um instrumento da lei.

Havia uma maneira. Ele precisava de um novo general e de uma nova estratégia.

"É NOSSA RESPONSABILIDADE"

Ele encontrou o comandante que procurava em Philip Mudd, o prematuramente grisalho e enganadoramente amável diretor adjunto do Centro de Contraterrorismo da CIA. Eles haviam testemunhado juntos durante anos em audiências confidenciais; Mueller gostava da maneira como seu novo recruta pensava e falava. Mudd era um analista de inteligência profissional, veterano de vinte anos na CIA que havia servido como diretor do Conselho Nacional de Segurança para o Golfo Pérsico e o Oriente Médio e tinha trabalhado em Cabul com o embaixador americano no Afeganistão.

Mudd se tornou chefe da Divisão de Segurança Nacional do FBI em 27 de abril de 2006. Embora tivesse passado a vida desvendando segredos, ele confessou que o FBI o havia deixado confuso.

"Levei entre seis e doze meses para entender",[12] disse ele. "Nosso trabalho não é *coletar* inteligência. Nosso trabalho é olhar para um problema e, usando nossa inteligência e nossas habilidades como agência da lei, *fazer algo* a respeito do problema de maneira a fornecer segurança para Los Angeles, Chicago ou Tuscaloosa. Essa é uma profunda diferença, em minha opinião, entre este e outros desafios de inteligência que vi ao longo dos anos."

"Isso é maior, mais difícil e tem, de certa forma, implicações mais amplas para a segurança deste país", continuou ele. "Isso é nossa responsabilidade. Se não fizermos as coisas direito, é nossa culpa."

Mueller e Mudd observaram atentamente a correlação de forças na guerra contra o terror na primavera e verão de 2006. A administração Bush estava enfraquecendo. Suas tentativas de usar espiões e soldados para capturar e interrogar suspeitos de terrorismo começavam a entrar em colapso. A tortura manchava os depoimentos contra os suspeitos, tornando quase impossível sua condenação pelos júris americanos. E a Suprema Corte decidiu que o presidente não tinha a autoridade para criar tribunais de crimes de guerra em Guantánamo.

Bush havia demitido o diretor da CIA e estava prestes a fazer o mesmo com seu secretário de Defesa. O procurador-geral Alberto Gonzales, ex-conselheiro da Casa Branca, era visto amplamente como um caniço frágil sobre o qual se apoiar. O principal assessor de segurança nacional do vice-presidente Cheney, I. Lewis "Scooter" Libby, tinha sido condenado por perjúrio e obstrução da Justiça por mentir durante uma investigação de vazamentos na CIA; ele foi o oficial de mais alto posto da Casa Branca a ser condenado desde o imbróglio Irã-Contras. A Guerra no Iraque estava indo mal. A al-Qaeda ainda estava ativa; seus métodos estavam se espalhando; as imagens de Abu Ghraib se tornaram um cartaz de recrutamento em todo o mundo. Após a constrangedora exposição dos aspectos extralegais do programa de vigilância Vento Estelar, o Congresso havia passado a trabalhar para expandir os poderes de escuta sem mandado do governo. Eventualmente, ele legalizou partes da vigilância secreta do presidente e a tornou mais fácil no interior do país. Como muitas das telecomunicações mundiais são roteadas nos Estados Unidos, independentemente de sua origem, a NSA e o FBI podiam capturar um e-mail armazenado em um servidor da Microsoft ou rastrear uma chamada encaminhada por um escritório da AT&T sem precisar de mandado. Mesmo assim, cinco anos de perseguição intensa haviam falhado em encontrar um único suspeito da al-Qaeda nos Estados Unidos. E o FBI continuava com a ominosa sensação de que eles estavam por lá, em algum lugar.

Havia outra maneira de obrigá-los a se mostrar. O que havia funcionado para Hoover contra a Ku Klux Klan e o Partido Comunista dos Estados Unidos podia funcionar para Mueller contra a ameaça de terrorismo islâmico. O FBI capturaria terroristas potenciais com armadilhas. Era uma estratégia tradicional que os investigadores compreendiam e os agentes de inteligência apreciavam. Ela combinava investigações secretas com a satisfação de grandes prisões e manchetes flamejantes. Exigia dois elementos essenciais: um trapaceiro convincente como informante e um suspeito crédulo como alvo. Nenhum júri em Los Angeles, Chicago ou Tuscaloosa aceitaria um argumento de cilada de um acusado de terrorismo algemado pelo FBI.

Durante os três anos seguintes — até que o FBI encontrasse o primeiro operador real da al-Qaeda nos Estados Unidos —, as operações disfarçadas se tornaram uma estratégia central do contraterrorismo no país. Mueller as tornou oficiais em um discurso em 23 de junho de 2006, anunciando a prisão de sete homens em uma favela de Miami acusados de conspirar para explodir a Sears Tower em Chicago, o mais alto edifício dos Estados Unidos. Mueller os chamou de membros de uma "célula terrorista doméstica [...] autorrecrutada, autotreinada e autoexecutável. Eles podem não ter nenhuma conexão com a al-Qaeda ou qualquer outro grupo. Eles partilham ideias e informações nas sombras da internet. Buscam inspiração em websites radicais que clamam por violência. Conseguem dinheiro cometendo crimes pequenos, que não chamam muita atenção. Respondem não a um líder particular, mas a uma ideologia. Em resumo, operam sob o radar".[13]

Os Sete de Liberty City, como eram chamados, eram bandidos não muito espertos sem meios aparentes ou habilidade para atacar algo maior que uma loja de bebidas. Suas conspirações eram mais aspirações que planos operacionais, como disse o diretor adjunto do FBI, John Pistole — uma frase que seria frequentemente repetida. Foram necessários três julgamentos para condenar cinco deles. Mas caso após caso contra a ameaça doméstica se seguiram em todo o país. Um agente disfarçado do FBI em Illinois seguiu um ladrãozinho de 22 anos que trocou seus autofalantes por quatro granadas de mão falsas; ele disse que pretendia matar os comerciantes de um shopping em Chicago durante a semana de Natal em 2006. Em outra investigação, Mueller destacou o trabalho de um ex-boina-verde que havia rastreado dois americanos naturalizados da Jordânia enquanto levantavam pesos, engoliam esteroides e conversavam sobre matar soldados americanos no Iraque.

Mais da metade dos principais casos do FBI contra acusados de terrorismo, entre 2007 e 2009, vieram de armadilhas. O Bureau conseguiu um indiciamento aparentemente espetacular em 8 de maio de 2007, revelando um plano para atacar a base militar de Fort Dix, Nova Jersey, com armas pesadas. Os líderes eram três ladrões fumantes de maconha com vinte e poucos anos, todos imigrantes ilegais da Albânia, e seu cunhado, um taxista palestino. Eles haviam filmado a si mesmos em um estande de tiro, gritando "Deus é grande", e então levaram a fita a uma loja para gravá-la em DVD. O funcionário da loja ligou para o FBI, que infiltrou o grupo com um informante, que se ofereceu para fornecer rifles de assalto e granadas. Um caso ainda mais assustador emergiu em 3 de junho de 2007, quando o FBI prendeu um suspeito de 63 anos que havia trabalhado no Aeroporto Kennedy, em Nova York, e o acusou de liderar uma conspiração para explodir tanques de combustível de aviação e os dutos que circundavam os terminais de passageiros. O informante, um traficante de cocaína condenado, registrou em uma fita: "Atacar o John F. Kennedy, uau",[14] disse ele. "Eles amam o JFK — como amam o homem. Se atacar o aeroporto, o país inteiro ficará de luto. É como se você pudesse matá-lo duas vezes."

Um ex-sinaleiro da Marinha foi condenado em 5 de março de 2008, em um processo amplamente baseado em um e-mail enviado por ele sete anos antes. O réu, nascido Paul Hall, tinha mudado seu nome para Hassan Abu-Jihad, uma escolha que não causou nenhuma estranheza quando se alistou na Marinha. Enquanto estava a bordo do *USS Benfold*, no Golfo Pérsico, em abril de 2001, cinco meses após o ataque ao *Cole*, ele tinha enviado mensagens para um fórum jihadista em Londres abraçando a al-Qaeda e revelando o curso de dez navios da Marinha no Golfo. Recebeu uma sentença de vinte anos.

Esses casos renderam boas histórias. O FBI os apresentou como ameaças em tempo real de radicais da vida real nos Estados Unidos. Desde que a nação não sofresse um ataque, a maioria dos americanos ligava muito pouco para o fato de alguns desses casos serem invenções, de o FBI às vezes fornecer as armas e as missões, de que nem todo e-mail era estopim para um explosivo ou de que os conspiradores poderiam não ser terroristas domésticos, mas sim lunáticos.

O FBI tinha mais de 700 milhões de registros relacionados a terrorismo em seus arquivos. A lista de suspeitos que observava tinha mais de 1,1 milhão de nomes. Encontrar ameaças reais nesse dilúvio de informações secretas ainda era um pesadelo. A terceira tentativa do Bureau de criar uma rede computadorizada para seus agentes foi confusa, custando muito mais e levando muito mais tempo do que todos temiam. Mueller tinha autorização para contratar duas dúzias de oficiais seniores de inteligência para a sede. Até 2008, tinha encontrado dois. O Congresso continuou a fustigar os líderes de contraterrorismo do FBI por suas falhas de previsão e falta de vigor; Mueller já havia visto oito deles virem e irem embora.

E o incessante foco do FBI na luta contra o terrorismo teve uma consequência imprevista. As investigações e julgamentos de crimes do colarinho branco despencaram, uma bênção para os saqueadores de Wall Street, que ajudaram a criar a maior crise econômica nos Estados Unidos desde os anos 1930.

Mueller permaneceu com boa reputação durante o fim da administração Bush. Assim como Mudd, que permaneceu como assessor sênior de inteligência do diretor. Com orientações do secretário de Defesa, o ex-diretor da Central de Inteligência Robert Gates, eles começaram a desenvolver uma estratégia global de contraterrorismo que caiu nas graças de ambos os partidos no Congresso e de ambos os candidatos concorrendo à Casa Branca no outono de 2008. Os três permaneceriam no cargo sob o novo presidente. Os três modelariam suas estratégias.

"O OBJETIVO QUE SEMPRE NORTEOU NOSSO PODER"

Em 28 de abril de 2009, o presidente Barack Obama chegou ao Hoover Building para a celebração pública do centésimo aniversário do FBI. Uma multidão de escreventes e secretárias começou a se reunir no pátio central da fortaleza de concreto do Bureau. A elite do FBI, portando seus distintivos dourados, caminhou para o pátio com Obama. O banner do centenário, ligeiramente torto, estava pendurado na parede dos fundos.

"Em 1908, havia apenas 34 agentes especiais se reportando ao procurador-geral de Theodore Roosevelt. Hoje, há mais de 30 mil homens e mulheres trabalhando para o FBI",[15] começou o presidente. "Muita coisa mudou nos últimos cem anos", disse ele, exercendo o charme. "Graças a Deus pelas mudanças." A multidão enlouqueceu.

"Também sei que algumas coisas permaneceram constantes", disse ele, nivelando a voz. "O império da lei — essa é a fundação sobre a qual este país foi construído. Esse é o objetivo que sempre norteou nosso poder. E é por isso que devemos sempre rejeitar como falsa a escolha entre nossa segurança e nossos ideais."

Obama havia chegado ao poder como defensor das liberdades civis e da lei constitucional. No Salão Oval, assumiu uma linha mais dura do que a proclamada em público. Suas escolhas em contraterrorismo às vezes chocavam seus apoiadores. Ele decidiu caçar e matar a al-Qaeda no Afeganistão e no Paquistão. Os Estados Unidos levaram a guerra a milhares que seguiam o credo do jihad. Guiado pelo imperativo de prevenir o próximo ataque, ele foi mais longe que seus predecessores para resolver os enigmas do contraterrorismo. Foi o primeiro presidente, desde o fim da Guerra Fria, a coordenar os poderes militares e de inteligência dos Estados Unidos e transformá-los em forças letais sob regras bem definidas.

Sob Obama, a CIA e o Pentágono obliteraram centenas de suspeitos de terrorismo, e às vezes civis, com uma varredura incessante de foguetes lançados por drones sob o Afeganistão e o Paquistão. Enquanto os comandos americanos matavam Osama bin Laden e outros líderes da al-Qaeda, o Departamento de Estado usava diplomacia armada para ganhar a cooperação de muitas nações islâmicas, auxiliado pelos levantes da Primavera Árabe, liderada por rebeldes contrários aos ditadores, em nome da democracia. Para manter a lei e a ordem na guerra contra o terror, Obama deu ao FBI controle sobre os mais duros cativos da al-Qaeda, os detentos de alto valor. E confiou a Robert Mueller e seus agentes a tarefa de prender e interrogar terroristas sem violar as leis e liberdades americanas.

O FBI agora fazia parte de uma crescente rede mundial de sistemas de segurança nacional entrelaçados, incluído em uma rede de informações secretas partilhadas entre as polícias e espiões dos Estados Unidos e do mundo. O Bureau prendeu mais suspeitos com mais armadilhas, ainda mais sofisticadas. Às vezes, trabalhou nas margens da lei e presumivelmente além delas, na vigilância de milhares de americanos que se opunham ao governo com palavras e pensamentos, não atos ou complôs. Mas também usou trabalho superior de inteligência para prender Najibullah Zazi, um imigrante afegão aliado à al-Qaeda, e levá-lo ao tribunal federal em Nova York, onde ele se confessou culpado de conspirar para plantar uma bomba no metrô no décimo aniversário do 11 de Setembro. Em outubro de 2011, outro terrorista inspirado pela al-Qaeda, Umar Farouk Abdulmutallab, confessou-se culpado de tentar destruir uma aeronave da Delta com 278 passageiros a bordo sobre Detroit, no Natal anterior. Ele tinha explosivos em sua roupa de baixo.

O juiz federal perguntou se ele sabia que havia violado a lei. "Sim, a lei dos EUA", disse ele. Os casos eram prova de que suspeitos de terrorismo podiam ser julgados e condenados em tribunais americanos, seguindo a lei, sem tribunais militares ou confissões extraídas com tortura em prisões secretas.

No front doméstico, os americanos se habituaram às câmaras de circuito fechado, às luvas dos guardas de aeroporto e à falange de policiais em roupas de combate. Muitos voluntariamente abriram mão de liber-

542

dades pela promessa de segurança. Eles podiam não amar o Big Brother, mas sabiam que era parte da família agora.

Mesmo assim, ainda havia sinais de que o império da lei constitucional poderia governar o contraterrorismo nos anos futuros. Um novo conjunto de diretivas para as investigações de inteligência do FBI surgiu em 7 de novembro de 2011. Ele se seguiu a uma década de discussões sobre como usar os imensos poderes confiados ao Bureau para a guerra contra o terror e a três anos tentando reparar os danos causados em nome da segurança nacional sob a administração Bush.

As novas regras do FBI especificavam limites legais às buscas e apreensões de inteligência: grampos telefônicos, escutas, coleta de dados, vigilância eletrônica e rastreamento de e-mails e celulares. O manual de 460 páginas, revelado ao público com grandes supressões, parecia algo novo no século XXI. Parecia que o governo americano tentava, de boa-fé, equilibrar liberdade e segurança.

O FBI, que ainda não tinha carta legal do Congresso, havia se debatido durante um século para decidir o que podia fazer em nome da segurança nacional. O procurador-geral Edward Levi tinha sido o primeiro a tentar governar o Bureau 35 anos antes, logo após Watergate. Ele havia agido na tradição do juiz Harlan Fiske Stone, o pilar da lei responsável pela nomeação de J. Edgar Hoover pela primeira vez e que havia avisado que uma polícia secreta era uma ameaça a uma sociedade livre.

O FBI pode ter criado o primeiro manual de operações realista para dirigir um serviço secreto de inteligência em uma democracia. As novas regras dizem, já de início, que a "rigorosa obediência aos princípios e garantias constitucionais é mais importante que o resultado de uma única entrevista, busca por provas ou investigação".[16] Elas deixam claro que o FBI não pode investigar indivíduos por "se oporem à guerra ou à política externa, protestarem contra ações do governo ou promoverem certas crenças religiosas" ou por serem estrangeiros, anarquistas ou árabes americanos. A concessão de poderes ilimitados ao FBI para realizar buscas, apreensões e vigilância sem mandado agora exige uma declaração de guerra do Congresso, não um decreto presidencial secreto. Esses princípios podem parecer autoevidentes, mas, no passado, o FBI os violou repetidamente.

A continuidade de Robert Mueller no cargo contribuiu para essa mudança. Nenhum outro diretor do FBI teve a estabilidade necessária para servir o mandado de dez anos que o Congresso impôs após a morte de Hoover. Alguns partiram em desgraça ou desdém. Mueller perseverou. Ele ultrapassou esse marco uma década após os ataques do 11 de Setembro. Obama lhe pediu para ficar mais dois anos. Ele deveria permanecer até setembro de 2013, se conseguisse suportar a crescente pressão. A essa altura, estava perto dos setenta anos e havia envelhecido no cargo, com o cabelo branco, a face cinzenta e os olhos cansados, enfrentando a cada manhã a avalanche de novas ameaças e falsos alarmes. Mas, desde que tinha confrontado um presidente sobre os limites de seus poderes para espionar cidadãos americanos, havia lutado por um princípio. Na época, avisou que não queria que nenhum historiador escrevesse: "Você venceu a guerra contra o terrorismo, mas sacrificou suas liberdades civis."[17]

Permanece a possibilidade de que esse princípio prevaleça; a possibilidade de que, em uma época de perigo contínuo, os americanos possam tanto ser livres quanto estarem seguros.

Posfácio

Esta obra deve sua vida a Robert D. Loomis, que faz livros na Random House há 55 anos, uma carreira tão longa quanto a de J. Edgar Hoover. Ele conheceu Hoover e ambos chegaram a partilhar uma ou duas doses de Jack Daniel's. Trabalhar lado a lado com Bob, com meu manuscrito em sua mesa e o lápis em sua mão, foi um dos grandes prazeres da minha vida, uma experiência que somente os autores mais afortunados já viveram.

Na Random House, uma equipe notável transformou nosso manuscrito em livro. Meu profundo agradecimento a Gina Centrello, Tom Perry, Susan Kamil, Benjamin Dreyer, Theresa Zoro, Ben Steinberg, Andy Ward, Amelia Zalcman, Avideh Bashirrad, Erika Greber, Susanna Sturgis, Lisa Feuer, Richard Elman, Steve Messina, Carole Lowenstein, Susan Turner, Beck Stvan, Barbara Fillon e Lisa Barnes. Devo enorme gratidão ao melhor agente literário do mundo, Kathy Robbins, e sua equipe, incluindo David Halpern, Louise Quayle e Mike Gillespie. Meu agradecimento também ao doutor F. Richard Pappas e a Matthew Snyder, da CAA.

Inimigos foi abençoado pelo momento em que documentos mantidos secretos desde a Segunda Guerra Mundial foram revelados. Em meses recentes, o FBI tornou públicos milhares de registros que forneceram profundidade e escopo a este livro. O historiador oficial do Bureau, John H. Fox Jr., e sua equipe prestaram um grande serviço ao público divulgando esses registros on-line, uma tarefa pela qual merecem aclamação.

Muitas das histórias orais deste livro foram compiladas e seus direitos autorais foram registrados pela Sociedade de Ex-Agentes Especiais do Federal Bureau of Investigation e são citadas aqui com permissão verbal e escrita da sociedade. Os arquivos de inteligência de J. Edgar Hoover me foram fornecidos após um esforço de 26 anos, iniciado sob a Lei de Liberdade de Informação e realizado por David Sobel, da Electronic Frontier Foundation. Agradeço a ele e aos funcionários do FBI que trabalharam para permitir sua revelação.

O FBI tem um esquadrão de oficiais de relações públicas cuja habilidade e experiência são superadas apenas pela equipe do Pentágono. Escolhi não trabalhar diretamente com eles para preservar a integridade do livro e poupar os leitores da prosa insensível dos comunicados de imprensa. Mesmo assim, o FBI fornece, on-line, uma significativa quantidade de informações públicas, dentro dos limites de uma burocracia comprometida com o sigilo.

Trabalhei com documentos secretos e investiguei agências secretas durante 25 anos. Sei que nenhum observador externo — e poucos observadores internos — compreende o escopo total das operações secretas do governo. Este livro é incompleto. Mesmo assim, representa um esforço para escrever um capítulo da história dos Estados Unidos no último século. Os leitores podem discordar, mas acredito que os registros citados neste livro falam por si mesmos. Eles são os anais da luta dos americanos para serem livres e se sentirem seguros.

Renunciaremos a nossa liberdade no futuro se falharmos em ler nossa história. "Um governo popular sem informações populares ou meios para adquiri-las é somente o prólogo de uma farsa, de uma tragédia ou de ambos", escreveu James Madison no início da luta contínua de nossa nação para criar uma república livre. "O conhecimento sempre governará a ignorância e um povo que pretende ser seu próprio governante deve se armar com o poder fornecido pelo conhecimento."

Notas

Parte I — Espiões e sabotadores

1. ANARQUIA

1. Entrevista de O'Brian, CBS News, 2 de maio de 1972 (o dia em que Hoover morreu).
2. Entrevista com Fennell em Ovid Demaris, *The Director: An Oral Biography of J. Edgar Hoover* (Nova York: Harper's Magazine Press, 1975).
3. Hester O'Neill, "J. Edgar Hoover's Schooldays", *American Boy and Open Road*, setembro de 1954.
4. Mensagem de guerra do presidente ao Congresso, 2 de abril de 1917.
5. O'Brian citado em *The New York Times*, 9 de outubro de 1918.
6. John Lord O'Brian, "New Encroachments on Individual Freedom", *Harvard Law Review* 66, n. 1 (novembro de 1952), p. 14.
7. Sobre o escopo do esforço alemão, ver o depoimento de A. Bruce Bielaski (diretor, Bureau of Investigation, Departamento de Justiça), Comitê Judiciário do Senado, 65º Congresso, 2ª sessão, 6 de dezembro de 1918 (Washington, D.C.: Government Printing Office, 1919).
8. Bernstorff citado em Arthur S. Link, Wilson, *The Struggle for Neutrality, 1914-1915* (Princeton, N.J.: Princeton University Press, 1960), p. 378.
9. Woodrow Wilson, Terceira Mensagem Anual ao Congresso, 7 de dezembro de 1915.

2. REVOLUÇÃO

1. Carta de Theodore Roosevelt a George Otto Trevelyan, 19 de junho de 1908, em Joseph Bucklin Bishop, *Theodore Roosevelt and His Time Shown em His Own Letters* (Nova York: C. Scribner's Sons, 1920), p. 92-94.
2. Theodore Roosevelt, *American Ideals and Other Essays, Social and Political* (Nova York: G. P. Putnam's Sons, 1897), p. 304.

3. Theodore Roosevelt, Primeira Mensagem Anual ao Congresso, 3 de dezembro de 1901, on-line no Projeto Presidências Americanas, http://www.presidency.ucsb.edu.

4. Procurador-geral Brewster citado em Homer Cummings e Carl McFarland, *Federal Justice: Chapters in the History of Justice and the Federal Executive* (Nova York: Macmillan, 1937), p. 373.

5. Robert A. Pinkerton, "Detective Surveillance of Anarchists", *North American Review* 173, n. 540 (1901), p. 39.

6. Editorial não assinado do *Capitol Journal*, de Salem (Oregon), reimpresso em *Portland Oregonian*, 8 de julho de 1905, e citado em Jerry A. O'Callaghan, "Senator Mitchell and the Oregon Land Frauds, 1905", *Pacific Historical Review* 21, n. 3 (agosto de 1952), p. 261; *"conduta inadequada"*: procurador--geral Wickersham ao presidente Taft, 10 de maio de 1912, NARA RG 60, arquivo do caso Jones Pardon.

7. Findlay a Hoover, "Memorando ao diretor referente à história inicial do Bureau of Investigation, Departamento de Justiça dos Estados Unidos", 19 de novembro de 1943.

8. Relatório anual do procurador-geral dos Estados Unidos, 1907, on-line em www.fbi.gov/libref/historic/history/origins.

9. Audiências do Comitê de Apropriações da Câmara sobre Apropriações Deficientes, 59º Congresso, 2ª sessão (1907). Em 17 de janeiro de 1908, o presidente do Comitê de Apropriações da Câmara, o congressista republicano James A. Tawney, de Minnesota, criou uma armadilha para o procurador--geral Bonaparte. O Comitê de Apropriações controlava os gastos federais. Perguntou-se a Bonaparte, durante uma audiência aberta, quantos agentes do Serviço Secreto e detetives o Departamento de Justiça havia contratado no ano anterior. "Seria difícil dizer", respondeu ele, tentando evitar a questão. Foi lembrado de que havia uma quantidade específica de dinheiro autorizada para o Serviço Secreto e o requerimento legal de que a apropriação se limitasse somente àquele serviço. Ele já havia empregado detetives particulares? "Temos de empregar certos agentes especiais de tempos em tempos", respondeu Bonaparte. "Temos de ter alguns detetives [...] Mas não muitos e é preciso lembrar que com essa classe de homens [...] devemos empregar muita cautela." "Eles não são exatamente a melhor classe de homens?", perguntaram a Bonaparte. "Não", respondeu ele. O congressista Tawney não somente negou o pedido de Bonaparte por dinheiro federal para criar o novo Bureau of Investigation, como foi um passo além: escreveu uma provisão no orçamento federal proibindo o Departamento de Justiça de usar agentes do Serviço Secreto como investigadores.

10. H. Twichell, 16 de fevereiro de 1905, *Mark Twain's Letters* (Nova York: Harper & Brothers, 1919), p. 766.

11. Os registros do FBI estabelecem 29 de junho de 1908 como a data em que Bonaparte usou seus fundos para contratar agentes do Serviço Secreto (as fontes divergem sobre se foram oito, nove ou dez agentes). Mas o Bureau considera a data de assinatura da ordem formal, 26 de julho de 1908, sua data oficial de fundação. A ordem que Bonaparte assinou criando uma força permanente de "agentes especiais" dizia o seguinte:

> Todas as questões relacionadas a investigações do departamento, com exceção das que devem ser feitas por examinadores bancários ou que estejam conectadas ao serviço de naturalização, devem ser enviadas ao examinador-chefe, em memorando, para que ele verifique se algum membro da força de agentes especiais sob sua direção está disponível para a tarefa que precisa ser realizada. Nenhuma autorização de gastos com examinadores especiais deve ser feita por qualquer oficial do departamento sem primeiro determinar se um membro da força regular está disponível para o serviço desejado e, caso o serviço não possa ser realizado pela força regular de agentes especiais do departamento, a questão será levada à atenção especial do procurador-geral ou do procurador-geral em exercício, juntamente com uma declaração do examinador-chefe sobre as razões pelas quais um funcionário regular não pode ser designado para tal tarefa, antes que seja concedida autorização para o desembolso de qualquer valor para esse propósito.

> Charles J. Bonaparte
> Procurador-geral

O glorificado contador que era empregado por nomeação e possuía o título de "examinador-chefe" foi, com efeito, o diretor do Bureau of Investigation durante seus primeiros anos.

12. Bonaparte a Roosevelt, 14 de janeiro de 1909, on-line em www.fbi.gov/libref/historic/history/origins.htm.
13. Bonaparte, relatório anual do procurador-geral dos Estados Unidos, dezembro de 1908, on-line em www.fbi.gov/libref/historic/history/origins.htm.

3. TRAIDORES

1. Woodrow Wilson, "Discurso no Dia da Bandeira em Washington", 14 de junho de 1917.
2. Ernest Freeberg, *Democracy's Prisoner: Eugene V. Debs, the Great War, and the Right to Dissent* (Cambridge, Mass.: Harvard University Press, 2008), p. 98-104.

3. Declaração do senador Lee Overman, Registros do Congresso, 65º Congresso, 2ª sessão, 4 de abril de 1918 (Washington, D.C.: Government Printing Office, 1919).

    O senador Overman iniciou as audiências do Comitê Judiciário apenas dois meses após o fim da Primeira Guerra Mundial. De muitas maneiras, elas anteciparam o trabalho do senador Joseph McCarthy, mais de trinta anos depois. E influenciaram o curso do grande medo vermelho em 1919.

    Em janeiro de 1919, Overman ouviu depoimentos sobre espionagem alemã em tempos de guerra contra os Estados Unidos. As audiências não levaram a nada, uma vez que nem um único ato de sabotagem alemã tinha perturbado a nação desde Black Tom.

    O senador Overman e seus colegas do Comitê Judiciário rapidamente voltaram sua atenção para a conspiração comunista internacional. "Não sei se podemos abordar essa questão agora, sob nossa resolução, e investigar o bolchevismo", disse ele. Mas o fizeram, e imediatamente.

    Archibald E. Stevenson, advogado de Wall Street de 35 anos e autoproclamado especialista na ameaça vermelha, chamou a atenção do comitê. Ele disse que milhares e milhares de americanos — ministros, professores, políticos, editores — haviam sido seduzidos pela Revolução Russa. E forneceu centenas de nomes, incluindo figuras nacionalmente respeitadas, como Jane Addams, a reformadora social de Chicago, e Charles Beard, um dos principais historiadores americanos. Alguns eram agentes bolcheviques ativos, disse ele, outros apenas intelectuais iludidos.

    As ideias de Marx, Lenin e Trotski estavam sendo espalhadas como veneno por americanos externamente respeitáveis, disse Stevenson aos senadores. Os russos estavam enviando dinheiro, pessoas e propaganda aos Estados Unidos e seus agentes americanos estavam levando a Revolução Russa para cada cidade e centro industrial do país por meio de comitês secretos chamados sovietes.

4. Procurador-geral Gregory a T. U. Taylor, abril de 1918, citado em Charles McCormick, *Seeing Reds: Federal Surveillance of Radicals em the Pittsbugh Mill District, 1917-1921* (Pittsburgh: University of Pittsburgh Press, 2002), p. 64.

5. Memorando de F. X. O'Donnell, 24 de outubro de 1938, citado em "Uma análise das investigações de inteligência sobre segurança interna do FBI: autoridade, atitudes oficiais e atividades em uma perspectiva histórica", FBI, 28 de outubro de 1975.

6. Bruce Bielaski, do Bureau of Investigation, disse ao Congresso em dezembro de 1918 que a Liga de Proteção Americana tinha entre 300 e 350 mil membros, embora outros oficiais do governo afirmassem que eram 250 mil.

7. McAdoo a Wilson, 2 de junho de 1917 e Wilson a Gregory, 4 de junho de 1917, em *The Public Papers of Woodrow Wilson*, 42, p. 410-411 e 416, on-line em http://www.presidency.ucsb.edu/woodrow_wilson.php; *"negligente por não ter buscado uma solução"*: Wilson citado em John F. Fox Jr., "bureaucratic Wrangling over Counterintelligence, 1917-18", on-line em www.cia.gov/library/center-for-the-study-of-intelligence/csi-publications/csi-studies/studies.

8. *The New York Times*, 4 de agosto de 1917, p. 6; *"tirá-lo de circulação"*: citado em Melvyn Dubofsky, *"We Shall Be All"*: *A History of the Industrial Workers of the World* (Chicago: University of Illinois Press, 2000), p. 233.

9. De Woody citado em *The New York Times*, 6 de setembro de 1918, p. 1.

10. David A. Langbart, "Five Months in Petrograd in 1918: Robert W. Imbrie and the US Search for Information in Russia", *Studies em Intelligence* 52, n. 1 (março de 2008), CIA, Centro para o Estudo da Inteligência.

    Os documentos em questão foram entregues pelo conselho de propaganda do governo americano, o Comitê de Informação Pública, criado pelo presidente Wilson para aumentar o apoio popular à guerra. O comitê produzia poderosos pôsteres, filmes e discursos — juntamente com alguns personagens estranhos, entre os quais Edgar Sisson, um proeminente editor de revistas enviado à Rússia como chefe de propaganda americana. Sisson assumiu um posto no consulado americano em Petrogrado, atualmente São Petersburgo, no momento em que a Revolução Bolchevique derrubava o governo do tsar. Ele convenceu o embaixador americano a pagar 20 mil rublos pelos documentos, oferecidos pelo editor de um jornal local de escândalos. Sisson achou que tinha "o maior furo da história", nas palavras do principal advogado do Departamento de Estado. Ele entregou suas provas devastadoras ao presidente Wilson, que ordenou sua publicação em cada grande jornal do país. Wilson, contra os conselhos do Departamento de Guerra, enviou soldados americanos para lutar contra os bolcheviques. Eles ainda estavam lutando quando a Primeira Guerra Mundial terminou oficialmente, em 11 de novembro de 1918.

11. O representante oficial de Moscou era um cidadão alemão chamado Ludwig Martens, que tentou, em vão, obter reconhecimento diplomático dos Estados Unidos. Como muitas embaixadas estrangeiras, seu escritório tinha sido projetado para servir como missão comercial, central de propaganda e estação de espionagem, não apenas como posto diplomático.

    Para J. Edgar Hoover, a própria existência de Martens parecia uma prova da sinistra aliança entre a Alemanha em guerra e a Rússia revolucionária. Cidadão alemão nascido e criado na Rússia, internado em um campo na Inglaterra como estrangeiro alemão durante a guerra, ele se declarou alemão ao chegar a Nova York e então se apresentou como embaixador soviético.

Descobriu que os industriais americanos ficariam felizes em negociar com Moscou — se fossem pagos em dinheiro. Acima de tudo, os soviéticos queriam que as tropas americanas saíssem da Rússia — e que a tecnologia americana entrasse.

12. A. Mitchell Palmer, "The Case Against the Reds", *Forum* 63 (fevereiro de 1920), p. 173-185.

13. *Addresses of President Wilson*, 66º Congresso, 1ª sessão, Senado, documento 120, vol. 435 (Washington, D.C.: Government Printing Office, 1920).

14. Hoover, "Memorando sobre o trabalho da Divisão de Radicais, 1º de agosto de 1919 a 15 de março de 1920", Bureau of Investigation, RG65, NARA.

15. Em 1919, "uma equipe de choque do FBI, ONI e polícia de Nova York conseguiu abrir o cofre do consulado-geral do Japão em Nova York, onde descobriu um código naval japonês", registrou um oficial da Marinha na época. "Esse código foi fotografado, página por página, e refotografado um ou dois anos depois, revelando extensas mudanças. A cifra utilizada no código não era muito difícil e nós fomos literalmente abençoados." Capitão Laurance F. Safford, "Uma breve história da inteligência de comunicações nos Estados Unidos", Agência de Segurança Nacional (aberto ao público em março de 1982).

16. Depoimento de Hoover perante o Comitê de Atividades Antiamericanas da Câmara, em 26 de março de 1947.

17. Memorando de Flynn, 12 de agosto de 1919, reimpresso em "Investigação sobre as atividades do Departamento de Justiça, carta do procurador-geral", 66º Congresso, 1ª sessão, 15 de novembro de 1919.

18. Carta do procurador-geral em resposta à resolução do Senado em 17 de outubro de 1919. *Report on the Activities of the Bureau of Investigation of the Department of Justice Against Persons Advising Anarchy, Sedition, e the Forcible Overthrow of the Government* (Washington, D.C.: Government Printing Office, 17 de novembro de 1919), p. 5-13. O procurador-geral Palmer tinha acabado de perder um caso de teste contra três membros de uma minúscula gangue de anarquistas de língua espanhola em Buffalo, Nova York, que haviam publicado um panfleto de retórica assustadora. Um juiz federal havia anulado a acusação em 24 de julho de 1919, dizendo que não possuía bases legais.

19. "A Associação de Trabalhadores Russos, às vezes chamada de União dos Trabalhadores Russos", 8 de abril de 1919, Bureau of Investigation, NARA M-1085, rolo 931, documento 313.846. Em 15 de agosto de 1919, a polícia de Nova York, incitada pelo Comitê Lusk e por Archibald Stevenson, realizou uma segunda batida no edifício russo na East 15th Street. No primeiro andar, os policiais encontraram uma sala cheia de imigrantes aprendendo a ler e a escrever — e estudando a revolução, supuseram. No andar superior, havia

três homens editando um jornal em russo chamado *Bread and Freedom*. Os três foram prontamente indiciados por acusações estaduais de anarquia criminal em 20 de agosto. As acusações não chegaram às manchetes.

4. COMUNISTAS

1. August H. Loula, "Convenção do Partido Comunista: Dia 1 — 1º de setembro de 1919", Departamento de Justiça / Arquivos do Bureau of Investigation, NARA M-1.085, documento 313.848. Loula estava muito consciente da "importância de preservar o disfarce de nossos informantes confidenciais", mantendo suas identidades secretas e seu trabalho fora dos registros públicos, como relatou Bill Flynn, chefe do Bureau. Os socialistas partiram de Chicago divididos e abatidos; um de seus líderes chamaria o movimento comunista que emergiu da divisão de "ridículo fiasco", dirigido por "uma turba de russos" e "um punhado de intelectuais americanos, com generosas contribuições de agentes do Departamento de Justiça".

2. Informante Confidencial n. 121, "Convenção do Partido Comunista, 1-7 de setembro de 1919", Departamento de Justiça / Arquivos do Bureau of Investigation, NARA M-1.085, documento 313.846.

3. Constituição do Partido Comunista dos Estados Unidos. Relatório à Internacional Comunista (Chicago: Partido Comunista dos Estados Unidos, n.d. [1919]).

4. Jacob Spolansky et. al., "Encontro comunista no Auditório West Side, Chicago", 21 de setembro de 1919, arquivos investigativos DoJ/BoI, NARA M-1.085, documentos 31.3846 e 31.3848.

5. J. Edgar Hoover, "Informações sobre o Partido Comunista", submetido ao Comitê de Regras, Câmara dos Representantes, 66º Congresso, 2ª sessão (Washington, D.C.: Government Printing Office, 1920).

6. A questão sobre se o Comintern subscreveu os comunistas americanos é resolvida pelos arquivos do Comintern. Ele o fez. Mas quanto dinheiro enviou ainda é uma discussão em aberto. Os arquivos mostram a aprovação para quatro subsídios secretos em metais preciosos e diamantes, totalizando mais de 2 milhões de rublos russos, em 1919 e 1920. Essa soma não pode ser convertida precisamente para dólares americanos, mas poderia chegar a centenas de milhares de dólares, ou mesmo milhões, dependendo de como foi feito o câmbio de valores. Contudo um emissário do Partido Comunista dos Estados Unidos solicitou ao Comintern somas mais modestas em 1920, sugerindo menos generosidade por parte de Moscou. Esse pedido orçamentário de 60 mil dólares para o Partido Comunista dos Estados Unidos, feito ao Comintern por Louis C. Fraina em agosto de 1920, incluía 20 mil dólares para "prisioneiros — defesa, auxílio aos dependentes"; 15 mil dólares para

"agitação entre os negros"; 10 mil dólares para "agitação entre soldados do Exército e da Marinha"; e 15 mil dólares para iniciar três jornais.

7. Ata do procurador-geral em resposta à resolução do Senado de 17 de outubro de 1919" (Washington, D.C.: Government Printing Office, 17 de novembro de 1919).

8. O agente especial August Loula voltou ao prédio russo, agora sede do Partido Comunista dos Estados Unidos, para apreender alguns panfletos sediciosos em outubro. E confrontou seus líderes. Conforme seu relato, eles lhe perguntaram "por que estavam sendo honrados com a visita de um agente do Departamento de Justiça". Ele respondeu que, quando voltasse, teria "convites para quartos selecionados na prisão do condado". Mas, ao ler o panfleto, concluiu de má vontade que "não contém nada que possa dar origem a uma acusação". August H. Loula, "Visita à sede do Partido Comunista, Chicago, 14 de outubro de 1919", arquivos investigativos DOJ/BoI, NARA M-1.085, documento 202.600-14.

9. O relato de Hoover sobre sua viagem a Nova York é reproduzido em Kenneth Ackerman, *Young J. Edgar: Hoover, the Red Scare, and the Assault on Civil Liberties* (Nova York: Carroll & Graf, 2007), p. 102-105.

10. Hoover a Caminetti, 3 de novembro de 1919, NARA RG85, arquivo 85-54.235/36. As celebrações do segundo aniversário da Revolução Russa começaram em Nova York ao anoitecer, com discursos de Santeri Nuorteva, o número 2 dos escritórios diplomáticos soviéticos em Manhattan, e Benjamin Gitlow, o político soviético que havia se transformado em líder do Partido Trabalhista Comunista. Agentes do Bureau of Investigation na plateia fizeram notas taquigráficas dos discursos.

11. Lista da União dos Trabalhadores Russos (batida de 7 de novembro de 1919), memorando ao sr. Burke, arquivos investigativos DOJ/BoI, NARA M-1085, documento 202.600-14; *Annual Report of the Commissioner General of Immigration to the Secretary of Labor: Fiscal Year Ended in June 30, 1920* (Washington, D.C.: Government Printing Office, 1920).

12. Briefs citado em J. Edgar Hoover, *Masters of Deceit* (Nova York: Henry Holt & Co., 1958), p. vi.

13. M. J. Davis, "Partido Comunista", 4 de dezembro de 1919, NARA M-1.085, rolo 931, documento 313.846.

14. Hoover a Caminetti, 16 de dezembro de 1919, NARA M-1.085, documento 313.846.

15. Hoover citado no *New York Tribune*, 22 de dezembro de 1919; "Não fui justo": a fonte da citação é o congressista William Vaile, do Colorado, *Congressional Record*, 5 de janeiro de 1920.

16. Emma Goldman, *Living My Life* (Nova York: Dover Publications, 1970), p. 716-717.

5. "QUEM É O SR. HOOVER?"

1. Comitê executivo do Partido Comunista. Pode ter sido Clarence Hathaway, fundador do Partido Comunista dos Estados Unidos e informante do FBI de 1920 em diante. Seu relatório de vigilância disfarçada foi do general de brigada Marlborough Churchill, chefe da Inteligência Militar, para a mesa de Hoover em 12 de janeiro de 1920, NARA M-1.085, documento 313.846. Embora os comunistas americanos possuíssem muitas facções em sua primeira década, Ruthenberg era "o fundador do Partido Comunista dos Estados Unidos", nas palavras de Jay Lovestone, um de seus primeiros membros e mais tarde um dos principais anticomunistas da nação.

2. Burke a Kelleher, 27 de dezembro de 1919, publicado em "Acusações de práticas ilegais do Departamento de Justiça", Senado dos Estados Unidos, 66º Congresso, 3ª sessão (Washington, D.C.: Government Printing Office, 1921), p. 12-14.

3. Telegrama aos agentes encarregados, com as iniciais JEH, 2 de janeiro de 1920, NARA M-1.085, documento 313.846.

4. Myron J. Blackmon, agente especial encarregado, "Relatório sobre a batida vermelha em Buffalo, NY, noite de 2/3 de janeiro de 1920", arquivado em 14 de janeiro de 1920, NARA M-1.085, documento 202.600-1.613.

5. Charles E. Ruthenberg, "Relatório ao secretário executivo do Comitê Central Executivo do Partido Comunista dos Estados Unidos", 18 de janeiro de 1920.

6. A. Mitchell Palmer, "The Case Against the 'Reds'", *Forum* 63 (1920), p. 173-185.

7. Hoover, "Relatório sobre a Divisão de Radicais", reimpresso em *Attorney A. Mitchell General Palmer on Charges Made Against Department of Justice*, 65º Congresso, 2ª sessão, 1º de junho de 1920.

8. A carta de Francis Fisher Kane foi impressa em *Survey* 43, 31 de janeiro de 1920, p. 501-503.

9. O discurso do juiz Anderson foi citado no semanal *Harvard Alumni Bulletin* e reimpresso em *LaFollette's Magazine* 12, n. 2 (fevereiro de 1920), p. 3. Sobre o histórico de Anderson como promotor americano e a maneira como lidou com o caso de *habeas corpus* de Deer Island, ver sua entrada em *The Yale Biographical Dictionary of American Law*.

10. Skeffington citado no *Boston Globe*, 13 de janeiro de 1920

11. Os procedimentos presididos pelo juiz Anderson foram citados no "Relatório sobre as práticas ilegais do Departamento de Justiça dos Estados Unidos", da Liga Nacional de Governo Popular, de maio de 1920.

12. *Ibid.*

13. *The New York Times*, 30 de abril e 1º de maio de 1920.

14. Hoover, "Relatório sobre a Divisão de Radicais" em *Palmer on Charges*, p. 186.

15. Hoover a Palmer, 5 de maio de 1920, arquivo do Departamento de Justiça n. 209.264.
16. "Relatório ao povo americano sobre as práticas ilegais do Departamento de Justiça", Liga Nacional de Governo Popular, Washington, D.C., 1920.
17. "Relatório ao povo americano sobre as práticas ilegais do Departamento de Justiça", *op. cit.*
18. Relatório de Hoover ao Congresso sobre a Divisão de Inteligência Geral, 5 de outubro de 1920. Ele estava parcialmente correto. Arquivos do Comintern revelados no fim do século mostram que a afiliação ao Partido Comunista dos Estados Unidos despencou após as batidas: de 23.744, em dezembro de 1919, para 2.296, em fevereiro de 1920, crescendo para 8.223, em abril de 1920 — menos de mil dos que permaneceram em suas fileiras falavam inglês.
19. Relatório de Hoover ao Congresso sobre a Divisão de Inteligência Geral, 5 de outubro de 1920.
20. *The New York Times*, 19 de setembro de 1920.

6. SUBMUNDOS

1. Harding citado por um conselheiro próximo, Nicholas Murray Butler, presidente da Universidade de Columbia, em *Butler, Across the Busy Years: Recollections e Reflections* (Nova York: Charles Scribner's Sons, 1939), vol. 1, p. 411.
2. Francis Russell, *The Shadow of Blooming Grove: Warren G. Harding and His Times* (Nova York: McGraw-Hill, 1968), p. 427.
3. Hoover a Burns, 20 de setembro de 1921, NARA M-1.085, documento 202.600-1.617-53.
4. "Circular aos membros dos Partidos Comunistas Unidos", NARA M-1.085, documento 202.600-14.
5. Harry M. Daugherty, *The Inside Story of the Harding Tragedy* (1932; Boston: Western Islands, 1975), p. 119.
6. C. J. Scully, "Relatório especial sobre atividades comunistas", 1º de maio de 1921, NARA M-1.085, documento 202.600-1.775-8.
7. Panfleto do Partido Comunista dos Estados Unidos, arquivo Comintern, Arquivo Estatal Russo de História Sociopolítica (de agora em diante, RGASPI).
8. "Convenção Unitária dos Partidos Comunistas", NARA M-1.085, documento 202.600-2.265.
9. Foi identificado como informante do FBI, de 1920 em diante, em um memorando enviado a Hoover em 23 de março de 1960 relatando o encontro entre Morris Childs, o informante do FBI em mais alta posição dentro do Partido Comunista dos Estados Unidos, e os líderes do partido Eugene Dennis e Gus Hall. O memorando foi revelado ao público em um arquivo de 35 volumes

sobre a operação Childs, codinome SOLO, e publicado em 2 de agosto de 2011 no website do FBI, vault.fbi.gov/solo. (O documento identificando Hathaway está no vol. 19, p. 29.)

10. C. E. Ruthenberg (escrevendo sob o pseudônimo "David Damon"), *The Communist* 1, n. 2 (agosto de 1921). Os números de afiliação foram retirados dos registros do Comintern e das próprias estimativas de C. E. Ruthenberg, publicadas em *The Communist* 1, n. 9 (julho de 1922).

11. A prosa mordaz é da autobiografia de 1938 de Hoover, *Persons em Hiding* (Nova York: Little, Brown), escrita por seu jornalista favorito, Courtney Riley Cooper.

12. Alice Roosevelt Longworth, *Crowded Hours* (Nova York: Charles Scribner's Sons, 1933), p. 320-325.

13. Hoover ao procurador-geral Robert Jackson, 1º de abril de 1941.

14. Refletindo sobre o referendo, Max Bedacht, um dos delegados em Bridgman, escreveu sobre o homem disfarçado do Bureau: "Conheci pessoalmente a mais desprezível criatura em forma humana, o *agent provocateur* [...] agentes da polícia que ajudam a instigar atos que podem ser construídos como crimes." O próprio Bedacht trabalhou disfarçado. Ele se tornou a principal ligação entre os comunistas americanos e a inteligência soviética; em 1932, recrutou Whittaker Chambers, um jovem editor de um jornal marxista, para servir como espião de Moscou. Max Bedacht, "Underground and Above: A Memoir of American Communism in the 1920s", biografia não publicada, Tamiment Library, New York University.

15. *Herald-Press* de St. Joseph [Mich.], 24 de agosto de 1922.

16. C. E. Ruthenberg, "Foster Verdict a Triumph for Communism in the United States", *The Worker*, 21 de abril de 1923.

17. William Z. Foster, "Relatório sobre a situação sindical nos Estados Unidos e no Canadá", 16 de dezembro de 1922, arquivos do Comintern, f. 515, op. 1, d. 99, l. 1-2.

18. J. Edgar Hoover, *On Communism* (Nova York: Random House, 1969), p. 5.

19. Daugherty, *Inside Story of the Harding Tragedy*, p. 119-125; mas Daugherty e Hoover foram ainda mais longe: "Desordens ilegais e sua supressão", apêndice ao Relatório Anual do Procurador-Geral para 1922; Washington, p. 1-25.

20. Daugherty, *Inside Story*, p. 166. Memorandos do Bureau sobre o discurso do senador Borah pedindo a liberação dos 53 homens ainda detidos em obediência à Lei de Espionagem foram arquivados em 12 de março de 1923.

21. Burton K. Wheeler e Paul F. Healy, *Yankee from the West* (Garden City, N.Y.: Doubleday, 1962), p. 200-204. Enquanto senadores americanos como Borah e Wheeler apoiavam o reconhecimento da Rússia, socialistas americanos

denunciavam os soviéticos por assassinar inimigos reais e imaginários do Estado. Eugene Debs tinha enviado um telegrama ao Kremlin em novembro de 1922, dizendo: "Protesto, com todas as pessoas civilizadas, em nome de nossa humanidade comum", contra os assassinatos políticos cometidos pelos comunistas. O telegrama foi citado em *The New York Call* de novembro de 1922.

22. Daugherty, *Inside Story*, p. 214.

23. Richard A. Whitney, *Reds in America* (Nova York: Beckwith Press, 1924), p. 17-19, 48-54.

24. Russell, *Shadow of Blooming Grove*, p. 582.

25. depoimento de Crim, investigação do juiz Harry M. Daugherty, Senado dos Estados Unidos, 68º Congresso, 1ª sessão, vol. 3, p. 257.

26. Alpheus Thomas Mason, *Harlan Fiske Stone: Pillar of the Law* (Nova York: Viking, 1956), p. 147-149.

7. "ELES NUNCA DEIXARAM DE NOS VIGIAR"

1. Hoover a Stone, 31 de julho de 1924, arquivos do FBI, ACLU.

2. em "They Never Stopped Watching Us: A Conversation Between Roger Baldwin e Alan F. Westin", *Civil Liberties Review* 4 (novembro/dezembro de 1977), p. 25.

3. Hoover a Donovan, 18 de outubro de 1924, FBI. Hoover deu essa resposta a seu superior imediato, o recém-nomeado chefe da Divisão Criminal do Departamento de Justiça, William J. Donovan, destinado a se tornar o líder da espionagem americana durante a Segunda Guerra Mundial e padrinho da CIA.

4. O estatuto promulgado em 1916 dizia que "o procurador-geral pode indicar oficiais [...] para detectar e processar crimes contra os Estados Unidos [e] conduzir outras investigações relacionadas a questões oficiais sob o controle do Departamento de Justiça e do Departamento de Estado, como definidas pelo procurador-geral". Quase sessenta anos depois, o procurador-geral do presidente Ford, Edward H. Levi, afirmou que esse estatuto não suportava escrutínio: "[...] não se pode dizer que as bases estatutórias para as operações do Bureau são completamente satisfatórias."

5. Whitehead, *The FBI Story: A Report to the People* (Nova York: Random House, 1956), p. 71.

6. Hoover aos agentes especiais encarregados, 6 de agosto de 1927, FBI/FOIA.

7. David Williams, "They Never Stopped Watching Us': FBI Political Surveillance, 1924-1936", *UCLA Historical Journal* 2 (1981).

8. BANDEIRAS VERMELHAS

1. Comitê da Câmara para Investigar Atividades Comunistas, investigação de propaganda comunista, 71º Congresso, 2ª sessão, (1930), p. 348.
2. Hamilton Fish Jr., "The Menace of Communism", *The Annals* 156 (Filadélfia: American Academy of Political e Social Science, 1931), p. 54-61.
3. Memorando sobre uma conversa telefônica entre J. Edgar Hoover e o congressista Fish, em 19 de janeiro de 1931, citado em "Counterintelligence Between the Wars", *CI Reader*, National Counterintelligence Executive.
4. Hoover ao procurador-geral Mitchell, 2 de janeiro de 1932, citado em "Counterintelligence Between the Wars", *CI Reader*, National Counterintelligence Executive.
5. Hoover a Kelley, 20 de janeiro de 1931, citado em *"They Never Stopped Watching Us"*.
6. Cummings citado em Kenneth O'Reilly, "A New Deal for the FBI: The Roosevelt Administration, Crime Control, e National Security", *Journal of American History* 69, n. 3 (1982).
7. O alerta de Hoover sobre 4,3 milhões de criminosos à solta nos Estados Unidos foi ridicularizado, embora discretamente, em um relatório ao Senado da Brookings Institution incluído na Investigação sobre as Agências Executivas do Governo, 75º Congresso, 1ª sessão (1937).

Parte II — Guerra mundial

9. O NEGÓCIO DE ESPIONAGEM

1. Memorando de Hoover sobre a conversa, 10 de maio de 1934.
2. Memorando de Hoover, 24 e 25 de agosto de 1936.
3. Olmstead versus EUA, 227 U.S. 438 (1928).
4. Vetterli à sede do FBI, 25 de julho de 1938, citado em Raymond J. Batvinis, *The Origins of FBI Counterintelligence* (Lawrence: University Press of Kansas, 2007), p. 23. Minha narração se baseia na pesquisa de Batvinis, ex-agente de contrainteligência do FBI, cujo relato é a primeira narrativa completa e direta do caso.
5. Os planos de Hoover para a inteligência e contrainteligência se encontram em dois documentos cruciais: "O trabalho, função e organização do Federal Bureau of Investigation em tempos de guerra", de 14 de outubro de 1938; e seu memorando, incluído em uma carta de Cummings a Roosevelt em 20 de outubro de 1938. Os documentos são citados, respectivamente, em Batvinis, *Origins* e "Contrainteligência entre as guerras" e, juntos, representam a base para encarar Hoover como o verdadeiro pai da Central de Inteligência nos Estados Unidos.
6. Memorando de Hoover, 7 de novembro de 1938.

10. O MALABARISTA

1. FDR citando a si mesmo em um grupo de estudos especial sobre a América Latina, 15 de maio de 1942, diário presidencial, p. 1.093, arquivos Henry Morgenthau, FDRL. As citações formam a tese do clássico estudo de Warren F. Kimball, *The Juggler: Franklin Roosevelt as Wartime Statesman* (Princeton, N.J.: Princeton University Press, 1991).
2. A diretiva dizia: "É meu desejo que a investigação de todas as questões de espionagem, contraespionagem e sabotagem sejam controladas pelo Federal Bureau of Investigation, do Departamento de Justiça; pela Divisão de Inteligência Militar [MID], do Departamento da Guerra; e pelo Gabinete de Inteligência Naval [ONI], do Departamento da Marinha. Os diretores dessas três agências devem funcionar como comitê e coordenar suas atividades."
3. Declaração pública do presidente em 6 de setembro de 1939. O procurador--geral Murphy disse em uma entrevista coletiva no mesmo dia: "Agentes estrangeiros e aqueles engajados em espionagem já não encontrarão neste país um agradável campo de caça para suas atividades. Não haverá repetição da confusão, negligência e indiferença de vinte anos atrás. Abrimos muitos escritórios do FBI em todo o país. Nossos homens estão bem preparados e treinados. Ao mesmo tempo, se queremos que o trabalho seja feito de maneira razoável e responsável, não podemos transformá-lo em uma caça às bruxas. Não podemos prejudicar ninguém. Seu governo pede sua cooperação. Você pode fornecer qualquer informação ao representante local mais próximo do Federal Bureau of Investigation."
4. Murphy citado em J. Woodford Howard Jr., *Mr. Justice Murphy: A Political Biography* (Princeton, N.J.: Princeton University Press, 1968), p. 205-210.
5. Anotação de Hoover, Tamm a Hoover, 22 de dezembro de 1937, FBO/FOIA.
6. Nardone II, 308 U.S. 338.
7. Hoover a Jackson, 13 de abril de 1940, Biblioteca do Congresso, arquivos Robert H. Jackson, caixa 94, pasta 8.
8. Hoover a L. M. C. Smith, chefe da Unidade de Leis de Neutralidade, 28 de novembro de 1940, FBI. *CI Reader*, "The Custodial Detention Program".
9. Tolson a Hoover, 30 de outubro de 1939, FBI. *CI Reader*, "Scope of FBI Domestic Intelligence".
10. Memorando a E. A. Tamm, 9 de novembro de 1939, FBI. *CI Reader*, "Scope of FBI Domestic Intelligence".
11. Memorando a E. A. Tamm, 2 de dezembro de 1939, FBI. *CI Reader*, "Scope of FBI Domestic Intelligence".
12. Memorando de Hoover aos escritórios de campo, 6 de dezembro de 1939, FBI. *CI Reader*, "Scope of FBI Domestic Intelligence".

13. O plano *Rueckwanderer* é detalhado em Norman J. W. Goda, "Banking on Hitler: Chase National Bank e the Rückwanderer Mark Scheme, 1936-1941", em *U.S. Intelligence and the Nazis*, publicado pelo Conselho da Fundação Arquivos Nacionais, Washington, D.C., 2005. A obra se baseia em documentos liberados e analisados pelo grupo de trabalho interagências sobre registros nazistas dos Arquivos Nacionais.

14. Franklin D. Roosevelt, memorando confidencial ao procurador-geral, 21 de maio de 1940, FDRL. O procurador-geral seguinte, Francis D. Biddle, mais tarde escreveu: "O memorando evidentemente tinha sido preparado com pressa e pessoalmente pelo presidente, sem consultar ninguém, provavelmente depois de conversar com Bob [procurador-geral Jackson]. Ele abria a porta para a instalação de grampos nos telefones de qualquer suspeito de atividades subversivas. Bob não gostou do memorando e, não gostando, entregou-o a Edgar Hoover sem revisar cada caso." Francis Biddle, *In Brief Authority* (Garden City, N.Y.: Doubleday, 1967), p. 167.

15. Depoimento do procurador-geral Edward H. Levi, 6 de novembro de 1975, Comitê Selecionado do Senado para Estudar as Operações Governamentais relacionadas a Atividades de Inteligência (daqui para a frente, "Comitê Church").

16. Procurador-geral Jackson aos líderes do Departamento de Justiça, sem data.

17. Hoover a Jackson, 1º de abril de 1941; reimpresso em *From the Secret Files of J. Edgar Hoover*, editado e comentado por Athan Theoharis (Chicago: Ivan R. Dee, 1993), p. 184-193.

18. Early a Hoover, 21 de maio de 1940, Biblioteca FDR. A sede de FDR por inteligência política sobre seus inimigos domésticos e sua correspondência com Hoover sobre essa inteligência é detalhada em Douglas M. Charles, *J. Edgar Hoover and the Anti-Interventionists: FBI Political Surveillance and the Rise of the Domestic Security States, 1939-1945* (Columbus: Ohio State University Press, 2007).

19. Hoover a Watson, 28 de setembro de 1940, Biblioteca FDR.

11. INTELIGÊNCIA SECRETA

1. O modo como o Bureau conduziu o caso Sebold foi detalhado pela primeira vez por Raymond J. Batvinis em sua monografia de 2007, "The Origins of FBI Counterintelligence". Batvinis foi, até onde sei, o primeiro autor a revisar o arquivo do caso Sebold e minha narrativa segue a sua. Os arquivos americanos de inteligência dizem que "o FBI tinha sido alertado previamente sobre a chegada esperada de Sebold, sua missão e suas intenções de ajudá--los a identificar agentes alemães nos Estados Unidos". Durante uma de suas quatro tentativas de fugir da Alemanha durante seu alistamento forçado e

treinamento pela Abwehr, Sebold fez uma declaração detalhada ao vice-
-cônsul americano em Colônia.

2. Beatrice B. Berle e Travis B. Jacobs, ed., *Navigating the Rapids, 1918-1971: From the Papers of Adolf Berle* (Nova York: Harcourt, 1973), p. 321.

12. "PARA ESTRANGULAR OS ESTADOS UNIDOS"

1. *History of the SIS* [História do SIS] é um documento datado de 22 de maio de 1947, sem autoria, e consiste em cinco volumes revelados ao público sob a Lei de Liberdade de Informação em 2007. O volume 1, de 42 páginas, é um documento notável, a respeito de algumas supressões importantes em nome da segurança nacional. Ele contém uma franca discussão sobre as falhas do FBI e, evidentemente, não foi escrito para olhos externos. Os arquivos administrativos do SIS também são reveladores: estão disponíveis nos Arquivos Nacionais, no Grupo de Registros 65. Citações serão referidas, daqui para a frente, como *History of the SIS*.

2. Anotação de Hoover em um radiograma do FBI, sem data, anexado a *History of the SIS*.

3. Entrevista de Dallas Johnson, Projeto de Histórias Orais do FBI (FBI/FBIOH).

4. Hoover a Watson, 5 e 6 de março de 1941, FDRL.

5. Hoover a Jackson, 4 de abril de 1941.

6. As mensagens e os cabogramas japoneses interceptados por Magic foram reimpressos em *CI Reader, op. cit.*

7. Thomas F. Troy, *Donovan and the CIA: A History of the Establishment of the Central Intelligence Agency* (Frederick, Md.: University Publications of America, 1984), p. 59.

8. Hoover, o general Miles e o almirante Kirk assinaram esse "Relatório sobre a coordenação dos três serviços de inteligência", datado de 29 de maio de 1941, mas transmitido ao Departamento de Guerra em 5 de junho de 1941.

9. Transcrição de chamada telefônica em 5 de julho de 1941, FBI, arquivo Nichols, citado em *From the Secret Files of J. Edgar Hoover*, editado e comentado por Athan Theoharis (Chicago: Ivan R. Dee, 1993), p. 332-334. O telefonema ocorreu depois que o presidente pediu a Astor para lidar com uma questão pessoal muito sensível: o primo dissoluto de FDR, Kermit, amigo de Astor e filho do presidente Teddy Roosevelt, estava bebendo demais e tinha desaparecido com uma massagista chamada Peters; havia a remota possibilidade de ela ser espiã alemã. Astor entregou essa batata quente ao FBI.

10. Memorando "Não Arquivar", Hoover a Tolson e Tamm, 23 de setembro de 1941, *From the Secret Files of J. Edgar Hoover*, p. 339.

11. História oral de DeLoach, FBI/FBIOH.

12. Troy, *Donovan and the CIA*, p. 419-423.

13. H. Montgomery Hyde, *Room 3603: The Story of the British Intelligence Center em New York During World War II* (Nova York: Farrar, Straus and Giroux, 1963), p. 169.

14. *Ibid.*

13. LEI DA GUERRA

1. História oral de Chiles, FBI/FBIOH.
2. Francis Biddle, *In Brief Authority* (Garden City, N.Y.: Doubleday, 1962), p. 328. Detalhes sobre a investigação foram revelados pelos Arquivos Nacionais e analisados por Norman J. W. Goda, do grupo de trabalho interagências sobre registros nazistas. Ver seu "Banking on Hitler: Chase National Bank e the Rückwanderer Mark Scheme", em *U.S. Intelligence and the Nazis*, publicado pelo Conselho da Fundação Arquivos Nacionais.
3. Hoover a Strong, 10 de setembro de 1942, arquivos administrativos do SIS.
4. História oral de John Walsh, FBI/FBIOH.
5. George E. Sterling, "The U.S. Hunt for Axis Agent Radios". O trabalho de Sterling foi publicado em *Studies in Intelligence*, a publicação interna da Agência Central de Inteligência, vol. 4 (primavera de 1960); revelado ao público por volta de 2007.

   O coração da Divisão de Radiointeligência (Radio Intelligence Division, RID) da FCC era composto por centenas de civis que trabalhavam em uma rede construída em torno de doze estações principais de monitoramento, sessenta postos avançados e noventa unidades móveis nos Estados Unidos. Seu trabalho era policiar as radiofrequências. A ronda rotineira para os patrulheiros do éter era um passeio pelo espectro radiofônico, conferindo as fontes regulares de transmissões, buscando sinais estranhos e alertando a sede em Washington para caçar estações inimigas.

   A RID recebia e rastreava sinais de rádio de redes clandestinas de espionagem alemã na América Latina e no Caribe desde a primavera de 1941. Nos oito meses seguintes, a divisão ouviu enquanto a rede se espalhava para seis nações, com três grandes estações no Brasil e quatro no Chile, todas em comunicação direta com a Abwehr em Hamburgo. Os alvos da espionagem alemã eram tropas inglesas e americanas, aeronaves e navios militares e o estabelecimento de redes de agentes nos Estados Unidos. Submarinos alemães estavam afundando navios ingleses e americanos em todo o Atlântico. A inteligência inglesa estabeleceu ligação com a RID e começou a ensinar aos americanos os códigos e cifras alemães.

   Em 15 de janeiro de 1942, cinco semanas após Pearl Harbor, a RID enviou seus melhores homens para o Brasil, Chile, México, Paraguai, Cuba e Martinica. Eles carregavam unidades móveis de detecção do tamanho de maletas para caçar transmissores clandestinos, cujas localizações haviam sido estabelecidas, com precisão de algumas centenas de metros, pela radiopolícia nos Estados Unidos. A RID também enviou esquadrões para a Colômbia, Venezuela, Equador, Peru, Uruguai e Haiti, a fim de ajudar o governo dessas nações a estabelecer redes de monitoramento.

Em 11 de fevereiro de 1942, as estações de monitoramente da RID em Miami, Pittsburgh e Albuquerque captaram sinais de Portugal: HAVERÁ DESEMBARQUE TROPAS INGLESAS E AMERICANAS DAKAR PRÓXIMOS QUINZE DIAS. POR QUE NENHUM RELATÓRIO. MUITO URGENTE. OS AMERICANOS ESTABELECERAM A LOCALIZAÇÃO DO TRANSMISSOR EM LISBOA. COMANDOS INGLESES TOMARAM A ESTAÇÃO PORTUGUESA E SEUS OPERADORES. No Chile, em cinco meses de intensa perseguição, os radiodetetives destruíram o círculo de espionagem alemão e seus transmissores. Com exceção da Argentina, cujo governo pró-alemão desdenhava os americanos, deu-se o mesmo em toda a América Latina.

A investigação brasileira foi a joia da coroa.

Quando a RID detectou uma rede de rádio nazista no Brasil, "eles estavam com seu equipamento de monitoramento e acharam esses sinais clandestinos", lembrou John Walsh, do FBI. "Por meio de triangulação, eles os localizaram e começaram a se aproximar. A essa altura, o Bureau já havia feito acordos com as autoridades locais para prender essas pessoas." Outro exemplo: um monitor da RID em Laredo, Texas, interceptou uma mensagem codificada enviada do Rio de Janeiro. A cifra era simples e foi quebrada rapidamente: QUEEN MARY VISTA PERTO RECIFE POR VAPOR CAMPEIRO 18H (CET). O *Queen Mary* transportava 10 mil soldados americanos e canadenses para a guerra. Os alemães no Brasil estavam rastreando seus movimentos para seus mestres em Hamburgo, que poderiam transmitir sua posição para os submarinos que tentariam afundá-lo no Atlântico.

Perseguindo o navio, a Marinha americana iniciou guerra submarina irrestrita em águas brasileiras. O chefe da RID no Brasil, chamado Robert Linx, já havia mapeado a rede nazista. Ele tinha estabelecido a localização de seis rádios nazistas no Rio com seu monitor direcional móvel e tinha ouvido suas transmissões. Então tinha relatado suas descobertas ao embaixador americano no Brasil. Horas antes de os submarinos alemães começarem a perseguir o *Queen Mary* enquanto deixava as docas no Rio e se dirigia para seu porto natal por uma rota alterada, a polícia brasileira destruiu o círculo espião do Eixo, prendendo duzentos suspeitos e inutilizando o esforço de inteligência alemão.

6. *History of the SIS*, vol. 1, p. 14.

14. A MÁQUINA DE DETECÇÃO

1. Hoover ao procurador-geral, 14 de fevereiro de 1943, FBI, citado em Katherine A. S. Sibley, *Red Spies in America: Stolen Secrets and the Dawn of the Cold War* (Lawrence: University Press of Kansas, 2004). O livro de Sibley é a melhor fonte, sem exceção, sobre as origens da espionagem soviética nos Estados Unidos.

2. A transcrição do grampo telefônico e o sumário da conversa foram reproduzidos e reconstruídos a partir de fragmentos de documentos revelados ao público pelo FBI e citados em *Red Spies in America* e John Earl Haynes, Harvey Klehr e Alexander Vassilev, *Spies: The Rise and Fall of the KGB in America* (New Haven, Conn.: Yale University Press, 2009).

3. A citação veio de um arquivo de 1940 do KGB, citado em Haynes, Klehr e Vassilev, *Spies*, p. 239.

4. Biddle, *In Brief Authority*, p. 258-259.

5. Biddle ao assistente do procurador-geral Hugh Cox e a Hoover, 6 de julho de 1943, DOJ, citado em "The Scope of FBI Counterintelligence". *CI Reader*, p. 178-181.

6. Memorando ao diretor, 19 de agosto de 1940, FBI. *CI Reader*, "Scope of FBI Domestic Intelligence".

7. Hoover a M. F. McGuire, assistente do procurador-geral, 21 de agosto de 1940, FBI. *CI Reader*, "Scope of FBI Domestic Intelligence".

8. Hoover aos escritórios de campo do FBI, "Classificação de periculosidade", 14 de agosto de 1943, FBI/FOIA.

9. Supostamente, os cartões do Índice de Segurança deveriam ser feitos "somente para os indivíduos da maior importância para o movimento comunista"; em 1946, depois que a lista foi cortada, havia 10.763 cartões do Índice de Segurança sobre "comunistas e membros do Partido Nacionalista de Porto Rico". D. M. Ladd a Hoover, 27 de fevereiro de 1946, FBI. *CI Reader*, "The Custodial Detention Program".

15. ORGANIZANDO O MUNDO

1. Donovan a Clark, 29 de agosto de 1945, FBI, em *FRUS Intelligence*, p. 24-26.

2. Donald Shannon, entrevista para história oral, 4 de setembro de 2003, FBI/FBIOH.

3. Hoover a Watson, 5 de março de 1941, FDRL.

Parte III — Guerra Fria

16. NENHUMA GESTAPO

1. Churchill, citado em Raymond A. Callahan, *Churchill: Retreat from Empire* (Wilmington, Del.: SR Books, 1984), p. 185.

2. Os militares se opunham amplamente a Donovan. Os Estados Unidos possuíam três diferentes e antagônicas equipes de espiões e agentes secretos no mundo, enquanto os Aliados lutavam para dar um golpe mortal na Alemanha nazista. Uma era a de Hoover. A outra era de Donovan. A terceira pertencia ao chefe da inteligência do Exército, general George Veazey Strong.

   O serviço do general tinha o codinome The Pond [A Lagoa]. Strong o havia criado logo após assumir seu posto como chefe da inteligência do Exército, no outono de 1942. Suas ordens eram para revelar espionagem e subversão contra os Estados Unidos, realizada por seus aliados de guerra, os ingleses e os soviéticos. "Sua existência não era conhecida", disse o general de brigada Hayes Kroner em um depoimento secreto no pós-guerra, durante uma audiência fechada do Congresso; apenas poucos homens, incluindo "o próprio presidente, que sabia em virtude de ter aprovado certas operações, sabiam de sua existência". Os generais colocaram um oficial muito incomum, chamado John "Frenchy" Grombach, no comando de The Pond. Suas ordens eram impressionantes: "Ele não somente instituiria um serviço secreto de inteligência com vistas ao corrente esforço de guerra como também estabeleceria as fundações de um perpétuo, durável e contínuo serviço secreto de inteligência", afirmou o general Kroner. "Esse foi o nascimento da inteligência de alto nível, das operações secretas de inteligência, em nosso governo."

   O FBI conhecia bem Frenchy Grombach. "Como vocês sabem", dizia um relatório que circulou entre os principais assessores de segurança nacional de Hoover, "durante os últimos cinco anos o coronel Grombach realizou tarefas ultrassecretas de inteligência para o Exército e para a Casa Branca." O coronel serviu durante muito tempo como fonte do FBI sobre a influência comunista dentro da inteligência americana.

3. Relatório Park, arquivo Rose A. Conway, OSS/ pasta Donovan, HSTL; "ações drásticas": coronel Richard Park Jr., memorando ao presidente, 13 de abril de 1945, FBI/FOIA.

4. Entrevista com Vaughan, em Ovid Demaris, *The Director: An Oral Biography of J. Edgar Hoover* (Nova York: Harper's Magazine Press, 1975), p. 109.

5. Vaughan a Hoover, 23 de abril de 1945, HSTL.

6. *FRUS Intelligence*, p. 4 (conversa de HST com o diretor de orçamento da Casa Branca Harold D. Smith, 4 de maio de 1945).

7. História oral de HST, citada em Merle Miller, *Plain Speaking: An Oral Biography of Harry S. Truman* (Nova York: Berkeley, 1974), p. 226.

8. Ver Athan Theoharis, *The FBI and American Democracy: A Brief Critical History* (Lawrence: University Press of Kansas, 2004). Muito do que sabemos sobre os grampos telefônicos do FBI se deve ao trabalho incansável de três décadas de Theoharis.

Uma história oral depositada pelo assistente executivo do procurador-geral Tom Clark, H. Graham Morison, na Biblioteca Truman — fascinante, mas, infelizmente, não verificável — sugere que ao menos algumas autorizações para grampos telefônicos foram negadas entre 1946 e 1947:

Morison: Uma de minhas tarefas mais difíceis eram aqueles papeizinhos — mais ou menos desse tamanho, não maiores que isso — que vinham de J. Edgar Hoover para autorizar grampos telefônicos.

P: Solicitações de grampos telefônicos por J. Edgar Hoover?

Morison: Sim. Acumulei aquelas malditas coisas na gaveta de minha mesa até ter umas cinquenta. Então Edgar telefonou para o procurador-geral e disse: "Quero saber por que nenhuma ação foi tomada em relação a cerca de cinquenta solicitações de grampos telefônicos."

Ele disse: "Bem, acho que Graham Morison está com elas. É seu trabalho revisá-las."

Então ele telefonou e perguntou sobre elas. Eu disse: "Tom, você reverencia a Constituição; eu sei disso, já conversamos a respeito. Não existe autoridade concedida pela lei e permitir essa invasão da privacidade das pessoas viola seus direitos civis." Então ele respondeu: "Bom, Edgar está vindo aqui. Informe a ele."

Eu disse: "Adorarei fazer isso."

Então ele veio e o procurador-geral me pediu para expor minha posição a Hoover. [...]

Eu disse: "Sr. Hoover, sobre os grampos telefônicos solicitados. O senhor estudou Direito, assim como eu. Possuo grande reverência pela Constituição e, como advogado, estou convencido de que o senhor sabe, assim como eu sei, que não temos autoridade — como quer que o senhor se sinta a respeito e a despeito de seu desejo de conhecer as ações dos cidadãos — para invadir sua privacidade em tempos de paz. É um desrespeito a nossa Constituição e, no que me compete, não permitirei que o senhor cometa tal desrespeito."

E ele disse: "Bem, senhor procurador-geral, e quanto ao senhor?"

Tom Clark respondeu: "O que quer que ele diga, Edgar, eu assino embaixo." [...] É estranho, mas, após esse incidente, Tom disse: "Meu Deus, achei que nunca veria o dia em que alguém iria 'peitar' Edgar! Ele passou por cima de todo procurador-geral desde Stone."

E eu disse: "Bem, ponha a culpa em mim."

E ele respondeu: "É o que pretendo fazer."

Nunca tivemos repercussões negativas, mas isso encerrou a questão enquanto eu estive por lá.

P: O senhor bloqueou os grampos telefônicos?

Morison: Cada um deles.

P: Não houve instalação de grampos telefônicos pelo FBI durante a administração Truman?

Morison: Nenhum que exigisse a aprovação do procurador-geral foi autorizado enquanto fui assistente executivo, em 1946 ou 1947. Pode ter havido alguns depois que deixei o cargo.

9. *FRUS Intelligence*, p. 4 (conversa de HST com Smith, o diretor de orçamento da Casa Branca, 6 de julho e 5 de setembro de 1945).

10. Hoover a Clark, 29 de agosto de 1945, *FRUS Intelligence*, p. 24-26.

11. Hoover a Clark, 6 de setembro de 1945, *FRUS Intelligence*, p. 31-32.

12. Sem data, mas preparado em 21 de setembro de 1945, FBI/FOIA. "O plano do FBI prevê operações conjuntas em todos os países do mundo do Gabinete de Inteligência Militar, do Gabinete de Inteligência Naval e do Federal Bureau of Investigation", dizia a apresentação de Hoover. "A inteligência doméstica e a internacional são inseparáveis e constituem um único campo de operação", argumentou. "O movimento comunista se originou na Rússia, mas opera nos Estados Unidos. Para seguirmos essas organizações, precisamos de acesso a suas origens e sedes em países estrangeiros, assim como a suas atividades nos Estados Unidos." Os relatórios de inteligência de Hoover para a Casa Branca no verão de 1945 cobriam atividades subversivas de soviéticos, alemães, japoneses, chineses, filipinos, franceses, italianos, coreanos, poloneses, espanhóis e porto-riquenhos nos Estados Unidos.

13. Chiles a Hoover, 2 de outubro de 1945, FBI, *FRUS Intelligence*, p. 55-56. Em 1990, 45 anos depois de Hoover o ter enviado para falar com Truman na Casa Branca, Morton Chiles gravou uma fita relatando a conversa: "O sr. Hoover me enviou para conversar com o presidente Truman [...] porque era muito urgente que alguém chegasse ao sr. Truman antes que ele assinasse uma ordem executiva encarregando Wild Bill Donovan da inteligência em nível global [...] [Truman] ficou muito grato por eu ter ido até lá para informá-lo, pois não sabia nada a respeito. Ele afirmou que Roosevelt nunca lhe havia dito nada." Videotape de Chiles, FBI/FBIOH.

14. Minuta da 168ª Reunião do Comitê do Secretário de Estado, 20 de novembro de 1945, *FRUS Intelligence*, p. 118-120.

15. "Bob" a Moscou, 20 de novembro de 1945, arquivo do KGB obtido por Alexander Vassilev e reproduzido em Haynes, Klehr e Vassilev, *Spies: The Rise and Fall of the KGB in America*, p. 519.

16. História oral de DeLoach, FBI/FBIOH.

17. RESOLUÇÃO

1. Hoover ao procurador-geral, 15 de janeiro de 1946, FBI/FOIA. *O procurador--geral objetou à linguagem brusca*: Ladd a Hoover, assunto: "Inteligência global", 18 de janeiro de 1946, FBI/FOIA. Os assessores do presidente Truman deploraram a decisão de FDR de dividir o mundo entre o FBI, o Exército e a Marinha. Na Casa Branca, em 9 de janeiro, eles o avisaram de que a nação estava "abordando a questão da inteligência da maneira mais desinteligente". E propuseram uma nova tríade de poder — os secretários de Guerra, de Estado e da Marinha seriam servidos por um novo diretor da Central de Inteligência. Ele unificaria a inteligência militar e teria domínio sobre o FBI. O Bureau seria retirado do panteão americano do poder. Harold D. Smith, "White House conference on intelligence activities", 9 de janeiro de 1946, *FRUS Intelligence*, p. 170-171.

2. Três diretores da Central de Inteligência serviram a Truman de janeiro de 1946 a julho de 1947. Eles lideraram um pequeno e desorganizado serviço chamado Grupo Central de Inteligência. A Agência Central de Inteligência foi criada quando Truman assinou a Lei de Segurança Nacional, em 26 de julho de 1947. Os poderes da Agência foram expandidos em 1949.

3. Hoover a Tolson, Tamm, Ladd e Carson, 25 de janeiro de 1946, FBI/FOIA.

4. Hoover a Tolson, Tamm, Ladd e Carson, 25 de janeiro de 1946, FBI/FOIA.

5. William W. Quinn, *Buffalo Bill Remembers: Truth and Courage* (Fowlerville, Mich.: Wilderness Adventure Books, 1991), p. 234-267.

6. Souers a Truman, 17 de abril de 1946, *FRUS Intelligence*, p. 276.

7. Jack Danahy, entrevista para o Projeto de Histórias Orais do FBI, FBI/FBIOH. A rede de espionagem soviética para a qual Bentley trabalhava era dirigida por seu amante, Jacob Golos, que havia morrido em 1943. O FBI já tinha um arquivo sobre ele. Os agentes o tinham visto se encontrar com o havia muito desaparecido espião soviético Gaik Ovakimian, em 1941. Ovakimian, por sua vez, tinha ido para os Estados Unidos em 1933, quando a administração Roosevelt reconheceu os soviéticos e permitiu que Moscou estabelecesse postos diplomáticos em Washington e Nova York.

8. Memorando de Hoover, 29 de maio de 1946, FBI/FOIA.

9. Entrevista para história oral com Tom C. Clark, 17 de outubro de 1972, HSTL.

10. Ladd a Hoover, 27 de fevereiro de 1946, FBI, reimpresso em *CI Reader*, "The Postwar Expansion of FBI Domestic Intelligence".

11. Hoover ao procurador-geral, pessoal e confidencial, 8 de março de 1946, FBI, *CI Reader.*

12. Anotação de Hoover em um memorando de Tamm a Hoover, 18 de julho de 1946, FBI/FOIA.

13. C. H. Carson, "Fechamento do escritório de [apagado]" e "Fechamento de escritórios do SIS", de 22 de agosto e 9 de setembro de 1946, FBI/FOIA.

14. Tamm a Hoover, 10 de agosto de 1946, *FRUS Intelligence.* A raiva de Hoover não passou. Quando o procurador-geral Clark protestou contra sua retirada unilateral do hemisfério ocidental, o diretor adjunto do FBI, Ed Tamm, explicou o que se passava pela mente de Hoover: "[O diretor da Central de Inteligência] Vandenberg cometeu a afronta" de contratar "homens que haviam desertado do FBI" como seus "supostos representantes de inteligência". Esses homens eram "definitivamente *persona non grata*" para Hoover.

15. Anotação de Hoover em um memorando a Ladd, 20 de abril de 1947, FBI/FOIA. Grifo no original. Hoover se deliciava com cada problema no Grupo Central de Inteligência. Seu novo chefe de estação no Paraguai, cujo espanhol era fraco, se registrou no hotel como embaixador americano. Por coincidência, o verdadeiro embaixador americano no Paraguai, Willard L. Beaulac, saíra do país para uma conferência em Washington naquele dia. Os jornais e rádios da nação passaram o dia relatando que Beaulac tinha sido substituído por um estranho misterioso. Um radiograma do FBI relatou o constrangedor incidente. "Bem, o GCI está começando bem", escreveu Hoover em sua cópia do relatório.

16. Anotação de Hoover em um memorando de Ladd, 2 de junho de 1947, FBI/FOIA.

17. Acheson à Autoridade Nacional de Inteligência, 5 de agosto de 1946, *FRUS Intelligence*, p. 286-287

18. Anotação de Hoover em um memorando a Ladd, 29 de outubro de 1946, FBI/FOIA.

19. "Plano do FBI para inteligência americana secreta em nível mundial", sem data (mas atualizado por volta de setembro de 1946), FBI/FOIA. O plano era atualizado continuamente; essa versão foi incluída em um conjunto de documentos sendo preparados por Hoover para seu depoimento no Congresso sobre a legislação que se tornou a Lei de Segurança Nacional de 1947.

18. "FASCISMO VERMELHO"

1. Clark Clifford, "Relatório ao presidente", 26 de setembro de 1946, HSTL; "*Os vermelhos, comunas e simpatizantes*": entrada do diário de Truman citada em David McCullough, *Truman* (Nova York: Simon & Schuster, 1992), p. 517.

2. Depoimento de Hoover, Comitê de Atividades Antiamericanas da Câmara, 26 de março de 1947.
3. Entrevista com Bradshaw Mintener, Ovid Demaris, *The Director: An Oral Biography of J. Edgar Hoover* (Nova York: Harper's Magazine Press, 1975), p. 120-121.

19. ATAQUE-SURPRESA

1. Notas de Clifford sobre a conversa com Truman, 2 de maio de 1947, HSTL.
2. História oral de Snyder, HSTL.
3. O briefing "por baixo dos panos" de Hoover foi impresso no FBI em 3 de julho de 1947. A entrega do documento para congressistas selecionados que trabalhavam na Lei de Segurança Nacional seguiu os termos de Hoover — "por baixo dos panos". Aparece aqui pela primeira vez.
4. [Apagado] a Ladd, 17 de abril de 1947, FBI/FOIA.
5. Depoimento de Allen W. Dulles, audiência do Comitê de Gastos dos Departamentos Executivos, 27 de junho de 1947. A audiência foi fechada; a única cópia sobrevivente da transcrição do depoimento de testemunhas-chave foi mantida em um cofre na sede da CIA. Membros do Comitê de Inteligência da Câmara e do Comitê de Operações Governamentais a descobriram em 1982.
6. Anotação de Hoover em um memorando de Victor Keay a H. B. Fletcher, "Críticas à CIA", 28 de outubro de 1948; "*Se as pessoas desta nação*": memorando de Ladd, "Agência Central de Inteligência", 11 de agosto de 1948, FBI/FOIA.
7. Anotação de Hoover em um memorando a Ladd, 19 de agosto de 1947, FBI/FOIA; "*Por favor, corte todos*": anotação de Hoover em um memorando a Ladd, 23 de outubro de 1947, FBI/FOIA, grifo no original; "*Não percam tempo com isso*": Anotação de Hoover em um memorando a Ladd, 11 de dezembro de 1947, FBI/FOIA.
8. "Assunto: Questões de inteligência", memorando ultrassecreto sobre a conversa com John H. Ohly, assistente especial do secretário de Defesa, 24 de outubro de 1947, HSTL.
9. Forrestal a Hoover, 20 de dezembro de 1948, carta ultrassecreta citando o memorando de Hoover a Forrestal, datado de 1º de novembro de 1947, HSTL. O memorando de Hoover alertando Forrestal sobre a ameaça de terrorismo atômico soviético serviu como catalisador político. Estratagemas para subverter Stalin consumiam o secretário de Defesa, que se tornou uma força motriz por trás da criação do novo serviço clandestino da CIA e suas operações ultramarinas. O objetivo era nada menos que minar o Estado soviético, libertar as nações cativas da Europa Oriental e recuar as fronteiras russas para sua posição original antes da Segunda Guerra Mundial.

O chefe do novo serviço de operações secretas, Frank Wisner, procurou a ajuda do FBI para vetar o asilo a exilados da Rússia e da Europa Oriental nos Estados Unidos, que pensavam em treiná-los e equipá-los como tropas de choque políticas, a fim de atacar Stalin e seus aliados. Os homens de Hoover ficaram felizes em ajudar, pois a tarefa lhes permitia acrescentar material aos dossiês de Hoover sobre a CIA. Seu chefe encarava Wisner e seus homens com extremo ceticismo e seus planos foram arquivados no FBI como "Projeto X".

10. A Marinha tinha seu próprio projeto, voltado para as comunicações soviéticas no Pacífico. O Exército e a Marinha combinaram seus ataques antes do fim da Segunda Guerra Mundial. O esforço americano para criar e quebrar códigos se tornou a Agência de Segurança Nacional em 1952.

11. Em 1º de setembro de 1947, ou antes disso, Clarke informou à ligação do FBI com os decifradores do Exército, o agente especial S. Wesley Reynolds, sobre a essência das mensagens diplomáticas soviéticas. O historiador oficial do FBI, John F. Fox Jr., registrou que "Clarke perguntou a Reynolds se o Bureau sabia algum codinome soviético, a fim de ajudar o esforço de sua equipe. Logo Reynolds lhe entregou uma lista com duzentos codinomes. A maioria ainda não tinha sido encontrada no tráfego de mensagens." O Exército entregou ao FBI fragmentos de suas decodificações. Reynolds os arquivou, mas "esses fragmentos foram colocados em um cofre e esquecidos" por nove meses. John F. Fox Jr., "Na casa do inimigo: Venona e a maturação da contrainteligência americana", apresentado em 27 de outubro de 2005, no Simpósio sobre História da Criptografia, Agência de Segurança Nacional.

12. Hoover se preocupava com o vazamento de segredos na comunidade americana de inteligência. Por exemplo, a questão sobre quem sabia a respeito do pagamento de 150 mil dólares por ano que o Exército fazia às companhias americanas de comunicação, em troca de cópias de telegramas diplomáticos estrangeiros para o programa Venona, constrangeu tanto Hoover quanto o general A. R. Bolling, que disse ao FBI que "somente algumas poucas pessoas, incluindo o presidente e o secretário de Defesa", conheciam o acordo e aconselhou o Bureau a não divulgar o fato. Memorando de Keay a Ladd, 6 de maio de 1949, FBI/FOIA. No início da investigação do FBI que levou à execução dos Rosenberg, a documentação inclui um memorando de Ladd a Hoover, 8 de janeiro de 1953, "ref.: Julius Rosenberg, Ethel Rosenberg, espionagem-R"; Hoover ao escritório de campo de Nova York, 18 de agosto de 1949; e escritório de campo de Nova York à sede, 18 de agosto de 1949, todos citados pela primeira vez na palestra do historiador do FBI, Fox, na NSA, "Na casa do inimigo: Venona e a maturação da contrainteligência americana". Hoover escreveu, em maio de 1952, que o Exército e o FBI poderiam considerar incluir a CIA no projeto Venona, a despeito de seus "métodos desleixados"

e "pessoal questionável". Nota de Hoover em um memorando de Belmont a Ladd, 23 de maio de 1952, FBI/FOIA.

13. Robert J. Lamphere e Tom Shachtman, *The FBI-KGB War: A Special Agent's Story* (Macon, Ga.: Mercer University Press, 1995), p. 96-97.

14. Truman a Churchill, 10 de julho de 1948, citado em David McCullough, *Truman* (Nova York: Simon & Schuster, 1992), p. 648-649.

15. Em 26 de setembro de 1948, Pearson escreveu em sua coluna Washington Merry-Go-Round [algo como Carrossel de Washington] que o "bonitão do FBI, Lou Nichols", se reunia a cada poucos dias com o presidente do HUAC e do subcomitê de investigação do Senado. Como sabia disso? Ele suspeitou, corretamente, que os homens de Hoover o vigiavam. Assim, passou a vigiar os homens de Hoover. E escreveu, no mesmo artigo: "O nome desta cidade não é Moscou, mas se transformou em uma cidade onde detetives seguem detetives, quase do mesmo modo que o NKVD, a polícia secreta."

16. Memorando de Jones a Ladd, 16 de janeiro de 1947, FBI, citado pelo historiador oficial do FBI, John F. Fox, Jr. "Na casa do inimigo: Venona e a maturação da contrainteligência americana", apresentado em 27 de outubro de 2005, no Simpósio sobre História da Criptografia.

17. Duggan foi entrevistado pelo FBI em dezembro de 1948, depois que o caso Chambers se tornou público, e na semana seguinte por seus antigos contatos na inteligência soviética. Morreu cinco dias depois, pulando de uma janela no 16º andar. Hiss foi indiciado por perjúrio por um júri federal em dezembro de 1948, após negar, sob juramento, ter entregado documentos do Departamento de Estado a Chambers. Foi condenado e sentenciado a cinco anos. Chambers também havia mentido para o grande júri, mas não foi penalizado. Documentos da inteligência soviética publicados em 2009 provam que Hiss era espião.

18. O depoimento de Chambers durante a sessão executiva nunca foi oficialmente liberado. Trechos da transcrição foram publicados em Sam Tanenhaus, *Whittaker Chambers: A Biography* (Nova York: Modern Library, 1998), p. 216-219. O depoimento público está na p. 221.

A questão sobre por que o FBI ignorou deliberadamente o que Chambers tinha confessado a A. A. Berle em setembro de 1939 e em sua primeira entrevista em maio de 1942 tem uma resposta incômoda. O jornalista Isaac Don Levine tinha sido intermediário de Berle e Hoover o havia colocado na lista negra no verão de 1939; quando Hoover o colocava na lista negra, você e seus associados permaneciam nela. Levine tinha constrangido o Bureau. Ele havia escrito uma série de matérias para a *Saturday Evening Post* — uma revista com cinco milhões de assinantes — que, pela primeira vez, contavam a história da espionagem soviética nos Estados Unidos. Era a história de Walter Krivitsky, um oficial sênior da inteligência soviética que tinha se rompido com Stalin, desertado em Paris, encontrado com o embaixador americano William Bullitt e conseguido sua ajuda para ir para os Estados Unidos. Suas informações haviam ajudado a convencer Bullitt, até então grande apoiador do reconhecimento soviético, de que o governo de Stalin era uma gigantesca conspiração para cometer homicídio. O embaixador Bullitt, que também tinha sido jornalista durante a juventude, conhecia e confiava em Levine, considerando-o um talentoso correspondente estrangeiro. Ele apoiou o desertor soviético.

As histórias da *Saturday Evening Post* eram instigantes. Elas descreviam como Stalin liquidava seus inimigos, reais e imaginários. Detalhavam como a polícia secreta soviética tinha roubado os passaportes de voluntários americanos que haviam lutado na Guerra Civil Espanhola e usado os documentos para as viagens internacionais de seus agentes de espionagem. Forneciam informações sobre o aparato da inteligência soviética nos Estados Unidos — e sugeriam que os soviéticos enganavam o FBI havia anos.

O FBI entrevistou Krivitsky duas vezes em Nova York, a primeira vez logo depois que a primeira matéria foi publicada. Ele foi o primeiro espião soviético a falar com o Bureau. Um oficial de contrainteligência aposentado, Raymond J. Batvinis, revisou o caso mais de sessenta anos depois de seu encerramento. Concluiu que o próprio Hoover decidiu que Krivitsky não era confiável e não deveria receber crédito. Hoover baseou seu julgamento em uma nota do editor que acompanhava a primeira matéria, afirmando que Krivitsky "ainda acredita no verdadeiro comunismo de Lenin". Isso foi demais para Hoover. Ele então censurou Levine por ter escrito a história de Krivitsky. Sua censura prejudicou o relatório de Berle. "Como compreender a falha do FBI em reconhecer uma fonte única e extraordinariamente valiosa de informações, que poderia ter quebrado as atividades da inteligência soviética no hemisfério ocidental como se fosse um ovo?", escreveu Batvinis em 2007, com a perspectiva de um homem que passou toda a carreira caçando espiões. Ele concluiu que Hoover e seus homens simplesmente não possuíam "as habilidades profissionais" necessárias para entrevistar e entender um oficial da inteligência soviética que havia decidido desertar. O resultado foi uma década perdida.

19. História oral de Spingarn, 29 de março de 1967, HSTL, e entrevista de Spingarn a Ovid Demaris, *The Director: An Oral Biography of J. Edgar Hoover* (Nova York: Harper's Magazine Press, 1975).

20. História oral de Spingarn, 29 de março de 1967, HSTL.

21. História oral de Tom C. Clark, 17 de outubro de 1972, HSTL.

22. [Apagado] a Ladd, "Pedido da CIA por informações relacionadas a estrangeiros", 19 de novembro de 1948, FBI/FOIA.

23. Hoover a Souers, 7 de julho de 1950, *FRUS Intelligence*.

24. Em 1971, em uma declaração assinada rejeitando a Lei de Detenção Emergencial de 1950, o presidente dissera: "Nenhum presidente jamais tentou usar as provisões dessa lei. E, embora seis campos de detenção tenham sido criados e financiados pelo Congresso, nenhum deles jamais foi usado para os propósitos da legislação. Na verdade, todos os seis campos foram abandonados ou usados para outros objetivos, a partir de 1957."

25. Um dos cinquenta repórteres que previram unanimemente a derrota de Truman foi Bert Andrews, chefe da sucursal de Washington do respeitado diário republicano nova-iorquino, o *New York Herald Tribune*, que tinha acabado de receber um Prêmio Pulitzer por uma série de matérias sobre os programas de lealdade e segurança. Ele era confidente secreto de Nixon e Chambers e tinha pressionado ambos, incansavelmente, em busca de furos; na onda da caçada vermelha, havia prometido transformar Nixon em presidente. Quando Truman viu a previsão na imprensa, disse: "Conheço cada um desses cinquenta indivíduos. Nenhum deles é capaz de amarrar os próprios sapatos."

20. PARANOIA

1. Robert Payne, *Report on America* (Nova York: John Day, 1949), p. 3.
2. 4 de janeiro de 1945, arquivo do KGB citado por Haynes, Klehr e Vassilev em *Spies*, p. 288-289. O relatório sobre Judith Coplon, também conhecida como Sima, não foi uma mensagem decodificada por Venona, mas sim um arquivo transcrito por Vassilev a partir dos arquivos do KGB. A agência central de inteligência soviética mudou de nome treze vezes entre 1917 e 1991. KGB, sigla de Comitê de Segurança do Estado, foi adotado em março de 1954 e durou até outubro de 1991. O serviço de inteligência militar, que também mudou de nome, daqui em diante será referido como GRU, Diretório Principal de Inteligência.
3. Memorando a Ladd, 11 de novembro de 1949, FBI, citado em Alan F. Westin, "The Wire-Tapping Problem: An Analysis and a Legislative Proposal", *Columbia Law Review* 52, n. 2 (novembro de 1952), p. 165-208. A análise de Westin contém trechos extensos dos registros do julgamento e das apelações de Coplon, incluindo o fato de que cinquenta agentes do FBI monitoraram os grampos telefônicos, que um agente do FBI cometeu perjúrio durante o primeiro julgamento e que o FBI destruiu os registros dos grampos antes do segundo.
4. Lamphere e Shachtman, The FBI-KGB War, p. 115-122.
5. Registros do MI5 citados em Michael S. Goodman, "Who Is Trying to Keep What Secret from Whom and Why? MI5-FBI Relations and the Klaus Fuchs Case", *Journal of Cold War Studies* 7, n. 3 (2005), p. 124-146.

6. Keay a Fletcher, "Klaus Fuchs: espionagem", 21 de fevereiro de 1950, FBI/FOIA.
7. Donald Shannon, entrevista para o Projeto de Histórias Orais do FBI, 4 de setembro de 2003, FBI/FBIOH.
8. Anotação de Hoover, Ladd a Hoover, "Assunto: Foocase", 16 de fevereiro de 1950, FBI/FOIA.
9. Central de Moscou ao KGB de Nova York, 10 de abril de 1950, transcrição de Vassilev citada em Haynes, Klehr e Vassilev, *Spies*.
10. Agência de Segurança Nacional, "L'Affaire Weisband", em *Breaches in the Dike — the Security Cases*, NSA DOCID 318.8691.
11. Transcrição de arquivos do KGB realizada por Vassilev em março de 1949 e julho de 1949; "*O FBI começou a juntar*": Agência de Segurança Nacional, "L'Affaire Weisband".
12. História oral de Furgerson, FBI/FBIOH.
13. Nota de Hoover no memorando de Keay a Ladd, 7 de abril de 1949, FBI/FOIA.

Tentando competir com Allen Dulles pelo título de tsar da inteligência americana, Hoover afirmou que a autoridade do FBI cobria todos os estrangeiros nos Estados Unidos que a CIA tentava recrutar como agentes no exterior — não apenas desertores, mas também estudantes e empresários. Em resumo, a CIA não podia pescar nas águas do FBI. Esse era um ponto muito contencioso.

Dulles tinha convencido membros do Congresso a escrever uma nova e abrangente legislação. A Lei da CIA, de 1949, fortalecia e expandia o poder do diretor da Central de Inteligência, o cargo que Dulles queria. Entre os poderes propostos estava o direito da CIA de levar estrangeiros aos Estados Unidos para treiná-los como espiões e sabotadores contra Stalin. Hoover via essa linguagem legislativa como uma ameaça ao país. E se os estrangeiros se revelassem agentes duplos? E se um desertor russo aprendesse sobre a inteligência americana e então retornasse a Moscou? Hoover escreveu com sua tinta azul royal que lutaria contra "essa incrível provisão" endossada por Dulles e por seus aliados na CIA.

Mais tarde, Hoover decidiu que toda a lei era um desastre. "Assegurem--se", instruiu, "de que em momento algum e de modo algum aprovaremos a proposta. Somos contrários a sua aprovação e ela é terrivelmente ruim."

Hoover escreveu ao procurador-geral que Dulles e seus aliados ameaçavam criar "imensa confusão" no front doméstico. Seu alerta não foi ouvido. A Lei da CIA passou pelo Congresso em grande segredo, com praticamente nenhum debate. Ela concedia à Agência, entre outros poderes, um orçamento secreto escondido nos números do Pentágono, o direito de gastar esse dinheiro sem prestar contas, a licença de levar cem estrangeiros por ano para os Estados Unidos e lhes conceder direito de residência permanente sem consideração por seus crimes de guerra ou conduta terrorista e certo grau de liberdade nas operações domésticas, praticamente servindo como polícia secreta.

A batalha de Hoover e Dulles iniciou uma onda que modelaria a inteligência americana durante décadas. A luta entre o FBI e a CIA começou em Washington, mas rapidamente se espalhou pelo país e pelo exterior. Seu teatro de guerra, às vezes, era o teatro do absurdo.

O almirante Roscoe Hillenkoetter, diretor da Central de Inteligência de Truman, sabia que não era qualificado e havia admitido isso abertamente. Mas se ressentia profundamente com os ataques de Wild Bill Donovan, Allen Dulles e seu oficial favorito na CIA, Frank Wisner, que dirigia a campanha mundial da agência para agilizar as operações de comando e combate psicológico contra Stalin. Todos os três vazavam informações prejudiciais como parte da campanha de Dulles para se tornar diretor. O almirante levou a questão ao presidente Truman e a Hoover e informou ao FBI que "o presidente criticou amargamente o general Donovan por tentar se intrometer nos assuntos da CIA e o chamou de 'filho da mãe intrometido'."

Hoover alegremente incluiu as pungentes observações de Truman em seu dossiê sobre a CIA. Em 5 de abril de 1950, o dossiê cresceu novamente. Hoover tinha sabido que havia oficiais de Wisner trabalhando em Hollywood, "tentando recrutar pessoas para operações disfarçadas na colônia cinematográfica", como dizia a carta de um informante confiável. "Uma das 'linhas' utilizadas é de que o FBI está acabado. [...] Existe uma campanha de rumores em ação, falsa e injusta." Enraivecido, Hoover exigiu uma investigação completa sobre Wisner, seus recrutadores em Hollywood e suas "desdenhosas declarações contra o Bureau".

O agente de ligação com a CIA, Cartha "Deke" DeLoach — um jovem agente que emulava Hoover em aparência, atos e ações —, disse ao diretor da Central de Inteligência que os homens de Wisner estavam "invadindo a jurisdição do FBI" e "traiçoeiramente tentando minar o Bureau". O almirante começou uma longa lamentação contra Wisner. Ele era um mestre do tumulto e havia muitos "maus elementos" e "pessoal incompetente" entre seus oficiais. Mas sua estrela estava em ascensão. O almirante disse que Wisner em breve assumiria o controle de todos os ramos do serviço clandestino da CIA e seu padrinho, Allen Dulles, viria em seguida. Ele informou ao agente do FBI que pediria demissão assim que encontrasse um navio que o presidente o autorizasse a comandar.

Wisner dirigia a única unidade do governo americano sobre a qual Hoover não tinha influência. "O que sabemos sobre ele?", tinha perguntado no primeiro memorando do FBI a mencionar seu nome, identificando-o erroneamente como "jornalista proeminente" e não como advogado de boa formação que havia dirigido operações na Romênia para Wild Bill Donovan durante a Segunda Guerra Mundial.

Hoover ficou chocado ao descobrir que a equipe de Wisner possuía mais dinheiro e mais poder que o próprio FBI.

14. Nota de Hoover no memorando de Mohr a Tolson, "Apropriações da CIA", 18 de agosto de 1951, FBI/FOIA.

21. "PARECE QUE A TERCEIRA GUERRA MUNDIAL CHEGOU"

1. Declaração de Truman, 24 de julho de 1950, HSTL. Alguns dos assessores de Truman ficaram chocados com o teor da declaração. "Como foi que isso passou?", perguntou Stephen Spingarn, assessor de segurança nacional, a seu colega da Casa Branca George Elsey. "Não sei, achei que você estava cuidando disso", respondeu Elsey, que achava que Hoover estava tentando obter mais poder.

2. Relatório do FBI à Casa Branca, "Situação internacional atual e o papel dos comunistas americanos em caso de guerra", 24 de agosto de 1950, HSTL.

3. Os soviéticos conduziam operações chamadas "armadilhas de mel". Uma mulher jovem e atraente (ou um homem jovem e atraente) flertava com um americano no exterior. O encontro se dava em quartos de hotel monitorados pelo KGB. O americano era confrontado com fotografias do ato e uma proposta: trabalhe para Moscou ou enfrente as consequências. A CIA combateu muitos casos dessa natureza durante os anos Truman. O chefe de estação na Suíça, homossexual, caiu em uma dessas armadilhas; suspeitou-se que havia sucumbido e passado a trabalhar para os soviéticos. Ao ser chamado a Washington, ele se matou com um tiro. A CIA abafou o caso, mas o FBI sabia a respeito. Alguns anos depois, o mais poderoso colunista de política externa em Washington, Joe Alsop, caiu em uma "armadilha de mel" com um jovem em Moscou. O FBI sabia a respeito. E também que, durante os anos em que Whittaker Chambers tinha sido agente soviético, havia tido vários encontros furtivos com homens em Nova York e Washington. Ele se havia iniciado no comunismo e na homossexualidade exatamente ao mesmo tempo. Os segredos e o sexo — os nomes falsos, a linguagem em código, o perigo e a excitação — haviam sido dois lados da mesma moeda para ele.

4. História oral de Conway, FBI/FBIOH.

5. As origens e o escopo do Programa de Desviantes Sexuais e do Programa de Responsabilidades foram estabelecidos no relatório da Conferência Executiva do FBI, presidida por Tolson, intitulado "Disseminação de informações pelos departamentos executivos do Bureau", 14 de outubro de 1953, FBI/FOIA.

6. Memorando de Hoover a Tolson e Ladd, 18 de outubro de 1950, FBI/FOIA. Hoover estava particularmente preocupado com um oficial da CIA chamado Carmel Offie, que trabalhava para o chefe de serviços clandestinos, Frank Wisner. Ele suspeitava que Offie fosse agente de espionagem de Israel. Sabia que Offie tinha amigos em altas posições em Washington, era popular na alta sociedade, gostava de fofocas e era um exuberante e promíscuo homossexual com registro policial por ter se envolvido em sexo oral em um banheiro público em Lafayette Park, na frente da Casa Branca. Hoover tinha o registro. Um memorando do FBI preparando Hoover para sua reunião com o general Smith dizia: "Em várias ocasiões, achamos necessário informar a CIA sobre registros de prisão recebidos pela Divisão de Identificação, que refletem as atividades homossexuais de seus funcionários. O caso de Carmel Offie é um exemplo típico. Offie, como o senhor sabe, permaneceu na folha de pagamento da CIA durante longo período, mesmo depois que a CIA soube que era homossexual. [...] Offie está sendo investigado pelo FBI em razão de sua alegada participação em atividades de espionagem de Israel."
7. Roach a Belmont, relatado por Papich, 27 de setembro de 1954, FBI/FOIA.
8. Keay a Belmont, com nota de Hoover, relatado no memorando de Papich, "Agência Central de Inteligência / Segurança de suas operações", 2 de julho de 1952, FBI/FOIA.
9. Ladd a Hoover, 24 de junho de 1952, FBI/FOIA.

22. NENHUM SENSO DE DECÊNCIA

1. Ed Tamm, importante assessor de Hoover que se tornou juiz federal, lembrou que, durante a administração Eisenhower, "logo antes de o diretor sair para o trabalho, Nixon telefonava, todas as manhãs", e telefonava novamente "toda noite e contava o que aconteceria no dia seguinte e com quem ele se reuniria". Entrevista com Tamm citada em Curt Gentry, *J. Edgar Hoover: The Man and the Secrets* (Nova York: W. W. Norton, 1991), p. 404.
2. Atividades de ligação do FBI", 26 de janeiro de 1953, FBI/ FOIA.
3. Entrevista com Walsh, FAOH.
4. Entrevista com Grand, FAOH.
5. Procurador-geral Herbert Brownell, "A luta contra o comunismo", discurso no rádio e na televisão, 9 de abril de 1954.
6. A carta anônima a Hoover, datada de 7 de agosto de 1943, está entre os documentos históricos do arquivo Venona revelados pela Agência de Segurança Nacional em 1995.
7. Anotação de Hoover em um memorando de Ladd, 23 de junho de 1947, FBI, citado em John F. Fox Jr., "What the Spiders Did: U.S. and Soviet Counterintelligence Before the Cold War", *Journal of Cold War Studies* 11, n. 3 (verão

de 2009), p. 222. Minha reconstrução da carreira de Boris Morros vem de documentos decodificados pelo projeto Venona e do trabalho de John Earl Haynes, Harvey Klehr e Alexander Vassilev em *Spies: The Rise and Fall of the KGB in America*, p. 445-453. O agente soviético apanhado por Mocase era um ilegal conhecido como Jack Soble, cujo disfarce era uma companhia de pincéis de barba com escritórios de importação e exportação em Paris. Os agentes de Soble nos Estados Unidos incluíam Martha Dodd Stern, filha do embaixador americano na Alemanha; seu marido, Alfred Stern, um corretor milionário de Nova York; Jane Foster Zlatovski, americana de 11ª geração e veterana da Agência de Serviços Estratégicos de Wild Bill Donovan; e seu marido, George Zlatovski, oficial da inteligência do Exército durante e após a Segunda Guerra Mundial.

8. McCarthy a Hoover, 30 de julho de 1952, FBI/FOIA.

9. Entrevista de Hoover ao *San Diego Evening Tribune*, 22 de agosto de 1953, citado em Gentry, *J. Edgar Hoover: The Man and the Secrets*, p. 431.

10. Transcrição de conversa telefônica entre Allen e Foster Dulles citada em David M. Barrett, *The CIA and Congress: The Untold Story from Truman to Kennedy* (Lawrence: University Press of Kansas, 2005), p. 184.

11. Papich a Hoover, 5 de agosto de 1953, arquivos do FBI, DDEL.

12. Os relatórios a Hoover e as conversas entre o FBI e a equipe de McCarthy durante o verão e o outono de 1953 estão registrados em três documentos separados: um relatório sem título de doze páginas anexado a um memorando de Roach a Belmont, 14 de julho de 1953, FBI/FOIA; Belmont a Boardman, "Subcomitê Permanente de Investigação do Senado (audiências McCarthy- -Exército) / Infiltração comunista na Agência Central de Inteligência", 28 de julho de 1953, FBI/FOIA; e um apêndice intitulado "Análise da alegada infiltração comunista na Agência Central de Inteligência, envolvendo funcionários atuais e passados", 28 de julho de 1953, FBI/FOIA.

13. Diário de Hagerty, 8 de junho de 1954, DDEL.

23. JOGO SEM REGRAS

1. Roach a Belmont, "Estudo Doolittle sobre operações secretas / Agência Central de Inteligência", 18 de agosto de 1954, FBI/FOIA.

2. Nota de Hoover no memorando de Keay a Belmont, "Agência Central de Inteligência", 18 de agosto de 1954, FBI/FOIA.

A atitude de Hoover melhorou quando viu um detalhado relatório do FBI sobre a entrevista de Doolittle com o agente da CIA Jim Angleton, que estava prestes a assumir as operações de contrainteligência. O trabalho de Angleton afetava a política doméstica; como Hoover, ele via os esquerdistas americanos como marionetes de Moscou. Ele também dirigia uma seção chamada Projetos Especiais, recuperando os destroços de operações secretas malsucedidas. O relatório foi entregue pelo próprio Angleton, o melhor espião de Hoover dentro da CIA. Com exceção de grampear o telefone de Allen Dulles, Hoover não poderia ter encontrado uma fonte mais útil.

Hoover e Angleton pareciam ter pouco em comum além do anticomunismo. Hoover era uma das pessoas mais famosas dos Estados Unidos, o tira durão que se parecia com um buldogue superalimentado. Angleton era um dos homens mais sombrios de Washington, um fumante tísico que parecia um fantasma. Mas eles pensavam da mesma maneira. Compreendiam as complexidades das operações de contrainteligência, nas quais um serviço de espionagem tenta penetrar outro sem ser detectado. E eram habilidosos nas intrigas políticas de Washington, onde a traição havia se transformado em arte e as alianças formadas ao meio-dia eram traídas à meia-noite.

Em 19 de agosto de 1954, "Angleton informou que 'havia se aberto'" com o grupo Doolittle, dizendo-lhes "exatamente o que sentia sobre essa agência". As operações secretas da CIA eram perturbadas por "confusão, duplicação e desperdício de mão de obra e dinheiro", disse Angleton. Muitas haviam "falhado miseravelmente".

Angleton também relatou que "a cobertura de contraespionagem da CIA é desgraçadamente fraca". Os homens que tinha a sua disposição incluíam "pessoal inexperiente [...] muitos dos quais se conectaram à agência simplesmente pela aventura".

Ele também disse que a CIA era "incapaz de realizar um trabalho eficiente se operações de combate político e psicológico tiverem de ser realizadas pelas divisões responsáveis pelas atividades de espionagem e contraterrorismo". Golpes, propaganda, interferência em eleições e suborno a políticos não eram trabalho de inteligência. O trabalho real era a coleta de informações por meio de espionagem — roubo de segredos. Hoover não poderia concordar mais.

Doolittle tinha perguntado como eram as relações entre o FBI e a CIA. Angleton havia respondido que "no que me diz respeito, são excelentes". Naquele nível, talvez fossem. Mas no topo eram terríveis.

3. Keay a Belmont, incorporando o memorando de Papich, "Relações com a Agência Central de Inteligência / Entrevista com Allen Dulles, 22 de maio de 1954", FBI/FOIA.

4. Belmont a Boardman, "Estudo Doolittle sobre operações secretas / Agência Central de Inteligência", 30 de agosto de 1954, FBI/FOIA.

5. Hoover a Tolson, 19 de novembro de 1954, FBI/FOIA.

6. "Relatório sobre as atividades secretas da Agência Central de Inteligência", 30 de setembro de 1954, revelados ao público em 20 de agosto de 2001, CIA.

7. Hoover a Tolson, 19 de novembro de 1954, FBI/FOIA.

8. Belmont era um membro-chave do subcomitê de planejamento do Conselho Nacional de Segurança; o relatório "Estudo de possíveis ações hostis soviéticas" foi adotado pelo presidente e pelo conselho em 31 de março de 1955.
9. "Programa de Segurança Interna", NSC 5.509, parte 8, de abril de 1955.
10. Relatório de Hoover ao general Mark Clark, 25 de janeiro de 1955, FBI/FOIA.

24. A LONGA SOMBRA

1. Belmont a Roach, "Relatório ao diretor: Conselho Nacional de Segurança, 8 de março de 1956", datado de 22 de março de 1956, FBI/FOIA. Esse é o único registro conhecido das discussões sobre uma "bomba suja" de cobalto 60 no Conselho Nacional de Segurança.
2. Minutas da 279ª Reunião do Conselho Nacional de Segurança, 8 de março de 8, parcialmente revelado ao público, com supressões, DDEL.
3. Em 8 de março de 1955, Hoover escreveu ao procurador-geral Brownell tentando renovar as autorizações para grampos telefônicos sem mandado que havia recebido na carta de 21 de maio de 1940 do presidente Roosevelt. Hoover perguntou a Brownell se a carta ainda dava ao FBI autoridade legal para instalar grampos telefônicos. Se não, ele pediria ao procurador-geral "para apresentar essa questão ao presidente Eisenhower e determinar se ele pensa do mesmo modo". Brownell respondeu oito dias depois: "Expliquei pessoalmente ao presidente, ao gabinete, ao Conselho Nacional de Segurança e aos comitês judiciários do Senado e da Câmara, em 1954, as atuais políticas e procedimentos sobre grampos telefônicos [...] Não acho necessário reabrir essa questão."
4. Jack Danahy, FBI/FBIOH.
5. James R. Healy, 3 de maio de 2007, FBI/ FBIOH.
6. Graham J. Desvernine, FBI/FBIOH, 4 de outubro de 2006. Desvernine logo se uniu a um pequeno grupo "cuja responsabilidade era somente a vigilância e a gravação de conversas dentro do carro de William Z. Foster" — o líder do Partido Comunista dos Estados Unidos. Hoover estava atrás deles desde as batidas Bridgman de 1922. Foster havia concorrido à presidência três vezes, em 1924, 1928 e 1932 — e tinha sido preso somente uma vez, brevemente, por seu trabalho. Seu carro era o cenário de reuniões entre os membros do cada vez menor patrimônio intelectual do Partido Comunista. William Z. Foster, o avô do partido, morreria em 1961 em Moscou, onde foi enterrado na Muralha do Kremlin.
7. Edward S. Miller, FBI/FBIOH, 23 de maio de 2008. O brilhante, mas condenado projeto Túnel de Berlim, da CIA, concebido e executado pelo agente do FBI Bill Harvey, era a joia da coroa do Programa C.
8. John F. McCormack, 31 de outubro de 2006, FBI/FBIOH.

9. Entrevista para história oral de Sullivan em Demaris, *The Director*, p. 76-77. Grifo no original.

10. Entrevista para história oral de Sullivan em Demaris, *The Director*, p. 76-77.

11. Cartha "Deke" DeLoach, *Hoover's FBI: The Inside Story by Hoover's Trusted Lieutenant* (Washington, D.C.: Regnery, 1995), p. 270-271.

12. Depoimento de Sullivan, Comitê Church, 1º de novembro de 1975.

13. Sumário dos relatórios dos escritórios de campo do FBI em "Scope of FBI Domestic Intelligence", *CI Reader*.

14. Hoover ao agente especial encarregado de Nova York, 2 de outubro de 1956, FBI/FOIA.

15. Declaração de Hoover, "Tensão racial e direitos civis", feita em 9 de março de 1956, DDEL.

16. História oral de McCormack, FBI/FBIOH.

17. História oral de Fletcher D. Thompson, FBI/FBIOH. Como relatou Thompson, um punhado de agentes do FBI tinha trabalhado na operação contra a Klan nos anos 1950: "Tínhamos um agente em Summerton, Carolina do Sul, chamado E. Fleming Mason, que era um dos figurões do Bureau — ele tinha vários informantes de alto nível. [...] Ele nunca perguntava ou marcava entrevistas, mas acontecia de se encontrar com eles em um ou outro lugar e eles 'oferecerem' as informações. Lembro de um relatório em particular. Fleming disse que estava dirigindo certa manhã e notou que suas meias não combinavam. Assim, parou em uma loja para comprar um par de meias. E lá encontrou seu amigo, o Ciclope Exaltado, e ele 'ofereceu a seguinte informação...'"

18. Em 1968, as instruções ao campo para a realização do COINTELPRO "nacionalismo negro" diziam: "Evitar a ascensão de um 'messias' que poderia unificar e dinamizar o movimento nacionalista negro militante. Malcolm X pode ter sido tal 'messias' e é o mártir do movimento hoje em dia. Martin Luther King [...] seria outro candidato."

19. História oral de Sullivan, Demaris, *The Director*, p. 226.

20. Documento editado do FBI, datado de 25 junho de 1957 e citado em David J. Garrow, "The FBI and Martin Luther King", *Atlantic Monthly*, julho-agosto de 2002.

25. "NÃO CONFIE EM NINGUÉM"

1. O embaixador americano Donald Norland, então jovem oficial do Departamento de Estado, presente ao almoço, ouviu Hoover e Nixon enquanto "conversavam muito animadamente [...] muito preocupados com a saúde do presidente". (História oral de Norland, FAOH.)

2. Richard Nixon, *RN: The Memoirs of Richard Nixon* (Nova York: Simon & Schuster, 1990), p. 184.

3. DeLoach, *Hoover's FBI*, p. 103.
4. Discurso de Hoover, "Ilusão comunista e realidade democrática".
5. História oral de Mogen, FBI/FBIOH.
6. Hayhanen tinha procurado um diplomata americano em Helsinki, Finlândia, portando a certidão de nascimento de um garoto falecido chamado Eugene Maki, que havia nascido em Idaho. O documento tinha sido obtido por agentes soviéticos nos Estados Unidos em algum momento do fim dos anos 1940. Ele saiu da Inglaterra a bordo do *Queen Mary* e chegou a Nova York em 21 de outubro de 1952, carregando um passaporte americano concedido em função da certidão. Fraude de passaporte era uma questão que enlouquecia Hoover. Em 1955, ele havia ajudado a instalar uma aliada pessoal e política, Frances Knight, como chefe da seção de passaportes do Departamento de Estado, onde ela trabalhava com uma dúzia de agentes do FBI. Ela serviu a Hoover e ao FBI com inabalável devoção durante 22 anos. "Ela era extremamente de direita", lembrou Ronald Somerville, durante muito tempo diretor da Divisão de Assuntos Consulares do Departamento de Estado. "Ela enviava e recebia do FBI relatórios detalhados sobre os movimentos de americanos no exterior. Sempre negava passaportes a pessoas cuja lealdade achava questionável." (História oral de Ronald Somerville, FAOH).
7. 444ª Reunião do Conselho Nacional de Segurança, 13 de maio de 1960, *FRUS 1958-1960*, vol. 10, parte 1.
8. História oral de William D. Morgan, FAOH.
9. História oral de Edmund J. Birch, FBI/FBIOH, 28 de agosto de 2005.
10. História oral de Gamber, FBI/FBIOH.
11. Eisenhower durante a 444ª Reunião do Conselho de Segurança Nacional, 13 de maio de 1960, *FRUS 1958-1960*, vol. 10, parte 1.
12. Belmont a Boardman, "Assunto: Sistema de mensageiros entre o Partido Comunista dos EUA e o Partido Comunista da União Soviética", 30 de agosto de 1957, FBI/ FOIA.
13. O terceiro volume, de 4.252 páginas, uma revelação inicial de um dossiê muito mais amplo, está disponível no website do FBI: http://vault.fbi.gov/ solo.
14. Entrevista para história oral de Nixon, concedida a Frank Gannon, 12 de maio de 1983, Universidade da Geórgia, http://www.libs.uga.edu/media/collections/nixon/nixonday3.html. Grifo no original.

26. CONDUTA IMORAL

1. Nota de Hoover, memorando de Rosen a Hoover, 7 de março de 1959, FBI/ FOIA.
2. Graham Desvernine, FBI/FBIOH, op. cit.

3. Jones a DeLoach, "Senador John F. Kennedy, de Massachusetts", 7 de julho de 1960, FBI/FOIA.
4. Memorando de Hoover a Tolson *et al.*, 14 de outubro de 1960, FBI/FOIA.
5. *Ibid.*

27. "ASSASSINATO ESTAVA NA MODA"

1. McAndrews a Rosen, 19 de outubro de 1960; "*Você sabe que*": Hoover a SAC, Chicago, Airtel / telegrama de 19 de junho de 1961, intitulado "Assunto: Samuel M. Giancana", FBI/FOIA.
2. Papich a Frohbose, "Assunto: Fulgencio Batista / Segurança Nacional — Cuba", 20 de julho de 1959, FBI/FOIA.
3. História oral de Katzenbach, RFKL.
4. Memorando da conversa entre Eisenhower e o secretário de Estado Christian Herter, 30 de agosto de 1960, DDEL. O congressista Cooley, presidente do Comitê de Agricultura da Câmara, se tornou alvo de uma investigação sem precedentes do FBI sobre corrupção política dentro do Congresso, quatro semanas antes do início da administração Kennedy. O congressista, a pedido do ditador dominicano Rafael Trujillo, fazia lobby junto ao novo secretário de Estado, Dean Rusk, por mudanças na administração da lei que afetava as cotas de açúcar; Trujillo e sua família podiam ganhar ou perder milhões de dólares. Em 16 de fevereiro de 1961, 26 dias após a posse da nova administração, o procurador-geral Robert Francis Kennedy aprovou os grampos do FBI no telefone da secretária de Cooley no Capitólio, no de um lobista da República Dominicana e no de três funcionários do Departamento de Agricultura; mais tarde, o FBI instalou escutas em um quarto de hotel no qual Cooley se encontrava com representantes dominicanos. O fato de um ditador ter um poderoso congressista no bolso não era simplesmente uma questão de corrupção política. Ele assumiu conotações de segurança nacional no momento em que os presidentes tentaram lidar com a questão das ditaduras — Cuba, entre outras — no Caribe. Trechos dos registros de uma reunião, em 14 de fevereiro de 1961, entre Rusk e Cooley, ocorrida dois dias depois de RFK aprovar os grampos, fornece uma amostra do caso:
   O secretário Rusk iniciou a conversa dizendo que a administração aceitara a extensão de 21 meses da lei do açúcar, queria que ela fosse promulgada o mais rapidamente possível, mas achava ser de grande importância que a lei, submetida pelo congressista Cooley, fosse editada para dar ao presidente poder discricionário com respeito a que porção da cota cubana poderia ser realocada para a República Dominicana.
   O secretário baseou essa requisição primariamente na séria ameaça potencial aos Estados Unidos e ao hemisfério causada pela presente situação

em Cuba. Ele indicou que é essencial tomar vigorosas ações para impedir que o regime de Castro continue seus esforços para perturbar os regimes pacíficos e amigáveis da América Latina e se tornar uma ameaça militar mais séria aos Estados Unidos [...] Para muitos desses países latino-americanos, principalmente para a Venezuela, a República Dominicana representa uma ameaça igualmente séria a sua estabilidade. A falha, por parte dos Estados Unidos, de ver o problema de Trujillo como uma ameaça tão séria quanto Castro nos privará do apoio e da simpatia de que precisamos [...]

Para essas pessoas, é incompreensível que os Estados Unidos estejam dispostos a punir Castro ao não comprar açúcar de Cuba e então se voltem para a República Dominicana. É um benefício e uma recompensa em que elas acham que apenas a punição é justificável.

Do ponto de vista dos Estados Unidos, também estamos preocupados com as atuais atividades políticas de Trujillo. Sua máquina de propaganda, bem financiada, é extremamente ativa e uma causa de preocupação para nossas agências de inteligência. Sua publicidade se tornou violentamente antiamericana e simpática a muitos interesses soviéticos. Há evidências de que seu regime está em contato com o bloco soviético e representantes de Castro.

O congressista Cooley [e o porta-voz da Câmara John McCormack] perguntaram o que esperamos que aconteça na República Dominicana se Trujillo for prejudicado. Seu maior medo é que isso forneça uma oportunidade para que um regime financiado por Castro assuma [...] O congressista Cooley indicou ter discutido o problema do açúcar da República Dominicana com várias pessoas nos últimos dias [...] Todos com quem ele falou concordam com o secretário que nossa política latino-americana seria seriamente prejudicada se os Estados Unidos continuarem a comprar a antiga cota cubana de açúcar da República Dominicana. Assim, ele era simpático à ideia de conceder poderes discricionários ao presidente. Contudo, achava que seria desejável, a fim de assegurar uma transição ordeira e impedir a ascensão de um regime tipo Castro, se Trujillo pudesse ser persuadido de que agora é uma boa hora para partir para um lugar sossegado do mundo. Sabe-se que possui grande fortuna no exterior [...] O congressista Cooley afirmou conhecer pessoas que eram amigas próximas de Trujillo e poderiam lhe entregar a mensagem. Elas seriam persuasivas e ele achava que Trujillo poderia lhes dar ouvidos. Ele achava que isso deveria ser feito antes que qualquer ação fosse tomada em relação à legislação do açúcar.

O secretário protestou fortemente que não havia tempo para tal passo, mesmo se fosse uma coisa sensata a fazer, antes de promulgar a lei. Além disso, ele achava que a capacidade de persuasão de tal abordagem seria grandemente ampliada se o presidente já tivesse recebido poder discricionário para cortar a cota da República Dominicana. De outro modo, ele poderia ter esperança de que seus amigos em Washington consertariam a situação, como haviam feito no passado.

5. Entrevista para história oral de Farland, FAOH. Nativo de West Virginia que se casou com a filha do dono de uma companhia de carvão, Farland havia se tornado um homem rico e se aposentado do FBI após a guerra, mas tinha mantido sua influência em Washington, tornando-se grande contribuidor da campanha do Partido Republicano e se unindo ao Departamento de Estado como mediador em 1955.

Sua carreira foi altamente incomum. Farland serviu como embaixador de Kennedy no Panamá (um dos dois republicanos a servirem como embaixadores sob JFK). Depois, tornou-se embaixador de Nixon no Irã e no Paquistão — onde, na principal operação de sua carreira, ajudou Henry Kissinger a atravessar o Himalaia para conversas secretas com os líderes comunistas da China.

Quando Farland chegou à República Dominicana, o FBI estava envolvido, havia três anos, no caso de sequestro e assassinato de um americano. Um piloto de 23 anos chamado Gerald Murphy, que voava para uma companhia aérea dominicana, tinha desaparecido. Seus pais, no Oregon, haviam mobilizado seu congressista, Charles Porter, que tinha exigido uma investigação do FBI. Um júri federal havia se reunido em Washington. O casou levou à acusação de um ex-agente do FBI chamado John J. Frank. Frank tinha se tornado uma das pessoas que perseguia — um criminoso internacional. Após se juntar à CIA por um curto período, ele havia trocado sua posição por um cargo mais lucrativo: agente secreto de Trujillo.

Frank tinha desempenhado papel central no homicídio do Jesús de Galíndez, um professor da Universidade de Colúmbia que fora tutor dos filhos de Trujillo, havia fugido do regime ditatorial e se mudado para Nova York, onde havia escrito um livro sobre os crimes de Trujillo. Galíndez tinha relatado ameaças a sua vida ao escritório nova-iorquino do FBI, sem resultado. Frank fez com que ele fosse sequestrado em uma estação de metrô em frente à Universidade de Columbia, enfiado em um carro, levado até um pequeno campo aéreo em Long Island e jogado em um avião particular. O avião tinha sido fretado por Joe Zicarelli, membro proeminente da máfia de Nova Jersey e capanga de Trujillo. O piloto era Gerald Murphy. Murphy levou Galíndez até a República Dominicana. Trujillo matou Galíndez. E então matou Murphy e seu copiloto, na esperança de manter a conspiração em segredo.

Frank tinha sido preso e indiciado por quatro acusações de ser agente estrangeiro não registrado, trabalhando para Trujillo, uma estratégia do Departamento de Justiça para acusar espiões em circunstâncias diplomaticamente delicadas. O próximo passo lógico, do ponto de vista da promotoria, era indiciar o cônsul-geral dominicano em Nova York por conspiração para sequestrar Galíndez. Os relatos do FBI que guiaram os procedimentos do grande júri vieram de grampos telefônicos na embaixada dominicana em Washington. O caso era monitorado pelo procurador-geral, pelo chefe da Divisão Criminal do Departamento de Justiça e pelo próprio Hoover.

Trujillo havia supervisionado a conspiração. Como Washington lidaria com ele? Os Estados Unidos jamais haviam acusado um líder estrangeiro de crimes capitais cometidos em solo americano. O presidente Eisenhower tinha sido questionado precisamente sobre isso durante uma entrevista coletiva: o FBI tinha jurisdição para investigar se "agentes de uma ditadura que gozam de imunidade diplomática estão assassinando pessoas sob a proteção da bandeira americana"? Ike respondeu: "Não sei nada sobre isso."

Hoover assegurou ao presidente que o FBI cuidaria do caso. Mas recuou.

Ele informou aos departamentos de Estado e de Justiça que o caso contra Trujillo e seus capangas não era "suficientemente sólido".

O presidente teria de decidir entre encerrar a investigação ou cortar o nó que ligava os interesses americanos a um tirano.

O ex-agente do FBI John J. Frank foi condenado como agente não registrado da ditadura de Trujillo, mas nunca revelou quaisquer detalhes da conspiração mais ampla.

6. História oral de Dearborn, FAOH. Se o caso Trujillo tivesse sido processado criminalmente, mesmo um senador tão formidável quanto Eastland poderia ter sido acusado de agir como agente de um poder estrangeiro.

A inteligência política que Farland e Dearborn desenvolveram — quase todas as suas informações encontraram seu caminho sinuoso até o FBI — incluía detalhes sórdidos sobre a visita de outros luminares americanos na folha de pagamento de Trujillo.

O ex-embaixador americano na Corte de Saint James — o imensamente rico e ambicioso Joseph Kennedy, pai de Jack e Bobby — enviou um funcionário da família, um colunista de fofocas chamado Igor Cassini. Então o magnata Bill Pawley levou um time bipartidário — Bebe Rebozo, amigo de Nixon, e o senador George Smathers, da Flórida, melhor amigo de Jack Kennedy na Colina do Capitólio. "Eu, Smathers, Bill Pawley e Bebe Rebozo fomos ver Trujillo", contou Dearborn. "Smathers falou com ele e disse: 'Generalíssimo, o senhor tem a oportunidade de ser um grande herói neste hemisfério. O senhor tem a oportunidade de ser um dos poucos ditadores, um dos únicos ditadores, a ser capaz de transformar seu país em democracia. Se o senhor fizer isso, realmente será um herói para seu povo e para este hemisfério.' Eu fiquei lá sentado e pensando: 'Meu Deus, você não tem ideia do que está dizendo.'"

7. Quatro relatórios de Farland, assim como informações claramente fornecidas por ele, estão em *FRUS 1958-1960*, vol. 6, *American Republics*, "United States

policy regarding certain political developments in the Caribbean and Central American area", p. 357-459.

8. Hoover citado em "Memorando de reunião, Departamento de Estado, 29 de janeiro de 1959", p. 357-360.

9. M. A. Jones a DeLoach, assunto: Frank Fiorini, também conhecido como Frank Anthony Sturgis, IS /Cuba, 1º de abril de 1959, FBI/FOIA. Resumos do memorando Sturgis foram enviados à CIA, levando a seu recrutamento. Eles também foram enviados, de maneira editada, ao Departamento de Estado. No verão e outono de 1959, os relatórios de Farland enviados da República Dominicana e a vigilância do FBI sobre intrigas cubanas nos Estados Unidos começaram a atingir massa crítica.

Os relatórios sobre a República Dominicana e Cuba se provaram um fator crucial na decisão de Hoover de abrir uma nova frente para o FBI em 1959: a vigilância eletrônica sistemática da máfia. Os relatórios de Farland sobre a conexão entre políticos americanos, crime organizado e tiranos caribenhos erodiram a resistência de Hoover.

Ele entrou em ação no verão de 1959, quando o subcomitê do Senado intensificou seus interrogatórios públicos dos chefões da máfia. A força motriz do subcomitê do Senado, conhecido como Comitê do Crime Organizado, era seu advogado, Robert F. Kennedy. RFK, baseado em sua experiência como advogado assistente do Comitê McCarthy, contratou três talentosos ex-agentes do FBI como investigadores. Um deles, Walter Sheridan, também havia trabalhado para a Agência de Segurança Nacional e adquirido experiência no uso de vigilância eletrônica.

Uma escuta ilegal instalada em Las Vegas levou o FBI às conspirações da CIA contra Castro. Em 31 de outubro de 1960, o Bureau recebeu um registro de prisão do Departamento de Polícia de Las Vegas. Uma camareira tinha tropeçado em uma escuta sendo instalada por ordens de um detetive chamado Arthur Balletti. Ele tinha sido contratado por um investigador particular chamado Robert Maheu — um ex-agente do FBI que havia trabalhado para o bilionário Howard Hughes como informante da CIA e para a máfia de Vegas. O alvo da escuta era a infiel namorada de Giancana, a cantora de boate Phyllis McGuire. As ordens manuscritas de Hoover empurraram o FBI adiante, a toda velocidade: "Sim e pressionem vigorosamente Giancana, Maheu & Balletti. H".

A prisão em Las Vegas permitiu que o FBI pressionasse Maheu, que finalmente contou os detalhes do contrato da CIA com a máfia para assassinar Castro.

10. História oral de Farland, FAOH.

11. Depoimento de Richard Bissell, ex-diretor da Divisão Clandestina da CIA, Comitê Church, 22 de julho de 1975.

12. Herter a Eisenhower, "Possível ação para impedir tomada castrista da República Dominicana", 14 de abril de 1960, DDEL.

Os inimigos de Trujillo eram incentivados pelo embaixador Farland e seu número 2, Henry Dearborn, que o sucedeu como embaixador em exercício. Ambos asseguraram aos conspiradores que suas ações seriam agradáveis aos Estados Unidos. "O embaixador Farland tinha contatos com a oposição e me apresentou", disse Dearborn. A oposição não confiava na CIA, mas "passou a confiar em mim e em Farland. Assim, continuei a manter contato, relatando à CIA. Estávamos usando meios de comunicação muito estranhos porque não queríamos ser vistos uns com os outros. Coisas como notas no fundo de sacolas de compras, enroladas em charutos. Eles às vezes pediam conselhos. Às vezes pediam ajuda".

"Eles desenvolveram um plano de assassinato", contou Dearborn. "Eu sabia o que planejavam fazer. Sabia como. Mais ou menos sabia quem estava envolvido. Embora sempre tenha sido capaz de dizer que não conhecia pessoalmente nenhum dos assassinos, sabia quem estava puxando as cordas."

"O que eles queriam dos EUA", continuou ele, "era apoio moral e, mais tarde, apoio material e armamentos." Não foram desapontados. A CIA enviou três pistolas calibre 28 e quatro metralhadoras, entregues à República Dominicana em um malote diplomático do Departamento de Estado. Quando as armas chegaram, Farland, o agente do FBI transformado em embaixador extraordinário, já havia retornado a Washington.

13. Memorando sobre conversa com o presidente, 13 de maio de 1960, secretário de gabinete, arquivos Eisenhower, DDEL. O general Andrew Goodpaster, assessor militar de Ike, escreveu o memorando em 16 de maio. O presidente estava de péssimo humor em 13 de maio — criando, em suas próprias palavras, uma "grande tempestade" sobre o U-2 espião da CIA que havia caído durante um voo secreto sobre a União Soviética. O piloto, Francis Gary Powers, era prisioneiro em Moscou (foi trocado por um espião soviético conhecido como Rudolph Abel). O líder soviético Nikita Kruchev tinha humilhado os Estados Unidos. A raiva de Ike pode ser sentida nos registros do general Goodpaster.

28. HOMEM PERIGOSO

1. História oral de Robert F. Kennedy, JFKL.
2. História oral de DeLoach, LBJL.
3. As testemunhas da exigência de Joe Kennedy de que JFK nomeasse RFK procurador-geral — e da aprovação de Hoover — foram o amigo de JFK, senador George Smathers, da Flórida; o assessor de RFK, John Seigenthaler; e o assessor de Hoover, Cartha "Deke" DeLoach. "Algo da personalidade

de Bobby e do presidente pode ter vindo do velho Joe Kennedy, que não se incomodava de manipular as pessoas", disse DeLoach. "Ele amava usar o poder, assim como o presidente e Bobby — Bobby, eu acho, ainda mais que o presidente."

4. História oral de Robert F. Kennedy, JFKL.
5. História oral de Katzenbach, JFKL.
6. História oral de RFK, JFKL.
7. Notas manuscritas de RFK, citadas no relatório do Comitê Church.
8. História oral de Evans, em Deborah Hart Strober e Gerald S. Strober, *The Kennedy Presidency: An Oral History of the Era* (Washington, D.C.: Brassey's, 2003), p. 269.
9. Anotações de Hoover nos memorandos de [apagado] a Sullivan, 2 de abril de 1962, e de Evans a Belmont, 20 de abril de 1963; FBI/FOIA.
10. Diretor do FBI ao procurador-geral, "A Agência Central de Inteligência", memorando secreto entregue em mãos em 21 de abril de 1961; Belmont a Parsons, "Agência Central de Inteligência/Relatório ao procurador-geral", 21 de abril de 1961.
11. História oral de Joseph G. Kelly, FBI/FBIOH, 29 de agosto de 2004.
12. História oral de Crockett, FAOH.
13. Fitas de LBJ na Casa Branca, 17 de novembro de 1964, LBJL.
14. História oral de Crockett, FAOH.

29. GOVERNAR PELO MEDO

1. História oral de RFK, JFKL. Kennedy estabeleceu a data dessa revelação em 1961; alguns historiadores acreditam que a reunião ocorreu em 1962, mas as provas circunstanciais sugerem que a data anterior é a correta. Hoover entrou em estado de alerta depois que King e Levison se encontraram com o procurador-geral e seus principais assessores de direitos civis em um salão privado do Mayflower Hotel — uma escolha estranha, uma vez que era onde Hoover costumava almoçar. Hoover rapidamente soube da reunião. Ela representava, para ele, uma infiltração comunista — o acesso de um agente secreto aos mais altos níveis do governo americano. Não há notas remanescentes, mas a conversa permaneceu na memória dos presentes. Kennedy disse a King que o Departamento de Justiça tinha pouca jurisdição para proteger os líderes do movimento de direitos civis da Klan ou dos juristas do sul. Desobediência civil não era o caminho, avisou; uma campanha ordenada pelo direito ao voto dos negros era a coisa certa a fazer. Após o almoço, John Seigenthaler, assessor de Robert Kennedy, chamou King de lado e avisou sobre Levison: o homem era um conhecido comunista e King deveria se livrar dele. King respondeu explicitamente que seria difícil quebrar aquele elo.

2. Memorando de Hoover a Tolson, Belmont, Sullivan e DeLoach, 9 de janeiro de 1962; Evans a Belmont, 2 de fevereiro de 1962; Bland a Sullivan, 3 de fevereiro de 1962, FBI/FOIA.

3. A vigilância do FBI sobre a reunião tinha sido um golpe de sorte: um membro da delegação soviética que trabalhava para o serviço de inteligência militar se ofereceu para servir como agente do FBI. Em 13 de março de 1962, o FBI relatou que Dmitri Polyakov, codinome Cartola, identificava todos os membros da delegação diplomática soviética em Nova York e Washington que trabalhavam como espiões de Moscou. Cartola ajudou o FBI a rastrear desenvolvimentos diplomáticos nos mais altos níveis. Agente especial Edward F. Gamber ao agente especial encarregado de Nova York, "Assunto: Pessoal das Nações Unidas — URSS", 13 de março de 1962, FBI/FOIA. Sobre a conexão de Levison com Lesiovsky, história oral de Birch, FBI/FBIOH.

4. Anotação de Hoover, Bland a Sullivan, 3 de fevereiro de 1962, FBI/ FOIA.

5. A reunião entre Hoover e JFK em 22 de março de 1962 foi reconstruída por meio de registros da Casa Branca recolhidos pelos melhores biógrafos de Robert Kennedy e Martin Luther King, Evan Thomas e Taylor Branch, respectivamente, mas eles se basearam em evidências indiretas para a citação sobre o "bastardo" reproduzida aqui.

6. O memorando de Hoover de 9 de maio de 1962, sobre a reunião, foi publicado pelo Comitê Church em 1975.

7. Hoover, 22 de maio de 1961, memorando a RFK e anotação de RFK, citados em Comitê Church, *Assassination Plots, Interim Report: Alleged Assassination Plots Involving Foreign Leaders*, p. 127-128. O memorando de Hoover relatava que o FBI tinha entrevistado o chefe de segurança da CIA, Sheffield Edwards: "O coronel Edwards afirmou que, em relação à operação da CIA contra Castro, contatou pessoalmente Robert Maheu", um ex-agente do FBI que trabalhava simultaneamente para a CIA, a máfia e Howard Hughes, o bilionário de Las Vegas. O memorando comentava que Maheu havia servido como "intermediário da CIA em seus contatos com Sam Giancana, um gângster conhecido na área de Chicago".

8. História oral de RFK, JFKL. Nick Katzenbach, assessor e sucessor de RFK, concordava. "Dado que a declaração do Bureau sobre Levison era verdadeira e dada a maneira como declararam isso de maneira clara e positiva — e realmente assustadora, no que dizia respeito à fonte —, não tenho razões para duvidar disso", disse Katzenbach em sua própria história oral para a Biblioteca JFK.

Levison disse a King que eles deveriam interromper seu relacionamento, disse ele ao historiador Arthur Schlesinger Jr. em 1976: "O movimento precisava demais dos Kennedy. Eu disse que estar por perto não serviria aos melhores interesses do movimento, se os Kennedy tivessem dúvidas."

Mas, como escreveu o historiador David J. Garrow após rever os registros do FBI revelados há uma década:

King hesitava em perder a assistência e os conselhos de Levison e, assim, indicou um amigo em comum, o jovem advogado afro-americano Clarence B. Jones, de Nova York, para servir como intermediário telefônico entre ele e Levison. Marshall e Robert Kennedy descobriram o truque quase imediatamente e, em alguns dias, Kennedy autorizou a instalação de grampos nos telefones da residência e do escritório de Jones. Ele pensou em grampear os de King, mas decidiu aguardar.

No início de 1963, King ficou na casa de Jones por vários dias, ocasião em que tanto o FBI quanto, por extensão, os Kennedy foram introduzidos a um novo aspecto de sua vida — especificamente, suas aventuras sexuais, que nos meses seguintes praticamente substituíram Levison como foco da vigilância do FBI. Mas, naquela época, Marshall e Robert Kennedy estavam muito mais preocupados com as extensivas evidências de comunicação entre King e Levison por meio de Jones. O grampo no telefone do escritório de Jones gravou King dizendo: "Estou tentando esperar até que as coisas esfriem... até que o debate sobre os direitos civis tenha acabado... até que eles parem de grampear esses telefones..."

David J. Garrow, "The FBI and Martin Luther King", *Atlantic Monthly*, julho-agosto de 2002.

9. Diretor ao agente especial encarregado de Atlanta, "Infiltração comunista na Conferência Sulista de Liderança Cristã: segurança interna", 20 de julho de 1962, FBI/ FOIA.

10. História oral de Woodcock, FBI/FBIOH.

11. História oral de Davis, FBI/FBIOH.

12. William C. Sullivan, "Partido Comunista EUA / Questão negra / Segurança interna — comunismo", 23 de agosto de 1963, com anotações de Hoover e resposta de Sullivan, FBI/FOIA.

13. História oral de Katzenbach, Projeto História Oral RFK, JFKL.

14. Brennan a Sullivan, "Assunto: Martin Luther King Jr. / Questão de segurança — comunista", 18 de abril de 1968, FBI/FOIA. Os grampos nos telefones residenciais de King permaneceram até abril de 1965; os na SCLC, até junho de 1966.

15. História oral de McGorray, FBI/FBIOH.

16. História oral de Jack Danahy, FBI/FBIOH.

17. Sullivan a Belmont, com anotações de Hoover, 27 de janeiro de 1964, FBI/ FOIA.

18. William C. Sullivan, "Partido Comunista EUA / Questão negra / Segurança interna — comunismo", 23 de agosto de 1963, FBI/FOIA.

19. William Manchester, *The Death of the President* (Nova York: Harper & Row, 1967), p. 195-196. A fonte para esse relato foi Robert F. Kennedy, mas, como

sempre, é sua palavra contra a de Hoover. "Manchester é um mentiroso, mas é óbvio que foi alimentado por RFK", escreveu Hoover em uma nota a seus assessores em 15 de fevereiro de 1967. FBI/FOIA.

20. DeLoach a Mohn, "Assassinato do presidente / Alegação de que Oswald era informante do FBI", 7 de fevereiro de 1964, FBI/FOIA.

21. Sullivan a Belmont, 26 de novembro de 1963, FBI/FOIA.

22. Memorandos de Hoover e DeLoach, 10 de dezembro de 1963 e 14 de outubro de 1964; citados em "Investigação do assassinato do presidente John F. Kennedy", relatório do Comitê Church feito em 1975, revelado em 2000.

30. "VOCÊ GRAMPEOU ESTE TELEFONE?"

1. LBJ/Hoover, fitas telefônicas de LBJ, 27 de fevereiro de 1964, LBJL.

2. LBJ/Hoover, fitas telefônicas de LBJ, 29 de novembro de 1963, LBJL.

3. Lyndon B. Johnson, Discurso em homenagem a J. Edgar Hoover, 8 de maio de 1964.

4. História oral de McGeorge Bundy, LBJL.

5. RFK a LBJ, fitas telefônicas de LBJ, 10 de julho de 1964, LBJL.

6. RFK a LBJ, fitas telefônicas de LBJ, 21 de julho de 1964, LBJL.

7. História oral de DeLoach, LBJL.

8. A citação de LBJ veio de Burke Marshall, assessor de direitos civis de RFK no Departamento de Justiça. História oral de Marshall, LBJL. Foi ideia de Marshall usar o FBI contra a Klan. Em uma proposta escrita que RFK enviou à Casa Branca em 5 de junho de 1964, Marshall apresentou as atividades da Klan como "terrorismo" e ameaça à segurança interna dos Estados Unidos. Ele recomendou que o FBI identificasse seus membros e trabalhasse disfarçado para expor a infiltração da Klan nas agências da lei, locais e estaduais, no sul: "As técnicas utilizadas por agentes especialmente treinados para a infiltração de grupos comunistas seria de valor", escreveu ele. "Recomendo levar ao FBI a possibilidade de desenvolver um esforço similar para solucionar esse problema."

9. Hoover a LBJ, fitas telefônicas de LBJ, 21 de junho de 1964, LBJL.

10. LBJ a Hoover, fitas telefônicas de LBJ, 24 de junho de 1964, LBJL.

11. Dulles a Hoover e LBJ, fitas telefônicas de LBJ, 26 de junho de 1964, LBJL.

12. História oral de Marshall, Strober e Strober, *The Kennedy Presidency*, p. 317.

13. História oral de Billy Bob Williams, FBI/FBIOH.

14. História oral de Donald Cesare, FBI/FBIOH.

15. História oral de Cesare, FBI/FBIOH. Nenhum informante na história do FBI jamais recebeu tanto dinheiro. Fundos para pagar informantes eram angariados pelos líderes comunitários judeus do Mississippi, de acordo com vários agentes, incluindo James O. Ingram, um dos mais bem-sucedidos

caçadores da Klan. Judeus em Jackson, Mississippi, "apoiavam o FBI havia muito tempo, com dinheiro e seus esforços para nos ajudar. Eles disponibilizavam dinheiro para que o FBI pagasse informantes", disse Ingram. Não está claro se Delmar Dennis, cujo recrutamento data do verão de 1964, recebeu fundos externos. Importantes informantes entre os membros da Klan no Mississippi desertaram antes dele, incluindo o sargento Wallace Miller, do Departamento de Polícia de Meridian.

16. História oral de Joseph J. Rucci Jr., FBI/FBIOH.
17. História oral de Billy Bob Williams, FBI/FBIOH.
18. Hoover a LBJ, fitas telefônicas de LBJ, 9 de setembro de 1964, LBJL.
19. LBJ a Hoover, fitas telefônicas de LBJ, 23 de outubro de 1964, LBJL.
20. História oral de RFK, JFKL.
21. LBJ a DeLoach, fitas telefônicas de LBJ, 20 de novembro de 1964, LBJL.
22. Nicholas deB. Katzenbach, *Some of It Was Fun: Working with RFK and LBJ* (Nova York: Norton, 2008), p. 154.
23. LBJ a Katzenbach, fitas telefônicas de LBJ, 4 de março de 1965, LBJL.
24. História oral de Shanahan, FBI/FBIOH.
25. Discurso televisivo de LBJ, 26 de março de 1965, LBJL.

31. "O HOMEM COM QUEM ESTOU CONTANDO"

1. LBJ a Mann, fitas telefônicas de LBJ, 24 de abril de 1965, LBJL.
2. Subsecretário Thomas Mann ao embaixador americano Tap Bennett, 25 de fevereiro de 1965, *Foreign Relations of the United States, 1964-1968*, vol. 32, *Dominican Republic*.
3. História oral de Estill, FBI/FBIOH.
4. Diretor da Central de Inteligência Raborn ao presidente Johnson, 29 de abril de 1965, fitas telefônicas de LBJ, LBJL.
5. História oral de Paul Brana, FBI/FBIOH.
6. Kennedy M. Crockett, memorando para registro, com cópias para Mann, Vance, Helms e Vaughan e de Bromley Smith para Bundy. Balaguer foi identificado como fonte do FBI por Wallace Estill e Paul Brana. O registro está em *Foreign Relations of the United States, 1964-1968*, vol. 32, *Dominican Republic*. O gerenciador de Balaguer no FBI, Heinrich von Eckardt, era, implausivelmente, filho e homônimo do embaixador alemão no México durante a Primeira Guerra Mundial; o embaixador tinha sido o destinatário do Telegrama Zimmerman, a mensagem interceptada que havia levado os Estados Unidos à guerra.
7. A transcrição da fita está cheia de supressões, feitas em nome da segurança nacional. Embora editada, ela mostra o presidente no fim de sua resistência. A crise dominicana deixou LBJ praticamente insano, na opinião de alguns de

seus principais assessores. "Relatórios altamente dúbios de J. Edgar Hoover" agitavam a mente do presidente, disse o subsecretário de Estado George Ball. "O presidente se tornou o gerente da coisa toda. Ele dirigia tudo sozinho [...] Tornou-se uma paixão, quase uma obsessão." Mas Johnson estava começando a perder a fé no próprio julgamento. "Nem sempre sei o que é certo", disse ele a Fortas em 23 de maio. "Às vezes, ouço o julgamento de outras pessoas e sou enganado. Como mandar tropas a Santo Domingo. Mas o homem que me enganou foi *Lyndon Johnson*. Ninguém mais! Eu fiz isso!"

8. David Atlee Phillips, *The Night Watch: 25 Years of Peculiar Service* (Nova York: Atheneum, 1977), p. 155.

9. Memorando sobre a conversa, Washington, 1º de setembro de 1965, *Foreign Relations of the United States, 1964-1968*, vol. 32, *Dominican Republic*.

10. História oral de Crimmins, FAOH.

11. Hoover ao presidente Johnson, 10 de setembro de 1965, fitas telefônicas de LBJ, LBJL.

12. "Assunto: Eleição presidencial na República Dominicana", 29 de dezembro de 1965, em *Foreign Relations of the United States, 1964-1968*, vol. 32, *Dominican Republic*. O memorando do diretor em exercício da Central de Inteligência, Helms, ao diretor adjunto Desmond FitzGerald merece ser citado na íntegra:

Quero reiterar, para registro, que o presidente disse ao diretor e a mim, em mais de uma ocasião, entre maio e meados de julho, que ele espera que a Agência devote todo o pessoal e recursos materiais necessários, na República Dominicana, para que a eleição presidencial seja vencida pelo candidato favorecido pelo governo dos Estados Unidos. As declarações do presidente foram inequívocas. Ele quer vencer a eleição e espera que a Agência faça isso acontecer. Se encontrar obstáculos à realização dessa operação, por favor, me avise, para que as dificuldades possam ser identificadas para o presidente, com o objetivo de assegurar sua influência sobre as alocações financeiras em apoio ao candidato apropriado. RH

13. Rostow a Johnson, "Primeiras indicações de Balaguer", 11 de junho de 1966, *Foreign Relations of the United States, 1964-1968*, vol. 32, *Dominican Republic*.

32. CLARAMENTE ILEGAL

1. Memorando de Hoover para registro, 28 de abril de 1965, citado em Comitê Church, "Investigações COMINFIL — O movimento contra a guerra e os grupos estudantis".

2. História oral de Gamber, FBI/FBIOH.

3. Hoover aos agentes especiais encarregados, 3 de maio de 1966, citado em Comitê Church, "Inteligência sobre tumultos civis".

4. Katzenbach, *Some of It Was Fun*, p. 182. Katzenbach percebeu que a vigilância sobre Martin Luther King era dinamite política potencial. O FBI havia plantado sua última escuta em King em novembro de 1965. Mas grampos no telefone de seu mais próximo conselheiro, Stanley Levison, permaneceram.

5. Assistente do diretor James Gale ao assistente do diretor Cartha DeLoach, 27 de maio de 1966, FBI/FOIA.

6. Memorando de Hoover para registro, 28 de abril de 1965, FBI/FOIA.

7. Hoover a Katzenbach, 14 de setembro de 1965, FBI/FOIA.

8. M. A. Jones a DeLoach, 2 de agosto de 1965, FBI/FOIA, citado em Comitê Church, "Vigilância eletrônica sem mandado do FBI".

9. Anotação de Hoover em memorando a Tolson, "Assunto: carta ao senador Edward Long", 21 de janeiro de 1966, FBI/FOIA.

10. Cartha D. "Deke" DeLoach, *Hoover's FBI: The Inside Story by Hoover's Trusted Lieutenant* (Washington, D.C.: Regnery, 1995), p. 58. Fortas havia sido punido pela Suprema Corte em 1969 por causa de suas transgressões éticas; sua conduta em *Black versus EUA* permaneceu secreta durante duas décadas. Fred Black era parceiro comercial de Bobby Baker; Baker era secretário do Senado americano quando Lyndon Johnson era líder da maioria e tinha sido acusado de corrupção política, mas não condenado. Hoover sabia (inclusive por meio de escutas e grampos) que Baker havia conseguido prostitutas para senadores de ambos os partidos.

11. Anotação de Hoover, Sullivan a DeLoach, 19 de julho de 1966. FBI/FOIA.

    Invasões claramente violavam a proibição da Quarta Emenda para a realização de buscas e apreensões sem mandado. Assim como a violação de correspondência, como determinado pela Suprema Corte em um caso de 1878, *ex parte* Jackson:

    A garantia constitucional que protege as pessoas contra buscas e apreensões não razoáveis se estende a seus documentos, assim protegidos de inspeção, quaisquer que sejam [...] Nenhuma lei do Congresso concede aos oficiais conectados ao serviço postal qualquer autoridade para invadir o sigilo de cartas e pacotes selados e todas as regulações adotadas em serviços dessa natureza devem se subordinar ao princípio maior da Quarta Emenda à Constituição.

12. Memorando de Sullivan com anotações de Hoover, 19 de julho de 1966, reimpresso nos arquivos do Comitê Church e em Theoharis, *From the Secret Files of J. Edgar Hoover*, p. 129-130, 147-152. LBJ e RFK podem não ter compreendido integralmente as diferenças técnicas e legais entre um grampo em uma linha telefônica, que podia ser legalmente autorizado, e uma escuta, um microfone escondido cuja instalação normalmente exigia uma invasão sem mandado.

13. História oral de Miller, FBI/FBIOH.

14. Comitê Church, resumo da entrevista com Louis Tordella, 16 de junho de 1975. James Angleton, agente da CIA, avaliou corretamente o efeito da mudança no clima político sobre Hoover: "O Congresso estava se envolvendo nas atividades do FBI", disse ele. "O sr. Hoover buscava o apoio do presidente para conduzir essas operações. Quando não recebia esse apoio, ele não tinha nenhum outro recurso." Depoimento de Angleton, audiências do Comitê Church, 24 de setembro de 1975.

15. Depoimento confidencial de Cregar, 20 de agosto de 1975, arquivos do Comitê Church. Hoover já havia ameaçado interromper as vigilâncias do FBI antes: "Considere o fim de todas as operações técnicas. H." Essa nota foi enviada pelo diretor em 21 de julho de 1958. "O fim de todas as operações técnicas" significaria o fim da vigilância eletrônica — o uso de escutas e das invasões para instalá-las — e a destruição de centenas de operações da inteligência americana. A origem da fúria de Hoover era um vazamento da CIA ao Congresso sobre um desertor soviético. A fúria cedeu, mas a ameaça de retirar todas as escutas secretas do FBI permaneceu.

16. O grande total de onze casos de espionagem por agentes americanos foi descoberto naquela década e nove foram investigados pela inteligência militar e julgados por tribunais militares. A principal causa do declínio na contraespionagem e contrainteligência do FBI foram as constantes exigências dos presidentes Johnson e Nixon para focar no combate político contra a esquerda americana. LBJ disse a Deke DeLoach "que muitos dos protestos relacionados a sua política no Vietnã, particularmente as audiências no Senado", podiam ser rastreadas até os soviéticos e seus aliados. As estatísticas e os casos por trás delas foram analisados em *Espionage Against the United States by American Citizens, 1947-2001*, Centro de Pesquisa sobre Pessoal e Segurança do Departamento de Defesa, julho de 2002.

17. História oral de Edmund Birch, FBI/FBIOH.

18. Hoover a LBJ, 25 de julho de 1967, fitas telefônicas de LBJ, LBJL.

19. Sede do FBI aos escritórios de campo, 25 de agosto de 1967, FBI/FOIA.

20. A coordenação de inteligência entre o procurador-geral Clark, o procurador-geral adjunto Christopher, os militares, a CIA e o FBI foi detalhada nas audiências do Subcomitê Judiciário sobre Direitos Constitucionais do Senado, em 9 e 10 de abril de 1974, e mais tarde nos relatórios do Comitê Church. Os principais programas organizados pelo FBI, pela CIA e pelos militares receberam os codinomes Shamrock e Minaret.

21. LBJ a Hoover, 14 de fevereiro de 1968, fitas telefônicas de LBJ, LBJL. O contexto integral dessas acaloradas discussões está em *Foreign Relations of the United States, 1964-1968*, vol. 7, 1-12 de novembro de 1968: *South Vietnamese Abstention from the Expanded Peace Conference* e *The Anna Chennault Affair*.

22. Sede do FBI aos escritórios de campo, 3 de abril de 1968, FBI/FOIA. O alerta de Hoover sobre os "revolucionários mortos" ocorreu no dia anterior ao assassinato de Martin Luther King.
23. Sede do FBI aos escritórios de campo, 23 de julho de 1968, FBI/FOIA.
24. Memorando de Hoover a Tolson, DeLoach, Sullivan e Bishop, 19 de junho de 1969, FBI/FOIA.
25. Fitas telefônicas de LBJ, 1º, 4, 8, 12 e 13 de novembro de 1968. LBJ determinou — após a eleição — que não podia provar a acusação. O FBI, a seu comando, traçou cinco chamadas telefônicas realizadas no avião de campanha do candidato republicano à vice-presidência, Spiro Agnew, em Albuquerque, Novo México. Uma delas era reveladora: uma conversa entre a emissária clandestina de Nixon, Anna Chennault, em um centro de comando em Washington, e um assessor de Agnew chamado Kent Crane, ex-oficial da CIA. As conversas da intriga Chennault foram registradas em *Foreign Relations of the United States, 1964-1968*, vol. 7, 1-12 de novembro de 1968: *South Vietnamese Abstention from the Expanded Peace Conference* e *The Anna Chennault Affair*.
26. Nixon, *RN: The Memoirs of Richard Nixon*, p. 357-358. O telefonema para Hoover durante a reunião com Nixon foi registrada no diário de LBJ.

33. A ARMA DEFINITIVA

1. Declaração juramentada de Nixon durante o julgamento *Halperin versus Kissinger*, 15 de janeiro de 1976.
2. Nixon, *RN: The Memoirs of Richard Nixon*, p. 357-358.
3. Nixon, fitas da Casa Branca, 3 de maio de 1972.
4. Nixon, fitas da Casa Branca, 16 de fevereiro de 1973.
5. H. R. Haldeman, *The Haldeman Diaries: Inside the Nixon White House* (Nova York: G. P. Putnam's Sons, 1994), p. 192.
6. John Ehrlichman, *Witness to Power: The Nixon Years* (Nova York: Simon & Schuster, 1982), p. 156-157.
7. Resposta de Nixon durante interrogatório, Comitê Church, 9 de março de 1976.
8. Depoimento perante o grande júri de Richard Nixon, 24 de junho de 1975, Registros da Força Especial do Processo Watergate, on-line em <http:// www. archives.gov/research/investigations/watergate/nixon-grand-jury>.
9. Declaração de Nixon sobre os tumultos nas universidades, 22 de março de 1969.
10. Depoimento de Nixon, *EUA versus Felt*, 29 de outubro de 1980.
11. Ehrlichman, *Witness to Power*, p. 156-159.
12. O ultraje de Nixon e Kissinger com os vazamentos e a maneira como lidaram com os grampos telefônicos são descritos em Walter Isaacson, *Kissinger: A Biography* (Nova York: Simon & Schuster, 1992, 2005), p. 212-227.

13. Nixon, *RN: Memoirs*, p. 387.
14. Depoimento de Nixon, *Halperin versus Kissinger.*
15. História oral de Rodman, FAOH.
16. Depoimento de Nixon, *Halperin versus Kissinger.*
17. Memorando de Hoover sobre a conversa com Kissinger, 9 de maio de 1969, FBI, 9 de julho de 1969, 17h05.
18. "Pontos para a reunião com J. Edgar Hoover, quarta-feira, 4 de junho de 1969", Biblioteca do Congresso, arquivo Kissinger, caixa TS 88.
19. História oral de Dyson, FBI/FBIOH.
20. Sullivan a DeLoach, 8 de setembro de 1969, FBI/ FOIA.
21. Brennan a Sullivan, 3 de fevereiro de 1969, FBI/FOIA.
22. Brennan a Sullivan, 26 de janeiro de 1970, FBI/FOIA.
23. História oral de Perez, FBI/FBIOH.
24. História oral de Jones, FBI/FBIOH.

34. "DERRUBAR O TEMPLO"

1. Mark Felt e John O'Connor, *A G-Man's Life: The FBI, Being "Deep Throat", and the Struggle for Honor em Washington* (Nova York: Public Affairs, 2006), p. 121.
2. Sullivan a Helms, 24 de outubro de 1968, *FRUS 1964-1968*, vol. 33.
3. Depoimento de Huston, Comitê Church, 23 de setembro de 1975.
4. História oral de DeLoach, FBI/FBIOH.
5. História oral de Nolan, FBI/FBIOH.
6. Resumo do depoimento de Bennett, Comitê Church, 5 de junho de 1975.
7. "Notas do presidente: reunião com J. Edgar Hoover, Richard Helms, tenente-general Bennett e almirante Gayler, 5 de junho de 1970", Arquivos Haldeman.
8. Memorando de Sullivan, 6 de junho de 1970, arquivos do Comitê Church.
9. Depoimento de Cregar, resumo do Comitê Church, 20 de agosto de 1975.
10. Depoimento de Sullivan, 1º de novembro de 1975, Comitê Church.
11. Nixon, *RN: Memoirs*, p. 474-475.
12. Huston a Haldeman, 5 de agosto de 1970.
13. Haldeman, *Haldeman Diaries*, p. 243.
14. História oral de Mardian, Strober e Strober, *The Nixon Presidency*, p. 225.
15. Mark Wagenveld, "Delco Raid Forced Changes in FBI", *Philadelphia Inquirer*, 8 de março de 1996.
16. Nixon, fitas da Casa Branca, 26 de maio de 1971.
17. *Ibid.*
18. Nixon, fitas da Casa Branca, 17 de junho de 1971.
19. História oral de Miller, FBI/FBIOH.

20. Nixon, fitas da Casa Branca, 9 de maio de 1973.

21. Nixon, fitas da Casa Branca, 29 de junho de 1971.

22. Nixon durante uma formatura da Academia Nacional do FBI, 30 de junho de 1971.

23. Nixon, *RN: Memoirs*, p. 598-599; "*No fim do dia*": Haldeman, *Haldeman Diaries*, p. 357.

24. Ray Wannall, *The Real J. Edgar Hoover: For the Record* (Paducah, Ky.: Turner Publishing, 2000), p. 146.

25. Felt e O'Connor, *A G-Man's Life*, p. 116-121.

26. Memorando de Hoover sobre a conversa com H. Allen Smith, 23 de maio de 1966, FBI/FOIA.

27. Nixon, fitas da Casa Branca, 8 de outubro de 1971.

28. Nixon, fitas da Casa Branca, 25 de outubro de 1971.

29. *Ibid.*

30. Nixon, fitas da Casa Branca, 13 de março de 1973.

31. Felt e O'Connor, *A G-Man's Life*, p. 160.

32. Wannall, *The Real J. Edgar Hoover*, p. 147.

Parte IV — Guerra contra o terror

35. CONSPIRADORES

1. Nixon, fitas da Casa Branca, 2 de junho de 1972.

2. L. Patrick Gray III e Ed Gray, *In Nixon's Web: A Year in the Crosshairs of Watergate* (Nova York: Times Books, 2008), p. 17-18.

3. Nixon, fitas da Casa Branca, 4 de maio de 1972.

4. Gray, *In Nixon's Web*, p. 23-27.

5. História oral de Miller, FBI/FBIOH.

6. História oral de Bledsoe, FBI/FBIOH.

7. C. W. Bates, "Assunto: James W. McCord Jr. e outros", 22 de junho de 1972, FBI/FOIA.

8. Nixon, fitas da Casa Branca, 23 de junho de 1972.

9. C. W. Bates, "Assunto: James W. McCord Jr. e outros", 22 de junho de 1972, FBI/FOIA.

10. Gray, *In Nixon's Web*, p. 81-82. Dean corroborou o relato de Gray em seu depoimento sobre Watergate.

11. "Investigação Watergate do FBI / Análise OPE", 5 de julho de 1974, FBI/FOIA.

12. Os argumentos orais e a decisão vieram dos registros da Suprema Corte sobre o caso *U.S. versus U.S. District Court*, decidido em 19 de junho de 1972, mais conhecido como caso Keith, em função do juiz federal que o Departamento

de Justiça processou para evitar a revelação dos grampos telefônicos sem mandado. Logo se tornou claro por que o Departamento de Justiça tinha lutado tanto e por tanto tempo contra a revelação. O FBI havia instalado um grampo telefônico sem mandado na sede dos Panteras Negras em Ann Arbor. Também tinha vigiado o réu Plamondon em um·grampo telefônico sem mandado destinado a descobrir relações entre os Panteras Negras e os radicais palestinos; a vigilância tinha feito parte de um programa altamente sigiloso chamado MINARET, no qual o FBI e a Agência de Segurança Nacional haviam colaborado para espionar membros radicais dos movimentos contra a guerra e *black power*, desde 1967.

13. Nixon, fitas da Casa Branca, 21 de setembro de 1972.

14. Gray, *In Nixon's Web*, p. 117.

15. História oral de Miller, FBI/FBIOH.

16. História oral de Miller, FBI/FBIOH; Felt e O'Connor, *A G-Man's Life*, p. 259-260. Ver também Gray, *In Nixon's Web*, p. 117. Paul Daly, do FBI, liderou a subsequente investigação interna sobre John Kearney, líder do Esquadrão 47: "Acredito ter contado oitocentas invasões, pelas quais foi elogiado." O Departamento de Justiça finalmente desistiu do caso contra Kearney, quando a investigação revelou que havia seguido ordens do topo da cadeia de comando.

17. História oral de Bolz, FBI/FBIOH.

18. Notas de Woodward, 9 de outubro de 1972, Centro Harry Ransom, www.hrc.utexas.edu/exhibitions/web/woodstein/deepthroat/felt.

19. História oral de Daly, FBI/FBIOH.

20. Nixon, fitas da Casa Branca, 19 de outubro de 1972.

21. A Casa Branca sabia, graças a Roswell Gilpatric — advogado da *Time* e ex--secretário adjunto da Defesa de JKF. Os principais editores da revista haviam ordenado que a repórter Sandy Smith identificasse Felt como sua fonte. Então traíram sua confiança contando a Gilpatric, que disse a seu John Mitchell que Felt estava vazando segredos do FBI.

22. Nixon, fitas da Casa Branca, 16 de fevereiro de 1973; Gray, *In Nixon's Web*, p. 152-77.

36. "O BUREAU NÃO PODE SOBREVIVER"

1. Depoimento de Finnegan, *EUA versus Khalid Mohammed el-Jessem*, Tribunal Distrital do Distrito Leste, Nova York, 73 CR 500, 6 de março de 1993.

   O caso contra el-Jessem, também conhecido como Kahlid Jawary, foi reconstruído a partir dos registros de seu julgamento de 1993; de um relatório parcialmente revelado da Agência de Segurança Nacional, "A primeira rodada: Esforços da NSA contra o terrorismo internacional nos anos 1970"; de um relatório do FBI enviado em nome do diretor L. Patrick Gray, "Atividades da organização Setembro Negro", datado de 25 de março de 1973; e de Santo F. Russo, "In re Extradition of Khaled Mohammed El Jassem: The Demise of the Political Offense Provision in U.S.-Italian Relations", *Fordham International Law Journal* 16, n. 4 (1992). Após cumprir dezesseis anos de sua sentença, o iraquiano foi deportado para o Sudão em fevereiro de 2009.

2. Nixon, fitas da Casa Branca, 1º de março de 1973.
3. Nixon, fitas da Casa Branca, 1º de março de 1973.
4. Nixon, fitas da Casa Branca, 13 de março de 1973.
5. Gebhardt a Baker, "Assunto: Confirmação", 7 de março de 1973, Registros da Força Especial do Processo Watergate.
6. Audiência de nomeação de L. Patrick Gray, Comitê Judiciário do Senado, 22 de março de 1973.
7. Nixon, fitas da Casa Branca, 22 de março de 22, 1973.
8. Gray, *In Nixon's Web*, p. 238.
9. Nixon, fitas da Casa Branca, 17 de abril de 1973.
10. Nixon, fitas da Casa Branca, 26 de abril de 1973.
11. Discurso de Ruckelshaus à Associação Nacional de Ex-Procuradores-Gerais, 3 de outubro de 2009.
12. Nixon, fitas da Casa Branca, 12 de maio de 1973.
13. Entrevista do agente especial do FBI Nick Stames com John H. Mitchell, 11 de maio de 1973, FBI/FOIA.
14. Nixon, fitas da Casa Branca, 25 de outubro de 1971. Havia fortes rumores no FBI de que a escolha de Nixon havia se reduzido a Clarence Kelley ou Bill Sullivan. O agente Paul Daly relatou: "Kelley me disse que havia tido uma entrevista com o presidente [...] ele havia se sentado ao lado de Sullivan; Sullivan tinha entrado primeiro e, ao sair, tinha sido sua vez. E havia sido uma decisão muito apertada." Os registros presidenciais disponíveis de Nixon não confirmam que Sullivan foi escolhido nesse dia.
15. Clarence M. Kelley e James Kirkpatrick Davis, *Kelley: The Story of an FBI Director* (Kansas City, Mo.: Andrews, McMeel & Parker, 1987), p. 116.

37. CASTELO DE CARTAS

1. *Partido Socialista dos Trabalhadores versus Procurador-Geral*; 73 Civersus 3150; 642 F. Sup. 1357 (Distrito Leste de Nova York).
2. História oral de Hahn, FBI/FBIOH.
3. História oral de Dyson, FBI/FBIOH.
4. Memorando sobre a conversa, Salão Oval, 4 de janeiro de 1975, Biblioteca Presidencial Gerald R. Ford.
5. Memorando sobre a conversa, Casa Branca, 20 de fevereiro de 1975, GRFL.
6. Kelley ao procurador-geral, 7 de agosto de 1974, FBI/FOIA.

7. John C. Kenney, assistente em exercício do procurador-geral, arquivado em *EUA versus Ehrlichman*, Tribunal de Apelações do Distrito de Colúmbia, 9 de maio de 9, 1975.

8. História oral de Healy, FBI/FBIOH.

9. Comitê Church, Federal Bureau of Investigation, declaração do presidente Frank Church.

10. Depoimento do procurador-geral Edward H. Levi, Supervisão do FBI: Audiências perante o Subcomitê de Direitos Civis e Constitucionais, Comitê Judiciário da Câmara, 6 de abril de 1976.

11. História oral de Dyson, FBI/FBIOH.

38. "ESTADO CONTINUADO DE PERIGO"

1. Transcrição de Kelley, *Meet the Press*, 8 de agosto de 1976.

2. Kelley e Davis, *Kelley: The Story of an FBI Director*, p. 39-40.

3. Edward H. Levi, discurso à Ordem de Advogados de Los Angeles, 18 de novembro de 1976.

4. História oral de Daly, FBI/FBIOH.

5. Entrevista coletiva de Kelley, 14 de julho de 1975, FBI/ FOIA/Arquivo Operações Ilegais, vol. 13, p. 82.

6. Felt a Kelley, comunicação pessoal, 20 de junho de 1974, FBI/FOIA/Arquivo Felt, vol. 10, p. 169.

7. História oral de Miller, FBI/FBIOH.

8. Alexander Hamilton, *The Federalist* n. 8.

9. Audiência de confirmação de Kelley, Comitê Judiciário do Senado, 19 de junho de 1973.

10. Declaração pública de Kelley, sede do FBI, 11 de agosto de 1976.

11. Declaração pública de Kelley, sede do FBI, 11 de agosto de 1976.

12. História oral de Boynton, FBI/FBIOH.

13. História oral de Webster, Centro Miller de Questões Públicas, Projeto Presidencial de Histórias Orais, 21 de agosto de 2002.

14. História oral de Webster, Centro Miller.

15. História oral de Webster, FBI/FBIOH.

16. Entrevista com Ault, FBI/FBIOH.

17. História oral de Mason, FBI/FBIOH.

18. Durante os anos 1980 e 1990, o FBI gastou mais de 1 bilhão de dólares em sistemas computadorizados que nunca funcionaram. Entre as primeiras dessas tecnologias falhas estava um banco de dados dos anos 1980 chamado Sistema de Informações sobre Terroristas. Deveria fornecer informações instantâneas sobre 200 mil pessoas e 3 mil organizações. "Grande conceito",

disse Richard A. Marquise, que se tornaria um dos principais investigadores de terrorismo do FBI. "Completamente inútil."

19. Webster *et al.*, "Revisão dos Programas de Segurança do FBI", Comissão de Revisão dos Programas de Segurança do FBI, março de 2002.

39. O PREÇO DO SILÊNCIO

1. História oral de Pimentel, FBI/FBIOH.
2. Depoimento de Revell, Comitê de Inteligência do Senado, 23 de fevereiro de 1988.
3. Em outubro de 2009, o Departamento de Segurança dos Estados Unidos iniciou procedimentos judiciais para deportar Vides Casanova, com base no fato de que ele havia torturado políticos prisioneiros em El Salvador. A audiência final ainda não tinha sido agendada quando este livro foi impresso, em janeiro de 2012.
4. História oral de Webster, FBI/FBIOH.
5. História oral de Hunter, FBI/FBIOH.
6. Oliver "Buck" Revell e Dwight Williams, *A G-Man's Journal* (Nova York: Pocket Books, 1998), p. 217.
7. História oral de York, FBI/FBIOH.
8. Declaração de Matens reimpressa em FBI/FBIOH.
9. História oral de Webster, FBI/FBIOH.
10. Robert M. Gates, *From the Shadows: The Ultimate Insider's Story of Five Presidents e How They Won the Cold War* (Nova York: Simon & Schuster, 1996), p. 397.
11. Depoimento de Revell, Relatório dos Comitês do Congresso Investigando o caso Irã-Contras, 11 de junho de 1987, p. 909.
12. *Ibid.*
13. A entrada no diário do vice-presidente Bush em 22 de novembro e sua entrevista ao FBI em 12 de dezembro de 1986 são descritas no Relatório Final do Conselho Independente para Questões Relacionadas aos Irã-Contras, Tribunal de Apelação do Distrito de Colúmbia, 4 de agosto de 1993.
14. Duane R. Clarridge e Digby Diehl, *A Spy for All Seasons: My Life in the CIA* (Nova York: Scribner, 1997), p. 371.
15. Revell, *A G-Man's Journal*, p. 296.
16. Depoimento de Revell, Comitê de Relações Internacionais da Câmara, 3 de outubro de 2001.
17. História oral de Marquise, FBI/FBIOH.

40. MOSAICO

1. História oral de Marquise. O trabalho do FBI sobre o voo 103 da Pan Am é detalhadamente descrito no livro de Marquise: *SCOTBOM: Evidence and the Lockerbie Investigation* (Nova York: Algora Publishing, 2006).
2. Condecoração de combate de Robert S. Mueller III (2º Pelotão, Companhia H, 2º Batalhão, 4º Regimento, 3ª Divisão dos Fuzileiros Navais), 11 de dezembro de 1968.
3. História oral de Baker, FBI/FBIOH.
4. Kadafi entregou Megrahi ao longo braço da lei internacional em 1999. Ele foi considerado culpado por um tribunal escocês organizado na Holanda em 2001, mas liberado em 2009, após um diagnóstico de câncer e ameaças contra o governo inglês feitas por Kadafi. Em fevereiro de 2011, o ministro da Justiça de Kadafi, após desertar durante um ataque da OTAN à Líbia, disse inequivocamente que Kadafi tinha comandado o atentado contra o Pan Am 103.

41. O XEQUE CEGO

1. *Estados Unidos da América versus Abdel Rahman*, 93 Cr. 181, Corte Distrital, Distrito Sul, Nova York, Prova da promotoria 76T.
2. Depoimento de Revell, Comitê de Relações Internacionais da Câmara, 3 de outubro de 2001.
3. Depoimento de Revell, Comitê de Relações Internacionais da Câmara, 3 de outubro de 2001.
4. *Estado de Nova York versus El Sayyid Nosair*, sentença, 29 de janeiro de 1992, Tribunal Criminal de Manhattan.
5. Andrew C. McCarthy, *Willful Blindness: A Memoir of the Jihad* (Nova York: Encounter Books, 2009), p. 10.
6. Salem gravou suas conversas tanto com o FBI quanto com os alvos de sua investigação; a transcrição das fitas foi apresentada como prova em *Estados Unidos versus Abdel Rahman*. Como escreveu o promotor-assistente Andrew McCarthy: "Salem havia instalado um sistema caseiro de gravação que faria a Casa Branca de Nixon corar. Às vezes, usava escutas amadoras em suas reuniões com agentes do FBI e policiais. Não era sistemático. Quando estava sem fitas e queria fazer uma nova gravação, simplesmente pegava uma fita velha e gravava por cima. Mas cuidava das fitas que possuía — escondidas por toda a sua casa. Sessenta e sete fitas, capturando mais de 2 mil conversas que adorei partilhar com mais de uma dúzia de ansiosos advogados de defesa. Salem queria ajudar o FBI e, em sua extrema autoconfiança, acreditava poder infiltrar o grupo jihadista. Mas não tentaria, a menos que recebesse garantias

muito sólidas de que estava envolvido apenas em coleta de inteligência, como tinha feito com os russos, e não em uma investigação na qual seu depoimento público poderia ser necessário [...] Os agentes [do FBI] enganaram Salem, Salem mentiu para os agentes e tudo terminou em uma desastrosa ruptura."

7. Análise não assinada da CIA, "*Hezbollah Ties to Egyptian Fundamentalists*", em *CIA Near East and South Asia Review*, 24 de abril de 1987, CIA/FOIA.

8. Depoimento de Reno, Comissão Nacional sobre Ataques Terroristas aos Estados Unidos (Comissão 11/09), 14 de abril de 2004.

9. História oral de Hahn, FBI/FBIOH.

10. *Estados Unidos versus Abdel Rahman.*

11. *Estados Unidos versus Abdel Rahman.*

42. BURACOS NA ARMADURA

1. Louis J. Freeh e Howard Means, *My FBI: Bringing Down the Mafia, Investigating Bill Clinton, and Fighting the War on Terror* (Nova York: St. Martin's, 2005), p. 177. O livro de Freeh é uma clássica biografia de Washington, embora frequentemente dúbia e pouco confiável. Cito-o apenas para refletir sua experiência direta. Freeh distorce muitos aspectos de suas relações com a Casa Branca. Um pequeno exemplo: o FBI criou uma controvérsia fútil após enviar à Casa Branca, por engano, arquivos sobre quatrocentas pessoas que tinham autorizações de segurança concedidas pelos presidentes Reagan e Bush. Quando os arquivos apareceram, os assessores de Freeh disseram que Clinton os havia solicitado. Isso era falso. Mas Freeh protestou publicamente, dizendo que a Casa Branca estava sujando o bom nome do FBI. Isso era sintoma de um problema muito mais sério.

2. História oral de Steinberg, 27 de setembro de 2000, Projeto Conselho de Segurança Nacional, Brookings Institution/Centro de Estudos Internacionais e de Segurança, Universidade de Maryland; "*Sua desconfiança da Casa Branca*": como relatado pelos assessores de segurança nacional de Clinton, Steven Simon e Daniel Benjamin, em *The Age of Sacred Terror* (Nova York: Random House, 2002), p. 301. Mais sucintamente, o assessor político de Clinton, John Podesta, disse ao jornalista John Harris, então no jornal *The Washington Post*, que o primeiro nome de Freeh nunca era pronunciado por Clinton: era sempre Maldito Freeh, como em "O maldito Freeh nos ferrou novamente."

3. Freeh, *My FBI*, p. 263. As horas de trabalho do FBI no caso das contribuições de campanha chinesas ultrapassaram todas as investigações de 1995 a 2002: "Estudo de caso sobre a alocação de recursos humanos do Federal Bureau of Investigation", Gabinete do Inspetor-Geral, Departamento de Justiça, setembro de 2003. Sobre o caso de Katrina Leung e sua supressão durante o

mandado de Freeh, ver "Revisão da atuação do FBI e supervisão de Katrina Leung", Gabinete do Inspetor-Geral, Departamento de Justiça, maio de 2006. O agente Smith foi sentenciado a três anos de liberdade condicional e multa de 10 mil dólares. O agente Cleveland — "um homem religioso e universalmente bem-visto, dedicado ao FBI e considerado o esteio do Programa China nos anos 1980 e início dos anos 1990", de acordo com um relatório do inspetor-geral — não foi acusado de nenhum crime. Quando a investigação foi iniciada, Cleveland era chefe de segurança de um importante laboratório americano de pesquisa sobre armas nucleares.

4. A declaração de Freeh está em uma solicitação orçamentária do FBI ao Congresso, para o ano fiscal de 1995.

5. Entrevista com Schiliro feita por Lowell Bergman e Tim Weiner, 18 de setembro de 2001. *PBS*, "Procurando respostas", 9 de outubro de 2001. Os fatos da prisão de Yousef foram retirados dos registros de seu julgamento criminal, *Estados Unidos versus Yousef*, e do sumário do tribunal de apelações. O FBI não prendeu Yousef em um esconderijo de Osama bin Laden, como foi relatado na época.

6. Depoimento de Pellegrino, *Estados Unidos versus Yousef* (registros do tribunal de apelação, 4 de abril de 2003).

7. Lei de Antiterrorismo e de Efetivação da Pena de Morte de 1996, 22 USC 2237.

8. Decisão Diretiva Presidencial 39, "Política americana sobre contraterrorismo", 21 de junho de 1995, divulgada em 27 de janeiro de 2009.

9. Depoimento de Freeh, Comitê Conjunto de Inteligência, Senado e Câmara, daqui para a frente referido como Comitê Conjunto, 8 de outubro de 2002.

10. *Ibid.*

11. Depoimento de Al-Fadl, *EUA versus Osama bin Laden*, 98 Cr. 1023, 7 de fevereiro de 2001.

12. Entrevista com Watson, Relatório do Comitê Conjunto, "Análise Estratégica", p. 338.

13. Discurso de O'Neill, Fórum de Estratégia Nacional, Chicago, Illinois, 11 de junho de 1997.

14. Depoimento de Freeh, Comitê de Inteligência do Senado, 28 de janeiro de 1998.

15. Entrevista e depoimento de Clarke, Comissão 11/09.

16. Richard C. Clarke, *Against All Enemies: Inside America's War on Terror* (Nova York: Free Press, 2004), p. 116, 219.

17. Richard C. Clarke, *Against All Enemies: Inside America's War on Terror* (Nova York: Free Press, 2004), p. 116, 219.

18. Entrevista com Clinton, Ken Gormley, *The Death of American Virtue* (Nova York: Random House, 2010), p. 249.

19. História oral de Ault, FBI/FBIOH. Ault entrevistou Pitts extensivamente após sua condenação.

43. ALVO FÁCIL

1. A mensagem foi divulgada pela primeira vez por *Frontline*, em uma série de documentários da PBS e do *New York Times* chamada "Caçando Bin Laden", mais tarde apresentada como prova em *EUA versus Bin Laden*.
2. Audiência preliminar, *Estados Unidos da América versus Ali Mohamed*, 98 Cr. 1023, Tribunal Distrital, Distrito Sul, Nova York, 20 de outubro de 2000.
3. McCarthy, *Willful Blindness*, p. 301-303.
4. Declaração juramentada de Coleman, *EUA versus Ali Abdelseoud Mohamed*, acusação confidencial apresentada em setembro de 1998, porém sem data.
5. Depoimento de Scheuer, Comitê de Relações Exteriores da Câmara, 17 de abril de 2007.
6. Michael Scheuer, *Marching Toward Hell: America and Islam After Iraq* (Nova York: Simon & Schuster, 2008), p. 279.
7. Depoimento de Bushnell, *EUA versus Bin Laden*, 1º de março de 2001. O autor cobriu o ataque à embaixada em Nairóbi, em 1998. Um resumo factual do caso, que acrescenta (e subtrai significativamente) fatos aos relatos previamente publicados sobre a investigação, pode ser encontrado na decisão consolidada "Atentados terroristas às embaixadas americanas na África Oriental", Tribunal de Apelações do Segundo Circuito, 24 de novembro de 2008.
8. História oral de Bushnell, Histórias orais sobre relações externas, 21 de julho de 2005.
9. Depoimento de Anticev, *EUA versus Bin Laden*, 28 de fevereiro de 2001.
10. Depoimento de Gaudin, *EUA versus Bin Laden*, 8 de janeiro de 2001.
11. História oral de Bushnell, FAOH, 21 de julho de 2005. O memorando de Freeh fornece um relato inteiramente diferente, colocando-o no comando em Dar es Salaam na época do ataque dos mísseis. Artigos de jornal do dia o colocam em Nairóbi, interrompendo subitamente sua curta visita, de acordo com a história da embaixadora Bushnell.
12. Confissão de culpa de Mohamed, *EUA versus Ali Abdelseoud Mohamed*, 13 de outubro de 2000.
13. O grande júri de Fitzgerald originalmente havia realizado um indiciamento confidencial em *EUA versus Bin Laden*, em 8 de junho de 1998, acusando Bin Laden de "conspiração para atacar as instalações de defesa dos Estados Unidos". Tinha sido um erro. Fitzgerald havia usado uma cópia dos documentos do computador de el-Hage para ligar a al-Qaeda à morte de soldados americanos na Somália, durante a batalha "Black Hawk Down", em Moga-

díscio, cinco anos antes. A acusação não era suportada por provas e teve de ser refeita. Embora o indiciamento confidencial desse aos Estados Unidos o poder teórico de destruir a al-Qaeda em qualquer lugar do mundo, tinha pouco efeito fora do tribunal.

14. Depoimento de Hill, Comitê Conjunto, 8 de outubro de 2002.

15. Depoimento de Fitzgerald, Comitê Judiciário do Senado, 20 de outubro de 2003. A FISA impõe poucas restrições sobre a coordenação entre inteligência e imposição da lei. Mas, mesmo assim, o FBI desenvolveu um sistema bizantino no qual times "sujos" de investigadores de inteligência e times "limpos" de investigadores criminais trabalhavam nos mesmos casos. "Isso se tornou tão complexo e convoluto", disse um dos principais oficiais do FBI, Michael Rolince, "que, em alguns escritórios de campo do FBI, os agentes percebiam 'muralhas' onde não havia nenhuma."

16. Depoimento de Watson, Comitê Conjunto, 26 de setembro de 2002. Watson talvez tenha sido o único oficial sênior do FBI a ouvir um chamado às armas realizado em 8 de dezembro de 1998, um mês após o indiciamento de Bin Laden. George Tenet, diretor da Central de Inteligência, havia publicado uma diretiva que pretendia fazer ressoar por todo o governo dos Estados Unidos. "Precisamos entrar em uma nova fase em nosso esforço contra Bin Laden", dizia a diretiva. "Todos os dias, reconhecemos que a retaliação é inevitável e que seu escopo pode ser muito mais amplo do que experimentamos anteriormente. Estamos em guerra. Não quero que nem recursos nem pessoal sejam poupados nesse esforço." Um assessor enviou o memorando aos líderes da comunidade americana de inteligência, mas ele teve pouco efeito palpável. Esses mesmos líderes haviam se reunido com Tenet e decidido que, a menos que fizessem "grandes mudanças", os Estados Unidos provavelmente sofreriam "uma catastrófica falha sistêmica de inteligência". A data do memorando era 11 de setembro de 1998.

17. O autor entrevistou Clarke e relatou os destaques em um perfil para *The New York Times* em 1º de fevereiro de 1999, mais ou menos na época em que Clarke realizou seu seminário no FBI.

18. Freeh, *My FBI*, p. 296.

19. O químico na Malásia também assinou cartas de apresentação para um argelino com passaporte francês chamado Zacarias Moussaoui, que entrou nos Estados Unidos como representante comercial e imediatamente se matriculou na Escola de Aviação Airman em Norman, Oklahoma.

20. Depoimento de Freeh, "Ameaça de terrorismo nos Estados Unidos", relatórios escritos aos comitês do Senado de Apropriações, Forças Armadas e Inteligência, 10 de maio de 2001.

21. Depoimento de Reno, Comissão 11/09, 13 de abril de 2004.

22. Freeh, *My FBI*, p. 280.

23. Freeh, *My FBI*, p. 287. O relato da abordagem do informante ao escritório do FBI em Newark em abril de 2000 está em um relatório da Comissão 11/09 datado de 13 de abril de 2004.

24. Depoimento de Turchie, Subcomitê de Segurança Nacional da Câmara, 26 de julho de 2000.

25. Mary Jo White, "Processando terrorismo em Nova York", discurso no Fórum sobre Oriente Médio, Nova York, 27 de setembro de 2000.

44. TODAS AS NOSSAS ARMAS

1. Declaração pública de Kean a repórteres e testemunhas, audiências da Comissão 11/09, 13 de abril de 2004.

2. História oral de Burger, FBI/FBIOH.

3. História oral de Kiser, FBI/FBIOH.

4. *EUA versus Hanssen*, declaração juramentada em apoio à prisão, Tribunal Distrital, Distrito Leste, Virgínia, Crim. 1-118-A.

5. Hanssen citado em William Webster *et al.*, "Uma revisão dos programas de segurança do FBI", Departamento de Justiça, março de 2002.

6. Williams citado em Eleanor Hill, "Conduta do FBI em relação à comunicação eletrônica em Phoenix e investigação de Zacarias Moussaoui Prior em 11 de setembro de 2001", Comitê Conjunto, relatório dos comitês de Inteligência do Senado e da Câmara, 24 de setembro de 2002.

7. Hill, "Conduta do FBI em relação à comunicação eletrônica em Phoenix e investigação de Zacarias Moussaoui Prior em 11 de setembro de 2001". A sede do FBI também errou quando um agente na investigação Cole, Steve Bongardt, soube, por meio de um e-mail maldirecionado, que um dos membros originais da célula da al-Qaeda no Iêmen, Khalid al-Mihdhar, havia recebido um visto para entrar novamente nos Estados Unidos. Em 29 de agosto de 2001, seus superiores lhe disseram para recuar: o caso não era seu. "Algum dia, alguém morrerá", escreveu ele em uma mensagem a seus supervisores, "e o público — Muralha ou não — não entenderá". Al-Mihdhar foi um dos sequestradores em 11 de setembro.

8. Depoimento de Samit, *EUA versus Moussaoui*, 20 de março de 2006.

9. Depoimento de Samit, *EUA versus Moussaoui*, 20 de março de 2006. Moussaoui havia sido recrutado pela al-Qaeda. Era mantido na reserva para uma segunda onda de ataques.

10. Os e-mails de Kiser para Samit e suas respostas foram relatados ao Comitê Conjunto e à Comissão 11/09, embora nenhum dos agentes fosse identificado pelo nome. Kiser registrou uma história oral para a Sociedade de Ex-Agentes Especiais do FBI em outubro de 2009, na qual detalhou a correspondência: "Foi horrível", disse ela. "Todos nós sabíamos [...] Nem

sequer sabíamos sobre o memorando de Phoenix. Porque aqueles idiotas do ITOS [a seção de terrorismo internacional do FBI] não avisaram a ninguém. Dale Watson nem ao menos sabia sobre o memorando de Phoenix. Teríamos varrido aquelas escolas de aviação! E isso teria assustado aqueles caras. Será que teriam feito alguma outra coisa? Provavelmente. Mas não teria tido a magnitude do que vivemos."

"Você ligou os pontos", disse seu entrevistador.

"Sim", respondeu ela. "Um pequeno quadro de agentes ligou os pontos."

11. Depoimento de Clarke, Comissão 11/09, 8 de abril de 2004. O chefe de terrorismo da Casa Branca, Clarke, não acreditava que o FBI pudesse fornecer qualquer informação sobre a al-Qaeda. "O memorando Phoenix, o caso Minnesota etc.", disse ele. "Não tinham sido poucas as pistas perdidas." As falhas vinham de vários anos.

"Sei dos abusos que o FBI cometeu nos anos 1950 e 1960", continuou ele, mas "nos anos 1980 ou 1990 deveríamos ter reconhecido a necessidade de coleta doméstica de informação [...] Se fizer um bom trabalho de vigilância e controle, isso não significa que se transformou em um Estado totalitário. Precisávamos de coleta doméstica de informação e de capacidade de análise, e não tínhamos."

12. Clarke, *Against All Enemies*, p. 13-14.

13. George W. Bush, *Decision Points* (Nova York: Crown, 2010), p. 8.

14. Discurso de Bush na sede do FBI, 10 de outubro de 2001.

15. Essa política, suas consequências e o atraso em informar Mueller estão documentados em "Os detentos de 11 de setembro", Gabinete do Inspetor-Geral, Departamento de Justiça, abril de 2003.

16. John Ashcroft, "Observações para a conferência de prefeitos", 25 de outubro de 2001.

17. General Michael V. Hayden, "O que a inteligência americana e especialmente a NSA têm feito para defender a nação", discurso no National Press Club, 23 de janeiro de 2006.

18. Hayden, discurso no National Press Club, 23 de janeiro de 2006.

19. John Yoo, "Autoridade para o uso da força militar para combater atividades terroristas dentro dos Estados Unidos", Gabinete do Conselheiro Legal, Departamento de Justiça, 23 de outubro de 2001; revelado ao público em 2 de março de 2009.

20. Discurso de Lamberth, Associação Americana de Bibliotecas, 23 de junho de 2007.

21. Discurso de Mueller, Faculdade de Direito de Stanford, 18 de outubro de 2002.

22. Observações do presidente Bush, almoço republicano, Hyatt Regency Hotel, Greenwich, Conn., 9 de abril de 2002.

23. General Dunleavy, citado em "Revisão do envolvimento do FBI no interrogatório de detentos na baía de Guantánamo, Afeganistão e Iraque", Gabinete do Inspetor-Geral, Departamento de Justiça, outubro de 2009.

24. Depoimento de Soufan, Comitê Judiciário do Senado, 13 de maio de 2009.

25. As discussões entre D'Amuro e Mueller são citadas em "Revisão do envolvimento do FBI no interrogatório de detentos na baía de Guantánamo, Afeganistão e Iraque", Gabinete do Inspetor-Geral, Departamento de Justiça, outubro de 2009.

26. Transcrição, tribunal de revisão do status de combatente, baía de Guantánamo, 27 de março de 2007.

27. Maio de 2009.

28. As discussões entre D'Amuro e Mueller são citadas em "Revisão do envolvimento do FBI no interrogatório de detentos na baía de Guantánamo, Afeganistão e Iraque", Gabinete do Inspetor-Geral, Departamento de Justiça, outubro de 2009.

29. *Ibid.*

45. "SE NÃO FIZERMOS *ISSO*, PESSOAS VÃO MORRER"

1. Depoimento de Mueller, Comitê Judiciário do Senado, 17 de setembro de 2008.

2. Depoimento confidencial de Mueller ao Comitê de Inteligência do Senado, 24 de fevereiro de 2004, citado em Jack Goldsmith, "Memorando ao procurador-geral, referente à revisão da legalidade do Programa [apagado]", Gabinete do Conselheiro Legal, Departamento de Justiça, 6 de maio de 2004 (parcialmente revelado ao público em 9 de março de 2011).

3. A conversa entre Mueller e Cheney, sua carta de demissão e suas notas sobre o confronto com o presidente foram citadas em "Relatório sobre o Programa de Vigilância do presidente", um extraordinário esforço conjunto dos inspetores-gerais do Pentágono, do Departamento de Justiça, da CIA, da NSA e do Diretório Nacional de Inteligência, 10 de julho de 2009.

4. James Comey, discurso na Agência de Segurança Nacional, 20 de maio de 2005, reimpresso em *The Green Bag* 10, n. 4 (verão de 2007), faculdade de Direito da Universidade George Mason.

5. Depoimento de Mueller, Comitê de Segurança Interna e Comitê de Questões Governamentais, ambos do Senado, 30 de setembro de 2009.

6. Lei de Reforma da Inteligência e Prevenção do Terrorismo, 2004, P.L. 108-458.

7. Programa de Contraterrorismo do FBI desde setembro de 2001. Relatório à Comissão Nacional sobre Ataques Terroristas aos Estados Unidos, 14 de abril de 2004.

8. Discurso de Silberman, Conferência do Primeiro Circuito Judicial, Newport, R.I., junho de 2005.

9. Comissão sobre as Capacidades de Inteligência dos Estados Unidos em Relação às Armas de Destruição em Massa. Relatório ao presidente dos Estados Unidos, 31 de março de 2005.

10. Hoover ao agente especial encarregado de San Juan, 4 de agosto de 1960, FBI/FOIA.

11. Citado em "Revisão do incidente de setembro de 2005 envolvendo o Federal Bureau of Investigation e Filiberto Ojeda Ríos", Gabinete do Inspetor-Geral, Departamento de Justiça, agosto de 2006.

12. Depoimento de Mudd, Comitê de Inteligência do Senado, 23 de outubro de 2007.

13. Discurso de Mueller, City Club of Cleveland, 23 de junho de 2006.

14. Indiciamento, *EUA versus Russell Defreitas et al.*, 3 de junho de 2007.

15. Discurso de Obama, sede do FBI, 28 de abril de 2009.

16. Guia de Operações Domésticas e Investigações, Federal Bureau of Investigation, 15 de outubro de 2001, parcialmente revelado e publicado em <http://vault.fbi.gov> em 7 de novembro de 2011.

17. Depoimento de Mueller, 14 de abril de 2004, Comissão 11/09.

FONTES

FONTES PRIMÁRIAS

Registros do Federal Bureau of Investigation revelados em obediência à Lei de Liberdade de Informação (FBI/FOIA)

Histórias orais do Federal Bureau of Investigation compiladas pela Sociedade de Ex-Agentes Especiais do Federal Bureau of Investigation (FBI/FBIOH)

Registros e correspondências do Federal Bureau of Investigation nos volumes publicados pelo Ministério de Relações Exteriores dos Estados Unidos, intitulados *Emergence of the Intelligence Establishment: 1945-1950* e *The Intelligence Community: 1950-1955* (FRUS Intelligence)

Histórias orais sobre relações externas (FAOH): mais de 1.500 histórias orais de diplomatas americanos (e diplomatas que serviram como oficiais de inteligência) foram compiladas pela Associação para Estudos e Treinamentos diplomáticos e muitas estão disponíveis on-line em <http://www.adst.org/Oral_History.htm>

Biblioteca Presidencial de Franklin D. Roosevelt (FDRL)

Biblioteca Presidencial de Harry S. Truman (HSTL)

Biblioteca Presidencial de Dwight D. Eisenhower (DDEL)

Biblioteca Presidencial de John F. Kennedy (JFKL)

Biblioteca Presidencial de Richard M. Nixon (RMNL)

Biblioteca Presidencial de Gerald R. Ford (GRFL)

Biblioteca Presidencial de Jimmy Carter (JCL)

Biblioteca George H. W. Bush (GHWBL)

Registros do Comitê Selecionado do Senado para o Estudo de Operações Relacionadas a Atividades de Inteligência (daqui em diante, "Comitê Church" ou CC).

Os registros e documentos do Federal Bureau of Investigation publicados no website sobre a história do FBI, em <http://vault.fbi.gov> (FBI), foram uma fonte inestimável para este livro. Os leitores interessados podem examinar os documentos originais do Bureau sobre a ACLU, o Partido Nazista Americano, o COINTELPRO, Fidel Castro, os Freedom Riders, Martin Luther King Jr., Saddam Hussein e outros, indo de Jimmy Hoffa a Jimi Hendrix. Uma coleção única de registros sobre as origens do Partido Comunista dos Estados Unidos da América, datando de 1919, está disponível em <http://www.marxists.org/history/usa/eam/index.html>

Este livro foi composto na tipologia Minion
Pro Regular, em corpo 11,5/15,5, e impresso em
papel off-white no Sistema Cameron da
Divisão Gráfica da Distribuidora Record.